国家哲学社会科学成果文库
NATIONAL ACHIEVEMENTS LIBRARY
OF PHILOSOPHY AND SOCIAL SCIENCES

"多规合一"视角下
土地供给侧结构性改革研究

严金明　著

科学出版社

内 容 简 介

本书遵循"理论框架—路径设计—案例示范"的逻辑线路,提出了以"本体论、认识论、方法论"为核心的"多规合一"与土地供给侧结构性改革的本质认知及理论范式,构建了基于"数量、空间、时序"三大维度的"多规合一"土地供给侧结构性改革路径框架,探索了"城乡协同、纵向关联、横向比较和跨区统筹"的四重案例应用与反馈修正。本书揭示了"多规合一"与土地供给侧结构性改革的内在逻辑关系,丰富了土地供给侧结构性改革理论框架体系,能够为国土空间规划体系和土地供给侧制度改革的顶层设计提供科学支撑。本书不仅可以为自然资源管理与国土空间规划编制提供参考,也可以为"多规合一"实践和土地供给侧领域改革提供决策支持。

本书可供从事自然资源管理、国土空间规划和土地制度改革研究的科研工作者,自然资源管理和规划部门的实践工作者,以及相关专业的师生阅读参考。

图书在版编目(CIP)数据

"多规合一"视角下土地供给侧结构性改革研究 / 严金明著 . —北京:科学出版社,2023.5

(国家哲学社会科学成果文库)

ISBN 978-7-03-074974-1

Ⅰ.①多… Ⅱ.①严… Ⅲ.①土地制度-经济体制改革-研究-中国 Ⅳ.①F321.1

中国国家版本馆 CIP 数据核字(2023)第 035976 号

责任编辑:李 莉 陈会迎 / 责任校对:贾娜娜
责任印制:霍 兵 / 封面设计:有道设计

科学出版社 出版

北京东黄城根北街 16 号
邮政编码:100717
http://www.sciencep.com

北京中科印刷有限公司 印刷

科学出版社发行 各地新华书店经销

*

2023 年 5 月第 一 版 开本:720×1000 1/16
2023 年 5 月第一次印刷 印张:64 3/4 插页:2
字数:889 000

定价:368.00 元

(如有印装质量问题,我社负责调换)

《国家哲学社会科学成果文库》
出版说明

　　为充分发挥哲学社会科学优秀成果和优秀人才的示范引领作用，促进我国哲学社会科学繁荣发展，自 2010 年始设立《国家哲学社会科学成果文库》。入选成果经同行专家严格评审，反映新时代中国特色社会主义理论和实践创新，代表当前相关学科领域前沿水平。按照"统一标识、统一风格、统一版式、统一标准"的总体要求组织出版。

全国哲学社会科学工作办公室

2023 年 3 月

课题组主要成员

夏方舟　刘守英　丰　雷　黄燕芬　张正峰

秦　波　张雨榴　陈　昊　迪力沙提·亚库甫

李　储　程子腾　张东昇　杨雨濛　赵　哲

郭栋林　鲁平贞　蔡大伟　黄宇金　蒲金芳

前　言

供给侧结构性改革是习近平总书记在 2015 年 11 月 10 日召开的中央财经领导小组第十一次会议上第一次提出的[①]。随后，供给侧结构性改革频繁在国家经济管理工作和决策及各项重大会议中被提及。推动供给侧结构性改革，已然成为我国目前经济发展的现实需求，是适应和引领我国经济发展新常态的长久需要，有利于满足人民日益增长的美好生活需要，解决发展不平衡不充分的问题。供给侧结构性改革包括了劳动力、土地、资本、技术、制度等要素，土地作为最基本的供给侧生产、生活和生态要素之一，是我国整个供给体系的重要组成部分，在经济发展中发挥着极其重要的作用。

规划既是土地供给的"龙头"与核心制度，又是配置土地要素的关键基础，在供给侧结构性改革的土地要素再配置中居于极其重要的地位。2019 年 1 月，中央全面深化改革委员会第六次会议审议通过了《关于建立国土空间规划体系并监督实施的若干意见》，将主体功能区规划、土地利用规划、城乡规划等空间规划融合为统一的国土空间规划，实现"多规合一"。推进"多规合一"，健全国土空间利用管理，已成为推进国家治理体系和治理能力现代化的重要举措。

---

① 参见《中央财经领导小组第十一次会议召开》，http://www.gov.cn/govweb/xinwen/2015-11/10/content_2963689.htm，2015 年 11 月 10 日。

长期以来,与空间有关的规划呈现出城乡规划、土地利用规划、生态环境保护规划等"多规并存"的局面,由"多规并存"产生的"多规冲突"导致空间治理效率低下。而"多规冲突"对土地供给侧结构性改革带来的障碍和影响的研究尚且缺乏,以及对于如何释放土地改革红利、提高土地市场化配置程度的问题还存在争论,以致当前出现了诸如无法及时对不合理产业用地进行限制以实现"去产能"、无法及时处置闲置用地以实现"去库存"、无法合理调节供地计划以实现"去杠杆"、无法充分协调多种规划的土地供需以实现"降成本"、无法及时满足用地需求以实现"补短板"等诸多问题。"多规合一"所体现的一个规划、一张蓝图的思想为解决我国规划体系问题提供了思路,相应地,亟须针对"多规纷争"对土地供给侧可能产生的各类影响,开展"多规合一"视角下的土地供给侧结构性改革探究。

本书是严金明教授主持的国家社会科学基金重大项目"'多规合一'视角下的土地供给侧结构性改革研究"(17ZDA039)的研究成果。刘守英教授、丰雷教授、黄燕芬教授、张正峰教授、秦波教授、夏方舟副教授在项目申报、课题设计、任务研究和书稿编撰中积极参与,并给予了大力支持。本专著遵循"理论框架—路径设计—案例示范"的逻辑线路,结合当前国际国土空间规划体系研究及国内"多规合一"的理论研究和政策探讨,针对我国"多规合一"的不确定性以及"多规纷争"导致的土地供给数量供需失衡、空间结构错位、时序结构混乱等诸多问题开展研究。在"多规合一"的视角下,一是基于"多规纷争"导致的土地供给侧问题,分析"多规合一"对优化土地供给侧结构的作用机理,从数量结构、空间结构和时序结构的角度构建"多规合一"视角下土地供给侧结构性改革的理论框架;二是从供需失衡问题入手,开展"多规合一"功能导向下的区域土地利用供需分析,探索风险约束下土地供给侧数量结构的改革路径;三是针对空间供求错位问题,完善不同"多规合一"导向下的"三线"(即耕地红线、生态红线和城市增长边界红线)管控和用途分区管制策略,研究促进"三生"(即生产、生活、生态三类空间)协调统筹的土地供给侧空间结构优化路径;四是针对供给时序与需求混乱问题,分析不同规划生命周期内的用地需求,构建全生命周期用地实时预警诊断模型,探索增加土地供给实时性和有效性的结构优化路径;五是通过对在我国区镇村、省市县、东中西和点线面各个层面选取的典型区域进行案例分析,对改革路径进行应用试错和反馈修正,为在"多规合一"的多元可能性视角下平稳实现土地供给侧结构性改革,提供理论支撑和政策建议。

本书共分 5 篇 28 章。第一篇为"多规合一"视角下土地供给侧结构性改革的作用机理与理论框架研究,包括导论、文献综述、理论基础、多规并存的现状分析与"多规合一"的本质剖析、土地供给侧结构性改革的本质认知、"多规合一"促进土地供给侧结构性改革的机理研究和"多规合一"视角下土地供给侧结构性改革的理论框架构建,共 7 章;第二篇为"多规合一"视角下土地供给侧数量结构改革路径设计,包括新时期土地利用供需匹配研究、土地数量结构动态变化特征与驱动机制研究、土地数量结构优化研究、水资源约束下的土地供需情况分析、基于协同发展的狭义国土开发强度内涵界定与阈值测度研究、风险约束下土地供给侧数量结构改革路径研究,共 6 章;第三篇为"多规合一"视角下土地供给侧空间结构改革路径设计,包括国土空间单元的优化配置、国土空间单元优化配置的实证研究、国土空间结构的优化路径、国土空间结构引线联结的实证、国土空间板块的分区管控、国土空间板块优化配置的应用实践、河北省国土空间格局优化方案,共 7 章;第四篇为"多规合一"视角下土地供给侧时序结构改革路径设计,包括国土空间规划的时序特征及其对土地供给影响机理分析、土地利用的时序特征及规划需求分析、国土空间利用的时序结构优化路径——一个国土空间规划实践的评价框架、国土空间规划供给的预警与评估,共 4 章;第五篇为"多规合一"视角下土地供给侧结构性改革的案例应用与反馈修正,其中包括"区-镇-村"城乡协同的"多规合一"视角下土地供给侧结构性改革案例研究、基于纵向关联和横向比较的"多规合一"视角下土地供给侧结构性改革案例研究、"点－线－面"跨区统筹的"多规合一"视角下土地供给侧结构性改革案例研究、结论与建议，共4章。具体编写分工情况为：第一篇由严金明、夏方舟、张雨榴、程子腾、杨雨濛、郭栋林完成，第二篇由严金明、夏方舟、李储、程子腾、迪力沙提·亚库甫、张东昇、陈一唱完成，第三篇由严金明、迪力沙提·亚库甫、黄可铭完成，第四篇由夏方舟、鲁平贞、赵哲、王兴邦、刘唱、胡可可、黄熊赐艺完成，第五篇由严金明、夏方舟、陈昊、李储、蔡大伟、黄宇金、蒲金芳、陈伊凝完成，全书最后由严金明、夏方舟统撰成稿。本书揭示了"多规合一"与土地供给侧结构性改革的内在逻辑关系，建构了"多规合一"导向下的土地供给侧结构性改革理论框架体系，从数量结构、空间布局、供给时序三个维度丰富了土地供给侧结构性改革理论框架体系和建议，期望为国家层面深化土地供给侧制度改革的顶层设计提供科学支撑，为实现国家供给侧结构性改革的"三去一降一补"任务提供规划政策保障。本书可以为国土空间规划编制和管理提供参考，也可服务改革创新试点，为地方"多规合一"实践和土地供给侧领域改革推进提供决策支持。

当然，土地是一切活动的载体，其发挥着基础性、保障性、支撑性作用，是社会不同发展阶段的核心利益冲突点，是改革的必要着力点和重要发力点。"地基不牢、地动山摇"，"多规合一"导向下的土地供给侧结构性改革牵一发而动全身，其涉及主体千丝万缕、利益关系千头万绪、优化方案千变万化，其日益彰显的复杂性、敏感性和困难性，越来越要求我们不断抽丝剥茧地深入探索、挖掘规律、提炼理论，只有这样才能与时俱进地指导未来的实践方向。

作为近年来团队研究的阶段性成果，本书仅仅是一个起点，仍然还有诸多需要完善推敲之处，恳切期望能得到各个同仁、读者和朋友的批评与指正！

严金明

2023年2月于中国人民大学求是楼

目 录

第二篇　"多规合一"视角下土地供给侧数量结构改革路径设计

第 8 章　新时期土地利用供需匹配研究

第 9 章　土地数量结构动态变化特征与驱动机制研究

第 10 章　土地数量结构优化研究

第五篇 "多规合一"视角下土地供给侧结构性改革的
案例应用与反馈修正

CONTENTS

PART 4　DESIGN OF LAND SUPPLY-SIDE TIME SEQUENCE STRUCTURE REFORM PATH OF "MULTIPLE PLANNING INTEGRATION"

PART 5 CASE APPLICATION AND FEEDBACK AMENDMENT OF LAND SUPPLY-SIDE STRUCTURAL REFORM FROM THE PERSPECTIVE OF "MULTIPLE PLANNING INTEGRATION"

CHAPTER 25 A CASE STUDY OF LAND SUPPLY-SIDE STRUCTURAL REFORM FROM THE PERSPECTIVE OF "MULTIPLE PLANNING INTEGRATION" WITHIN "DISTRICT-TOWN-VILLAGE" URBAN-RURAL COORDINATION

CHAPTER 26 A CASE STUDY OF LAND SUPPLY-SIDE STRUCTURAL REFORM FROM THE PERSPECTIVE OF "MULTIPLE PLANNING INTEGRATION" BASED ON VERTICAL CORRELATION AND HORIZONTAL COMPARISON

第一篇 "多规合一"视角下土地供给侧结构性改革的作用机理与理论框架研究

第 1 章

导　　论

1.1　研究背景

2015 年 11 月 10 日召开的中央财经领导小组第十一次会议上，习近平总书记第一次提出了供给侧结构性改革的诉求[①]。随后，供给侧结构性改革更是在国家经济管理工作和决策及各项重大会议中被频繁提及。2015 年 11 月 17 日，李克强总理在召开的"十三五"《规划纲要》编制工作会议上强调"在供给侧和需求侧两端发力促进产业迈向中高端"[②]。2015 年 12 月 21 日闭幕的中央经济工作会议强调，推进供给侧结构性改革，是适应和引领经济发展新常态的重大创新，是适应我国经济发展新常态的必然要求[③]。推动供给侧结构性改革，已然成为我国目前经济发展的现实需求，是适应和引领我国经济发展新常态的长久需要，有利于满足人民日益增长的美好生活需要，解决发展不平衡不充分的问题。

然而，当前已有的对于供给侧结构性改革的研究大多集中于理论层面和

[①] 参见《中央财经领导小组第十一次会议召开》，http://www.gov.cn/govweb/xinwen/2015-11/10/content_2963689.htm，2015 年 11 月 10 日。

[②] 参见《李克强：科学编制十三五〈规划纲要〉》，http://www.scio.gov.cn/ztk/dtzt/2015/33995/34002/34018/Document/1463170/1463170.htm，2015 年 11 月 18 日。

[③] 参见《中央经济工作会议举行　习近平李克强作重要讲话》，http://www.gov.cn/xinwen/2015-12/21/content_5026332.htm，2015 年 12 月 21 日。

宏观层面，主要关注理论源头（方福前，2017）、理论依据（孙亮和石建勋，2016；李翀，2016）、内涵体系（冯志峰，2016）、路径建议（许光建和孙伟，2016；贾康和苏京春，2016）等。供给侧结构性改革的要素包括了劳动力、土地、资本、技术、制度等要素，土地作为最基本的供给侧生产、生活和生态要素，是我国整个供给体系的重要组成部分，在经济发展中发挥着极其重要的作用。尽管界内学者普遍认为土地供给侧结构性改革是推动供给侧结构性改革工作的重要组成部分之一，但是目前专门针对土地供给侧结构性改革的研究仍然较少，现有的研究也往往是从农业等其他领域衍生到土地领域进行分析（孔祥智，2016），或从土地审批制度、土地供应制度、土地市场、土地整治（单丁洁和徐勉，2016；陈书荣和陈宇，2016；冯广京，2016；马克星等，2017）等角度进行研究。规划作为土地供给的"龙头"和核心制度，也是配置土地要素的关键基础，在供给侧结构性改革中土地要素配置具有非常重要的地位，然而相应的针对规划制度如何在土地供给侧结构性改革中发挥作用的研究分析却罕见于文。虽然也有少数研究从建设用地角度对土地规划方面进行了讨论，但已有研究没有基于供给侧的内涵本质展开深入探讨，缺乏对土地领域供给侧结构性改革中的核心制度，即规划制度的整体研究和系统分析。

与此同时，"多规合一"也是当前热点之一。自《中共中央关于全面深化改革若干重大问题的决定》明确提出"建立空间规划体系"以来，中央先后在中央城镇化工作会议、《国家新型城镇化规划（2014—2020年）》、《生态文明体制改革总体方案》、《中共中央关于制定国民经济和社会发展第十三个五年规划的建议》等会议及文件中多次强调"多规合一"。2014年3月16日，国务院发布《国家新型城镇化规划（2014—2020年）》，强调推动有条件地区的经济社会发展总体规划、城市规划、土地利用规划等"多规合一"，将"多规合一"上升至国家政策层面。2016年10月，习近平总书记在中央全面深化改革领导小组第二十八次会议上发表重要讲话，强调"多规合一"，在省级开展空间规划试点，为建立健全国土空间开发保护制度积累经验[①]。2017年8月，习近平总书记主持召开中央全面深化改革领导小组第三十八次会议，在审议《宁夏回族自治区关于空间规划（多规合一）试点工作情况的报告》时再次强调，"加快体制改革和法治建设，为优化国土空间开发保护格局、创新国家空间发展模式夯实基础"[②]。2019年1月，中央全面深化改革委员会第六次会议审议通过了《关于建立国土空间规划体系并监督实施的若干意见》，将主体功能区规划、土地利用规划、城乡规划等空间规划融合为统一的国土空间规划，实现"多规合一"。"多规合一"的改革应体现国家意志，提升政府治理能力，坚持永续发展，适应市场经济配置，注重城乡发展统筹。推进"多规合一"，健全国土空间利用管理，已成为推进国家治理体系和治理能力现代化的重要举措。

多年以来，我国与空间相关的规划经过整合，呈现出国民经济和社会发展规划、城乡规划、土地利用规划、生态环境保护规划等"多规并存"的局面，导致空间治理效率低、造成社会资源浪费。"多规合一"是将主体功能区规划、土地利用规划、城乡规划等多个规划融合到统一的规划上，实现一个规划、一张蓝图，"多规合一"的提出为解决我国规划体系问题提供了思路。目前，国内学者对"多规合一"已展开了大量的研究，但是，当前关于"多规合一"的研究大多集中于各类规划的障碍分析、技术衔接、资源配置或体制协调（刘彦随和王介勇，2016；董祚继，2015；杨保军等，2016），而对产业规划（产业结构）、土地规划（土地利用结构）、城乡规划（城乡空间结构）和环保规划（约束时序结构）与土地供给侧结构性改革的关系研究不多，对

---

① 参见《习近平：以自我革命精神推进改革》，http://www.xinhuanet.com/politics/2016-10/11/c_1119697529.htm，2016年10月11日。

② 参见《习近平主持召开中央全面深化改革领导小组第三十八次会议》，http://www.gov.cn/xinwen/2017-08/29/content_5221323.htm，2017年8月29日。

规划管理分割等问题可能对土地供给侧结构性改革带来的障碍和影响的研究尚且缺乏，以及对于如何释放土地改革红利、提高土地市场化配置程度的问题还存在争论，导致当前出现了如无法及时对合理产业用地进行供给或限制实现"去产能"、无法及时处置闲置用地以实现"去库存"、无法合理调节供地计划以实现"去杠杆"、无法充分协调多种规划的土地供需以实现"降成本"、无法及时满足用地需求以实现"补短板"等诸多问题。同时，由于"多规合一"的导向本身存在极大的不确定性，因而亟须针对"多规纷争"对土地供给侧可能产生的各类影响，开展"多规合一"视角下的土地供给侧结构性改革探究。

1.2 研 究 意 义

1.2.1 理论意义

（1）揭示"多规合一"与土地供给侧结构性改革的内在逻辑关系，提供两者协同优化的理论。挖掘"多规合一"与土地领域供给侧结构性改革之间的互动机理，明确促进二者协同优化的关键节点，这不仅有助于为"多规合一"的落实从土地供给方面提供制度基础，也可以为今后土地领域的供给侧结构性改革研究提供方向与指引。

（2）建构"多规合一"导向下的土地供给侧结构性改革理论框架体系，进而拓展土地制度改革的理论维度。以"多规合一"为功能导向，以制度体系为对象，明确土地供给侧制度的本质及其内部要素的互动关系，凝练构建新时期背景下土地领域的供给侧结构性改革范式框架，并最终细化、整合新型土地供给体系与实施保障机制，这有助于弥补过往研究多着眼于某一领域的缺失。

1.2.2　现实意义

（1）顺应国家供给侧结构性改革和"多规合一"理念，为国家层面深化土地供给侧制度改革的顶层设计提供科学支撑。科学合理的土地供给侧结构性改革的理论方法和制度体系不仅是破除土地资源要素配置瓶颈、优化国土空间格局的前提基础，也成为生态文明建设、城乡协调发展、区域统筹发展的重要支撑。以"多规合一"为功能导向的土地供给侧结构性改革路径研究不仅有助于加强"多规合一"的实施基础，也有助于为今后国家深化土地管理改革，顶层设计土地领域的供给侧结构性改革提供决策支持。

（2）为实现国家供给侧结构性改革的"三去一降一补"任务提供规划政策保障。供给侧结构性改革主要涉及产能过剩、楼市库存大、债务高企这三个方面，为解决好这一问题，就要推行"三去一降一补"的政策，即去产能、去库存、去杠杆、降成本、补短板五大任务。从"多规合一"视角，去产能——优化产业用地供给，释放土地改革红利；去库存——合理优化供地结构，促进市场供需平稳；去杠杆——规范土地储备职能，防范化解债务风险；降成本——定向新增用地指标，降低企业用地成本；补短板——加强国土综合整治，推进乡村振兴。

（3）服务改革创新试点，为地方"多规合一"实践和土地供给侧领域改革推进提供决策支持。为了强化路径框架的科学性，本书将总结各地在"多规合一"中的试点经验，综合论证各地在土地产权、土地市场、土地利用规划、土地审批制度等多方面的实践经验，并将研究成果在相关地区开展示范应用，这不仅有助于吸收并宣传各地在试点改革中的经验，也有助于切实服务示范区在土地供给侧改革制度创新方面的决策需求。

（4）本书将为国土空间规划编制提供参考。目前，《全国国土空间规划纲要（2021—2035 年）》已编制完成，省级及以下国土空间总体规划和重要区域国土空间规划的编制工作正加快推进,国土空间治理改革持续深化。本书将靶向构建高质量发展的国土空间优化布局目标,围绕贯彻落实创新、协调、绿色、开放、共享五大理念,力求为全国省级及以下国土空间总体规划和重要区域国土空间规划的编制提供参考依据。

1.3 研 究 目 的

1.3.1 构建"多规合一"视角下,以本体论、认识论和方法论为框架的土地供给侧结构性改革的研究方式与理论框架

针对当前"多规合一"与土地供给侧结构性改革研究成果零散、理论体系缺乏的不足,明确"多规合一"与土地供给侧结构性改革的本质认知(本体论),把握二者功能定位、现存问题与发展趋势(认识论),集成土地利用数量、空间、时序优化等模型,技术构建适应并引导发展趋势的方法体系(方法论),总结"多规合一"视角下土地供给侧结构性改革的一系列假说、理论、准则和方法,形成以系统论为骨架的研究范式与理论框架,为今后"多规合一"与土地供给侧结构性改革提供研究范式的参考与借鉴。

1.3.2 基于系统论,形成以"数量-空间-时序"为核心模块的土地供给侧结构性改革的路径与制度体系

针对当前"多规合一"与土地供给侧结构性改革关系不清、机理不明、路径缺乏、示范不足等问题,明确"多规合一"促进土地供给侧结构性改革的方向与作用机理,重点从土地供给侧数量结构、空间结构、时序结构三个维度构建以"数量-空间-时序"为核心模块的制度体系,并通过"区-镇-村"、

"省–市–县"、"东–中–西"和"点–线–面"典型区域的案例研究与示范应用，提炼不同层级、不同区域、不同战略导向下"多规合一"与土地供给侧结构性改革路径及制度设计的异同，为系统揭示"多规合一"促进土地供给侧结构性改革的路径提供科学与实践支撑。

1.3.3　为国家深化"多规合一"改革、土地供给侧结构性改革、土地制度改革与各地创新试点提供科学支撑

通过以本体论、认识论和方法论为基本骨架、以"数量–空间–时序"为核心模块的理论研究与案例示范，形成《关于强化"多规合一"与土地供给侧结构性改革联动效应的政策建议》《关于完善"多规合一"视角下土地供给侧数量结构改革路径的政策建议》《关于完善"多规合一"视角下土地供给侧空间管控与优化机制的政策建议》《关于完善"多规合一"视角下土地供给侧时序优化机制的政策建议》《"多规合一"视角下土地供给侧结构性改革的案例与示范应用》等政策建议与研究报告，为有效响应并落实国家关于"多规合一"与供给侧结构性改革的要求提供坚实的理论与实践支撑，为不同层级、不同区域开展"多规合一"与土地供给侧结构性改革提供参考与借鉴。

1.3.4　为同类或相关课题研究提供借鉴和参考

针对现有"多规合一"与土地供给侧结构性改革顶层设计缺乏、已有成果虽多但相对零散难成体系等问题，在研究本质、机理的基础上，构建集理论框架、制度路径、示范应用的研究主轴，形成理论与实践相衔接、科学与实操相结合的研究成果，从而弥补现有研究成果理论正确但可操作性差、研究成果体系协调性差的问题，为日后同类或相关课题研究提供成果角度的借鉴。

1.4 拟解决的关键性问题

1.4.1 以系统论为核心的"多规合一"与土地供给侧结构性改革的本质认知与理论范式

针对当前"多规合一"本质认知模糊、土地供给侧结构性改革机理不清的现实，全面梳理土地利用规划、城市规划、社会经济发展规划、生态环境保护规划等"多规"起源，以规划关键内涵为基础深入剖析我国当前"多规合一"的本质认知；从去产能、去库存、去杠杆、降成本、补短板等方面依次剖析土地利用数量、空间、时序等要素与供给侧结构性改革的关系及相互作用，明确土地供给侧结构性改革的本质认知；提炼以系统论为基础的研究范式，阐明"多规合一"与土地供给侧结构性改革的本质认知（本体论），研判二者功能定位、逻辑关联与发展趋势（认识论），集成土地利用数量、空间、时序优化等模型方法（方法论），以弥补相应理论研究的不足。

1.4.2 基于"数量、空间、时序"三大维度的"多规合一"土地供给侧结构性改革路径框架设计

针对当前规划实施管理分割等"多规纷争"问题，分析土地供给侧结构对于"多规合一"的需求动力，探索"多规合一"通过地类衔接、空间管控和动态调整影响土地供给侧结构的作用导向，从"数量、空间、时序"三位一体的结构性改革维度出发，以提升土地数量供需的引导能力、土地空间配置的统筹能力和土地动态配置的调节能力为目标，确定"多规合一"视角下土地供给侧结构性改革的目标依据、真正本质、关键功能和核心要素，从而

构建"多规合一"视角下促进土地供给侧结构性改革"数量配置、空间优化和时序调整"的路径框架。

1.4.3 "多规合一"视角下的土地供给侧数量结构变化规律分析、情景阈值界定、调整风险预测和结构调整路径设计

针对"多规"在现状基础数据、用地分类数量、规划目标规模等方面的差异和矛盾,从土地利用变化幅度、土地利用变化速度、土地利用转移方向等方面研究区域土地利用数量结构的变化规律和驱动机制,基于各类开发强度和目标导向情景设定界定各种地类的数量结构阈值,对不同情景模式下"多规合一"中数量关系调整可能涉及的经济风险、生态风险、社会风险等进行预测与分析,最终构建多维用途导向下的土地利用数量结构配置体系、建立"耕地保护–生态保护–建设控制"用地数量底线控制管理机制并设计基于多规融合的土地利用数量结构供需匹配方案。

1.4.4 "多规合一"视角下的土地供给侧空间布局导向分析、供需空间匹配、空间红线管制和空间治理路径设计

针对当前"多规纷争"造成的空间供求错位、越位等问题,基于人口增长、产业发展、生态保护和治国理政新理念、新思想、新战略对国土空间的结构性需求,提出新型发展目标耦合的"人口–产业–生态"空间格局优化与结构性改革导向,探讨空间土地需求的演进规律并预测其微观布局,研究各类优化空间密度、空间广度和空间深度的土地供给空间结构优化模式,探索"生产–生活–生态"空间和"城镇–农业–生态"空间靶向匹配方案,明确不同"多规合一"导向下的永久基本农田保护红线、生态保护红线和城镇开发

边界的"红线"管控和用途分区管制策略完善思路，最终构成促进"三生"协调统筹、供需精准匹配、基础设施对接、产业资源互联的土地供给侧空间结构优化路径。

1.4.5 "多规合一"视角下的土地供给侧生命周期影响机理剖析、结构特征识别、规划需求分析、预警纠偏调整和动态优化路径设计

基于规划准备期、规划构思期、规划编制期、规划执行期、规划实现期等不同规划周期，以及土地供给的开发期、维护期、保护期、治理期等不同利用周期，整合分析各类不同规划的生命周期对土地供给侧生命周期的相互综合影响，识别不同规划生命周期不同阶段的土地供给侧结构性配置和利用特点，梳理土地供给不同生命周期阶段对各类规划的需求导向，建立统筹不同规划编制、不同规划实施和不同规划反馈的三阶段全生命周期用地实时预警诊断模型，最终基于分析不同规划生命周期和土地供给生命周期中面临的主客观障碍条件，选择"规划-土地"每一生命周期阶段用地结构配置的动态优化路径。

1.4.6 "多规合一"视角下的土地供给侧"区-镇-村"、"东-中-西"和"点-线-面"案例比较研究和路径反馈修正

以北京市海淀区、苏家坨镇和七王坟村作为案例探讨"区-镇-村"城乡协同结构的"多规合一"土地供给侧结构性改革优化路径，以河北省纵向关联的"多规合一"土地供给侧结构性改革优化路径，并以湖北省和云南省为案例分析"东-中-西"横向比较的"多规合一"土地供给侧结构性改革优化路径，以廊坊市、南水北调东线线性工程和京津冀地区为案例分析"点-线-

面"跨区统筹的"多规合一"视角下土地供给侧结构性改革优化路径，根据案例试点的经验总结和反馈，修正土地供给侧数量、空间和时序结构调整优化的多规融合路径，为"多规合一"视角下实现土地供给侧结构性改革提供政策建议。

1.5　研究思路与具体内容

1.5.1　总体思路与框架

1. 总体思路

本书遵循"理论框架—路径设计—案例示范"的逻辑线路（图 1-1），结合当前国际国土空间规划体系研究和国内"多规合一"的理论研究与政策探讨，针对我国"多规合一"的不确定性以及"多规纷争"导致的土地供给数量供需失衡、空间结构错位、时序结构混乱等诸多问题，在"多规合一"的视角下，①基于"多规纷争"导致的土地供给侧问题，分析"多规合一"对优化土地供给侧结构的作用机理，从数量结构、空间结构和时序结构的角度构建"多规合一"视角下土地供给侧结构性改革的理论框架；②从供需失衡问题入手，开展"多规合一"功能导向下的区域土地利用供需分析，探索风险约束下土地供给侧数量结构的改革路径；③针对空间供求错位问题，完善不同"多规合一"导向下的"三线"管控和用途分区管制策略，研究促进"三生"协调统筹的土地供给侧空间结构优化路径；④针对供给时序与需求混乱问题，分析不同规划生命周期内的用地需求，构建全生命周期用地实时预警诊断模型，探索增加土地供给实时性和有效性的结构优化路径；⑤通过对在我国区镇村、省市县、东中西和点线面各个层面选取的典型区域进行案例分析，对改革路径进行应用试错和反馈修正，为切实在"多规合一"的多元可能性视角下平稳实现土地供给侧结构性改革，提供理论支撑和政策建议。

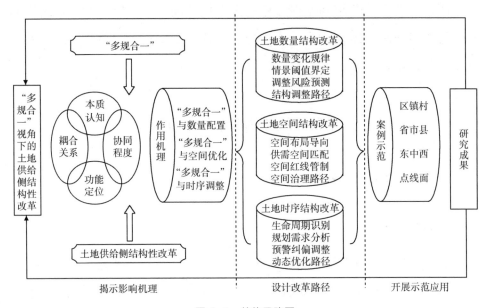

图 1-1　总体思路图

2. 总体框架

本书以实现"多规合一"助推土地供给侧结构性改革为目标，针对当前"多规合一"与土地供给侧结构性改革关系不清、机理不明、路径缺乏、示范不足等问题，在梳理分析"多规合一"与土地供给侧结构性改革的逻辑关系和理论范式的基础上，按照"本体论、认识论、方法论"构建"多规合一"促进土地供给侧结构性改革的理论框架（图1-2），按照"数量-空间-时序"设计"多规合一"促进土地供给侧结构性改革的制度体系框架。在此基础上，重点研究"多规合一"视角下土地供给侧数量结构改革路径、空间结构改革路径、时序结构改革路径设计，并从"区-镇-村"城乡协同、"省-市-县"纵向关联、"东-中-西"横向比较和"点-线-面"跨区统筹四方面开展案例与示范应用研究，最终形成"多规合一"助推土地供给侧结构性改革的理论与实践成果。

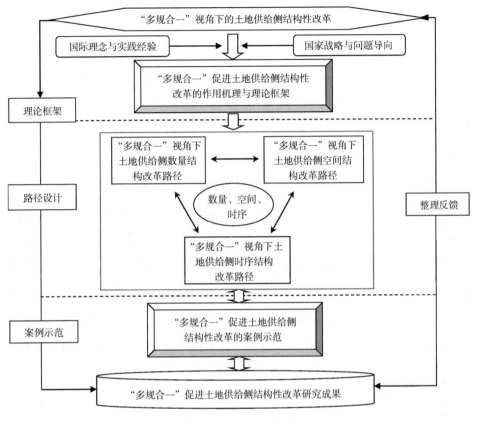

图 1-2　总体框架图

1.5.2　内容一："多规合一"视角下土地供给侧结构性改革的作用机理与理论框架研究

1. 研究思路

推进"多规合一"、健全国土空间利用管理已成为推进国家治理体系和治理能力现代化的重要举措，也是决定土地资源配置效益、影响土地供给侧结构性改革效果的重要因素。然而，当前"多规合一"研究仅集中于各类规划的障碍分析、技术衔接或体制协调，缺乏对"多规合一"与土地供给侧结构性改革的关系的研究，这既难以深刻审视规划管理分割等问题给土地供给侧结构性改革带来的障碍，也难以系统揭示"多规合一"需求下土地供给侧结构性改革的方式与路径。为解决"多规合一"与土地供给侧结构性改革认知不足、"多规合一"促进土地供给侧结构性改革机理不清、"多规合一"视角下土地供给侧结构性改革路径不明的问题，内容一制定以下研究目标：①"多规合一"的本质认知；②土地供给侧结构性改革的本质认知；③"多规合一"促进土地供给侧结构性改革的制度体系；④"多规合一"促进土地供给侧结构性改革的理论框架；⑤"多规合一"视角下土地供给侧结构性改革的理论框架。具体思路为：在全面梳理总结"多规合一"与土地供给侧结构性改革内涵本质、功能定位等基础上，围绕"数量、空间、时序"系统剖析"多规合一"促进土地供给侧结构性改革的传导路径与作用机理，系统设计"多规合一"促进土地供给侧结构性改革的制度体系框架，提炼"多规合一"促进土地供给侧结构性改革的假说、理论、准则和方法，构建"多规合一"视角下土地供给侧结构性改革的理论框架，为其他子课题研究提供基础与框架。

2. 具体内容

1）多规并存的现状分析与"多规合一"的本质剖析

运用新制度经济学制度变迁理论，全面梳理土地利用规划、城市规划、社会经济发展规划、环境保护规划等"多规"起源，探讨多规在目标导向、地类衔接、空间管控等方面冲突的现状、原因及其对空间资源配置的障碍。以规划本质内涵为基础，结合生态文明建设、国家空间治理新要求、美英德日等发达国家空间规划实践经验等因素，深入剖析我国当前"多规合一"的本质内涵，科学界定"多规合一"的目标与功能定位。

2）土地供给侧结构性改革的本质认知

在把握供给侧结构性改革的目标、依据、原则、内容等基础上，从去产能、去库存、去杠杆、降成本、补短板等方面依次剖析土地利用数量、空间、时序等要素与供给侧结构性改革的关系及相互作用，明确土地供给侧结构性改革的逻辑起点、阶段定位、指导理念和范畴模式等核心要素，界定土地供给侧结构性改革的内涵、本质、目标与功能定位。

3）"多规合一"促进土地供给侧结构性改革的机理研究

围绕土地供给侧结构性改革目标，从"多规合一"—实现地类衔接—提升土地数量供需的引导能力—供给侧数量结构改革目标、"多规合一"—协调空间管控—提升土地空间配置的统筹能力—供给侧空间结构改革目标、"多规合一"—促进供给有序—提升土地动态配置的调节能力—供给侧时序结构改革目标等方面，剖析"多规合一"促进土地供给侧结构性改革的传导路径，形成基于"数量、空间、时序"三位一体的"多规合一"促进土地供给侧结构性改革的机理。

4）"多规合一"促进土地供给侧结构性改革的制度体系设计

梳理我国"多规合一"战略与实践，总结典型国家空间规划制度体系及其效果，根据"多规合一"促进土地供给侧结构性改革的传导路径与影响机理，从"数量结构改革、空间结构改革、时序结构改革"三大维度出发，设计"多规合一"视角下土地供给侧结构性改革的制度体系框架。

5）"多规合一"视角下土地供给侧结构性改革的理论框架构建

在把握"多规合一"与土地供给侧结构性改革本质认知、相互关系、作用机理等方面的基础上，总结"多规合一"视角下土地供给侧结构性改革所需的一系列假说、理论、准则和方法，提炼其中可被科学家共同体广泛认可的本体论、认识论和方法论，构建"多规合一"视角下土地供给侧结构性改革的理论范式与框架。

3. 研究方法

（1）文献回顾法：通过文献回顾，梳理我国"多规合一"与土地供给侧结构性改革在内涵理念、实践模式、发展趋势等方面的研究成果，把握当前研究的启示与不足。

（2）模型分析法：运用新制度经济学制度变迁理论模型，分析多规并存的起源、冲突原因、未来趋势,为明确"多规合一"本质、目标提供基础。

4. 技术路线

内容一的技术路线图如图 1-3 所示。

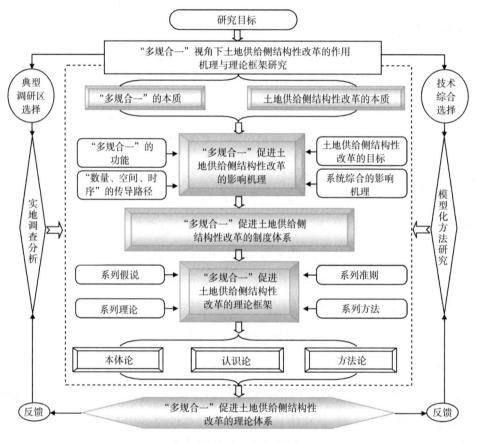

图 1-3 内容一的技术路线

1.5.3 内容二:"多规合一"视角下土地供给侧数量结构改革路径设计

1. 研究思路

此部分基于"变化趋势分析–驱动因素确定–开发强度控制–风险约束保障"的整体框架,在"多规合一"的视角下,①运用土地利用结构信息熵来表征土地数量结构，并以时序数据揭示了城市土地利用数量结构变化趋势的特点和土地供需失衡的存在，基于此验证了土地供给侧结构性改革的必要性；②构建土地利用结构变化驱动指标体系，运用固定效应面板模型检验各项驱动力的影响程度大小，从而为土地领域供给侧结构性改革提供针对性施策的思路；③运用径向基函数（radial basis function，RBF）神经网络模型分析建设用地最大需求规模，叠加产业转移测度模型并进行修正得出单位产业用地面积测算产业转移所需增加的建设用地规模，进而得到区域国土开发强度阈值，明确了供给规模，为土地供给侧结构性改革提供参数参考；④关注土地供给侧结构性改革可能带来的经济、社会和生态风险问题，运用优劣解距离法（technique for order preference by similarity to an ideal solution，TOPSIS）对不同情景下的土地供应结构风险进行评估，回答了安全导向之下的国土开发强度选择问题。

2. 具体内容

1）新时期土地利用供需匹配研究

利用供需理论，在全面分析多规并存背景下土地数量预测与管控情况、问题的基础上，从土地总体供应情况、耕地供求情况、建设用地供求情况、基础设施用地供求情况四个方面说明我国土地数量管控和土地供求情况。基于情况分析我国土地数量管控现存的问题和矛盾。然后结合供给侧结构性改革与生态文明建设以及经济新常态的最新需求和政策要求，分析未来理想土地利用数量规划与配置的总体方向，分析未来土地供给和土地需求可能的改进路径和演变方向，最后从多个角度分析土地供给侧数量结构与新时期用地需求不匹配的原因。

2）土地利用结构变化趋势研究

依据 1990~2015 年中国土地利用现状遥感监测数据，将我国土地利用类型分为农用地、建设用地与生态用地三大类，并借助地理信息系统（geographic information system，GIS）分析了我国及东部、中部、东北部与西部各区域土地利用结构在研究期内的变化特征。首先，对土地结构的变化幅度进行计算及分析；其次，依据单一土地利用动态度、综合土地利用动态度与基尼指数（Gini index）分别研究了土地利用结构变化的绝对变化速率与相对变化速率；最后，依据系统理论，采用信息熵指数探究了土地利用结构变化的有序性。在此基础上，进一步选取比较具有代表性的北京市为例，对北京市整体土地利用结构变化特征进行分析；并比较北京市各区土地利用结构变化特征的差异，以更加有效地把握土地利用结构变化规律。

3）土地利用结构变化驱动机制研究

基于已有研究分析土地利用变化驱动力系统，并依据指标可量化性、数据可得性等原则，建立土地利用结构变化驱动力指标体系。在此基础上，以北京市为例，结合其土地利用数据与社会经济统计数据，构建固定效应面板模型，对北京市 2005~2015 年土地利用结构变化的社会经济驱动力进行了定量分析，以探究人口因素、经济发展因素与产业结构因素等对农用地、建设用地、生态用地面积占比变化的影响及差异，以期为引导土地开发利用向更可持续的方向转变、实现土地资源的合理配置、更有效率的土地管理与对未来土地利用结构变化方向的预测提供科学依据。

4）基于协同发展的省域狭义国土开发强度内涵界定与阈值测度研究

基于国土开发强度的一般概念，界定狭义国土开发强度及其阈值内涵。首先，开展狭义国土开发强度阈值测算：基于自然条件约束进行国土空间开发建设适宜性评价，进而叠加政策红线约束，探讨理论最大适宜建设规模，从而构建国土开发强度阈值计算方法。其次，基于协同发展和产业转移修正的视角，应用 RBF 模型，对建设用地规模进行修正测度并计算狭义国土开发强度情景值。最后，本书在预期修正下进行了狭义开发强度阈值反馈调整。

5）风险约束下土地供给侧数量结构改革路径研究

梳理农村土地供应结构的合理性和供应过程非理性行为中可能存在的风险，构建考虑经济、社会和生态风险的 3×2 农村土地供应结构分析矩阵。选择研究区域以及不同情景之下的土地供应结构。建立评价指标体系，并应用 TOPSIS 法对不同土地供给结构方案的经济、社会和生态风险进行评价。选择综合风险最小的方案，并详细识别其风险。

3. 研究方法

（1）文献回顾法。通过文献及项目资料的收集、归纳与整理来明确我国土地供需、土地利用结构及土地供给侧结构性改革的情况、特征和问题，梳理比较国内外土地供需匹配、土地资源数量结构、国土开发强度在内涵理念、实践模式、发展趋势等方面的异同，从而进一步分析"多规合一"与土地供给侧结构性改革的逻辑关系。

（2）模型分析法。运用信息熵模型测度土地利用数量结构均衡度，回答了土地供给侧结构性改革的必要性；运用固定效应模型检验土地利用结构变化驱动因素的影响及其程度大小，从而明确"多规合一"视角下土地供给侧结构性改革的施策方向；运用 RBF 神经网络模型分析建设用地最大需求规模，叠加产业转移测度模型并进行修正得出单位产业用地面积，测算产业转移所需增加的建设用地规模，进而得到区域国土开发强度阈值，为土地供给侧结构性改革提供参数参考；应用 TOPSIS 法对不同情景下的土地供应结构风险进行评估，回答了安全导向之下的国土开发强度选择问题。

（3）案例研究法。此部分分别选取不同级别、不同尺度的典型区域，即从区–镇–村与省–市–县行政单位、点–线–面三个尺度的跨区域选取典型区域和城市进行案例试点分析，探索理论成果应用实施机制和供给方案，在城乡协同、纵向关联、跨区统筹三个思路下探索应用"多规合一"视角下土地供给侧数量结构改革路径，从多元可能性视角下完善土地供给侧结构性改革理论框架并提出政策建议，对改革路径进行应用试错和反馈修正。

（4）GIS 空间分析法。运用 ArcGIS 等 GIS 分析软件，对我国现行各类规划与土地利用规划的基础资料及限制因素进行论证，从实践操作中探索土地供给侧数量结构改革的途径和方法，如利用遥感–地理信息系统（remote sensing -geographic information system，RS-GIS）技术研究区域土地利用数量结构的变化特征和规律、构建基于多目标优化问题–地理信息系统（multi-objective optimization problem-geographic information system，MOP-GIS）模型的国土空间利用战略耦合仿真模型进行国土空间开发格局分析等。

4. 技术路线

内容二的技术路线图如图 1-4 所示。

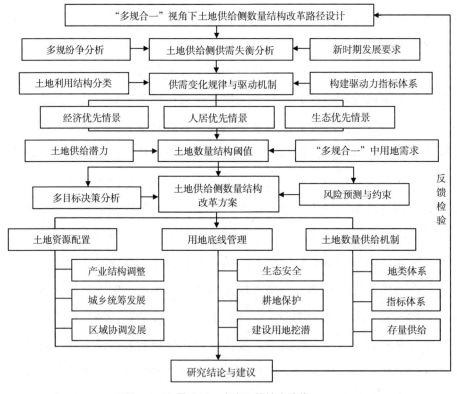

图 1-4　内容二的技术路线

1.5.4　内容三："多规合一"视角下土地供给侧空间结构改革路径设计

1. 研究思路

此部分从"重心–引线–板块"视角出发，探索区域国土空间开发重心点位、点位间作用引力线和不同功能导向模块平面的空间配置诉求，探究重心、引线、板块之间的耦合联动关系及区域分异规律，分析其变化规则、作用机理和优化路径，提出建立"点–线–面"全域覆盖的空间结构优化体系的系统思路，以国土空间开发利用与保护主体空间相互作用关系为导向，融贯区域环境条件并兼顾自身发展及需求，从重心节点、空间引线、功能板块三方面探索重构路径，实现国土空间供给侧"互动互通、功能融合、体系均衡"的整体重构目标，进而实现区域国土开发、保护与利用由"个体"向"网络"直至"系统"的全面优化。

2. 具体内容

1）"点–线–面"空间优化配置架构形成理论基础：重心–引线–板块论

以国土空间城市单元为切入点，在地理区位论基础上，运用空间经济学的研究范式，依此推演重心迁移理论、空间引线载体理论和功能板块融合理论，构建国土空间单元的重心、辐射边界和板块摩擦及内部的混杂结构，阐明国土空间"点–线–面"空间配置的形成机理。

2）国土空间开发基本单元：重心节点论

利用国土空间重心识别相关理论，研判国土空间开发利用发展水平及其空间集聚效应的对应关系，识别空间上人口、产业、土地等各类要素的集中趋势，分析其国土空间开发利用相互作用强度，识别空间体系中的关键人口、土地和产业的重心节点；结合引力模型，综合判断国土空间相互作用类型和引力边界，划分核心节点、次级节点与一般节点，分析不同节点对国土空间利用结构与布局的传导、引流和辐射等不同影响。

3）国土空间单元相互作用：引线联结

构建改进的空间引力模型，基于"重心–引力"空间模型联结并测算各主体单元之间的引力，分析空间相互作用的大小与边界，探索引流的空间表达；探究各个单元之间的内部条件差异与外部联系，探析作用单元内各重心间最大联结线单向作用箭头的数量、走向及二者的组合结构，分析交通、产业等空间"引线"载体对"引流"的承载匹配情况，发掘分析其线状空间结构模式、线状空间结构形态、线状空间结构演化驱动力和制约因素等，提出引流与引线匹配的优化模型。

4）国土空间功能板块管理路径：三区三线论

在分析"重心"和"引线"的变化基础上，引入国土开发模块、生态空间选择模块、农业生产区位模块的模型，通过功能适宜性评价识别板块，探讨由空间引力形成的功能板块国土需求的演进规律，分析板块边缘区的空间相互作用与摩擦缓冲区，探索在板块边缘区引入生态空间与农业空间以消除板块冲击与摩擦，进而探索"城镇-农业-生态"空间冲突缓冲与靶向匹配方案。

3. 研究方法

（1）多学科交叉研究：在国土空间格局形成机理中运用空间经济学和资源环境学进行研究，在国土空间开发单元中运用城市经济学、人口经济学和社会学理论进行分析，在引线联结中采用物理学、经济地理学进行交叉探索，在功能板块中运用地质学、自然资源学、景观生态学和公共政策学等多学科理论进行研究。

（2）模型分析法：构建综合引力模型，分析国土空间开发单元之间的空间相互作用影响，探索空间单元引力作用的边界与断裂点；构建"城镇板块-农业板块-生态板块"模型，探讨空间板块的演进规律并预测其微观布局；运用多种模型如重心迁移模型、引力断裂点模型、基于摩擦力算法的板块冲突模型以及"三区三线"空间优化模型等进行空间结构与格局分析。

（3）基于遥感与GIS技术的空间分析方法：采集研究案例区域土地利用的空间数据和属性数据，基于不同时段的卫星影像图解译土地利用现状，结合夜间灯光数据，通过ArcGIS空间分析工具，将社会经济数据空间矢量化，分析国土空间格局演进的动态变化与趋势。

（4）案例研究法：本书选取河北省进行实证分析。以河北省内城市与县域为例，分析国土空间开发单元的重心迁移，探究开发强度的影响机理；以省内 31 个城市为研究单元，验证国土空间单元的相互作用，以此探究"人+产+地"优化配置方案；以空间板块优化配置为导向，将生态板块空间化、农业板块空间化以及海洋板块空间化，分析"城+生+农"缓冲开发板块之间的摩擦冲突与冲击。

4. 技术路线

内容三的技术路线图如图 1-5 所示

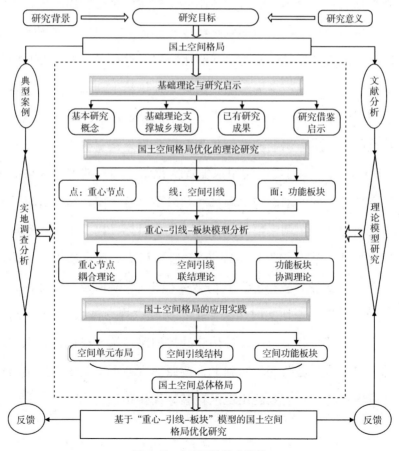

图 1-5　内容三的技术路线

1.5.5　内容四："多规合一"视角下土地供给侧时序结构改革路径设计

1. 研究思路

分析不同的土地供给侧发展阶段对各类国民经济和社会发展规划、城乡规划、土地利用规划、生态环境保护规划等规划的诉求，系统梳理诸多规划在生命周期中的差异和矛盾，整合分析各类不同规划的生命周期对土地供给侧的可能综合影响，构建不同规划生命周期的土地利用时序影响机理框架；总结"多规"各个规划立项、调研分析、规划编制、跟踪实施、规划评估等相关基础数据资料，基于离散时间控制协议构建"多规"周期耦合模型，构建不同规划生命周期土地供给侧影响测度指标体系，识别不同规划生命周期不同阶段的土地供给侧结构性配置和利用特点；挖掘各类规划在其中每个阶段所发挥的具体作用及产生的影响，构建土地供给生命周期各类规划影响的精准测度指标体系，探索不同土地供给生命周期的最佳规划配置组合，构建土地供给侧的不同生命周期的差异化和差异化规划指引机制；基于不同"规划体系–国土空间"生命周期的用地配置优化路径的预期理想效果诉求，建立系统动态任务规划的动态约束满足问题模型，基于跟踪精度、资源利用率等综合优化指标和方案调整幅度指标两级优化目标，以及求解动态规划问题的变邻域启发式算法、帕累托（Pareto）遗传算法、混合遗传算法等多种搜索算法，建立"任务分析+规划仿真+效果模拟+反馈预警"环境，通过仿真实验实现全生命周期用地实时预警纠偏；构建"规划体系–国土空间"生命周期匹配模型，基于各类限制条件构建的规划路径选择模型，在识别最核心限制条件、瞄准最关键时期的基础上，按照适宜性评价最小阈值法的思路，选择每一阶段最适宜、有效的用地配置结构优化路径。

2. 具体内容

1）我国不同规划的生命周期土地利用时序影响机理分析

探讨不同社会经济发展过程、城镇化发展时期、生态文明阶段的土地利用诉求，区分开发期、维护期、保护期、治理期等各个土地供给侧发展阶段，分析不同的土地供给侧发展阶段对各类国民经济和社会发展规划、城乡规划、土地利用规划、生态环境保护规划等规划诉求。单项选择某一具体规划如土地利用规划，剖析其在编制周期、实施周期、评价周期等各个时期对土地供给侧的具体影响；系统梳理当前诸多规划在规划编制、规划实施和规划反馈生命周期中存在的差异和矛盾，整合分析各类不同规划的生命周期对土地供给侧可能产生的综合影响，构建不同规划生命周期的土地利用时序影响机理框架。

2）我国不同规划生命周期土地供给侧结构性特征识别

划分规划准备期、规划构思期、规划编制期、规划执行期、规划实现期等不同规划阶段周期，总结"多规"各个规划立项、调研分析、规划编制、跟踪实施、规划评估等相关基础数据资料，基于离散时间控制协议构建"多规"周期耦合模型；分析不同规划在其生命周期各个阶段不同的侧重点，提取土地供给侧关键自然、经济和社会要素，构建不同规划生命周期土地供给侧影响测度指标体系，开展基于粒子束约束算法的投影寻踪模型测度不同规划周期对土地利用的影响；针对各个规划的具体周期，挖掘土地要素的多维数量、形态和空间特征，识别不同规划生命周期不同阶段的土地供给侧结构性配置和利用特点。

3）我国不同土地供给生命周期内的规划需求分析

划分出我国土地供给的开发期、维护期、保护期、治理期等不同的生命周期阶段，深入剖析土地要素供给与配置对城乡社会经济发展的作用，提炼土地供给不同时期内的核心内生偏好和外生影响，梳理土地供给不同生命周期阶段对于各类规划的需求导向。分析土地供给不同生命周期阶段的特征和易出现的问题，挖掘各类规划在其中每个阶段所发挥的具体作用与产生的影响，构建土地供给生命周期各类规划影响的精准测度指标体系，探索不同土地供给生命周期的最佳规划配置组合，构建土地供给侧的不同生命周期的差异化和差异化规划指引机制，进而形成实现土地资源有效供给和科学合理配置的规划整合建议。

4）基于三阶段全生命周期用地实时预警纠偏模型构建

基于不同"规划-土地"生命周期的预期理想效果诉求，建立统筹不同规划编制、不同规划实施和不同规划反馈的三阶段全生命周期用地实时预警诊断模型，在不同生命周期定位点提炼影响不同生命周期规划实施效果的核心要素，建立系统动态任务规划的动态约束满足问题模型，基于跟踪精度、资源利用率等综合优化指标和方案调整幅度指标两级优化目标，以及求解动态规划问题的变邻域启发式算法、Pareto 遗传算法、混合遗传算法等多种搜索算法，针对土地供给侧规划实施预警系统的任务分析和执行问题，建立"任务分析+规划仿真+效果模拟+反馈预警"的虚拟仿真政策环境，通过仿真实验反映区域土地利用供需时序动态变化和实时动态反馈，实现全生命周期用地实时预警纠偏。

5）基于不同规划生命周期时序结构的用地配置优化路径设计

基于规划生命周期土地供给侧结构性特征、土地供给生命周期规划需求和全生命周期用地实时预警纠偏模型，构建"规划-土地"全生命周期匹配模型，分析不同规划生命周期和土地供给生命周期中可能面临的自然资源匮乏、生态环境脆弱、地理位置偏远、土地资产僵化、设施建设滞后、内生产业缺乏、就业机会不足等客观障碍因素，以及生产方式、生活习惯、生态认知和风险意识等主观障碍因素，基于各类限制条件构建的规划路径选择模型，在识别最核心限制条件、瞄准最关键时期的基础上，按照适宜性评价最小阈值法的思路，通过研判解决障碍的难易程度选择出"适宜""较适宜"的路径，回避"不适宜"的路径，进而选择出"规划–土地"每一生命周期阶段用地配置的空间范围、瞄准对象、要素资源、管理目标等，选择每一阶段最适宜、有效的用地配置结构优化路径。

3. 研究方法

（1）文献回顾法：通过文献回顾，以"多规合一"、供给侧结构性改革、生命周期理论、时序结构等为关键词，针对与选题相关的内容进行大范围的搜集，梳理国内外在城乡规划的生命周期理论方面的研究成果，把握当前研究的启示与不足。

（2）模型法：在研究过程中运用多种模型进行理论分析，如基于离散时间控制协议构建"多规"周期耦合模型，基于粒子束约束算法的投影寻踪模型，三阶段全生命周期用地实时预警诊断模型，"规划–土地"全生命周期匹配模型等。

（3）虚拟仿真设计：应用变邻域启发式算法、Pareto 遗传算法、混合遗传算法等多种搜索算法求解动态规划问题，研究建立"任务分析+规划仿真+效果模拟+反馈预警"的虚拟仿真政策环境，通过仿真实验反映区域土地利用供需时序动态变化、动态反馈和预警纠偏。

4. 技术路线

内容四的技术路线图如图 1-6 所示。

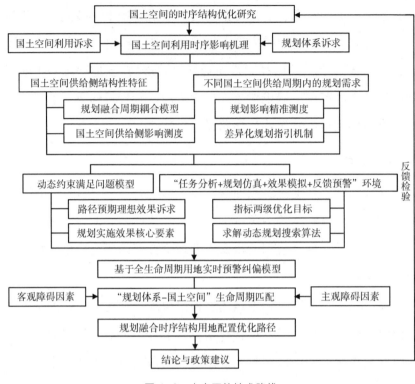

图 1-6　内容四的技术路线

1.5.6　内容五："多规合一"视角下土地供给侧结构性改革的案例应用与反馈修正

1. 研究思路

在构建理论体系，从数量、空间和时序三个层面开展路径研究设计的基础上，在城乡协同、纵向关联、横向比较和跨区统筹四个思路下选取典型区域和城市进行案例试点分析，探索应用"多规合一"视角下土地供给侧数量、空间、时序结构改革路径，总结试点反馈修正"多规合一"促进土地供给侧结构性改革的作用机理，从多元可能性视角下完善土地供给侧结构性改革理论框架并提出政策建议。在省、市、县纵向层面上，以河北省、武汉市、寻甸县为例研究行政层级上纵向关联的"多规合一"，助推土地供给侧结构性改革优化路径；同时以这三个案例为基础在东、中、西部开展横向比较研究，从省域层面探索土地供给侧结构性改革路径在我国不同区域中的差异化优化机制。整合总结城乡协同、纵向关联、横向比较和跨区统筹等不同思路下的案例实施经验和反馈，修正"多规合一"视角下的土地供给侧结构性改革理论框架，总结提出"多规合一"视角下土地供给侧结构性改革的结论建议。

2. 具体内容

1）"省-市-县"纵向关联的"多规合一"视角下土地供给侧结构性改革案例研究

在纵向层面上对不同行政级别城市中"多规纷争"问题对于供给侧结构性改革的影响进行研究，探讨"省-市-县"纵向关联的"多规合一"土地供给侧结构性改革优化机制。以开展"多规合一"试点较早、经验较为丰富的河北省作为研究区域，在省、市、县层面上分别选取河北省、武汉市、寻甸县作为试点对象，梳理河北省、武汉市、寻甸县不同级别上行政单位"多规合一"试点工作的开展情况，分析其原有多规并存情况对当地供给侧结构性改革产生的影响，研究纵向关联的"多规合一"助推土地供给侧结构性改革优化理论框架。

2）"东-中-西"横向比较的"多规合一"视角下土地供给侧结构性改革案例研究

东、中、西部开展案例分析的核心是通过比较分析来研究不同经济发展阶段，不同自然、社会发展禀赋，不同国家战略导向下的省域"多规合一"促进供给侧结构性改革路径优化的异同点。因此，在我国东部、中部、西部分别选取典型作为试点，进行"多规合一"视角下土地供给侧结构性改革路径优化横向比较研究：河北省（东部）、武汉市（中部）和寻甸县（西部）。对三地经济社会发展情况、产业结构、城市发展战略、生态环境保护压力等各个方面情况进行异同分析，通过比较分析来研究土地供给侧结构性改革路径在我国不同区域中的数量、空间和时序结构的差异化优化机制。

3）"多规合一"视角下土地供给侧结构性改革的反馈修正与建议总结

整合总结纵向关联和横向比较两个不同思路下"多规合一"视角下土地供给侧结构性改革具有实践性和应用性的实施经验。根据案例试点的经验总结和反馈，修正"多规合一"实现土地供给侧结构调整优化、促进土地供给侧结构性改革的理论体系，完善数量、空间和时序结构三个维度的"多规合一"土地供给侧结构性改革的路径框架构建。在此基础上，切实在"多规合一"的多元可能性视角下，为平稳实现土地供给侧结构性改革提供理论支撑和政策建议。

3. 研究方法

（1）案例研究法：分别选取纵向的省–市–县三级行政单位、横向的东–中–西三个区域进行案例试点分析，探索理论成果应用实施机制，对改革路径进行应用试错和反馈修正，完善土地供给侧结构性改革理论框架并提出政策建议。

（2）对比反馈法：选取不同级别、不同区域、不同尺度的典型区域进行案例对比，分析其相似和相异程度，探求普遍规律与特殊规律，综合比较得出反馈经验，进而修正机理框架和路径设计，以进一步优化土地供给侧结构性改革路径。

4. 技术路线

内容五的技术路线图如图 1-7 所示

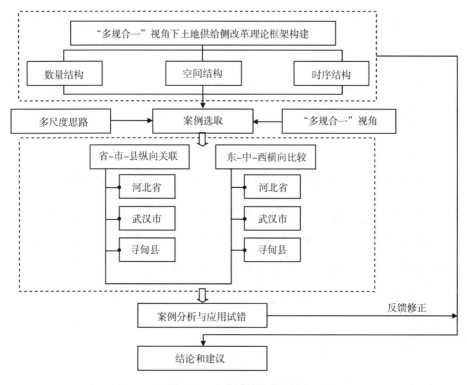

图 1-7 内容五的技术路线

1.5.7 本书内容之间的逻辑关系

1. 内容一旨在明确导向，为后续研究内容提供理论框架与方向

尽管当前学者开展了诸多关于"多规合一"与土地供给侧结构性改革的创新研究，但缺乏"多规合一"视角下土地供给侧结构性改革的统筹研究与顶层设计。因此，内容一对"多规合一"视角下土地供给侧结构性改革目标、依据、原则、本质与范式的研究，有助于为后续研究内容提供系统的方向指引，为形成"多规合一"促进土地供给侧结构性改革的统筹路径与制度体系提供支撑。

2. 内容二旨在优化数量，为内容三、四、五提供数量预测方法与管控路径

土地利用的数量结构是空间布局的依据，也是体现土地供给时序变化的载体。未来土地数量预测的科学水平与管控机制的合理程度将直接影响土地利用空间布局与动态供给的效果。

3. 内容三旨在融合空间，为内容二、四、五研究提供空间基础

空间是承载一切发展目标和计划的核心平台，而土地的开发利用是影响空间供给与配置的重要内容，因此，土地供给的空间结构与用途管控策略直接影响土地供给侧结构性改革的力度、深度和准度。内容三"多规合一"视角下土地供给侧空间结构改革路径设计，既为内容四关于土地供给侧时序结构改革路径的研究提供了空间基础，也为内容五关于土地供给侧结构性改革的案例应用与反馈修正提供了研究对象与区位基础。

4. 内容四旨在整合时序，为内容二、三、五提供时序基础

合理适宜的规划时序结构是保障土地供给侧结构性改革顺利实施的重要基础，当前各类规划生命周期特征各异，其规划生命周期内的用地需求差异也极大。因此，内容四对不同规划生命周期土地利用时序影响机理与结构性特征、不同土地供给生命周期内的规划需求进行了分析，研究了基于时序结构的用地配置优化路径，既为内容三提供了时序基础，也为内容五案例应用与反馈修正提供了用地实时预警纠偏理论基础。

5. 内容五旨在通过多维度的案例试点对研究思路进行案例应用试错和反馈修正

我国地域辽阔，各地社会经济现实情况十分复杂，不存在一个普适性的供给侧结构性改革理论框架，因此需要根据实际情况灵活调整理论框架，修正前面研究内容的理论成果，使之具有可操作性和可行性（图1-8）。

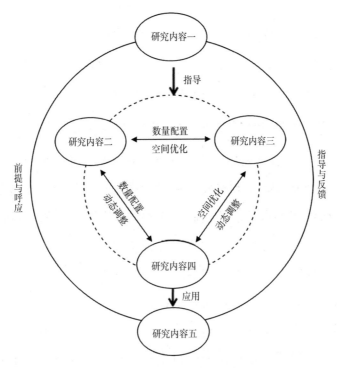

图 1-8　各内容之间的关系

1.6　研究的重点与创新点

1.6.1　研究的重点

1. "多规合一"促进土地供给侧结构性改革的"数量、空间、时序"机理研究

结合供给侧结构性改革的目标和任务，当前"多规合一"中存在着规划冲突矛盾、功能定位欠准确、管理模式欠完善等诸多问题，尤其是各个问题相互交织错位、相互纠缠，难以精准系统度量各个维度上"多规合一"对土地供给侧的影响，也难以匹配土地供给侧结构性改革的规划需求。因此，当前缺乏对"多规合一"如何在土地供给侧结构性改革中发挥其应有作用的机理探索，亟须构建"数量、空间、时序"三大维度的"多规合一"促进土地供给侧结构性改革的传导路径体系，剖析通过"多规合一"实现土地数量供需匹配、空间统筹优化和时序动态调整的机理内涵。

2. 多情景规划融合模式的多元土地利用数量结构供需匹配研究

"多规合一"中多类规划融合模式本身存在较大不确定性，存在多种规划情景模式实现基础数据和目标数值之间的融合。同时，土地数量的需求也会由于社会经济、自然供给、政策定位等变化而发生较大的改变，存在较大不确定性。因此，要在两大不确定性中实现土地利用数量结构供需匹配存在较大难度，需要以"多规合一"为功能导向设计高、中、低三类开发强度情景模式，定位生态优先、经济优先、人居优先等各类经济发展情景中用地部门对土地要素数量指标的需求，对土地供给潜力和土地需求在多情景规划融合模式中进行匹配，得出不同情景模式下的土地利用数量结构阈值。

3. 基于"人口-产业-生态"布局导向的土地利用空间结构靶向匹配方案设计

经济发展新常态、"五位一体"总体布局、"四个全面"战略布局、供给侧结构性改革等治国理政新理念、新思想、新战略等不断在宏观层面上对国土空间开发提出新要求，本书需要全面梳理宏观政策导向，精准提出基于新型发展目标耦合的"人口-产业-生态"空间布局导向，同时要针对空间土地的微观需求预测，以提升空间供需匹配的精准度、满意度和丰富度为目标，研究各类优化空间密度、空间广度和空间深度的土地供给空间结构优化模式，形成"生产-生活-生态"空间和"城镇-农业-生态"空间靶向匹配方案。

4. 基于系统理论的全域土地利用空间结构红线管制与空间治理机制设计

空间"红线"是最能体现规划权威性和强制性的手段,也是"多规合一"中冲突最为显著、融合最为困难的关键技术部分。本书结合国内"多规合一"规划实践,提出建立全域覆盖的"多规合一"空间管制体系的思路,从联系的系统观、有序的系统观、动态的系统观三个维度,明确国土空间的功能结构、层次结构和动态变化属性,划定科学合理的城镇化格局、农业发展格局、生态安全格局和自然岸线格局,明确永久基本农田保护红线、生态保护红线和城镇开发边界的空间管控"底线"措施,并通过红线划定、用途管制、功能分区等多种空间治理手段合理优化空间形态、空间结构、空间体系和空间组织。

5. "规划-土地"全生命周期匹配与虚拟仿真设计

针对不同规划的各个准备期、构思期、编制期、执行期和实现期,结合开发期、维护期、保护期、治理期等各个土地供给侧发展阶段,需要分析不同规划生命周期的土地供给侧结构性特征和不同土地供给生命周期规划需求,构建"规划-土地"全生命周期匹配模型,并针对全生命周期各个阶段特征、目标任务和可能存在的问题,建立"任务分析+规划仿真+效果模拟+反馈预警"的虚拟仿真政策环境,通过仿真实验反映区域土地利用供需时序动态变化和实时动态反馈,设计全生命周期用地实时动态调整的路径。

6. "点-线-面"跨区统筹的"多规合一"土地供给侧结构性改革案例研究

跨区域问题历来由于其基础数据搜集困难、行政管理跨界、协调矛盾突出等,难以开展系统研究,本书在"多规合一"视角下以土地供给侧数量、空间和时序结构改革为机理路径，强调跨区域层面的多规融合，在省、市、县三个空间尺度上分别选取较早进行实践的河北省、武汉市和寻甸县，同时这三个地区正好横跨东、中、西三个维度，以此为基础来分析在跨区域情景下，"多规合一"在推进土地供给侧结构性改革数量、空间和时序结构上的机制路径。

1.6.2 研究创新点

1. 现实问题选择：从现状"多规合一"和土地供给侧结构性问题出发

规划作为土地供给的"龙头"和核心制度，在"多规合一"的发展趋势下，仍然缺乏相应针对规划制度的土地供给侧结构性改革的整体研究和系统分析，缺乏对规划管理分割等问题可能给土地供给侧结构性改革带来的障碍和影响的研究，以及对于释放土地改革红利，提高土地市场化配置程度还存在争论，导致当前出现了如无法及时对合理产业用地进行供给或限制实现"去产能"、无法及时处置闲置用地实现"去库存"、无法合理调节供地计划实现"去杠杆"、无法充分协调多种规划的土地供需实现"降成本"、无法及时满足用地需求实现"补短板"等诸多问题，同时"多规合一"的导向本身存在极大的不确定性问题，因而亟须采取问题导向，针对我国"多规合一"中本身面临的改革诉求众多、部门缺乏共识、理论储备不足、实证检验匮乏等诸多问题，融合土地供给侧结构性改革中影响机理不明、规划需求不清、路径制度模糊等各类问题，开展"多规合一"视角下的土地供给侧结构性改革探究。

2. 改革框架设计："数量、空间、时序"三位一体改革路径

围绕土地供给侧结构性改革目标，从"数量结构改革、空间结构改革、时序结构改革"三大维度出发，明确"多规合一"视角下土地供给侧结构性改革的真正本质、关键功能、核心要素和准则范式，从"多规合一"—实现地类衔接—提升土地数量供需的引导能力—供给侧数量结构改革目标、"多规合一"—协调空间管控—提升土地空间配置的统筹能力—供给侧空间结构改革目标、"多规合一"—促进供给有序—提升土地动态配置的调节能力—供给侧时序结构改革目标等方面，剖析"多规合一"促进土地供给侧结构性改革的传导路径，形成基于"数量、空间、时序"三位一体的"多规合一"，优化土地供给侧结构性改革的理论机理和改革路径设计。

3. 多重模型构建：数量阈值、风险预测、空间匹配和周期耦合模型设计

（1）基于多情景灰色系统供需匹配的阈值模型设计。基于 RS-GIS 技术和 probit 模型分析区域土地利用数量结构的变化规律和驱动因素，结合土地数量结构变化规律与驱动机制，以土地资源禀赋和承载力为基础，以"多规合一"为功能导向设计高、中、低三类开发强度情景模式，分别研究地区各类土地资源的供给潜力；结合供给侧结构性改革和生态文明建设对国民经济结构调整和升级的要求，梳理新时期背景下各部门规划未来发展目标和用地需求，研判人居优先、生态优先、经济优先等各类经济发展情景中用地部门对土地要素数量指标的需求；以灰色系统理论为基础，针对数据图像的灰度值分级及灰度分布特点，以土地供给潜力为分母、土地需求为分子进行匹配，得出不同情景模式下的土地利用数量结构阈值。

（2）基于 TOPSIS 和矢量投影的土地数量结构调整风险预测模型设计。基于不同情景模式，提出不同"多规合一"导向下的土地利用结构调整方案，运用 TOPSIS 和矢量投影方法，对不同情景模式下"多规合一"中数量关系调整可能涉及的经济风险、生态风险、社会风险等进行预测与分析，运用逼近于理想灰色关联投影的多属性决策方法，研究在风险约束下的土地供给侧数量结构关系改革方案,选择风险规避导向下多维用途土地利用数量结构配置路径、土地利用安全底线路径和土地供给调节配置变更路径。

（3）基于 PLESD（"production-life-ecology" space development,"生产–生活–生态"空间发展）模型的土地要素空间供需匹配模型设计。在分析区域空间形态、空间结构、空间体系和空间组织的变化基础上，由宏微观土地开发模块、人口空间化与属性合成模块、居住区域定位模块、生态空间选择模块、产业区位选择模块以及基于活动的交通出行模块构建 PLESD 模型，探讨空间土地需求的演进规律并预测其微观布局；基于新型发展目标耦合的"人口–产业–生态"空间布局导向，针对空间土地的微观需求预测，以提升空间供需匹配的精准度、满意度和丰富度为目标，研究各类优化空间密度、空间广度和空间深度的土地供给空间结构优化模式，探索多维立体空间供给方案、"生产–生活–生态"空间和"城镇–农业–生态"空间靶向匹配方案。

（4）基于离散时间控制协议的"多规"周期耦合模型设计。划分规划准备期、规划构思期、规划编制期、规划执行期、规划实现期等不同规划阶段周期，引入轮询控制策略和嵌入马尔可夫链理论，基于离散时间控制协议构建"多规"周期耦合模型，探讨搭建各个规划离散时间的多级门限服务轮询系统，精确解析各个规划的平均循环周期、信息分组的平均实施时延和信息反馈的时长，通过对多级门限服务轮询系统的控制机理进行研究，分析获得各个规划控制参数的有效控制取值大小和时序管理的相关系统特性，整合形成时序周期衔接耦合的完整规划体系。

（5）三阶段全生命周期用地实时预警诊断模型设计。基于不同"规划–土地"生命周期的预期理想效果诉求，建立统筹不同规划编制、不同规划实施和不同规划反馈的三阶段全生命周期用地实时预警诊断模型，在不同生命周期定位点提炼影响不同生命周期规划实施效果的核心要素，建立系统动态任务规划的动态约束满足问题模型，基于跟踪精度、资源利用率等综合优化指标和方案调整幅度指标两级优化目标，利用求解动态规划问题的变邻域启发式算法、Pareto 遗传算法、混合遗传算法等多种搜索算法，针对土地供给侧规划实施预警系统的任务分析和执行问题，建立"任务分析+规划仿真+效果模拟+反馈预警"的虚拟仿真政策环境，通过仿真实验反映区域土地利用供需时序动态变化和实时动态反馈，实现全生命周期用地实时预警纠偏。

4. 案例实施反馈："城乡协同、纵向关联、横向比较和跨区统筹"的四重应用

在纵向层面上，以开展"多规合一"试点较早、经验较为丰富的地区作为研究区域，在省、市、县层面上分别选取河北省、武汉市、寻甸县作为试点对象，对不同行政级别中"多规纷争"问题对于供给侧结构性改革路径的纵向关联进行研究；在横向层面上，同样选择河北省（东部）、武汉市（中部）和寻甸县（西部），比较分析不同经济发展阶段，不同自然、社会发展禀赋，不同国家战略导向下的城市"多规合一"促进供给侧结构性改革路径优化的异同点。在双重案例应用结果的比较和归纳中，从数量结构、空间结构和时序结构上修正理论和路径框架。

1.7　研究总体技术路线

本书总体技术路线图如图 1-9 所示。

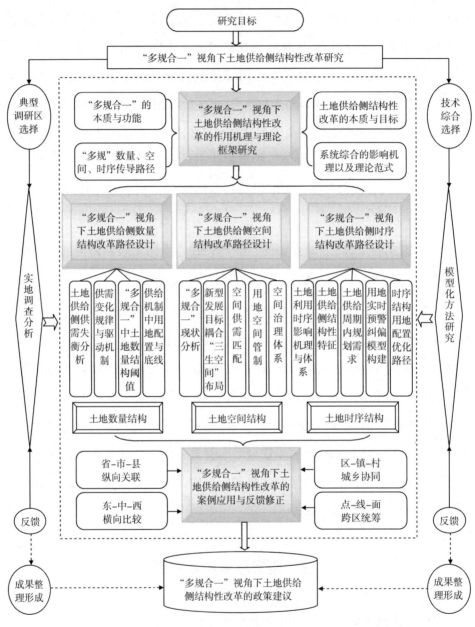

图 1-9 总体技术路线

第 2 章
文 献 综 述

2.1　土地供给侧数量改革相关研究概述

2.1.1　土地供需匹配研究

土地利用普遍存在着与经济发展匹配度不足、数量供需失衡的问题。具体来说，第一，我国目前规划编制依据科学性仍需提高。土地供给应当以规划为依据，以供给引导需求，通过市场来实施规划（燕新程和严金明，2006）。但是在实际的土地开发利用过程中，由于收集的社会经济发展数据口径不一，预测方法的差异和规划期限的滞后，规划修订时间间隔较短。第二，土地规划协调配置合理性仍需提高。当前，我国的土地利用规划是按照行政管理层次（欧海若等，2002），将主要的土地利用指标自上而下地分解，采取层层控制、逐级细化的指标控制方法（吴次芳和叶艳妹，2000）。土地利用中侧重于数量控制和空间分配，强调建设用地总量控制和区域内耕地占补平衡，这不符合区域协调发展和提升区域竞争力的理念，也不利于实行差别化的产业用地政策进而促进发展方式的转变。

一方面，产业用地和城市用地数量规模供需失衡。随着产业经济的不断发展和国内外宏观环境的变化，产业用地结构状况与产业经济发展不适宜的情况日益突出，传统高能耗、高污染、低效率的产业占据大量用地指标，新兴产业内部也存在同质化竞争、用地紧张的情况。产业用地内部用地布局结构不合理、工业用地效率低下（严若谷和周素红，2015）。另一方面，快速城市化和巨大经济利益驱动下，城市建设用地规模已接近土地利用规划控制的指标，城市面临新增土地资源难以为继的困境（马莉等，2008），但由于存量土地供给机制的缺乏，存量土地挖潜缺乏有效途径（杨佳新，2016），造成城市土地需求不断上升的同时城市大量存量土地闲置，城市土地利用供需失衡（何芳和宋羽，2011）。土地供给方式也存在问题，由于无偿划拨和有偿使用这两种供地方式在用地成本上差异很大，对土地资源数量配置方式缺乏科学论证，在一定程度上影响了土地利用的正常秩序（吴九兴，2010），土地审批手续过于烦琐，导致土地资源再配置的过程漫长，土地供给低效（陈书荣和陈宇，2016）。在土地资源配置过程中，就建设用地本身来讲，各产业和行业之间的资源配置不平衡，土地资源配置过程中仍以传统产业为主，新兴产业土地供需矛盾依然尖锐（单丁洁和徐勉，2016）。土地利用数量结构在区域间也存在严重失衡的现象。大城市中心城区人均土地占有量很低，建设用地总量逼近规划"天花板"，后备土地资源潜力有限（胡国俊，2016），中小城市建设用地粗放，大量存量土地和存量建设无法被消化。

除了建设用地、产业用地内部的供需失衡，建设用地、耕地和生态用地等各地类之间的数量关系也存在严重的供需不匹配问题。城市扩张的过程中，实际建设用地、建设用地需求与规划方案之间存在矛盾（刘卫东和何晓丹，2005），耕地、林地、未利用地等向建设用地转变的用途管制措施效果较差，土地供给对用地需求的引导和调节作用没有显现。同时，耕地面积逐年下降，尤其是优质耕地流失严重，后备耕地资源不足，耕地保护形势严峻（赵其国等，2006；唐敏，2008）。建设用地占用和生态退耕是耕地面积减少的两大主要原因（唐双娥和郑太福，2011；王秀红和申建秀，2013）。由于耕地的多用途适宜性，随着工业化和城市化的进行，耕地要保障国家的粮食安全，保障广大农民的就业机会，维护社会稳定，还要提供城市化以及第二、第三产业发展的空间（俞奉庆和蔡运龙，2004），但一直以来土地利用轻耕地、重建设特征未能得到根本性扭转，导致耕地与建设用地之间矛盾突出。耕地向非农用途转变过多的根本原因在于忽视了耕地资源的总价值及其合理分配，导致耕地农业利用的比较效益低下，耕地资源的总价值远远大于其直接的经济价值，耕地资源还具有巨大的社会价值和生态价值，而这些价值具有正的外部性，即耕地资源在某种程度上具有公共产品的性质，因此就出现了耕地的保护主体和受益主体不对称的问题（俞奉庆和蔡运龙，2004）。针对经济发展中生态环境的恶化，我国提出了生态文明建设的国家战略，但是我国生态用地总量与基础性生态用地面积均呈逐年下降态势（喻锋等，2015），生态类用地的数量严重缺失，生态类用地内部林地、草地、湿地等细分地类之间也存在数量关系不平衡、生态综合服务价值无法显现等问题。同时，随着生态文明建设的推进，在土地供给方面生态用地供给数量和机制严重滞后，导致生态建设的过程中出现指标矛盾，耕地指标占补平衡压力巨大。土地数量规模供给亟待在生态文明建设对生态用地的需求、粮食安全对耕地保护的需要、经济发展对产业和城市空间资源的需求之间进行有效协调。

土地供求在空间布局上也存在着错位的状况。土地利用布局遵从国土规划、区域规划等空间规划的用途分区，大型水利、交通、能源和生态工程的建设都会对土地利用产生深刻影响，主要体现在如城市边界扩展、区域用地结构变化、土地生态和土地利用效益改变等方面（胡健和王雷，2009），这是各类土地利用方式在空间界限上的关系，也是各级土地利用主体在空间尺度上的关系。首先是土地利用纵向空间体系不完善、空间尺度模糊，不同行政级别之间衔接困难。目前土地利用规划的纵向体系尚不完善，土地供给体系亟须优化（师武军，2005）。我国土地利用总体规划是对长期土地利用情况进行统筹安排,而土地利用年度计划是根据年度项目安排进行土地利用调整,这就迫使土地利用规划不得不根据土地利用实际进行调整,尽管计划管理对地方政府土地行为产生了显著影响,但由于计划外用地机会的存在,土地利用计划的硬约束功能并未完全实现(姜海等,2013),因此也就失去了土地利用规划的预测和战略安排作用。同时土地利用总体规划层次过多,内容基本雷同,作用没有得到充分发挥。县级以上总体规划受图纸比例尺的影响,无法从空间上详细反映土地利用规划意图(师武军,2005)。

其次是规划的横向空间安排不尽合理。我国土地规划对自然资源禀赋的空间配置和对土地利用进行相应空间布局缺乏前沿技术应用(许月卿等,2013)。土地利用空间关系的问题往往与土地利用数量关系问题相伴而生。当前城市土地利用快速扩张性和无序性并存也表现为城乡土地空间供求失衡。在各种类型开发区和工业园区的盲目开发,乡镇企业滥占滥用,农村居民点的无序建设(吕晓等,2014)等多种因素的综合影响下,土地利用数量关系混乱,城市快速向外扩张的同时侵占大量的农用地,并且各种开发区大多都是盲目地扩张,也造成城乡土地空间欠协调(马莉等,2008)。生态空间与生产空间、生活空间缺乏协调,一是造成生态建设缺少必要空间,侵占大量优质耕地,二是生产空间无序扩张造成生态环境破坏和人居质量下降(周翔等,2014)。

此外,土地时序上也存在着供需混乱的问题。国民经济的发展是一个不断变化和动态发展的过程,因此相应的用地需求也会因为经济发展目标和趋势的变化而变化。随着供给侧结构性改革的开展,当前的经济发展状况和过去相比会发生变化,而当改革随着时间的演进而深入,未来的发展方向的不确定性也会增加。土地供给中的刚性约束机制又是有效调节市场失灵的重要手段,也是土地利用规划的实施基础,刚性机制和弹性机制是保证土地利用规划的权威性、提高土地供给科学性的矛盾统一体(刘中婷和陈美球,2005),

不可偏废。作为土地供给侧的主要调控手段，土地利用规划是对未来土地利用的一种预测，本身就具有不确定性和灰色性（王万茂，2002）。市场经济越发达，经济生活中的不确定因素就越多，经济的不可预见性和难以预测性导致土地利用的变异性增加（尹奇等，2006）。但是当前土地利用却忽视了未来的不确定性，刚性束缚过紧，弹性空间严重不足（李鑫等，2013），土地供给无法随着市场的发展需要对土地利用结构和土地空间布局进行必要调整，从土地供给时序上及时调节国民经济各部门的用地需求，造成了土地利用规划失效，土地利用与经济发展不相适应。同时，土地供给对土地市场的变化估计不足，部分地方政府为了获得土地出让收入在短期内大量出让土地，缺乏从较长的时序维度对土地供给进行有效安排（刘洪玉和姜沛言，2015），导致土地供应无法根据环境变化及时做出调整，也缺乏做出调整的余地。

土地供给侧的时序关系问题，主要体现为土地利用规划缺乏动态机制和弹性空间。土地利用总体规划的指导思路是"以供给引导需求"，即上级下达的指标"引导"在规划的实际编制过程中具有指令性（胡健和王雷，2009），但是土地利用总体规划编制缺乏弹性，适应性不强，与市场经济条件下土地利用需求的不确定性和土地利用方向的多变性不相适应，导致了土地利用总体规划频繁调整（师武军，2005），土地供给侧的调节作用无法显现。我国土地利用总体规划的编制由于受计划经济思想的影响，制定的规划指标很多是指令性进度指标，缺乏对发展目标和物质环境设计相关联的分析和说明，使规划管理面临尴尬的局面，不调整规划则不能满足实际的建设用地需求，但频繁调整规划又使规划失去严肃性（刘卫东和何晓丹，2005）。现行土地利用规划缺乏动态与监控机制，土地供给缺乏制度约束，主要表现在法律制度不完善和规划监控技术落后。第一，土地利用规划长期以来缺乏相应的法律制度保障，规划的内容、过程、标准和行为等也没有明确的法律规定，各地目前开展规划时无法可依，随意性较大（严金明，2008），致使对土地供给和土地利用的约束有限。第二，目前土地市场监管的技术手段较落后，动态完善制度尚未建立，对于规划落实情况没有及时监测，无法有效遏制违规供地行为，产生了大量符合规划要求但是不满足需求的低效闲置用地。

2.1.2　土地利用结构变化规律研究

土地利用与土地覆盖变化（land use and land cover change，LUCC）是近年来世界关注的热点话题，LUCC 与自然子系统、经济子系统和社会子系统息息相关（傅伯杰等，2003）。无论从宏观上来看，还是对于相对微观的区域来说，作为自然子系统中的重要组成部分，土地利用结构的变化既受其他子系统的影响，也会对其他子系统产生一定的作用力。具体来说，土地利用结构的变化可用土地利用数量结构和空间结构的变化两方面来表征。在土地利用数量结构上，多数学者用信息熵来描述城市的土地利用结构，以反映其土地利用系统的有序程度。土地利用信息熵的提出来源于信息熵，具体表示为各职能土地面积的占比与其对数加和的负值。一般说来，信息熵值越大，表明土地利用的职能类越多，各职能类的面积相差越小（陈彦光和刘继生，2001）。与此同时，信息熵值越大，土地利用系统的有序程度越低（谭永忠和吴次芳，2003）。现有研究一致认为，大城市用地结构的信息熵一般大于小城市的信息熵，综合性城市的信息熵严格大于专业化城市的信息熵，城市化地区的信息熵必须大于各功能区的信息熵（陈彦光和刘明华，2001）。

关于土地利用结构数量变化规律的研究已覆盖了市级、省级和全国层面的范围。在市级层面的研究中，大多以大中城市为研究对象。土地利用结构变化可能呈现波动性，但总的来说，土地利用的信息熵在不断增加，反映了土地利用结构在不断优化，印证了国内学者关于"城市化地区的分维大于各职能类土地空间分布维数"的理论推断。尽管学者在以不同城市为研究对象时土地类型划分不一，但总的来看，土地利用数量结构变化均表现出与城市化一致的特征，即耕地的减少和建设用地的增加，但在城市化过程中部分地类维数的大幅变化显然暗示着城市在进化过程中的局部退化倾向（冯健，2003）。此外，也有学者着眼于更为细致的分类，关注小城镇以及不同规模、不同职能城市的信息熵水平。不同人口规模的小城镇之间的土地利用结构有差异，但是不突出（赵鹏军和吕迪，2019），但不同规模城市在地价较高的土地利用类型上的信息熵差异较大（鲁春阳等，2011）。不同职能城市土地利用结构信息熵以中等水平为主，土地利用类型多样性提升空间较大（鲁春阳等，2012a）。

省级或区域层面关于土地利用结构数量变化规律的研究已覆盖了东、中、西部三个区域，得到了具有可参考价值的结果。与城市层面的研究结果类似，总体上三大区域也表现出耕地的减少和建设用地的增加（董杰等，2006；胡贤辉等，2008；司慧娟等，2016）。但由于不同省份的自然状况、经济状况和社会状况不一，因此现有研究未得出一致性的规律。在全国尺度上，耕地总量保持基本平衡，城乡建设用地扩展提速，林地前减后增、荒漠前增后减、草地持续减少是我国在 1990~2010 年的 20 年间的土地利用数量结构变化特征（刘纪远等，2014）。总的来说，中国土地利用空间均衡度总体呈平稳波动，省份间土地利用空间均衡度差异逐渐缩小，阶段性变化以土地利用空间均衡度下降为主要特征（谭术魁等，2017）。

从以上研究可以看出，在相对微观的研究上，多数学者关注城市的土地利用结构，而城市边缘区和城市郊区作为城市与乡村两大相互作用的区域，其土地利用结构数量变化规律具有特殊性，值得关注（崔功豪和武进，1990；王玉明和王瑞康，2018）。随着城市化进程的不断推进，大量生产要素在城市边缘区和郊区发生交汇、产业转移，城市边缘区的农业景观为主的农田、林地显著减少（陈浮等，2001），工业用地的占比逐渐增加，用地结构由农业型过渡到半工业型，再转化为工业型，在用地转化过程中显示出以下规律：近郊农业用地→菜地→工业用地→居住填充→商业服务设施配套，最终形成非农用地中工业用地比重远远超过市区工业用地的比重，但公建、商业、行政用地比重明显低于市区的现象，扩展速度也表现出典型的周期性特征，存在加速期、减速期和稳定期三种变化状态，表现出非均衡周期性变化（崔功豪和武进，1990）。

学者对于土地利用数量结构的变化规律的研究颇丰，但土地利用作为一类重要的地理研究，其空间结构自然也值得进一步深入研究。随着信息熵的普遍运用，土地利用空间结构的信息熵则是空间信息熵，也称为分数维。分数维源于分形几何研究，后来逐渐应用到城市土地利用空间结构的研究中，适用于不规则城市形态的空间结构研究。边界维数能反映各种用地斑块边界的曲折性及其在空间上相互交错、相互渗透的复杂性，半径维数的大小则能表征用地类型的向心聚集程度，某用地类型的半径维数越小，表明该职能土地的向心聚集程度越强，即越集中在城市的中心；分数维数值在一定时空条件下是一定的，因而是可比的，其大小反映了城市土地利用空间分布的均衡性（陈彦光和刘继生，2001；赵晶等，2004）。赵晶等（2004）以1947~1996年上海中心城区为研究区，发现与其他用地类型相比，道路用地的分数维最大，即在空间上相互交错、相互渗透的程度最为剧烈，边界的曲折程度最为复杂；其次是农业用地、居住用地和城镇建设用地，自然土地利用类型的边界形态更趋向于规整、光滑，边界维数相对均较小。

分数维更聚焦城市等相对微观的层面，而在更为宏观的层面上，受不同方向的不同驱动因素的影响，土地利用的空间结构变化通常不是各向均衡的，而是表现出显著的空间分异性（崔功豪和武进，1990），由此使得信息熵的分布也具有空间分异性（谭永忠和吴次芳，2003；董杰等，2006；司慧娟等，2016）。中国土地利用空间均衡度空间分布不平衡，且地区差异显著，具有东、中部地区高，西部地区低的特征，土地利用空间均衡度在空间上整体表现出从集中到"分散化集中"的演变过程（谭术魁等，2017）。随着时间的推移，各类用地也会在空间上进行重新组合，由此导致各类用地的重心发生偏移。1990~2010 年的 20 年间，中国土地利用变化表现出明显的时空差异。"南减北增，新增耕地的重心逐步由东北向西北移动"是耕地变化的基本特征；"东部为重心，向中西部蔓延"是城乡建设用地变化的基本特征。此外，中国土地利用变化空间格局在不同阶段具有差异性，20 世纪末的 10 年与 21 世纪初的 10 年相比，黄淮海地区、东南部沿海地区、长江中游地区和四川盆地城镇工矿用地呈现明显的加速扩张态势；北方地区耕地开垦重心由东北地区和内蒙古东部转向西北绿洲农业区；东北地区旱作耕地持续转变为水田；内蒙古农牧交错带南部、黄土高原和西南山地退耕还林还草效果初显（刘纪远等，2014）。在更为微观的城市层面上，各类用地中建设用地的偏移距离最大，扩张范围、空间变化均较剧烈，加之城市空间扩张是一个各类、各方向作用力相互影响的过程，因而重心偏移特征较复杂（徐丽华等，2014）。

除了信息熵这一指标外，均衡度、优势度等指标也常被用来分析土地利用数量结构的变化。在实际应用中，由于不同的城市或同一城市的不同发展阶段可能有不同的土地职能数，土地利用结构的信息熵往往缺乏可比性，由此将实际熵值与最大熵值之比作为城市土地利用构成的均衡度，以此计算的结果更具直观性和可比性（赵晶等，2004）。优势度则与均衡度意义相反，其反映的是区域一种或几种土地利用类型支配该区域土地类型的程度（鲁春阳等，2011）。此外，土地利用变化动态度通常可以表征土地利用结构变化的速度（韩会然等，2015），土地利用类型转移矩阵则可具体地表现出各类用地的转入和流出方向（徐丽华等，2014），土地利用结构的产投比也是研究中多用来表征土地利用结构效率的重要指标（朱巧娴等，2015；杨奎等，2019）。从以上梳理可以看出，现有研究多着眼于城市的土地利用结构的变化，而对乡村的土地利用结构变化的规律缺乏关注。并且由于不同地区所受影响不一，土地利用结构的变化尚未得出全国层面统一的规律，当然，不同尺度、不同特点的区域，其土地利用结构信息熵究竟应该是多少才适宜，才能使区域土地利用系统发挥最高的功能效率，从而促进区域土地的可持续利用，尚需进一步探讨（谭永忠和吴次芳，2003）。

2.1.3　土地利用结构变化驱动机制研究

土地利用变化机制研究是土地利用变化模拟的基础，是对土地变化科学基本规律的研究，是土地利用变化问题最核心的研究部分。土地利用的变化是自然、经济和社会系统相互作用的结果，土地利用变化的驱动因素可大致分为自然因素、经济因素和社会因素三类（刘纪远等，2014）。自然因素具体包括土壤条件、气候变化、水系分布、光温条件、地貌条件等（王静爱等，1999；陈佑启等，2000；刘纪远等，2014），经济因素包括区域经济发展水平、产业结构变化、消费水平（甘红等，2004；孔祥斌等，2005；周生路等，2005），社会因素包括制度及其变革（赵鹏军和吕迪，2019）、政策波动（周生路等，2005）、城市化水平、基础设施建设、技术进步、交通条件（赵晶等，2004；陈菁和谢晓玲，2010；鲁春阳等，2010）。

在研究方法上，学者通常以遥感图像获取土地利用结构变化的数据，通过宏观统计数据获取驱动因素变量，并辅以主成分分析、因子分析、典型相关分析、多元回归分析以验证驱动因素对土地利用结构变化的影响及其程度大小（张明，1999；甘红等，2004；胡贤辉等，2008；鲁春阳等，2012b）。在此基础上，学者基于系统动力学、灰色系统理论、统计学等理论，借助小尺度土地利用变化及其效应（conversion of land use and its effects at small region extent，CLUE-S）模型、马尔可夫（Markov）模型、灰色系统模型、元胞自动机马尔可夫（cellular automata-Markov，CA-Markov）模型等模型，将自然、经济和社会等因素纳入模型作为驱动变量对城市未来的土地利用结构进行多情景模拟，模型结果显示，以上因素对土地利用结构变化的影响十分明显（摆万奇，2000；何春阳等，2004；余德贵和吴群，2017）。

不同驱动因素的影响程度具有差别，因而有主导驱动力与非主导驱动力之分。少数对土地利用结构变化起决定性作用的驱动力即为主导驱动力，其他驱动力则为非主导驱动力。学者一致认为，相对于社会因素、经济因素，自然因素是土地利用结构变化的决定性因素，但其短期内变化相对缓慢且有限，对土地利用结构变化的影响通常较为稳定，因而通常是非主导驱动力。尤其在快速的城市化、工业化进程中，社会因素、经济因素对土地利用结构变化的影响已远远超过自然因素（韩会然等，2015），这是大多数研究者的共识（甘红等，2004），因而现有研究多分析社会因素和经济因素对土地利用结构变化的驱动（闫小培等，2006；胡贤辉等，2008）。

当多种驱动因素共同作用于土地利用时，多种驱动因素之间也可能存在相互作用的效应，并直接或间接地作用于土地利用，因而最终对土地利用结构变化的影响是非线性的（陈佑启等，2000）。驱动因素对不同土地利用类型（周生路等，2005）、不同经济发展水平地区的土地利用结构变化（乔伟峰等，2012；赵鹏军和吕迪，2019）以及不同职能城市的土地利用结构变化的影响存在异质性（鲁春阳等，2012a），驱动因素在不同规模层次上具有不同的表现形式，但并不一定表现出渐变的形式，因而土地利用结构变化在相邻的不同规模尺度之间存在着某种门槛效应，即驱动因素对土地利用结构变化的影响存在规模相关性（陈佑启等，2000）。此外，受大城市辐射和虹吸作用影响，近郊小城镇土地利用结构的城市化现象明显，即空间溢出效应也是影响土地利用结构变化的重要因素（赵鹏军和吕迪，2019）。从上述梳理可以看出，与土地利用结构变化规律的相关研究类似，土地利用结构变化驱动机制多关注城市层面的分析，而对乡村的关注有所缺乏。已有研究以驱动因素分析为主，多为定性描述或简单的因子相关性分析，缺少因果关系检验和系统的驱动机理分析，且对不同驱动因素之间的相互作用缺乏必要的关注。

2.1.4 国土开发强度研究

"十一五"规划纲要和"十二五"规划建议都指出了主体功能区战略的重要性，而国土开发强度则是主体功能区规划的陆地国土空间及其承载的开发建设活动的综合反映，控制国土开发强度是推进形成主体功能区的核心理念之一，是防止国土开发失衡的必要条件，也是政府实施建设空间总量控制，调控国土空间结构的基本手段（谭雪晶等，2011；周侃等，2019）。从狭义上来看，国土开发强度是区域建设用地占该区域总面积的比例（樊杰，2013；严金明等，2019a），建设用地包括城镇建设、独立工矿、农村居民点、交通、能源、通信、水利设施以及其他建设用地等，在一定区域内不同开发强度等级类型的用地结构镶嵌组合成国土空间格局。国土开发强度是区域空间开发利用程度及其对区域人口、经济与用地规模等承载强度的综合反映（沈春竹等，2019），是界定开发上限和保护下限管控的重要参数，也是国土空间结构合理配置的数据支撑和优化路径。

已有研究在国土开发强度的测量方面作了颇多有益的探索。周炳中等（2000）作为国内较早提出土地开发强度内涵的学者，在内涵的基础上构建了包含开发条件与技术保障、开发强度、开发效益、资源反馈效应和生态环境治理力度的资源开发强度概念框架体系，并提出以概念框架体系中的各个要素及权重的加和得到开发强度指数来度量区域的土地开发强度，其中权重由层次分析法得出，该方法得到了广泛应用，并根据不同地区特点进行了修正。国土开发强度的测度方法已较为成熟，较少研究关注国土开发强度的阈值测算，而界定和预估未来国土开发强度的控制阈值对于国土空间结构配置的合理性评价和国土开发区域生态文明建设来说至关重要（匡文慧，2019）。李春燕等（2014）建立了一套国土开发适宜性三级评价指标体系，应用层次分析法和德尔菲法相结合确定权重，选取基于 ArcGIS 的多因子加权叠加方法进行评价，将结果分为适宜开发、较适宜开发、较不适宜开发、不适宜开发四类区。周侃等（2019）则提出了国土开发强度参数测算模型，并以贵州六盘水市为例测算了国土开发强度的管控阈值。具体操作是，在"三区三线"划定方案的基础上，结合资源环境承载力评价和国土空间开发适宜性评价结果，综合考虑城乡建设用地标准、人口集聚趋势、基础设施建设需求，依次测算城镇空间、农业空间内的一般农业区、生态空间内的一般生态区的合理建设用地状况和规划新增建设用地面积，综合测算未来国土开发强度管控阈值（区间）。但以上研究多集中在过往经验数据和市县层面，相对缺乏省域层面的宏观调控研究。严金明等（2019a）则基于京津冀协同发展理念和国土开发建设"底盘"理念，以河北省为例，测算了省域狭义国土开发强度的现状值、情景值和阈值，三数对比分析结果可进一步明晰自然条件适宜开发建设底盘，明确生态与耕地保护底线，明了区域发展对国土开发建设的需求底数，对于全国尺度的国土开发强度和阈值测算具有借鉴意义。

与国土开发强度相对应，资源环境承载力则是指在自然生态环境不受危害并维系良好的生态系统的前提下，一定地域空间的资源禀赋和环境容量所能承载的人口与经济规模。但二者并非相互对立和制约关系，而均是研究资源环境"最大负荷"这一基本科学命题。把握开发强度与资源环境承载力的刚性和弹性，统筹耦合协调的时效性和关联性，对于优化区域发展模式、实现国土空间的合理开发与综合利用甚为关键。因此，学者以区域为研究对象，运用耦合协调模型分析评判国土开发强度与资源环境承载力之间协调发展及交互耦合的程度。卫思夷等（2018）关于沈阳经济区的研究结果表明，沈阳经济区各市国土开发强度与资源环境承载力之间的耦合协调程度较高,达到良性共振,并且协调度呈总体上升趋势,耦合关系日趋紧密。孔雪松等(2020)则以江苏省为研究区,发现国土开发强度呈现出随时间推进式地同步增加和空间集聚效应,高强度国土空间开发具有明显的"一圈一带"特征,开发强度与资源环境承载力之间的耦合度与耦合协调度均有所提高,但以拮抗耦合、轻度失调和濒临失调为主。吴大放等(2020)关于珠三角地区的城市开发强度与资源环境承载力协调分析结果表明,城市开发强度对比明显,都市圈特征日益显著,区域内过半城市生态经济系统濒临失调。

国土开发强度受自然、经济和社会因素的影响,存在明显的时空分异性,现有研究从宏观的区域土地利用变化入手探究城市建设用地开发强度演变的时空分异规律。21世纪以来,国土空间开发和生态保护并重,开发强度总体上呈上升趋势且相对稳定(周敏等,2018),不同的开发强度类型之间呈现显著的地域差异特征,且东、中、西部区域内部开发强度的差异对总体差异的贡献度较大(赵亚莉和刘友兆,2013)。在土地开发强度时空差异的相关研究中,泰尔指数得到了广泛应用,分析结果表明土地开发强度具有明显的空间集聚特征,高强度的人工建设用地主要集中于京津冀、长三角和珠三角城市群地区城市边界,东北平原、黄淮海平原、四川盆地等的农村用地边界、空间边界变动幅度逐渐趋向稳定(匡文慧,2019)。区域层面的研究与全国层面的研究结论类似,即区域的土地开发强度总体呈增长趋势,城市间的差异明显,且具有空间集聚特征(赵亚莉等,2012;沈春竹等,2019)。城市层面的研究结果则表明城市内部的开发强度分布呈现出明显的圈层结构(谭雪晶等,2011;张鹏等,2018)。

在国土开发强度的数量表征上,通常运用变化率指数来表征土地开发强度的变化趋势。空间收敛性分析结果表明,除东北地区外,全国层面及东部、中部、西部地区城市土地开发强度增长率与初始水平成反比,表明强度相对滞后的省有追赶强度相对较高的省的趋势，且各自收敛于自身的稳定水平，全国层面和东部、中部、西部地区城市土地开发强度的空间差异逐渐缩小，东北地区城市土地开发强度的增长速度逐渐趋同，但并不收敛于自身的稳定水平（周敏等，2018）。具体到城市等微观层面上，研究结果表明，省会城市的土地开发强度普遍较高，且同一省域内不同城市之间土地开发强度差异也较大；城市土地开发强度差异随着城市规模和时间的增加而增大（赵亚莉和刘友兆，2013）。从影响因素上来看，经济增长、城市化、产业结构、轨道交通等经济发展因素、人口增长因素和土地资源禀赋都与城市土地开发强度有显著相关关系（谷一桢和郑思齐，2010），但当前研究对于土地制度或土地政策对城市土地开发强度的影响尚未得出一致性的结论，不同变量对不同区域、不同规模城市土地开发强度的影响也存在明显差异（赵亚莉和刘友兆，2013；周敏等，2018）。

2.2　土地供给侧空间改革相关研究概述

2.2.1　国土空间相关概念

1. 国土空间

国土空间是人类生产生活和社会经济活动以及生态文明建设的重要空间载体。由该定义可知国土空间的主要功能是承载生产生活活动和自然资源保护与利用，具体包括：①生命支持功能，从生物学的角度来看，国土空间不仅支持人类生命系统的延续，也支持自然界各种生物的生存和繁衍；②基础资源功能，从资源学的角度来看，国土空间为人类生产生活和经济社会活动提供基本的自然资源和能源；③生态服务功能，从生态学的角度来看，构成国土空间的基本要素同时构成一个大的生态系统，它由无数个生态子系统构成，使能量流动和物质循环，生态系统具有自我调节的能力，人类只是这一系统中的一个生态链条中的一环，受生态系统的影响与约束，同时人类活动对生态系统产生深刻的影响；④空间承载功能，从社会学的角度来看，国土空间为国民经济和社会活动提供了空间承载平台。

2. 国土空间格局

国土空间格局表示事物和现象的空间组合、排列的格局，是自然生态过程与人文社会系统交互耦合作用的综合体现，是区域发展状态的"显示器"，是历史发展的"函数"。综合以上关于国土空间格局的概念，本书认为国土空间格局的内涵包含以下三个方面：一是指地域范围内国土开发建设保护和修复活动的空间集聚、分散形态和程度；二是指空间单元之间相互联系，强调单元之间的空间相互作用和相互关系；三是指不同功能空间的布局与结构，包括城镇空间、农业空间与生态空间的空间分布与内部结构。

3. 国土空间结构

国土空间结构是指在一定区域内国土空间及其功能之间的相互作用与相互联系，以及反映这种关系的空间和现象的区位关系、分布形式和集聚规模程度（姜广辉等，2011）。国土空间结构的研究，一般包括两大方面。一方面是从要素集聚、扩散等视角，对地域空间的点、线、面形态及其结构进行分析（樊杰等，2013）。点状形态是指承担吸引要素集聚功能的城镇、产业园区等空间形态，单个城市可以被看作点，联系紧密的多个城市组成的城市群可以被看作更大的点。线状形态是指点与点之间的交通连接线，承担要素的空间流动、交换、集散等功能，多条线集结并行成"束"，与点状要素一起，形成空间要素流动的轴带，也承担着空间要素的集聚功能。面状形态相对于点和线而言，是两种空间形态的承载区域，也是空间要素的疏解区域，相对于城镇而言，是农村和自然空间；针对一定的区域范围，如我国的东、中、西三大地带，四大区，河流的上、中、下游以及各级行政区等，在空间分析时以面状形态展示。国土空间结构研究的另一方面是从地表覆盖视角对生产、生活、生态空间，即"三生空间"结构进行分析（黄金川等，2017a）。由于城市是工商业生产活动和城镇居民生活空间的综合体，农村是农业生产和农民生活空间的综合体，因此，从宏观尺度上，"三生空间"的分析通常也用工业生产与城镇生活空间、农业生产与乡村生活空间、生态空间来代替。这样一来，两个方面的分析实际上是联系在一起的，点状和线状形态的分析实际是对工业生产与城镇生活空间的分析，面状形态的分析实际是对农业生产与乡村生活空间、生态空间的分析。

4. 重心–引线–板块

"重心"源于物理学，指物体各部分所受重力之合力的作用点，在地理学中表示某个区域在某些方面的空间上的平衡点。在国土空间的研究中，空间单元尤其是城市单元由于人口、产业等要素的空间流动，产生局部或整体转移、集聚和分散效应，进而使空间重心偏离空间中心，呈现重心迁移的特征。国土空间重心的迁移是因为每个空间单元都对其周围单元具有"引力"，"引线"通过将一个单元和对它最具引力的单元连接在一起，即采用连线表达单元之间最强的相互作用力，进而准确描绘出空间结构。"板块"作为人类活动在资源环境与社会经济的相互作用下形成的空间地域实体，是人地关系的重要产物，国土空间板块的形成与演化对区域国土空间开发与保护的方向、区域"人口+产业+土地"系统的空间结构、区域竞争优势培育以及农业生态布局都有重要的影响，演化的基本模式包括功能漂移（如产业转移）、板块分化（如农村城镇化）、板块碰撞（如城乡统筹发展）、板块融合（如产业–经济–区域一体化）等四种。

2.2.2　国土空间格局演变研究

1. 国土空间格局的演变规律

把握国土空间演变规律是优化国土空间格局的关键，国内学者对此开展了较为深入的研究。孙久文和年猛（2011）提出我国城市体系空间格局的形成与发育具有不同的发展阶段，总体认为我国城市空间分布格局的演变分为四个阶段。城市群地区的国土空间格局演进是一个递进的上升过程，不仅是城市数量的增加和空间规模的扩展，更是由低级的分散布局发展为高级的交织网络结构。有学者从城市格局、农业格局和生态格局的关系出发，认为不同的城市化发展格局对农业发展格局和生态安全格局有着不同的影响程度和影响机理；另外，农业发展格局和生态安全格局反过来对城市化发展格局具有胁迫约束效应。樊杰（2019）认为国土空间格局演变是人地关系地域系统动态均衡的过程，这种演变过程具有"有序化"特征。匡文慧（2019）认为21 世纪以来，我国的国土空间开发和生态保护并重，提出不同的开发强度类型之间呈现显著的地域差异特征，空间边界变动幅度逐渐趋向稳定。

2. 国土空间格局演变的动力机制

匡文慧（2019）认为社会经济发展和国家政策实施对区域国土空间利用具有重要影响。有学者根据行政力、市场力、外向力和内源力等因素探究了京津冀城市群空间扩展的动力机制，提出市场力是主要的驱动因素，而行政力、外向力和内源力的驱动作用强度依次递减。李进涛等（2018）利用回归模型、空间邻域等方法分析了京津冀地区 13 个主要城市在 1985~2015年的城市建设用地时空演变驱动因素，研究得出地区生产总值、财政收入和人口密度是京津冀地区城市建设用地变化的主导驱动因子。迪力沙提·亚库甫和夏方舟（2018）以河北省为例，运用 GWR（geographic weighted regression，地理加权回归）模型探究了国土开发强度格局的影响机理，认为地理区位基础、经济社会发展水平、财政金融支持力度、建设用地的节约集约利用水平、农业保护是影响国土开发强度空间格局的重要因素，且各个因素在不同区域中的作用大小存在差异。金凤君和陈卓（2019）认为交通网络是国土空间格局演进的重要驱动因素，交通网络的快速建设能形成空间收敛与空间优势格局，与经济社会空间布局形成耦合效应，进而推动国土空间结构演进。

2.2.3 国土空间相互作用研究

地理学家乌尔曼（Ullman，1957）认为空间相互作用反映了地域差异，因此他对影响这种相互作用的基本条件进行了推测，并提出了一个解释模型。他注意到，空间相互作用受到三种流决定因素的有效控制，他称之为互补性、可转移性和介入机会。虽然乌尔曼的模型处理的是商品流动，但正如我们将要看到的，它也适用于要素流动和国土空间活动。乔治（Golledge，1963）通过实证分析纽卡斯尔的空间相互作用，揭示出人口规模与区域空间相互作用的总强度并无显著关系，而货物流与人口规模的关系显著，表明不能用物流的强度直接表达空间相互作用的强度。Fellmann（2000）则提出每个独立的国土空间中心生产的产品越专门化，它们的集体互补性越强，就越有可能发生这种多种相互作用。在这样一个多中心网络中，可以基于牛顿物理学的引力模型估计这种空间相互作用，每个空间点相对于一个区域内所有其他点的相对位置，它是通过对一个区域内所有可能相互作用的点之间的大小和距离关系求和来实现的。

此外，国外学者对空间相互作用强度的测算模型进行了研究，最早出现在 19 世纪 50 年代，亨利·凯里（Henry C.Carey，1793~1879 年）在《社会科学原理》(*Principles of Social Science*)一书中指出,"分子引力"是人类存在的基本条件,区域间存在的引力与万有引力相似。根据凯里的说法,牛顿提出的万有引力和运动的物理定律适用于国土空间上的人类集体行为。凯里研究了城市中心之间的互动,以及观察到一个大城市更有可能吸引一个小村庄的个体,提出了人口吸引模型,这也是最初的空间引力模型。在该模型中,尽管空间交互作用总是随着地点之间距离的增加而减少,但在给定的距离上,空间交互作用总是随着地点之间距离的增加而增加,即空间相互作用与距离成反比。随后,城市发展理论、贸易区的分析和其他空间发展理论都表明,引力模型可以用来解释各种各样的空间相互作用。

国内对空间相互作用的研究起步较晚,对其理论探讨相对较少,更多集中于实践分析。戴学珍(2002)在乌尔曼的空间相互作用理论基础上,分析了京津相互作用的历史、现状与影响因素,认为京津相互作用正朝着整合的更高级阶段发展,距离、规模、互补性、介入机会和制度是影响城市间空间作用的重要因素。薛领和杨开忠(2005)从微观视角,基于空间相互作用理论,利用引力模型构建了人口潜能与零售购物模型,分析了海淀区的商业空间分布与结构。何胜等(2014)引用引力模型,对长江中游城市群空间相互作用展开了实证研究,研究得出长江中游城市群的空间相互作用水平较低,城市间的空间联系较弱。刘玮辰等(2017)以南京市都市圈为例,运用引力模型分析了南京都市圈县市的空间相互作用与时空演变过程,得出南京主城与其他县市相互作用强度最高,都市圈内相互作用的演变反映了其内部空间形态的重构。陈昕等(2018)以京津冀地区为研究对象,打破以行政区为统计单元的城市综合实力,以美国空军国防气象卫星计划/运行线扫描系统(defense meteorological satellite program/operational linescan system,DMSP/OLS)夜间灯光数据表征城市综合质量,并通过引力模型测算城市间空间作用强度及其时空变化趋势。戴学珍等(2019)通过比较分析公路、普通铁路、高速铁路三种交通方式对京津冀空间相互作用强度贡献率的大小，得出完善的交通网络有助于缩短空间距离，有利于提升区域的空间相互作用强度。

2.2.4　国土空间格局优化研究

在国土空间优化相关理论研究的基础上，学者分别从开发与保护方探讨了国土空间格局优化及重构路径。肖金成和刘保奎（2013）认为国土空间开发包括地理区位、主体功能、开发强度、空间组织等四个维度，并从资源本底、政策环境和发展阶段阐释了国土空间开发格局的形成过程，提出了相应的开发格局优化策略。樊杰（2013）从人地关系的角度出发，认为国土空间开发格局的优化要以资源环境承载力为基础，凸显地域功能导向，将优化生产空间、生活空间、生态空间之间的比例关系作为重要抓手，实现国土空间开发格局从注重生态向生产—生活—生态空间并重的国土开发导向的方向转变。方创琳（2013）从城市等级规模、功能分工和辐射带动方面对城市发展格局进行了定义，并从宏观、中观和微观三个层次提出了城市格局优化的逻辑框架，从"三生"格局优化和城乡一体方面优化宏观层面的城市发展格局，从空间组织、国际化、等级规模、职能分工、就业保障、人口流动、创新网络格局等方面优化中观层面的城市发展格局，并进一步细分了国家中心城市、城市群格局等 15 个方面进行微观层面的城市发展格局优化。徐磊等（2017）以长江中游城市群为研究区域，分析国土空间结构演变规律，识别空间功能的分区异质性，划分了 9 个一级功能区和 39 个二级功能区，以此提出国土空间格局重构方案。从聚焦中心城市到轴带化、网络化、系统化的趋势来看，国土空间开发格局已不仅仅局限于集聚点的培育，而更加关注通过轴带的带动作用和空间网络的辐射作用，实现规模更集聚、联系更紧密的多中心开发格局。

基于"三生空间"的国土空间格局优化成为学者研究的焦点。黄金川等（2017a）提出以"三生"功能空间优化为手段，以识别"三生"功能空间为基础，谋求更长周期、更大尺度的经济、社会、自然等综合效益较优的国土空间格局方案，其理论支撑仍是区域资源环境承载能力理论和城市化与生态环境耦合理论。随着空间优化路径和模式的不断丰富，"三生空间"概念逐步引入国土空间优化的实践中，叶菁等（2017）以生态保护为视角，通过构建"资源环境承载力生态弹性力–社会经济协调力"的生态承载综合评价模型，将生态承载力与国土空间开发格局关联，提出湖北省鄂州市国土空间开发格局优化方案。张骏杰等（2018）以烟台市为例，采用多目标函数与遗传算法相结合的国土空间优化算法，设置经济发展、生态保护和粮食安全等三种情景，从空间价值、紧凑度和协调度方面提出市级国土空间配置方案，为多主体规划的冲突问题提供了方法借鉴。张年国等（2019）提出先生态、再农业、后城镇的逻辑顺序，依次划定生态保护红线、永久基本农田、城镇开发边界三条控制线，以底线思维优化国土空间格局，促进生态空间、农业空间和城镇空间合理布局。

2.3　土地供给侧时序改革相关研究概述

2.3.1　国土时序结构：空间+时间两维度

1. 空间维度：国土空间结构的分异

"三生空间"构成了不同空间尺度的主体要素，是一种综合性的国土空间分区方式。这种划分方式可作为国土空间结构现状评价的基本空间分区（黄安等，2020）。结合"三生空间"形成机理及不同学者对"三生空间"概念的认知，"三生空间"包括生产、生活、生态三类空间。生产空间是以生产功能为主导的空间，是主要向人类提供生物质产品和非生物质产品以及服务的空间。生活空间是以生活功能为主导的空间，是人类为了满足居住、消费、娱乐、医疗、教育等各种不同需求，而进行各种活动的空间。生态空间是以生态功能为主导的空间，是提供生态产品和服务的空间，是主要承担生态系统与生态过程的形成、维持人类生存的自然条件及其效用的空间（黄金川等，2017a）。综合考虑空间功能细分需求和城乡交错区空间形态差异，可将"三生空间"中生活空间细化为城镇生活空间与乡村生活空间两个功能维度（沈悦等，2018）。下文将从空间维度，依据城镇生活空间、乡村生活空间、生产空间、生态空间的国土空间结构划分方式，总结我国国土空间结构特征及问题。

城镇生活空间特征：第一，城市群人口集聚态势明显，但呈现一定差异。2010~2018 年 19 个城市群地区人口增加 5183.25 万人，占全国的比重持续上升至 80.11%，地区生产总值占比从 87.53% 提高到 87.96%。其中沿海三大城市群人口增量占城市群人口总增量的 40% 以上，而哈长城市群人口规模、占比双下降。第二，"两横三纵"轴带显示出对中国城镇化格局的支撑作用（何江等，2020）。其中，沿海、京广京哈、沿长江轴带聚集态势更加明显，而陇海兰新、包昆两个轴带则相对较弱。第三，西部陆海新通道集聚明显加快，沿边地区集聚效应不显著（瞿诗进等，2020）。西部陆海新通道区域地区生产总值占全国的比重从 2010 年的 12.31% 上升至 2018 年的 14.10%；同期人口增加了 1015.78 万人，比陇海兰新、包昆两轴带之和还要多，发挥出中国西部地区的增长引擎作用。沿边地区 2010~2018 年地区生产总值和人口占比分别下降 0.91 个百分点和 0.09 个百分点，从对全国经济增长的贡献看，支撑作用还不强。

乡村生活空间特征：第一，中国传统村落空间分布符合传统聚落分布。从中国人口格局来看，村落核心区域在很大程度上分布在胡焕庸线以东。从地形地貌来看，高值区主要布局在第二和第三级阶梯，如南岭、武夷山、雪峰山、云贵高原的横断山区、太行山区；从降水分布来看，高值区主要布局在年均降水量 400mm 以上的区域。从气候类型来看，高值区主要布局在亚热带季风气候区和温带季风气候区。第二，中国村落在部分省份的交界地带，以及部分地级市的交界地带分布密度最高（余斌等，2020）。如贵州、广西、湖南三省交界地带，山西、河南、河北三省交界地带，安徽、江西、浙江三省交界地带，浙江和福建两省交界地带，凯里、合山和怀化交界地带，黄山、宣城、杭州、衢州、上饶交界地带，晋城、长治、邯郸、邢台、安阳交界地带，以及梅州、漳州和龙岩交界地带等。

生产空间特征：生产空间质量整体从东南沿海向西北和东北地区衰减，东北地区生产空间质量塌陷尤为明显，即生产力水平南方优于北方，东部好过中西部（刘鹏飞和孙斌栋，2020）。东南沿海具有良好的区位条件，经济基础良好，城市群发育程度高，城市间联系协作密切，从而对邻域生产空间质量优化有很强的带动作用，形成了高效型的空间相关模式。东南沿海地区向西、向北衰减（王亚飞等，2020），在这一区域有兰州和成都两个城市，均为省会城市，在区域内虹吸作用明显。尤其值得关注的是东北地区生产空间质量的陷落，反映出东北地区经济发展陷入了严重的困境，与实践认知相符。

生态空间特征：第一，全国生态空间结构以草地生态空间和林地生态空间为主（魏凌等，2020）。基于 2015 年生态用地数据分析，全国生态空间总面积为 73 237.04 万 hm^2，约占国土面积的 76.28%。按一级地类划分，其中，草地、林地、水域、荒漠的面积分别为 28 640.20 万 hm^2、25 299.20 万 hm^2、4100.63 万 hm^2、15 197.00 万 hm^2，占生态空间总面积的 39.11%、34.54%、5.60%、20.75%。第二，我国国土生态空间分布方向性特征较为显著，并且分布十分不均衡。生态空间多集中于西北部人口稀疏、社会经济欠发达的区域，而在东部人口聚集、社会经济发达区域则分布较少，可见我国人口、社会经济的空间分布与生态系统服务供给区域在空间配置上处于不均衡状态（殷嘉迪等，2020）。生态空间基础性生态功能集中于西部，受益区域集中于东部。2015 年生态空间面积与占辖区比例均较高的地区为新疆、西藏、内蒙古、青海，分别为 91.96%、98.97%、89.02%、92.77%。生态空间面积较小的地区为天津、上海和北京。

国土空间结构存在的主要问题如下。第一，生产空间挤压生态空间。大规模的经济建设占用了大量耕地，由此带来耕地占补平衡的巨大压力，城市快速扩张和工业园区建设直接占用或破坏优质农田、河湖水面，导致城郊区、开发区周边重要生态空间的迅速萎缩甚至消失。我国东北林区、西北草原、西南山地等生态脆弱、发展滞后区域，源于农牧民生计需要，就地开垦林草地、山坡地，造成对脆弱生态空间的直接侵占。第二，工业生产空间低效利用，城市居住空间供给不足。这是长期以来形成的重工业生产、轻人民生活的观念所致，也是造成当前高房价的根本性原因。第三，农村居住空间规模庞大。大量农业人口已经转移到了城市，但他们的住房及其宅基地不能用于城市的住宅建设。第四，国土空间破碎化程度高、功能定位不清晰。到处都有树，但成林的少；到处都有田，但成片的少；到处都有工业区，但形成产业链并具集聚经济的少；到处都有居民点，但形成"入门人口"规模、具备城市功能的少（杨利民和于闽，2013）。

2. 时间维度：国土空间结构的演化

国土空间是社会活动与经济活动的重要载体，国土空间结构的演变过程反映出某一时期内社会、经济与国土空间的相互作用关系。随着社会经济的变迁，国土空间结构在经济、政治及社会文化等多种因素的变动影响下不断发展演变。现有对国土空间格局的演变的研究，多聚焦于社会变迁及经济活动在国土空间上的集聚与扩散的视角（孙久文和年猛，2011），下文也将从以上两个视角,综合总结我国社会经济发展不同时期的国土空间结构演变。

1)1949~1978年——计划经济时期的国土空间结构演变

新中国成立以后至改革开放初期,我国实行高度集中统一的社会主义公有制和计划经济体制。新中国成立后的三年时期,是中国国民经济的恢复时期。从"一五"计划时期开始,我国实施高度集中的计划经济体制,根据当时国内外的时代背景,"一五"计划强调把经济建设的重点放在内地(陆大道,1989)。20世纪60年代中期,鉴于中国周边形势的变化,出于备战的需要,国家决定在"三五"计划时期将集中在大城市和沿海地区的工厂转移,加快三线建设[①],把沿海地区一些工业企业向西部和西北地区搬迁,大力发展国防、科技、工业和交通基础设施建设。到"四五"时期,三线建设的重点开始转向豫西、鄂西和湘西。

2)1979~1997年——改革开放时期的国土空间结构演变

改革开放以后,尤其是20世纪90年代以来,我国经历了一系列社会、经济转型,国土空间结构也发生了快速的转变和重构。随着所有制结构的变动、市场经济体制的建立及产业结构的调整,国土空间结构也随之调整。"六五"计划期间(1981~1985年),中国国土开发重心继续向东部沿海地区倾斜。"七五"计划(1986~1990年)首次提出了全国经济区域三大地带的划分,并进一步突出东部沿海地区优先发展的地位,同时,加强沿海与中西部地区的横向经济联系。此期间,东部沿海地区形成了包括经济特区、沿海开放港口城市和沿海经济开放区在内的沿海开放地带(胡序威,2006)。随着改革开放的深入,东部地区与中西部地区的发展差距不断扩大,"八五"计划时期(1991~1995年)开始重视区域间的协调发展。但是,这种区域协调发展战略思想的提出并

---

① 20世纪60年代初,中共中央根据中国各地区战略位置的不同,将其分为一、二、三线。一线是沿海和边疆的省区市;二线是介于一、三线地区的省区市;三线包括京广线以西、甘肃省的乌鞘岭以东和山西省雁门关以南、贵州省南岭以北的广大地区,具体包括四川省、云南省、贵州省、青海省和陕西省的全部,山西省、甘肃省、宁夏回族自治区的大部分,以及豫西、鄂西、湘西、冀西、桂西北、粤北等地区

未缩小区域间的经济差距。"八五"计划期间随着这一时期社会主义市场经济体制的确立,市场机制开始发挥作用,东部与中西部之间的经济差距逐渐扩大,全国整体经济活动水平在国土空间上也呈现出加速集聚的趋势。

3)1998~2012 年——深化改革时期的国土空间结构演变

为促进中国区域协调发展、缩小区域经济差距和构建高效、协调、可持续的国土空间开发格局,从"九五"计划期末,中国先后出台了一系列的财政、投资等政策支持中西部地区的发展,加快了中西部地区对外开放的步伐,进一步加强了东部地区对中西部地区发展的支持,先后实施了西部大开发、振兴东北老工业基地和中部崛起战略。2004 年 3 月,国务院颁布《国务院关于进一步推进西部大开发的若干意见》,提出了进一步推进西部大开发。2002 年 11 月,党的十六大报告正式提出了"支持东北地区等老工业基地加快调整和改造"[①]。2004 年 3 月,温家宝总理在政府工作报告中,首次提出"促进中部地区崛起"[②]。"十一五"规划从国土空间角度将中国区域划分为四大板块,即东部、东北、中部和西部(鲁春霞等,2009)。"十一五"时期中国的经济活动的集聚水平不断降低,整体呈现一种扩散趋势。但中国整体经济活动并没有因此呈现向中西部扩散的趋势,相反,经济活动进一步向东部地区聚集,形成了四大板块协调发展的空间格局,表明中国区域发展进入了转折时期。

4)2012 年至今——新时期的国土空间结构演变

新时期以来国土空间开发和生态保护并重,从全国整体来看,作为核心区域的城市化地区经济和人口比重呈现出同步增长的态势,且人口集聚的过程明显快于经济增长的过程。生态安全地区呈现出截然相反的态势,人口、经济比重同步降低且人口比重减少幅度大于经济比重减小幅度(樊杰,

---

① 江泽民:《全面建设小康社会,开创中国特色社会主义事业新局面(一)》,《人民日报》2002 年 11 月 8 日。

② 参见《2004 年国务院政府工作报告》,http://www.gov.cn/test/2006-02/16/content_201193.htm,2006 年 2 月 16 日。

2019）。从大区域尺度来看，尽管胡焕庸线两侧人口和经济的比重均稳定在94%、6%左右，但两侧区域内部变化仍较为显著，突出表现为以东部地区人口向核心区域集聚的态势更为显著。中国北方地区（秦岭-淮河以北）人口和经济比重均呈现出整体降低的趋势，且经济比重减小幅度大于人口比重减少幅度。其中，作为边缘区域的生态安全地区和农业发展地区最为显著，这与南方地区各类型功能区经济比重均呈现同步增长的态势有所不同。生态退耕还林还草工程实施进入巩固时期，总体上由耕地向林草用地转换面积呈现下降趋势。由城市扩张占用耕地导致耕地面积持续减少，但是耕地开垦重心由东北向西北转移，西北的新疆等区域成为耕地开垦的重点区域。

2.3.2　国土时序结构定量测度研究

1. 土地供给侧时序结构特征测度

国土空间的数量结构和利用类型是构成城市空间形态和结构的微观要素，也是体现土地供给时序变化的载体（尹昌应和石忆邵，2014）。当城市化发展到一定水平，土地资源利用的局限形势会变得越发严峻，即使土地利用总体规划可从数量规模上进行计划控制，但其在预见并且控制土地利用类型的空间演化趋势方面仍不足。因此，如何定量识别不同规划生命周期不同阶段的土地供给侧结构性配置和利用特点，建立动态模型来模拟国土空间结构优化过程，并在此基础上预测国土空间的利用格局，将直接影响未来土地利用空间布局与动态供给的效果，这是学术界面临的实际问题。未来要实现国土空间规划与利用的最优配置，运用模型化方法模拟土地利用格局是理解和解释国土空间变化过程与趋势的常规途径。

传统研究解决该问题时常采用定性分析或一些不具空间解释能力的定量模型，从较为宏观的视角分析土地利用的数量及空间特征，应用的方法一是线性规划模型：这些模型主要是对历史数据进行训练，通过校正模型参数实现规律顺推，是分析土地利用结构的一种简单有效的方法（马世发等，2010）。具体模型有数理分析预测模型。数理分析就是利用数理推理框架实现预测，常用的有回归分析预测模型（杨武和王玉树，2005）、灰色预测模型（郭荣中等，2019）、Markov 预测模型（罗双晓等，2018）、神经网络预测模型（付玲等，2016）等。二是系统动力学（system dynamics，SD）：由于土地利用格局的变化是每个微观地块的共同演化体现（Li，2011；Santé et al.，2010），因此，利用微观个体间的相互作用，构建"自下而上"的离散动力学模型可模拟复杂土地利用自组织行为，其典型代表就是元胞自动机（cellular automaton，CA）模型，目前 CA 被广泛应用于城市扩张等土地利用变化分析中（Wu，1996；Li and Yeh，2002）。CA 土地利用布局模型具有典型的过程机制，和空间因果关系模型相比，可以体现空间布局的演化过程，通过耦合其他系统分析模型便可进行更好的预测，大多数学者用其来研究城市土地利用变化的动态模拟，包括城市增长模拟研究和区域城市演化及优化过程（黎夏和叶嘉安，1999，2001）。

同时，随着 GIS 与 RS 技术的兴起和快速发展，越来越多的学者开始关注土地利用空间优化配置问题，出现了空间因果关系模型，即土地利用在空间上的布局可以解释为一系列空间因素共同作用的结果，这实际上是一套因果关系分析系统。目前，典型的应用模型就是 CLUE-S 分析系统。该模型假设土地利用的空间需要满足一定的空间因果关系，通过挖掘这种潜在的空间关系进而按规律顺推，便可实现规划布局。这不仅能很好地反映土地变化在空间上的关联性、等级性、竞争性和相对稳定性（张永民等，2003），建模过程也简单且易于理解。如刘静怡等（2013）建立了一个集成 GLP（grey linear programming，灰色线性规划）与 CLUE-S 的混合模型，探究区域可持续规划目标下土地资源数量结构与空间布局整体优化的土地利用优化配置方法，以期为土地利用的科学决策提供积极探索；尹昌应和石忆邵（2014）建立了Dyna-CLUE 模型预测土地利用空间格局，可为城市土地利用规划和管理提供新的技术思路；许月卿等（2013）结合区域实际特征和发展战略，设置耕地保护、建设发展和生态保护三种土地利用空间布局情景，借助空间配置模型CLUE-S 对未来土地利用空间布局进行模拟预测，得到不同情景下土地利用空间布局方案，为当地土地管理决策和土地利用规划修编提供决策依据。

为了分析土地利用变化复杂规则的表达，诸多学者利用复杂地理计算进行空间优化分析，发展了多智能体系统（multi-agent system，MAS），多智能体以各智能体间的相互作用规则推理为模型基础，在耦合 CA 模型的基础上可以更好地表达土地利用空间行为（Xie et al.，2007；Chen et al.，2012）；同时，为了获得国土利用空间布局可求解能力，如遗传算法（Cao et al.，2012）、粒子群（马世发等，2010）、蚁群算法（Li，2011）等基于生物智能优化计算的现代国土空间利用优化配置模型得到迅速发展。然而，当前研究尚没有独立模型可以完全满足土地利用优化的需要，因此目前有关研究存在的主要不足在于，当前已有研究的模型仅限于对土地利用数量或空间结构进行单方面优化，缺少两者的统一整合。

2. 土地利用规划实施评估

土地利用总体规划是优化生产力布局，协调人地关系和土地利用空间冲突的重要手段，其最重要的功能是对未来土地利用的时空导向性，目的是实现土地资源的永续利用。因此，土地利用规划的实施综合评价是规划调整或修编的必要前提条件，为规划的有效实施提供必要保障（王婉晶等，2013）。但是，过往研究多聚焦于历史或现行土地利用过程，对未来潜在的土地利用与土地利用总体规划之间的空间互动关系尚未充分重视。鉴于此，对土地利用实际与土地利用总体规划之间关系进行分析评价，将是未来土地利用总体规划编制与实施过程中需要集中突破的科学问题之一。

已有研究在土地利用总体规划实施评价的理论和实践方面取得了许多成果，包括两种研究范式：绩效（performance）和一致性（conformance）（Baer，1997）。前者是基于规划执行过程理论，视规划为未来决策的指南（guide）而非蓝图（blueprint），不要求规划被严格执行，重在考察规划对决策的引导作用，即虽然在执行过程中土地实际利用可能与规划不相符，但规划只要实现了正确的引导，那么规划实施仍然有效；后者关注执行过程、结果与规划的吻合度（Alexander and Faludi，1989）。实际偏离规划总是存在的，基于绩效的评价方法强调规划对象的不确定性，侧重于分析这种偏离过程中规划是否为决策者所考虑并产生了指导作用，以及这种偏离的正当性。规划的绩效体现在把规划实施过程视为一个学习过程，规划评价是在领悟规划意图的基础上评估规划对提高决策能力和空间问题解决能力的作用（Faludi，2000），如麦建开等（2019）采用地理国情监测成果和土地利用总体规划数据，构建基于熵权改进的 TOPSIS 模型对斗门区规划实施效果进行评估；张佶（2015）运用空间句法，从空间本体入手，从理论与案例两方面来探索一种新的规划空间评价的研究范式与方法，通过对空间自组织方式的解读使空间与人们的使用状况相联系，进而评价空间绩效与规划预期的吻合度。基于绩效的评价范式体现了对规划本质的深刻探讨，但评价内容（如规划对提高决策能力的作用）十分"隐蔽"，一般需要借助长期观察，且难以区分规划与规划外的影响因素；另外，还要求评价者能够准确理解规划意图（Brody and Highfield，2005），因而，实施难度较高，带有一定主观性，加剧了理论研究与实践之间的脱钩现象（Carmona and Sieh，2005）。基于一致性的评价则是建立在明确土地利用结构与布局的基础上，以此为土地利用总体规划实施应达到的目标，进而通过分析土地利用实际与规划之间的一致性程度来评价土地利用总体规划的实施效果（Alfasi et al.，2012）。与基于绩效的评价范式相比，一致性评价具有直观、客观的优点。而国内关于土地利用总体规划实施评估的研究起步较晚，田莉等（2008）考察了不同用地类型的一致性差异；岳文泽和张亮（2014）通过重心、分异性和整体吻合度等指标刻画了空间一致性。为了日后便于开展规划评价，Talen（1997）提出在编制规划时建立评价机制，设定具体的目标以及这些目标达成度的衡量方法。王婉晶等（2013）针对当前土地利用总体规划实施评价的重点和需求，充分考虑了空间性和过程性评价的特征和要求，土地利用总体规划对土地结构调整的空间统筹管控的需要，提出了一种基于空间吻合性的土地利用总体规划实施评价方法。马丹驯等（2018）则基于一致性的评价分析理念，通过集成 CA-Markov 土地利用过程模拟模型和 GIS 空间分析技术，在模拟研究区未来土地利用时空格局的基础上，识别与分析土地利用时空过程与土地利用总体规划之间的冲突。从目前国内规划实施评价的实践来看，多数综合评价以定性分析为主，而定量支撑更多体现在单项专业评价，对实际规划中的宏观政策、国民经济、各产业和各区域以及自然、社会等复杂因素缺乏灵活整合，在反映各领域间的内在发展关系、深层次揭示发展规律等方面尚显不足。因此，未来规划评估实践和理论研究应逐渐突破单一的实施结果评估，朝着更加全面和综合的方向发展。

此外，土地利用总体规划实施评价的研究技术与分析方法也日趋复杂多样。有学者尝试将 S-CAD 政策评估方法引入规划评估体系，构建规划领域政策与技术属性兼备、定性与定量手段结合的评估模型，以增强规划评估的科学合理性（李冬雪等，2020）。罗文静和黄凯（2016）以武汉南湖片区为例，探讨了以规划评估为手段，针对存量地区探索建立"跟踪—评估—系统优化—年度指导"的动态更新机制。与此同时，国内针对规划实施评估方法的探索，逐渐开始向定量评价更具优势、关联分析更具深度的"指数"评价层面拓展延伸。王新生和张合兵（2012）基于各因素之间可能存在的相互依赖关系，从经济效益、社会效益、生态建设、人地和谐四方面建立土地利用总体规划实施评价指标,通过构建 ANP(analytic network process,网络分析法)模型进行实证分析。赵蔚和汪军(2013)对杭州滨江 CBD 的建设评估,提出了多主体、多因素和多角度的评估方法,从定位、规划、市场、经济和社会五个维度进行实现度调查;廖胤希等(2019)构建了以"三生空间"及其支撑体系为评价对象的系统化多维评估指标体系,并采用总量比较评价方法和供需匹配度评价方法,对上海松江经济技术开发区规划实施进行评估实践。沈孝强等(2015)基于空间一致性并借鉴城市蔓延理论建立评价规划有效性的指标体系,从吻合度、历史演化和空间形态三个角度建立了测度规划调控城镇扩张有效性的指标体系,对规划有效性进行了测度。曲长祥等(2014)以郑州市土地利用总体规划修编为例,运用 DPSIR[①]概念框架模型结合郑州市具体情况构建指标体系。但从目前规划实施评价的已有研究来看,多为建立评价指标体系并通过计算系统分值综合评估规划实施效果,这种方法比较常用但直观性不够;即使指标上是一致的,空间变化也往往可能被忽略,从而导致空间上的不吻合。所以如何突破常规评估方法的局限,深层次挖掘专业指标之间的内在联系,多维度揭示规划实施过程的发展特征,及时洞察城市建设的变动趋势,积极探索集综合定量评测和动态预警响应于一体的新型评价模式,是评估领域面临的新难题。

3. 土地资源利用预警

土地资源利用预警分析是对区域土地资源开发利用未来进行预期性评价,以提前发现未来可能出现的问题,预报土地利用未来状态的时空范围和危害程度,并提出方法措施的一种管理活动(赵婷婷等,2010)。McCloskey等(2011)运用贝叶斯网络模型来识别土地开发区域与保护区域之间潜在的

---

① D 指驱动力(driving),P 指压力(pressure),S 指状态(state),I 指影响(impact),R 指响应(response)。

冲突，为优化目标制定提供决策依据；Zurlini 等（2014）探索了跨尺度的土地覆盖格局下地中海地区荒漠化的预警信号以及与社会生态景观之间的关系；Piquer-Rodríguez 等（2012）对西班牙东南部土地利用变化对保护区未来网络连通性的影响进行了预警分析；Li 等（2010）运用 P-S-R[①]模型开展了对中国厦门快速城市化地区景观生态安全的预警分析；王耕和吴伟（2008）将生态安全状态和隐患相结合，以辽河流域为例，提出了预警指数的测算方法；刘普幸和李筱琳（2004）以酒泉绿洲为例，依据环境现状利用层次分析法构建了区域的预警指标体系；李灿等（2015）基于空间视角，利用 ArcGIS 空间分析技术，采用因子加权分析法和数理分析法，探索建设用地空间安全预警的思路与方法，使预警结果在空间上直观体现出来；谭敏等（2010）以城镇村建设用地的布局对区域生态安全是否造成威胁为基础，研究城镇村建设用地空间分布的合理性；郑艳茹等（2014）基于生态足迹模型的河北省土地利用总体规划实施评价；许月卿等（2013）基于 PCA-ML-RB（principal component analysis-multi-label-radial basis，主成分分析–多标签–径向基）模型的资源环境承载能力监测与空间规划实施情景模拟研究，分析规划实施情景下资源环境承载能力状况。目前，有关土地资源利用预警的研究范围和研究手段也越来越丰富，然而这些研究多是从单一角度对区域的土地资源利用状况进行预警，且多集中在土地生态安全预警，缺乏从规划实施的角度对土地资源利用状况进行预警。而土地利用规划是未来一定时期内区域土地资源管理及配置方向的蓝图，但这一蓝图的实现过程是一个长期、复杂的动态过程，不稳定因素较多（陈建军和雷征，2014）。而随着人类活动的加剧和对土地资源不合理利用行为的增多，土地资源安全受到了极大的威胁。因此，在现有规划实施评价的基础上，探索土地利用规划实时动态监测体系，进行土

---

① P 指压力（pressure），S 指状态（state），R 指响应（response）。

地资源利用预警分析，是完善土地利用规划机制的关键环节之一。

2.3.3 国土时序结构变化驱动因素与实践应用

1. 驱动因素

1）土地利用时序变化的客观驱动因素

国土空间时序变化的驱动力研究主要集中在社会经济快速发展的热点地区，生态环境脆弱区，城市化最敏感、变化最大和发展最迅速的城市边缘区（表 2-1）。早期（2006 年以前），学者关注经济欠发达地区的土地利用，关心如何在改善生态脆弱区生态环境的同时加快经济发展，提高人民生活水平，如探索黄土高原区（Chen et al.，2001）、喀斯特山区、准格尔旗（任志远，2003）等生态脆弱区的形成演变机制，探索各种自然、社会、经济因素对土地利用可持续性的影响。在经济发达地区，学者更加关注工业化、城市化进程加快和人类活动如何加剧使土地利用快速变化，探讨经济发展和土地生态环境之间的矛盾如何解决，如珠江三角洲地区（黎夏，2004）、长江三角洲地区（杨桂山，2001；谭少华等，2006）、北京（宋金平等，2008）、深圳（王兆礼等，2006）。对以上区域土地利用变化驱动力的研究表明：该时期建设用地通过大量侵占耕地、林地等生态用地而得以迅速增加，耕地持续减少，且耕地和建设用地与总人口数量增加、经济发展和城市化水平提高等社会经济因素密切相关。

表 2-1　国土时序结构变化客观驱动因素研究示例

参考文献	时间跨度	研究区域	土地利用主要驱动因素
任志远（2003）	1987~2000 年	准格尔旗	人口因素 经济因素 政策因素 资源开发

续表

参考文献	时间跨度	研究区域	土地利用主要驱动因素
雷广海等（2009）	1997~2006 年	江苏省 13 个城市	区域经济 经济发展 城市性质与规模 人口密度 政策层面 技术管理水平
肖思思等（2012）	1980~2005 年	江苏省环太湖地区	人口数量 经济发展 土地管理政策
马才学等（2015）	1990~2005 年	武汉市	政策因素
司慧娟等（2016）	1999~2013 年	青海省	人口与经济发展 城市化 产业结构调整 农业发展
杨绮丽和何政伟（2016）	2000~2013 年	敦煌市	经济发展 国家政策
黄端等（2017）	2000~2015 年	武汉城市圈	中部崛起 两型社会 长江经济带发展战略
余德贵和吴群（2017）	2001~2010 年	江苏省泰兴市	城镇发展 经济发展 管理政策
陈磊等（2020）	2005~2016 年	南京市	土地资源禀赋 经济发展水平 产业结构调整 土地管理政策

"十一五"时期（2006~2010 年），驱动因素研究以定性定量结合的模式，侧重细致分析和描述每一类因素对土地利用时序结构的影响机理。学者认为人口因素、经济因素、政策因素、资源开发因素等四个方面对特定时期的土地利用变化有驱动作用（雷广海等，2009）。人口因素主要通过促进城镇化和工矿企业发展，迫使建设用地需求量增加。经济因素方面，农业经济的发展是当时土地利用的基本导向，引起农业结构的调整，使土地资源在产业上重

新分布（赵小汛等，2008），城市和县镇土地的集约度也深受经济发展水平的影响（赵丽等，2008；吴郁玲等，2009）。政策因素方面，国家和地方政府十分重视生态脆弱地区生态环境的保护与建设，使得这一时期林草面积大幅度增加，荒山坡地得以绿化，未利用土地大量减少，局部地区西部大开发、振兴东北等国家重大政策也有效促进了土地利用（刘纪远等，2009）。资源开发因素方面，自然地理特征、资源禀赋等因素与社会经济因素共同作用于这一时期的国土空间时序结构变化，在西部地区尤其突出。此外，随着交通、建筑等科技水平的不断提高，摩天大厦拔地而起，地铁、地下商场、地下车库相继出现，这些为城市土地资源的立体空间开发提供了技术支撑，对国土空间的时序结构变化产生了重大影响（雷广海等，2009）。

"十二五"时期（2011~2015 年），人口与经济增长之外的指标开始进入驱动因素的考虑范围，随着 RS 和 GIS 技术的应用更加广泛，数据的可获取性大大增加，研究开始更多地使用大量数据进行影响路径和程度的讨论。在经济发达地区，研究除保留传统的人口增长、经济发展等因素外，还引入了政策发展、社会文化因素，发现工业化、城市化带来的经济发展与土地管理政策等因素是人类活动土地利用类型转换的主要驱动力量（肖思思等，2012），并进一步衍生出不同政策层级对土地利用影响的探讨（马才学等，2015）。此外，对于土地利用时序变化的研究也不再局限于单个因素的影响分析，而开始关注所有因素的综合影响，关注宏观经济运行状态以及研究区域土地自身条件的限制、比较经济效益、当地人文自然因素等方面的特殊性（乔伟峰等，2012）。在中西部地区，研究更加深入地挖掘了自然因素产生的影响，将自然因素细分为地形、成土母质、土壤类型、土地利用方式、植被覆盖率等，同时也更加关注土地利用导向型政策在生态脆弱区土地利用中所起的重要作用（李艳华等，2015）。

"十三五"时期（2016~2020 年），驱动因素研究更加关注国家高位战略对土地利用变化的驱动作用,同时各类因素之间的层级和综合影响作用研究越来越广泛,研究客体也不仅局限于土地利用时空结构变化本身,研究方法更加丰富化。在中部崛起战略的影响下,这一时期中部地区更加关注国家战略对土地利用变化的指导作用,在城市地区研究中部崛起、两型社会、长江经济带发展战略等政策的影响(黄端等,2017);东部地区土地利用时空结构变化研究则在传统社会、经济、人口、政策等因素的分析上,更加具体地关注产业结构调整、土地资源禀赋(陈磊等,2020)、地方管理政策(余德贵和吴群,2017)的影响,研究结果表明影响因素呈现社会经济因素为主、自然资源因素为辅的影响趋势。此外,在客体上也针对信息熵(司慧娟等,2016)、生态服务价值(张亮,2018;徐煖银等,2019)、建设用地变化(张雪茹等,2016)、乡村重构效率(屠爽爽等,2019)等方面进行了丰富的研究,既体现了研究客体的综合化,也展现了研究客体受政策影响的轨迹。同时,研究更加广泛地运用如主成分分析法(杨绮丽和何政伟,2016)、DEA(data envelopment analysis,数据包络分析)模型(张立新等,2017)、Logistic-Markov方法(余德贵和吴群,2017)等方法和模型进行分析,或通过多因素耦合视角(邓华等,2016),综合阐述影响因素的层级和复合效应。

可以看出,20世纪90年代以来,关于土地利用时序结构变化驱动因素的研究层出不穷,主要着眼于客观因素对土地利用结构的影响,且在不同时期、不同地点影响因素略有不同。综合来看,所有时期涉及的影响因素可以总结为以下几方面(表2-2)。①资源因素:资源禀赋、地理区位等。②制度因素:国家宏观发展战略,以及各层级的土地管理政策。③技术因素:作物管理、城市更新的创新等。④经济因素:城市化水平、产业结构、基础设施建设等。⑤人口因素:人口总量、人口密度、就业情况等。

表 2-2 区域土地利用时序变化客观驱动力

驱动因素	主要因子	因子特点	主要驱动区域	主要驱动时期
资源因素	地表自然作用和由人为引起的气候变化、地形演化、植物演替、土壤过程、排水格局变化等	受其他驱动因子共同作用，数据可得性强，易于定量和模拟	生态脆弱区、经济欠发达且人口增长过快及由经济快速发展诱导的地表覆被急剧变化区	1987~2000 年 1997~2006 年 2005~2016 年
制度因素	产业结构变化、政策法规及个人和社会群体的意愿、偏好等	受生态环境、粮食安全等强信号的驱动，难于量化和模拟	生态脆弱区、发达地区及欠发达地区城镇周围及城乡过渡区	全时期
技术因素	新材料、生物遗传、作物及有害物管理、食品加工及酿造等技术	受经济剩余和利润最大化等强信号驱动，难于量化和模拟	经济快速发展和人口高密度地区及经济落后地区初期的驱动力	1997~2006 年
经济因素	供给、需求、投入/产出、区域经济发展水平和消费方式等	受价格信号和政策信号的驱动，易于定量和模拟	经济快速发展地区或欠发达地区的城镇周围及城乡过渡区	全时期
人口因素	总量、密度	受政策信息与市场改革的影响，易于定量和模拟	经济快速发展、资源禀赋较好的地区	1987~2000 年 1997~2006 年 1980~2005 年 1999~2013 年

2）土地利用时序结构变化的主观影响因素

在国土空间利用结构随时间变化的过程中，除了客观因素的影响外，还不可避免地受到主观因素方面的影响，其中，生产方式、生活习惯、生态认知、风险意识等因素长期以来对土地利用的变化形成了重要影响（表 2-3）。生产方式和生活习惯方面：我国各地不同的自然环境、生产特点、生活习惯及民族文化风俗导致了农村聚居模式的巨大地域差异（彭鹏，2008）。经济收益、劳动力素质和劳动力投入、民族文化与心理因素均会对农业地区的土地利用变化产生驱动作用（杨海龙等，2010）。也有学者采用"社会存在–社会意识–行为决策"理论分析框架，认为发达地区农民的社会意识会影响宅基地的退出，这些意识包括传统习俗、禀赋效应、羊群效应、农民和市民身份意识等主观内容（范辉，2016）。

表 2-3　区域土地利用变化主观驱动力

驱动因素	主要因子	因子特点	主要驱动区域
生产方式	（微观）主要生产模式	受环境、政策的驱动，难于量化和模拟	经济欠发达且长期缺少人员变动的村落
生活习惯	民族习惯、文化风俗、地区公认的行为方式	受环境驱动，难以受临时政策影响，难于量化和模拟	生态脆弱区、发达地区及欠发达地区城镇周围及城乡过渡区
生态认知	生态治理必要性认知、补偿政策了解程度、生态产权意识和预期	易受其他因子的影响，难以量化和模拟	经济快速发展地区或欠发达地区的城镇周围及城乡过渡区
风险意识	禀赋效应、合同状况、收益敏感度	受价格信号和政策信号的驱动，通过问卷访谈等形式获取	经济快速发展和人口高密度地区

生态认知方面：研究集中讨论了生态意识与生态行为的互动关系，这些行为包括还田、退耕还林、水土保持措施、支付生态补偿等方面。社会学习和社会信任既直接影响农户的还田意愿，又通过生态认知间接影响其还田意愿（姜维军等，2019），提高农户的生态认知程度，可以提高农户参与新一轮退耕还林的意愿和规范农户退耕还林行为（史恒通等，2019），生态认知和生计资本均显著正向影响流域居民生态补偿支付意愿（张化楠等，2019），农户生态认知对农民的水土保持技术采用行为具有显著的正向作用（黄晓慧等，2019）。风险意识方面：行为主体的风险意识强弱是推动城乡土地利用结构改变的主要方面，关系着农用地流转（李景刚等，2014）、用途变更预期（李景刚等，2016）、宅基地退出（周婧，2011）等城乡土地结构调整的重要环节。

通过以上分析可以发现：主观影响因素对土地利用的影响在长期研究中普遍存在，且影响层面和层级不一，涉及城市土地市场和农村土地市场中的各个环节，同时这些影响也存在于不同地区和不同群体之间。一个明显的问题是，目前针对一段时期内主观因素动态变化对土地利用变化影响规律的研究（现有研究多集中在客观驱动因素上）较少，没有全面地关注主客观因素的统一。

3）驱动力系统的性质

整体性和综合性：土地利用变化的各种驱动力之间都存在着一定联系，而且受到其他众多因素制约，都会对土地利用产生一定的影响（摆万奇和赵士洞，2001；王兆礼等，2006）。应对每一个驱动力进一步分析。层次性：正如前文的分析，土地利用变化的驱动力是一个有序的系统，虽然在整体上发挥驱动作用，但各个因素之间的联系具有一定规则和层次。在大类上，可以大致分为自然驱动力与社会经济驱动力，自然驱动力作为一个子系统，又可分为气候、水文、土地资源禀赋等不同部分。同样，社会经济驱动力系统也能分解成不同组成部分。至于如何划分层次的多少，则由分析问题的深度和广度决定，因为在不同层次上各驱动力的作用程度和影响范围往往不同（邵景安等，2007；李平等，2001）。随时间动态变化：按照系统论的观点，驱动力系统兼有横向运动和纵向变化的特点。因此，各类驱动因素在不同社会经济发展时期表现出的不同状况，也会影响驱动力系统的动态变化。驱动力系统是一个动态的开放系统，系统内的各种驱动力及系统整体与系统外的土地利用决策者、土地利用/土地覆被方式以及更大范围的自然和社会系统相互联系与相互作用。例如，人口因素作为一种重要的驱动力，其动态变化推动着土地利用变化,而土地利用变化的结果又通过对社会经济和自然环境的影响，反馈于人口变化（摆万奇等，2005）。

2. 实践应用

在实践技术层面，研究开始综合考虑各类驱动/障碍因素，并且越来越多地强调以多维技术的综合运用来构建土地利用动态管理体系。早期就有学者提出通过综合考虑各类影响因素、优化整体布局、进行合理配置形成有机的技术体系，融合各种手段的优势,综合调整和安排土地利用时序结构演变（黄福奎,1998）。一些研究也针对我国农村土地和城市土地管理较为粗犷的问题,从影响因素出发，为进一步加强集约节约利用构建技术和理论支撑体系，较好地达到土地利用动态监测效果（刘志军，2005）。近年来，这类技术应用实践更加体系化和精细化：徐昔保（2007）就通过 CA 方法结合 GIS 等工具，对兰州市土地利用动态演化特征及驱动机制进行了分析，邬亚娟等（2020）以 1987~2017 年多时相 Landsat TM/OLI 遥感影像解译分类为基础，参考生态学植被演替研究方法，系统分析了科尔沁沙地 30 年来的土地利用/土地覆被动态演变规律，利用卫星遥感、航空遥感、地面调查、抽样调查在内的方法，综合评价了土地利用时空变化特征。

第 3 章

理 论 基 础

3.1 土地供给侧数量改革相关理论

3.1.1 LAC 理论

1. LAC 理论的提出

环境容量的概念最早由比利时的数学生物学家 P.E.弗胡斯特于 1838 年提出，这一伟大的发现迅速引起了学者的注意，随后被应用于人口研究、环境保护、土地利用等领域。20 世纪 80 年代，在环境容量的理论研究达到一定阶段后，学者发现环境容量的变量太多，如果只是将环境容量作为一个数据去控制，其可操作性不强，且不能达到保护资源与环境的最终目的。在这种背景下，佛里赛（Frissell）于 1963 年率先提出了 "limits of acceptable change"，1984 年 10 月史迪科等发表的《可接受改变的极限：管理鲍勃马苏荒野地的新思路》提出了 LAC 理论，这里的 LAC 是 "limits of acceptable change"，也可译为 "可接受的改变极限"。此后，在 1984 年 10 月，史迪科等在发表的《荒野地规划中的可接受改变理论》（The limits of acceptable change (LAC) system for wilderness planning）报告中，系统地提出了 LAC 这一理论框架。

2. LAC 的理论框架

LAC 理论来源于旅游环境容量概念，其最初目的是解决旅游资源的保护和利用问题，但是，LAC 理论的最大贡献却在于将人们从计算"环境容量"的误区中解放出来，开始重新审视环境容量研究的目的，环境容量提出了一个"极限"的概念，即任何环境都存在一个承载或容纳的极限，LAC 理论批判地继承了环境容量的"极限"概念。

LAC 的理论框架包括九个步骤。①明确规划区的关注点：其中包括规划区资源特征与质量的确定，应该解决哪些管理问题及公众关注的管理问题和规划在区域层次与国家层次扮演角色的确定。②界定并描述旅游机会的种类：这就要求管理根据不同区域所具备的资源特征、利用状况及游客体验需求有所变化。③选择相关资源状况及社会状况的监测指标：这些指标是用来量化评价研究区域资源、社会状况的，因此，在选择此类指标时应同时满足以下两个条件，一是选择的指标组必须可以反映本区域的总体健康状况，二是明确其是否易测量且可操作。④调查资源状况和社会状况。⑤确定每一类别的资源状况和社会状况标准。⑥以课题与现状制订备选的规划方案为依据，保证不同方案可满足不同课题、关注点和价值观。⑦每一个备选方案都需要一个管理行动计划。⑧对备选方案进行评价，选出最佳的方案。⑨行动计划实施，并监测资源与社会的状况。

3. LAC 理论的借鉴

一个地区如果作为人类的活动场所是合适的，那么，其资源状况的下降就不可避免，我们也必须接受这一现状，一个地区内人类的生活生产活动，必然会对环境产生负面的影响。关键的问题是这种对环境的影响是否在可以接受的范围内，关键的任务是为可容忍的环境改变来设定一个极限，即可接受改变的极限。这将作为用地保障研究的核心思想，在研究特定区域内各用地类型的土地容量时，我们将应用"可接受改变的极限"这一核心思想，结合可持续发展理论作为前提，尝试量化研究特定区域内各用地类型的"可持续发展状态下的容量阈值"，这一阈值将作为评价该地区土地是否超容的基本准则，并将作为选择有效合理的规划调控机制对用地规模、结构、布局进行有效影响的重要依据。

3.1.2　可持续发展理论

1. 可持续发展理论的提出

可持续性的概念源远流长，在我国春秋战国时期为保护鸟兽采用的封山育林，就是"永续利用"思想的体现。现代可持续发展可追溯至 20 世纪中叶，在工业化与现代化的飞速发展带给人类富足物质财富的同时，也使人类面临着人口急剧膨胀、环境不断恶化、资源几近枯竭等问题，加剧了人与自然的矛盾。在这样的背景下，产生了现代可持续发展的理论。

1972 年，联合国在瑞典的斯德哥尔摩召开人类环境会议，发表《人类环境宣言》，指出人类面临多方面的环境污染和生态破坏，此次会议被认为是人类对环境认识的重要转折点，是可持续发展思想形成的第一个里程碑。1980年，联合国环境规划署（United Nations Environment Programme，UNEP）在《世界自然保护大纲》中提出"保护自然环境是持续性发展的必要条件之一"，这标志着可持续发展观的初步建立。1982 年，在肯尼亚首都内罗毕，联合国召开的人类环境会议十周年特别会议上，通过了著名的《内罗毕宣言》，提出了与其环境破坏后亡羊补牢，倒不如预防其破坏的口号。1983 年，联合国成立了世界环境与发展委员会（The World Commission on Environment and Development）。1987 年，世界环境与发展委员会举办了联合国的秋季第 42届大会，发表了长篇报告《我们共同的未来》，这是历史上首次明确提出可持续发展(sustainable development)的概念,强调人类的发展应该既要满足当代人的需求,又不损害后代人满足其发展需求的能力,这是可持续发展思想形成的又一重要里程碑。1989 年,联合国再次就可持续发展的概念发表声明,并指出:可持续发展的定义是指既要满足当前的需要而又不损害后代人满足其发展需要的能力,而且保证决不侵犯国家主权。这次会议以后,"可持续发展"的观念迅速在世界范围内形成共识,以公约的形式在国际社会中流传开来。

中国的现代可持续发展思潮始于 20 世纪 70 年代,1973 年,北京召开了第一次全国环境保护会议;1974 年,我国成立了国务院环境保护领导小组;1983 年 12 月 31 日至 1984 年 1 月 7 日举行的第二次全国环境保护会议,将环境保护作为一项基本国策明确提出;1994 年,国务院常务会议通过《中国 21 世纪议程——中国 21 世纪人口、环境与发展白皮书》,这是实施可持续发展战略的一个纲领性文件和具体行动方案。我国 21 世纪议程的战略目标确定为"建立可持续发展的经济体系、社会体系和保持与之相适应的可持续利用的资源和环境基础"①。

2. 可持续发展理论的定义、内涵和特征

1987 年,世界环境与发展委员会将可持续发展定义为:"既满足当代人的需要,又不会对后代人需求的满足构成危害的发展模式。"当前,虽然各个学科从各自不同的角度对可持续发展的概念与内涵作了定义与补充,但其本质上是趋于一致的,都趋同于此项定义。这一定义既体现了可持续发展的本质,又消除了不同学科之间由于角度不同而产生的分歧,得到了各个学科的广泛认同。可持续发展是一个涉及经济、社会、环境的综合的、动态的概念,

---

① 参见《中国 21 世纪议程——中国 21 世纪人口、环境与发展白皮书》,http://risd.ccnu.edu.cn/__local/F/0B/12/5A470E3D188A9E51A3CC43E199E_DDCD31B0_60327.pdf,2022 年 3 月 20 日。

强调代内公平和代际公平，强调发展的可持续性、公平性、需求性，倡导"自然–社会–环境"复合系统的健康、稳定、持续发展，其最终目标是实现人类社会长期、稳定和全面的发展模式。可持续发展是在保护自然的基础上，资源和环境承载力相协调的发展方式，这种发展不只是单纯追求数量的增长，更要重视环境质量的改善、能源的节约、经济效益的提高。

根据其定义，可持续发展的基本内涵主要包括以下三个方面。①需求：可持续发展的目标是要满足人类需求，这意味着人们生活质量的提高、经济的增长以及社会的进步。②限制：这意味着发展不应以牺牲环境为代价，人类的行为要受自然界的约束，经济社会的发展应以资源环境承载力为基础，既要发展经济，也要兼顾社会和环境。要正确处理经济、社会、环境与自然资源的关系，以保障当代人与后代人持续健康地生存与发展。③公平：这不仅仅意味着要保证代际或当代人之间的公平，还包括人类与其他物种之间的公平、不同国家之间的公平、不同区域之间的公平。在这种公平的思想指导下，可持续发展即意味着经济、社会、资源、环境以及全球的可持续发展。

根据定义界定和内涵剖析，可持续发展可总结表现为三个方面的特征：①可持续发展的前提是经济增长。经济增长不仅仅是指经济数量的增长，更是一种质量的改善、效益的提高，经济增长改变了传统的生产和消费模式，实现清洁生产、节约能源、文明消费。②可持续发展的基础是保护自然。保护资源环境是发展的基础，人类的活动与发展必须在地球承载能力之内，保证人类的发展与资源环境的承载能力相协调。③可持续发展的最终目的是改善和提高人类的居住环境。世界上各个国家所处的发展阶段不同，其发展的具体目标也不尽相同，但发展的内涵都包括人类生活质量的改善以及人类健康水平的提高，并努力创造一个平等、自由、保障人们基本权利的居住环境。

3. 可持续发展理论的借鉴

土地的可持续利用是人类社会可持续发展的一部分。土地的可持续发展，需达到土地资源节约与集约利用，经济增长和生态平衡动态发展，还要注重在此过程中的土地挖潜与经济社会发展水平相适应，反对过度开发，实现土地资源的经济、社会、生态效益的协调统一。

在土地利用过程中，应当科学评判不同地类、不同地类结构与布局的组合对整个经济、社会、生态的影响，同时，应当根据科技进步、经济社会发展，以及对应的人类生活质量的提高，从动态视角看待用地规模、结构、布局对社会经济可持续发展的影响，从而为今后合理制订用地规划、保障核心用地、疏解非核心功能用地，同时为核心用地配套好合适的地类与布局提供坚实基础。

3.1.3 系统工程理论

1. 系统理论

系统理论是一门研究系统的一般模式、共同结构和特征及用数学方法定量地描述其功能及规律的学问，是一门具有数学性和逻辑性的新兴学科。人类在长期生产实践中，通过对自然界知识的积累，逐渐产生了系统思想。古朴的系统思想强调自然界的整体性和统一性，其本质是正确的，但由于科学发展水平的限制，缺乏对自然界各部分、各细节的认识，系统论作为一门学科确立，是以贝塔朗菲的专著《一般系统论：基础、发展和应用》为标志的，贝塔朗菲被公认为是这门学科的开山鼻祖。"系统"一词，是由部分组成整体的意思，是指由若干个互相作用、互相联系的部分组成的具有新的结构和功能的有机整体，体现了"要素—要素""要素—系统""系统—环境"三方的关系。系统共同的基本特征包括整体性、关联性、等级结构性、动态平衡性、时序性等。贝塔朗菲尤其强调整体的观念，他认为任何系统都是一个有机的整体，它绝不是各个组成部分简单的加和，更不是各部分的机械相加，而是能产生"1+1 大于 2"的效果，系统的整体功能要强于各要素孤立状态下的功能之和。从系统观点看问题，系统在世界上是普遍存在的，任何事物都可以被看作一个系统，同时，系统又是多种多样的，可以按不同的原则和情况来划分不同的系统类型。系统理论通过对要素特点和规律的总结、结构和关系的协调，使系统达到最优化。系统理论反映了现代社会化大生产的特点，反映了现代科学发展的趋势，反映了现代社会生活的复杂性，所以它的理论和方法在社会生活中能够得到广泛应用。系统理论为解决现代社会中的政治、经济、科学、文化等方面的各种复杂问题提供了方法论的基础，为现代科学技术的发展提供了理论和方法，系统的观念正渗透到社会的方方面面，国土资源利用研究领域也将系统理论作为其研究基础。

系统工程论是一种站在整体角度、统筹全局的科学的方法体系。系统工程论是指系统为了达到预期目标，运用系统工程的思想、技术，系统地研究及解决问题的一套程序化的方法和工作步骤。系统工程方法论始终围绕着系统的预期目的，从系统的观点和思想出发，在系统形式中将系统工程所要解决的问题加以考察，观察"整体—部分"、"部分—部分"和"整体—外部环境"的相互作用、相互联系、相互矛盾以及相互约束的关系，综合研究以得到问题的最优的处理结果。

随着时代的发展，人们开始意识到无序性在系统发展中的重要性。20 世纪 80 年代，系统理论开始逐步向复杂系统理论发展，为识别普遍存在的复杂系统的内在规律提供了有效的理论方式。复杂系统一般是指内部包含多个相互作用的系统单元的开放系统。复杂系统理论与早期系统理论的研究关注点有较大的区别，早期系统理论主要研究系统作为一个整体发挥作用的机制，复杂系统理论则更关注系统内部各子系统的相互作用机制。其中耗散论是复杂系统理论的典型代表之一。耗散论更加关注系统可以实现自组织的前提条件，是一种动态的系统研究理论。它主要研究处在非平衡状态的开放式系统，开放式系统通过与外界环境进行物质与能量的交换，在某种阈值时系统可以由无序状态变化为有序状态。因此，系统实现自组织满足开放式系统、非平衡态与非线性作用三个主要条件。根据熵理论，系统需要从无序状态转变为有序状态必须有负熵输入，而系统需要与其外部环境发生物质与能量交流以获得负熵增加，因此只有开放式系统才能实现这一有序化的过程。而越是处于非平衡状态的系统，其与外界进行交换的动力就越强，可以获得足够的负熵输入。

2. 共同体理论

1）共同体与社会

"共同体"概念导源于亚里士多德，亚里士多德把共同体界定为达到共"善"的某种关系组合。德国社会学家斐迪南·滕尼斯是西方政治思想史上第一个对共同体进行系统阐述的社会学家，1887年，他在《共同体与社会》中指出共同体是基于自然意志（如情感、习惯、记忆等）形成的一种社会有机体。他在书中首次提出了"共同体"和"社会"这对概念。滕尼斯认为，共同体是通过亲属、邻里和朋友等自然社会人际关系把人们联结起来的自然的社会纽带，其具有共同的利益、共同的目标、共同的语言和传统以及共同的善恶观念等；其人际关系具有高度的一致性、融洽性和一定排他性。而社会则是基于理性意愿而形成的社会结合，法律和理性支配着一切，人们彼此生疏和冷漠，生活的特点是肆无忌惮的个人主义和自私自利。滕尼斯在他的另一本书《礼俗社会和法理社会》中，把人类社会划分为以小乡村为特征的"通组社会"和以大城市为特征的"联组社会"。滕尼斯认为，在以大城市为特征的"联组社会"中，人民的生活方式从群体转变为个体，人们有更多的理智，最先关心的是自己的利益，唯我独尊。

2）共同体与联合体

20 世纪城市化的加速进展使得地域共同体趋于解体、城市问题愈演愈烈，于是麦基佛在他的代表作《共同体》中提出了"共同体"与"联合体"这一对互相对应的概念。在此共同体是指地域空间（如村庄、街坊、地方、国家等）中共同生活的人与人的结合体，其分成不同层次，某个共同体可包含若干个共同体，也可同时从属于一个更大范围的共同体。他指出，共同体的广度与密度存在一定的关联：范围最广、包容量越大的共同体的共同生活特性最弱、成员结合紧密度最低；范围最狭小的共同体结合最紧密，譬如家庭。麦基佛认为，在现代社会，每一个现实的人都归属于多个不同共同体，而联合体则是许多个体为了某种共同利害关系或某种共同的目标而结成的社会组织。

由此可以看出，受社会经济发展、交通和基础设施建设、全球化的进程等影响，现阶段共同体的概念已不局限于受道德和士绅强制约束下的概念，其形成更多是由技术交流的便利性、规模经营的高效性等因素构成。土地规划通过调整土地关系和重新调整组织土地利用来协调土地利用状态与土地利用目标之间的关系，从而实现土地利用和空间的优化。土地规划共同体的发展协同的效应在我国正慢慢显现，"农业龙头企业+专业合作组织+农户"联合体的建立是土地规划共同体的一种有力尝试。其运行是在土地权属重新确认的基础上，依据"联户申请、统一规划、群众投劳、产业支撑、联合经营、基金统一管理、封闭运行"的原则，收归专业合作组织，通过农业龙头企业引进产业项目，把农业产业结构调整作为项目核心，联合申请纳入土地规划项目备选库，给失去自主土地经营权的农民留出更大的生存和发展空间，壮大了集体经济组织的同时也保障了农民的权益。

3）共同体与社区

社区指在一定地域范围内经营集体生活的共同体。这种共同体是在一定时间和空间内，由一定的人口进行集体生活时产生的，在人类学中被称为功能观点，突出强调在社区中种种社会关系间的相互依存和人们的集体生活的整体性。

社区是与相对关联的位置有关的运作主要社会功能的社会单位和社会制度的综合体。美国国家调查委员会将社区定义为"一群居住在同一地理位置的具有共同利益且能相互帮助的人群"，他们之间互动，具有心理认同。人类的社区本能是指，社区是人类社会在其自然发展过程中形成的一种必然的、不可或缺的和基本的社会组织形式。社区的要素包括区位、人群、归属感、组织、共同的意识。成功的社区拥有共同的目标或活动、共同的经历和共同的信念；其成员拥有共同的思维方式和价值体系，可以相互遇见并尊重彼此的行为。在我国当前社区建设与管理的实践领域，社区的概念似乎更接近建构性的概念，是一个政府试图建构的、以一定地域为基础的社会实体或社会单元。费孝通对中国社区的描述非常贴切，"中国社会结构本身和西洋的格局不同，我们的格局不是一捆一捆扎清楚的柴，而是好像把一块石头丢在水面上所发生的一圈圈推出去的波纹，越推越远，越推越薄"。

都市和乡村往往放在一起考察，在乡村社区与都市社区之间出现一种范围更大的空间组织，在通常意义上我们称其为区域。大都市区域是其中的一种，是指以某一大都市为中心，以若干大城市和中等城市为网结组成的一体的功能体系。大都市区域是中国城乡关系发展中一种较合理的空间形式，而乡镇的兴起在其中发挥了重要作用。在区域内，由于经济交往的扩展，人际交往圈在扩大，区域不单是经济体系，同时也是巨大的社会体系。

广义上的社区按区位分类可分为都市社区、乡村社区和过渡型社区等几类。但也有学者认为，从家庭到乡村社区，再到过渡型社区、城市社区，这基本是社区发展的路径。社区建设可以看作一个城市化过程的亟需，既是城市发展的继续，也是市民现代化的继续，社区的边界已日趋模糊。

A. 都市社区

都市社区是人类生活进化的较高级的层次，其人口密度、社会分工、社会分化及组织制度都较复杂。芝加哥学派认为，都市社区包含着人类的本质特征，是人类的通性表现形式，空间分布特征决定人类社会关系的表现形式。城市居民的生活传统、习俗和浪漫主义的热望，会逐渐把生态学因素、经济因素、工业因素等转化为社会关系、社会组织。都市社区具有如下特点：①异质性，这种异质性含义是广泛的，包括文化、范围、制度、行为和人们的观念；②相互依赖，科层组织发达；③依赖于形式化的社会控制。

都市内部极为复杂，也可以按不同的标准予以划分：①行政标准，如中国大都市内部分为若干区。这种行政划分的意义主要在于管理，而对人们的行为和观念的影响很小。②按功能划分，工业区、教育区、娱乐区等。这类区分对人们的行为会产生一定影响。③以城市中心为起点进行的划分，如内城与外城、城中心与郊区。④都市内部的生活小区是一种极有意义的社区形式。这种生活小区以共同居住于同一地区、使用同一服务设施为特征，人们之间对本社区有一定的了解并有相当的来往和认同感。⑤都市中的少数民族聚居区。

B. 乡村社区

美国社会学家把乡村社区分为乡镇社区、开放的乡村社区、产业型乡村社区、线形村和庄园村五种。其中，①乡镇社区是指以一个乡镇或一个小村为中心，农民生活于分散的农场，居住于乡村活动中心的居民是退休的老军人，或与经营农业有关的人，这类社区的发展得力于其交通条件或农产品的商业化程度，附近的农民和交易中心相互依存，成为一个自给自足的体系；②开放的乡村社区中，各种基础设施、服务设施不是集中于一处，而是分散于各角落，开放的乡村社区自给自足性差，由于其分散程度高，居民的共同体感弱一些；③产业型乡村社区分为农村、共同村、渔村、矿村、产业村五种类型；④线形村中，农民居住在他们所经营的土地上，农家相互毗邻，由于农地多为长方形，故各家都向公路或交通方面集中，而呈现出扩散的街道形式；⑤庄园村是一种社会组织的形式，其中劳工在人们的统一控制下，参与一个以世界市场为主要目标的生产活动，统治阶层居住于社区中心，这种社区类型多见于劳动稀少的农业边境地区。乡村社区特点如下：①一群以农业为生的人，在一特定地域中生产和生活；②他们有着共同的文化和社会价值；③他们在自己的社会结构中参与他们的社会生活，社会组织和社会制度简单；④含有情感因素的共同意识，即有共同的归属感。

C. 过渡型社区

过渡型社区在某种意义上是失地农民与外来人口共享的"移民社区"，在这里生活着很多失地农民还有更多超过了本地人口的外来人口。由于该类社区的形态及其居民的社会生活带有明显的从乡村向城市过渡的特征，从而形成了有别于传统城市街道社区和农村村落社区形态的新型社区。而具有"亦城亦村"特点的过渡型社区的共同体存在形态和城市化意义在西方经典理论中鲜有提及，特别是在快速城镇化进程中，较少考量被城市化社会情景包围下的过渡型社区的生存与变异逻辑。

过渡型社区的产生与发展具有其必然性：首先，村落终结与农民终结的过程存在空间与时序的差别，村落终结是更加漫长和艰难的过程，一蹴而就往往会导致社会断裂；其次，村落终结涉及产权变动和社会网络重组，需要一个超越零和博弈的合作整合机制协调其间激烈的利益和价值冲突；最后，在城市化过程中城中村具有双重性质，它既是城市异质的边缘，又是农民工融入城市并转为新市民的摇篮。

地方政府是过渡型社区生成的核心能动者，经济是过渡型社区生成的支撑要素，文化是过渡型社区的黏合剂。过渡型社区的基本特征为：社区生成行政化、社区人口结构复杂化、社区文化异质化、社区居民非农化、社区景观城市化、社区发展动态化、社区治安复杂化。在各个城市边缘地带，过渡型社区的表现形式不是均衡分布的，城乡边缘地带的一个重要特征是大部分土地利用处于不断变动中。

3. 社会共生学相关理论

在芝加哥经验社会学派创立的人文区位理论中，社会共生被认为是支配城市区位秩序的最基本的因素之一。

1）共生的内涵

吉丁斯认为社会的基础是同类意识，即有相同人格承认。同类是推己及人的结果。帕克更明白地说明人和人的关系有两种：一种是把人看成自己的工具，称作共生，这是生物界普遍存在的现象；另一种是把人看成也同样具有意识和人格的对手，称为契洽。同心同德，大家共同为了一个企图分工努力，即为契洽。成全别人和利用别人，正是一个对照，在契洽过程中，人们愿意牺牲一些自己的利益来成全别人的意志。在这种契洽关系中，才有忠恕之道，才有社会，才有团体。

竞争是与共生联系的另一个基本因素，它源于为谋求生存对有限资源的相互争夺。社区内部各组成部分要相互依赖生存，是共生系统的同时又存在竞争。共生中的竞争和竞争中的共生，构成了城市社区的区位秩序，是人类生存和社会发展的必要条件。在竞争中通过自身调整，达到社区相对平衡的状态，随着环境条件的变化，社区平衡将被打破，形成新的不平衡，通过内部调整，共生系统又将形成新的平衡。这是社区内共生维持的条件，从而体现社区的共生性质。

井上达夫认为，共生是向异质者开放的社会结合方式，具体地说，是相互承认不同生活方式的人们积极地建立起相互关系的一种社会结合。尾关周二表示，共生（注重异质性）与共同（注重同质性）是人类社会相互补充的理念：在因消极地强求同质化而使共同性关系逐渐减弱的情况下，共生成为积极的对抗理念；在共生成为隐蔽赤裸裸的"生存竞争"的概念时，共同又成为对抗理念，人在同质性与异质性的交织中生存。从这一点出发，应同时重视"共同的共生"理念和"共生的共同"理念，提倡"共生、共同的理念"，以避免只对"共生的理念"或"共同的理念"加以片面解释。

2）社会共生关系的基本要素

社会共生关系的基本要素分为主体要素、资源要素、约束条件三种。主体是人以及由人构成的组织，资源是共生关系的纽带，约束条件是共生关系的各主体都必须遵守的条件。

3）社会共生关系的基本结构

社会共生关系的基本结构分为两个主体之间资源互换型、多主体资源交换型、两个主体同一资源共享型、多个主体同一资源共享型四种模式。图 3-1（a）表示，在双方平等的条件下，大体遵循等价交换原则。例如市场经济中的买卖共生关系。图 3-1（b）表示，在各个主体平等的条件下，遵循广义等价交换原则。例如在市场经济中多主体生产组合的共生关系。图 3-1（c）表示，在双方平等的条件下，大体遵循等价交换原则。图 3-1（d）表示，在各个主体平等的条件下，遵循广义等价交换原则。例如围绕社区公共空间形成的共生关系。

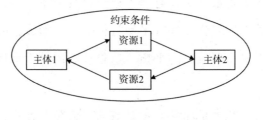

（a）

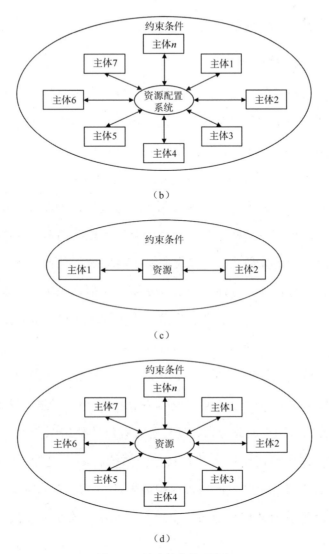

图 3-1 社会共生关系示意

彼得·M. 布劳在《社会生活中的交换与权力》里，归纳出了四条规律：①个体越没有供给者需要他予以回报的资源时，供给者的权力越大；②接受者越没有可替代的供给者可求助，供给者的权力越大；③接受者越不能用强制手段获取其所需的服务，供给者的权力越大；④接受者没有得到服务或找到替代物，那么他不会使自己服从。

4. 系统工程论理论的借鉴

用地结构与布局的规划保障的本质是实现"三生空间"的可持续发展。协同发展是通过系统内部以及各子系统之间的相互适应、协作、配合与促进，耦合而成的同步、协作与和谐发展的良性循环过程。从协同理论的观点来看，"三生空间"系统正是通过各个子系统之间的协同效应来发挥巨大作用的，整体系统的协同作用要大于各子系统功能作用的加总，体现了一种协同实现最大化的系统作用机制。结构不合理、不协调、不能共同发展的系统和内部互相独立、条块分割的孤岛式运行系统都必须将区域的结构与功能进行统一、协同与耦合，只有这样才能使区域永续发展，否则将无法长期生存和演进，另外，假设"三生"系统（生产、生活、生态综合系统）为自组织系统，则用地规划与保障为自组织和他组织结合的系统，通过对"三生空间"的优化，提高土地的可持续利用程度和"三生空间"协调程度。他组织介入程度的高低在很大程度上决定"三生空间"的协调程度，其趋势过强会导致系统僵化，失去活力；若他组织未充分介入，没有足够有效的他组织去引导和制约自组织的自发性，则必然产生巨大的盲目性，系统将陷入混乱。只有将自组织和他组织适当地结合起来，依靠自组织激发活力，依靠他组织消除盲目性，优势互补，相互激励又相互制约，土地利用系统才会健康发展。

3.2　土地供给侧空间改革相关理论

3.2.1　国土空间发展理论研究

国外学者对国土空间格局的研究较早，从农业布局到城市的形成，再到区域格局的演化都进行了深入的研究，形成了较为丰富的理论成果。早期的研究成果，包括冯·杜能的农业区位论、韦伯的工业区位论、霍特林的主街道区位模型、克里斯塔勒的中心地理论等，这些对后期的国土空间区位论研究产生了重要影响。随后，大批学者在这些空间发展理论的基础上，对国土空间发展规律与特征展开了深入研究。阿隆索（Alonso，1964）等学者成功地将杜能关于竞价地租曲线的核心观念引入城市分析中，将土地市场作为经济活动在空间配置中的重要因素。弗里德曼提出了"核心–边缘"空间发展理论，该理论能较好地解释国土空间从单中心的孤立发展向多中心的互动联系的演进过程。在 20 世纪 80 年代之后，空间理论进入空间经济学时期，比较经典的是保罗·克鲁格曼（Paul Krugman）、藤田昌久（Masahisa Fujita）、安东尼·J. 维纳布尔斯（Anthony J. Venables）在 1999 年出版了《空间经济学：城市、区域和国际贸易》，构建了规模报酬变化与非一般竞争的经济模型，从空间经济学的角度分析了国土空间结构的形成过程与机理。2016 年，藤田昌久和雅克–弗朗斯瓦·蒂斯（Jacques-Francois Thisse）出版了《集聚经济学：城市、产业区位与全球化》，其利用微观经济学理论分析了城市形象的基本经济动因，认为报酬变化、运输成本与要素流动是国土空间集聚的动力机制。根据 1970 年由沃纳·松巴特（Werner Sombart）等提出的发展轴理论，建立连接区域中心的重要交通干线（铁路、公路等）可以创建新的有利位置，促进人口流动，降低运输成本，形成良好的经济运行环境，从而降低产品成本，这种交通线被称为发展轴，对区域发展具有促进作用。

国内关于国土空间发展的理论研究则从 20 世纪 80 年代兴起，从反思原先过于强调区域平衡布局开始，逐渐将国土空间利用效率放到重要位置，借鉴国外关于空间经济学的研究理论，提出了增长极理论、点轴渐进发展理论、梯度发展理论等，其中陆大道院士提出的点轴理论影响深远。"点"是指点轴系统中各级中心城市（增长极），"轴"是指相对密集的人口与产业带（发展轴），是通过将几个中心城镇的不同级别连接在特定的方向上而形成的（图3-2）。由于中轴线及其周边地区具有强大的经济实力和巨大的发展潜力，对所经过地区具有较强的吸引力和凝聚力，因此也可以称之为发展轴线或开发轴线。从理论渊流看，点轴理论以中心地学说等为理论基础，系统分析了空间集聚与扩散导致"点-轴系统"空间结构的形成机理，认为国土空间上的经济活动先是在点上集聚，再通过线性基础设施联结形成国土空间体系，提出了我国沿海与长江流域相交的"T"形国土空间总体格局。此外，陆玉麒认为国土空间的增长与扩散效应不一定是单个增长极造成的，有可能是两个极同时发挥作用，由此提出了国土空间的双核驱动理论。

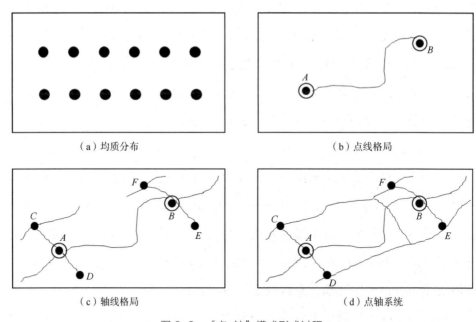

（a）均质分布　　　　　　　　　　（b）点线格局

（c）轴线格局　　　　　　　　　　（d）点轴系统

图 3-2　"点-轴"模式形成过程

1. 经典区位论

1）杜能的农业区位论——孤立国

亚当·斯密（Adam Smith）和大卫·李嘉图（David Ricardo）都是基于

一定的空间区位来分析特定产品生产的绝对优势与比较优势。农业区位论的
创始者杜能试图用空间要素与经济学相结合的方法阐释德国工业化以前城市
外围地区的农业活动的分布格局。1826 年，杜能在其代表作《孤立国同农业
和国民经济的关系》中，基于土地在空间均匀分布的前提条件下，提出区域
中心的城镇是唯一进行农产品交易的地区，距离导致的地租和运输成本的存
在，从而产生农业围绕中心城镇圈层分布的现象（图 3-3）。六个圈层如下：
第一圈是自由式农作区，是离城市市场最近的一圈，主要生产蔬果等；第二
圈是林业区，主要生产大量、运费较高的木材，向城市地区销售燃料和木材；
第三圈是轮栽农作区，实行轮作制集约利用；第四圈是谷草农作区，主要是
轮休制度，不实行严格的集约利用；第五圈是三圃农作制区，区内三分之一
的土地种植黑麦、三分之一种植燕麦，其余三分之一用于休闲农业；第六圈
是畜牧区，主要是用于牲畜生产。这就是著名的"杜能圈"。

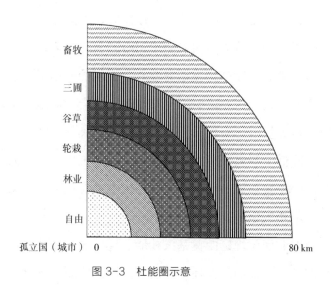

图 3-3　杜能圈示意

　　然而，杜能的农业区位理论模型与现实仍有一定的差异。该理论假设有
一个很重要的前提，即孤立国：世界上存在着一个位于平原中心的城镇，这

个平原各地均匀,没有醒目的特征,周围各地的农产品都在该城镇进行交易。这一城市及其腹地形成的国家与世界上其他地方没有任何经济上的联系,因此它被称作孤立国。农民为了交易自己的农产品,只能采用马车等低效率的通勤方式去中心城镇,运费成本由农民自己承担。但是,随着交通运输业的发展,通勤效率和物流效率大大提高,运费在农产品市场价格中所占的比例越来越小,因此,过分强调运输费用的古典农业区位论有其局限性。

2)韦伯的工业区位论——工业集聚

德国经济学家阿尔弗雷德·韦伯(Alfred Weber)借鉴杜能的研究方法,对1861年以来德国的产业区位、人口集聚等产业区位问题进行了综合研究。1909年,他出版了《工业区位论》一书。韦伯利用区位因素来确定生产区位,这是产业区位理论的核心,包括货运、劳动力、集聚等因素。韦伯将寻求最优产业区位的工作分为三个阶段:第一阶段是假设劳动贸易和集聚效益因素都不起作用,当只有货运因素单独起作用时,孤立地研究产业是最合理的;第二阶段是考虑劳动力成本因素的作用时,研究上述产业布局模式会发生什么样的变形;第三阶段是研究在综合效益因素的作用下,上述产业布局模式会发生怎样的变化,研究这一工业布局模式又会相应地发生何种变形。在对集聚指向进行分析时,韦伯认为,一定的生产集中在特定地方,可导致生产或销售成本降低。当集聚节约大于运费(或人工成本)带来的生产成本节约时,就会产生集聚。就一般情况而言,大多数企业彼此关系密切的地区是最有可能发生集聚的地区。

韦伯与农业区位理论的奠基人杜能一样,是第一位系统地建立产业区位理论体系的学者。他的区位理论是发展区位的重要基石之一。韦伯的工业区位论虽然主要分析了工业布局选址问题,但本质上是在讨论开发格局的行为问题,因为新厂房的建设本身就属于土地开发建设行为,且新厂房会集聚原材料和劳动力等关键要素。然而,与前文分析农业区位论所提出的交通运输快速发展情况一样，原材料供应和运费成本大幅度降低，原来属于原材料供应方向的区位类型，现在已经转变为消费的区位类型。韦伯的产业区位模型没有考虑产业集聚后的拥挤效应。这种拥挤效应将造成集聚区内的土地租金的上涨，也就是说地价费用的增加，而厂商生产成本的提高必然会使它们考虑向低成本区位转移，即工业集聚后的再分散。此外，韦伯在考虑工业选址布局时，忽略了除运输和劳动力之外的规划、财税、国防、技术等政策环境因素。比如区域产业政策，政府鼓励部分地区的产业发展，限制其他地区的产业发展，直接影响产业区位的选择。因此，韦伯的工业区位理论不能直接应用于经济驱动导向下的开发单元布局优化分析。

2. 空间结构论

1）中心地理论

受韦伯工业区位论和杜能区位论的启发，克里斯塔勒将经济学的价值观和地理学领域的空间观点相结合，探讨了城市规模与功能的关系，提出了中心地理论。该理论主要解释一定范围内城镇数量、职能、等级与规模之间的相互关系以及空间结构规律特征。在城市的等级和规模的相互关系研究上，他运用六边形图式来进行归纳分析。这些学者的研究目标主要是解释在由一些城市中心构成的层级系统（a hierarchical system of urban centers）中经济活动的空间分布。具体而言，将不同的产品按照其所嵌入的市场区域分别编号为 $i=1,2,\cdots,n$，不同产品由不同企业生产。如果某个区位能够生产产品 i，那么其一定也能容纳生产较 i 更低阶的所有产品的企业。中心地理论的主要内容就是探索在怎样的条件下此种有规律的叠层结构得以建立。然而，这一理论过多地考虑了纯粹几何的因素。事实上那些模型并没有考虑促使售卖不同产品的企业形成集群的经济力量，因而难以说明中心区域是如何形成的。

2）中心-外围理论

基于市场条件下所有市场参与者都追求自身效用最大化的假设，克鲁格曼、藤田昌九、维纳布尔斯三人分析了在规模经济引起的生产集中向心力与区域经济发展的相互作用下，区域向制造业中心和农业外围分化，并分析了交通"冰山成本"引起的生产扩散向心力，形成了中心-外围结构。市场均衡通常是离心力和向心力相互作用的结果。其中，离心力主要源于两个方面：①农民虽然具有空间不可流动性，但他们对制造业产品的需求需要被满足；②当企业集聚程度增加时，竞争程度不断加剧。向心力的机理如下：如果一个地区聚集了较多的制造企业，那么可想而知该地区产品种类也会很丰富，这会导致工业品在该地区的市场均衡价格指数降低；反之，会吸引一些居住在小地区的工人往大地区移动，他们的生活质量会在大地区得到提升。工人的数量日益增加，对差异化产品的需求也随之变大，这种需求让更多的企业来到该地区。企业层面的规模经济导致大地区能提供更多的商品，而小地区提供更少的商品。因此，正如 Krugman（1991）所观察到的，Myrdal 模型中呈现的循环因果（circular causality）是由于两种影响互相作用："在市场很大的地方，制造业生产将会集中，而制造业生产集中的地方，市场将变得更大。"

克鲁格曼认为集聚程度与运输成本的关系是单调递减的，因此，当运输成本足够低时，他提出所有制造业部门会集中在一个地区，使之成为经济中心；与之相对，另一个地区只生产农产品，进而被边缘化成为外围。企业在大市场可以利用报酬递增出售更多产品，同时在小市场又不损失太多的经济活动。正好相反，中心-外围模型之所以让区域间的分散具有可能性，是因为高成本的运输使经济呈现出对称的区域生产模式。

3. 空间经济学

空间经济学是研究空间资源配置和经济活动的学科，以空间或区位为研究变量是空间经济学的基本特征。自 1826 年起,杜能开始从地租和运输成本出发研究农业种植圈层,英国经济学家马歇尔从外部经济以及规模经济等方面出发,解释了由集聚产生的经济动因。此后,很多经济学家和经济地理学家对国土空间的产业集聚理论进行了后续的研究。

（1）资源禀赋。在国土空间开发建设区位的选择上,需要考虑地理位置、生态气候和自然资源等外生因素,这是赫克歇尔-俄林理论和新古典贸易理论提出的。这些外生变量要素在空间上分布的分散及它的集中程度决定经济活动在空间分散或者集中的程度。

区域内生最优产业技术结构是由经济要素禀赋结构决定的,不是基于要素禀赋,遍地开花的"赶超战略"只会导致新一轮产业同质化恶性竞争。因此,要素禀赋条件在一定程度上促进或限制了地方产业发展的可能性,但随着通信技术、交通运输能力的飞速发展,在区域一体化发展的进程中,要素禀赋并不是决定一个产业布局的关键性因素。

（2）运输成本。自韦伯的工业区位理论提出运输成本在产业集聚中的重要性之后,运输成本的研究成为学术界的关注点。多数学者认为空间集聚和分散结构的形成是规模经济与运输成本的权衡结果。克鲁格曼考虑了在中心和外围之间运输工业品的成本,亨德森更关心城市的交通成本。我国的一些研究认为,交通发展是产业空间格局变化的重要因素之一,国土空间开发趋向于沿交通道路轴线集聚。例如,在铁路运输尤其高铁发展的影响下,全国产业发展的总体趋势有可能进一步向东部地区集聚。藤田昌久对运输成本的定义更为宽泛,包括"运输成本本身、关税和贸易的非税壁垒、不同的生产标准、运输困难和文化差异等由距离造成的一切障碍"。他通过模型指出,运输成本与城市规模呈单调递减关系,高成本的运输使城市规模变小,与此同时,产业聚集程度减弱;反之,低成本的运输让城市规模增大,产业聚集程度也增大。贸易自由化和经济一体化有效降低了交易成本,促使要素的空间流动性提高，这对产业集聚产生了积极影响。有一些研究扩展到基于土地成本和区位成本的企业成本，也就是说，包括劳动力成本、土地成本、基础设施使用费、税费、地方政府效率和政策连续性等，并提出全球生产网络利用企业成本差异产生差异功能空间，重塑城市空间结构。

（3）外部性。马歇尔认为集聚的形成主要是由于集聚的外部性。外部性可分为三个层次：一是中间投入品共享，二是劳动力共享，三是知识溢出。亨德森认为，外部性可以分为两个层次：一是产业内部的外部性，又称马歇尔–阿罗–罗默（Marshall-Arrow-Romer，MAR）外部性，表现为产业层面的外部性，导致产业集聚；二是产业之间的外部性，又称 Jacobs 外部性。这种外部性是指位于同一地点的企业在不同产业间所产生的外部性，强调产业间的外部性导致产业集聚。集聚能够感知并承受来自同行的竞争压力，为了获得更多消费者价值和产出利润，企业选择了不同空间行为模式，这称为竞争分离或竞争集聚。因此，波特等学者认为，产业聚集不仅是地理位置、产业领域、相关人才等的集中，它集产业交流、产业文化、产业技术链和产业价值链于一体，即竞争、合作、交流、知识共享和文化共性，从而提出了产业集群的概念。

空间集聚提供了报酬递增，这就能在一定程度上消除因拥挤而产生的成本的增加，成本一旦增加，流动的要素产生新集聚中心，这样变化带来的结果是形成国土空间多中心结构。一般来说，依据经典空间结构转换理论所提出的概念，若流动的要素在没有外界干扰的情况下，产业空间出现转变，则这个过程一般从一开始分散的状态转变成单中心集聚的状态。集聚发生一段时间后，空间稀缺随之发生变化，例如地租、交通和环境等外部因素的成本随着拥挤度变化，若是过度拥挤，那么这些因素将出现成本增长的现象。这种现象导致特定区域进入集聚和扩散结合的多中心阶段。

（4）规模经济。马歇尔将规模经济分为内部规模经济和外部规模经济；

克鲁格曼指出外部性的本质是规模经济，在他所建立的两区模型中，产业集聚程度是随着规模经济的发展程度而正向变化的，我们也可以将之理解为规模经济是产业聚集的动力来源。藤田昌久从三个方面分析了规模优势与规模经济之间的关系：①较大区域拥有的企业超过其人口比例份额；②较大区域是规模报酬递增产品的净出口方；③较大区域的工资相比较小区域更高，这三个方面不必等价。

（5）市场需求联系。国内市场效应假说是由新贸易理论提出的，根据这一假设，企业会选择在需求量大的地方进行贸易，进而形成局部的空间聚居。克鲁格曼认为，资源市场效应是产业集聚演化向心力的重要来源，大市场更有可能吸引企业进入区域，从而促进区域市场的拓展，进一步增强国土空间集聚。

（6）政府制度与政策。市场机制是经典模型空间结构演化的基本前提，然而，在中国市场经济体制逐步改革的背景下，政府的宏观调控作用不容忽视。区域竞争的实质是产业竞争，其根本目标是区域产业结构升级和空间重组，也是产业空间结构调整的动力之一。地方政府的行政区划、基础设施和其他公共服务会影响区域内外要素的流动方向。相关研究表明，开发区的建立和发展、土地利用制度改革和企业改制、城市规划和交通运输是产业空间扩张的动力。交通基础设施、税收等区域振兴政策对我国产业空间布局具有重要影响。因此，国土空间格局分析应该放在特定背景之中，把政策特征、外部联系和宏观结构性力量结合起来。

（7）生态因素，包括生态环境对区域人口承载、产业的选择和开发建设适宜性的空间约束，国土空间发展既要充分开发利用，又不能超过资源环境承载能力和生态环境的容量限度，这样才能维持可持续发展。

（8）其他因素，包括历史因素、社会文化因素等，如历史原因造成的人口大规模迁移定居，形成了国土空间上新的集聚点，历史文化遗迹、旅游业等特色产业的发展布局则在社会层面反映了对国土空间集聚与分散格局的影响。

3.2.2　重心迁移理论

人口、土地、产业是国土空间格局优化的核心要素，这三要素在空间上的匹配程度，直接影响区域可持续发展能力。随着三要素在空间上的流动，国土空间格局正在发生激烈的集聚与分散，如何将其作为一个整体，选用一个复合变量来体现基于历史信息空间位置变动对空间发展的均衡程度、变化轨迹、均衡的变化程度，这时就须引入重心概念。本节试图在国土空间的一维视角下，结合克鲁格曼与藤田昌久的空间经济学理论，引入物理学中的重心迁移理论，探讨国土空间单元的多中心格局的形成与均衡的机理。

1. 单中心国土空间单元体系

考虑一个一维的国土空间 X，该空间上分布着肥沃程度和单位密度相同的土地，且这里存在两个部门，分别是制造业部门（M）和农业部门（A），其中制造业部门的厂商可以自由选址，农民均匀分布于国土空间内。假设整体空间内有 L 规模的工人，人口的劳动能力是同质的，即劳动力可以无差别地投入到制造业部门或农业部门。

在杜能农业区位理论基础上，假定所有的工业制成品都在该国土空间的中心地区生产，即在城市地区生产，将其区位记为 $r=0$。城市周围是农业区域，其区位用 $[-r_b, r_b]$ 表示，其中 r_b 是待定的国土空间边界。城市向其周围的农业地区输出工业制成品，并从农业地区输入城市居民所需的全部农产品。用 τ 表示两个生产产品的运输成本，用 τ^M 表示城市中工业产品的运输成本，用 τ^A 表示农业产品的运输成本。用 $R(r)$ 和 $w(r)$ 表示距离中心 r 处的土地地租和工资率。因为模型是完全对称的，我们仅分析 $r \geqslant 0$ 的情况，示意图见图 3-4。

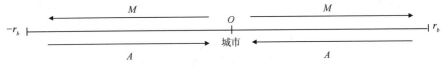

图 3-4　基于两部门模型的国土空间示意

根据空间经济学的价格指数理论，空间均衡的条件包括两个方面：一是农产品市场出清，即农产品的供给与需求均衡；二是两部门实际工资均衡，即农民与工人的工资均衡。

1）农产品市场出清

设 p^A 和 p^M 为农产品价格与工业产品价格，$p^A(r)$ 或 $p^M(r)$ 表示区位 $r \in X$ 的每种产品的价格，即 $p^A(0)$ 表示中心城市的农产品价格，$p^M(0)$ 表示中心城市的工业产品价格。现在引入萨缪尔森的"冰山成本"概念，冰山成本即在运输产品时只有一部分产品能到达目的地，其余部分会像冰山一样融化消失。假设有 1 单位的农业产品，从 $r \in X$ 运往目的地 $s \in X$，只有一部分能运抵目的地，该部分的量由 $\exp(-\tau^A|r-s|)$ 给出，这一份额随着到目的地距离的增加而减少。类似地，对于工业制成品我们有 $\exp(-\tau^M|r-s|)$。考虑运输成本后，位于区位 $r \in X$ 的每种产品的价格为

$$p^A(r) = p^A \exp(-\tau^A r) \tag{3-1}$$

$$p^M(r) = p^M \exp(\tau^M r) \tag{3-2}$$

首先，考虑农业部门，地租相当于农产品的价格与单位产值所需劳动力工资的差值，即地租的变化取决于价格和工资如何随距离的改变而调整，在农业地区边界 r_b 处地租为零，可用式（3-3）和式（3-4）表示：

$$R(r) = p^A(r) - w(r) = p^A \exp(-\tau^A r) - w(r) \tag{3-3}$$

$$w(r_b) = p^A \exp(-\tau^A r_b) \tag{3-4}$$

其次，考虑工业部门。设 L^M 为在城市制造业部门的工人规模，因为农业地区的规模为 $2r_b$，这需要投入 $2r_b$ 的工人，因此制造业部门的工人数量表示为

$$L^M = L - 2r_b$$

假定所有工人有着一致的偏好，用柯布–道格拉斯效用函数表示为

$$U = \frac{M^\mu A^{1-\mu}}{\mu^\mu (1-\mu)^{1-\mu}}$$

其中，M 表示工业部门产品的消费指数；A 表示农业部门产品的消费指数；μ 表示工业部门的份额，也可以理解为城镇化率。当工业部门提供的产品的种类数为 N 时，指数 M 为

$$M = \left(\int_0^N q_i^\rho \mathrm{d}r \right)^{\frac{1}{\rho}} \tag{3-5}$$

其中，q_i 表示对产品 $i \in [0,N]$ 的消费量；ρ 表示工业制成品间的差异化程度，$\rho \in (0,1)$，当 ρ 接近 1 时，表示消费者对工业产品偏好差异较小，几乎可以无差别替代，当 ρ 接近 0 时，表示消费者的需求多样化。设 σ 表示产品之间的替代性，则：

$$\sigma \equiv \frac{1}{1-\rho} \tag{3-6}$$

用 Y 表示消费者收入，则农业部门产品的消费指数可表示为

$$A = \frac{(1-\mu)Y}{p^A(r)} \tag{3-7}$$

考虑到城市总收入为 $w^* L^M = L - 2r_b$，即 $Y = L - 2r_b$，由此可以得到农产品的需求量为

$$D^A = (1-\mu)\frac{L - 2r_b}{p^A(r)} \tag{3-8}$$

由式（3-8）可知，假设 μ 无变化，则农产品的需求量随人口规模的增加而增加。

在供给方面，有 μ 单位的农产品被运往城市，考虑运输成本之后，其中仅有 $\exp(-\tau^A r)$ 部分能运抵城市，城市能够获得的农产品总供给量为

$$S^A = 2\mu \int_0^{r_b} \exp(-\tau^A r)\mathrm{d}r \qquad （3-9）$$

同样，假设 μ 无变化，则农产品的供给量随农地边界 r_b 的扩展而增加，即农地规模越大，农产品的供给量也就越大。这是比较好理解的，当农地产出效率固定时，农产品总量随着农用地规模的增加而增加。

此时，联立需求函数与供给函数，利用市场出清条件，可以得到农产品的均衡价格：

$$p^A = \frac{1-\mu}{2\mu}\frac{L-2r_b}{\int_0^{r_b}\exp(-\tau^A r)\mathrm{d}r} \qquad （3-10）$$

2）两部门实际工资均衡

首先考虑居住在农业地区边界的农民所获得的名义工资。根据地租、产品价格与工资的关系，当农业地区边界 r_b 处地租为零时，可得农业边界地区的名义工资为

$$w^*(r_b) = p^A \exp(-\tau^A r_b) \qquad （3-11）$$

联立前几项公式，可得农民的实际工资为

$$\omega(r_b) = P^{-\mu}(p^A)^{\mu}\exp\left[-\mu(\tau^A + \tau^M)r_b\right] \qquad （3-12）$$

不妨将城市工业部门的劳动工资设定为 1，即 $w^* = 1$，则工人的实际工资为

$$\omega = P^{-\mu}(p^A)^{-(1-\mu)} \qquad （3-13）$$

因此，空间均衡的状态是两部门的实际工资相等，则要求：

$$p^A = \exp\left[\mu(\tau^A + \tau^M)r_b\right] \qquad （3-14）$$

将农产品价格均衡的公式与式（3-14）联立之后可得

$$L - 2r_b = \frac{2\mu}{1-\mu} \frac{1-\exp(-\tau^A r_b)}{\tau^A} \exp\left[\mu(\tau^A + \tau^M)r_b\right] \qquad (3\text{-}15)$$

由此可知，随着人口规模 L 的增长，农业边界 r_b 的均衡值从 0 增大到 ∞，即农业区域将不断扩张，从而两种产品的运输距离将不断增加。然而由于运输成本的存在，这种运输距离不会无限制地增长，这时中心城市的工业制造部门就会考虑在城市之外再建新厂，由新厂负责就近地区的产品供应，随着人口的进一步增加，新厂的区域会集聚更多的人口，进而会形成新的城市。

此外，虽然城市人口不需要承担居住成本，但是足够多的人口数量仍然会阻碍企业的集聚。例如，如果制造业部门份额较低，或者工业制成品有很强的替代性，抑或两种情况都存在，那么长距离运输工业制成品的成本就超过了制造业集聚所带来的好处。换言之，由于农民无法集聚，规模经济将由地理上分散的企业来实现。相反，当 μ 较大，并且（或者）σ 较小时，竞争足够弱，并且（或者）城市人口所形成的需求足够大，此时超级大都市将会出现。

若考虑两种产品运输成本下降的情况（τ^M 或 τ^A 减小），这将使得偏远区位的吸引力增强，使企业从经济中心城市朝农业地区边界的方向迁移，同时农业地区边界也不断向外扩展。进一步分析，随着运输成本下降，产业依其替代弹性的升序开始集聚。事实上，面临更严酷竞争的企业通过分散选址来缓解竞争压力，而面临较弱竞争的企业将集聚在较大城市，从而利用规模经济。因此，当经济一体化程度逐渐加深，城市相对规模的变化表现为大城市吸引更多的企业和工人，而小城市失去企业和工人。运输成本的降低驱动产业在一个区域更加集聚，当运输成本足够低时，小城市在空间经济中消失了，而仅剩下少数集聚各类产业和厂商的大城市。

2. 多中心空间单元的形成

1）人口增长

假设在一个人口规模较小的单中心城市单元，标记此时的人口规模为 L，此时均衡结构稳定，没有新的城市出现。随着人口规模的不断增大，当人口规模达到 $\hat{L}$ 时，势函数曲线值达到了 1，从而使区位 $\hat{r}$ 变得和现有城市一样有利可图。当人口规模达到 £，势函数曲线值刚好达到 1。即使在 $\hat{r}$ 处未出现集聚现象，由于企业在区位 $\hat{r}$ 处可以更好地接入远离现有城市的当地市场，区位 $\hat{r}$ 也具备了与现有城市一样的吸引力。这意味着，在 P 处发生的哪怕是很小的企业聚集，都可以引发集聚过程，从而形成新的城市。同时，现有城市将开始萎缩，当然由于锁入效应的存在，其并不会消失，新城市无法吸引现有城市的全部人口。对称地，同样的过程也会在 $r<0$ 的区域发生。

因此，当人口规模达到 $\hat{L}$ 时，一个单中心均衡将逐渐演变成一个对称的三中心均衡。如果集聚机制中的乘数效应足够强，这一演变过程将会突变，最终将在现有城市两翼形成两个相当规模的城市。Fujita 等（1999）给出了促成这一突变的充分条件：

$$\mu\tau^{M} \geq (1-\mu)\tau^{A} \tag{3-16}$$

$$\mu \geq \frac{\rho}{1+\rho} \tag{3-17}$$

式（3-16）和式（3-17）意味着剔除支出份额后的工业制成品运输成本比剔除支出份额后的农产品运输成本大。对于消费者而言，这意味着集聚在城市能显著提高自己的实际收入。公式（3-16）表示，工业制成品消费份额必须大于某一阈值，而这一阈值与工业制成品间差异化程度呈负相关。事实上,过低的工业制成品消费份额将不能为企业和消费者提供足够的集聚动力。当然，μ 不能比 p 大，否则集聚力量太强，将使现有城市变成黑洞，最终导致没有新的城市形成。当超过三中心均衡时，解析分析就会有些困难。因此，本书仅讨论藤田昌久和 Mori（莫里）给出的数值模拟结果，它们满足式（3-16）和式（3-17）。

图 3-5 描述了当 L 上升时，城市体系的演化过程。当 $L=3$ 时，得到图 3-5（a），其中单中心结构呈现出均衡状态。当 L 取得临界值 4.36 时，得到图 3-5（b），此时势函数曲线在 $r=1.10$ 处取值为 1，从而单中心空间开始变得结构不稳定。当 L 达到这一临界值时，空间经济经历了一种由单中心模式向三中心模式的突然转变。在图 3-5（c）对应的情况中，这一新的均衡是稳定的。

当 $L=6$ 时，得到图 3-5（d），此时三中心均衡是稳定的，也就是说 L 的取值是介于第一个分叉点与第二个分叉点之间。在图 3-5（e）中，L 取到新的临界值 7.47，相应的势函数在新的位置 $r=2.11$ 再次取得值 1，这表明三中

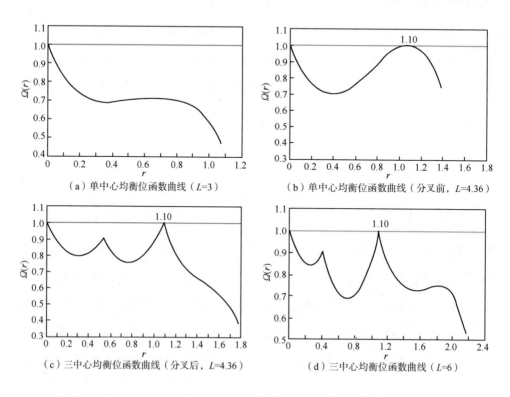

（a）单中心均衡位函数曲线（$L=3$）

（b）单中心均衡位函数曲线（分叉前，$L=4.36$）

（c）三中心均衡位函数曲线（分叉后，$L=4.36$）

（d）三中心均衡位函数曲线（$L=6$）

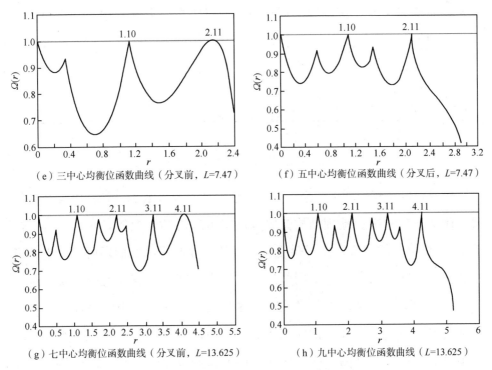

图 3-5 空间经济中多中心城市体系的构成

资料来源：藤田昌九和蒂斯（2016）

心结构已开始不稳定了。此时三中心模式转变成了五中心模式。图 3-5（f）描述了转变之后的势函数曲线。如此循环，当 L 持续增长，空间经济的一次次突变使得一对对新城市周期性地不断出现。图 3-5（g）和图 3-5（h）描述了从七中心结构向九中心结构的转变，当 $r=4.11$ 时，出现了新的城市。这些图说明当城市的数量增加时，与中心地理论的预测一致，城市体系将趋近于一个高度规则的城市网络。

综上，当人口规模持续增加时，农业地区的边界因为要支撑这些新增的人口，会越来越远离新成立的城市。出于与前述相同的原因，当人口规模达到某个新的阈值时，一条与之前类似的势函数曲线将在一个新的位置取得值 1，这又将导致更新的城市在那里出现。依此循环，如果人口规模持续增长，而空间又无任何限制，那么新的城市将在距离现有城市特定距离的区位上周期性地不断出现，最终形成一个不同城市大致等距排列的城市体系，见图3-6。

图3-6　基于人口增长的国土空间单元体系

随着人口规模的增大，经济中会出现一个（或多或少）具有层级结构的城市体系，这种中心地理结构让人想起克里斯塔勒的框架。在这个城市体系中，"高层级的城市"会提供更多种类的工业制成品。而同时，由于城市专业化，不同的城市生产不同的产品，城市之间存在着双向的交易。这就产生了一个更加复杂的贸易模式，在这种贸易模式中，中心地理论的金字塔结构中又出现了叠加的横向结构。如所预期，高层级的城市将比低层级的城市输出更多种类的产品。然而，同层级城市间的水平联系比其与低层级城市进行贸易显得更为重要。因此，这里得到的城市层级系统较克里斯塔勒的框架展现出更丰富的物流模式。

2）产业集聚

产业的异质性是影响国土空间单元分布的重要因素，不同产业的劳动力需求、能源消耗、运输成本都是不相同的，面临的消费群体也是不相同的，进而导致多中心单元的空间分布更为复杂。克鲁格曼、藤田昌九等学者在分析单中心经济发展到多中心的城市体系的过程中，没有区分产业的差别，将工业产品默认为单一的工业制成品，结果是城市之间也是等距离分布的。现在，将产业的异质性引入空间经济学模型中，考虑工业部门存在两种产业，分别是产业 1 和产业 2，两种产业的生产成本和销售成本的差异导致产业 2 的临界值 $d_2'^*$ 是产业 1 的两倍，即 $d_2'^* = 2d_1'^*$。假定初始状态所有的产业都集

中在中心城市 C,人口规模持续增大。

在图 3-7 中,随着人口的不断增加,中心城市 C 较远地区的人口密度逐渐上升,产业 1 为了降低产品的运输成本以获取更多人口,例如,会选择在 C_1 处集聚,以此会产生新的城市 C_1。随着人口规模的持续增大,同理,会逐渐形成新的城市 C_2、C_3、C_4、C_5、C_6、C_7、C_8、C_9、C_{10},这些新城市只包含产业 1。随着人口的不断增加,以及农业边界不断向外扩展,产业 2 也开始在城市 C 之外建立新的工厂,以期降低运输成本,产业 2 新建的工厂不仅要为周边的农业人口提供工业制品,还要尽量向产业 1 的城市工人提供产品,因而会尽量向产业 1 的城市靠拢,进而会选择在 C_2 处建厂,此时,城市 C_2 不仅汇聚了产业 1 的厂商和工人,还集聚了产业 2 的厂商和工人,其人口规模会大于只有产业 1 的 C_1。根据前文所提的人口不断增加的假设,产业 2 同样为了降低成本而选择在 C_4、C_6、C_8、C_{10} 处建立新的工厂。以此类推,城市 C_4、C_6、C_8、C_{10} 的规模也会大于城市 C_3、C_5、C_7 和 C_9。由于城市 C 内不仅有产业 1 和产业 2,还可能有其他产业 n,多种产业的汇聚致使城市 C 成为区域内最大的城市,而城市 C_2、C_4、C_6、C_8、C_{10} 汇聚了产业 1 和产业 2,因此,C_2、C_4、C_6、C_8、C_{10} 会发展成为中等城市,城市 C_1、C_3、C_5、C_7 和 C_9 只聚集了产业 1,故 C_1、C_3、C_5、C_7 和 C_9 会发展成为小城市(图 3-8)。

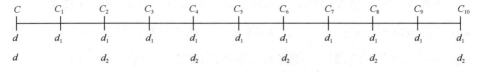

图 3-7 城市层级体系的形成

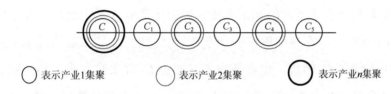

○ 表示产业 1 集聚　　○ 表示产业 2 集聚　　○ 表示产业 n 集聚

图 3-8 基于产业异质性的空间单元层级结构示意

若进一步增加国土空间内的产业和行业数量，以及产业选址的临界值 d'' 多元化，国土空间内的城市单元层级体系和空间分布会变得更加复杂。

3）土地分布

在不同的空间单元中，除了人口和产业的差异较大之外，土地的差异也不可忽视。土地的异质性包括土地权属性质、土地用途性质、土地等级性质等；土地用途性质可以从规划的角度去理解，工业用地和商业用地在使用期限、土地租金等方面差异较大；在土地等级性质方面，基准地价是其不同等级之间差异的直观体现。从经济学的角度看，这些土地性质的差异都会反映在土地成本即土地租金上，土地租金的差异会使空间单元的形成与层级体系更为复杂。

在前文分析产业异质性的基础上，我们引入土地性质的差异，可以简单理解为不是所有产业都可以在某个空间单元落地实施，由于这个空间单元的土地性质影响这个产业在选择新工厂的地址时，只能去区位更远的地区进行建厂。因此，我们对前文模型中的参数进行修改，考虑工业部门存在三种产业，分别是产业 1、产业 2 和产业 3，也存在 $d_2''=d_3''=2d_1''$，但土地的分布不是均质的，导致产业 3 的新厂房选址只能在固定区域内的特定土地上进行。假定开始时所有的制造业产业都集中在城市 C，同时人口数量保持增长。

在图 3-9 中，当人口数量持续增长时，产业 1 为了降低运输成本，会逐渐在新的城市 C_1、C_2、C_3、C_4、C_5 等建厂，这些新城市只包含产业 1，产业 2 会在 C_2、C_2'、C_4' 建厂。随着人口的不断增加，以及农业边界不断向外扩展，产业 3 也开始在 C 城市之外建立新的工厂，产业 3 新建的工厂同样会尽量向产业 1 和产业 2 所在的城市靠拢，但由于产业 3 对土地性质要求较高，只能在 C_4 建厂，但在目前阶段，产业 3 在 C_4 建厂会导致运输成本上升，因为产品 3 不仅在 C_4 销售，也会面向 C_1、C_2、C_3 所在的产业 1 和产业 2 的工人群体以及周边的农业地区进行销售，这时，产业 3 就会选择继续留在 C 城，

因为在 C 城进行销售的运输成本要小于在 C_4 建新厂的成本。随着人口的进一步增加，以及产业 1 和产业 2 在更远的地区建厂，进而有 C_5、C_6、C_7、C_8、C_9、C_{10} 等新城的产生，此时产业 3 在 C_4 建新厂的成本和销往其他城市的运输成本会低于在 C 城进行销售的运输成本，因此，产业 3 会在 C_4 建新的工厂，且工厂的规模会比产业 1 和产业 2 的规模更大，集聚的工人也会更多。此时，城市 C_4 不仅有产业 1 和产业 2，也集聚了更大规模的产业 3，进而会形成更大的中等城市，可以将其称为 Ⅰ 级中等城市，其余中等城市称为 Ⅱ 级中等城市。

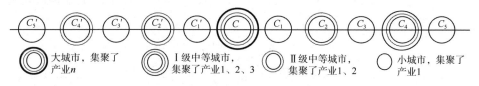

图 3-9 基于土地异质性的城市体系分布

3. 空间单元重心的迁移

1）人口重心迁移

"重心"是一个物理概念，指物体各部分所受重力产生合力的作用点，在地理学中表示某个区域在某些方面空间上的平衡点。本质上，重心是一种空间概念，尽管前文从空间经济学的角度分析了多中心空间体系的形成过程，认为人口、产业和土地的要素流动是多中心体系形成的根本原因，但还是侧重于数量方面，现将重心概念引入多中心空间单元的研究框架中，以便从空间方面分析多中心体系的空间格局。在前文假设的一维国土空间 X 上，所有的工业制成品都在该国土空间的中心地区生产，即在城市地区生产，将其区位记为 $r=0$。城市周围是农业区域，其区位用 $[-r_b, r_b]$ 表示，其中 r_b 是待定的国土空间边界。此时，重心是位于 $[-r_b, r_b]$ 直线上的点，在初始状态时，国土空间重心位于 $r=0$。为了方便区分重心与中心点，我们用 M 表示重心，M_r

表示人口重心与中心点的距离，因此$|M_r| \geqslant 0$。

根据前文关于国土空间城市体系从单中心向多中心发展的分析，人口数量增长是关键驱动因素，随着人口规模的不断增大，农业地区的边界因为要支撑这些新增的人口，会越来越远离新成立的城市C_1、C_2、C_3、C_4、C_5、C_6、C_7、C_8、C_9、C_{10}，那么新的城市将在距离现有城市特定距离的区位上周期性地不断出现，形成规则有序的国土空间城市体系。假设新城市的人口规模均等，用L表示，且空间分布均质，即空间距离彼此均为r'，$r' = \frac{1}{12}r_b$。此时，全域人口重心与空间中心重合，都位于C点，人口重心在空间上未偏离均衡状态（图3-10）。

图3-10　初始时期的人口重心分布

然而，在现实中，人口的均等分布是很难实现的，新的城市所聚集的人口规模会有差异，部分城市的人口规模大，其余部分城市的人口规模小。为了区分不同城市的人口规模，我们用L表示中心城市人口规模，用L'表示其余部分城市人口规模，假设$L = 2L'$。对应到城市空间体系中时，即$C_1 = C_2 = C_3 = C_4 = C_5 = 2C_1' = 2C_2' = 2C_3' = 2C_4' = 2C_5'$。在这种情况下，全域人口重心分布将与空间中心$C$点产生偏离（图3-11），偏向人口规模较大的地区，$M_r = r'$。

图3-11　人口重心迁移示意

此时，人口重心较初始C点移动距离为r'，即人口重心偏离空间中心r'距离，若人口规模持续增大，且原点右部分$[0, r_b]$的城市人口聚集仍是原点左部分$[-r_b,0]$的 2 倍，则人口重心将持续向右偏离，移动距离可用图 3-12 表示。

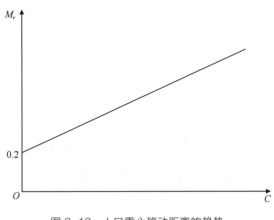

图 3-12 人口重心移动距离的趋势

2）产业重心迁移

在前文分析产业集聚的基础上，进一步探讨其重心的变化。随着产业集聚与发展，C_2、C_4、C_2'、C_4'发展成为中等城市，城市 C_1、C_3、C_5、C_1'、C_3'、C_5'只发展成为小城市。此时，由于中等城市和小城市分布较为规则，都是在城市 C 两侧等距离依次分布，因此产业重心仍在城市 C。同样，我们用 M_c 表示产业重心与中心点的距离（图 3-13），此时 $|M_c|=0$。

○表示产业1集聚 ○表示产业2集聚 ○表示产业n集聚

图 3-13 产业重心迁移的空间示意

3）土地重心迁移

对土地的一般认知里，不可移动性是其特性，为此我们将土地限定为建设用地，即承载人口和产业所需的土地，而建设用地的布局具有空间异质性，因此其重心是可移动的。基于此，根据前文分析，得出国土空间中 C_4 为 I 级中等城市，其余中等城市称为 II 级中等城市。我们用 Q 表示中心城市（C）的建设用地规模，用 Q' 表示 I 级中等城市（C_4）的建设用地规模，用 Q'' 表示 C_2、C_2'、C_4' 等 II 级中等城市的建设用地规模，用 Q''' 表示 C_1、C_3、C_5、C_1'、C_3'、C_5' 等小城市的建设用地规模，为了便于量化建设用地重心移动的距离，不妨设 $Q' = 2Q'' = 3Q'''$，M_j 表示建设用地的空间重心。

此时，由于中等城市和小城市分布不规则，中心城市原点右部分$[0, r_b]$的城市建设用地总规模大于原点左部分$[-r_b, 0]$的城市建设用地规模，因此建设用地重心位于原点右侧（图 3-14），$M_j = 0.26r'$。

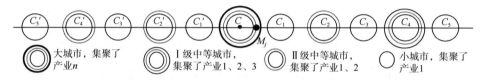

图 3-14　土地重心迁移的空间示意

3.2.3　引线联结理论

前文已分析多中心空间结构的形成与原理，研究过程聚焦于核心与周围多中心的互动关系，接下来通过空间相互作用理论，进一步分析多中心之间的互动与联系，引入物理学中的引力模型，构建多中心引线联结理论。

1. 空间引力

前文已分析得出空间开发单元作为国土空间开发板块的基本单元，城镇是其一种类型，是区域国土空间开发建设中的核心质点，城市的繁荣与衰退左右着区域经济的增长与国土空间格局，而其对国土空间格局的影响正是通过空间单元之间的空间相互作用产生的。空间相互作用是指区域间发生了人口与劳动力、商品、资本、技术、信息等的相互传输的过程。引力模型可以用来解释各种各样的空间相互作用。空间单元之间的引力本质就是单元之间的空间相互作用，接下来从理论上推导空间单元引力模型。

我们不妨假设国土空间单元之间的引力大小可以由单元质量与空间距离进行定义：

$$F = C \cdot I(x_1, x_2, \cdots, x_n) \tag{3-18}$$

其中，F 表示城市之间的引力；I 表示属性集合函数；x_i 表示国土空间单元的属性或者距离测度（$i=1,2,\cdots,n$）；C 表示调节系数。对式（3-18）求全微分可得

$$\mathrm{d}F = C \cdot \sum_{i=1} \frac{\partial I}{\partial x_i} \mathrm{d}x_i = \sum_{i=1} \frac{\partial F}{\partial x_i} \mathrm{d}x_i \tag{3-19}$$

对式（3-19）进行变换，两边同除 F，可得

$$\frac{\mathrm{d}F}{F} = \frac{\sum_{i=1} \frac{\partial F}{\partial x_i} \mathrm{d}x_i}{F} = \sum_{i=1} \frac{\partial F}{\partial x_i} \frac{x_i}{F} \frac{\mathrm{d}x_i}{x_i} \tag{3-20}$$

令 $k_i = \frac{\partial F}{\partial x_i} \frac{x_i}{F}$，则 k_i 是引力与单元属性之间的弹性常数。

联合式（3-20），并求积分后可得

$$\int \mathrm{d}\ln F = \sum_{i=1} \int k_i \mathrm{d}\ln x_i \tag{3-21}$$

对式（3-21）进行变换后，可得引力的基本模型：

$$F = \alpha \prod_{i=1} x_i^{k_i} \tag{3-22}$$

其中，α 表示空间引力常数，其一般等于 $\exp(\sum G_i)$。

至此，令 $X_{i,1}=M_i$，$X_{j,1}=M_j$，即对 X_i 赋予质量属性，对 X_3 赋予距离属性，即 $X_3=D_{ij}$，可以得到经典的引力模型：

$$F_{ij} = G_{ij} \times M_i^{k_i} M_j^{k_j} D_{ij}^{-k} \tag{3-23}$$

经变形后可得

$$F_{ij} = \frac{G_{ij} \times M_i^{k_i} M_j^{k_j}}{D_{ij}^k} \qquad （3-24）$$

即国土空间单元之间的相互作用与质量成正比，与空间距离成反比。

2. 空间引流

前文分析了空间单元之间的引力，引力本质就是单元之间的空间相互作用，此时引线便起到了空间联结的作用，使不同空间单元之间能沿着沿线交流各种物质要素和非物质要素，这些要素与周边区域的生产要素结合形成新的生产力，在生产力合力的推动下促使国土空间整体发展。这种要素的传输过程称为流，基于引力形成的流称为引流。

（1）引流存在的前提条件是空间相互作用，不同国土空间单元之间的引力是流诞生的基本前提。这种引流不同于势能流，势能流的起因是物体之间的势能差，且只能由高势能向低势能流，但引力流是双向流，因为引力的作用是相互的。

（2）引流具有流体的矢量化特征，首先对应国土空间单元各种流的方向，这是比较好理解的，要素的流动带有方向性；其次是流空间的大小，对应流的强度，也称之为流空间的大小，如高铁带来的人口流动规模，物流带来的货运规模，等等。

（3）引流具有流体的黏性特征，即流体运动的阻力，通勤成本就是流运动黏性的具体表现，通勤成本的不断降低将导致布局在外围区域的工厂份额逐渐上升；而人流与物流的空间位移不仅有空间距离成本，还有时间成本，故而表现出了现实流体的特征。

3. 引线载体

引线由多种交通干线、能源输送干线和通信干线共同构成，这些引线促进了人口、信息等要素的流动，降低了运输成本，形成了良好的投资环境，从而降低了产品成本，这种引线被称为发展轴，对国土空间的发展具有促进作用。

1）交通联系

在本节中，我们分析了人口增长在城市体系形成中的作用，在此基础上，本节聚焦运输成本，进一步分析交通基础设施的建设产生的成本下降如何影响制造业城市的数量和规模，例如，路网和高铁网的建设等会使国土空间单元之间的联系更为紧密，人流、物流的运输成本将下降，这种运输成本的下降如何影响制造业城市的数量和规模等。

空间由一个单位长度的圆环(0,1]给出，仅存在一个规模报酬递增、生产差异化工业制成品的产业，市场结构是垄断竞争的，并且存在正的运输成本。与 CP（core-periphery，核心–边缘）模型一样，劳动力总量是一定的，并且根据一个给定的比例分为农民和工人。每一个农民（工人）提供一单位劳动。农民在空间上均匀分布并且不能移动，而工人可以在城市间流动。一个城市的出现意味着它承载了一定数量的工人和企业。这意味着圆环(0,1]上城市的数量和规模是可以变化的。

消费者偏好是拟线性的，由式（3-25）给出：

$$U = \alpha \log Q + A \tag{3-25}$$

其中

$$Q = \left(\int_0^M q_i^\rho \mathrm{d}i \right)^{\frac{1}{\rho}}, \quad 0 < \rho < 1 \tag{3-26}$$

而 α（$\alpha > 0$）是工业制成品消费份额。城市的数量记为 C。在 $x \in (0,1]$ 处生活的消费者的预算约束如下：

$$\sum_{c=1}^{C} n_c p(x_c, x) q(x_c, x) + A = w(x) + \bar{A} \tag{3-27}$$

其中，n_c 表示城市 c 中生产工业制成品的企业的数量；$q(x_c, x)$ 表示生活在 $x \in (0,1]$ 处的消费者对由位于 $x_c \in (0,1]$ 处的城市 c 所生产的某种工业制成品的个体消费；$p(x_c, x)$ 表示这种工业制成品的交货价格；$w(x)$ 表示区位 x 处消费者的收入；$\overline{A}$ 表示城市 c 初始农业产品禀赋。

设 $\tau(x_c, x) \equiv \tau^{\min\{|x_c - x|, 1 - |x_c - x|\}}$ 是一个位于城市 x_c 的制造业企业生产并运输 1 单位产品到 $x \in (0,1]$ 地所要承担的费用。在这一表达式中，边际生产成本被标准化为 1。冰山运输成本此时是企业与消费者间距离的一个幂函数，而不是一个指数函数。为使不同梯级的城市能够嵌入，必然存在一个整数 n，使得 k 级城市的数量刚好是 $k-1$ 级城市数量的 n 倍，而又是 $k+1$ 级城市的 $1/n$。因此，我们可以方便地聚焦于 $n=2$ 的情形，从而一个指数为 2 的中心区域结构得以形成。

首先考虑包含 C 个城市等距离且每个城市规模相同的结构。对所有 $C = 2^n$，存在一个阈值 $\tau_h(C) > 0$，使得当对应 $\tau > \tau_h(C)$ 的均衡包含 $2C$ 个等距城市时，只要 τ 下降到稍稍小于 $\tau_h(C)$ 的水平，新的均衡城市数量等于 C。换言之，如果对于 τ 的某个值，存在 2^n 个等距城市，只要 τ 下降得足够多，城市数量将会减半。这也可以理解为，如果存在对称均衡路径，当运输费用持续下降时，城市数量将下降，而其规模将扩大。

至此可以得出存在一个对称突变阈值 τ_b，使得当 τ_b 持续下降时，城市系统将相继呈现出两种形态：①当 $\tau_h(2^{n-1}) < \tau < \tau_b(2^n)$ 时，存在一个包含 2^n 个城市的均衡，其中大小城市间隔排列；②当 $\tau_b(2^{n-1}) < \tau < \tau_h(2^{n-1})$ 时，均衡由 2^{n-1} 个等距对称的城市构成。为了方便说明，考虑一个包括 $C = 16$ 个对称城市的结构，并且让运输成本 τ 持续下降。首先，在达到突变点 $\tau_b(16)$ 前，城市系统保持不变。当 τ 下降到稍低于 $\tau_b(16)$ 时，对称结构变得不稳定，此时城市系统由 16 个大小相间的城市构成。随着 τ 进一步下降，大城市不断扩大，而小城

市不断萎缩。一旦达到 $\tau_b(16)$，小城市消失了，此时城市系统由 8 个更大且规模一样的城市构成，城市间距离和城市规模都倍增了。这样的模式将重复至包含 4 个城市和 2 个城市，直至 τ 达到阈值 $\tau_h(1)$。

综上所述，城市系统呈现出一种分叉序列的形态。小城市从空间经济中逐渐消失，而数量逐渐减少的城市却容纳了越来越丰富的经济活动。此外，最终的空间结构是一种软泥模式：工人和企业可以自由地选择区位建立城市。然而一旦城市出现，它具有一个确定的位置，不再改变。即使没有如道路、住房、公共工程等耐用基础设施，情况也是这样。最后，在整个城市体系演化过程中，首位度城市保持其高的城市层级，而低层级的城镇则逐渐进入大城市的城市阴影，甚至最终消失。这些都和一个事实相一致："城市显示出相当的弹性。"

2）产业联系

在外部联系并非普遍和均匀进行的现实条件下，城市的主要外部经济联系必然是决定城市外部结构形成和演变的核心因素。这种经济联系的具体形式可以是产业转移等实体引力流，也可以是产业投资等隐性的引力流。

在前文分析产业空间异质性的基础上，假设国土空间内存在三个空间单元（城市）：C_0、C_1、C_2。当 $t = t_0$ 时，三个城市的产业规模相等，即 $C_1 = C_2 = C_0$。在 $t = t_1$ 时，城市发展受到产业联系的影响，假定城市 C_1 与城市 C_0 之间存在产业联系，其强度为 e_1，城市 C_2 与城市 C_0 之间没有产业联系，其产业联系强度用 $e_2 = 0$ 表示，即 $e_1 > e_2 = 0$。

当 $t = t_1$ 时，将有

$$C_0' = C_0 + C_1 f(e_1) + C_2 f(e_2) \tag{3-28}$$

其中，f 表示单调递增的产业联系函数。同样地，

$$C_1' = C_1 + C_0 f(e_1) \tag{3-29}$$

$$C_2' = C_2 + C_0 f(e_2) \qquad (3\text{-}30)$$

由于 $e_1 > e_2 = 0$，因而可以得到 $C_1' > C_2'$；当 $t = t_2$，同理可以推出：

$$C_1'' = C_1' + C_0' f(e_1) \qquad (3\text{-}31)$$

$$C_2'' = C_2' + C_0' f(e_2) \qquad (3\text{-}32)$$

由于 $C_1' > C_2'$、$e_1 > e_2 = 0$，因此可以得到：$C_1'' > C_2''$。

由上述分析可知，在城市动态发展过程中，存在产业联系的城市 C_1 与城市 C_0 规模会逐渐大于城市 C_2，表明城市之间的产业联系对城市发展规模会产生较大的影响。

把上述城市发展的产业联系机理引入 3.1.3 节的分析框架中，假设城市 C_2 与城市 C 之间的产业联系较为紧密，而城市 C_2' 与城市 C 之间的产业联系较弱甚至没有产业联系，则城市 C_2 不仅集聚了产业 d_1 与 d_2，还会吸引其他城市扩展出来的产业 d_p；由于城市 C_2' 与城市 C 之间无产业联系，则城市 C_2' 只集聚了产业 d_1 与 d_2。结果就是城市 C_2 的规模大于城市 C_2'。随着人口数量不断增长，不同产业从城市 C 不断向外扩展，导致城市 C_2 与城市 C_2' 的规模差异逐渐拉大，进而会呈现出另一种更复杂的城市体系演化趋势。

3.2.4 板块融合理论

前文分析的重心节点及引线联结理论的目的是优化国土空间的开发格局，并未将生态和农业空间纳入考虑范畴。在"三生空间"理论框架下，本小节将从板块融合理论出发，将城镇、农业和生态作为三大功能板块，构建开发、生态、农业板块的协调发展理论，探索三大板块的碰撞、摩擦和融合机理。

1. 引入空间板块

在"点线面"的框架下（图 3-15），可将前文分析的重心节点视为"点"，空间引流与引线视为"线"，则可将空间板块视为"面"。基于此，现将前文假设的国土空间$[-r_b, r_b]$扩展至宽度为$2r_b$的矩形空间，其中，r_b是待定的国土空间边界。此时，我们重点研究空间板块，不再考虑人口、产业和土地分布空间异质性造成的不同规模等级的城市体系，聚焦中心城市及其周围的国土空间。因此，该国土空间存在一个城市单元，将其视为城镇板块，位于矩形中心（$r=0$），随着人口规模的不断增大，该城镇板块将逐渐扩展，城市周围是农业空间。此时，我们引入地质学中的板块漂移概念，地质学中的板块漂移是指地质板块在地理空间上的移动，结合之前空间重心迁移的机理，本书提出国土空间板块漂移概念，其指因诸多要素的空间流动使板块在空间水平方向上产生移动，其形态以及功能层次在一定的时空尺度内也会不断地发生运动与演化。

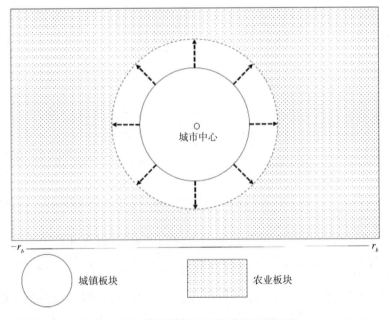

图 3-15　城镇板块与农业板块的空间分布

此时，引入生态要素，根据生态服务功能的重要性和保护的必要性，在国土空间内存在着生态保护区（图 3-16）。生态保护区一般是指水源涵养区、自然保护地、敏感脆弱区等生态服务功能极重要的地区，不允许进行城市发展和非生态农业建设，属于禁止建设区，因此，会对城市扩展边界和农业空间边界造成强制性的空间扭曲。随着人口数量的持续增长，城市边界不断扩展，当城市边界扩展至生态保护区时，城市发展可能会绕开该区，或者吞并为城市内部的生态禁止建设区，形成城市"天窗"，进而会增大城市规模边界。

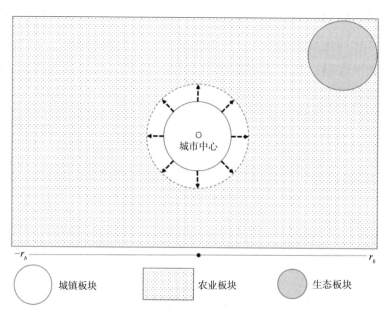

图 3-16   基于城镇、农业和生态空间的国土空间板块分布

此时，国土空间 X 内存在制造业部门（M）、农业部门（A）和生态部门（E），生态部门生产的生态产品供城市和农业部门消费。当然，生态产品具有公共物品属性，我们不能用传统经济学的方式去分析其价格与成本等，因此，本书将聚集生态的外部性，正外部性是指良好的生态环境能吸引更多的人在其周边居住，使区域能承载更多的人口，而负外部性是指环境污染、居

住条件恶劣使人口不再其周边聚居，促使区域人口外向流动，结果就是人口规模缩小、城市萎缩。为了降低这种负外部性，可以采取生态补偿的方式，当然，还可以采取法律禁止、道德约束等方式，但本节重点考虑生态补偿的方式。生态占用费用用 $E(r)$ 表示，该费用从城市或农村总收入 ω^* 中支付，其公式如下：

$$E(r) = \mathrm{e}^{-\tau^E r} \tag{3-33}$$

由式（3-33）可知，生态板块离城市中心越近，生态补偿就越高，当离城市中心的距离趋于∞时，生态占用费用就趋近于 0。

2. 农业与生态板块的碰撞融合

在初始状态，生态板块离城市中心较远，位于农业区域范围内，此时，生态板块与农业板块直接碰撞，对农业空间产生了影响，直观而言就是农业区的"镂空"。需要注意的是，在此我们引入了板块碰撞这一说法，这是将地质学的板块碰撞概念引入到了国土空间研究中。地质学里的板块碰撞强调的是地壳板块之间由于漂移运动产生的直接性接触，基于此，本书提出国土空间板块的碰撞是指由于特定功能空间的边界移动，与其他功能空间的边界产生直接接触。

由于生态保护区以生态保护为主导功能，不宜开展农业生产活动，但随着人口的不断增加，农业生产边界会不断扩展，直至扩展到生态保护边界 r_e。此时，农民的名义收入是农产品价格与地租之差：

$$w^*(r_e) = p^A \exp(-\tau^A r_e) - R(r_e) \tag{3-34}$$

而生态保护边界处的生态占用费用为

$$E(r) = \mathrm{e}^{-\tau^E r_e} \tag{3-35}$$

此时，由于城市中心离生态保护边界较远，农业生产是侵占生态保护空间的主要因素，因此生态占用费用由农业部门来支付。当农业生产边界进一

步扩展至生态保护边界内时，农民获得农业生产的收入为

$$w^*(r_e') = p^A \exp(-\tau^A r_e') - R(r_e') - \mathrm{e}^{-\tau^E r_e'}, \quad r_e' > r_e \qquad （3-36）$$

$w^*(r_e')$ 的正负性是农民是否侵占生态空间进行农业生产的判断依据。只要 $w^*(r_e') > 0$，农民就认为有利可图，会进一步侵占生态空间进行农业生产，以此增加收入。直至 $w^*(r_e') = 0$ 时，实现了农产品价格均衡，农民不再愿意支付更多的生态占用费用，此时，生态板块与农业板块形成了清晰的板块边界，用 r_e'' 表示。$r_e'' - r_e'$ 这段距离可称为农业-生态缓冲空间，是农业板块与生态板块碰撞后，形成的融合共生区域（图 3-17）。此时，可以得出板块融合是指不同的国土空间板块在一定的空间距离内演化生长和扩展，相互之间逐渐形成共生的国土空间。

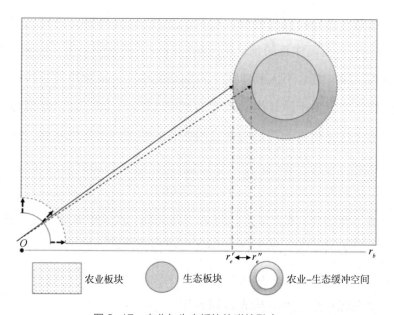

图 3-17　农业与生态板块的碰撞融合

上述分析的前提是生态板块内部是均质的，随着距离变化的生态占用费用是决定农民是否进一步扩展生产边界的唯一要素。但现实中，生态本底条

件和生态服务重要性是有差异的，生态保护区内的有些区域是极重要的生态功能区，例如水源区、林地区等，有些区域具有一般生态服务功能，我们可以将极重要的生态功能区称为生态核心区，生态保护区内核心区以外的区域为生态一般区。生态核心区对区域生态安全具有重要作用，若侵占使用则需支付极高的生态占用费用，因此，农民不愿在该区域进行农业生产，毕竟生态补偿支付的费用要远高于农业生产带来的收入。质言之，生态核心区边界成为刚性约束边界，农业板块与生态板块碰撞之后不会造成边界的变形。生态一般区则满足前述的农业生产扩张边界要求，即农民愿意支付生态占用费用以换取更高的农业收入，生态一般区的边界会随着农业生产的扩展而变形扭曲，直至 $w^*(r_e')=0$。现实中更多的情况是生态核心区的边缘覆盖着生态一般区，即生态核心区被生态一般区所镶嵌，生态核心区外围有生态一般区进行辅助保护，这可以有效地降低人类生产活动对生态核心区的负外部性影响。

不妨假设生态核心区外围的生态一般区边界与生态核心区边界的空间距离为 $\hat{r}$，此时，$\hat{r}$ 与前述的生态农业缓冲区 $r_e''-r_e'$ 之间的关系有三种情形。首先是 $\hat{r}>r_e''-r_e'$，此时，生态一般区的空间边界能够兜住生态与农业板块之间的缓冲区，即农民扩展农业生产边界至生态板块内，扩展区域位于生态一般区，并未到生态核心区边界，$w^*(r_e')=0$ 仍是生态缓冲区边界的确定条件。其次是 $\hat{r}<r_e''-r_e'$，在该情形下，农民扩展农业生产边界至生态板块内，还未满足农业生态边界均衡条件（$w^*(r_e')=0$）就先到达了生态核心区边界，农民不会再进一步扩展农业生产边界，尽管 $w^*(r_e')$ 仍大于 0，此时，生态一般区就成了生态板块与农业板块的缓冲区。最后就是比较特殊的情形，$\hat{r}=r_e''-r_e'$，该情形是指农民扩展农业生产边界至生态核心区边界时，正好满足了 $w^*(r_e')=0$，此时，生态一般区与生态农业板块的缓冲区正好空间重合。

3. 城镇与生态板块的碰撞融合

已有研究分析得出，随着人口规模的不断增大，新的城市不断产生，逐渐在国土空间内形成不同规模的城市体系，此时，我们暂且忽略城市体系内的空间缝隙，这些缝隙就是农业区域，将不同规模的城市联结构成面状的城市群，进而形成了城镇板块。随着人口规模的进一步增大，城镇板块逐渐扩大，板块边界逐渐扩张，直至临近生态板块边界，与生态板块发生碰撞，碰撞之后可能产生两种情形：生态板块被城镇板块吞并、城镇板块避开生态板块而向其他方向扩展。

首先考虑生态板块被城镇板块吞并的情形。随着城镇板块的不断扩展，城镇边界临近生态板块边界，若打破生态边界而扩展城镇边界则同样需要支付生态占用费用 $E(r) = e^{-\tau^{E}r_e}$，此时就需要分析生态占用费用与城镇扩展边界进而产生的收入差额。分析原理同农业板块类似，随着城镇边界在生态板块内部不断扩展，额外支付的生态占用费用会逐渐降低城镇工人的收入，直至边际收益为 0，此时在生态板块内的生产区域就称为城镇板块与生态板块的缓冲区域。但现实中更多的是城镇边界逐渐扩展，甚至会侵占整个生态空间，由于生态占用费用远低于厂商扩展生产规模所带来的收入，因此厂商为了获取更多的收入就会不断侵占生态空间以扩大生产规模。因此，不妨引入管制因素，即为了区域生态安全，生态板块内采取建设管制，不得在区内开展任何生产性行为。在该条件下，城镇板块的扩张只能跳过生态区，因而会产生城市"生态天窗"，为了填补该"天窗"所占用的生产空间，城镇板块边界会进一步外延占用农业区域，直至前文所分析的农业与城市边界均衡，出现局部明显突出（图 3-18）。同时，城市内的"生态天窗"对吸引人口集聚产生正向作用，更多劳动力会居住在此处附近，进而使城市人口进一步增加，这同样带来城镇板块的外延扩张。

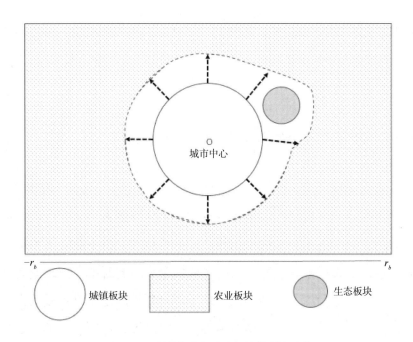

图 3-18　城镇板块与生态板块的碰撞融合

　　上述情形发生的前提条件是生态板块面积较小，而城镇板块足够庞大，这样城镇板块才能吞并生态板块。第二种情形则是生态板块面积足够庞大，而城镇板块面积相对较小，城镇板块发展只能避开生态板块而向其他区域扩展。接着前文生态管制的假设条件，当城镇板块边界扩张至生态板块边界时，由于生态板块边界的刚性管制，城市边界不再向生态板块内发展，但由于城市内人口数量不断增长及厂商扩大生产的需求，城市劳动力等要素将流入周边的其他城市，促使周边城市集聚更多人口，进而使周边城市的空间边界不断扩张。以河北省为例，冀西北地区具有重要的生态功能，区域内城市发展到一定阶段后，受生态管制因素的影响，城市空间边界不会进一步扩展，随着城市内人口不断集聚，逐渐出现拥堵、居住环境变差以及劳动力供给多于市场需求等城市问题，此时城市人口就会考虑到其他地区发展，由此就产生了人口的空间迁移，从冀西北地区流向冀中南地区和沿海区域，但更多的是流向距离相对就近的北京市,使北京市聚集了更多的流动人口。当然,这只是从城市空间限制的因素解释了人口空间流动,但人口的迁移行为更多受经济社会方面的影响。

3.2.5　国土空间格局优化的理论框架

随着人口规模的不断增大,农业区域将不断扩张,由于运输成本的存在,中心城市的工业制造部门就会考虑在城市之外再建新厂,新厂的区域逐渐集聚更多的人口,进而会形成新的城市。虽然城市人口不需要承担居住成本,但是足够高的人口数量仍然会阻碍企业的集聚,此时就会出现空间分散。因此,当经济一体化程度逐渐加深,城市相对规模的变化将表现为,大城市吸引更多的企业和工人,而小城市失去企业和工人。运输成本的降低驱动产业在一个区域更加集聚,当运输成本足够低时,小城市在空间经济中消失了,而仅剩下少数集聚各类产业和厂商的大城市。引入物理学中的"重心"概念后,可从空间上分析城市重心的迁移。城市"人口-产业-土地"要素的空间重心在移动距离、移动方向和移动速度上具有"趋同"或"偏离"的特征,而"人口-产业-土地"的空间错位、供需失衡是重心偏离的主要原因,空间异质性是国土空间重心节点偏离的直接原因,而要素的空间流动是根本原因。

城市是区域国土空间开发建设中的核心空间单元,城市的集聚与分散左右着区域经济的增长与国土空间格局,而其对国土空间格局的影响正是通过空间单元之间的空间相互作用产生的。引力模型可以用来解释各种各样的空间相互作用,引线便起到了空间联结的作用,使不同空间单元之间能沿着沿线交流各种物质要素和非物质要素,这些要素与周边区域的生产要素结合形成新的生产力,在生产力合力的推动下促使国土空间整体发展。这种要素的传输过程称为流,基于引力形成的流称为引流。引线由多种交通干线、能源输送干线、通信干线和产业转移线共同构成，对国土空间发展具有促进作用。

　　国土空间板块既是对国土空间开发利用活动的空间组织规律的一种抽象表达，又是对国土空间开发利用活动在分工与专业化基础上形成的具有一定功能和特色的"空间地理单元"的形态描述，它是国土空间开发与保护活动的空间极化性特征的一种具体反映，空间板块包括城镇板块、农业板块和生态板块。空间板块的发育、形成与演变过程中，其形态以及功能层次在一定的时空尺度内会不断地发生运动与演化，具体表现为板块漂移、碰撞、摩擦和融合。在初始状态，生态板块位于农业板块附近，随着人口规模的增大，农业生产边界将扩展至生态板块，直至农业边际收入与占用生态补偿费用平衡，此时形成的农业生态缓冲区为融合空间。随着人口规模的进一步增大，城镇板块逐渐扩大，板块边界逐渐扩张，直至临近生态板块边界，与生态板块发生碰撞，碰撞之后可能产生两种情形：生态板块被城镇板块吞并、城镇板块避开生态板块而向其他方向扩展。随着城市边界在生态板块内部不断扩展，额外支付的生态占用费用会逐渐降低城市工人的收入，直至边际收益为 0，此时在生态板块内的生产区域就称为城镇板块与生态板块的缓冲区域。

　　国土空间格局优化的内容是城镇空间、农业空间与生态空间的布局优化与内部调整，优化路径是引导人口、产业和土地要素合理流动，促进城镇空间单元"大集聚，小分散"布局；强化空间单元之间的引线联系，引导交通产业引线载体对空间引流的有效支撑；科学识别城镇功能板块、农业功能板块与生态功能板块，明确板块边界与空间管控要求，促进板块协调共生发展。基于此，本书构建了基于"重心–引线–板块"模型的国土空间格局优化的理论框架（图 3-19），形成重心节点耦合、空间引流引线匹配、功能板块协调的国土空间格局。

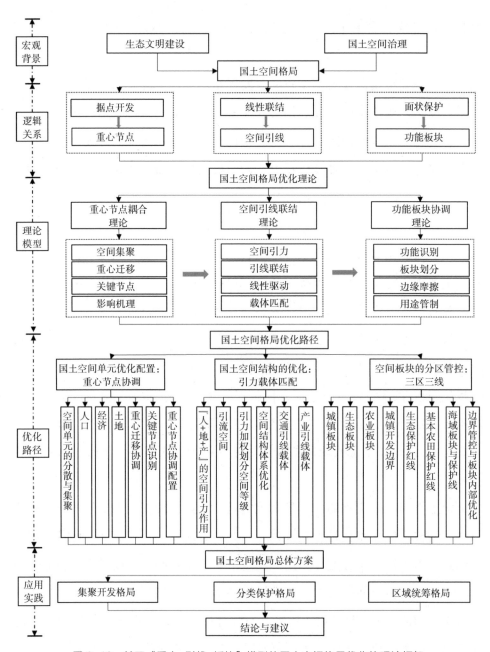

图 3-19　基于"重心-引线-板块"模型的国土空间格局优化的理论框架

3.3　土地供给侧时序改革相关理论

3.3.1　共生理论

共生理论和方法在 20 世纪中叶以来开始应用于社会科学领域。共生理论认为，共生是自然界、人类社会的普遍现象；共生的本质是协商与合作，协同是自然与人类社会发展的基本动力之一；互惠共生是自然与人类社会共生现象的必然趋势。本书运用共生理论的观点来理解规划体系与国土空间供给侧改革的合作协同关系及其动态发展过程，以求更加深刻地理解和把握两者关系存在的客观性，从而按照共生原理不断推进其向优化转变，实现社会的可持续发展。

1. 共生理论的提出

"共生"这一理念最早在 19 世纪 80 年代左右于生物领域由德国真菌学家德贝里提出，用于解释不同生物种属的生物"按照某种物质联系"长期共同生存的关系。德贝里指出，生物的生存关系主要包括共生、寄生与腐生三种。在共生关系下，生物体与其他共生伙伴共同获得共生能量，以共同适应越来越复杂的外部环境，只有这样才能实现协同发展进化。其后，由于共生现象的广泛适用性，除自然科学研究外，这一思想也开始逐步成为社会经济领域研究的常用理论，展现出了极高的生命力。这些研究普遍认为，共生是促进社会发展进步的必然趋势。

2. 共生关系的基本要素

共生理论主要研究的是各个共生单元是如何在一定的共生环境内、按照何种共生模式而形成共生体的。因此，共生一般包括共生单元、共生模式和共生环境三个主要要素。其中，共生单元是共生关系的基础保障，共生模式是共生关系的关键机制，共生环境是影响共生关系的外部因素，任何共生关系的形成与发展都是共生单元、共生模式与共生环境三要素相互作用的结果。

（1）共生单元是形成共生体的基本物质保障，是构成共生体的基础物质、能量与信息的生产、交换单位。质参量与象参量是反映共生单元质量的参量，其中质参量反映了共生单元的内部性质，是分析共生关系时的常用参数。一般而言，共生单元往往包含多个质参量，但在特定时空条件下，存在质参量在共生关系中起到主导作用，其被称为主质参量。共生单元之间必须具备某种内在联系，以此在互动中得以进化。共生系统产生的基础是共生单元之间存在质参量兼容，即共生单元之间至少存在一种相互联系。

（2）共生模式是共生单元之间物质、能量、信息的相互作用机制，反映了共生单元相互作用的方式与强度。学者对共生模式进行了不同的分类，其中比较具有代表性的是根据共生行为模式与共生组织模式进行分类。

共生行为模式。这主要是指在共生关系中所产生的共生能量在各共生单元之间的分配机制。共生行为模式主要包括"寄生、偏利共生、非对称互惠共生、对称互惠共生"四种（表3-1）。寄生模式下，共生单元被分为寄主与寄生者两类。尽管寄生者的存在不一定会对寄主的发展有负面作用，但由于寄生关系中不产生新能量，能量只由寄主向寄生者转移，因此寄生性质的共生模式对寄生者的进化促进作用往往明显强于对寄主的进化促进作用。偏利共生模式与寄生模式存在一定相似性，这种模式下共生单元被分为获利者与非获利者。尽管与寄生模式相比，偏利共生模式下共生单元之间存在双边交流机制，会产生新能量，但这种共生模式仅对获利方有进化促进作用，能量全部被获利者所获取，对于非获利方，在存在相应补偿机制的前提下，也仅能达到进化不受损害的程度。非对称互惠共生模式则与前两种有明显不同，寄生模式与偏利共生模式均属于仅允许单边获利的共生关系机制；但非对称互惠共生模式下,共生单元之间除双边交流机制外,同时存在多边多向的交流机制,在共生作用下各个共生单元均可以获得同等程度的进化。但由于这种模式的非对称性,不同共生单元获得进化的时间存在不同步问题。因此,对称互惠共生模式就解决了这一问题。与非对称性互惠共生模式类似,对称互惠共生模式同样具有广谱进化作用。同时由于共生机制的对称性,此模式中各个共生单元可以获得同步的进化。因此,对称互惠共生模式是四种共生行为模式中较为理想的一种状态。

表 3-1 共生行为模式对比

项目	寄生模式	偏利共生模式	非对称互惠共生模式	对称互惠共生模式
交流机制	双边单向	双边双向	多边多向	多边多向
能量的产生	不产生新能量	产生新能量	产生新能量	产生新能量
能量获取单元	主要是寄生者	仅一方获利	广谱进化	广谱进化
能量分配时序	—	—	不同步	同步

共生组织模式。若根据共生组织模式进行划分,则共生模式可分为"点共生、间歇共生、连续共生、一体化共生"四种模式(表 3-2)。点共生模式是最松散的一种共生组织模式。点共生模式下,共生单元之间的相互共生作用仅发生在一个特定时点,同时只有共生单元的某一方面会发生相互作用。这也意味着这种共生作用只发生一次,因此点共生具有较强的不稳定性与随机性。间歇共生模式与点共生模式的最大区别是,在间歇共生模式下,共生作用不再仅在某一特定时点发生一次,而是按照某种时间间隔固定发生多次相互作用;但与点共生相似的是,间歇共生模式下,共生单元之间的相互作用仍然只发生在一个方面或少数个别方面,因此它仍然具有一定的不稳定性与随机性。连续共生模式相对于点共生模式与间歇共生模式,在共生作用发生的长度与广度上存在显著差异。这种模式下,在一段时间内共生作用会持

续发生，同时这种作用也会发生在共生单元的多个方面，是一种更加稳定、偶然性较小的共生模式。但与连续共生模式相比，一体化共生模式，共生作用发生的覆盖度更高，共生单元之间存在全方位的共生作用，因而共生单元相结合形成了共生体，共生体具有独立于共生单元的独特性质与功能，可以充分作用于共生单位的进化，是一种稳定的、必然的共生进化模式。

表 3-2 共生组织模式对比

项目	点共生模式	间歇共生模式	连续共生模式	一体化共生模式
作用频率	某一特定时刻发生一次	根据固定时间间隔发生多次	连续时间内持续发生	连续时间内持续发生
作用广度	某一方面	少数方面	多方面	全方位
作用确定性	强不稳定性和随机性	一定的不稳定性和随机性	一定的稳定性和必然性	强稳定性和必然性

（3）共生环境形成共生体的外部条件，共生环境与共生体之间会进行物质、能量与信息的生产交换。共生环境可以根据其对共生体的影响方向分为正向环境、中性环境与负向环境。正向环境对于共生体的发展具有促进作用，而负向环境则不利于共生关系的发展。也可根据对共生体的影响方式将其分为直接环境与间接环境；还可以根据对共生体的影响程度将其分为主要环境与次要环境。总之，对共生体有影响的共生环境往往是多样的，需要具体甄别。

3. 共生作用机制：共生系统

1）单重共生系统

共生系统即共生行为模式与共生组织模式彼此整合形成的共生单元作用机制，表征共生单元为了提高对环境的适应能力，进行功能上合作与竞争并最终得以进化的问题。单重共生系统是各个共生单元通过一定的共生模式形成的单重共生关系体系，对于简单共生系统的研究具有较高的适用性。

由于共生模式主要包含 4 个共生组织模式与 4 个共生行动模式，因此有 16 种基本的共生系统（表 3-3）。共生系统不是一成不变的，而是会在受到不同共生单元的特性变化与外部共生环境的影响下，选择不同的共生模式。尽管共生模式是多样的，但对称互惠共生-一体化共生系统是效率最高、稳定性最强的系统，"双赢"与"共存"是共生系统进化的必然方向，在这种模式下，共生单元可以获得最高的共生能量用于自身发展。

表 3-3　共生系统的基本种类

模式	点共生模式	间歇共生模式	连续共生模式	一体化共生模式
寄生模式	寄生-点共生系统	寄生-间歇共生系统	寄生-连续共生系统	寄生-一体化共生系统
偏利共生模式	偏利共生-点共生系统	偏利共生-间歇共生系统	偏利共生-连续共生系统	偏利共生-一体化共生系统
非对称互惠共生模式	非对称互惠共生-点共生系统	非对称互惠共生-间歇共生系统	非对称互惠共生-连续共生系统	非对称互惠共生-一体化共生系统
对称互惠共生模式	对称互惠共生-点共生系统	对称互惠共生-间歇共生系统	对称互惠共生-连续共生系统	对称互惠共生-一体化共生系统

2）多重共生系统

在针对社会科学领域的共生问题进行研究时，由于复杂的现实情况，单重共生系统往往难以满足研究分析的需求，因此在单重共生系统的基础上，学者又提出了多重共生系统的概念。多重共生系统由多个具有并列关系或等级关系的单重共生系统合并而成，其子系统即为次一级多重共生系统或单重共生系统。子系统之间相互独立的同时又具备内在联系，它们各自所处的共生环境交融重叠的结果即是多重共生系统的共生环境。

因此在选择子系统时，一般有以下原则：子系统需要涵盖研究多重共生系统会涉及的主要方面；同时子系统之间需要具有一定的内在联系；子系统自己也需要是一个相对独立的单重或多重共生系统，具有独立的作用体系。

4. 共生的原理与特征

共生理论中，有三大主要原理。①共存原理。共生存在整体性，共生体内部的每个共生单元之间都存在普遍联系，具有协调性，它们彼此之间相互影响、相互依赖，存在共荣共存的共同发展关系，而不是竞争与取代的关系；而共生体与其外部共生环境也具有整体性，共生体的发展受到共生环境的制约，反过来又对共生环境的变化产生影响。②趋向原理。共生作用发挥的机理具有多样性与发展性的特点。首先，共生体中共生单元不只是单一类型的元素，而往往是多种不同类型元素的相互组合；同时，共生作用发挥的机制也存在多样化的复杂性特点。其次，共生体在不断地发展与进化，并且无论其进化的结果为何，这一过程不是不可逆的。③共荣原理。共生的三大要素之间存在很强的互动性，这种在相互协调基础上的良性互动促进了共生能量的产生，为共同的可持续发展提供了动力来源。

因此，可以得出共生的以下特征：①进化是共生发展的目标，对称互惠共生是共生的必然趋势。共生单元在保持自身特性的基础上，在物质、能量与信息的交换中不断进化。共生关系为共生单元提供了一种更加理想有效的进化路径，这种共同进化、共同发展、共同适应正是共生的重要本质。②共生单元之间存在相互依存的关系，但共生关系并不排斥竞争。实际上，共生体中的适当竞争是共生体创新发展的重要来源。这种竞争是通过共生单元内部与共生单元之间的结构与功能调整创新实现的，是从竞争性关系中又形成的更新、更高层次的合作依存。正是通过富有创新性的合作与竞争过程，共生体的整体能力提升、规模逐渐扩大，得以获得更高的发展生命力。

5. 共生理论在国土利用与空间规划领域的应用

由于社会中的各个要素往往是相互联系、相互影响的，共生理论在社会科学领域已经有了广泛的应用，其中国土利用与空间规划领域也是共生理论重点关注的内容。人类在利用自然资源时，应重视与自然界的共生关系，建立起对自然的反馈回报机制。城市设计需要遵从共生理念，关注基于共生理论的城市可持续发展，包括城市功能的混合、城市中心的扩散等；有学者基于共生理论对区域发展进行了研究，并指出要实现上下级、同级间的区域共生发展，区域多中心协同发展机制有助于实现区域发展共荣共赢的良性互动关系。许多学者还将共生理论应用于具体的规划设计方案研究中，例如，有学者研究指出可以以"农业+旅游业"的共生体作为建设田园综合体的路径。共生理论的着眼点就是协作共赢，这与制订统一国土空间规划的目标具有一致性。空间规划范围广泛，每个区域都与其所在的更大区域或者周边其他区域关联紧密。因此，在共生理论指导下的共生空间规划，就要在探讨外部影响因素与内部系统协调的基础上，使国土利用结构更加合理。

3.3.2 生命周期理论

生命周期是一种非常有用的工具，标准的生命周期分析认为研究对象要经历发展、成长、成熟、衰退几个阶段。本书运用生命周期理论系统梳理当前诸多规划在生命周期中的差异和矛盾，构建不同规划生命周期的国土空间利用时序影响机理框架、不同规划生命周期国土空间供给侧影响测度指标体系以及不同国土空间供给生命周期的最佳规划配置组合，构建"规划体系–国土空间"生命周期匹配模型以得到国土空间配置结构优化路径。

1. 生命周期理论的提出

生命周期的概念同样最早在生物学领域被提出，由卡曼于1966年首先提出，后来赫塞与布兰查德于1976年发展了这一理论。它是指具有生命现象的有机体从出生、成长、成熟到衰老的生命过程，也包括患病与治疗康复的过程。之后，这一概念被广泛引入经济学、管理学等社会科学领域，成为分析研究对象在不同发展阶段特征与预测未来发展情况的重要工具。它认为部分系统是有生命的机体，同人的生命一样，具有自己的生命周期，一般会经历从萌芽到成长、成熟，再到衰退的过程。

2. 生命周期理论的应用

1）经济领域

生命周期理论被广泛应用于经济领域的相关研究中，其发展大致经历了从产品生命周期、企业生命周期到产业生命周期的历程。产品生命周期主要研究市场对某一产品的需求随时间变化的情况，可以分为开发期、成长期、成熟期与衰退期；相似地，企业作为一个经济组织的同时，也是一个独特的生命有机体，其生命周期包括求生存期、高速发展期、成熟期、衰退期与蜕变期；产业生命周期则是在产品生命周期、企业生命周期基础之上的进一步发展，是生产同类产品的企业群周期，包括初创期、成长期、成熟期和衰退期。实际上，这些生命周期都与需求生命周期密切相关。由于对某一产品需求的变化也具备生命周期的特征，其包括出现期、成长期、成熟期与衰退期。在不同时期，需求有着不同特性，对供给侧提出了不同的需求。如果供给侧对需求侧的生命周期变化做出有效应对，则有机会进入蜕变期，否则将会在衰退期中逐渐消亡。

2）国土利用与空间规划领域

目前，将生命周期理论应用于规划设计方面的研究，主要通过分析城市的生命周期，并提出不同生命周期阶段下的规划导向；而少有直接对规划的生命周期进行研究的。吴兵和王铮（2003）将大都市生命周期分为向心城市化阶段、郊区城市化阶段、逆城市化阶段与再城市化阶段。何琪潇和谭少华（2020）基于生命周期理论，分析了城市在不同生命周期的发展需求，并构建了主动式规划干预模式。其研究将城市发展的生命周期概括为：有序发展、城市病、无序发展与康复四个阶段，并指出城市生命周期在外部扰动与内部发展战略的变化下会进行更替运行。其中，有序发展到城市病、无序发展阶段属于外部扰动期，这一阶段规划的重点任务在于基于人口预测的结果，对无序土地扩张进行监管与限制；同时，无序发展将诱致城乡协同的反馈调节机制的产生。当城市由无序发展阶段尽快转至城市康复阶段，此时处于持续反馈期，这一阶段规划的重点任务在于评估生态、经济、社会环境的变化，需要进行有针对性的规划；在城市康复后，还需经历自耦合调节期，以再次回到有序发展时期，实现城市发展的良性循环，这一阶段规划的重点关注目标是优化空间布局、保护城市生态。

3）生态保护领域

生命周期理论还经常被应用于环境评价中，即生命周期评价（life cycle assessment，LCA）。生命周期评价最初出现在 20 世纪 70 年代左右；到 20 世纪末期，生命周期评价已开始被广泛应用于相关公共政策制定、战略规划研究等各个领域。这一评价体系可以用于评价分析对象在整个生命周期内对外部环境的直接或间接影响，提供了识别其全生命周期各个阶段中环境绩效的机会，为政府制定相关政策提供了基础。

ISO 14040 将生命周期定义为对产品从"摇篮到坟墓"的整个生命周期分析其输入、输出状况与潜在环境影响。因此，进行生命周期评价首先要分析生命周期中物质与能量的输入与输出情况，并评价这些情况的潜在环境因素，再以此为依据探究减少负面环境影响的机制。生命周期评价的基本步骤一般包括评价目标与范围的确定、清单分析、影响评价、结果解释四个主要部分。

（1）目标与范围的确定。确定评价目的与评价对象是开展生命周期评价的基础工作。评价对象的确定包括对功能单元、系统边界、数据要求、限制条件等的确定。其中，确定功能单元指需要为物质与能力的输入输出测度提供一个可测量的明确的单位，以提高评价的精度与信度；确定系统边界是指需确定评价对象的时间边界与空间边界，将评价限定在一个特定范围内，由于生命周期评价往往是一个动态的过程，其研究范围往往也需要进行动态更新。此外，还需要明确评价结果是否向公众公开等其他事项。

（2）清单分析。清单分析是搜集评价对象在整个生命周期内系统内部与外部的物质流、能量流、信息流的数据并建立清单，为通过定量的方式探究系统内外部的输入与输出关系提供依据，实质上就是数据的收集与整理过程。清单分析的方式包括基于过程与基于投入产出分析等方式，基于过程的清单分析是指将评价对象基于发展过程划分为数个小单元，并对每个单元的资源投入、消耗与环境污染排放进行数据搜集整理。

（3）影响评价。依据在清单分析中获得的数据结果，运用一定的方法对环境影响进行定量分析。这是生命周期评价中最核心的部分，也是目前相关研究关注的重点。影响评价一般有三个主要步骤。一是进行影响分类。对在清单分析中获得的数据按照一定的标准进行多层级分类，常见的大类包括资源枯竭、生态恶化与人类健康受损三种，各大类下还可以包括多种细化因素小类。二是进行特征化。特征化需要汇总影响大类中的细分影响因素的类型，同时对评价范围内的实际影响量进行归一化处理，以保证不同影响因素之间的可比性，从而得出更有价值的评价结果。三是进行量化评价。在影响分类与特征化的基础上，为不同影响类型设定权重，并计算最终评价结果。

（4）结果解释。研究者需基于评价目的，根据所得评价结果进行解释并提出相应的政策建议。生命周期评价方法得出的环境影响结果是潜在的预测性结果，因此也需对其局限性进行说明，同时进行评价结果的完整性、一致性等检查。

3.3.3　系统理论

系统理论从事物整体出发研究其内在组成、联系与变化规律，有助于弥补研究成果零散、顶层设计缺乏的不足，也将为本书全面揭示规划体系与国土空间供给侧结构性改革之间的关系、机理以及未来的改革路径提供良好的思维与研究方式。

1. 系统理论的提出：老三论

（1）一般系统理论。随着经济与社会的不断发展，人类面临的问题也越发复杂，更加需要用系统化的方式来应对。一般系统理论强调从事物之间的整体联系中发现规律、分析问题。一般系统理论最初由生物学家贝塔朗菲提出，他认为系统是由内部存在相互关联的要素组成的整体。系统是由一系列具有某种联系的相关要素、按照一定规律组合形成的具有特定功能与性质的集合体，构成系统的各个部分即为系统的元素，是系统的基本单元，它们相互依存、相互制约、相互影响，任何一个元素的变化都会对系统整体的功能有影响；同时，系统通过一个确定的边界与其外部环境相区分，但不是完全隔离，系统与外部环境通过系统边界发生物质、能量与信息的交换。系统具有整体性是指系统是由各个元素组合形成的有机整体，而不是元素的简单加和；同时系统作为一个整体又与外部环境有所联系，而不是独立存在的体系。整体性作为系统最本质的特性，是系统向有序演化的重要保障。贝塔朗菲认为系统的整体性越强，其等级也就越高。可见，早期的一般系统理论更关注系统的整体性与有序性，而忽视了局部性与无序性在系统发展中的重要作用。

（2）信息论与控制论。信息论是早期系统理论的重要组成部分。实际上，信息论的提出早于系统理论，信息论认为信息是代号的组合，而不是具体内容，因此信息论更注重研究整体系统间的信息传递路径。在信息论发展与成熟的基础上，控制论产生并得到了快速发展。控制是指以获取受控对象的某种信息作为基础对该对象进行控制以促进其发展，控制论主要研究系统整体基于控制协调下的功能优化方式，包括反馈控制、系统识别等。它们在产生后都被迅速应用于社会科学领域。

2. 系统理论的发展：新三论

随着时代的发展，人们开始意识到无序性在系统发展中的重要性。20世纪80年代，系统理论开始逐步向复杂系统理论发展，产生了以耗散论、协同论、突变论为代表的新型系统理论，即新三论，为识别普遍存在的复杂系统的内在规律提供了有效的理论方式。复杂系统一般是指内部包含多个相互作用的系统单元的开放系统。复杂系统理论与早期系统理论的研究关注点有较大的区别，早期系统理论主要研究系统作为一个整体发挥作用的机制，复杂系统理论则更关注系统内部各子系统的相互作用机制。

（1）耗散论。耗散论更加关注系统可以实现自组织的前提条件，是一种动态的系统研究理论。它主要研究处在非平衡状态的开放式系统，开放式系统通过与外界环境进行物质与能量的交换，在某种阈值时系统可以由无序状态变化为有序状态。因此，系统实现自组织主要满足开放式系统、非平衡态与非线性作用三个条件。根据熵理论，系统需要从无序状态转变为有序状态必须有负熵输入，而系统需要与其外部环境发生物质与能量交流以获得负熵增加，因此只有开放式系统才能实现这一有序化的过程。而处于非平衡状态的系统，与外界进行交换的动力就越强，可以获得足够的负熵输入。非线性作用则是指系统内部子系统的作用不是简单地相互叠加，而是会不断产生新的性质与形态，这是自组织实现的主要方式。

（2）协同论。协同学研究了系统内部各子系统是如何通过相互合作与竞争的过程最终形成有序系统的，可以发现系统演进的主导因素与临界条件。

它认为系统的状态可以通过一组变量来具体表达,控制变量是系统外部因素,指可以使系统达到稳定状态的条件变量;状态变量则是系统内部子系统相互作用形成的描述系统行为的变量。进一步地,这些变量可以分为快变量与慢变量,系统的演化过程与结果都由慢变量决定;当达到阈值时,慢变量可以转化为序变量,快变量可被其支配。慢变量与快变量是由当系统逐渐接近阈值点时的变化速度所决定的,慢变量即变化较慢的变量,数量往往比较少,但决定了系统的有序化程度。通过建立演化方程,可以得出序变量的解析判别式,并以此为依据来预测系统的未来演变趋势。无序态势会造成系统的不稳定,而有序态势则可以促进系统的协调演进。

(3)突变论。突变论研究了系统非周期性的突然变化。事实上,现实世界中许多变化往往不是光滑渐变的出现,而是突发性质的。系统处于稳态时,系统状态变量是一组固定的值;当系统状态变量的值开始波动,系统就转变为非稳态;当状态变量值以一个新的固定值结束波动、系统再次回到稳定状态的瞬间时,即产生了突变。突变论认为系统的稳定性是突变的基础,并研究了系统状态变量在非稳态时的波动范围。

总体而言,复杂系统具有多层级性、自组织性等重要特征。多层级性是系统复杂性的重要来源。系统具有不同的层级,宏观性由高层级到低层级逐渐降低,最终将系统分解为若干微观层级以研究它们之间的互相作用;不同层级与同一层级之间,均存在着互相作用关系,从而构成了一个复杂的系统生态。自组织性是指系统具有自发变迁,而不受外界干扰的能力,它并不是指系统孤立于外界条件,而是将外部环境作为条件,将内部矛盾作为主要发展动力,子系统可以在一定条件下,自动、自发地通过自组织行为由无序、简单的系统形成一个有序、有组织结构的整体。在这种自组织演进过程中,协同的意义要远大于竞争,各要素的有机联结、协同谐振可以有效放大子系统独立存在时的功能,实现整体大于部分的优化。此外,变化是复杂系统的灵魂所在,由于复杂系统会随时空条件的改变而变化,因此它也具有动态性;而这种变化往往是非连续的。

3. 复杂适应系统理论

复杂适应系统理论是一种特殊的复杂系统理论,它主要研究的是非个体性的复杂系统,例如社会系统、经济系统等。这一理论最早由圣菲研究所的霍兰提出,他以城市为例,进行了"为何城市能够在不断的灾害与无中央计划的情况下协调运行"的思考,研究了多个个体系统演变为多主体复杂系统的过程,认为复杂系统的发展需要基于每一个个体系统的进化。

个体系统有能力进行独立决策,在相互作用中又可以保持协调共生,与其他个体系统以及外部环境进行物质、能量交换,利用各种可能的条件促进进化,并使整体系统也产生新的结构与功能。这种能力正是来自个体系统所具备的适应性,它们可以根据发展要求主动地调节自身状态与功能来适应环境,或与其他系统进行合作竞争,以获得进化机会,遵循"优胜劣汰"的原则。因此,复杂系统中个体系统的发展形式可以用复杂适应系统理论中的一个重要概念"混沌的边缘"来解释。混沌是处于有序性与无序性达成平衡边缘的状态,整体系统的发展需要一定的有序性作为基础,但过高的有序性可能会影响个体系统发挥自身能动性的空间,造成系统创新与进化的障碍。因此,社会系统的复杂性就体现在其内部既具有无序性(即可以通过自发性的相互作用运转),又具有有序性(即系统中存在一个或多个起主导作用的中心)。

4. 系统分析方法

系统分析方法即在系统理论指导下,分析系统演进趋势的研究方法。它需要分析系统内部各要素的相互作用关系与变化趋势,同时要考虑外部环境的影响,从而寻求解决问题的最优方案。整体性是系统分析方法的重要立足点，只有将系统作为有机整体进行研究，才能有效识别系统的整体特征与演化规律；综合性是系统分析方法的基本方式，即要综合考虑系统的组成要素、结构与功能等层面，综合性地进行分析；最优性则是系统分析方法的根本目标，系统分析法在分析系统优化方向的基础上，通过探究协调系统内部各要素之间的关系，使得子系统的功能与目标能够与整体系统的功能目标相协调，从而达到最优状态。

系统分析方法的方法论主要包括硬系统方法论与软系统方法论。硬系统方法论最早由霍尔提出，是综合时间维、逻辑维、知识维的三维结构。霍尔三维结构将系统活动按照一定标准分为若干个紧密衔接的阶段，研究这些阶段所需的不同知识与技能。但社会问题大多存在复杂的利益关系与优化目标，因此硬系统方法论在解决社会科学领域的问题时不具备很强的适用性。软系统方法论则可以处理非结构化的社会问题，这种方法需要人们通过探讨与协商以达成可以解决问题的共识方案，是知识扩散的过程。

5. 系统理论在国土利用与空间规划领域的应用

土地利用情况复杂，系统理论是解释土地利用问题的有力理论工具。土地利用系统由土地利用方式与土地覆盖结合形成，它与自然环境系统、社会经济系统相互作用，不断发展变化。土地利用系统内部子系统自身与彼此之间复杂的功能、性质与关系使得土地系统复杂性很高，可以应用复杂系统的理念进行分析。有学者应用复杂适应系统理论对城市系统进行了研究，并提出了一个城镇适应性规划框架，指出建立一个适应自然的城镇规划是可持续发展的基础。城市系统是一个典型的非线性开放式复杂系统，研究将城市系统分为物质子系统与非物质子系统。其中，物质子系统包括土地、建筑、道路、市政与园林系统，并以土地系统为主导与基础；而非物质子系统包括社会、经济、文化、生态与管理系统，是基于"以人为本"理念建立起的高度耦合的子系统。适应主体适应环境或其他适应主体的变化是被动适应，在适应中的主动干预则是主动适应。例如在进行国土利用时，不能突破自然条件的约束；同时根据区域等级与功能定位的不同，可以选择不同的利用方式；而土地利用系统又要适应自然生态等系统的需求，以实现可持续的土地利用。

第4章

多规并存的现状分析与"多规合一"的本质剖析

4.1 规划体系相关概念辨析

4.1.1 规划体系的定义

国土空间是自然资源和建设活动的载体，占据一定的国土空间是自然资源存在和开发建设活动开展的物质基础。针对社会经济的发展对国土资源的无限需求与国土资源有限性之间的矛盾，世界各地都出台了规划来对国土资源进行有序开发与保护。规划是按照事物发展的规律和既定规则，对特定领域的未来发展愿景进行整体性谋划的系统过程。在区域经济社会发展中，规划具有系统性统筹、战略性引导的作用，因而受到政府管理界、学术界的密切关注和重视。

近年来，随着各类规划的融合，空间规划的概念开始逐步替代单一的规划概念。空间规划体系是一个国家工业化和城镇化发展到一定阶段，为协调原有各类、各级空间性规划和理顺部门规划的关系，实现国家和地区竞争力提升、可持续发展等目标而建立的，由国家、省（州）、市、县等各级空间规划构成的空间规划系统（图4-1）。空间规划的概念在20世纪80年代开始出现，以欧盟的《欧洲空间发展展望》的正式出版为标志，空间规划的规划理念与实践在欧洲得到快速发展，并在全球空间规划领域产生了巨大影响。对于空间规划的概念，各类机构基于不同视角给出了不同定义：欧洲理事会认为"区域空间规划是经济、社会、文化和生态政策在空间上的体现，目标是实现区域的平衡发展以及空间安排，是一种跨领域的、综合性的规划方法"；英国首相办公室认为"空间规划超越了传统的用地规划，致力于通过用地空间来影响空间功能和性质的政策及项目的协调与整合"；欧洲联盟委员会等机构也对空间规划进行了各种定义，其共通之处在于将空间规划看成协调空间发展、整合目标、对空间要素进行综合或专项安排的技术手段和政策方法，空间规划的职能不再局限于用地空间的安排，而被视为整合各类政策的重要空间手段。

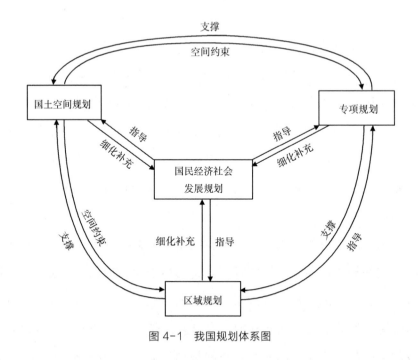

图 4-1　我国规划体系图

新中国成立以来，我国逐步形成了以国民经济社会发展规划为核心、各级各类规划相互衔接配合的规划体系。其中，国民经济社会发展规划在整个规划体系中处于主导地位,作为国家经济社会各方面发展的总方针和总政策,是我国调控的重要手段。其他各级各类规划以国民经济社会发展规划为指导来编制,是对国民经济社会发展规划的细化和补充。

4.1.2　国民经济社会发展规划

国民经济社会发展规划一般简称为总体规划,也就是中华人民共和国国民经济和社会发展五年规划纲要,主要是根据宪法规定,以全国国民经济和社会发展为对象,由国务院组织编制,经过全国人民代表大会审查批准,具有法律效力的一种规划,在全国的规划体系中处于"龙头"地位(杨伟民,2003)。通过对我国 20 世纪 50 年代初开始编制的五年规划(计划)梳理(表4-1),从规划(计划)背景和基本任务可看出我国规划(计划)所关注的产业大体呈现出"工业—农业—服务业以及新兴产业"的偏移规律。同时规划(计划)的目标也从推动经济发展逐渐向重视生态文明保护,提高人民生活品质转移。同时,每个五年规划(计划)也对国民经济发展各个方面提出了一些具有指导意义的规划意见,在各类子规划过程中起到了提纲挈领的作用。

表 4-1　国民经济发展"一五"计划至"十三五"规划梳理表

规划名称	代表性规划文件	规划时间	规划背景	规划基本任务	规划意义、经验教训
国民经济发展"一五"计划	《中华人民共和国发展国民经济的第一个五年计划》	1953~1957 年	新中国成立初期,经历了三年的经济恢复和经济建设。但小农经济与资本主义经济在国民经济中占较大比例	建设 156 个项目,建立社会主义工业化的初步基础,进行三大改造。社会主义建设和社会主义改造同时进行、相辅相成的计划	建立了一些重点企业,构成了我国工业布局的基本结构,为我国工业化奠定了坚实的基础

续表

规划名称	代表性规划文件	规划时间	规划背景	规划基本任务	规划意义、经验教训
国民经济发展"二五"计划	《中国共产党第八次全国代表大会关于发展国民经济的第二个五年计划的建议》	1958~1962年	工业化基础初步建立，三大改造基本完成，以公有制为主体的社会主义经济制度基本建立	继续进行以重工业为中心的工业建设，推进国民经济的技术改造	由于"大跃进"和"人民公社化"运动，导致"二五"计划后半期一直处于调整经济的阶段
国民经济发展"三五"计划	《第三个五年计划（1966—1970年）的初步设想》和《关于第三个五年计划安排情况的汇报提纲》	1966~1970年	国内：国民经济停滞局面得到基本调整。国际形势越发严峻	前期以重点解决吃、穿、用为主，后期以备战为主	虽然后期的三线建设加强了现代化国防建设，但投资比重过大，导致国民经济发展不平衡
国民经济发展"四五"计划	《1970年国民经济计划和第四个五年国民经济计划纲要》	1971~1975年	国内："文化大革命"严重阻碍国民社会经济发展。国际：美苏冷战格局发生变化	以"战备"和"三线"建设为中心，以军事工业的发展带动整个国家的工业化	规划战略布局不顾客观实际、盲目追求高速度，导致经济大起大落，延缓了社会主义现代化建设的进程
国民经济发展"五五"计划	《1976—1985年发展国民经济十年规划纲要》	1976~1980年	处于"文化大革命"与改革开放前期，经济发展出现向好趋势	建立独立的比较完整的工业体系和国民经济体系	推进了农业发展，改革了经济体制，调整了国民收入分配，为改革开放的顺利实施奠定了基础
国民经济发展"六五"计划	《中华人民共和国国民经济和社会发展第六个五年计划（1981—1985）》	1981~1985年	处于改革开放时期，提出"调整、改革、整顿、提高"八字方针，国民经济得到进一步调整发展	对国家重大建设项目、生产力分布和国民经济重要比例关系做出规划	意识到协调发展和可持续发展的重要性，标志着党和政府的发展观念发生改变
国民经济发展"七五"计划	《中华人民共和国国民经济和社会发展第七个五年计划（1986—1990）》	1986~1990年	国民经济出现持续、稳定、协调和发展的新局面，但物质技术条件落后，产业结构和产品结构不合理	加快能源、交通、通信和原材料工业的建设，切实抓紧现有企业的技术改造，同时加强智力开发	规划目标体系更加完善，更加重视战略性问题，是计划编制"由粗转细"的开始

规划名称	代表性规划文件	规划时间	规划背景	规划基本任务	规划意义、经验教训
国民经济发展"八五"计划	《中华人民共和国国民经济和社会发展十年规划和第八个五年计划纲要》	1991~1995年	国际多极化趋势呈现，但是局部冲突和战争频发。国内出现物质文明建设和精神文明建设"一手硬、一手软"的现象	提出八项基本任务，确保把国民经济的整体素质提高到一个新的水平	经济"软着陆"取得成功，国民经济发展出现了"高增长、低通胀"的新局面
国民经济发展"九五"计划	《中华人民共和国国民经济和社会发展"九五"计划和2010年远景目标纲要》	1996~2000年	国际面临着综合国力竞争、霸权主义和强权政治压力。国内市场化改革和经济的深入发展也带来了一系列问题和挑战	实施科教兴国战略、可持续发展战略；促进区域经济协调发展；深化经济体制改革；提高对外开放水平；加强社会主义精神文明和民主法制建设	顺利完成了社会主义现代化建设的第二步战略目标，为进一步实现第三步战略目标奠定了良好的基础
国民经济发展"十五"计划	《中华人民共和国国民经济和社会发展第十个五年计划纲要》	2001~2005年	国际经济全球化进程加快，中国加入世界贸易组织（World Trade Organization, WTO）。国内市场在资源配置中逐渐发挥基础性作用，产生效率和公平问题	以调整经济结构为主线，促进计划经济向市场经济转型升级，提高国际竞争力，并且更加重视生态环境保护和经济与社会的可持续发展建设	以经济结构的战略性调整为主线，突出三大战略，持续深化改革，为我国进入新世纪奠定了良好的开局
国民经济发展"十一五"规划	《中华人民共和国国民经济和社会发展第十一个五年规划纲要》	2006~2010年	和平、发展、合作成为时代潮流，国际环境总体上有利于我国经济社会发展。国内社会经济大环境良好	推进经济增长方式转变；继续调整经济结构，走新型工业化道路；建设人力资本强国等	发展方式初步转变，政府职能由经济增长型向公共服务型逐步转变，对中国经济发展产生深远的影响
国民经济发展"十二五"规划	《中华人民共和国国民经济和社会发展第十二个五年规划纲要》	2011~2015年	国际世界多极化，经济全球化深入发展，世界政治经济格局出现新变化。国内经济发展趋势持续向好，社会大局保持稳定	强农惠农、提高产业核心竞争力、推动服务业大发展、促进区域协调发展、推动绿色发展、提高对外开放水平以及实现军民融合等16个方面的任务	"十二五"是各项目标实现得最好、各项指标执行得最好的时期，为全面纳入科学发展轨道奠定了良好的基础

规划名称	代表性规划文件	规划时间	规划背景	规划基本任务	规划意义、经验教训
国民经济发展"十三五"规划	《中华人民共和国国民经济和社会发展第十三个五年规划纲要》	2016~2020 年	国际外部环境不稳定、不确定因素增加。国内经济长期向好的基本面没有改变,但提质增效、转型升级要求更加紧迫	坚持发展是第一要务,牢固树立和贯彻落实创新、协调、绿色、开放、共享的新发展理念	创新、协调、绿色、开放、共享的新发展理念对破解发展难题、厚植发展优势具有重要意义

4.1.3　专项规划

专项规划最早在"十五"期间作为一种特定的规划类型被提出,1999 年国家发展计划委员会提出的《关于"十五"规划编制方法和程序的若干意见》将专项规划视为影响我国改革开放和社会主义现代化建设关键领域、薄弱环节等重大问题解决的重要一环,并且 2005 年《国务院关于加强国民经济和社会发展规划编制工作的若干意见》、2007 年《国家级专项规划管理暂行办法》以及 2018 年《中共中央 国务院关于统一规划体系更好发挥国家发展规划战略导向作用的意见》都对专项规划做出了相关的定义。总的来说,专项规划是以国民经济和社会发展的某一特定领域为对象编制的规划,是总体规划在特定领域的延伸和细化,在落实中央部署、布局重大工程项目、合理配置公共资源、引导社会资本投向、制定相关政策中发挥着重要的作用。

4.1.4　区域规划

中国最早的区域规划是在"一五"期间从苏联引进的,是在联合选厂的基础之上发展起来的,1956 年我国国务院颁布的《关于加强新工业区和新工业城市建设工作几个问题的决定》中提出要编制区域规划，以便更好地安排 156 个苏联援建的大型工业项目。但是在"二五"期间，由于区域规划工作存在的问题，1960 年，国家计划委员会召开的第九次全国计划会议提出"三年不搞城市规划"，全国规划机构普遍精简，规划任务开始减少。再加上 1966~1976 年经历了十年"文化大革命"，使得区域规划发展陷入停顿中（胡序威，2006）。直到改革开放以后，我国的区域规划才慢慢步入正轨，并且在不同的历史阶段对区域发展起到了应有的促进作用。概括来说，区域规划是以跨行政区的特定经济区域或者地理区域为对象，针对特定问题，为了完成特定任务，以国家总体规划、区域发展战略和上级指导文件为依据，由上级政府或者行政主管部门组织编制的战略性综合规划。其具有战略指导性、跨行政区域性、特定目的性和系统综合性等基本特点。

4.1.5　国土空间规划

我国在空间方面的规划编制历史久远，早在"一五""二五"期间编制的区域规划和城市规划就存在着空间规划的影子。空间规划这一名词的出现最早在 2013 年，《中共中央关于全面深化改革若干重大问题的决定》中明确提出"建立空间规划体系"，目的就在于结束空间规划领域乱象，加强大格局的管理。2014 年中共中央、国务院发布的《国家新型城镇化规划（2014—2020年）》中提出"推动有条件地区的经济社会发展总体规划、城市规划、土地利用规划等'多规合一'"。2015 年中共中央、国务院印发《生态文明体制改革总体方案》，提出"构建以空间规划为基础、以用途管制为主要手段的国土空间开发保护制度"，把空间规划纳入生态文明建设框架中。2019 年 5月 10 日，中共中央、国务院印发的《关于建立国土空间规划体系并监督实施的若干意见》中提出，要建立国土空间规划体系并监督实施，将主体功能区规划、土地利用规划、城乡规划等空间规划融合为统一的国土空间规划，实现"多规合一"。概括来说，国土空间规划是以自然资源调查评价为基础，以动态演化的国土空间为对象，以协调人与自然共生为主线，以优化空间结构、提升空间效率和提高空间品质为核心，对土地利用、设施布局、开发秩序、资源配置等全要素所做的整体性部署和策略性安排，并将之付诸实施和进行治理的过程性规划活动。具有整体性、战略性、时空性以及约束性的特点。

4.2 国外空间规划体系借鉴

4.2.1 国外空间规划体系的发展历程

最初的国土空间规划编制是为了配合国土空间用途管制来对开发建设活动进行监管。例如美国、加拿大的"土地使用分区管制"，韩国、法国的"建设开发许可制"，英国的"规划许可制"，瑞典的"土地使用管制"，等等。不同国家的国情不同，对于空间规划的称谓也不相同，例如日本称"全国综合开发规划"、德国称"空间秩序发展规划"、英国称"国家规划政策方针"等。但无论使用什么名称，各国的空间规划都是为了达到强化国家空间宏观调控的客观要求，其调控功能表现在空间约束和空间胁迫上，通过空间准入和空间限制等措施，协调好资源开发与环境保护之间的关系。

国外的国土空间开发模式，典型的可分为以下几类。①日本的"点-轴-面"综合开发模式。日本的国土开发采用"大都市圈规划为核心、发展轴构建为引导、广域地方合作圈建设为重点"的空间开发模式，构建由多样化广域板块构成的多轴、多核型的国土格局。②美国的"面状区域开发"模式。美国的国土规划采用"以公共土地用途规划为核心，流域开发规划和跨州经济区建设规划为重点"的国土空间开发模式。③法国的"多级核圈域"开发模式。法国自 20 世纪 60 年代开始进行国土整治规划，虽然在不同时期国土规划的阶段性目标有所差异，但总体上是以均衡化作为国土整治的总目标，实施了大量的国土整治规划项目，其国土开发可以概括为"以规划行动区域权限提升为基础，以多级城市和城市圈建设为核心，以国家综合公共服务规划为主导"的空间开发模式。

对应不同的国土空间开发模式，各国形成了不同的空间规划体系。德国在 20 世纪初最早将全国划分成若干个相互联系的区域进行全面的空间规划。英国、法国、荷兰、日本、韩国等国家陆续进行了全国性的国土规划。英国 20 世纪 20 年代开始进行空间规划，将全国分为"特别开发区""开发区""中间区"等，并实行不同的政策。法国 20 世纪 50 年代开始进行国土整治规划，将全国划分为若干个规划行动区域，并设立新的行政区划试点。荷兰 20 世纪 60 年代开始编制第一版国土空间规划，截至 2020 年已进行了五次全国性的国土空间规划，并形成了一套科学实用的研究方法。截至 2015 年，日本、韩国也分别进行了七次和四次综合性国土规划。欧盟 20 世纪 80 年代开始先后启动了多项空间规划研究计划，实施以跨国为对象的跨区域国土规划。

综上来看，部分国家形成了全国性统一的国土空间规划体系，而部分国家仍然在进行实践。由于空间规划的地位逐渐提高，国际规划界也逐渐重视空间规划体系并产生共鸣。国外空间规划体系以单一体系为主，即一个层级往往只存在一个单一的空间规划，该空间规划指导全区的空间发展策略，以英国、德国、瑞士为代表。

4.2.2　英国的空间规划体系

在发达国家中，英国的空间规划兴起时间最早，1909 年英国颁布了《住房及城市规划诸法》，该法律是英国第一部关于城乡规划的法律。自此，英国就一直实行城乡融合的空间规划体系。在英国，空间规划已成为包含规划改革、政策整合、战略治理等内容的综合规划。从纵向来看，英国的行政区可划分为国家级（英格兰）、区域级（虚体行政单位）、郡级和市镇级四个层次，空间规划也相应由四级构成。英国的空间规划在上下级之间的衔接主要通过相应政策的落实和细化来实现：国家级规划反映政府的综合政策倾向；中间的区域级和郡级规划不仅细化落实上级规划的政策要求，同时也要综合考虑区域内部的协调问题，对下级规划的制定提出政策引导的要求；最基本的地方规划对规划的可实施性非常重视。

4.2.3 德国的空间规划体系

德国是联邦制国家，其行政层级分明，可分为联邦、州和地区（市镇）三级。德国的空间规划涵盖了城市、区域及国家层面的规划内容，是一种整体性、综合性和全面性的规划。国家空间规划确定了土地利用的原则和模式。州空间规划是国家级空间规划到地区级空间规划的过渡，细化国家级空间规划的目标和原则，指导和协调该州内的地区空间规划。国家空间规划和州空间规划都属于战略的控制性规划。而在地区层级，地区空间规划和地方建设规划并存，但两者的职责明确，都从属于一个规划体系，并且有着上下衔接关系。地区空间规划是对州空间规划政策的落实，其主要内容为制定具体的空间发展政策，具体地块的开发限制没有被涉及；而地方建设规划是通过土地利用政策和房地产开发控制，对实际开发产生作用，这种格局与我国的城市总体规划和控制性详细规划比较相似（张志强和黄代伟，2007）。

4.2.4 瑞士的空间规划体系

根据《联邦空间规划法》，瑞士的空间规划涉及全国概念规划、州级空间指导规划和地区级空间规划。与德国不同，在全国层面，瑞士只是编制原则性、框架性的空间发展概念规划，协调区域空间发展，并不具有强制性，主要以重大基础设施建设、专项资金扶持等措施进行引导，并鼓励各州、市镇向联邦希望的空间方向发展（林坚等，2011）。在地区层面（即市镇层面），市镇政府依据《联邦空间规划法》和州级空间指导规划，在配套的《空间规划和建筑法规》《地方政府建筑法规》等要求下，进行土地利用规划的详尽编制，其内容涉及每块土地的具体开发要求，经市镇委员会批准、州政府审核后，具有法律效力，成为审批具体开发活动的依据（张丽君等，2011）。

4.3 国内规划体系的历史发展与现状分析

4.3.1 国内空间规划体系的发展历程

20 世纪 80 年代以来，随着人们对空间在理论上的社会意义的认知逐渐加深，空间与非空间要素在实践中的相互作用在不同程度上呈现出日益普遍且复杂的趋势，人们逐渐意识到空间规划是经济、社会、文化、生态等政策的地理表述，应当具有多尺度、综合性的特征和相应的规划体系（王向东和刘卫东，2012）。我国规划体系历经多年的发展，自计划经济时期开始，国民经济和社会发展规划、城市规划、土地利用规划、环境保护规划等各项规划分立并演化（顾朝林，2015）。我国规划的历史发展大致可划分为以下五个时期。

中华人民共和国成立到改革开放前,国民经济计划和城市总体规划初创,基于对苏联的经济发展计划和城市规划编制体制的全面学习,两者规划主次分明、分工明确(顾朝林,2015)。战后恢复时期的国民经济计划是指令性的,规划内容集中于工业、农业、交通运输等生产部门的发展计划和商业、财政、文教、卫生等社会事业的发展计划,主要靠政府和行政命令来实现规划目标。1956 年 7 月国家建设委员会批准颁发《城市规划编制暂行办法》,标志着新中国成立以来的第一个关于城市规划的法规文件出台。城市总体规划是在全面学习沿用苏联规划模式的基础上,以国民经济计划为依据,对一定时期内城市性质、发展目标、发展规模、土地利用、空间布局以及各项建设的综合部署和实施措施。

1978 年改革开放以后,相应的政策实施为规划编制提供了新的动力,规划工作进入全面复兴阶段。这一时期是我国空间规划体系的探索建构时期,主要规划包括国民经济和社会发展计划、城市总体规划和土地利用规划。国内学者开始学习西方国家的规划理论和方法,为了激发资本、劳动力、土地、技术、信息等生产要素对经济社会发展的促进作用,在环境、土地、建设等政府事权分立的制度框架下,形成了"问题导向型规划"和"目标导向型规划"(顾朝林,2015)。1982 年中国共产党第十二次全国代表大会明确制定了未来 20 年的我国经济建设的战略目标、战略重点和战略步骤。在这一时期,指令性的国民经济计划转变为综合性的国民经济和社会发展计划。1979 年,国家城市建设总局成立,开始起草《中华人民共和国城市规划法》,我国城市规划行政体系开始恢复和建立。1980 年召开全国城市规划工作会议,颁布了《城市规划编制审批暂行办法》,确定城市规划在城市建设中的龙头地位,在此时期,城市规划被定位为"促进经济建设和社会的全面协调发展",其实际工作围绕"以经济建设为中心"(陈晓丽,2007)。同时,长期缺失的区域规划也开始受到关注,包括为城市总体规划服务的城镇体系规划、国土开发与整治规划和面向土地开发的土地利用规划。20 世纪 70 年代末至 80 年代初,为避免"就城市论城市",基于经济和社会分析,在进行城市规划时,城市规划师将产业、用地、重大基础设施等也纳入其中,创造了具有中国特色的城镇体系规划(张京祥和罗震东,2013)。此时,改革开放格局已被确立,发展战略问题开始受到关注,特别是水、土地、矿产等资源,国家开始着手推动国土开发与整治工作。1986 年国家土地管理局成立,同年《中华人民共和国土地管理法》颁布,规定"城市规划和土地利用总体规划应当协调。在城市规划区内,土地利用应当符合城市规划"。土地利用规划也是在这一时期开始出现的,但 1987 年编制的土地利用规划体系尚不完善,体现在范围界定不清和法律保障缺失等方面。城市规划和土地利用规划的区别在于,城市规划以土地利用为主,而土地利用规划以保护耕地为主。

市场经济发展时期,我国空间规划体系快速发展成型。1987 年国家首次允许土地使用权有偿转让,土地和空间资源的合理配置成为我国规划体系的核心,国民经济和社会发展计划、城市总体规划和土地利用规划"三规"发挥关键性作用。1992 年邓小平在南方谈话中进一步坚定了对外开放政策。随后,十四届三中全会上指出建立社会主义市场经济体制。在此期间,国民经济和社会发展计划的编制遵循社会主义市场经济体制的特征,以增长拉动为主,内容包括经济与社会发展的总体构想、区域经济布局与国土开发整治、产业结构、产业发展与布局等。土地使用权有偿转让的首次允许使规划事权由城市规划部门转移到国民经济和社会发展计划委员会与国土资源部门进行管理,城市规划从"建设蓝图"转变为"发展蓝图",增加了城市总体规划纲要、各类开发区规划、地下空间开发利用规划、城市综合交通体系规划和城市远景规划,规划内容繁多,编制、审批时间过长,无法适应城市建设发展的需求。同时,由于在此期间,经济增长不断波动,市场化配置机制尚不完善,出现乱占耕地、浪费土地等现象。1993 年 2 月,国务院办公厅印发国家土地管理局编制的《全国土地利用总体规划纲要(草案)》,标志着我国编制土地利用规划的开始。为了保护土地资源，1998年国家土地管理局和地质矿产部等单位合并成立了国土资源部，与此同时，土地利用规划也由农村土地规划转向城乡土地利用规划和管理，其修编遵循土地供给制约和用途管制的原则，突出耕地保护，提出土地利用宏观调控和用途管制，土地利用规划在耕地资源保护和土地供给制按区实施的工作中发挥着重要的作用。1999年4月，国务院审批通过《1997—2010年全国土地利用总体规划纲要》，这是我国继土地空间管制规划后确立的第一个全国规划。在此期间，由于市场机制尚不成熟，而且城市整体发展的相关事权没有分管，出现了多规内容重叠、"一个政府、几本规划、多个发展战略"的局面。

进入21世纪，我国空间规划体系出现了新的规划局面。2001年，中国加入世界贸易组织，由于受到经济全球化的影响，东南沿海很快成为"世界工厂"，沿海地区涌入大量内陆劳动力，大城市的人口和经济社会活动极度集聚，沿海地区城市的运行压力增加，拓展新的城市发展空间成为迫切需求。2002年，国家发展改革委起草了《关于规划体制改革若干问题的意见》，提出空间协调与平衡的理念，强调政府在制定规划时需要考虑的两个方面：一方面是产业分布，另一方面是空间、人、资源、环境的协调（杨伟民，2003）。"十一五"国民经济和社会发展规划提出坚持以人为本，转变发展观念、创新发展模式、提高发展质量，落实"五个统筹"，把经济社会发展切实转入全面协调可持续发展的轨道（马凯，2003）。其内容包括在空间上对城市发展、重大基础设施建设布局、工业园布局、环境保护、公共服务建设、农业布局等做出总体安排。同时，由于经济全球化、市场经济体制的发展，城市总体规划成为制造"增长的机器"的工具，其编制的目的由"建设城市"变成"营销城市"的土地（王勇，2009）。在城市规划相关法律法规的基础上，"寻租"空间逐渐形成，甚至城市总体规划成为公共政策工具，即政策型规划（李晓江，2011）。由于1997年第二轮土地利用总体规划过分强调保护农用地，特别是耕地和基本农田，其目标为"严格限制农用地转为建设用地，控制建设用地总量""确保耕地总量不减少"，而对建设用地需求保障、生态环境变化的影响和需求的关注不够，导致规划在实践过程中缺乏科学性、合理性和可行性，规划没有发挥其应当发挥的土地规划的龙头作用（顾朝林，2015）。而2006年第三轮土地利用规划修编，构建了节约集约用地评价指标体系，对特定区域的土地利用情况进行了时空分析和潜力分析，为规划中的指标分解和空间布局分配提供了依据，土地利用规划转向区域综合规划方向。此外，环境保护规划开始受到关注。2002年，国家环境保护总局和建设部联合出台了《小城镇环境规划编制导则（试行）》，该规划结合了小城镇总体规划和其他专项规划，进行不同类型环境功能区规划，提出相应的环境保护要求，注重对水、大气、声、固体废物的综合整治和生态环境保护。在此时期，国民经济和社会发展规划、城市总体规划及土地利用规划"三规"已经出现明显的趋同趋势，包括规划目标、规划理论、编制方法和实施途径等（王凯，2006；汪劲柏和赵民，2008；王磊和沈建法，2014）。同时，多个规划对空间资源的规划编制相关的事权争夺也越发激烈，而且规划实施主体也不清晰。

2013年，十八届三中全会发布《中共中央关于全面深化改革若干重大问题的决定》，首次提出了"建立空间规划体系，划定生产、生活、生态空间开发管制界限，落实用途管制"。2014年，我国经济发展进入新常态时期，经济增长从粗放型向集约型转变。2014年8月26日，国家发展改革委、国土资源部、环境保护部和住房城乡建设部四部委联合印发《关于开展市县"多规合一"试点工作的通知》，要求市县开展"多规合一"的试点工作，探索完善市县空间规划体系。一些地方政府开始关注并探索"三规"之间的关系，尝试以空间层次、规划内容、行政管理等方面为切入口，进行"两规合一""三规合一""四规叠合""多规融合"的实践探索（顾朝林，2015）。以城乡统筹发展规划和区域发展总体规划为例。城乡统筹发展规划的编制以国民经济和社会发展规划纲要为指导,以城市总体规划为依据,以土地利用规划中的土地控制性指标为限制,实现资源、环境、城乡、区域的统筹匹配,并探索实行职能有机统一的大部门体制,将国民经济和社会发展总体规划、城乡建设规划、土地利用总体规划以及其他部门行业发展规划的职责整合统一到一个部门中,即规划编制委员会,推行"三规合一"规划编制,构建"一套规划,统一编制,统一平台,分头实施"的规划管理机制(赖寿华等,2013)。区域发展总体规划,即基于经济发展新常态背景下,城市政府从顶层设计着手,开始探索"多规合一"的"一级政府、一张蓝图、一本规划"的编制(顾朝林和彭翀,2015)。自2014年以来,结合国民经济和社会发展"十三五"规划,发改、住建、国土资源三个部门在全国范围内进行了"多规融合"规划的创新试点,如厦门的《美丽厦门战略规划》。2018年2月28日,《中共中央关于深化党和国家机构改革的决定》审议通过,决定建立空间规划体系并监督实施,实现"一本规划、一张蓝图",我国由此开启了空间规划和空间治理的新时代。

4.3.2 多规并存的现状及问题

空间是承载一切发展目标和计划的核心平台。随着我国经济社会发展进入新常态和新型城镇化迅速发展,良好的空间规划秩序成为提高我国空间治理和管控水平的必然要求。经过多年的发展,我国形成了较为庞大且复杂的空间规划体系,具有法定依据的各类规划便有80多种,依据行政体系设置呈现出并行体系的特点,即在一个行政层级里存在由不同职能部门主导编制的空间规划(林坚等,2011)。这些空间规划可以大致分为四个基本类别:一是发展和改革委员会系统主导编制的区域国民经济发展规划和主体功能区规划;二是住房和城乡建设系统主导编制的城乡规划(包括城镇体系规划、城市总体规划和城市详细规划）；三是国土资源系统主导编制的土地利用规划；四是其他专业部门就其管辖范围编制的各类规划，如林业部门的林业规划、环保部门的环保规划等。在这样的基本规划体系下，根据行政区划和部门事权，又在纵向和横向上衍生出了呈现"纵向到底，横向并列"的网络状规划体系（谢英挺和王伟，2015）。

伴随着中国改革开放与发展，编制国民经济和社会发展规划、城市（乡）规划、土地利用规划、生态环境规划等多种规划，成为加强政府宏观调控与创新管理方式的重要手段。据不完全统计，截至 2013 年规划种类达 80 余种（苏涵和陈皓，2015），而这些规划都有相对应的法律与规范要求，长期以来各自形成了相对较为独立的规划体系。然而，由于不同规划主体、技术标准、规划内容、数据基础、实施手段和监督机制，以及规划期限、规划目标、功能定位等方面存在明显的差异，各种规划涉及的空间布局、资源配置、利用管控等方面存在目标内容不协调、技术方法不统一、表述方式不一致的情况，甚至存在相互矛盾和冲突的问题，严重影响到规划的实施和成效（刘彦随，2010）。

从横向来看，呈现"多规并行"的局面，规划衔接不足。针对不同的空间领域和空间问题，各级政府和职能部门分别制订了诸多的不同层级、不同内容的规划，从多角度进行不同的规划表达，形成复杂的规划体系（王向东和刘卫东，2012）。主要的规划包括经济社会发展规划、主体功能区规划、城乡规划、土地利用规划、环境保护规划和交通、林业、水利等专项规划。从广度和深度，各类规划不断拓展、相互渗透。由于各部门、各行业的规划数量众多，因此在一定程度上存在规划供应过剩的现象（许景权等，2017）。同时，在国家、省级层面，由于我国空间尺度较大，各类规划的诸多矛盾和问题集中爆发。这不仅严重损害了各类规划的权威性，更使区域空间布局和资源配置易处于混乱无序的状态，导致越位、错位、缺位等问题频发。

从纵向来看，不同层级上下衔接，部门规划自成体系。各类规划在国家、省、市级层面上实现上下衔接，从规划审批与实施角度来看，上级部门对地方的干预较多。自改革开放以来，我国规划体系建立在经济、城市建设、土地和环境等政府事权分立的制度框架下，部门内部实现自上而下的垂直式管理。但是这种事权分立的模式，导致了分头规划和分散规划，于是各个规划部门都使用了超越事权的规划延展方法，规划编制和规划管理出现分歧，规划编制倾向于综合性与全局性，而规划管理倾向于以事权来界定（许景权等，2017）。同时，不同规划在对同一问题的判断上也存在差异，这种差异将导致各部门对规划空间权力争夺的产生。国土资源部主导的土地利用规划早期侧重耕地保护，后来转向注重经济发展和生态建设的协调统一，对建设用地不断加强管控，而城乡规划与之相矛盾。此外，林业、水利、国土和海洋等部门在林地、泄洪区、耕地、滩涂等空间的归属划定与管理上也存在着诸多的交叉与矛盾。

随着我国经济与社会的发展和对规划需求的不断变化，我国空间规划体系存在的问题逐渐暴露，越来越显化。

（1）规划主体不统一，政出多门。部门并行的规划体系，各职能部门分别负责编制和实施自己的规划，上位规划缺失，导致不同规划之间缺乏协同性。从规划类别来看，国民经济和社会发展规划由国家发展改革委主导编制，城乡规划由住房城乡建设部主导编制，土地利用规划由国土资源部主导编制，生态环境保护规划由环境保护部主导编制，各个部门的职责和管理权限不同，其编制与实施的规划也不同，导致在同一规划空间内，不同部门的规划导向不同，而这往往导致土地利用混乱等情况。

（2）规划标准不一，基础数据不一致，难以相互衔接。第一，各类规划基础数据不一致，国土部门、建设部门、发展和改革部门以及环保部门分属不同的行业和管理体系，它们所制定的空间数据标准，在分类系统、空间基准、空间尺度等方面均不统一。第二，各类规划信息平台不一致。城乡规划多采用 CAD（computer aided design，计算机辅助设计）平台来采集、编辑和绘制城乡规划地图图件。土地规划的空间数据和地图一般都采用 ArcGIS。然而两者的协调存在难度：地图从 CAD 平台转换到 GIS 平台中时，由于没有地图投影，坐标系也与 GIS 平台不一致，因此会发生图形的变形。如果把 GIS 平台制作的地图转换到 CAD 平台中，拓扑关系和属性信息便全部丢失，无法发挥 GIS 特有的数据集成、叠加分析和数据库建设等功能。第三，各类规划数据缺乏交互平台。难以实现不同类型规划之间和上位规划与下位规划之间的协调，也会造成规划编制中数据获取、处理等大量重复工作，行政效率低下（严金明等，2017）。

（3）信息共享平台缺失，行政效率低下。按理来说，各项规划的内容和信息应当实现相互衔接与共享，但由于目前共享规划成果的开放信息平台缺失，不同规划之间和上位规划与下位规划之间难以实现信息共享与规划协调，导致信息不对称，会降低规划的编制与实施效率（刘彦随和王介勇，2016）。同时，在各项规划实施过程中，由于不同规划的审批依据各不相同，项目审批程序繁多复杂，存在过程反复的情况，导致行政效率低下。一个项目在审批过程中会涉及发改、国土等二十多个部门，需要通过近百个行政审批环节，程序烦琐，时间过长。

（4）规划布局差异明显，空间利用效率低。由于各项规划的编制时间和规划期限不一致，如国民经济发展规划的规划期为 5 年，城乡规划的规划期一般为 20 年，土地利用总体规划的规划期一般为 10 年，导致不同规划之间的布局难以衔接。城乡规划和土地利用规划的编制周期较长，可能存在 "规划赶不上变化" 的情况，导致空间存在冲突，不同规划之间各类用地的空间布局相互交叉、错位。规划空间的错位与冲突，将导致项目选址困难、落地更加困难，这也是造成规划空间利用效率低下的主要原因之一。

4.3.3 国内"多规合一"的探索实践

国内针对规划体系的协调与融合，提出了"多规合一"的概念，并在多地进行了实践。在 2013 年 12 月中央城镇化工作会议上，习近平总书记提出"可以在县（市）探索经济社会发展、城乡、土地利用规划的'三规合一'或'多规合一'，形成一个县（市）一本规划、一张蓝图，持之以恒加以落实"[①]。2014 年 3 月，《国家新型城镇化规划（2014—2020 年）》提出推动有条件地区的经济社会发展总体规划、城市规划、土地利用规划等"多规合一"。2014 年 4 月，国务院《关于 2014 年深化经济体制改革重点任务的意见》（国发〔2014〕18 号）要求，推动经济社会发展规划、土地利用规划、城乡发展规划、生态环境保护规划等"多规合一"。2014 年 8 月，国家发展改革委、国土资源部、环境保护部、住房城乡建设部等四部委在全国选定了 28 个县市，启动了中国"多规合一"的典型市县试点。

值得注意的是，尽管当前各类规划在规划目标、规划理论、编制方法和实施途径等方面具有趋同趋势，但各类规划之间实质性协调的缺乏，使这一趋同反而加剧了事权争夺与规划冲突（顾朝林，2015）。由此，实现"多规融合"，解决规划自成体系、内容冲突、缺乏衔接与协调等突出问题，是保障规划有效实施、强化空间管控能力、改革政府规划体制的重要举措。

十八大以来，全国各地开展了"多规融合"的探索工作，在规划体系、规划体制、规划理念、实施管理等方面做出了诸多创新。其中，规划体系以及相应的体制主要呈现出了三种变革模式：一是 X-1 型，即多规合一，并主要体现为城规与土规合一，以及规划与国土部门的机构合并，通过合并事权，促成两规的同步编制与相互协调，实现"一张蓝图"全覆盖，化解空间规划

---

① 《在中央城镇化工作会议上的讲话》（2013 年 12 月 12 日），《十八大以来重要文献选编》（上），中央文献出版社 2014 年版，第 607 页。

编制内容混淆、多头管理、权责不清等问题,代表城市为北京、上海、深圳、武汉等。二是 X-X 型,即多规协调,在不改变各类规划编制方法和程序的基础上,以规划委员会作为组织协调平台,形成市级统筹、部门联动的规划协同编制、协同实施的模式,通过协作,解决多项规划中目标、内容、技术等层面的冲突,实现多种规划的协调,代表城市为广州、重庆(晁恒等,2015)。三是 X-X+1 型,即为规避部门矛盾,在现有规划体系外另辟蹊径,由政府层级的协调机构或领导小组编制一个综合规划,统筹引领经济社会发展规划、城市总体规划、土地利用总体规划、环境保护规划及各专项规划,消除各项规划之间的矛盾,代表城市为厦门等。规划理念与管理上,一是突出了底线控制理念,即通过划定开发与保护底线,为促进规划的合理化、持续化提供基础。如厦门重点划定了生态保护红线与建设用地规模边界,广州通过规划整合,形成了以建设用地规模控制线、建设用地增长边界控制线、基本生态控制线、产业区块控制线为一体的控制线管控方案等。二是探索了技术标准的衔接模式。三是强化了规划的联动与信息化。创新地区多,搭建了统一的空间规划信息和业务协同平台,采用"1+N"联动模式,"1"即综合规划与业务平台,"N"即各部门规划审批业务的平台,从而实现部门间信息共享,同时也为建设项目计划的生成、管理和实施等全过程提供了技术支撑和信息保障,提高了行政透明度和审批效率(沈迟和许景权,2015)。

试点地区的探索创新既释放了因规划不一致而"沉淀"的发展空间,也提高了项目审批的效率,提升了城市政府的治理能力,但这一过程的本质是寻求在中央主管部门管控政策之下的地方自主发展的空间,地方政府权力的天然缺陷,使试点成果也面临诸多隐忧:规划合一与机构合并有利于提高行政效率,但短期内付出的协调成本巨大,同时,形成的"一张蓝图"与"一本规划"未能得到相关法律的支撑,地位的脆弱性随时可能威胁综合性规划的效力;在多规协调与机构不合并的情况下,地方政府不仅要持续付出协调与激励成本，而且一旦激励成本后继乏力，很可能导致工作半途而废（李东泉，2014）。因此，中央层面进行顶层设计，已至关重要。

4.4 "多规合一"的本质剖析

4.4.1 "多规合一"的内涵与本质

"多规合一"是指将国民经济和社会发展规划、土地利用总体规划、城市总体规划及环保、产业、市政等专项规划的编制、实施进行融合（苏涵和陈皓，2015），将多个规划融合到同一空间区域上，从而实现"一个市县、一本规划、一张蓝图"。从本质来说，"多规合一"是一种规划协调工作，其基本职能决定了"合一"不是求集合形成一种独立的规划类型，而是统筹形成一个规划体系，这个规划体系应当具有总分有序、层级清晰、职能精准的特征（刘彦随和王介勇，2016）。这个规划体系应是基于城乡空间布局的衔接与协调，有利于社会利益分配的平衡、土地资源的有效配置、土地节约集约利用的促进、政府行政效能的提高等。"多规合一"的"多规"应在空间上具有同一性。"多规合一"并不是简单地将多个规划合并为一个规划，而是将多个规划统筹到同一规划体系、同一规划空间上来。其根本目的在于，在同一空间内、特定功能导向下，将国民经济和社会发展规划、城乡发展规划、土地利用规划、环境保护规划等进行统筹部署、分层规划，优先落实土地利用规划与建设各项约束性指标。同时，要求一定行政区域内的各项规划必须满足"五统一"，即基础数据统一、规划目标统一、空间布局统一、空间管制统一、保障体系统一。"多规合一"的核心在于，从发展战略高度协调各项规划（刘彦随和王介勇，2016）。虽然目前规划体系内的任一规划都不能在空间上起到战略引领和管控的作用，但各个规划在其行业领域内又有着不可替代的地位。

因此，"多规合一"应当从发展战略高度对这些规划进行融合，形成"在理念上多项规划协调，在法理上多项规章调整，在技术上多项规程统一"，从而形成"一本规划、一张蓝图、一套办法"。

4.4.2　实现"多规合一"的技术路径

"多规合一"是一个统筹协调的工作，其技术路径包括统一规划编制期限和时序、构建"三主三分"的框架体系、实现规划技术标准衔接、建立规划信息共享平台和改革规划实施管理机制等内容（黄勇等，2016；刘彦随和王介勇，2016）。

（1）统一规划编制期限和时序。该环节包括了合理确定规划期限和协调规划编制时序两个部分。我国现有各类规划存在编制时间和编制期限不同的普遍情况，为了实现"多规合一"，需要明确规定编制时间和编制期限，编制期限一般分为近期（即 5 年）、中期（即 10 年）和远景（即 20~30 年），具体的期限应当按照法律法规要求和相应的规划特点来进行选择。同时，各级各部门应当按照"先主后次、从上而下"的原则，进行规划的编制与修编。首先，需要构建顶层规划；其次，在顶层规划的框架下，同步编制和修编城市总体规划、土地利用规划、环境规划和专项规划等多个规划；最后，推动多规进行衔接，逐步实现纵向、横向相互联动、一体化的规划体系。

（2）构建"三主三分"的框架体系。"多规合一"的先决条件在于构建统一的发展框架。根据区域发展定位和资源环境承载力评价，系统开展区域功能分区、用途分类、管控分级等工作，构建"三主三分"的框架体系，即主体功能分区、主导功能分类、主要功能分级。

（3）实现规划技术标准衔接。多规并存的一个突出问题在于各项规划的技术标准不一致。实现规划技术标准衔接包括统一基础数据的统计口径、统一空间图件的编制标准等。基础数据包括人口、经济、社会与土地等数据。统计口径包括使用户籍人口还是常住人口等。在空间图件的编制上，此前呈现的是不同规划使用不同坐标体系的情况，需要明确采用统一的坐标体系。

（4）建立规划信息共享平台。依托数字城市、智慧城市系统，以及不同部门已有的数据库，建立规划信息共享平台，实现统一的后台基础数据库、统一的规划信息查询、统一的审批办公系统等，实现信息数据的快速导入与共享整合，以及在发改、国土、规划、环保等部门之间实现信息联动，减少行政审批环节，提高政府的服务效能。

（5）改革规划实施管理机制。其包括组建规划协调制度平台、规划实施联动反馈机制、规范规划修改流程等。在当前的行政管理体制下，构建"多规合一"的规划协调平台，旨在联合审议各类规划，监督规划内容实施。建立常态化的评估制度，对规划实施结果进行评估，推进各个部门的规划实施。对提交审议后需要修改的实施问题，需要启动规划修改流程，相应的规划修改同步到统一的数据成果中，以确保各项规划能够实现动态调整与衔接。

第 5 章
土地供给侧结构性改革的本质认知

5.1 关于供给侧结构性改革

5.1.1 供给侧结构性改革的背景特点

"十二五"时期以来,我国经济发展过程中长期性结构不合理现象日益突出。在 2015 年 11 月 10 日召开的中央财经领导小组第十一次会议上,习近平总书记第一次提出了供给侧结构性改革的诉求,明确提出"在适度扩大总需求的同时,着力加强供给侧结构性改革,着力提高供给体系质量和效率,增强经济持续增长动力"[①]。自从习近平总书记第一次提出了供给侧结构性改革的诉求以来,供给侧结构性改革更是频繁在国家经济管理工作和决策中被提及,2015 年中央经济工作会议更加强调了供给侧结构性改革的重要意义,指出:"推进供给侧结构性改革,是适应和引领经济发展新常态的重大创新,是适应国际金融危机发生后综合国力竞争新形势的主动选择,是适应我国经济发展新常态的必然要求。"我国推进供给侧结构性改革具有非常重要的意义。首先,供给侧结构性改革是适应和引领经济新常态的必然要求;其次,供给侧结构性改革是助力需求端结构调整的必然要求;再次,供给侧结构性

---

① 参见《中央财经领导小组第十一次会议召开》,http://www.gov.cn/xinwen/2015–11/10/content_2963689.htm,2015 年 11 月 10 日。

改革顺应了我国推进城镇化发展的客观要求；最后，大力推行供给侧结构性改革是转变经济增长方式的必然要求（胡鞍钢等，2016）。在此背景下，可以说我国经济管理重心开始从需求管理向供给管理转移。

5.1.2　供给侧结构性改革的现实需求

供给与需求的关系是经济学研究的核心内容，经济增长则是供给侧和需求侧共同作用的结果。需求管理和供给管理都是国家宏观经济管理的重要手段，但在我国不同时期、不同的经济增长和经济发展阶段以及不同的国内国际环境下，宏观经济管理的侧重点也是有区别的，所选择的路径和采取的手段也有所不同的。需求管理指的是，政府通过宏观经济政策，特别是财政政策和货币政策，来刺激或抑制需求，以防止国家经济衰退或预防国家经济过热；与之相对应的，供给管理指的是，政府通过各种政策来影响生产领域的效率，从而实现总供给和总需求之间的均衡。我国经济的增长和经济管理一直以来都着重于需求侧的调整，依靠投资、消费和出口拉动经济增长，即"三驾马车"。从实践效果来看，我国相继成为世界第二大经济体、第一出口国和贸易顺差国的同时，自 2010 年以来，我国地区生产总值增速逐渐放缓，从 2010 年的 10.45%一路减缓至 2016 年的 6.7%。虽然这样的情况与全球经济整体低迷有一定的关系，但另外，这也说明了我国一直采取的需求拉动经济的增长方式呈现出了边际效用递减趋势。在过去，"三驾马车"拉动经济增长，实质上是一种从需求侧出发的经济管理的体现，这样的需求管理是具有一定局限性的（贾康和苏京春，2015）。在我国，这种局限性主要源于经济社会的复杂性导致需求的总量政策效应降低、改革的阶段性导致了货币政策和财政政策的方向性差异、中央政府和地方政府调控宏观经济的行为在周期性上的差异，需求管理上的这种局限性及我国经济发展和体制改革的双重特殊性表明我国宏观经济应该重视供给管理（刘伟和苏剑，2007）。而需求管理能够有效运行的前提是供给侧没有出现问题，供给管理主要的作用就是要调节生产要素的配置效率和质量（林卫斌和苏剑，2015）。

供需失衡是导致我国经济增长放缓的主要问题，这当中不排除有效需求不足的情况，但主要矛盾集中在供给端，中国经济下行不完全是周期性的，而是供给侧的结构性问题，供给侧存在资源配置扭曲的状况，刺激需求难以解决问题，甚至会导致情况恶化（洪银兴，2016）。中国的供给侧结构性问题可以归结为有效供给不足和无效产能并存，总需求与总供给不匹配（卫兴华，2016）。根据《可持续与宜居城市——迈向生态文明》报告，预计 2030 年中国城镇化率将达到 70%。城镇化进程的加快是我国经济结构性变化的根本动力，城镇化进程在供给端的直接表现就是劳动力供给结构性变化（胡鞍钢等，2016）。廉价劳动力逐步从剩余转向短缺，进而带来的需求变化也会影响整个供需体系，产业结构体系也将随之发生变化。从国家未来的发展上来看，无论是需求侧还是供给侧，都应该继续推进改革。例如，在需求侧，社会保障制度和政府最终消费支出的改革，有助于改善我国的最终需求，这具有非常重要的意义。但我们目前更为主要的矛盾是在供给领域，该矛盾属于影响中长期增长和发展的深层次矛盾，必须通过加强供给侧的改革来改善、解决这些问题（刘伟和蔡志洲，2016）。因此，供给侧结构性改革不仅是我国目前经济发展的现实需求，也是我国进入新常态时期的长久需要。

5.1.3　供给侧结构性改革的目标任务

十八届三中全会明确提出"市场决定资源配置是市场经济的一般规律，健全社会主义市场经济体制必须遵循这条规律，着力解决市场体系不完善、政府干预过多和监管不到位问题"①。因此，从横向上来说，供给侧结构性改革的一个核心就是要推动市场在生产要素再配置过程中发挥决定性作用，使生产资料的流动由市场决定，而不再由政府来指挥。任何经济活动都无法脱离政治层面的行为，因此，在统领设计上，转变政府职能是供给侧结构性改革的必然要求和核心内容（刘志彪，2016），包括经济管理时的工作重点转变、行政方式转变、在经济活动中的角色转变以及绩效考核体系的转变。

因此，供给侧结构性改革主要是从要素端、生产端的改革发力，通过对生产要素的重新调整和配置，提高全要素生产率，进而转变我国的经济产业结构，扩大有效供给，满足有效需求，以激发各经济主体的活力，最终推动我国经济社会持续健康发展。供给侧结构性改革最终必须落到结构改革上，与需求侧管理具有较为明显的差异。需求侧管理有"投资""消费""出口"三驾马车，供给侧管理主要有"劳动力""土地""资本""创新"四大要素；而实际上，供给侧与需求侧是经济发展的"一体两面"（冯志峰，2016）。任何经济改革都需要政治改革予以配合，这其中就要求政府职能的转变（刘志彪，2016）。因此，转变政府职能是供给侧结构性改革的必然要求和核心内容，即：①政府进行经济管理时的工作重点要发生转变；②政府的行政方式要发生转变；③政府的在经济活动中的角色要发生转变；④政府绩效考核体系的转变。

供给侧结构性改革是针对整个国民经济体系的，对于省级、市级和县级不同行政级别，应该有不同的工作重点，尤其是针对不同行政级别的政府职能，也应当呈现出不同的层次体系，自上而下、自下而上，有机统一又各有侧重。

---

① 《中共中央关于全面深化改革若干重大问题的决定》，《人民日报》2013年11月16日。

供给侧结构性改革的目标与任务进行阶段性划分。我国供给侧结构性改革既有短期任务、中期目标，也有长期战略。①从近期来看，要稳住需求，尽快转换经济增长动力，提高经济增长质量，注重经济发展效率。这当中，产业投资应主要来自企业，而基础设施投资则应由政府为主要投资主体，这样在短期之内能够继续增加就业，稳定增长，稳定并适度扩大有效需求（林毅夫，2016）。②从中期来看，要以实现供需再平衡为目标，着重进行体制机制改革，加强生态文明建设。要在土地制度、户籍制度、财税体系、金融体制等多个方面进行改革。进行土地制度改革，涉及土地产权制度、土地规划制度、土地开发利用制度、用途管制及其他的土地管理制度等多方面制度机制，改革内容包括土地规划、土地整治、土地储备、土地流转和土地利用等环节（黄燕芬等，2016）。③从长期来看，要以引导和促进产业结构升级为主要目标，最终是要为推动经济持续发展提供源源不断的动力。从长期来看，落实到政府职能转变，首先是要逐步制定与国际接轨、与现实需求和未来需求相匹配的产品标准、行业标准、安全标准、环保标准等，引导产业结构升级（史正富，2016）。

5.2　关于土地的供给侧结构性改革

5.2.1　土地在供给侧结构性改革中的地位作用

在 2015 年 11 月 10 日召开的中央财经领导小组第十一次会议上，习近平总书记首次提出了供给侧结构性改革的诉求①，之后随着内涵逐渐深化和丰富，供给侧结构性改革已成为现阶段国家经济管理中的核心，旨在通过对阻

---

① 参见《中央财经领导小组第十一次会议召开》，http://www.gov.cn/xinwen/2015-11/10/content_2963689.htm，2015 年 11 月 10 日。

碍生产要素高效组合和配置体制机制进行变革，发挥市场在资源配置中的决定性因素，矫正目前中国经济供需错配的问题，提高全要素生产率，推动经济结构升级。而土地作为经济发展的空间载体和基本生产要素，在供给侧结构性改革中又处于重要地位：土地不仅是一种重要的资源，而且也是重要的资产和资本，土地要素与劳动力要素、资本要素、技术要素、制度要素、配套要素等生产要素共同组成要素市场供给侧结构性改革的主战场。土地资源具有其特殊的性质，包括引致需求特征、土地利用规划及其利用的计划供给特征、经营性土地市场的垄断供应特征等，由于这些特征，中国土地管理及其制度发展与改革一直体现着供给侧结构性改革的基本思路和逻辑（李晓聪等，2015）。因此，分析和研究关于土地制度的供给侧结构性改革具有非常重要的意义和价值。土地供给侧结构性改革是指通过改革的办法，推进土地结构的调整，减少土地资源的无效和低端供给，扩大有效和中高端供给，从而增强供给结构对需求变化的适应性和灵活性，以促进土地利用方式转变（胡国俊，2016）。土地领域供给侧结构性改革的目标在于优化土地资源配置，以切实发挥好土地在供给侧结构性改革中的要素作用，使土地要素成为中国经济发展和经济转型升级的重要红利之一（黄燕芬等，2016）。

5.2.2　土地供给侧结构性改革的本质内涵

土地领域的供给侧结构性改革，就是用改革的办法推进土地结构调整，矫正土地要素配置扭曲，优化土地供应的数量、空间和时序结构，通过供给端发力来进一步释放土地要素红利，进而服务于整体的中国经济转型升级。作为供给侧结构性改革的重要内容之一，土地供给侧结构性改革的对象包括土地规划、整治、储备、流转和利用等多个环节。在现行土地利用不尽集约、用地结构有所失衡、空间布局较为混乱、管理监督难以到位等问题之下（黄燕芬等，2016），土地领域供给侧结构性改革的任务可归纳为以下三个方面：一是通过土地制度创新发挥市场机制在土地资源配置中的决定性作用，提高土地节约集约利用水平，提高土地资源配置效率；二是通过土地制度创新推动新型城镇化，促进城乡区域协调发展；三是通过土地制度创新优化用地结构，利用土地要素推进我国经济结构调整，实现经济结构的转型升级（王克强等，2016；严金明等，2017）。也就是说，土地的供给侧结构性改革包括了土地产权制度、土地规划制度、土地开发利用制度、用途管制及其他土地管理制度等多方面制度机制，其改革内容包括土地规划、土地整治、土地储备、土地流转和土地利用等（黄燕芬等，2016）。实际上，土地的供给侧结构性改革是通过改革的方法，以土地制度创新的方式促进土地结构的调整，从而实现对土地要素配置扭曲的矫正，从供给端进行发力，促进土地要素红利进一步释放，从而服务于我国整体的经济转型升级。

在供给侧结构性改革中，首先是要从政府角度对土地市场进行引导，充分发挥土地市场对土地资源配置的主导机制和作用，弱化政府在土地要素让渡市场和征收市场中的主体地位，强化并发挥政府在土地市场中的管理、监督和调控的作用，强化和充分发挥政府在土地规划、土地市场、土地供应、农地制度改革中的规制作用（冯广京，2016）。根据不同的划分标准，土地市场供给侧结构性改革可划分为不同的类别，主要的划分标准有以下四种：①根据市场体系分类；②根据土地用途分类；③根据土地使用的环节分类；④根据土地市场交易客体分类。当前土地市场存在政府垄断土地供应、城乡二元发展体制限制农村土地作为资产和资本的属性、土地市场供给机制不完善等问题（王克强等，2016）。

因此，在土地市场的供给侧结构性改革中，关键是引导土地市场向满足公众真实需求的方向转化、生产企业向转变生产方式和发展方向的转变（冯广京，2016），同时，加大土地市场供给侧结构性改革的政策供给力度。具体来说，土地市场的供给侧结构性改革应当从政府职能转变、摒弃垄断供给、构建多元土地供给格局、土地供给多元价值取向和差别化精准供地等方面着手（马克星等，2017）。在土地利用方面，一是土地利用规划的转型，尤其是针对建设用地进行存量土地规划的体系建设，基于土地"供需平衡"的角度开展存量土地的总量测算，构建面向实施的存量空间治理体系（刘笑等，2017）；二是对于土地整治专项规划的开展，要以"需求评估—规划引导—权益保障—融资共建—标杆管理—科技服务"为一体，完善土地整治规划，建立联动、协调的区域土地综合整治制度体系（项晓敏等，2017）。当前，土地供应机制存在诸多问题，农用地征收补偿标准过低导致土地低效利用、土地供应计划不完善、土地供应无序、土地资源市场化配置程度低，土地资源配置结构性矛盾（单丁洁和徐勉，2016）；而土地供给中的审批制度征批捆绑、程序复杂、效率低下，也造成了"被迫"违法用地的现象，阻碍了市场机制的有效运转（陈书荣和陈宇，2016），土地供给侧结构性改革首先应当破除体制机制障碍，促进市场要素在土地供给中发挥应有的作用。土地制度的种类非常多，与供给侧结构性改革紧密相关的土地制度主要有以下几种：①土地供应制度；②土地用途管制制度；③土地收储制度；④土地收益分配制度（土地税费制度）（卢为民，2016）。从土地供需失衡的角度对土地制度进行深入探讨，并针对土地供给侧结构性改革进行顶层设计和路径研究至关重要。

5.2.3　土地供给侧结构性改革的实现路径

1. 以土地制度创新为基础

土地制度创新是土地供给侧结构性改革的基础，是实现三项任务的基石。已有研究从创新土地产权制度、土地流转制度、土地利用规划制度、土地整治制度、土地供应制度、土地用途管制制度、土地收储制度以及土地税费制度等多方面提出了促进供给侧结构性改革的对策建议。土地产权制度创新主要通过确权登记颁证以落实农村土地承包经营权权属的路径实现（孔祥智，2016），是促进土地流转和土地资源优化配置的关键所在；土地流转制度创新作用于土地领域供给侧结构性改革的路径主要是三块地改革，即通过宅基地改革和土地征收制度改革提高农村土地资源集约节约利用水平（孔祥智，2016），通过集体经营性建设用地入市改革推进农村建设用地与城市建设用地"同地同权同价"，解决土地流转市场区域分割的问题（姜长云和杜志雄，2017），推动城乡区域协调发展（张占仓，2017）；土地利用规划制度创新是土地利用的"龙头"，对于供给侧结构性改革中土地要素再配置具有至关重要的作用，可通过调整各类用地的数量关系、空间关系，平衡新增用地与存量用地的时序关系（刘笑等，2017），实现地块功能协调、层次有序和动态反馈，以高效配置土地要素、完善土地利用结构（严金明等，2017）；土地整治制度创新路径则是"需求评估—规划引导—权益保障—融资共建—标杆管理—科技服务"，构建劳动力、土地、资本、制度、产业和技术等多要素有效联动的区域土地综合整治制度体系（胡银根等，2018），通过土地整治促进土地利用转型、要素配置优化、功能空间重构以及城乡协调发展（项晓敏等，2017）；土地供应制度的创新路径重点在于处理好土地供需关系，特别是提高新增建设用地的供需匹配度；土地用途管制制度创新目标为促进低效用地向高效用地转换，土地储备制度围绕降低拿地成本、缩短拿地周期进行改革创新，土地税费制度创新则围绕促进低效用地退出来开展（卢为民，2016）。

从宏观层面上来看，市场机制受制是制约土地供给侧结构性改革成效的直接原因，而政策供给的不足、土地供应的政府垄断地位、城乡二元发展体制限制以及土地市场供给机制的不完善等问题是阻碍市场机制有效运行的主要障碍，通过土地制度创新发挥市场机制在土地资源配置中的决定性作用，关键在于调整好政府和市场的关系（王克强等，2016），引导土地市场向满足公众真实需求的方向转化、生产企业向转变生产方式和发展方向的转变；重点是逐步实现土地征收市场与土地让渡市场的对接，实现土地供需信号畅通传导并有效指导企业开展满足公众需求的生产活动；大致创新方向是弱化政府在土地要素让渡市场和征收市场中的主体地位，强化并发挥政府在土地市场中的管理、监督和调控的作用（冯广京，2016）。因此，需要加大土地市场供给侧结构性改革的政策供给力度，打破政府垄断供应局面，实现土地供应主体多元化，并建立健全完整统一的土地市场，多角度完善土地市场供给机制（王克强等，2016），推动土地供给侧结构性改革。

2. 以促进土地流转为抓手

土地流转是平衡城乡土地市场供需的重要手段，但土地供给侧结构性改革面临着如地块细碎化、土地流动难度大等一系列问题。上述问题只是表层原因，根本原因还是在于土地产权制度和流转制度障碍（陈锡文，2017）影响了规模化经营效益和土地供给侧结构性改革（江维国和李立清，2016；苗洁，2016；江泽林，2018）。因此，在土地制度创新的基础上，应合理安排流转政策供给，及时纠正政策性流转的负面作用（杨玉珍，2017），科学调整流转数量质量结构、农地经营主体结构、农地流转产权结构（牛星和吴冠岑，2017），推动土地流转，促进城乡土地市场供需平衡（张良悦，2018）。进一步，城乡土地市场供需平衡可降低用地布局、数量和质量结构性错配的可能，减少土地粗放和浪费现象，保障土地能够发挥稳增长、调结构、惠民生的功能。但在长期的外延式扩张下，我国城市普遍面临建设用地资源不足、用地结构不合理、建设用地闲置、产出效益低效等问题，形成了土地资源利用领域"多库存"和"低产能"并存的局面。因此，需要创新用地体制机制，协调政府管理和市场配置的关系，利用市场手段破解土地要素错配、劣配、违法配、低效配等粗放用地问题和根除占地、囤地、圈地、晒地等土地浪费现象，并破除土地用于增值等扰乱市场的行为。以政策供给为动力和抓手，通过"多规合一"、"有效供给"和"税收调控"等方式，探索城市低效工业用地处置与新兴行业用地支持政策的融合，提升土地集约利用水平，加速节约用地与集约用地的良性循环（胡动刚等，2017；罗遥和吴群，2018）。

3. 以城乡要素联动发展为核心

土地供给侧结构性改革是一项系统性的工程，在土地供给侧制度创新的基础上，推进劳动力、土地、资本、制度、产业和技术六大要素的城乡联动，进而实现以人为本的新型城镇化和城乡区域的协调发展（胡银根等，2018）。因此，针对土地供给侧结构性改革的第二项任务，在直接效应上，农村集体经营性建设用地改革不仅能提升土地集约节约利用水平、缓解城镇建设过程中土地不足的情况，在更深层次上，也是推进城乡土地同地、同权、同价的重要举措，以及构建城乡一体的建设用地市场的基础（孔祥智，2016），进而成为城乡协调发展的重要抓手。间接效应上，土地产权制度创新旨在稳定农民产权预期，保护农民的土地财产权益，同时能促进土地流转，由此大量农村劳动力从繁重的农业劳动中解放出来，农村大量剩余劳动力从第一产业向第二、三产业转移、从乡村到城镇务工转移，从而有力地推动城镇化进程（吴垠，2017；江泽林，2018），此外，土地征收、集体经营性建设用地改革、宅基地退出也能将土地资源转化为可周转的资金或者资本，为农民工到城镇就业提供新的资金来源，从而为新型城镇化提供新动力（张占仓，2017）。

4. 以先进经验为指引

如何通过优化用地供给结构来推进经济结构调整和转型升级？上海和深圳近年来用实践对这一问题做出了回答：上海市规划和国土资源管理局等四部门联合发布的《关于进一步优化本市土地和住房供应结构的实施意见》更加关注土地供应结构，提高土地供应的精准性，提出以公共交通为导向的社区开发模式；上海市政府印发《关于推进供给侧结构性改革促进工业稳增长调结构促转型的实施意见》明确了市级工业用地指标统筹，建立周转指标制度和工业用地储备库，综合运用财税、环保、安全、信用等措施倒逼闲置土地消化；深圳则充分发挥了市场在土地资源配置中的决定性作用，通过完善土地供应制度来提高存量用地供应占比，并建立以标定地价为核心的地价体系来引导各用地类型结构优化。总的来说，就是要锁定建设用地总量目标，推进现状建设用地减量化清理，加快低效供给"新陈代谢"，并通过优化用地功能布局、加大存量盘活、精准有效供应土地、差别化供地等方式来增加有效供给（胡国俊，2016；赵力和孙春媛，2017），从供给侧调整供应结构实现用地结构的优化，实现用地供给结构对今后长期需求变化的适应性和灵活性，充分发挥土地要素改革在低密度、低效率的粗放型经济向节约集约型发展模式转型中的重要作用，形成土地节约和集约利用与区域经济的协调发展。

第6章

"多规合一"促进土地供给侧结构性改革的机理研究

6.1 土地规划与供给侧结构性改革的理论关系

6.1.1 土地要素是供给侧结构性改革中的核心要素

推进供给侧结构性改革,是党和政府综合研判世界经济新平庸(new mediocrity)态势和我国经济发展新常态做出的重大决策。2008年金融危机至今,欧美国家过度依赖需求刺激政策而忽视结构性改革,美国、欧盟、日本等主要经济体都采取了史无前例的量化宽松政策,大规模增加市场流动性,提振市场信心。但从实际效果看,全球经济复苏迟缓,市场需求持续低迷,全要素生产率增速放缓,当前全球经济仍陷在低增长、低通胀、高失业和高负债的泥沼中,处于经济新平庸状态[①]。我国2008年以来也主要依靠需求管理政策,运用积极的财政政策和稳健的货币政策扩张总需求,缓和经济下行压力。尽管需求管理的短期政策在抵御危机冲击上发挥了一定作用,但中国经济中长期结构性问题并没有得到根本解决,形成我国当前经济运行中

---

① 国际货币基金组织(International Monetary Fund, IMF)总裁拉加德在IMF世行2014秋季年会时针对世界经济脆弱、不均衡并被风险所困的情况提出的。参见《拉加德:避免全球经济陷入新平庸》,http://international.caixin.com/2014-10-10/100736539.html,2014年10月10日。

的突出矛盾——供需结构错配。矛盾的主要方面体现在供给侧，表现为过剩产能处置缓慢，多样化、个性化、高端化需求难以得到满足，供给侧结构调整受到体制机制制约。鉴于需求管理政策重在解决总量问题，注重短期调控，难以从根本上解决供需结构性矛盾，也难以从根本上扭转经济潜在产出水平下行趋势，经济新常态下迫切需要通过供给侧结构性改革寻找新的经济增长动力。因此，推进供给侧结构性改革，是党和政府综合研判世界经济新平庸态势和我国经济发展新常态做出的重大决策，力求推动经济结构的重大调整，重塑中长期增长动力，这是在新的历史时期为适应新常态、跨越中等收入陷阱、实现 2020 年全面建成小康社会目标的重大战略举措。

与需求侧的投资、消费、出口"三驾马车"相对应，供给侧有劳动力、土地、资本、创新等生产要素。所谓供给侧结构性改革，就是从提高供给质量出发，用改革的办法推进结构调整，矫正要素配置扭曲，扩大有效供给，提高供给结构对需求变化的适应性和灵活性，提高全要素生产率，更好满足广大人民群众的需要，促进经济社会持续健康发展。其出发点在于提高供给质量，关键词在于改革，旨在用体制机制改革的办法改变我国供给侧的一些妨碍供给结构适应需求变化的旧体制、旧机制，实质上是通过调整生产关系，进一步解放供给侧的生产力，从而实现矫正要素配置扭曲、增加有效供给、提高供给结构对需求变化的适应性和灵活性的目标，最终推进结构调整、实现经济结构的转型升级。其中，作为一切经济活动的空间载体，土地不仅仅是重要的生产要素，更是供给侧中最基本的生存要素和生活要素，对供给侧结构性改革有着重要影响，2016 年中央一号文件提出的"农业供给侧结构性改革"，其中重要着力点就是土地制度改革。因此，土地制度作为最基本的经济制度之一，在供给侧结构性改革中的地位举足轻重，是整体供给侧结构性改革的基础平台、核心内容和关键着力点。

6.1.2　土地规划制度是土地领域供给侧结构性改革中的关键制度

土地领域的供给侧涉及土地规划、整治、储备、流转和利用等环节，以及其中所涉及的土地产权制度、土地规划制度、土地开发利用制度、用途管制及其他土地管理制度。土地领域的供给侧结构性改革，就是用改革的办法通过土地制度创新推进结构调整，矫正土地要素配置扭曲，通过供给端发力来进一步释放土地要素红利，进而服务于整体的中国经济转型升级。具体而言，土地领域供给侧结构性改革的任务包括：①通过土地制度改革创新优化用地结构，利用土地要素推进我国经济结构调整，实现经济结构的转型升级；②通过土地制度改革创新发挥市场机制在土地资源配置中的决定性作用，提高土地节约集约利用水平，提高土地资源配置效率；③通过土地制度创新推动生态文明建设、新型城镇化和新农村建设，促进区域之间和城乡之间的协调发展。

土地利用规划是时空上对土地资源的总体配置安排，是土地利用的龙头，不仅直接涉及用地结构调整、空间布局优化、用途管制落实和资源配置引导，更是土地市场发展的基础、规范土地市场行为的前提、推进市场发育的动力、纠正市场失灵的抓手和平稳市场运行的保障，能够有效调节土地供需结构错配，在土地要素供给侧结构性改革中具有举足轻重的重要作用。

6.1.3　土地规划制度供给侧结构性改革问题相对突出、研究不足

首先，当前土地利用规划上位法缺位、权威性不足，导致规划常常面临修编，无法在供给侧实现持续恒定、一以贯之的整体调控；其次尽管规划在技术和方法方面进行了模型完善，其科学性仍有待商榷，往往

面临着刚性过强、弹性不足，有较强的指令性和强制性，仍然以指标控制和土地用途分区控制为主，缺乏供给的应变"弹性"；最后，现实中空间规划种类繁多、规划内容多有重合，导致规划之间衔接耦合不足，规划体现部门利益高于整体利益，无法有效实现对土地资源的宏观供给侧的科学调控。

作为供给侧的重要组成部分，土地的供给侧结构性改革主要针对土地要素配置扭曲问题，旨在降低制度供给成本，优化土地供应的数量、空间和时序结构，主要包括土地利用规划、整治、储备、流转和利用等多个环节，其中土地利用规划作为土地利用的"龙头"，是配置土地要素的关键基础和完善土地利用结构的核心，是政府纠正土地市场失灵的重要手段，对于供给侧结构性改革中土地要素再配置具有至关重要的作用。然而，结合供给侧结构性改革的目标和任务，当前土地利用规划存在着功能定位欠准确、编制技术欠科学、管理模式欠完善等诸多问题，尤其是缺乏对土地利用规划如何在土地供给侧结构性改革中发挥其应有作用的整体研究和系统分析。当前专门针对土地供给侧结构性改革的研究较少，而现有的研究多从土地审批制度、土地供应制度、土地市场、土地整治等角度研究土地制度供给侧结构性改革的需求和路径，虽然少数研究从建设用地角度进行了土地规划方面的讨论，但缺乏在深入探讨供给侧内涵本质的基础上对土地领域供给侧结构性改革中的核心制度——土地利用规划制度的供给侧结构性改革的整体研究和系统分析。基于此，本节从系统论的角度出发，提出了供给侧结构性改革下土地利用规划的改革方向，并以北京市海淀区土地利用总体规划调整完善作为案例对框架进行了应用和佐证。

6.2 基于波特五力模型的省级国土空间规划理论分析

6.2.1 省级国土空间规划的波特五力理论分析

基于上述内涵分析,国土空间规划应当统筹配置区域国土空间资源。但当前我国主体功能区规划、土地利用规划、城市规划等已不同程度地涉及国土空间资源的规划配置。在众多现行规划中,国土空间规划如何"脱颖而出"?在时代特色、战略需求、现存挑战等背景形势下,国土空间规划又如何更好地展现自己的特色?其关键就在于界定国土空间规划的职能与核心任务,实质就在于明确国土空间的竞争战略,正如企业需要在大浪淘沙的市场中寻找自己的优势与战略一般。

波特五力模型又称波特竞争力模型(图 6-1),是哈佛商学院迈克尔·波特(Michael Porter)于 20 世纪 80 年代初创立的用于行业分析和商业战略研究的理论模型,该模型在产业组织经济学的基础上推导出决定行业竞争强度的五种力量,这五种力量可以作为系统思考企业环境的分析工具,并已应用于诸多领域与新的经济概念。其中,五种力量分别为潜在竞争者的进入能力、替代品的替代能力、现有竞争者的竞争能力、供应商的讨价还价能力、购买者的讨价还价能力。类比而言,时代需求与政府战略如同购买者需求,直接影响着国土空间规划的使用价值;规划的本质与理论基础如同供应商及其所给予的原材料,共同决定着国土空间规划可以生产的"产品";现行与潜在的相关规划则如同竞争者,促使国土空间规划选择更为明智的发展战略;国土空间规划的本质仍为政府配置资源,市场配置这一替代品也将倒逼国土空间规划设计合理的政府市场边界。

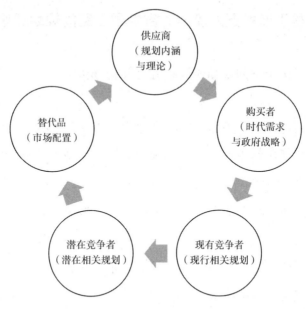

图 6-1　国土空间规划的波特五力模型

因此，下文将借鉴波特五力竞争模型，从规划内涵与理论（供应商）、时代需求与政府战略（购买者）、现行相关规划（现有竞争者）、潜在相关规划（潜在竞争者）、市场配置（替代品）五个层面，系统分析国土空间规划所面临的环境，界定国土空间规划的核心职能与任务。其中，基于供应商与购买者的供需情况，可以确定空间规划这一市场的可生产产品，从而明确国土空间规划的可选任务集合；现有竞争者、潜在竞争者以及替代品可用以确定国土空间规划的优势"产品"，即核心任务。

1. 供应商：规划内涵与理论

1）规划内涵

内涵本质与核心任务实质构成了事物的两面，内涵决定着任务，任务则是内涵的细化。

作为对未来的超前性安排，目标设定是规划的基本要求。正如国民经济发展规划聚焦经济发展速度、人均收入，土地利用规划要求强化耕地保护、管控建设用地规模扩张，实质都是通过规划目标实现对未来的约束或引导。因此，制定国土空间战略目标应当作为省级国土空间规划的基本需求。

规划是一个预测变化的过程，不知现在焉知未来。土地利用规划的方案源于承载力评价与适宜性评价中对区域特征的把握，城市总体规划的方案也往往起步于对区域城市发展现状的总体评价，因此系统把握省域国土资源禀赋、利用特征应当作为国土空间规划的基础工作。

另外，规划是一个理性思考的过程，无论是现实的把握，还是对未来的设计，都应当以规律为基础设计可行路径。其实质则是基于满足人们需求的目的性，调配国土资源、发挥国土功能。例如，中国古代的都江堰就是通过巧设分水鱼嘴，对飞沙堰进行合理的规划，使岷江发生根本性的转变，使其能够更好地服务于成都平原 800 万亩[①]良田。霍华德 1898 年描绘的"田园城市"，其实质就是为了满足人们对生产、生态需求，因而增加农业地带、绿带或其他开敞地，控制城市用地无限扩张，以期平衡城市内部不同功能。正确把握其中的规律至关重要。从中国古代天人合一的思想到西方的生命体类比借鉴，从《雅典宪章》到《华沙宣言》，尽管规划的理念与重点均有显著差异，但实质都是人们追寻规律并付诸规划实践的过程。例如，美国建筑师伊利尔·沙里宁（Eliel Saarinen）从树木枝干的生长规律得到启示提出有机疏散理论；1933 年的《雅典宪章》认为良好的物质空间布局是形成良好的环境的关键，进而提出将城市活动划分为居住、工作、游憩和交通四大基本功能。1977 年的《马丘比丘宪章》不再遵循物质空间决定论，也不再信奉机械主义，而更加注重人和人之间的关系，并且将城市规划的基础性工作设定为维护好人与人之间的关系，即规划必须要能够解释和反映人类的不同需求，同时要

---

① 1 亩 ≈ 666.67 m²。

竭尽全力利用有效的资源进行城市服务设施的建设,使其能够更好地适应人民的要求。同时《马丘比丘宪章》认为城市是一个动态系统,应当重视规划的过程性和动态性。1981 年的《华沙宣言》进一步确立了"建筑-人-环境"的整体概念,将生活质量作为评判规划的最终标准,同时强调了对城市综合环境的认识。这些模式突破了过去城市规划注重直觉、理想或图面效果的窠臼,奠定了规划的科学或理性思维。20 世纪 60 年代以来,随着科学技术的日益发展,英国、美国等国家还出现了综合理性的思潮,这种思潮认为规划成果以及价值取向都可以通过技术手段解决,只要完整揭示城市系统内不同要素的关系以及动态演变规律,就能从整体上设计出科学的城市蓝图。

综上,根据国土空间规划的内涵本质,省级规划核心任务应当包括三个方面:系统把握省域国土基本情况、理性制定省域国土空间规划战略目标、科学设计国土资源优化方案。其中,基本情况分析是目标制定与空间设计的基础,战略目标决定空间设计方向,空间设计细化战略目标在空间层面的路径或方案,三者相辅相成。

2)理论基础

本书梳理出基于理论基础的任务如表 6-1 所示。

表 6-1   基于理论基础的省级国土规划核心任务

理论指导	核心任务需求
管理学	坚持公共管理的基本原则,将国家战略需求、现存问题积极融入规划目标
资源配置理论	协调政府与市场的关系,发挥政府在资源管制、规则制定等方面的优势,划定科学的空间底线,设计完善的空间管制规则
可持续发展理论	优先设定生存线、生态线等空间底线,保障珍稀的国土资源;建构发展与生态互动、当前与长远协调的国土利用模式
系统理论	根据社会经济需求科学制定目标,并据此优化国土空间结构;基于国土空间现状判断功能的实现潜力,设计功能提升的可行路径
空间结构与经济学	提炼有助于引导未来空间优化的重要节点、发展轴带以及网络化结构
生态学	设计类似"斑块-廊道-基质"的生态保护格局

3）综合分析

结合规划本质与理论支撑，可得基于供应商的规划任务，如表6-2所示。

表6-2　基于供应商分析的省级国土空间规划任务

基本维度	基本任务
把握国土本底情况	把握区域国土空间资源禀赋、利用特征、现存问题等基本情况
明确国土战略目标	制定符合国家战略需求与国土空间本底的规划目标
设计国土优化方案	合理管控重要资源，划定国土空间保护底线
	设计面向未来、发展与保护协调，有助于可持续发展的国土空间格局
	提升国土资源本底功能
	完善国土管控规则

2. 购买者：时代需求与政府战略

事物的客观特性与人们需要之间的特殊矛盾往往决定着事物是具有理想性、价值性的，即事物的功能既须符合事物本身的发展规律，也和人的需求息息相关。把握新时代下我国的战略需求，有助于进一步细化省级国土空间规划的任务内容。

1）时代需求

A. 需求多元化

马斯洛需求层次理论曾经指出，低层次需求的相对满足将引导人们产生对高层次需求的追求。伴随着我国经济社会的快速发展，我国人民已不再局限于对温饱与安全的基本需求。正如党的十九大报告所指出的，我国社会主要矛盾已经转化为人民日益增长的美好生活需要和不平衡不充分的发展之间的矛盾[1]。我国稳定解决了十几亿人的温饱问题，但人民美好生活需要日益

---

[1] 《决胜全面建成小康社会　夺取新时代中国特色社会主义伟大胜利》，《人民日报》2017年10月19日。

广泛，人们不仅对物质文化生活提出了更高要求，而且在民主、法治、公平、正义、安全、环境等方面的要求日益增长。

作为承载人们社会经济活动的载体，国土空间配置应当顺应这一时代需求，从关注国土空间配置的经济效率转向安全、生态、公平、法治、共享等多元目标，拓展国土空间的功能广度；不断提高国土空间的利用水平，提升国土空间的功能品质与效度；探索国土空间功能集成化、融合化，拓展国土功能深度，尤其当生活、生产、休闲由传统的刚性生产方式的分割转变成基于信息技术与知识生产的柔性化、弹性化和网络化的高效复合时，顺应新产业空间中嵌入家居办公（small office，home office，SOHO）居住空间，居住空间兼容网络化家庭办公等趋势，合理转变国土空间功能的刚性分区，推动国土空间功能的适度混合，满足人们便利享受多元功能的需求。

B. 事物互联化

从经济社会活动的区域化与全球化到轨道交通、信息高速公路高速发展下不断压缩的区域距离，从产业的"互联网+"浪潮到物联网的设想，都昭示着万物互联将成为未来世界发展的大趋势，未来经济、政治、社会、生态、文化等活动都需具备系统思维、区域视野、创新视角。

顺应事物互联的发展态势，未来国土空间配置需要正确处理省域内外、城乡之间、国土与产业、管制与政治、功能类别等关系，既立足省域自身特点与需求，也从跨区域、国家、国际等角度剖析省域及其内部的功能战略定位；正视区域不平衡与城乡发展差距的现实挑战，努力打造区域统筹、城乡互动的发展格局；理清国土空间结构对产业供给结构以及消费需求结构等方面的影响，通过合理配置规模、布局、时序等国土空间结构，引导经济产业转型升级；明确国土管理机制对民生权益、国家安全、体制机制等方面的影响，既坚守国土管理的底线，也为国土空间管理与社会经济的与时俱进预留空间；强化不同国土功能之间的竞争协同，完善国土利用规则，引导功能适度混合，发挥国土整体功能。

C. 迭代加速化

自戈登·摩尔提出摩尔定律[①]以来，信息技术以及其他领域的快速进步已逐渐为人们所认可。柯达、诺基亚在盛极之时的迅速没落，智能手机、网上购物、虚拟现实、新能源汽车等新兴领域的快速兴起，意味着随着信息爆炸、需求多元以及技术发展，整个市场环境、生产方式、生活方式均在加速迭代转型。适应并引领当前快速变化的发展态势，至关重要。

国土空间结构是影响生产生活方式与结构的基础因素，在不确定的未来面前，如果还停留在以工业化为主要特征的国土利用方式上，就不能适应现在新型城镇化以及后工业化带来的新需求。因此，国土空间配置需要积极把握未来发展潜在趋势，完善国土空间配置方向与管制规则，在坚守国土保护底线的基础上，合理预留弹性空间，为新产业、新业态等方面的发展提供创新空间。随着迭代的加速，未来也应当正确认识并允许创新过程中所伴随的失误，同时积极完善国土空间利用与规划的动态评估与优化机制，减少潜在的负面损失。

D. 工具智能化

在互联网、大数据、技术模型等快速发展的助推下，无人驾驶、面部识别、智能住宅、云计算等智能事物不断出现，过去停留于想象与小说中的智能时代正在逐步临近。其所带来的，不仅将是即时、动态的监测、反馈、决策以及更为便利的生活生产，更将带来一种不同于人类的思维模式。

作为一项公共政策，未来国土空间的规划成果也应当符合智能化的需求，完善数据集成采集、动态监测以及智能评估的技术平台，建构包括国土现状、人地关系、产业发展、现行规划、交通基础等不同部门数据的数据集成平台，

---

① 即当价格不变时，集成电路上可容纳的元器件的数目，约每隔 18~24 个月便会增加一倍，性能也将提升一倍。

积极采用智能算法替代单纯的定性与理想化分析,包括数据增强设计下的规划技术和复杂自适应系统的技术模式,时间驱动和事件驱动相结合的规划技术模式,基于复杂的科学规划体系如小世界网络体系、无标度网络技术等,提高规划预测模拟能力,提升规划方案的科学性。

2)政府战略

A. "两步走"新目标

党的十九大报告明确了从2020年到21世纪中叶分两步走全面建设社会主义现代化国家的新目标:"第一个阶段,从二○二○年到二○三五年,在全面建成小康社会的基础上,再奋斗十五年,基本实现社会主义现代化……第二个阶段,从二○三五年到本世纪中叶,在基本实现现代化的基础上,再奋斗十五年,把我国建成富强民主文明和谐美丽的社会主义现代化强国……实现国家治理体系和治理能力现代化,成为综合国力和国际影响力领先的国家。"[①]这为国土空间规划的目标设计提供了最高层次的指导与依据。

具体而言:第一,党的十九大报告提出,到2035年,我国经济实力大幅跃升,跻身创新型国家前列。国土是经济发展的基本要素,国土利用方式直接影响经济发展模式,如果继续维持国土的高消耗、宽供应,经济发展模式将难以脱离资源依赖的困境,转变国土利用方式,强化国土的差别化供给与精细化利用,方能激发经济产业转型的动力。因此,提升国土资源利用水平,并以此推进经济转型创新,应当作为实现国土空间规划目标的重要内容。

第二,党的十九大报告提出,到2035年,各方面制度更加完善,国家治理体系和治理能力现代化基本实现。国土空间规划是空间治理体系的重要组成部分,对国土空间制度体系的建立健全具有非常直接的影响。因此,助力国家空间治理体系与治理能力现代化也应成为国土空间规划的主要目标。

---

① 《决胜全面建成小康社会 夺取新时代中国特色社会主义伟大胜利》,《人民日报》2017年10月19日。

第三，党的十九大报告提出，到 2035 年，社会文明程度达到新的高度，国家文化软实力显著增强，中华文化影响更加广泛深入。国土既承载着人们的生产生活，也积淀着先辈的文明传统。因此，国土空间规划应当重视对传统文明的影响，努力保护、修复并提升具有地域特征的自然风貌、农业空间，留住以国土为载体的"乡愁"。

第四，党的十九大报告提出，到 2035 年，城乡区域发展差距和居民生活水平差距显著缩小，基本公共服务均等化基本实现。国土范围涵盖城乡、区域，国土空间定位功能的规划配置事关不同区域国土资源的可利用程度。因此，未来国土空间规划需要着眼空间统筹、区域互补，努力缩小地区发展差异，促进发展成果的全域共享。

第五，党的十九大报告提出，到 2035 年，生态环境根本好转，美丽中国目标基本实现。生态环境与自然资源是国土的重要组成部分，景观格局也是国土态势的综合体现。因此，未来国土空间规划应当将保护资源环境、优化空间景观格局作为重要内容，推进国家生态文明的建设。

第六，党的十九大报告提出，到 2050 年，把我国建成富强民主文明和谐美丽的社会主义现代化强国，我国物质文明、政治文明、精神文明、社会文明、生态文明将全面提升，实现国家治理体系和治理能力现代化。一方面，应当把握两个阶段的承接关系，在国土空间规划的编制与实施过程中，不仅应当着眼 2035 年的国土，还应当展望 2050 年的国土，为全国 2050 年目标的实现打下基础；另一方面，国土空间规划也应当把握两个阶段所呈现的动态优化过程，注重保留国土空间规划的弹性，为其不断成长、持续优化奠定基础。

综合而言，新时代奋斗目标为国土空间规划目标提供了明确导向与指引：国土空间利用方面，未来应将生态保护、全域统筹、乡村振兴作为国土利用的关键词，努力提升国土资源利用水平、优化国土空间利用格局，推动经济社会的转型、创新、全面发展。国土利用机制方面，应当将实现空间规划治理能力现代化作为定位国土空间规划职能的宗旨，努力完善国土利用相关规则、体制，做好与其他现行规划的衔接协调。最后，应当设计与新时代发展目标相契合、远近结合的国土空间规划目标体系，确保国土空间规划与时俱进。

B. 高质量发展

党的十九大报告指出，"我国经济已由高速增长阶段转向高质量发展阶段，正处在转变发展方式、优化经济结构、转换增长动力的攻关期"[①]。尽管当前关于高质量发展的理解仍然见仁见智（表 6-3），但实质反映着创新、协调、绿色、开放、共享的发展理念的高水平状态，应成为细化国土空间规划目标与路径设计的重要依据。

表 6-3　高质量发展的内涵见解表

作者	单位	观点
刘鹤	中央政治局委员	未来几年经济政策的"总要求"。主要内涵是从总量扩张向结构优化转变，就是从"有没有"向"好不好"转变[1)]
李伟	国务院发展研究中心主任	高质量发展，意味着高质量的供给、高质量的需求、高质量的配置、高质量的投入产出、高质量的收入分配和高质量的经济循环
段炳德	国务院发展研究中心研究员	具备可持续的增长动力、更加平衡的经济结构、区域发展更加均衡、产业结构更加合理、需求结构更加稳健
廖群	中信银行（国际）首席经济师	以人民为中心的发展、更为平衡的发展、更低风险的发展、以创新驱动的发展、更高经济结构水平的发展、更高经济效益的发展、更加绿色的发展

1）参见《刘鹤透露中国经济政策顶层设计　继续加快改革开放》，https://baijiahao.baidu.com/s?id=1590527363599665215&wfr=spider&for=pc，2018 年 1 月 24 日

具体而言：第一，坚持创新理念。通过国土空间规划努力完善国土资源利用方式，促进经济转型创新。同时应将创新理念贯穿于国土要素的统筹分

---

① 《决胜全面建成小康社会　夺取新时代中国特色社会主义伟大胜利》，《人民日报》2017 年 10 月 19 日。

析、规划方法的深入研究、规划优化的动态过程，使国土空间规划能因地制宜、与时俱进。

第二，注重统筹协调。国土不仅自身涵盖土地、水文、海洋等多种要素，同时涉及社会、经济、文化各个方面，发挥着生产、生活、生态等各种功能，具有广泛的外部效应。因此，国土空间规划既需要处理好资源开发、利用、保护中不平衡、不协调、不可持续等内在问题，更要通过优化资源配置，努力实现"三生"协调、"四化"同步、区域统筹、陆海联动、"多规合一"、远近结合等。

第三，助推绿色发展。习近平总书记指出，"推动形成绿色发展方式和生活方式，是发展观的一场深刻革命"[1]，"要充分认识形成绿色发展方式和生活方式的重要性、紧迫性、艰巨性……加快构建科学适度有序的国土空间布局体系、绿色循环低碳发展的产业体系、约束和激励并举的生态文明制度体系、政府企业公众共治的绿色行动体系"[2]。党的十八大以来，中央坚持把生态文明建设作为"五位一体"全面协同发展以及"四个全面"的关键，并将其摆在全局工作的突出地位。从加强环境保护到推进生态文明建设再到推动绿色发展，归根结底就是要转变资源开发方式和空间利用模式，提高资源和空间使用效率。国土是生态文明建设的空间载体。因此，国土空间规划在目标设定中应重视资源保护、修复与提升，强化生态保护力度，提高资源开发效率，让良好的生态环境和可持续的绿色发展方式成为人民生活的增长点，成为经济社会发展的有力支撑点。

第四，构建开放格局。开放是国家繁荣发展的必由之路，也是国土资源管理步入新常态的必然要求。随着我国逐步建成全方位、多层次、宽领域的

---

① 参见《习近平：推动形成绿色发展方式和生活方式，是一场深刻革命》，https://baijiahao.baidu.com/s?id=1735661171903759349&wfr=spider&for=pc，2022 年 6 月 15 日。

② 参见《习近平主持中共中央政治局第四十一次集体学习》，http://cpc.people.com.cn/n1/2017/0528/c64094-29305569.html，2017 年 5 月 28 日。

对外开放格局，国土资源要素流动和管理也不再局限于区域内部，而逐步与省外，甚至与全球资源体系相互联系、相互影响。因此，省级国土空间规划在设计空间格局过程中，应当具有区域视野，发掘有利于促进区域协同发展的规划方案。

第五，服务共享发展。共享是中国特色社会主义的本质要求。习近平总书记指出："中国梦归根到底是人民的梦，必须紧紧依靠人民来实现，必须不断为人民造福。"[1]然而当前城乡之间、区域之间等仍然存在不可忽视的鸿沟。因此更为均衡的国土空间蓝图设计至关重要。

第六，高水平的状态。对于国土资源配置而言，国土空间规划应当将高水平的投入、产出作为规划目标的基本评判标准。

综合而言，高质量发展阶段从创新国土资源利用方式、统筹国土功能与区域协调发展、强化生态空间保护、构建开放与均衡发展格局等方面细化了国土空间规划的任务要求。

C. 生态文明建设战略

自 2012 年党的十八大做出"大力推进生态文明建设"的战略决策以来，建设生态文明已成为党和国家的核心战略。2015 年 5 月 5 日，中央发布《中共中央 国务院关于加快推进生态文明建设的意见》，2015 年 9 月中共中央、国务院印发了《生态文明体制改革总体方案》，提出了 2020 年我国生态文明体制改革的目标：到 2020 年，构建起由自然资源资产产权制度、国土空间开发保护制度、空间规划体系、资源总量管理和全面节约制度、资源有偿使用和生态补偿制度、环境治理体系、环境治理和生态保护市场体系、生态文明绩效评价考核和责任追究制度等八项制度构成的产权清晰、多元参与、激励约束并重、系统完整的生态文明制度体系，推进生态文明领域国家治理体系

---

① 《四、实现中华民族伟大复兴的中国梦——关于新时代坚持和发展中国特色社会主义的奋斗目标》，《人民日报》2019 年 7 月 26 日。

和治理能力现代化，努力走向社会主义生态文明新时代。其中，关于空间规划体系，方案提出"构建以空间规划为基础、以用途管制为主要手段的国土空间开发保护制度，着力解决因无序开发、过度开发、分散开发导致的优质耕地和生态空间占用过多、生态破坏、环境污染等问题""构建以空间治理和空间结构优化为主要内容，全国统一、相互衔接、分级管理的空间规划体系，着力解决空间性规划重叠冲突、部门职责交叉重复、地方规划朝令夕改等问题"。

2017 年党的十九大进一步明确，必须坚持节约优先、保护优先、自然恢复为主的方针，形成节约资源和保护环境的空间格局、产业结构、生产方式、生活方式，并要求推进绿色发展，加快建立绿色生产和消费的法律制度和政策导向，建立健全绿色低碳循环发展的经济体系；着力解决突出环境问题；加大生态系统保护力度，实施重要生态系统保护和修复重大工程，优化生态安全屏障体系，构建生态廊道和生物多样性保护网络；改革生态环境监管体制，加强对生态文明建设的总体设计和组织领导。

作为生态文明体制改革八项制度之一，国土空间必须顺应当前生态文明建设战略以及空间规划改革要求，统筹国土开发与保护，构建生态空间保护网络与格局，强化耕地、生态环境的保护、修复与提升力度，完善覆盖全域的用途管制制度，助力实现"多规合一"。

D. 供给侧结构性改革

2015 年 11 月 10 日召开的中央财经领导小组第十一次会议上，习近平总书记第一次提出了供给侧结构性改革的诉求。随后，供给侧结构性改革更是频繁在国家经济管理工作和决策中被提及。习近平总书记指出，"我国经济发展面临的问题，供给和需求两侧都有，但矛盾的主要方面在供给侧"[①]。推

---

① 参见《习近平在省部级主要领导干部学习贯彻党的十八届五中全会精神专题研讨班上的讲话》，http://www.scio.gov.cn/31773/31774/31783/Document/1476763/1476763_1.htm，2016 年 5 月 10 日。

进供给侧结构性改革,是适应经济发展新常态的重大创新,也是当前和今后一个时期经济工作的主线。供给侧结构性改革的最终目的是满足需求,主攻方向是提高供给质量和效益。十八届三中全会明确提出,"市场决定资源配置是市场经济的一般规律,健全社会主义市场经济体制必须遵循这条规律,着力解决市场体系不完善、政府干预过多和监管不到位问题"。因此,从横向上来说,供给侧结构性改革的一个核心内容就是要推动市场在生产要素再配置过程中发挥决定性作用。推进供给侧结构性改革其实质上是通过调整生产关系,进一步解放供给侧的生产力:以提高供给质量为出发点,以改革为核心路径推进结构调整,矫正要素配置扭曲,扩大有效供给,提高供给结构对需求变化的适应性和灵活性,提高全要素生产率,从而更好地满足人民需要,促进经济社会持续健康发展。

国土作为供给侧结构性改革的重要内容之一,其关键在于用改革的办法通过国土创新推进结构调整,矫正国土要素配置扭曲,通过供给端发力来进一步释放国土要素红利,进而服务于整体的中国经济转型升级。未来省级国土空间规划应努力实现各类国土资源要素自由流动和均衡配置,转变过分注重经济效益的供给取向,减少无效和低端供给,扩大对新农村建设、基本民生服务和生态建设等的有效供给,提升供给质量,切实发挥好国土资源在供给侧结构性改革中的要素作用。

具体而言,第一,从协调的系统论出发,优化国土数量结构配置。结构决定目标功能,目标功能引导结构。国土数量现状结构是产业结构、功能空间的空间映射,产业结构调整与功能空间的优化也需要国土数量供给的匹配。因此,国土空间规划的数量配置需要着眼产业、人口和环境的供给侧结构性改革方向,有的放矢。通过对国土要素的重组推动产业结构升级,逐步淘汰高耗能、高污染产业,并将疏解腾退出的国土空间优先用于基础设施与公共服务、战略性新兴产业、生活宜居与生态提升等建设,促进国土资源利用的提质增效。

第二，从有序的系统观出发，完善国土空间格局与规划体系。首先，规划内容方面，国土资源的数量必然反映在一定的空间布局上，而空间布局的确定也意味着数量的尘埃落定。因此，空间布局的有序至关重要。国土空间规划需要根据先生存而后发展的优先顺序科学划定国土资源底线，保障安全线和生存线；要根据国家需求、省域需求、地市需求的层级顺序明确区域功能定位，划分国土功能分区；需要从功能孕育、发展、成熟的时间顺序准确把握不同国土资源类型的供应时机，促进国土功能之间的有机互补与锦上添花，而非恶性竞争与揠苗助长。其次，规划体系方面，应当从上下主次、互补竞争等角度系统分析国土空间规划与区域规划、土地利用总体规划、城市总体规划等其他空间规划的关系，做好国土空间规划与其他规划的有序衔接，并以此为基础，架构有利于国土空间规划落地实施的总体规划、详细规划、专项规划的体系骨架，明确符合国土空间规划功能定位的地域尺度与纵向层级，从而发挥国土空间规划的特色，同时凝聚各类现行规划的合力。

第三，从动态的系统观出发，探索国土空间规划弹性机制。国土空间规划的动态性意味着国土空间规划具备与时俱进的优化机制。对此，首先，国土空间规划应当借鉴绿图规划的思想，明确规划的底线与重点，将剩余内容留给市场、留给专项、留给未来，让国土使用者在市场的规则下逐步细化国土的类型与利用方式，让其他空间规划发挥其专业功能提升国土利用的科学水平，让时间的演进为国土空间规划的不断发展提供注脚。其次，应当建立动态评价与反馈机制，对国土利用根据所处时间点的不同而做出相应安排。

E. 新型城镇化

2013 年 11 月通过的《中共中央关于全面深化改革若干重大问题的决定》指出，要"完善城镇化健康发展体制机制。坚持走中国特色新型城镇化道路，推进以人为核心的城镇化，推动大中小城市和小城镇协调发展、产业和城镇融合发展，促进城镇化和新农村建设协调推进。优化城市空间结构和管理格局，增强城市综合承载能力"。2013年12月，习近平总书记在中央城镇化工作会议上强调，"要以人为本，推进以人为核心的城镇化……要优化布局，根据资源环境承载能力构建科学合理的城镇化宏观布局……要坚持生态文明，着力推进绿色发展、循环发展、低碳发展……要传承文化，发展有历史记忆、地域特色、民族特点的美丽城镇……让居民望得见山、看得见水、记得住乡愁"①。2014年3月，《国家新型城镇化规划（2014—2020年）》正式发布，该规划指出了新型城镇化的重大意义，梳理了当前城镇化发展的问题，明确了今后新型城镇化发展的指导思想、发展目标，提出了推进新型城镇化的具体思路。规划要求，第一，以"推进符合条件农业转移人口落户城镇""推进农业转移人口享有城镇基本公共服务""建立健全农业转移人口市民化推进机制"有序推进农业转移人口市民化；第二，以"优化提升东部地区城市群""培育发展中西部地区城市群""建立城市群发展协调机制""促进各类城市协调发展""强化综合交通运输网络支撑"优化城镇化布局和形态；第三，以"强化城市产业就业支撑""优化城市空间结构和管理格局""提升城市基本公共服务水平""提高城市规划建设水平""推动新型城市建设""加强和创新城市社会治理"提高城市可持续发展能力；第四，以"完善城乡发展一体化体制机制""加快农业现代化进程""建设社会主义新农村"推动城乡发展一体化；第五，以"推进人口管理制度改革""深化土地管理制度改革""创新城镇化资金保障机制""健全城镇住房制度""强化生态环境保护制度"改革完善城镇化发展体制机制。

从国土资源需求看，生产性需求趋于减少，生活性、生态性需求显著增加，总需求仍然居高不下。进入新常态，对建设空间的需求虽然有所减缓，

---

① 参见《中央城镇化工作会议举行 习近平、李克强作重要讲话》，http://www.gov.cn/ldhd/2013-12/14/content_2547880.htm，2013年12月14日。

但新型工业化、信息化、城镇化、农业现代化同步推进，基础设施互联互通，战略性新兴产业发展对基础设施和生产建设空间的需求仍然很大。与此同时，适时适度生态退耕提上日程以及"人的城镇化"和"人的新农村"建设，势必推动生活、生态空间需求快速增长。因此，未来国土空间利用应当积极顺应新的需求结构，协调生产建设与生活、生态空间之间的配比。

F. 乡村振兴战略

2017年10月18日，习近平同志在党的十九大报告中指出："实施乡村振兴战略"[①]。2017年12月29日，中央农村工作会议首次提出走中国特色社会主义乡村振兴道路，让农业成为有奔头的产业，让农民成为有吸引力的职业，让农村成为安居乐业的美丽家园。在乡村振兴战略的实施过程当中，必须要遵循相应的基本要求，不断完善乡村融合的政策体系以及体制机制，尽快建立起符合现代化特征的新农村。未来省级国土空间规划应当将乡村视作包含农业生产与生活的整体系统，将农村功能作为国土空间的重要功能。

G. 区域协同发展

党的十八大以来，党中央、国务院高度重视区域协调发展，深入实施区域发展总体战略，推进"一带一路"建设、京津冀协同发展、长江经济带建设，扶持革命老区、民族地区、边疆地区和贫困地区加快发展，为新时期推动我国区域发展开拓了新空间、注入了新活力。习近平总书记强调，"促进区域发展，要更加注重人口经济和资源环境空间均衡"[②]。作为规划国土空间分布的重要手段，国土空间规划在未来区域协同战略中责无旁贷。

具体而言，第一，国土空间规划应当立足资源环境禀赋，系统分析区域资源环境承载能力，合理评判当前国土开发情况与功能类型对自然环境的影

---

① 《决胜全面建成小康社会 夺取新时代中国特色社会主义伟大胜利》，《人民日报》2017年10月19日。

② 参见《中央经济工作会议举行 习近平李克强作重要讲话》，http://www.gov.cn/xinwen/2015-12/21/content_5026332.htm，2015年12月21日。

响能力，主动调整承载压力过大区域的国土开发强度，以适当科学的手段机制引导产业、人口等由超载区域向可承载区域流动，促进区域的均衡发展。

第二，省级国土空间规划应当自觉服务于"一带一路"建设、京津冀协同发展、长江经济带建设、西部大开发、东北振兴、中部崛起和东部率先等区域发展总体战略，如河北省在编制国土空间规划时既应当考虑自身情况，还应从推进京津冀协同发展的角度合理规划国土功能分区，提升产业、人口等承载功能；重庆则应着眼长江经济带建设以及西部大开发；沿海省份则应在促进陆域国土资源合理开发利用的同时，充分发挥海洋国土作为经济新空间、资源新基地、安全新屏障的支撑作用，科学引导海洋地质调查、矿产开发和岛礁建设，加强陆地与海洋在资源开发规模、布局、强度、准入及防灾减灾等方面的协同共治，构建良性互动的陆海统筹开发格局，等等。通过加快调整国土资源要素在不同区域的配置方向和规模，优化分区格局，建立差别化的资源管理决策机制，促进区域发展和国土质量提升。

H. 空间规划体系改革

自《中共中央关于全面深化改革若干重大问题的决定》明确提出"建立空间规划体系"以来，中央先后在中央城镇化工作会议、《国家新型城镇化规划（2014—2020 年）》《生态文明体制改革总体方案》《中共中央关于制定国民经济和社会发展第十三个五年规划的建议》等会议及文件中提出，要推进规划体制改革，加快规划立法工作，健全规划管理体制机制。2014 年 12 月，由国家发展改革委、国土资源部、环境保护部和住房城乡建设部分别牵头，选取全国 28 个市县陆续开展了"多规合一"的试点工作。2015 年 9 月《生态文明体制改革总体方案》明确提出，要构建以空间规划为基础、以用途管制为主要手段的国土空间开发保护制度。2016 年 10 月，习近平总书记在中央全面深化改革领导小组第二十八次会议上发表重要讲话，强调"开展省级空间规划试点……为实现'多规合一'、建立健全国土空间开发保护制度积累经验"①。2018 年 3 月全国人大代表大会通过新一轮国务院机构改革方案，根据统筹空间规划，统一行使所有国土空间用途管制和生态保护修复职责，实现山水林田湖草整体保护、系统修复、综合治理等目标，将国土资源部、国家发展改革委、住房城乡建设部、水利部、农业部等自然资源管理、空间规划等职能统一划为自然资源部。

然而近年来关于空间规划的组织形式，各部门之间尚未达成共识，而是基于自身职能定位与规划经验，形成了以下空间规划改革观点：一是深化法定城乡规划（省域城镇体系规划、城市总体规划），完善城市总体规划；二是以国土空间规划和土地利用总体规划为基本规划，编制国土空间规划，形成统一的空间规划；三是以经济社会发展规划为依托，统筹城乡、土地利用和生态环境保护等规划，编制市（县）域"总体规划"。

综上，"构建空间规划体系，实现多规合一"已成为推进国家治理体系和治理能力现代化，助力生态文明建设和新型城镇化的重要举措。作为空间规划体系的重要组成部分，国土空间规划不仅需要将"多规合一"作为核心目标，助力用途管制机制的完善，更须明确自身与其他空间规划的功能定位，推动多规协调，防止职能重叠。

I. 全国国土规划纲要要求

2017 年 2 月发布的《全国国土规划纲要（2016—2030 年）》系统阐述了未来国土利用总体目标，国土集聚开发、分类保护战略格局，国土综合整治和区域联动发展任务。该纲要提出构建多中心网络型开发格局，推进建设国土开发集聚区和积极培育国土开发轴带；构建"五类三级"国土全域保护格局，按照环境质量、人居生态、自然生态、水资源和耕地资源五大类资源环境主题实施全域分类保护；构建综合整治格局，修复与提升主要城市化地区、

---

① 参见《习近平：以自我革命精神推进改革》，http://www.xinhuanet.com//politics/2016-10/11/c_1119697529.htm，2016 年 10 月 11 日。

农村地区、重点生态功能区、矿产资源开发集中区及海岸带和海岛地区的国土功能；加强国土空间用途管制，提升能源资源保障能力，设置"生存线"，严格保护耕地和水资源；设置"生态线"，将用途管制扩大到所有自然生态空间；设置"保障线"，保障经济社会发展所必需的建设用地、能源和重要矿产资源安全。作为全国国土规划纲要的下位规划，未来省级国土空间规划也应当将战略目标、规划指标、战略格局、空间底线、管控规则、综合整治等方面作为自身的核心任务。

《全国国土规划纲要（2016—2030年）》也系统剖析了全国面临的国土利用问题：资源约束不断加剧、生态环境压力加大、国土空间开发格局亟需优化、国土开发质量有待提升等。未来省级国土空间规划应立足区域国土利用中存在的问题，将保护并修复重要资源、优化国土开发格局、提升资源利用水平、缩小区域差异等作为核心任务。

3）综合分析

上述时代特征与国家战略对国土空间规划任务的需求如表6-4所示。

表6-4　基于购买者分析的省级国土空间规划任务

时代特征和国家战略		任务要求
时代特征	需求多元化	制定经济、生态、安全、共享等相互协调的国土空间规划目标；提高国土空间的利用水平，发挥高品质功能；优化国土空间功能分区规则，推动国土空间功能适度混合，探索国土空间功能集成化、融合化
	事物互联化	基于全球化、区域化明确省域战略定位；设计区域统筹、城乡互动的发展格局；合理配置国土资源规模、布局、时序，引导经济产业的转型升级；明确国土管理机制对民生权益、国家安全、体制机制等方面的影响，坚守国土管理的底线
	迭代加速化	完善国土空间配置方向与管制规则，为新产业、新业态等方面的发展提供创新空间。完善国土空间利用与规划的动态评估与优化机制
	工具智能化	积极采用智能算法，提升规划方案的科学性

续表

时代特征和国家战略		任务要求
国家战略	"两步走"目标	设计与新时代发展目标相契合、远近结合的国土空间规划目标体系；将服务全域统筹、生态保护、乡村振兴、创新转型作为国土空间规划的重要内容，努力提升国土资源利用水平，优化国土空间利用格局；积极做好与其他现行规划的衔接，推动空间规划治理能力现代化
	高质量发展	创新国土资源利用方式、统筹国土功能与区域协调发展、强化生态空间保护、构建开放与均衡发展格局
	生态文明战略	统筹国土开发与保护，构建生态空间保护网络与格局，强化耕地、生态环境的保护、修复与提升力度，完善覆盖全域的用途管制制度，助力实现"多规合一"
	区域协同发展	系统分析区域资源环境承载能力与适宜性；设计服务于"一带一路"、京津冀协同发展等区域发展战略的规划方案
	供给侧结构性改革	服务国家战略需求，优化产业布局；促进国土功能与国土结构相匹配，规划方案与现行规划相衔
	新型城镇化	严控建设空间外延扩张，围绕人本需求与创新转型调整建设结构，完善国土利用规则，提升建设存量、流量利用水平
	乡村振兴战略	将乡村视作包含农业生产与生活的整体系统，统筹设计乡村空间；完善空间治理规则，引导并适应未来乡村新产业、业态发展需求
	空间规划体系改革	服务"多规合一"，划定永久基本农田红线、生态保护红线、城镇开发边界等空间底线，完善自然空间用途管制规则
	全国国土规划纲要	制定战略目标与规划指标、优化国土空间格局、划定国土空间底线、完善国土管制规则、开展国土综合整治

上述需求直接细化了任务框架，包括将资源承载能力与适宜性评价作为国土本底分析的核心内容；将强化国土资源与生态保护、提升国土利用水平、完善国土空间治理机制等纳入国土规划战略目标；划定永久基本农田红线、生态保护红线、城镇开发边界等空间底线；将开发与保护相协调、区域与城乡相互动作为设计空间战略格局的关键原则；开展国土综合整治提升本底功能，制定规划管控规则引导国土合理利用；等等。但仍有一个问题值得分析，即如何界定国土空间功能？因地制宜发挥国土空间功能是国土空间规划的基

本目标。但在陆域国土空间功能方面,学界见仁见智。如从生产、生活、生态"三生"角度理解国土空间的功能,或将国土空间划分为城镇空间、农业空间、生态空间、海域空间。但相较而言,后者更适宜作为国土空间的基本功能。理由如下:第一,两者都可反映人类对国土空间的需求,但后者可以更好地体现文明或发展阶段。农业革命和工业革命是人类发展历程中的两次飞跃,其在国土空间上的反映就是农业空间的诞生以及城镇空间的发展。尤其是近代以来,城镇空间扩张仍然是城镇化进程的标识,并深深影响区域的农业与生态安全。因此,识别国土空间的城镇、农业、生态属性既有助于把握区域的发展阶段,也有助于空间问题的精准识别。而生产、生活、生态三类空间无法深入反映区域利用国土空间的方式,毕竟自人类尝试利用国土以来,就可以将国土空间分为这三大类。第二,两者都能实现全域覆盖,但后者易于辨别,统计方便。功能的划分应充分利用现有制度或实践条件。根据现有土地利用调查中现状地类划分标准,生产、生活与生态空间难以准确划分,如耕地、林地等,既可以算入生产空间,也可以作为生态空间。相比而言,后者辨识难度则相对较低,更易体现国土空间的功能。尤其是随着国土利用模式的创新,同一空间或将同时发挥"三生"功能,从而增加区分"三生空间"的难度,但对于后者仍然可以根据生产方式或生活方式的差异进行辨别。第三,后者有利于整体分析及规划生态空间与乡村空间,避免"三生空间"的割裂,更能适应未来生态文明建设与乡村振兴战略。因此,未来可将省级陆域国土空间划分为城镇、农业、生态三大功能空间,其中城镇空间为适宜建设城市、建制镇、开发园区、工矿园区等国土空间,农业空间包括农业生产空间以及为农业生产服务的农民生活与建设空间,生态空间是指具有自然属性、以提供生态服务或生态产品为主体功能的国土空间。

综上,可得基于供应商与购买者的任务分析如表6-5所示。

表 6-5 基于供应商与购买者分析的省级国土空间规划任务

基本维度	基本任务
把握国土本底情况	剖析国土利用现存问题,开展资源承载能力与适宜性评价
明确国土战略目标	围绕高质量发展、生态文明、乡村振兴、区域统筹发展、空间治理体系改革等国家战略,从保护国土重要资源、改善国土生态环境、优化国土空间格局、提高国土利用水平、完善国土空间治理机制等方面设计远近结合的国土空间规划目标
	根据战略目标,设计规划指标体系
设计国土优化方案	划定永久基本农田红线、生态保护红线、城镇开发边界等空间底线
	构建集聚与均衡发展、生产与生态保护、城市与乡村、区域内外等相协调的国土空间格局;重视生态空间与乡村空间的优化设计
	开展国土综合整治,修复并提升国土空间功能
	形成覆盖全域、刚弹结合、功能提升、多规衔接的国土管控规则,引导国土结构优化并与发展转型相匹配

3. 现有竞争者:现行相关规划

规划是配置国土资源的龙头,但据不完全统计,国土规划改革前(截至 2018 年)我国由政府编制的各类法定规划便有 80 多种,且存在规划标准"打架"和规划管理"分割"等问题。现有的国民经济与社会发展规划、主体功能区规划、土地利用总体规划、城乡总体规划和环境保护规划等五大规划也自成体系(表 6-6)。

表 6-6 五大规划的比较

项目	国民经济与社会发展规划	主体功能区规划	土地利用总体规划	城乡总体规划	环境保护规划
法律依据	《中华人民共和国宪法》	无	《中华人民共和国土地管理法》	《中华人民共和国城乡规划法》	《中华人民共和国环境保护法》
基础数据来源	发展和改革部门的统计数据	发展和改革部门的统计数据	国土资源部门历年的土地变更调查数据	建设部门的统计数据	环保、农、林、水利、城建等部门的统计数据
用地分类标准	无	无	《土地利用现状分类》	《城市用地分类与规划建设用地标准》	无

续表

项目	国民经济与社会发展规划	主体功能区规划	土地利用总体规划	城乡总体规划	环境保护规划
规划目标	经济发展与建设项目目标	形成人口、经济、资源环境相协调的空间开发格局	耕地保护、生态保护、用地平衡	关注建设用地需求	以污染控制为主
规划逻辑	侧重经济发展和项目建设	侧重国土开发分区与管控	以供定需，由近及远，自上而下，侧重保护资源	以需定供，由远及近，自下而上，侧重保障发展	侧重环境保护
规划年限	5 年	10 年	15 年	20 年	无规定，规划期限一般为 5 年

在多规协调的空间规划治理改革导向下，国土空间规划应当扬长避短，衔接现行规划优势，弥补现行规划不足，更好满足时代特征与国家战略。因此下文以表 6-6 中各项任务为标准，评判现行规划的优势与不足，从而更好把握国土空间规划的核心任务。

1）国民经济与社会发展规划

国民经济与社会发展规划主要统筹安排和指导省域的社会、经济、文化建设工作，规划内容主要包括未来发展战略、三次产业优化、民生基础设施与公共服务、社会治理机制、民主法治建设、体制机制改革等，可以发挥服务国家或区域战略、明确区域功能定位、推动经济社会转型与全面发展等重要功能，但缺乏对国土空间底数、底线、底盘的系统安排，属于发展类而非空间类规划。

2）主体功能区规划

主体功能区规划是根据不同区域的资源环境承载能力、现有开发密度和发展潜力，统筹谋划未来人口分布、经济布局、国土利用和城镇化格局，将国土空间划分为优化开发、重点开发、限制开发和禁止开发四类，确定主体功能定位，明确开发方向，控制开发强度的规划（林坚，2017）。然而，被视作向空间规划迈进的主体功能区规划也存在部分问题。首先，规划围绕开发与否开展分区并制定相应管制规则，尽管限制开发区中区分了生态保护与农产品保护两种功能，但其本质仍是一种进行区域开发功能协调的政策区划，无法为全面发挥国土空间多元功能提供指引（林坚，2017）。其次，当前主体功能区规划未能有效衔接其他空间规划，主体功能区规划与城乡规划、土地利用规划等之间的关系并不明确，无法承担空间规划体系改革的重任。另外，当前规划期限为2010~2020年，新一轮修编尚未展开，难以满足国家当前新战略、新理念的需求。因此，主体功能区规划在把握区域国土空间承载能力、设计国土开发格局、构建针对开发的全域管制等方面发挥了重要作用，但在国土空间功能适宜性评价、多元化目标制定、空间底线划定、战略格局，尤其是生态与乡村保护格局设计、国土空间治理规则与综合整治等方面仍显不足。

3）城乡总体规划

城乡总体规划包括城镇体系规划、城市规划、镇规划、乡规划和村庄规划，是城乡区域空间布局与未来发展的蓝图。其中，城镇体系规划主要解决城镇体系的地域空间结构、等级规模结构、职能类型结构及网络系统组织，有助于明确城市空间性质、功能定位、发展规模、用地发展方向和空间布局结构等宏观问题。城市与镇域规划则涵盖经济发展背景、产业发展和用地条件的综合分析，以及空间结构、功能区组织、战略节点、交通道路系统、景观生态系统、公共服务、综合防灾、超前配置等规划内容，可以描绘城镇发展的详细蓝图。加之当前正值新一轮城市规划修编，各城市均在研究城镇开发边界划定方案，因此，城乡规划在划定城镇发展底线、优化城镇空间底盘与格局等方面具有优势与丰富的经验。然而当前城乡规划主要由各城市编制，且主要为城市规划与镇域规划，视角仍为市域而非全域，难以实现省域统筹规划国土空间的需求，无法发挥全域管制、服务大局等功能。

4）土地利用总体规划

土地利用总体规划是根据土地开发利用的自然和社会经济条件、历史基础和现状特点、国民经济发展的需要等，对一定地区范围内的土地资源进行合理的组织利用和经营管理的一项综合性的技术经济措施。覆盖各级、全域的土地调查数据与平台可以为空间规划提供土地"底数"，永久基本农田保护红线可以为空间规划明确部分"底线"，全域用途管控与土地综合整治可以为空间规划优化"底盘"提供借鉴。然而规划主要着眼于土地资源，难以满足水、森林、矿产等资源的规划需求；现行用途与管制规则主要为耕地保护与建设用地的刚性控制，在弹性引导、发挥国土空间多元功能方面相对欠缺；现行土地综合整治也难以完全符合全域国土功能优化整治的需求。

5）环境保护规划

环境保护规划是人类为使环境与经济和社会协调发展而对自身活动和环境所做的空间和时间上的合理安排。生态红线的划定有助于完善空间底线体系，但规划主要目标在于环境保护，对空间治理目标而言相对单一；规划内容主要偏向于定性结论，空间属性较弱，在底数、底盘的规划方法上也有所不足。

6）综合分析

综合而言，国民经济与社会发展规划属于发展规划而非空间规划，肩负统筹空间全局使命的主体功能区规划则局限于开发而未能将视野拓展至功能，土地利用规划、城乡规划、环境保护规划等虽注重发挥资源功能，但因聚焦国土资源系统的某一要素而缺乏统筹全局的能力。因此，未来国土空间规划应以战略性、综合性、功能性作为导向，重点把握区域国土空间的功能本底，系统拟定国土空间战略性目标，科学设计国土空间战略格局、整治格局、管控规则，同时有效衔接现行各项规划，确定国土空间规划指标，协调国土空间底线，总结如表6-7所示。

表 6-7 基于现有竞争者分析的国土空间规划基本任务

基本维度	基本任务	国民经济与社会发展规划	主体功能区规划	城乡总体规划	土地利用总体规划	环境保护规划	国土空间规划
把握国土本底情况	剖析国土空间现存问题			√（聚焦城市空间）	√（聚焦土地资源）	√（聚焦生态环境）	衔接
	开展资源承载能力评价		√		√（聚焦土地资源）		衔接
	开展国土功能适宜性评价			√（聚焦城市空间）	√（聚焦土地资源）		核心任务
明确国土战略目标	制定与时代需求、国家战略相契合的国土空间规划目标						核心任务
	根据战略目标，设计好管控与引导相结合的规划指标体系	√（涉及水质、大气、矿产等预期指标）			√（涉及耕地、建设用地规模管控）		核心任务，注重衔接
	划定永久基本农田红线、生态保护红线、城镇开发边界			√（划定城镇开发边界，仍未完成）	√（划定永久基本农田红线）	√（划定生态保护红线，仍未完成）	核心任务，衔接
设计国土优化方案	构建集聚发展与均衡发展、生产与生态保护、城镇与乡村、区域内外等相协调的国土空间格局		√（聚焦开发格局）	√（聚焦城镇体系城镇空间）	√（聚焦土地格局）	√（聚焦环境保护格局）	核心任务，衔接
	开展国土综合整治、修复并提升国土空间功能				√（聚焦土地整治）		核心任务
	形成全域全覆盖、刚弹结合、功能提升、多规衔接的国土管控规则		√（聚焦开发管控）	√（聚焦城市空间）	√（聚焦土地管控）		核心任务，衔接

4. 潜在竞争者：潜在相关规划

在推进空间治理体系改革、实现"多规合一"的国家战略形势下，未来省级国土空间规划的潜在竞争者包括横向维度的空间总体规划以及纵向维度的其他行政层级国土空间规划或空间总体规划。

1）横向潜在竞争

前已述及，现行规划均难以独自承担空间总体规划的重任，如果国土空间规划能有效发挥对自然资源配置的战略性、综合性、功能性作用，便可消除政府创设新规划以实现"多规合一"的动力，表 6-7 中的任务职能可以有效排除横向维度的潜在竞争。

2）纵向潜在竞争

合理划分国土空间规划的纵向事权，有助于解决规划职能重叠无序、保证省级国土空间规划核心竞争力。作为上承全国、下启地市的空间总体规划，省级国土空间规划首先应当是承接并细化全国国土空间规划的载体。一方面，落实全国国土空间规划对省份规划指标的分解，根据全国开发、保护格局总体战略明确省域自身在全国、区域的功能定位，把握重点集聚建设区域、开发轴带、生态保护区域，并因地制宜设计开发与保护相协调、区域与城乡相互动的战略格局，同时根据全国整治分区，细化自身整治目标与分区。另一方面，省级国土空间规划应当秉持全国国土空间规划的理念，坚持规划的战略性、综合性，打造网络化多中心开发、分类分级保护的战略格局，推进"四区一带"（"四区"具体是指城市化地区的综合整治、农村地区的综合整治、生态功能区的综合整治、矿产资源集中开发区的综合整治；"一带"就是海岸带和海岛综合整治）的国土综合整治，同时积极衔接现行各项空间规划，推动"多规合一"。

其次，省级国土空间规划应当对地市空间总体规划起到管控与指引的作用。当前，国土利用存在重要资源流失、利用效率低下、生态环境亟待改善等问题，有效遏制地方政府资源粗放利用习惯、强化生态保护意识、倒逼发展转型，促进地方政府与中央政府目标步调一致至关重要。作为管控地方空间的上位规划，省级国土空间规划必须强调底线思维，强化对区域重要空间与资源的底线管控，明确耕地、永久基本农田、水资源、矿产等重要资源的规模管控，划定永久基本农田保护红线、生态保护红线等空间底线，同时根据生态文明建设要求，识别极易被侵蚀的保护性空间，完善对保护性空间的分类分级管控规则。而为了更好地适应市场与时代特征，发挥地方政府的积极性，省级国土空间规划也应当为发展性内容预留弹性，具体包括：第一，设计预期型规划指标，准许地级市以省级指标值域为基准适当调整指标控制值；第二，划定城镇空间可建设的最大边界，准许地级市在此最大边界范围内根据自身发展情况划定城镇开发边界；第三，跳出地方行政边界设计省域战略格局，引导地市级明确自身城镇定位、生态地位；第四，以市域或县域为单元判断国土资源问题与整治需求，确定整治功能分区，为市域或县域明确总体整治方向、开展国土综合整治提供基础。另外，值得注意的是，在本底分析中，未来功能适宜性评价应重在分析国土空间可以发挥的潜在功能。资源环境承载力评价则应明确对应功能的开发强度，这是宏观功能判断下的具体分析。而且空间底线的明确可以有效管控重要农业与生态空间的开发强度。因此，未来省级国土空间规划可以聚焦评价国土空间的功能适宜性，而将需要综合自然、社会、产业等因素的承载能力评价留予地方政府。可得基于潜在竞争者分析的国土空间规划核心任务如表 6-8 所示。

表 6-8　基于潜在竞争者分析的国土空间规划核心任务

基本维度	核心任务
把握国土本底情况	开展省域国土空间功能适宜性评价

续表

基本维度	核心任务
明确国土战略目标	围绕高质量发展、生态文明、乡村振兴、区域统筹发展、空间治理体系改革等国家战略，从保护国土重要资源、改善国土生态环境、优化国土空间格局、提高国土利用水平、完善国土空间治理机制等方面设计远近结合的国土空间规划目标
	根据全国国土规划纲要与省域战略目标，设计约束与预期相结合的规划指标体系
设计国土优化方案	划定永久基本农田红线、生态保护红线，明确城镇建设最大边界，允许地方政府在此范围内划定城镇开发边界
	构建集聚与均衡发展、生产与生态保护、城市与乡村、区域内外等相协调的国土空间格局；重视生态空间与乡村空间的优化设计
	以市域或县域为单元，评价单元整治需求，划分整治功能分区，明确总体导向与任务
	根据国土空间功能特点，明确国土空间管控分区体系，识别重点保护性空间；完善覆盖全域、刚弹结合、功能提升、多规衔接的国土管控规则，引导国土结构优化并与发展转型相匹配

5. 替代品：市场配置

结合资源配置理论中关于政府与市场边界的设定原理，未来国土空间规划也应当将底线、规则作为重点，将可以基于市场竞争优胜劣汰的国土资源配置交给市场。分析表 6-8 中的相关核心任务，在国土空间指标中应当更加重视珍稀资源的规模以及对其他方向的引导，在底线划定过程中，应当为城市发展这一动态性较强的过程合理预留空间；在国土空间管制规则中，应当进一步坚持刚弹结合、功能提升，引导市场预期。

6. 省级国土空间规划的核心任务

1）核心任务

基于上述五力模型的综合分析，未来省级国土空间规划核心任务应包括三个维度七项核心任务。

A. 系统把握省域国土空间本底情况

任务一：坚持问题导向，从国土资源禀赋、资源开发利用、生态环境、国土空间格局、国土治理机制等方面总结国土利用现状特征与现存问题。立足目标导向，分析省域国土空间在城镇、农业、生态、海域等方面的功能适宜性，根据国土空间可以发挥的功能程度及其限制性因素，划分国土功能空间，为设计国土空间优化方案提供"底盘"。

B. 制定国土空间利用战略目标

任务二：围绕国家与区域战略需求，以实现省域国土空间高质量发展、解决国土利用突出问题为导向，从提高保护重要国土空间资源、改善国土生态环境、优化国土空间格局、提升国土空间利用水平、完善国土空间治理机制等方面系统设计远近结合的国土空间规划总体目标，弥补当前国土空间利用顶层设计的不足。

任务三：根据全国国土空间规划与战略目标，设计约束型与预期型相结合的指标体系，在落实全国国土规划目标的基础上，发挥对地市级规划的引导功能。

C. 设计国土空间优化方案

任务四：坚持底线思维，积极衔接现有规划，科学划定永久基本农田保护红线、生态保护红线、城镇开发边界，构建国土空间底线体系。

任务五：根据全国国土空间规划对省域的战略定位以及省域自身情况，系统分析省域内集聚建设区、重要开发轴带、重点保护区域，以协调开发与保护、促进区域联动、推进海陆统筹等为导向，设计国土空间战略格局，描绘省域国土空间蓝图。

任务六：根据国土空间功能特点，明确国土空间用途管控分区体系，识别须重点保护的空间；完善覆盖全域、刚弹结合、功能提升、多规衔接的国土管控规则，强化保护性空间的管控，引导发展性空间高水平利用。

任务七：根据国土空间现存问题与功能目标，划分国土综合整治功能分区，明确不同分区国土综合整治基本导向与任务，为推进"山水林田湖草"

生命共同体的系统修复与治理提供基础。

2）部分任务的关系分析

A. 规划目标、指标与空间优化方案

首先，规划目标是规划指标与空间优化方案的指引，特别是在推进"多规合一"的战略背景下，设计省域国土空间的战略性、综合性目标，统筹安排国土空间开发与保护、规模与布局、方案与机制等方面至关重要。其次，规划指标既是对规划目标的细化与量化，也是管控国土资源规模的有效手段，因此需要与规划目标保持呼应，同时也应对重要资源予以科学管控。空间优化方案既是支撑优化国土空间格局这一规划目标的具体路径，也是实现国土空间规划名副其实的核心。综上，规划目标与指标描绘了国土空间的战略愿景，而指标与空间优化方案则从规模与布局两个层面明确了实施路径（图6-2）。

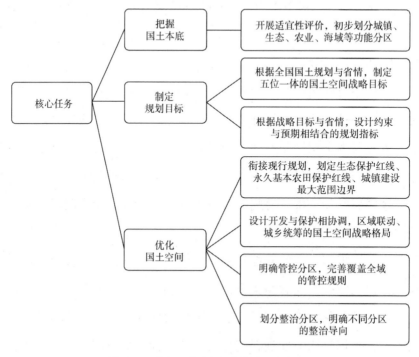

图 6-2　省级国土空间规划核心任务框架图

B. 功能空间、底线与格局

格局指引功能，功能支撑格局。缺乏战略格局，则功能分区将失去目标，没有功能分区，战略格局将无的放矢。例如，全国城镇可以划为城镇空间，但东、中、西之间的巨大差异势必呼唤不同的空间利用导向与模式，如果仅仅将国土空间停留于基本功能，则无法更好地指导区域发展，助力区域定位。因此，未来应当将功能空间作为格局设计的底盘，而将格局作为功能空间的点睛，以点、线、面的定位促进底盘功能的优化。当前国家提出划定永久基本农田红线、生态保护红线、城镇开发边界，从功能上，实质对应着农业空间、生态空间、城镇空间三类功能空间。因此，空间底线实质是功能空间的底线，是不同功能空间的核心区域，也可以酌情纳入战略格局的设计之中。

C. 底线、格局、管控与整治

四者均致力于优化国土空间功能，相辅相成。其中，底线着眼下限，明确了重要功能空间的边界，是发挥国土空间功能的最低保障。格局着眼上限，通过优化空间布局，实现功能有序互动、由乱而治。整治与管控均着眼过程，前者注重国土功能本身的提升，而后者注重国土功能之间的转换升级。

6.2.2 基于波特五力的省级国土空间规划功能定位分析

根据前文关于现行规划与潜在总体规划的综合分析，横向维度上（图6-3），省级国土空间规划应成为省域内国土空间开发与保护的战略性、综合性、基础性规划，引领和协调其他国土空间专项规划。未来省级层面可以建立"1+X"空间规划体系，其中"1"即为省级国土空间规划，作为其他各项空间规划的"宪法"性规划，以专统筹。鉴于国土空间规划核心任务已包含主体功能区规划相关任务，未来可将主体功能区规划并入国土空间规划，不再另行编制。"X"即保留现有国民经济发展规划、土地利用规划、城市规划、环境保护规划等规划。各类规划的编制、执行与修改等必须要与省级国土空间规划保持一致，保证国土空间规划的权威性和严肃性。

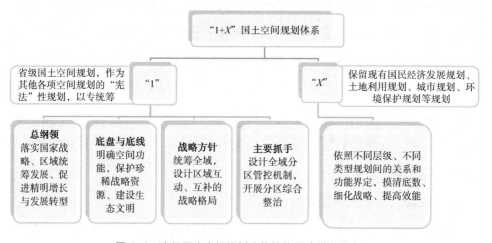

图 6-3　省级国土空间规划功能地位图（横向维度）

纵向维度方面（图 6-4），省级国土空间规划既是全国国土空间规划在省级层面的延伸与细化，也是地市级空间总体规划的宏观指导。未来应充分发挥省级国土空间规划在指标规模与空间布局两个层面承上启下的功能，指标规模方面，在严格落实全国国土空间规划约束型指标的基础上，结合省域实情因地制宜增设指标，形成"必选+自选"规划指标体系，明确地级市须落实的关键指标，实现约束型指标自上而下严格落实、预期型指标因地制宜丰富细化。空间布局方面，将省域划分为城镇、农业、生态、海域等功能分区，市县规划可在此基础上进一步细化功能分区，如将城镇空间划分为城镇建设用地区、独立工矿区，将农业空间划分为农业生产区、农村生活区等；划定省域永久基本农田保护红线、生态保护红线、城镇开发边界等空间底线，市县规划须严格落实并细化城镇开发边界；设计省域空间战略格局，引导市县规划明确所在市县的功能战略定位；识别重点管控区域，凡位于其中的市县须进一步强化管控意识，细化管控分区与措施；划分整治功能分区，市县须根据所在分区的功能类别，明确整治导向，划分整治功能单元，开展国土综合整治工程；由此实现功能、底线、格局、管控、整治五个空间层面的管控与引导。

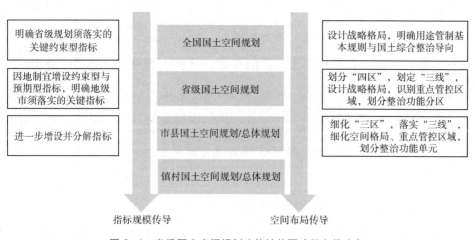

图 6-4　省级国土空间规划功能地位图（纵向维度）

6.2.3　基于波特五力的省级国土空间规划理念分析

1. 整体理念

1）坚持国家战略与地方特色相衔接

国土空间规划应当顶天立地。既应当以遵循、服务中央治国理政的新理念、新思想、新战略为目标，将建设生态文明、保障粮食安全、促进建设节约集约、优化国土开发格局、推进"一带一路"发展等国家意志有机融入国土空间规划，使国土空间规划成为优化国土空间资源的管理方式，倒逼经济社会发展方式转型的有效手段，也应当充分结合地方实际情况，着力解决土地利用与发展过程中存在的突出问题，保护地方传统文明风貌，"慎砍树、不填湖、少拆房",使规划成为服务地方科学转型发展、实现地方功能定位与战略目标的重要抓手。

2）坚持生态文明与绿色国土相匹配

国土空间规划应当以生态文明、绿色发展为契机,优化土地利用格局,推动土地利用方式转型。首先,坚持国土利用与功能适宜性相匹配,根据资源禀赋、生态条件和环境容量,明晰土地开发的限制性和适宜性,科学确定国土开发利用的规模、结构、布局和时序,划定城镇、农业、生态空间开发管制界限,因地制宜发挥国土空间的功能。其次,引导构建"山水林田湖"生命共同体。坚持点上开发与面上保护相促进,通过保护中开发、开发中保护实现全域保护、绿色国土,让城乡居民"望得见山、看得见水、记得住乡愁"。最后,完善三维空间规划,鼓励空间功能多元化,实现土地空间多维高效利用。

3）坚持集聚开发与均衡发展相协调

国土空间规划应当全域统筹。既要聚焦开发,积极发展条件比较好的地区,使要素集聚效益得到充分发挥,辐射和带动周边地区的发展。此外,也要注重公平原则,着力优化区域产业格局、联动发展格局,合理配置城乡、区域之间的公共资源,重点扶植革命老区,提升落后地区自我发展造血的能力。

4）坚持市场调节与政府调控相结合

国土空间规划应当充分发挥政府与市场功能。一方面,明确国土空间资源对生态、经济、社会乃至政治安全的重要性,坚决落实国家在耕地、水资源、海岸线等方面的保护要求,划定永久基本农田保护红线、生态保护红线、城镇开发边界等空间底线,科学制定用途管制规则,合理引导市场与社会行为。另一方面,也须顺应市场规律与需求,预留发展弹性,为国土空间资源的转型发展提供空间。

5）坚持立足当下与引领未来相呼应

规划最重要的特征是其未来导向性，通过对目标进行预测和确定，让人们清楚需要通过什么样的途径才能够确保目标的实现，是指导人们的行为方式并确立未来的行动目标。因此，国土空间规划须实事求是，坚持从实际出发，明确优势劣势，把握机遇挑战，避免贪大求全、急功近利，同时，国土空间规划应着眼未来。清晰描绘与治国理政新理念、新思想相匹配的国土空间蓝图，积极更新与新时代信息化、网络化相适应的国土空间规划方法，充分利用大数据、人工智能、复杂科学等技术理念，推进规划的公众化、智能化、动态化，提升规划研讨的充分性、规划编制的科学性、规划实施的有效性、规划反馈的实时性、规划调整的正当性。另外，确定的规划是不确定未来的反映，而不确定的未来又是现时确定规划作用的结果。随着客观外界条件的不断发展变化，规划不可能一劳永逸，而是面向未来的连续过程。为了更好适应未来的不确定性，国土空间规划应当设计刚弹结合的指标体系、空间布局、管制机制。

6）坚持内部协调与外部协调相统一

规划必须具有系统观，是综合确定规划目标、统筹优化规划对象、综合设计规划手段等方面的过程。未来国土空间规划的编制应当坚持内外系统的协调有序，既须统筹处理国土要素、利用问题、底线划定、功能导向、格局设计、保障机制等问题，努力实现要素互动、底线互补、功能协调、格局完整、机制有效，同时也需要充分考虑人口流动、产业转移、交通变革以及政策制度的外部环境，并将上述环境以及国家区域战略需求、发展类与空间类规划安排有机融入规划方案之中，实现规划自身编制与外部环境的协调衔接与良性互动，落实国土空间规划助力国家各项战略的基本要求。

2. 规划目标设计理念

根据省级国土空间规划的战略性、综合性、长期性、区域性，未来规划总体目标应当围绕这四个层面展开。

第一，战略性。战略性即将国家与区域战略理念融入国土空间规划目标。

第二，综合性。围绕国土资源保护、国土环境改善、空间格局优化、国土利用高效、国土治理完善等五个方面明确区域国土空间规划目标。

第三，长期性。设定相互衔接的近期目标与远景展望，促进国土空间规划的远近结合。

第四，区域性。国土空间规划必须立足区域实际情况，将落实区域战略、保障特殊或稀缺资源、解决区域国土利用现存问题作为规划目标。

3. 规划指标选择理念

（1）客观性原则。任何评价体系的优劣首先取决于它是否具有客观性，所以指标的选择必须能够客观反映人类社会发展的一般规律，并且数据的真实性、规范性都要满足相关要求。由于规划的主体是国家资源，所以各指标设计还要兼顾国家的相关政策以及主管部门的一些文件、成果等，从而保证数据的有效性。

（2）代表性原则。指标的筛选还要满足具有代表性的原则，既要能够反映现实情况，又要能够以点带面，从而全方位反映国土空间规划的特别属性、分类保护、综合整治等特征，同时也具有代表性。

（3）可操作性原则。本轮国土空间规划核心指标选取应以数据的可获取性为关键，通俗来讲就是筛选的指标还要具有简单获取的特征，数据的获取、分析能够更加容易，这样对于模型的后期计算、模拟、评估会更加方便。

（4）战略性与区域性原则。指标选取既需要满足全国国土规划纲要与自然资源部（原国土资源部）相关要求，也需要反映地方实际治理需求。

4. 空间底线划定理念

第一，规划协同，积极衔接成熟方案。自 2014 年以来，各地先后开展永久基本农田保护红线、生态保护红线以及城镇开发边界的划定工作。其中，全国永久基本农田保护红线划定工作已于 2017 年 6 月总体完成，共落实保护面积 15.50 亿亩。生态保护红线与城镇开发边界仍在划定过程中。鉴于上述"三线"分别由国土、住建、规划、环保等部门领衔，由土地利用总体规划、城镇体系规划或城市总体规划、环保规划等专项规划落实，已较好发挥了各部门与规划的专业性，因此基于规划耦合的原则，如当地相关底线的划定工作已得到正式批复，则应将其作为国土空间规划的底线方案。如仍未完成，则应在积极与相关部门、规划做好衔接的基础上，设计科学的底线划定方法。

第二，功能协同，协调划定空间底线。前已述及，理论上城镇空间应尽量避免侵占核心生态与农业空间，如果城镇开发边界与生态保护红线、永久基本农田保护红线有所冲突，应予以调整。同时，就作用而言，上述两条红线的划定既是为了阻止城市无限制地扩张，也是为了给人类的生存空间提供最基本的生态服务，但对于生态系统而言，农业保护的实质也是一种开发。如果永久基本农田红线位于生态保护红线内，尤其是生态敏感区域或生态问题严重区域，则应当将其调出。但另外，无论是城镇、农业还是生态空间，无论是望得见山、看得见水还是打造"山水林田湖"生命共同体，都需要保证各类空间及其功能的系统性、完整性、连通性。城镇空间中可以有绿地、水体等生态空间，生态系统中也无法完全割舍"田"的农业空间。因此，在实践中，应当尽量保证三条底线的系统完整性，如果三条底线的"交叉"有助于实现"三生"协同功能，则应予以保留。

5. 空间格局设计理念

1）开发格局：集聚、多中心、网络化。

首先，集聚开发既是高效规划国土空间的必然要求，也是城镇化发展与规模经济的基本要求。随着耕地流失、生态问题日益严重，处理建设、吃饭以及保护三者之间的关系至关重要。提升国土空间开发集聚水平，不但可以腾出空间用以耕地与生态保护，也有助于倒逼开发空间的集约节约利用水平。同时，集聚开发也是未来国土利用的基本趋势。自佩鲁提出增长极核理论以来，无论是克鲁格曼的空间经济学，还是点轴、核心-边缘理论，都意味着经济空间并不均衡。从生产供给角度看，集聚有助于生产者分享分工专业化的效率、知识与技术溢出效应、公共服务与基础设施成本分摊效益等规模经济优势；从消费需求角度看，集聚，尤其是不同生产、生活功能的集聚可以更好地满足人们多样化的需求，而人口的集聚则容易形成源市场效应，吸引更多市场导向型产业集聚利用，产生住房、娱乐、商务、休闲等国土开发需求。或许最初的开发集聚得益于一种历史的偶然，但初始的优势会因路径依赖而被放大，从而产生锁定效应。随着我国城镇化水平的进一步提升，人口集聚于城镇的态势将更加明显，从而形成点状城镇引领城镇空间集聚开发的格局。农业人口的减少以及农业技术水平的提升也将加快优势农业产品的集中布局，提高农业生产效率与经营效益，从而逐步引导农业开发格局由零散同质状态转向集聚特色格局。

其次，多中心网络化既是实现均衡发展的关键抓手，也是经济技术扩散与分工专业化的基本趋势。实现区域均衡发展既是国家发展的基本战略，也是国土空间利用的基本导向。单纯的集聚发展容易形成增长极与边缘地区的二元格局，也容易造成城镇拥挤与生活不便，只有培育多中心，打造网络化发展格局才能更好地提升发展成果的共享水平。而从发展规律上看，一是不同城市在资源禀赋、功能定位等方面是不同的, 这为不同城市发挥比较优势、形成多中心提供了基础; 二是随着交通网络发展与人们出行半径的扩大, 沿线周边城镇将得到深入开发, 从而逐步形成城镇发展带交错发展格局。农业功能也将如此, 如不同区域形成多样化的农业生产基地, 在地形、气候、水文等自然条件以及交通、城镇发展带等社会经济影响下, 农业生产也极可能形成自然发展带与服务市场带交错的网络格局。

最后, 集聚开发、多中心、网络化也是当前发达国家开发的基本态势。一方面, 东京都市圈、纽约都市圈等体现了集聚开发的趋势; 另一方面, 随着城镇化深入推进, 依托骨干交通网络, 全球主要世界级城市群次级中心城市逐步发展壮大, 众多节点城市加速崛起, 空间布局逐步由"单中心"向"网络化、多中心"方向发展, 如伦敦、巴黎、东京都市圈都形成了各具特色的"多中心、网络化"布局结构。

综上, 未来应坚持集聚开发、多中心、网络型理念, 设计国土空间开发格局, 努力实现国土空间集约高效利用与均衡发展的良性循环。

2) 保护格局: 分类保护、联动保护

第一, 分类保护有助于促进国土保护精细化, 这也是供给侧理念的体现。不同功能空间的保护方式是不同的, 例如耕地保护区域仍然可以种植开发, 但自然保护区等生态保护区域内则应以生态修复、提升为主, 减少建设与农业开发。不同区域空间的保护需求也存在差异, 如中国西部沙漠区域应注重防风固沙, 而东部海岸线则应控制围海造田。因此, 根据功能类型、区域实情等方面差异构建分类保护格局有助于提升国土保护的针对性与精细化水平, 同时也顺应了"增强供给结构对需求变化的适应性和灵活性"的供给侧结构性改革的核心理念。

第二, 联动保护有助于整合保护力量, 也是推动空间功能融合的举措。空间是开放的, 无论是空间自身的功能还是存在的问题, 都会持续对周边空间产生影响。从区域联动视角出发，整合区域不同保护需求，完善协同联动的保护方式，有助于更好整合保护力量，提升空间保护的效果。特别地，农业空间与生态空间的联动保护有助于探索农业空间生态化的路径，提升农业空间生态友好水平；位于生态或农业空间中的城镇空间亦然。因此，也有助于形成空间多功能融合的趋势。

6. 空间管制理念

第一，全域管控。作为统筹配置国土资源的基础性、综合性规划，国土空间规划的管制规则不仅需要覆盖全域，同时还应当统筹全域，促进区域内各类空间的有机互动，并为与省外、国际空间的合作提供基础。

第二，功能优化。管控的目标在于更好地发挥国土空间的整体功能。因此，管控必须以国土空间战略格局与分类格局所确定的国土空间功能为导向，努力使国土空间功能"向善有序"。特别地，国土功能复合型利用，尤其是城镇功能与生态、农业的复合将成为资源高质量利用的有效手段，相关管制规则应当为此预留空间。

第三，因地制宜。一是立足区域特色。不同省域以及内部区域拥有不同的经济社会以及资源禀赋，不同空间的功能有多宜性，应当根据不同区域的实际情况，立足不同功能之间的组合与互动路径，因地制宜设定管控内容。二是结合空间重要性。不同空间功能的重要性存在差异，需要差别化的管控刚性与强度。

第四，刚弹结合。基于战略的严肃性与未来的不确定性，管控规则应当刚弹结合，既加强关乎战略区域的刚性管控，同时也为未来的不确定性发展预留灵活的创新空间。

7. 综合整治理念

第一，问题导向。根据《生态文明体制改革总体方案》总体要求，全面整治土地、森林、草原、河流、湖泊、湿地、海洋等各项国土资源,解决水土流失、林草退化、湿地破坏、湖泊减少、水体污染、生物多样性下降等国土资源领域突出问题,修复破损的国土资源,提升国土资源质量,建立国土资源合理利用方式,实现对每项国土资源的有力保护、合理利用与有效恢复。

第二,"三生"协同。以生产、生活、生态等"三生"互动机理与建设"三生"互动的生命共同体为导向,根据国土资源系统整体性、系统性及其内在规律,开展田、水、路、林、村等综合整治,努力打造山、水、林、田、湖、草生命共同体。

第三,区域统筹。针对各区域发展战略、资源禀赋、经济发展水平等实际情况,开展不同类型、模式的国土综合整治,实现国土空间功能优化。

6.3 系统论下的综合影响机理

系统论由 20 世纪 40 年代美国生物学家贝塔朗菲首次提出,主要思想是对不同学科、不同系统中的共同性进行综合研究。系统论将系统定义为"相互联系、相互作用着的诸元素的集合或统一体",是由若干要素依据一定规则以某种方式组合而成的有机体,具有某种或者某几种特定的功能。系统具有整体性、层次性、复杂性等特征,其基本规律是对系统存在的状态、演化形式、发展趋势、系统内外部相协调的描述。系统良好运转的关键在于合理的功能目标以及与之相适应的系统结构与动态反馈机制。土地利用规划根据自然条件、社会经济条件和国民经济发展的需要对有限的土地资源在各部门之间进行配置,通过优化土地利用结构和土地利用分布,最终目标是达到土地总供给和总需求的平衡。土地利用规划的供给侧结构性改革可以从数量、空间和时序这三个主要路径归纳为协调的系统观、有序的系统观、动态的系统观三个维度。

6.3.1　协调的系统观下土地利用规划供给侧结构性改革

根据系统论的观点，系统是由各个要素组成的相互联系的整体，各要素互相影响、互相制约，通过一定的组合方式形成了单独要素所没有的新功能。结构和功能是一体的，结构和功能相辅相成，结构决定目标功能，目标功能引导结构。土地利用结构是产业结构的直接反映，产业结构可以通过土地利用结构来体现，产业结构的调整就是土地利用结构的调整；土地利用结构优化就是以土地利用系统功能最大化为目标，将一定数量的土地合理地配置到各个用地部门中，使土地资源得到合理安排。土地利用规划的目标和功能是推动国民经济的持续健康发展，为国民经济社会的各部门提供空间载体，因此土地利用规划需要将土地利用与产业、人口和环境的变化协调统一，对土地数量在各部门间进行调适和分配，通过土地利用结构的调整促进国民经济结构的调整。基于此，土地利用规划的供给侧结构性改革需要坚持协调的系统观，将土地利用规划与功能目标协调起来，正确处理国民经济中各部门、各环节在土地资源上的数量关系。

供给侧结构性改革首先就是要通过对生产要素的重新组合和配置，提高全要素生产率，推动产业结构升级，逐步淘汰高耗能、高污染产业，提升战略性新兴产业、生产生活性服务业的发展水平，使产业结构迈入中高端水平。因此，土地利用规划供给侧结构性改革的首要目标就是要增加土地要素的有效供给，通过优化全域土地利用结构，从数量角度提高土地利用供求的匹配度和土地利用效率。第一，要重点保障基础设施与公共服务、战略性新兴产业、生活宜居与生态提升等功能的用地指标，还要从综合效果出发合理评价土地利用综合效果，限制高耗能、高污染等传统产业用地，从禀赋需求、产业系统角度出发评判部分新兴产业与区域长远发展的契合度。第二，供给侧结构性改革要求政府充分发挥底线管理的作用，从而为市场机制运转提供良性环境，纠正市场失灵。土地利用规划作为重要的政府调控手段，要结合经济社会发展，科学划定和管理"三线"，即耕地红线、生态红线和城市增长边界红线，在推动经济持续发展的同时保障粮食安全和生态安全所必需的土地资源数量底线。第三，生态文明是供给侧结构性改革的基本前提，供给侧结构性改革应以生态文明建设为指导，坚持绿色发展的理念，实现人与自然和谐共生。

因此，供给侧结构性改革背景下的土地利用规划要着重保障生态用地供给，增加生态用途土地的用地指标，为生态建设提供必要的土地资源和空间载体，通过创新土地用途分类，将生态用地纳入现行土地利用现状分类体系中，处理生态用地、生活用地、生产用地之间的关系，促进"三生空间"协调共生。此外，结合供给侧结构性改革对城乡一体化发展的要求，土地利用规划的供给侧结构性改革要坚持城乡协调发展的理念，统筹城乡用地数量和土地利用结构，防止城市过度蔓延，对特大城市要采取建设用地指标减量措施，推动城市存量建设用地挖潜；同时，通过农村居民点整理、中心村改造等方式推动农村建设用地高效利用。

6.3.2 有序的系统观下土地利用规划供给侧结构性改革

系统具有层次性，即系统的内部形成有序的体系，系统的各个构成部分以一定的规则和层次组合在一起进而形成了系统。土地利用规划需要对土地空间布局进行优化，而空间包括横向层次和纵向层次两个方面。横向空间层次是不同土地利用方式之间的空间分布关系，而纵向空间层次是不同层级的主体基于土地利用活动所产生的空间尺度关系。土地利用规划在横向上应当统筹协调各类空间规划之间在土地空间上的分布，纵向上要引导各级土地利用主体进行不同空间行政尺度的安排。

在横向关系上，供给侧结构性改革的基础是国民经济中的各个部门在空间上的合理分配，要求对空间全域进行统筹与协调，但是在中国目前的空间规划体系下，不同职能部门根据自己的理念对相同土地空间进行规划，使得各区划与土地用途分区具有一定的交叉或重叠性，规划间的协调困难，"多规"冲突情况普遍。因此，土地利用规划的供给侧结构性改革就要调节不同空间利用规划对土地空间的需求，构建"多规合一"的立体空间规划体系，在发挥土地利用规划功能的同时促进空间规划的完善，最终促进形成空间规划"一张图"与云平台，将土地用途管制规则与其他规划管理手段整合，形成引导分区资源配置的政策合力，同时发挥土地整治规划在优化资源配置中的作用。此外，供给侧结构性改革中对政府进行底线管理的要求不仅应该从数量关系上进行配置，还要从空间层次上予以落实。在土地利用规划的改革中要处理好各类规划的底线要求，通过土地用途管制、建设用地空间管制等手段保障生态红线、耕地红线和城市发展边界的落实。

在纵向尺度上，供给侧结构性改革的重点是要对不同市场需求进行相应的供给配置，因此，土地利用规划要根据供给侧结构性改革的要求重塑总体规划、详细规划、专项规划的体系骨架，逐步细化服务市场。此外，供给侧结构性改革落实到各级政府的职能转变上，应该有不同的工作重点。当前在中国县级及以下土地利用总体规划中，往往存在分区结果在空间上过于零碎，分区方案难以落实的问题。因此，土地利用规划改革中要建立差别有序的纵向规划体系，完善包含战略性、政策性、控制性三个维度和"国–区域–省–市–县–乡–村"七级层次的纵向行政体系。

6.3.3 动态的系统观下土地利用规划供给侧结构性改革

系统是复杂的，系统内各个要素互相作用的同时又与系统外部不断互动反馈，推动系统不断更新，系统内部和来自外部环境的反馈信息会随着时间的推移而发生变化。随着供给侧结构性改革的开展，当前的经济发展状况和过去相比会发生变化，而当改革随着时间的演进而深入，未来的发展方向也会与现在有所不同。土地利用规划是对未来土地利用的一种预测，本身就具有不确定性和灰色性。因此，土地利用规划的供给侧结构性改革需要坚持动态的系统观，处理好土地供给的时序关系。

土地利用规划在供给侧结构性改革中，面对的是一个变化的结果和可能产生变化的未来，是时间维度上的一个截面状况。因此，土地利用规划的供给侧结构性改革应当建立一个动态评价与反馈机制，对土地利用根据所处时间点的不同而做出相应安排。在此基础上，供给侧结构性改革要求以市场机制主导要素分配，而市场需求会随着时间的推移而演变，对土地利用的要求也会因时因地产生变化，因此土地利用规划的供给侧结构性改革应当为这种市场难以准确预测的变化预留弹性空间，消弭土地利用适应复杂经济变化的潜在障碍，推动土地利用方式能够因经济结构调整而进行必要的转换，最终实现土地要素的再配置以推动未来经济的持续发展。具体来说，就是要建立刚弹结合的指标体系和张弛有度的管理规则。一方面，增加规划指标在数量、空间等方面的机动弹性，为土地利用能够及时应对产业结构调整而预留空间，以适应时序演变过程中产生的不确定性；另一方面，通过树立"绿图规划"的思想，即对规划骨架性内容进行设计，为使用者在未来根据具体环境变化完善细节预留空间；同时，平衡各种土地利用方式在时间维度上的变化，完善地类变更机制，为土地利用随着外部环境的不断变化在时序上进行调整提供可能（图 6-5）。

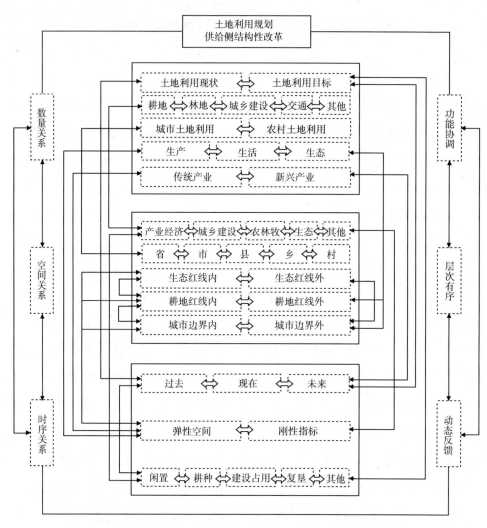

图 6-5 系统论视角下土地利用规划供给侧结构性改革的框架体系

第 7 章

"多规合一"视角下土地供给侧结构性改革的理论框架构建

7.1 供给侧结构性改革的土地利用结构优化动因、内涵与原则

7.1.1 供给侧结构性改革导向的土地利用结构优化动因

1. 经济新常态动因

2011 年中国经济总量虽然已经居于世界第二位,但已不复过去 30 多年平均 10%左右的 GDP 增速水平,经济增长动力不足与经济下行压力并存,经济发展方式面临由粗放型增长向集约高效型增长的转型,可以说,中国经济发展方式的转型已然对土地政策提出了更高的要求,因此,需要把握经济新常态下经济服务化、社会信息化、人口城镇化、产业高端化与发展低碳化的发展趋势,加快推进土地利用结构优化,主动适应经济新常态的发展要求,为稳增长提供基础保障。

2. 区域协调发展动因

2014 年底中央经济工作会议提出"优化经济发展空间格局""重点实施'一带一路'、京津冀协同发展、长江经济带三大战略",为经济新常态提供了新的战略支撑,也为供给侧结构性改革导向的土地利用结构优化提供了新的

方向，将成为推动经济中长期增长的主要力量，有利于发挥区域间的资源禀赋优势，促进区域间的协调发展，形成区域经济的新格局，对加强土地利用结构的优化，释放土地供给活力，促进经济增长和经济发展方式转变，具有重要的现实意义。对此，需要完善土地领域的制度供给，相应地调整供地政策，加强区域间的新兴产业用地保障和公共基础设施建设的规划引导，促进区域经济的可持续发展。

3. 新型城镇化动因

针对我国新型城镇化建设中存在的农业转移人口市民化进展缓慢、城镇化质量不高和对扩大内需的主动力作用未充分发挥等问题，2016年2月，国家印发了加快新型城镇化方面的相关政策，指出新型城镇化是最大的内需潜力所在，是经济发展的重要推动力。因此，要以人的城镇化为核心，以新型城镇化建设为主要试点，积极认识新常态，对土地供应需求状况进行全面认知，对土地利用结构进行调整和优化，提升配置的科学程度，积极稳妥推进中国特色新型城镇化道路。

4. 国土制度改革动因

十八届三中全会中关于土地管理方面的内容包括：使市场在资源配置中起决定性作用和更好发挥政府作用、建立城乡统一的建设用地市场、深化生态文明体制改革、赋予农民更多财产权利以及健全自然资源资产产权制度和用途管制制度①五个方面。对于供给侧结构性改革导向的土地利用来讲，就是要主动适应市场化配置资源的新形势要求，整体考虑土地开发利用与生态环保的关联，一方面加大供应力度，另一方面强化规划、使用等方面的管控，通过改革创新把握土地利用结构优化的数量、质量、时序和布局要求，充分发挥供给侧结构性改革导向下土地利用的宏观调控作用。

---

① 《中共中央关于全面深化改革若干重大问题的决定》，《人民日报》2013年11月16日。

7.1.2 供给侧结构性改革导向的土地利用结构优化内涵

土地利用存在的结构性问题,既有供给侧与需求侧的总量矛盾,又有空间布局不够科学所导致的矛盾。在供给侧结构性改革背景下,在土地领域进行结构优化有了新的视角。从供需关系的视角来看,土地利用结构性矛盾的产生,实质就是新型城镇化建设与区位优势叠加所带来的虹吸效应,以及城市基础设施建设、公共服务配套等方面应对不足,由此出现交通拥堵、环境污染等一系列问题。由此可见,土地利用结构安排得科学与否和城市经济社会发展密切相关。在既定的城市规模与承载力水平下,需要着眼于供给与需求的矛盾,继续加大供给侧结构性改革力度,通过供给质量、能力与水平的提升,进一步满足有效需求,实现供给与需求的动态平衡。不难看出,供给侧结构性改革是促进土地利用结构优化,克服传统需求路径依赖,推动新型城镇化建设,保障经济社会持续健康发展的根本举措。

在供给侧结构性改革宏观背景下,推动土地利用结构优化,应该结合具体地区的经济、社会、自然等情况,对土地资源进行统筹安排和科学配置,这涵盖了政治、经济、科技、文化等层面的内容,带有鲜明的综合特征以及区域性、战略性和动态性等特性,是供给侧结构性改革的基础性环节。土地利用结构优化集中体现了土地参与宏观调控的国家意志,结合土地实际状况,在数量、空间、产业等层面进行统筹和提升,从而实现社会各方利益在空间上的集合和再分配,实现土地、资本、劳动、技术创新等要素的优化整合,实现公平基础上的土地可持续利用,更好地促进经济社会可持续发展。从供给侧结构性改革导向来看,就是要贯彻"创新、协调、绿色、开放、共享"五大发展理念,树立生态文明建设的全局观念,积极适应经济发展新常态的客观规律,增强规划的前瞻性和统筹协调能力,处理好政府主导规划与资源市场化配置的关系,加强制度创新,科学调整、优化土地利用的结构与布局,促进土地使用质量与效率的提升，进一步释放土地要素红利，从而实现市场经济环境下土地资源的优化配置。

7.1.3　供给侧结构性改革导向的土地利用结构优化原则

1. 整体性原则

土地利用体系的结构较为复杂，应该站在系统层面进行认知，最关键的是保持系统的整体性。在供给侧结构性改革的宏观背景下，促进土地利用结构实现优化，应该将其置于区域发展的具体战略之中，结合研究区域的整体需求，统筹协调区域内各个子系统之间的关系，优化系统整体与各个子系统，以及各个子系统之间的功能，确保土地利用系统达到最佳的运行效果。

2. 继承性原则

土地利用结构主要是人们在不断开发土地的过程中，在生产、生活不断发展的情况下与自然环境相互作用所产生的。对土地的结构和布局进行调整，实质上就是对土地利用现状进行调整和优化的过程，带有鲜明的时空继承性。在供给侧结构性改革的宏观背景之下，对土地利用结构进行优化，并非全盘否定土地利用现状，而是紧密结合当前发展条件，对现有的结构、布局、效益等实施科学研究和分析，以此为基础构建科学可行的优化策略，进而提升土地利用的质量与效率。

3. 持续性原则

在供给侧结构性改革的宏观背景之下，对土地进行可持续利用，应该充分结合未来发展目标，确保土地利用结构优化能够可持续进行，并结合土地资源的实际利用状况，对结构优化后的不同功能与用途的土地进行科学的开发、建设、管护等，正确处理人与土地、自然等之间的关系，既要保证当前发展又要保证未来发展。

4. 动态性原则

土地资源利用所面临的自然、经济、社会等形势处于持续变动过程中。为应对土地资源利用所面临外部环境变化带来的影响，土地利用结构需要及时地加以调整与优化。这种调整与优化过程将具有鲜明的动态性特征，因此，为实现土地利用的动态均衡目标，应该紧密结合土地资源所在地区的实际资源禀赋予以调整和优化。

5. 因地制宜原则

在供给侧结构性改革的宏观背景之下，对土地利用结构进行优化，一方面应该符合土地优化配置的基本规律；另一方面应该结合所在地区、所处时期的自然环境和经济社会发展环境。由于不同区域及其所面临的环境存在差异，实施优化的主要任务、规模大小、方式方法等方面就存在明显的差别，必须针对不同的情况进行差别化的对待，结合实际状况和需求，确定符合现实需要的土地利用结构优化建议。

6. 宏观、中观、微观相结合原则

在优化土地利用结构的过程当中，必须综合考虑宏观、中观以及微观等层面的因素来进行优化方案的编制。其中，对于宏观层面而言，就是要打造能够实现可持续发展的土地利用结构，并且致力于打造符合经济转型发展要求的区域经济体系，使两者能够有机统一，促进区域的可持续发展；对于中观层面而言，要致力于调整和优化产业结构，在确定土地类型时需要充分考虑当地的生态经济功能，要对土地利用结构优化进行系统的分析，从而有针对性地调整和自然生态环境存在冲突的产业经济结构；对于微观层面而言，要注重土地利用结构优化结果易于操作和执行。综上所述，只有立足于发展的全局，从不同的层面进行统筹考虑，才能够推动供给侧结构性改革目标的实现。

7.2 供给侧结构性改革的土地利用结构优化功能、定位与目标

7.2.1 供给侧结构性改革导向的土地利用结构优化功能

1. 宏观调控功能

供给侧结构性改革导向的土地利用结构优化的宏观调控功能体现在调控经济社会平衡，倒逼土地利用方式转型。在增加土地利用制度供给的同时处理好国土资源开发利用与生态环境保护的关系，引导土地利用结构优化，使土地利用结构优化能够最大限度地发挥资源配置优势以及宏观调整的作用，进而保证能够更好地进行结构与布局的优化调整。同时，遵循市场价值规律和供求关系的变化，对土地利用的性质、规模、结构、空间、投放时序等情况进行超前谋划，注重结构优化由"静态、刚性"向"动态、弹性"的转变，科学、准确、有效地做出动态调整。

2. 综合引导功能

供给侧结构性改革导向的土地利用结构优化的综合引导功能体现在综合考虑"人-产-地"的发展需求以及土地供给的有限性，做到统筹兼顾、科学引导。因此，要注重区域的协调发展，总体把握规划的宏观性、空间性和综合性特征，从注重建设用地增量扩张转向增量优化、存量盘活并举，同时严格控制建设总量的"天花板"，通过城乡建设用地增减挂、"三旧"改造（旧城镇、旧厂房、旧村庄改造）和城镇低效用地再开发等措施，充分挖掘土地利用潜力，增加有效供给，减少低效供给，从而能够合理、高效地利用土地，在调整产业结构的基础之上优化土地利用结构，同时守住基本农田以及生态保护两条红线，以实现供给侧结构性改革中的人口、资源和环境的协调。

3. 城乡统筹功能

在基于供给侧结构性改革的浪潮之下，土地利用结构优化不仅有助于更好地促进城乡协调发展，还能够确保支持新产业、新业态发展，为新型城镇化建设提供强力支撑。城乡统筹的土地利用结构优化是在综合考虑生产、生活和生态用地需求的情况下，通过严控总量、盘活存量和优化增量，进一步优化城乡空间内部供需结构与布局，促进土地在城乡之间实现结构优化、合理布局、效率提高和空间释放。同时，进一步优化基于城乡统筹的土地利用宏观调控措施，继续深入推进土地有偿使用制度的改革，稳妥有序推进"三块地"①及相关领域的改革，促进城乡土地要素能进行合理的流动。

4. 创新驱动功能

供给侧结构性改革导向的土地利用结构优化的创新驱动功能体现在通过创新激发需求进而促进有效供给，通过加快推动土地利用结构与布局的调整，进一步优化用地结构，通过土地制度创新推动新型城镇化，重点从供给端发力，使土地要素红利得到充分释放，促进土地利用效率进一步提升，使创新的机会成本得以大幅减少。以土地利用结构优化为"底盘"，优化生产、生活、生态空间，实现区域内部的土地利用结构统筹管控，促进供给侧结构性改革导向下合理地利用土地，疏解人口，调整产业结构，更新与提升城市功能。

7.2.2 供给侧结构性改革导向的土地利用结构优化定位

1. 服务大局与优化的可持续

土地利用结构优化属于国土资源管理的基础性工作，供给侧结构性改革的根本目的是服务国家经济社会发展大局以及更好地促进各项改革顺利进

---

① 三块地，即农村土地征收、集体经营性建设用地入市以及农村宅基地。

行。现阶段定位上必须将土地利用结构优化与供给侧结构性改革"三去一降一补"的短期要求深度融合,与国土资源改革的各项任务紧密结合,主动适应经济发展新常态,按照"稳增长、促改革、调结构、惠民生、防风险"的多目标要求,不断提高土地利用结构优化的统筹调控能力。

　　传统的土地利用方式对土地承载能力造成了较大影响,导致水土流失、土地污染和土地生产能力下降等突出问题,可持续的土地利用结构优化是人类经济社会发展到一定时期的必然选择,所以在优化土地利用结构时,必须综合多方面的因素。具体而言,必须做到以下几方面:一是土地利用结构优化配置方向应与经济社会发展方向相一致;二是土地利用结构优化配置质量应与经济可行性、生产稳定性、生态保护性、社会可接受性的综合匹配程度相一致;三是从利用时序上来讲,土地开发必须与土地利用结构优化同步。在供给侧结构性改革导向的土地利用结构优化过程中应遵循可持续的观念与内涵,考虑当前以及未来发展的需要,将土地的生产性、生活性和生态性特点相结合,使土地利用能够向人与自然和谐的方向发展,实现经济、社会、生态的协调和有机统一。

2. 超前谋划与优化的市场导向

　　超前谋划就是要处理好供给侧结构性改革导向的土地利用结构优化的短期与长期目标关系,通过结构调整引导资源优化配置,促进经济发展质量、效益和可持续性的有机统一。供给侧结构性改革从短期来看就是要盘活存量、做优增量,优化结构布局,提高效率、增加制度供给,积极落实"三去一降一补"的要求;从长期来看要立足于未来,使土地要素成为经济发展和经济转型升级的重要保障。

　　供给侧结构性改革将对产业结构产生较大影响,土地利用结构也应顺着产业结构的变化方向进行调整。市场在土地资源配置中发挥着调节供给与需求的纽带作用，在传统的政府主导模式下存在信息不对称和价值导向单一的情况，可能导致土地资源配置失衡，同时又由于现实中的市场是非均衡性的市场，存在各种因素的干扰而无法达到帕累托最优状态，为了弥补市场在资源配置中的局限性，需要通过政府适度干预来纠正市场失灵的情况。因此，供给侧结构性改革导向的土地利用结构优化作为政府干预土地利用方式的手段，应处理好政府与市场的关系，将政府宏观调控和市场配置资源有机结合，既要尽可能地保证政府在其中的宏观管控，同时又要发挥市场的自主调节作用，不仅要统筹考虑土地的"资源型"兼"资产型"特点，还要发挥规划的导向性作用，在土地利用结构优化中满足供给侧结构性改革对产业结构调整的要求，合理地配置好资源，实现土地利用综合效益的最大化。

3. 节约集约与优化的城乡统筹

土地资源节约集约利用是经济发展新常态下区域持续健康发展的必然选择，是破解资源供求矛盾、实现资源可持续利用的根本途径，也是促进供给侧结构性改革的重要举措。因此，供给侧结构性改革要创新节约集约的土地供应制度和机制，保障建设用地有效供给的同时做好建设用地总量控制和减量化，通过优化土地利用结构以及调整相应的布局，采取土地综合整治等措施，促进土地利用实现高效化、减量化、集约化，为区域经济社会发展提供支撑。

供给侧结构性改革导向的土地利用结构优化是城乡统筹的重要手段，要打破城乡二元结构，不能只是单纯地进行区域的盲目扩张，而是要通过土地利用结构优化，实现产业在城乡间、地区间合理布局，推动城乡居民享有同等的权利，为城乡居民提供公平就业的环境，促进区域内部城乡结构协调健康发展。通过土地利用空间布局整合和利用结构调整，综合考虑城乡空间内农用地、建设用地和生态用地的供需情况，积极发展适应农业现代化的农村经济产业，在区域发展中形成符合区域特点的支柱产业，把新农村建设同现代农业建设发展结合起来，提高土地增值收益分配，完善农村社会公共服务，释放供给侧结构性改革潜力，促进土地利用过程中不断优化结构、提高效率，释放空间、盘活存量，实现合理利用，走集约、智能、绿色、低碳的新型城镇化道路，扩大区域发展的空间和增强区域发展的潜力，提高区域的综合承载能力。

4. 改革创新与"多规融合"导向

供给侧结构性改革导向的土地利用结构优化，其根本出路在于改革创新，在供给侧结构性改革环境下，土地资源供给与需求的根本矛盾没有改变。因此，土地利用结构优化要围绕供给侧结构性改革中所面临的要素投入结构、产业结构、分配结构不合理等一系列问题，严格控制城市发展规模，遏制城市无序蔓延，同时对城乡建设用地"增减挂"、工矿废弃地复垦和低丘缓坡未利用地再开发等相关试点的经验加以推广，并积极开展"多规"试点，促进相关规划衔接和协调，构建空间规划体系，为土地利用结构优化奠定可操作、便实施的规划基础。

供给侧结构性改革导向的土地利用结构优化的重要抓手之一就是"多规融合"，这不仅是构建合理的国土空间规划体系的需要，也是进行空间统筹优化，促进各规划形成层级结构清晰、职能分工明确的区域规划体系的需要。由于多种规划的制定原则和目标缺乏对经济社会发展整体目标一致性和协调性的考虑，因此要科学引导土地利用结构优化，实现"多规"不仅在空间尺度上具有同一性，在规划功能上具有融合性，还在发展过程中具有协同性。"多规"在规划基础、用地规模和空间布局等方面实现融合对于增强规划权威性，优化土地资源配置以及促进经济社会生态协调发展意义重大，能实现供给侧结构性改革导向下土地利用集约、高效、可持续发展。

7.2.3 供给侧结构性改革导向的土地利用结构优化目标

1. 促进土地资源优化配置

供给侧结构性改革导向的土地利用结构优化目标要进一步强化土地利用规划管理和用途管制，保护实有耕地和基本农田，加大生态空间建设力度，控制新增建设用地规模，避免土地利用外延式扩张；用活土地综合整治、增减挂钩、城镇低效用地再开发等各项政策，促进土地利用结构的调整和优化与产业结构调整的数量、空间和时序要求有机结合，提高土地使用效率；在土地开发强度过高的地区推进减量化开发，有效地盘活存量用地，对生产、生态空间布局进一步优化，使城乡的合法用地能够得到充分保障，支持新产业、新业态发展；促进各类空间规划的协调与衔接，以土地利用规划为"底盘"，推进"多规融合"，促进土地资源合理配置，进一步优化土地利用数量结构和空间布局。

2. 推进土地节约与合理利用

对于土地结构优化而言，其出发点就在于对城乡建设用地规模进行有效的管控，通过对不同区域土地利用方向、结构与布局的合理调控与引导，促进土地节约集约利用；统筹资源开发与环境保护，加强"山、水、林、田、湖"生态一体化治理，提升资源环境承载能力；通过锁定总量、盘活存量、严控增量，使土地供应满足供给侧结构性改革的要求，增加有效供给，提升土地利用的质量与效益；着力开发一些使用效用不高的土地，加快城镇更新建设的步伐，激活土地循环利用潜力，对城镇存量建设用地进行挖潜，促进节约集约用地、人口疏解、产业结构调整和城市功能提升，增强土地对经济社会发展的持续保障能力。

3. 促进"三生空间"统筹

供给侧结构性改革导向的土地利用结构优化目标需要坚持区域空间形态的多元性和整体性，从区域生产、生活、生态的角度出发，坚持自然形态的多样性与景观性统一，按照供给侧结构性改革的定位和区域特点，统筹考量区域内部的土地利用功能布局，优化生产、生活、生态空间，在不增加建设用地总规模的前提下提高城乡建设用地的效率，发展智能、集约、高科技的生态经济结构以促进经济发展的升级和优化。土地利用结构优化需要平衡城市生产、生活和生态用地的结构，为居民的生活空间营造良好、舒适的条件，打造宜居生态城市。同时，通过土地利用结构优化加强对城市绿色空间的保护，减少或者协调生产、生活用地对生态用地的挤占，通过推进"三生空间"建设促进区域经济社会可持续发展。

4. 释放土地改革红利

土地利用结构优化在供给侧结构性改革的指引下，使土地资源要素交易市场得以逐步建立健全，进一步提升市场化配置土地资源的力度，扩大资源有偿使用的适用范围同时缩小土地征收范围，建立兼顾国家、集体、个人的土地增值收益分配机制，通过确权发证，明晰集体土地所有权、农户农地、房屋等权属，合理提高农民个人收益，切实保障农民所享有的合理的土地财产权益；合理调整区域产业用地政策，创新土地供应方式，即重大科技成果研发和产业化项目可以通过折价入股、多方联合经营以及出租等方式使用集体建设用地，消除土地价格扭曲；进一步深化行政审批改革，探索征地与农转用审批实质性分离的制度设计，优化审批程序，降低土地使用成本，激发企业创新活力。

7.3 供给侧结构性改革的土地利用结构优化理论框架

7.3.1 供给侧结构性改革与土地利用结构优化的辩证关系

供给侧结构性改革和土地利用结构优化二者之间存在相互独立却又相互联系的辩证关系——土地作为供给侧结构性改革最重要的生产要素之一,实现土地利用结构化是实现供给侧结构性改革的重要手段,供给侧结构性改革同时又是开展土地利用结构优化的重要依据和最终目的,从发展的目标上来说与可持续发展的基本原则相匹配。之所以要进行土地利用结构优化,出发点和落脚点就在于使土地资源得到充分保护的同时,促进经济社会的发展。供给侧结构性改革的短期目标是"三去一降一补",经济社会持续健康发展是其总体方向和终极目标。土地为供给侧结构性改革提供了生产要素,不仅是实现有效供给的基础,也是实现经济新常态发展的基础;而供给侧结构性改革为"十三五"时期经济社会可持续发展与土地资源的优化配置提供了发展模式指导。将供给侧结构性改革引入土地利用领域,与既有土地研究领域的相关理论相结合,也是未来土地可持续利用的内在要求和必然选择。

7.3.2 供给侧结构性改革导向的土地利用结构优化系统演进分析

土地利用系统理论告诉我们,供给侧结构性改革的目的是比较明确和具有指向性的,土地利用系统具有什么样的功能在很大程度上就取决于其所具有的结构,因此要想实现土地利用的可持续性,就需用地结构尽可能合理,从而在供给侧结构性改革中充分地发挥土地利用的作用,并优化产业结构,促进功能的有效提升,最终确保在资源要素投入尽可能低的情况下实现效益的最大化。众所周知,不管是哪个国民经济部门,其正常运转的基本物质基础都在于土地,它是保障生产活动得以正常运转的基础,因此,土地利用结构以及经济结构等都能够侧面反映国民经济各部门的关系。可以说,不管是对于经济结构来说还是对于产业结构来说,优化土地利用结构能够更好地发掘其所存在的内在规律,通过其来有效地促进产业结构调整,进而保障国民经济计划得以顺利实施。对于土地利用结构优化而言,其实现的基本前提条件是要最大限度地发挥土地利用效率,进而使土地供需平衡问题得到彻底解决,且达到这种平衡无须额外增加土地面积的投入。

根据土地利用系统的演进规律,以及所处的历史时期和经济发展水平的不同,开发利用土地资源的程度会有一定的差别,土地利用系统所处的状态也会随之产生一定的变化(图 7-1),由于发展中国家普遍存在二元经济结构,当经济社会发展到一定阶段时(图中 T_1 阶段),随着要素资源约束加剧,"刘易斯拐点"的到来(图 7-1 中 A 点),土地利用系统会随着时间的推移而呈现出四种状态(即可持续、停滞、波动和消亡状态),而土地利用系统的可持续发展则是通过外部系统因素(本书中可视为供给侧结构性改革因素)的影响来实现的。

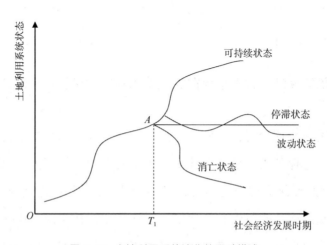

图 7-1 土地利用系统演化的四种模式

由上述分析可知，供给侧结构性改革导向的土地利用结构优化，就是要以供给侧结构性改革为引领，深刻认识经济新常态以及新型城镇化的机遇与挑战，以非首都功能疏解为契机，对土地利用结构和布局进行进一步的优化，更加高效地利用土地，充分体现供给侧结构性改革的要求，从过去一味注重追求经济增长和扩张用地逐渐转向盘活存量与提质增效并举，在优化土地利用结构、力争实现建设用地减量发展的同时，不断加大生态空间建设力度，努力克服盲目建设、粗放发展的弊端，增强对土地资源的危机性和战略性认识，同时积极探索节约集约用地的新方式和新机制，在对土地进行集约化利用以及对土地利用结构进行优化调整时，要使之充分地结合经济增长方式的调整，使存量建设用地得到有效盘活，其中关键是要尽可能地挖掘现状集体建设用地的潜力，使其利用效率得到有效提升。

7.3.3　供给侧结构性改革导向的土地利用结构优化理论框架构建

通过土地利用系统理论不难得知（图 7-2），对于供给侧结构性改革导向的土地利用系统而言：一方面，供给侧结构性改革实际上就等同于其外部因素，只有输入了外部因素之后，土地利用系统才能够保证其现势性，从而得以顺利地运转；另一方面，土地利用系统在运转的过程中输出相应的内部因素，对输入的外部因素形成反馈，系统外部对反馈的信息加以整合，对外部因素进行相应的调整，经过调整后的外部因素继续输入土地利用系统，并进行新一轮的运转。因此，在供给侧结构性改革的背景下，要想土地利用系统顺利地运转，首先，在分析和研究土地利用情况时，要从土地利用数量变化、程度变化、结构效率和变化驱动力这四个方面展开，掌握外部因素对土地利用系统的影响程度，从而揭示土地利用结构变化背后的动因及其作用机制；其次，在外部因素影响下对土地利用系统的未来发展情景进行构建，在此基础上优化土地利用系统的数量结构、空间结构及时序结构，保证供给侧结构

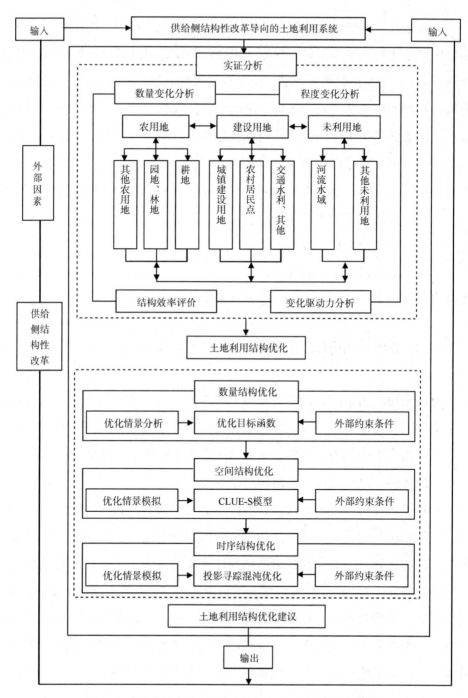

图 7-2 供给侧结构性改革导向的土地利用结构优化理论框架

性改革导向的土地利用空间分布与数量结构协调，达到土地利用系统整体优化的效果；最后，针对土地利用系统优化结果，提出相应的优化建议来指导土地利用系统的整体运行，保持系统在正常运行中实现供给侧结构性改革的目标，从而进一步提升土地利用系统的运转效率。

7.4 "多规合一"视角下土地供给侧结构性改革的制度体系设计

7.4.1 "数量"性的土地供给侧结构性改革制度设计

（1）自然资源确权登记制度。负责自然资源统一确权登记工作；制定各类自然资源和不动产统一确权登记、权籍调查、不动产测绘、争议调处、成果应用的制度、标准、规范；建立健全全国自然资源和不动产登记信息管理基础平台；负责自然资源和不动产登记资料收集、整理、共享、汇交管理等；指导监督全国自然资源和不动产确权登记工作。

（2）自然资源所有者权益制度。负责自然资源资产有偿使用工作；建立全民所有自然资源资产统计制度，负责全民所有自然资源资产核算；编制全民所有自然资源资产负债表，拟订考核标准；制定全民所有自然资源资产划拨、出让、租赁、作价出资和土地储备政策，合理配置全民所有自然资源资产；负责自然资源资产价值评估管理，依法收缴相关资产收益。

（3）耕地保护监督制度。负责组织实施最严格的耕地保护制度；拟订并实施耕地保护政策，负责耕地数量、质量、生态保护，组织实施耕地保护责任目标考核和永久基本农田特殊保护，负责永久基本农田划定、占用和补划的监督管理；承担耕地占补平衡管理工作；承担土地征收征用管理工作；负责耕地保护政策与林地、草地、湿地等土地资源保护政策的衔接。

7.4.2 "空间"性的土地供给侧结构性改革制度设计

（1）自然资源开发利用制度。负责自然资源在不同空间区域的合理开发利用；拟订自然资源资产有偿使用制度并监督实施，建立自然资源市场交易规则和交易平台，组织开展自然资源市场调控；负责自然资源市场监督管理和动态监测，建立自然资源市场信用体系；建立政府公示自然资源价格体系，组织开展自然资源分等定级价格评估；拟订自然资源开发利用标准，开展评价考核，指导节约集约利用。

（2）国土空间用途管制制度。拟订国土空间用途管制制度规范和技术标准；提出土地、海洋年度利用计划并组织实施；组织拟订耕地、林地、草地、湿地、海域、海岛等国土空间用途转用政策，指导建设项目用地预审工作；承担报国务院审批的各类土地用途转用的审核、报批工作；拟订自然资源和国土空间规划及测绘、极地、深海等法律法规草案，制定部门规章并监督检查执行情况；拟订开展城乡规划管理等用途管制政策并监督实施。

（3）国土空间生态修复制度。负责统筹国土空间生态修复；承担国土空间生态修复政策研究工作；牵头组织编制国土空间生态修复规划并实施国土空间综合整治、土地整理复垦、矿山地质环境恢复治理、海洋生态、海域海岸带和海岛修复等重大工程；牵头建立和实施生态保护补偿制度，制定合理利用社会资金进行生态修复的政策措施，提出重大备选项目。

7.4.3 "时序"性的土地供给侧结构性改革制度设计

（1）国土空间规划实施与调控制度。负责建立国土空间规划体系并依据不同区域时序的发展程度与特征进行监督实施；推进主体功能区战略，组织编制并监督实施国土空间规划和相关专项规划；开展国土空间开发适宜性评价，建立国土空间规划实施监测、评估和预警体系；组织划定生态保护红线、永久基本农田红线、城镇开发边界等控制线，构建节约资源和保护环境的生产、生活、生态空间布局；研究拟订城乡规划政策并监督实施；组织拟订并实施土地、海洋等自然资源年度利用计划；负责土地、海域、海岛等国土空间用途转用工作；负责土地征收征用管理。

（2）地理信息管理与更新制度。负责测绘地理信息管理并根据时序结构进行及时更新的工作；负责基础测绘和测绘行业管理；负责测绘资质资格与信用管理，监督管理国家地理信息安全和市场秩序；负责地理信息公共服务管理；负责测量标志保护；拟订国家地理信息安全保密政策并监督实施；负责地理信息成果管理和测量标志保护，审核国家重要地理信息数据；负责地图管理，审查向社会公开的地图，监督互联网地图服务，协同拟订界线标准样图；提供地理信息应急保障，指导监督地理信息公共服务。

7.4.4　总体性的土地供给侧结构性改革制度设计

（1）自然资源总调查监测制度。负责自然资源调查监测评价；制定自然资源调查监测评价的指标体系和统计标准，建立统一规范的自然资源调查监测评价制度；实施自然资源基础调查、专项调查和监测；负责自然资源调查监测评价成果的监督管理和信息发布；指导地方自然资源调查监测评价工作。

（2）自然资源总督察制度。完善国家自然资源督察制度，拟订自然资源督察相关政策和工作规则等；指导和监督检查派驻督察局工作，协调重大及跨督察区域的督察工作；根据授权，承担对自然资源和国土空间规划等法律法规执行情况的监督检查工作；根据中央授权，对地方政府落实党中央、国务院关于自然资源和国土空间规划的重大方针政策、决策部署及法律法规执行情况进行总体督察；查处自然资源开发利用和国土空间规划及测绘重大违法案件。

（3）财务与资金管理制度。承担自然资源专项收入征管和专项资金、基金的管理工作；拟订有关财务、资产管理的规章，负责机关和所属单位财务及国有资产监管，负责部门预决算、政府采购、国库集中支付、内部审计工作；管理基本建设及重大专项投资、重大装备；承担财政和社会资金的结构优化和监测工作，拟订合理利用社会资金的政策措施，提出重大备选项目。

（4）执法相关制度。拟订自然资源违法案件查处的法规草案、规章和规范性文件并指导实施；查处重大国土空间规划和自然资源违法案件，指导协调全国违法案件调查处理工作，协调解决跨区域违法案件查处；指导地方自然资源执法机构和队伍建设，组织自然资源执法系统人员的业务培训。

土地供给侧结构性改革的制度体系如图 7-3 所示。

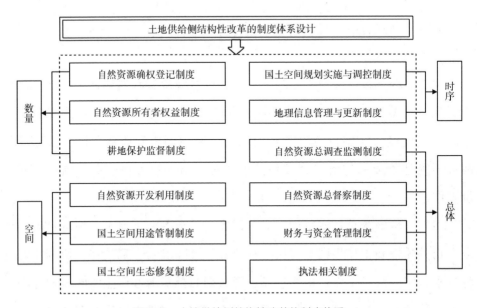

图 7-3　土地供给侧结构性改革的制度体系

第二篇 "多规合一"视角下土地供给侧数量结构改革路径设计

第 8 章
新时期土地利用供需匹配研究

8.1 土地供需匹配关系再认知

8.1.1 人地关系的供需关系认知

1. "人多地少"仍是我国的基本国情

首先，"十四五"时期我国仍然面临着耕地少、人口多的问题。预计到2025 年，中国将以约占全球 8.36%的耕地养活全球约 18.22%的人口，人均耕地面积不到世界平均水平的一半，耕地后备资源同样严重不足。在人均耕地方面，我国 2000~2017 年的人均耕地面积呈现波动下降的趋势（图 8-1），"十四五"时期我国人均耕地面积预计为 0.099 hm^2，不仅低于 2016 年全球平均水平（0.192 hm^2），还低于高收入国家的 0.3 hm^2、中等收入国家的 0.17 hm^2、低收入国家的 0.21 hm^2（图 8-2）。同时，"十四五"时期我国耕地后备资源可能将低于 8029.15 万亩[①]，且仍然多以区域零散非均衡分布，主要集中在中西部经济欠发达地区，经济发展快的地区后备资源稀缺甚至枯竭。其次，城镇空间的发展仍然紧张，未来人口尤其是城镇人口仍然面临过度聚集的问题。我国人口密度从 1949 年的 56 人/km^2 上升至 2018 年的 145 人/km^2（图 8-3）。

[①] 参见《全国耕地后备资源调查评价数据结果》，http://www.mnr.gov.cn/dt/zb/2016/gd/zhibozhaiyao/201806/t20180629_1964637.html，2019 年 5 月 30 日。

"十四五"时期,我国整体人口密度预期仍然较高,约为 152 人/km²[①],是 2018 年世界平均水平(59.628 人/km²)的 2.55 倍,高于高收入国家(35 人/km²)、中等收入国家(72 人/km²)、低收入国家(52 人/km²),高于法国(122 人/km²)、美国(36 人/km²),低于韩国(529 人/km²)、英国(275 人/km²),如图 8-4 所示。

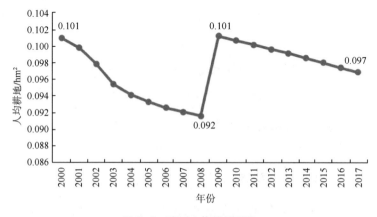

图 8-1 我国人均耕地面积

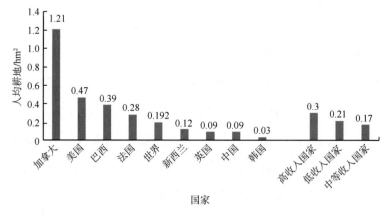

图 8-2 2016 年世界人均耕地面积比较

资料来源:《2016 中国国土资源公报》、世界银行

---

① 根据 1949~2018 年人口密度进行预测。

图 8-3　我国人口密度

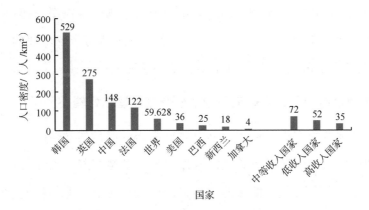

图 8-4　2018 年世界人口密度比较

资料来源：《2018 中国国土资源公报》《中国社会统计年鉴 2019》、世界银行

　　"十四五"时期我国的空间发展诉求仍处高位，实现供需均衡面临诸多挑战。首先，到 2025 年，按新增人口及与人均居住用地面积 38 m^2 来算，未来新增居住用地诉求约 76 000 hm^2。而全国共有老旧小区近 16 万个，涉及居民超过 4200 万户，建筑面积约为 400 000 hm^2，更新居住用地诉求约 48 000 hm^2。其次，要实现居住用地和工业用地配置均衡仍然面临挑战。2017 年我国城镇建设用地中居住用地占比仅为 31.4%，远低于美国、日本等发达国家。2017 年全国城市工业用地 110.84 万 hm^2，占全国城市建设用地的 20.1%。预计"十四五"时期，除青海和海南外，我国其他省（自治区、直辖市）城市工业用

地占城市建设用地的比重仍将超过 10%，而伦敦仅占 4.7%，巴黎占 8%，东京占 3.5%，纽约占 3.8%，新加坡占 6.8%。最后，"十四五"时期仍然面临着较大的公共设施用地需求。2018 年深圳、上海、广州、北京的路网密度分别为 0.15 km/km^2、0.12 km/km^2、0.06 km/km^2、0.04 km/km^2，而纽约都市区、东京圈、首尔圈路网密度分别为 0.34 km/km^2、0.31 km/km^2、0.23 km/km^2，比较而言"十四五"期间我国都市圈路网密度仍然面临巨大的用地诉求。此外，当前城市绿地与广场用地占比仍然偏低，根据住房城乡建设部的数据，2017 年北京、上海、广州和深圳的城市绿地与广场用地占城市建设用地的比重分别为 7.9%、7.3%、3.8%、7.7%。参考国外绿地与广场用地的合理比例，"十四五"时期面临着约为 2700 km^2 的增量诉求。

2. 土地供给利用效率偏低问题仍然存在但逐步好转

尽管我国城镇"人多地少"问题始终突出，但是建设空间仍然存在闲置浪费、利用低效等问题亟待解决。长期以来，各地普遍以土地要素为主要引擎推动工业化，利用更多低价的土地资源投入替代资金等其他要素的投入，导致低效闲置建设用地大量存在。2017 年我国城镇闲置建设用地面积约 1400 km^2，上海、江苏、浙江、湖北、辽宁、陕西、广东 7 省市共认定的城镇低效用地面积约 4133 km^2[①]，约占 7 省市城镇建设用地面积的 13.5%。就类别而言，低效建设用地主要是工矿仓储用地，比如 2017 年广东低效用地中工矿仓储用地占 51%，浙江占 53%，江苏占 74.9%。与此同时，低效用地再开发工作也在稳步推进。截止到 2019 年 6 月，全国 27 个省区市（北京、青海、西藏、新疆没有数据）已全面启动城镇低效用地再开发工作。27 个省区市已完成改造再开发项目 2.97 万个、面积 9.55 万 hm^2，约占认定总面积的 16.59%。

---

① 参见《关于城镇低效用地再开发工作推进情况的通报》，http://www.mnr.gov.cn/gk/tzgg/201811/t20181106_2358720.html，2018 年 11 月 6 日。

已完成项目主要集中在开展工作较早的浙江、江苏、广东 3 省。其中，浙江完成改造面积 3.37 万 hm^2，占本省认定面积的 35%；江苏完成改造面积 2.36 万 hm^2，占本省认定面积的 34%；广东完成改造面积 2.02 万 hm^2，占本省认定面积的 13%。

"十四五"期间，面对着至少 47.93 万 hm^2 的待盘活存量空间，闲置低效和供给不足的矛盾将受到极大关注。2020 年 10 月，党的十九届五中全会通过的《中共中央关于制定国民经济和社会发展第十四个五年规划和二〇三五年远景目标的建议》明确提出实施城市更新行动，不断提升城市人居环境质量、人民生活质量、城市竞争力，释放存量空间潜力。各地将全面启动三类城镇低效用地再开发工作，包括产业转型升级类、城镇更新改造类、用地效益提升类。产业转型升级类是指国家产业政策规定的禁止类、淘汰类产业用地，不符合安全生产和环保要求的用地，"退二进三"（第二产业退出，第三产业进驻）产业用地；城镇更新改造类是布局散乱、设施落后、规划确定改造的老城区、城中村、棚户区、老工业区等；用地效益提升类是指投资强度、容积率、地均产出强度等控制指标，明显低于地方行业平均水平的产业用地，或者参照"亩产效益"评价改革确定的"限制发展类"企业名单认定的产业用地。

3. "以人定地"还是"以地定人"：挂钩"稀缺"

1）以人定地

人口是城市发展的主导因素，人口的数量结构、迁移流动等变化在很大程度上决定了城市土地利用规模、结构和强度（方创琳，2018）。人的生产和生活均要以土地作为空间载体，因而城市人口的总规模在很大程度上决定了建设用地的总需求。首先，人口就业分布的差异、不同产业部门对土地诉求各异。其次，不同年龄人口对土地诉求不同。不同年龄人口生产生活和土地利用行为特征各异，婴幼儿、儿童、少年、青年、中年、老年等不同年龄人口对土地的现实需求也不尽相同。因此,要实现幼有所育、学有所教、劳有所得、病有所医、老有所养、住有所居、弱有所扶,就要合理落实保障教育、居住、公共卫生等用地的有效供给。虽然幼儿园数量增加但是资源依旧短缺,应有效保障幼儿早教空间,建立相应的婴幼儿图书馆、早教培训室、亲子活动室等。"十四五"期间是我国积极应对人口老龄化的关键"窗口期","十四五"时期全国老年人将突破3亿人,必须重视养老产业的发展,推进养老机构建设,合理规划养老服务设施空间布局,切实保障养老服务设施用地,促进养老服务发展。此外,不同收入群体对土地的诉求也不尽相同。总体而言,高收入群体、中等收入群体与收入落后群体对土地的诉求从综合到单一。高收入群体对商业综合体用地、交通综合体用地诉求较多,而收入落后群体则以保障性居住用地、公益性基础设施用地的需求为主。

2)以地定人

首先,各类用地供给的总量实际上确定了人口发展的承载上限。从需求层次而言,农业用地满足人类最为基础的生存诉求,并在农产品流通受限的情况下将直接决定区域人口的容纳上限。居住用地满足人类最为基本的生理居住需求,决定了空间所能承载的人口边界。产业用地满足人类就业、社交和生活诉求,代表了空间就业机会和吸引力,而公共服务用地、生态用地是满足人们更高层次的安居乐业诉求,是人们追求幸福感的重要支撑平台。其次,各类用地供给结构和功能作用将影响人口结构和分布。不同区位的土地价格将直接影响不同收入群体的分布,不同类型和不同功能的用地供给也将承载不同的人口结构。例如,以工业用地为主体的区域,往往在远离市区、城市下风向、靠近交通线路的区域,通常存在空气质量较差、噪声较大、配套设施少等问题,其承载的人口结构以蓝领职工或者低收入群体为主。而文化、教育、体育和医疗等公共服务设施用地,直接关系到附近区域青少年群体的教育、老年群体的休闲保健等空间功能供给。最后,各类用地供给问题将直接影响人口发展。随着空间功能完善到一定阶段，由于空间规模总量的约束，各类用地无法大量供给、无限制扩张，因而原供给结构中的不合理性将会暴露凸显。居住用地的供给不足将直接约束空间容纳人口总数，同时由于其会推高房价导致人口流出，更可能影响人口生育意愿，直接降低区域人口增长。产业用地的供给不足将直接提升土地价格，增加企业成本，导致部分企业退出或是企业降低人力成本，导致就业机会减少或工资条件下降，从而导致人口外流。公共服务用地、城市绿地等土地的供给数量下降可能导致交通拥堵、生态恶化等问题的产生，大大影响居住幸福感，从而挤出追求居住幸福感的人群。

3）挂钩"稀缺"

长期以来，人口变化与土地变化总是处于"挂钩"的状态。我国城镇化率从 2000 年的 36.22%增长到 2018 年的 59.58%，再到 2019 年的首次突破 60%（城镇化率为 60.60%）[①]，城镇人口由 2000 年的 45 906 万人增长到 2018 年的 84 843 万人，城区面积由 2000 年的 878 015 km^2 增长到 2018 年的 200 896.5 km^2，城区人口的增长极大地依赖建成区的扩张，主要体现了"以人定地"的特点。然而在新型城镇化阶段，部分地区出现了由于资源环境约束力不断增加，进而限制人口过快增长，表现为"以地定人"。例如，《北京城市总体规划（2016 年—2035 年）》明确建设用地减量发展，2015 年北京市城乡建设用地状况是 2921 km^2，2035 年减到 2760 km^2 左右，在减量发展的同时进行人口控制，确定北京市常住人口规模到 2020 年控制在 2300 万人以内（实际 2020 年人口总数为 2189 万人），2020 年以后长期稳定在这一水平。

究竟是"以地定人"还是"以人定地"？实际上"以人定地"和"以地定人"并无定论，而是应依据区域发展的特定阶段挂钩"稀缺"。当城市发展

---

① 国家统计局：http://www.stats.gov.cn/。

处于工业化发展初期，可供空间扩张的后备土地资源较为富足时，在人地关系挂钩中人口要素更为"稀缺"，因此该阶段模式选择的应是"以人定地"。当城市处于城镇化和工业化发展中后期，由于土地资源绝对量是固定不变的，其自然供给无弹性。因此，随着人口不断增长，土地资源的稀缺性将不断增强。为了缓和土地资源有限性和人口需求无限性之间的矛盾，政府通常选择制定和调整土地政策来影响人口居住、迁移等活动。此时在人地关系挂钩中土地要素更为"稀缺"，因此该阶段模式选择应为"以地定人"。然而，当城市处于城镇化和工业化发展后期时，随着人口总量增长趋势的逐渐减缓和人口结构的不均衡性变化，未来人口尤其是具有较高工作技能和知识水平的劳动力的稀缺性会逐步提升。这种稀缺性在经济优势明显的发达地区将更为凸显，集中表现为"用工荒"和"就业难"的结构性矛盾。《中共中央关于制定国民经济和社会发展第十四个五年规划和二〇三五年远景目标的建议》明确要求"深化人才发展体制机制改革，全方位培养、引进、用好人才"。由此可见，"十四五"时期，在总体上延续"以地定人"政策导向的同时，还应更多考虑"以人定地"，即通过优先保障土地来吸引人才，推动形成优势互补、高质量发展的区域经济布局。

综上所述，"十四五"期间，人多地少仍然是我国的基本国情，因此土地仍是稀缺资源。首先，应当坚持科学划定"三区三线"，并严格保护与合理利用，严格实行耕地与生态用地保护，严格限制城乡建设用地的无序增长。其次，针对大量闲置低效的粗放用地，应当挂钩"人"这一稀缺资源，以"人"为需求实现存量再开发利用，不断优化土地的供给空间、数量和功能结构。此外，根据人的实际稀缺程度，重点引导建设用地向需求最为迫切和优势最为凸显的区域和产业集中，推进建设用地空间向更为微观的核心优势"板块"集中，尤其是适度增加居住用地、绿地与广场用地等比例，以保障"人"对安全宜居、开阔舒适和生态美好环境的诉求。

8.1.2　人地关系的阶段变化认知

1. 城镇人地关系阶段变化

1）总体人地"双增"但增幅不断下降，部分区域出现减少趋势

数十年以来，我国城镇人口数量增长和城市建成区面积扩张总体呈现出"双增"的态势，然而城市建成区面积增幅已然呈现出缩小趋势，且部分区域城区人口和城市建成区面积开始减少。如图 8-5 所示，2002~2018 年，全国城区人口增长 7510.43 万人，增加幅度为 21.32%，城市建成区面积增加 32 483.11 km^2，增加幅度为 125.06%。其中，东部地区城区人口、建成区面积增量均最大，城区人口增加 6188.64 万人，占总增长量的 82.40%，建成区面积增加 15 532.48 km^2，占总增长量的 47.82%；西部城区人口增加 671.36 万人，建成区面积增加 8417.72 km^2；中部地区城区人口增加 631.05 万人，建成区面积增加 6269.80 km^2；东北部地区城区人口增加 19.38 万人，建成区

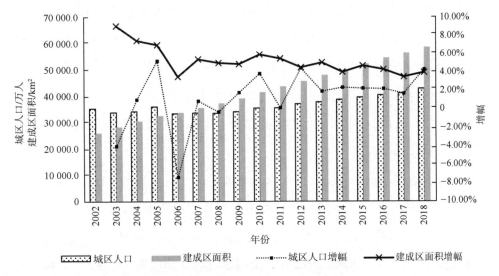

图 8-5　2002~2018 年城区人地增减变化

资料来源：《中国城乡建设统计年鉴》

面积增加 2263.11 km²。然而,建成区面积历年均为增长且增幅有缩小趋势,增幅由 2003 年的 8.99%降至 2018 年的 3.97%。同时,4 省城镇人口出现减少,2002~2018 年,黑龙江、甘肃、湖北和四川的城区人口共减少 1551.22 万人。此外,地级市层面上有 35.54%的城市城区人口减少,共计 102 个城市城区人口减少 2741.28 万人,主要分布在东北、西部等城市。黑龙江省鹤岗、双鸭山和伊春 3 个城市建成区面积减少了 9.07 km²。

"十四五"期间,全国层面城区人地总体变化趋势将基本一致,表现为缓慢增加,然而部分区域将呈现出城区人口减少态势。从城区人口总量来看,随着新型城镇化的不断推进,城区人口数量在持续增长,到 2025 年全国城市城区人口约为 4.41 亿人,大约在 2030 年城区人口达到最高峰,之后未来数十年我国人口数量会缓慢下降。建成区总量在 2025 年大约为 71 000 km²,大约在 2045 年到达拐点,之后会长期保持稳定,并有可能伴随着生态文明进程的逐步开展进一步下降,实现减量发展。"十四五"时期,东北地区的城区人口数量可能将进一步下降,山东、甘肃、湖北和四川的城区人口由于流出趋势较为显著,同样也具有下降的可能性。由于中心城市、都市圈、河流流域将是我国未来安居乐业的主要空间,这些区域的建设用地和人口数量在未来五年内可能仍将逐步增长。其余地区的建设用地由于利用习惯和发展方式难以迅速改变,可能在短期内仍然需要增长,但是在东北部分地区可能出现建成区面积减少的趋势。

2)土地增速稳中有降已低于人口增速,部分城市率先显现"人比地快"

2002~2018 年,全国城区人口增速和建成区面积增速总体上呈现先剧烈波动后稳定的趋势,建成区面积增速普遍高于城区人口增速,然而二者的差距稳定且逐步缩小。2002~2012 年,全国建成区面积增速(5.78%)是城区人口增速(0.49%)的 11.80 倍;2012~2018 年,城区人口和建成区面积总体表现为协调,全国建成区面积增速(4.24%)是城区人口增速(2.43%)的 1.74

倍。由此可见，总体而言我国的城市面积仍在快速增加。然而，2018年城区人口增速（4.28%）首次超过建成区面积增速（3.97%），这意味着人地关系的阶段出现拐点，表明人口城镇化速度已然快于土地城镇化速度。分区域而言，各个省区市人地关系阶段差异性较大。如表8-1所示，2002~2012年，仅有上海（0.95）和青海（0.66）增速比值介于0.5与2之间，安徽建成区增速约为5.68%，而城区人口增速仅约为0.08%，增速比值高达71.47。2012~2018年，共有17个省区市增速比介于0.5与2之间，吉林建成区增速为2.93%，而其城区人口增速仅为0.03%，增速比值高达97.67。整体来看，东部地区省份人口城镇化和土地城镇化速度匹配程度较高，其率先步入存量阶段走向精细化发展。中部地区人地增速差距也逐步呈现缩小趋势，中部地区除湖北外，其他省份增速比均下降。部分城市率先显现"人比地快"，共有10个城市增速比小于1，如东部地区的北京、舟山、深圳、儋州，中部地区的孝感、娄底、咸宁，西部地区的保山、日喀则，东北地区的葫芦岛。

"十四五"期间，在全国层面人地增速变化趋势将一致表现为增速缓慢下降且差距缩小，土地增速较人口增速下降得更快。城区人口增速到2025年约为0.07%，大约在2030年人口增速降为0，之后未来数十年我国人口增速可能为负值。建成区面积增速在2025年约为0.02%，大约在2045年降至0，之后会长期保持稳定。"十四五"期间，过往土地城镇化快于人口城镇化的问题将逐步解决，城镇土地的集约利用水平进一步提高，更为强调存量土地的潜力挖掘和空间结构的优化升级。分区域而言，中西部随着生态文明建设和西部大开发的推进，生态资源红利和多业态创新融合可能带来更快的人口增长，而以往相对"超前"的规划建设将得到更为有效的挖掘和利用。随着生态文明的建设需要，东部地区的建设用地增速下降将尤为突出，尤其是北京、上海等实行减量发展或存量发展的区域，城区人口增速可能远大于建设用地速度，人地关系进入新的阶段。

表 8-1　2002~2018年中国各省区市两阶段人地平均增速比较

东部地区	建成区增速/城区人口增速		中部地区	建成区增速/城区人口增速		东北地区	建成区增速/城区人口增速		西部地区	建成区增速/城区人口增速	
	2002~2012年	2012~2018年		2002~2012年	2012~2018年		2002~2012年	2012~2018年		2002~2012年	2012~2018年
北京	0.29	3.52	山西	21.34	2.01	辽宁	6.89	-4.43	内蒙古	3.67	-4.88
天津	-14.95	0.50	安徽	71.47	2.99	吉林	18.67	97.67	广西	-3.93	1.70
河北	2.39	1.46	江西	3.98	1.49	黑龙江	-7.47	18.04	重庆	-11.90	1.45
上海	0.95	12.08	河南	20.54	1.94				四川	-0.89	1.69
江苏	6.56	1.52	湖北	-0.65	1.95				贵州	24.71	2.39
浙江	5.06	1.47	湖南	2.51	1.46				云南	2.94	1.07
福建	6.09	1.70							西藏	5.58	0.43
山东	-5.45	1.85							陕西	7.04	1.30
广东	3.01	1.08							甘肃	-1.23	4.19
海南	2.44	2.49							青海	0.66	1.46
									宁夏	7.25	-4.27
									新疆	3.42	9.36

资料来源:《中国城乡建设统计年鉴》

2. 乡村人地关系阶段变化：人口减少而用地增加

1949~2019 年，乡村人口总数经历了先增后减的过程。从初期的 48 402 万人增至 1995 年的 85 947 万人，而后降低至末期的 55 162 万人（图 8-6）。相比乡村人口总数"先增后减"的变化特征，乡村人口占总人口的比重表现为降低的发展趋势，由初期的 89.36%降低至末期的 39.40%，降幅过半。2009~2016 年，村庄用地面积逐年增加，由初期的 23.5173 万 km² 增加至末期的 28.9276 万 km²，年均增长 3%以上（图 8-7）。综合看来，乡村人口的减少和村庄用地面积的增加相伴发生是近十年来乡村人地关系阶段变化的基本特征。

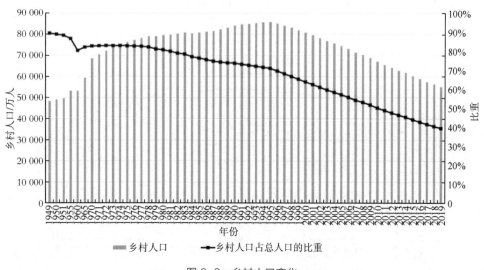

图 8-6　乡村人口变化

资料来源:《中国农村统计年鉴》

3. 人地关系阶段的再认知：高速发展的转型阶段

总体而言，人地关系的波动变化可以进一步细分为五个阶段（图 8-8）：初始发展（复苏发展）、高速发展、高质量发展、收缩衰退和凋零阶段。初始发展（复苏发展）阶段，人口数量较少，土地资源禀赋比较优势凸显，明显

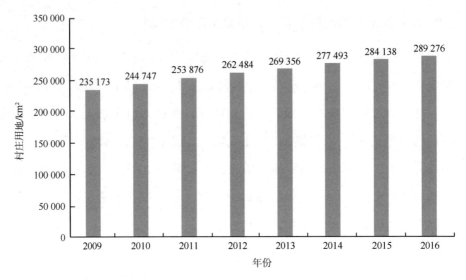

图 8-7　村庄用地变化

资料来源：土地调查成果共享应用服务平台

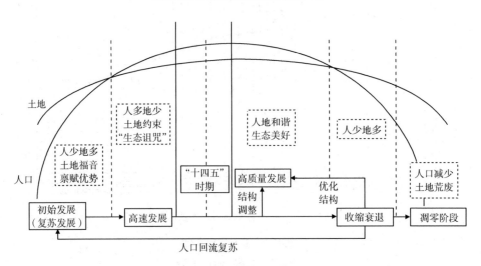

图 8-8　人地关系周期图

表现为土地福音，通过廉价的土地扩张利用能够有效地促进发展，该阶段虽
然对生态扰动较大，但由于生态环境的总体韧性较强，社会发展尚可承受生
态扰动。高速发展阶段，人口增量大、增速快，土地资源的约束性凸显表现

为土地约束，发展受资源环境瓶颈严重制约，同时土地资源的高强度利用成了某种"生态诅咒"，生态安全地位上升。随着城镇化速度的不断推进，人口增加和土地扩张逐渐降低、增速放缓最后趋近于零增长，如人口结构和土地资源存量利用结构不断对应耦合和优化调整，区域有可能进入高质量发展阶段，生态压力不断降低、资源环境承载力达到均衡水平，最终达到人地和谐的发展目标。然而，如果在高速发展阶段未能充分协调好人口和土地结构，区域有可能进入收缩衰退阶段，由于生态环境等方面不断恶化，人口开始减少，土地由于惯性仅为建设用地但逐步被闲置废弃，城市出现收缩，又回归到人少地多的情景。在收缩衰退阶段，如果人地关系协调及时，留住人口、优化土地利用结构，仍然有可能进入高质量发展阶段；若协调得并不完全及时但方式得当，之后人口可能逐步回流，土地恢复利用，城市再次复苏，依然体现为土地要素作为禀赋福音促进发展，步入新的人地关系生命周期；若协调得不尽合理，则人口逐步流出或人口自然增长不断降低，大面积的土地将出现荒废，城市将逐步凋零甚至有可能消失。

"十四五"时期，总体而言我国应当处于高速发展的后期转型和结构调整阶段。随着新型城镇化的深入推进，2019 年我国城镇化率为 60.60%，首次超过 60%。全国总人口增量、建成区增量呈减小的趋势且增速放缓（图 8-9和图 8-10），2002~2019 年全国总人口增幅由 0.65%降至 0.33%，2003~2018年全国建成区面积增幅由 8.99%降至 3.97%。在这一阶段，面临着至关重要的重大调整决策，究竟是走向高质量发展还是迈入收缩衰退甚至凋零。面对这一阶段，首先，我们需要把握住人多地少、人地双增和人比地快的总体国情，也需要关注乡村人口减少而用地增加的问题，直面仍然突出的资源限制和环境约束，把生态文明建设的理念深刻融入"十四五"时期的城镇发展和土地利用，充分预判和防止生态恶化可能带来的诸多风险，实施全域完善的生态保护和修复整治。其次，人比地多、人比地快的现实意味着人的用地诉

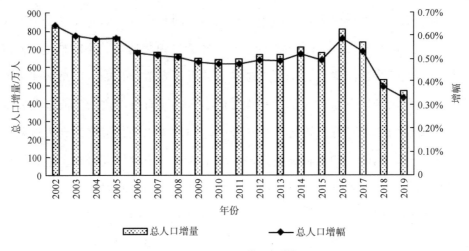

图 8-9　总人口增量与增幅

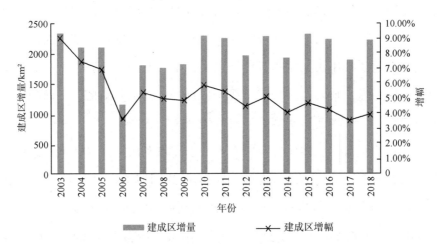

图 8-10　建成区面积增量与增幅

资料来源：国家统计局

求难以满足，因而在生态环境不受破坏的前提下，仍然坚持土地特别是建设用地的集约节约利用，同时进一步实现闲置、低效存量用地的高效再挖掘，充分满足人的多维度用地诉求。最后，有效引导人地和谐，保证人和地之间维持在一定的和谐范畴之内，不让人口过度超过土地承载极限，也不能让人口过度衰减，实现长期稳态平衡的高质量发展。

8.1.3　人地关系的未来冲击认知

1. 新型城镇人地关系：生态化、混合化和舒适化

首先，生态化的基础层次是满足人的景观视觉诉求。建设用地扩张导致绿地、水体等生态用地面积缩减和质量降低，破坏了城镇自然景观形态和功能，最终剥夺了城镇居民最基本的视觉美感享受。其次，生态化的发展层次要满足居民的绿色环境诉求。"钢筋水泥丛林"是对城镇居民生活环境的形象比喻，灰色单调的建筑环境降低了居民的生活体验。对绿色环境的诉求不仅包括建筑、植物、水等要素，更要以人与自然和谐相处，享受自然为追求目标。最后，生态化的享受层次是回应休憩游玩空间诉求。高品质的新生活理念体现了新时代居民追求闲适、愉悦身心的精神需要。提供高绿化的休闲场所，营造自然情趣的游憩空间，成为未来人地关系发展的新要求。

人地关系混合化不仅是集约节约利用土地资源，促使城市紧凑发展的有效方式，也是激发城市活力、促进城市安全的有效途径，有助于减少交通出行及钟摆交通，是低碳城市的重要策略。随着信息化、网络化的不断深入发展，居家办公、在线购物、虚拟现实（virtual reality，VR）旅游等成了生活新模式，在新冠疫情常态化趋势下更是得到了加速发展。首先，居住空间和办公空间混合居家办公作为现代办公方式的新时尚，打破了传统办公模式的禁锢，改变了传统办公理念，随着网络技术的不断优化和完善，居家办公人群的队伍势必扩大，疫情期间，居家时间可能大幅提升、社交无接触要求逐步加强，更是推动居家办公成为上班新模式。其次，现实和虚拟空间的混合。数字技术、互联网的发展弱化了对公共空间地理、物理属性的强调，虚拟平台逐渐成为公众，尤其是年轻群体参与公共活动的"场所"，家庭式信息混合虚拟空间可以作为博物馆、名胜古迹等公共文化空间的外延，在一定程度上

消解了物理距离形成的客观阻碍，突破时间与空间的限制，实现私人场域与公共文化空间的连接。交通、商服、居住和办公组团空间混合度诉求进一步提升。

随着社会经济的不断发展，人民的生活水平不断提高，对居住空间的需求日益多元化，居住空间不仅是满足一般居住需求的建筑实体，更是在一定程度上能够给人们带来良好舒适的身心感受。首先，相较于利用过于集约、人群过于密集和个人空间过于狭窄的高楼大厦，更为舒适、疏散和开阔的居住空间结构，成了城镇居民追求更美好生活的必然诉求。其次，便利出行也是重要的生活诉求之一。从城市整体来看，应优化城市路网配置，提高道路通达性，加强城市公共交通和慢行交通系统建设管理，加快充电基础设施建设，加强停车场管理。

2. 新型乡村人地关系：传统化、联结化和自由化

新型的乡村人地关系保留了传统化的特点。具体说来，一方面是以农为主，将农业作为乡村的传统产业，耕种成为村民的主要谋生手段；另一方面是以田成方、路成网、树成行、渠相连构成的乡村景观和以祠堂、家谱、家风、家训等构成的传统文化。新型乡村人地关系，仍然是以农业为主的产业结构，但是农业本身的技术含量和附加值不断增加，如"互联网+"农业。2016 年，中央一号文件强调，"大力推进'互联网+'现代农业，应用物联网、云计算、大数据、移动互联等现代信息技术，推动农业全产业链改造升级"。实际上是更多赋予农业新动能，为新型乡村人地关系奠定产业支撑和经济基础。新型乡村人地关系，不仅要保留承载乡愁的乡村景观（如古镇、名村、民族村等），而且要注重传承和延续传统文化（如勤为本、孝当先等）。事实上，乡村景观和传统文化互为表里，共同塑造了和谐生动的新型乡村人地关系。

新型的乡村人地关系强化了联结化的程度。日趋完善的基础设施成为城

乡之间的桥梁，间歇性人流、网络状物流和持久性信息流得以连接贯通。间歇性人流主要表现在两个方面：一是城市人口向乡村地区短时流动，即在周末休息日或节日休假期，城市人群前往乡村郊游休闲，一旦假期终止便返回城市。这种流动往往时间较短，且受到城市人口旅游偏好、被流入地区交通便捷度和基础设施完善度的影响。二是乡村人口向城市地区季节性流动，即农忙时期回乡耕种，农闲时期进城打工。这种流动时间明显长于前者，且时间长短受到经济激励大小的影响。这种季节性流动使得农民兼有了工人的角色，产生了农民工群体。同样，网络状物流也得益于完善的基础设施。四通八达的交通网络既方便了城乡人口流动，也便利了城乡贸易往来，如乡村农产品和城市工业制品交换。新型乡村人地关系联结化的另一个重要表现是持久性信息流。近些年来，大数据、物联网等现代信息技术的发展，促使传统农业转型升级。"互联网+"现代农业对农业生产、加工、销售等环节的优化，提升了农业生产效率，增加了农民和村集体收入。江苏、浙江等地的农村甚至成了电子商务支撑下的淘宝村。借助高科技手段的持久性信息流正在重塑着乡村人地关系。

新型的乡村人地关系呈现出自由化的趋势。首先，人口在城乡之间的双向流动日趋自由化。一方面，城市居民前往乡村郊游、观光、休闲、游憩甚至养老等。为了体验更宜居的生活环境，城市人口尤其是更多地具有稳定经济收入的老年人口更倾向于返乡生活。城市人口要素向乡村地区的流动，是城市居民寻求生活环境改善和精神需求满足的主动选择，反映出人口要素对优质土地要素及其地上环境的青睐。另一方面，为了寻求更多的工作机会，农村人口尤其是青壮年劳动力选择进入并努力留在城市地区。农村人口要素向城市地区的流动，是农村剩余劳动力再次转移的过程，这反映出人口要素对土地要素的依附性降低。其次，土地要素也呈现出更多的自由化趋势。例如，针对盘活承包地、宅基地、农村集体建设用地、集体林地等"四块地"

的新政策，就体现了激发乡村各种资源要素活力的目标导向。土地在更大范围内更加自由地流转成为当前要素市场化改革的重点和难点问题。

3. 供给侧结构性改革：把握未来的"变"与"不变"

1) 合理预测未来变化，应对未知风险

在当前国内国际的新经济形势下，全球发展表现出更强的不确定性。作为世界第二大经济体，我国已经进入经济新常态时期。如何适应、把握和引领新常态成为政府、学者和社会各界共同关注的现实问题。在众多纷繁复杂的经济社会关系之中，生产关系占据基础地位，发挥着决定性作用。作为生产关系的一种重要表现形式，人地关系描述了人基于生产和生活需求利用与改变土地的过程，也需要因时而动、因势而为。2008 年，《全国土地利用总体规划纲要（2006—2020 年）》总结了我国人地关系紧张格局的五大问题，即人均耕地少、优质耕地少、后备耕地资源少；优质耕地减少和工业用地增长过快；建设用地粗放浪费较为突出；局部地区土地退化和破坏严重；违规违法用地现象屡禁不止。

时至今日，人地关系紧张的局面仍然没有显著改观。因此，未来人地关系健康化发展的可行路径需要立足经济发展大环境，合理预测未来变化，以从容应对未知风险。①后新冠疫情时代的冲击风险。随着新冠疫情常态化，个人安全诉求不断加强，独立生活圈内各类诉求不断提升，对美好环境诉求加强。②耕地保护与生态保护相冲突的风险。在土地资源利用中，普遍存在对生态国土建设认识狭隘化，没有充分认识和发挥耕地的生态功能和属性，对耕地保障粮食安全、保护生态系统和维护社会稳定的多目标认识不足等问题。随着生态文明建设的推进，这种认知偏差容易出现将耕地保护工作与生态文明建设割裂开来，忽视生态空间、农业空间和城镇空间统筹融合的重要性，对未来落实耕地保护提出了挑战。③人口变化下土地利用结构面临周期

性失衡的风险。随着人口增速逐渐放缓和城市化率逐渐趋向饱和，当前的土地资源利用数量结构、空间结构可能在未来出现结构性失衡的问题。另外，随着人民物质文化水平的不断提高，人对于土地资源在功能、数量等方面的需求也会发生改变，当前土地资源利用结构和配置思路不一定能够适应未来人地关系的变化。④产业结构调整下用地需求不确定的风险。土地资源作为重要的生产资料和社会资产，在配置过程中要根据用地部门的需要进行调整。但由于我国正处于经济转型时期，产业结构将持续优化、升级和调整，存在较大的不确定性。土地资源配置机制和用地规划中刚性过大等问题可能无法有效地对产业结构调整需求做出引导和反馈，这将影响土地资源的利用效率，影响国土空间优化和宏观经济发展。⑤气候变化下土地资源利用调整应对不及时的风险。土地利用变化是全球气候变化的重要原因，而为了应对全球气候变化必须对土地资源利用结构和利用方式做出调整。但由于土地利用方式和结构变化存在滞后性和较大程度的不可逆性，可能出现无法及时应对气候变化的风险。例如，应对气候变暖需要增加森林覆盖率，但是森林培育的长期性及过程中林木坏死等无法避免的问题，都可能给气候变化的有效应对带来风险。

2）尊重不变的规律

A. 尊重自然规律——考虑资源约束，立足环境承载

首先，尊重自然规律要求考虑资源约束，立足环境承载。供给结构中要综合考虑各类限制性约束。大量消耗土地、消耗水资源、消耗能源、消耗矿产资源以实现高增长，使我国资源环境的承载力已接近极限。人与自然的关系是人类社会最基本的关系，遵循自然规律是人类社会产生、存在和发展的基础，也是实现可持续发展的前提。过去以土地、水、矿产等资源大量消耗维持的高增长模式，使得我国资源环境承载力已接近极限。面对日益趋紧的资源约束和不断下降的环境承载，尊重自然规律成为供给侧结构性改革的应

有之义。广义上讲，土地面积是有限的，人类不能创造土地，也不能改变其固有位置。土地自然属性客观上限制了人类的开发和利用活动，这要求人类活动不能突破生态保护红线、环境质量底线和资源利用上线。人与自然的关系是人类社会最基本的关系，遵循自然规律是人类社会产生、存在和发展的基础，也是实现可持续发展的前提。

B. 尊重社会规律——立足人民需求，体现公序良俗

要进一步依照社会人口结构和社会治理诉求，让人地关系满足人民追求美好生活的需要。当前"人民日益增长的美好生活需要和不平衡不充分的发展之间的矛盾"，从生存需要到发展需要再到享受需要，多样化的人民需要导致人地矛盾不断变化。这首先要求我们尊重社会规律，把握人民需求发展的阶段性特征，创新治理能力理念和模式。例如，新冠疫情之下，人们需要充分的社交距离，此时人地矛盾从不够集约转为过于集约，由此应重新定义土地集约利用的内涵，首要保障必要的社交距离、居住空间和不受打扰的个人活动场域。要关注人地关系中的社会公平，体现公序良俗。土地是人的重要生产和生活保障，在改变人地关系中应尤为关注得失土地涉及的社会公平。通常来说，公平指的是社会的政治利益、经济利益和其他利益在全体社会成员之间合理而平等的分配，意味着权利平等、分配合理、机会均等和司法公正。对人地关系变化而言，不仅要关注土地资源价值显化、财产权利平等、增值收益分配合理，更要关注发展权损失补偿、保障土地资源可持续利用、生态保护和公共利益需求限制下的土地资源发展机会均等，同时也要强调监管体系的公正廉洁，切实实现"权利显化平等，利益分配公平"。例如，人地关系调整中应尤为关注失地农民的土地保障功能补偿，关注城镇农民工的农村宅基地退路保障，关注城镇弱势群体的生存和居住环境。

C. 尊重经济规律——以土地要素市场化配置为动能，推动解决人地矛盾

城乡二元结构限制破解的需求迫切，城市人和农村人都有充分利用土地

资源、实现土地资产属性的诉求。城市土地集约节约利用程度较高，土地市场基本形成，能基本保障城市人口对土地要素的各类需求。农村土地利用较为粗放，现行农村土地产权的主体仍然较为虚化，农民的农用地和宅基地产权不尽明晰，由于诸多政策限制，农村土地市场远未完善，农村土地难以彰显其资产价值，如《中华人民共和国民法典》第三百九十九条规定：宅基地、自留地、自留山等集体所有土地的使用权不得抵押。因此，破解城乡二元结构限制、提升城乡土地统筹利用效率，要引导促使城乡资源要素在更大范围、更高层次、更广空间顺畅流动，实现城乡统筹发展，在良性互动中促进城乡融合共荣发展，实现土地要素的自由流动和城乡耦合互动机制，提升资本下乡和劳动力下乡的质量和效用。

　　针对"十四五"时期"地"的稀缺性，一方面，可对照不同生命周期人群，探索构建土地要素供给动态配置机制，满足不同人群的用地诉求。以满足不同生命周期人群的用地诉求。如在单身期人口以"职住平衡"、教育期人口以"学区就近"为导向优化土地要素配置，促进城市租房和土地流转的有机挂钩；育儿期和向老期人口对公共服务、医疗保障、养老机构用地的诉求强烈，根据生命周期进行动态土地要素保障、精准满足用地诉求。另一方面，追踪项目、产业需求，落实用地增进效率，强化国家高新区建设用地开发利用强度、投资强度、人均用地指标整体控制，提高平均容积率，促进园区紧凑发展。在国家高新区推行支持新产业、新业态发展用地政策，依法依规利用集体经营性建设用地，建设创新创业等产业载体。全力保障重大项目建设用地需求、合理满足乡村振兴重点项目用地需求、积极满足乡村产业发展用地需求。首先，要全力保障重大项目建设用地需求。积极应对重大产业建设中面临的新情况、新问题，主动对接、跟踪掌握重大建设项目的用地需求，优化规划供地规模、结构和时序，强化土地供后监管，提高出让地块品质，完善提升供地效率。以规划引领，积极挖掘和盘活低效存量建设用地空间，尤其是供而未用的产业用地和批而未供的产业用地,加速实现详细规划编制,推进低效用地通过转让、收回再出让等模式实现再利用,鼓励企业通过出租、重组、合并等形式进行再开发,保障重大项目快速落地。其次,要有力保障乡村振兴重点项目用地需求。通过适度加强建设空间供给倾斜,优先满足乡村振兴的用地需求,为农村人居环境整治等乡村振兴重点难点项目提供空间保障。最后,根据乡村资源禀赋、历史传统、现实条件等因素,判别乡村主导功能、明确乡村发展定位,合理规划适度集中、专业导向的产业空间布局,精准供地增进效率,满足乡村产业发展用地需求。

我国处于新型城镇化深化阶段,以城镇化为主导的人口空间聚集过程对土地利用结构的调整影响深刻,推动了居住用地需求的上涨,公共设施用地的需求随之上涨。因此,在减量趋势和存量时代背景下,一方面,需要进一步推进存量建设用地再开发效率。未来应合理控制存量建设用地盘活成本,积极创新激励手段解决拆迁补偿、安置和建设成本较高的问题,大力推进盘活城乡建设用地。尤为注意要建立建设用地盘活增值收益共享机制,使政府、开发商、被改造地块单位和个人分享改造开发产生的土地增值收益,调动农村集体经济组织、企业和被征地居民积极性,将政府从大包大揽的拆迁中解放出来。同时,要以各方诉求为出发点,充分创新和完善存量建设用地退出模式,降低退出成本、提升退出收益、加速退出进程,推动存量建设用地快速再利用。另一方面,提升三维空间利用效率。一是充分利用地上空间,依托原有地表建设探索地上空间,利用建设顶层空间,提高建设容积率、建设密度,或建设空中走廊、摩天大楼;二是利用地下空间进行存量开发,如地下商场、地铁等建设;三是进行空间立体开发,关注三维空间的联动,调整土地利用结构,建立地表、地下和地上空间的联动共同体,减少公共服务的建设需求压力。

8.2　新时期战略诉求梳理

8.2.1　供给侧结构性改革诉求

2015 年 11 月 10 日召开的中央财经领导小组第十一次会议上，习近平总书记第一次提出了供给侧结构性改革的诉求。随后，供给侧结构性改革更是频繁在国家经济管理工作和决策中被提及，可以说我国经济管理重心开始从需求管理向供给管理转移。供给侧结构性改革是现阶段国家经济管理中的核心，旨在通过对阻碍生产要素高效组合和配置体制机制进行变革，发挥市场在资源配置中的决定性因素，矫正目前中国经济供需错配的问题，提高全要素生产率，推动经济结构升级。十八届三中全会明确提出"市场决定资源配置是市场经济的一般规律，健全社会主义市场经济体制必须遵循这条规律，着力解决市场体系不完善、政府干预过多和监管不到位问题"。供给侧结构性改革频繁在国家经济管理工作和决策中被提及，已然成为我国目前经济发展的现实需求和新常态时期的长久需要。

供给与需求的关系是经济学研究的核心内容，经济增长则是供给侧和需求侧共同作用的结果。而我国经济的增长和经济管理一直以来都着重于需求侧的调整，依靠投资、消费和出口即"三驾马车"拉动经济增长。从实践效果来看，我国相继成为世界第二大经济体、第一出口国和贸易顺差国的同时，我国 GDP 增速却从 2010 年的 10.45%一路减缓至 2015 年的 6.9%[①]，2016 年我国 GDP 增速为 6.7%[②]。虽然这样的情况与全球经济整体低迷具有一定的关系，但也说明我国一直采取的需求拉动经济的增长方式呈现出了边际效用递减的趋势。过去"三驾马车"拉动经济增长实质上是一种从需求侧出发的经

---

① 参见国家统计局年度数据，http://data.stats.gov.cn/easyquery.htm?cn=C01。
② 参见《2016 年国民经济增速为 6.7% 开局之年亮出"成绩单"》，http://www.gov.cn/xinwen/2017–01/21/content_5161840.htm#1，2017 年 1 月 21 日。

济管理的体现,这样的需求管理是具有一定局限性的(贾康和苏京春,2015)。在我国这种局限性主要源于经济社会的复杂性导致需求的总量政策效应降低、改革的阶段性导致了货币政策和财政政策的方向性差异、中央政府和地方政府调控宏观经济的行为在周期性上的差异,需求管理上的这种局限性及我国经济发展和体制改革的双重特殊性表明我国宏观经济应该重视供给管理(刘伟和苏剑,2007)。而需求管理能够有效运行的前提是供给侧没有出现问题,供给管理主要的作用就是调节生产要素的配置效率和质量(林卫斌和苏剑,2015)。

供需失衡是导致我国经济增长放缓、下行压力大的主要原因,这当中不排除有效需求不足的情况,但主要矛盾集中在供给端,中国经济下行不完全是周期性的,而是供给侧的结构性问题,供给侧存在资源配置扭曲的状况,刺激需求难以解决问题,甚至会导致情况恶化(洪银兴,2016)。中国的供给侧结构性问题可以归结为有效供给不足和无效产能并存,总需求与总供给不匹配(卫兴华,2016)。我国这种由供给侧的结构性问题带来的供需失衡主要体现在三个方面:一是有供给无需求;二是低效率的供给抑制了有效需求;三是有需求但无供给(林卫斌和苏剑,2015)。这种供给侧结构性问题导致的直接结果就是产能过剩,产品价格水平与消费能力不匹配导致库存积压,同时又有大量新兴需求因为产业和产品体系落后而得不到满足,加上持续增加的货币供应与逐步萎缩的社会融资并存而可能带来货币性通胀,最终可能引发经济增长乏力和通货膨胀并存的局面产生,即停滞性通货膨胀。在这样的情况下,供给侧结构性改革就具有十分迫切的必要。供给侧结构性改革的根本目的是提高社会生产力水平,落实好以人民为中心的发展思想[①]。

---

① 《习近平主持召开中央财经领导小组第十二次会议 研究供给侧结构性改革方案、长江经济带发展规划、森林生态安全工作》,《人民日报》2016年1月27日。

另外，我国进入中等收入国家，作为一个发展中国家，中国已经具备资本密集型经济的特征，进入了从发展中国家向发达国家转变的第二阶段即新常态阶段，应着重发展知识密集型经济，以提高经济社会的技术水平和全要素生产率。同时，我国城镇化发展不断加快，2015 年我国按人口计算城镇化率达到 57.35%[①]，而根据《可持续与宜居城市——迈向生态文明》报告，预计 2030 年中国城镇化率将达到 70%[②]。城镇化进程的加快是我国经济结构性变化的根本动力，城镇化进程在供给端的直接表现就是劳动力供给结构性变化（胡鞍钢等，2016）。廉价劳动力逐步从剩余转向短缺，进而带来的需求变化也会影响整个供需体系，产业结构体系也将随之发生变化。因此，供给侧结构性改革不仅是我国目前经济发展的现实需求，也是我国进入新常态时期的长久需要。

供给侧结构性改革势必会对我国的土地供求关系产生重大影响，也对我国的土地供求结构提出了更高的要求。目前土地现存的问题是土地资源供不应求，土地供给不仅在数量上存在不足，在质量上也并不尽如人意，但是我国的土地资源总量并不小，问题在于土地供给的效率和机制难以满足我国经济迅速增长带来的强烈土地需求。所以土地供需的矛盾主要方面体现在土地供给侧，表现为土地资源供给结构和需求结构不匹配，高质量发展的需求难以得到满足。而土地需求管理政策重在解决总量问题，注重短期调控，难以从根本上解决土地供需结构性矛盾，也难以从根本上扭转土地利用质量和效率低下的问题，土地供给侧结构性改革刻不容缓。供给侧结构性改革在土地供求关系调整的着力点就是土地的供给侧，供给侧改革要求扩大有效土地供给，提高土地供给结构对土地需求变化的适应性和灵活性，实质上

---

① 参见《2016 年国民经济实现"十三五"良好开局》，http://jingji.cctv.com/2017/01/20/ARTIx6pgPRzlwzOdJ12kzMW2170120.shtml，2017 年 1 月 20 日。

② 参见《联合国报告预测 2030 年中国城镇化水平将达 70%》，http://www.gov.cn/jrzg/2013-08/28/content_2475379.htm，2013 年 8 月 28 日。

也就是通过调整土地生产关系，进一步解放土地供给侧的生产力。可以说，土地供给侧结构性改革是解决未来土地供给需求问题的重要抓手和必经路径。

8.2.2 经济新常态战略诉求

我国经济发展进入新常态，是党的十八大以来以习近平同志为核心的党中央在科学分析国内外经济发展形势、准确把握我国基本国情的基础上，针对我国经济发展的阶段性特征所做出的重大战略判断，是对我国迈向更高级发展阶段的明确宣示。经济发展新常态有三个特点：一是社会经济发展从注重高增长向注重高质量转变，从高速增长转为中高速增长。在过去高速发展阶段，城市化进程的快速推进是最显著的特征之一，这一过程使得土地的稀缺性更加凸显，而其引致的对城市建设用地的大量需求也使得保护耕地的压力愈演愈烈。二是经济结构日益优化升级，第三产业的消费需要逐步成为经济主体，城乡发展差距不断缩小，居民收入占比逐年提高，改革开放的发展成果将惠及更广大百姓。社会经济发展要实现可持续的、注重发展质量的新常态，集约利用城乡土地资源就成为极其重要的手段之一。三是提倡经济发展从要素驱动、投资驱动到创新驱动的转变。对土地资源的开发利用以及管理，要优化手段和模式，不能凭借以前简单粗暴"摊大饼"的方式进行城市土地的开发利用，要注重投入要素的数量更要注重投入要素的质量。同时，随着国内经济进入经济增长换挡期、前期刺激政策消化期和结构调整阵痛期的"三期叠加"阶段，资源环境约束加剧，高投入、高消耗发展方式难以为继，必须转变土地利用方式。

2014年5月，习近平在河南考察时第一次提及新常态："我国发展仍处于重要战略机遇期，我们要增强信心，从当前我国经济发展的阶段性特征出发，适应新常态，保持战略上的平常心态"[1]。2015 年 3 月，李克强总理在政府工作报告中也提出"主动适应和引领经济发展新常态，坚持稳中求进工作总基调"，并提出当年国内生产总值预期增长 7%左右[2]。新常态的主要特点，从速度上来讲是从高速增长转为中高速增长；从结构上讲是经济结构不断优化升级，第三产业、消费需求逐步成为主体，城乡区域差距逐步缩小，居民收入占比上升，发展成果惠及更广大民众；从动力上来讲，要从要素驱动、投资驱动转向创新驱动。新常态的新，关键在于经济结构的转型升级，要摆脱传统依靠投资规模扩张导致产能过剩的粗放型、污染型高增长态势，进入高效率、低成本的集约型、可持续的稳态中高速增长阶段。

中国经济目前正处于增长速度换挡期、结构调整阵痛期和前期刺激政策消化期、外需向内需的转化期"四期叠加"的特殊阶段，经济仍面临较大下行压力。GDP 告别过去 30 多年平均 10%左右的增速，从 2012 年起开始回落，2013 年、2014 年、2015 年、2016 年增速分别为 7.7%、7.3%、6.9%，6.7%，"十三五"年增长底线 6.5%。伴随着经济状况的转变，人口、城市化、粮食等方面也出现了相应的变化。

1. 城市经济新常态

随着城镇化的快速发展，新增建设用地面积、非农建设占用耕地不断增加，城市土地利用粗放。2014 年，我国城镇低效用地占到 40%以上，农村空闲住宅达到 10%~15%，处于低效利用状态的城镇工矿建设用地约 5000 km^2，占全国城市建成区的 11%。2002~2012 年，城镇化率每增加 1%，非农建设用地占用耕地增量、新增建设用地面积增加量波动上升，2012 年后，随着经济

---

① 参见《习近平首次系统阐述"新常态"》，http://www.xinhuanet.com/politics/2014-11/09/c_1113 175964.htm，2014 年 11 月 9 日。

② 参见《政府工作报告（全文）》，http://www.gov.cn/guowuyuan/2015-03/16/content_2835101. htm，2015 年 3 月 16 日。

新常态、土地集约节约利用及耕地保护的不断受到重视，面积增量呈现下降趋势。随着城镇化的推进和三孩政策的施行，未来一段时期，我国每年新增城镇人口 1000 多万人，到 2030 年新增城镇人口将达到 3 亿人，激增的城市人口将给城市土地的供应带来新挑战。随着城市的扩张和人口的增加，对建设用地的需求势必继续上升，土地供需数量矛盾和结构矛盾的现象可能更加严重。

2. 农村发展新常态

我国粮食安全随着国内外环境条件变化和长期粗放式经营积累的深层次矛盾逐步显现，面临多方面的新挑战。2004~2017 年，我国粮食总产量实现了"十四连增"，然而应当意识到新常态下粮食增产潜力不断下降。2004 年粮食总产量较 2003 年仅增长 9%，增长幅度不大，其重要原因在于耕地面积减少、质量偏低等生产条件的限制，再加上农村人口比率的不断减小，粮食需求的刚性增长，新常态时期粮食供需平衡压力依然较为突出。此外，新常态时期国内外市场竞争逐步转向以质量型、差异化为主的竞争，国内粮食生产成本偏高、价格优势消失、生产效益下降，在经济增速放缓、农业补贴相对不足的新常态背景下，粮农收入增速将不断减缓，种粮积极性也将受到打击。2004~2013 年的 10 年间，中国玉米、小麦、水稻三种粮食的每公顷产量增加了 599 kg，增幅为 9.85%，而生产成本则由 5932 元/hm^2 增加到 15 393 元/hm^2，增幅为 159.49%，生产利润由 2948 元/hm^2 下降到 1094 元/hm^2，下降了 62.89%。其原因主要在于我国土地经营规模总体上呈现"小、散、碎"特征，农业组织化、市场化程度偏低，农业科技整体实力不强。我国粮食还存在严重浪费的现象，联合国粮农组织及国家粮食和物资储备局发布的数据显示，我国每年生产的粮食 35%被浪费。一方面在消费环节的损失浪费约合 2000 亿元，相当于两亿多人一年的口粮；另一方面在粮食储存、运输和加工等环节的浪费高达 350 亿公斤，接近我国粮食总产量的 6%。随着粮食问题越来越突出，土地问题也越来越成为重要的社会议题，随着对粮食的要求越来越高，我国对耕地的供给数量和供给质量的要求也越来越高，耕地供求情况也势必要进入新常态。

3. 人口经济新常态

十八届五中全会决定：一对夫妇可生育两个孩子政策。这是实施了 30 多年的计划生育政策的重大调整。2015 年，我国总人口 13.74 亿人，如不考虑二孩政策，人口总量将在 2030 年达到高峰 14.75 亿人；若考虑二孩政策，预计带来 300 万~800 万年新增人口。2018 年，中国人口增长率处于 5‰左右的低水平，并在 21 世纪 30 年代末转为负增长，且人口老龄化加速，劳动年龄人口减少，平均预期寿命显著延长。从中期和长期看，人口低增长或负增长会使劳动力规模缩减，导致劳动力供给趋紧，并推动劳动成本上涨，如果劳动生产率不能得到更快提高的话，劳动力减少将会直接导致经济增速下滑。自 20 世纪 90 年代末以来，我国经济活动人口和就业人员的增速都明显下降，2005 年以来，年平均增长率分别只有 0.51%和 0.38%。尤其是自 2012 年以来，劳动年龄人口持续减少。由于长期的低生育率，我国劳动年龄人口在未来 30 年都会持续减少，如果生育率不能出现明显回升，那么未来 60 年将一直减少。根据麦肯锡全球研究所的预测，我国就业劳动力数量将在 2024 年达到峰值，然后进入负增长，到 2064 年共减少 1.52 亿多人。目前我国已经进入退休高峰期，劳动参与率不断下降，每年新增劳动力数量开始减少，这些变化都会加快劳动力转为负增长的步伐。人口的增长和劳动力的增长带来了对土地资源越来越多的要求，土地供求关系随着人口情况走入新常态也必将逐渐步入新态势。

4. 环境新常态

在环境方面，根据《2014 中国环境状况公报》，2014 年我国长三角、珠三角、京津冀三大区域城市群的 47 个地级市 $PM_{2.5}$ 年均浓度仅有 5 个地级市达到中国标准即低于 35 $\mu g/m^3$，整体是世界卫生组织推荐的最佳空气质量标准指导值 10 $\mu g/m^3$ 的 3~8 倍。全国有 202 个地级市及以上城市 45.4%的地下水污染较严重、16.1%污染极严重。根据第一次全国水利普查水土保持情况普查成果，中国现有土壤侵蚀总面积 294.91 万 km^2，占普查范围总面积的 31.12%。根据《全国土壤污染状况调查公报》，全国土壤总超标率为 16.1%，耕地土壤点位超标率为 19.4%，调查的工业废弃地中超标点位占 34.9%，工业园区中超标点位占 29.4%。同时，资源无序开采造成生态系统破坏，我国中度以上生态脆弱区域占全国陆地国土空间的 55%，环境已成为影响新常态时期经济社会可持续发展和民生改善的核心问题。随着对环境问题越来越重视，人们对土地资源是否符合绿色发展的观念、是否符合可持续发展的关注也将越来越多，土地供求结构和关系也会向着绿色、可持续逐渐发展。

经济发展速度从高速增长向中高速增长换挡是新常态下经济发展的重要特征，发展动力从要素驱动、投资驱动转向创新驱动。土地资源作为经济发展的重要载体，依托土地资源低效消耗推动经济社会发展的模式不可持续，必须主动适应经济发展新常态，以提高土地资源配置的质量和效益为中心，探索节约优先、保护优先、优增提存的土地利用新途径。必须在经济发展新常态的要求下，变革土地供求结构和土地供求关系，要调整土地生产关系，提高土地供给结构对土地需求变化的适应性和灵活性，进一步提高土地利用效率，解放土地资源的生产力。

8.2.3　生态文明战略诉求

我国幅员辽阔但资源相对不足、地域差异大且类型多样、经济快速发展引发土地利用剧烈变化是我国国土空间及其利用格局的基本表征。当前，我国正处于工业化城镇化中期和经济社会转型发展的历史阶段。全球化、市场化、信息化的深入发展，工业化、城镇化、农业现代化的同步推进，人口、资源、环境约束的日益加剧，综合国力和国际影响力的不断提升，对我国土地利用规划提出了诸多新课题，迫切要求我们加大对经济社会发展和国土开发利用与保护的统筹，加快转变土地开发利用方式，以资源环境承载能力为基础，构建更优的国土空间格局、挖掘更高的土地利用质量以支撑我国未来经济社会的可持续发展。

生态文明是实现民族永续和建设美丽中国的重要体现，是实现中华民族伟大复兴的重要内容。生态文明建设要求我们必须正视资源约束紧缺、环境污染严重、生态系统退化，以及人与自然之间矛盾日益突出的现状，必须实施土地资源保护优先和节约集约利用战略，不但要转变资源开发利用观，而且要建立资源节约集约利用对经济结构优化和产业升级的倒逼机制。

一是要全面做好划定永久基本农田工作，大力推进土地整治和高标准农田建设。在注重耕地数量保护的基础上，通过实施土地复垦、耕作层剥离、污染修复、高标准农田管护等专项工程，全面提升耕地生态质量，将耕地纳入国家生态红线管控体系，充分发挥耕地在固碳、涵养水源、形成生物群落等方面的生态功能，力争将耕地资源作为保障国家粮食安全和生态安全的"双保"资源进行特殊保护。同时，要根据国家生态建设需要，合理安排退耕还林、退耕还湖、退耕还草、退耕还湿、退耕还滩工程，协调好粮食安全与生态安全之间的关系。

二是实施建设用地"四标"引导和管控。管好建设用地规模和强度，这是建设绿色国土空间，提升资源开发利用水平的关键性环节。首先，合理分配新增建设用地指标，重点对国家基础设施、战略性新兴产业，以及新型城镇化发展中民生服务工程给予倾斜，原则上特大城市不再分配；其次，按照主体功能区战略部署，对优化和重点开发区中的各类城市，做好城镇开发边界坐标管控，促进数量规模拓展合理化；再次，落实"十三五"产业发展绿色化要求，在建设用地预审阶段，加强土地开发生态环境准入门槛建设，促进实现产业用地开发的生态达标；最后，根据地区发展实际需求，合理确定资源供给规模和时序，确保实现国民经济发展目标。

三是针对"山水林田湖草"生命共同体，建设形成国土生态整治基本格局。第一，推进农村地区国土生态综合整治。以耕地面积增加、耕地质量提高、建设用地总量适度减少、农村生态环境改善为目标，整体推进田、水、路、林、村综合整治，进一步保护自然生态景观，传承乡村特色生态文化景观；第二，开展矿产资源开发集中区国土生态综合整治，推进历史遗留矿山综合整治，开展矿山开采地面塌陷、水土环境污染和矿山固体废弃物占用破坏土地等综合治理，加强矿山废污水和固体废弃物污染治理；第三，推进主要城市化地区国土生态综合整治，拓展城市生态开敞空间，推进绿道网建设，建立连接城乡绿色空间体系，科学部署城市生态用地空间，发展立体绿化，加快国家公园建设，完善居住区绿化；第四，加大海岸带和海岛国土生态综合整治力度，重点推进渤海湾等功能退化地区海岸带综合治理，整治受损岸线，恢复海湾、河口海域生态环境。

作为生态文明建设的物质基础、空间载体和构成要素，土地要素支撑各行各业，影响千秋万代，在现代化建设中具有全局性、战略性、根本性的地位。在我国土地资源开发过程中，适宜工业化、城镇化开发的陆地国土仅 180 余万 km^2，这一空间还必须考虑粮食安全、生态建设等多种需求，并且在开发过程中频现资源缺口、环境压力、地质灾害风险等问题。因此，生态文明建设迫切要求建立国土生态文明理念，全面变革土地供给和土地需求的关系，对土地供给模式和制度进行完善和更新，对土地需求进行平衡和协调，通过创新性的土地供求制度以及土地供给量、土地需求量的优化有效管理，实现土地资源的可持续发展以及土地资源生态体系与社会经济体系全面协调发展。

8.3　供需不匹配原因梳理

土地供求矛盾的焦点集中于耕地紧缺、建设用地扩张和生态保育用地不足等方面，这三方面密切相关。基于中国土地利用的现实情况，从中国经济发展背景、基本土地制度安排和土地利用现实情况出发，可以总结出以下几点土地供需不匹配的原因。

8.3.1　土地供应机制不完善，供应模式不合理

我国土地供需不平衡的问题，就是土地供给难以满足土地需求的问题，在很大程度上就是土地供给机制和模式不够健全、不够完善的问题。基于此，土地供给侧结构性改革刻不容缓。自从习近平总书记第一次提出了供给侧结构性改革的诉求以来，供给侧结构性改革已经在国家经济管理工作和决策中被频繁提及，可以说我国土地资源管理的重心必须从需求管理向供给管理转移了。

1. 土地供应管控失控

我国实行土地有偿使用的时间还比较短，对土地供应问题的研究还处在探索和起步阶段，因此，对如何进行土地供应管控尚未形成系统理论和成熟管理方法，现有的管理形式还未完善，所采取的管理措施和手段比较刚性，

在实际执行中可操作性还有待提升，客观上造成政府宏观调控的效果有待进一步优化。从土地供应管控本身来说，主要体现在以下三个方面。

1）土地供应管控目标不明确

如上所述，我国现阶段所采取的调控措施和调控手段主要是建立在当前经济发展出现过热、房地产市场快速升温的背景下，土地供应管控的目标主要是围绕如何抑制经济过热，防止房地产市场快速增长导致房价居高不下而设定的，缺少系统、全面和长期的目标，这影响了管控目标的实现，因此，要转变传统的管理和调控办法，积极主动地对土地供应进行管理和控制，做好制度设计，确定管控思路，明确管控手段和方法，确保土地供应各个环节可控。

2）土地供应管控手段单一

从我国近些年来所实施的管控手段来看，主要是采取行政手段，其他辅助手段如法律手段、经济手段则运用较少，导致政府对土地供应的管控存在一定程度的滞后性，管控效果有待优化。

3）土化供应管控方法有待改进

综观历年来国家对土地供应管控的方法，主要还是重前控后，重批轻管。重视土地供应前期管理，而轻视土地供应的后期监管；重视土地供应审批，而轻视平时土地管理。由于管控方法不尽完善，直接导致土地供应管控效果不理想，管控目标没有充分实现。

2. 土地供应模式不合理

土地供应模式是决定土地供应管控效果的重要因素，直接影响和作用土地供应的过程，而土地供应模式又受到相关的法律规定、政策、规范等影响，我国土地供应的法律、政策、规定不完善，导致土地供应模式不合理，主要体现在以下几方面。

1）土地供应政策对区域异质性考虑不足

由于自然条件、资源禀赋、经济基础、社会习俗等方面差异的客观存在，加之彼此间分工上前、后向联系不同导致的循环累积效应形成和强化，区域发展失衡几乎是各国（地区）经济社会发展中都不得不面对的问题，我国这方面的问题则更为突出。1978~2008 年，东部、中部、西部和东北地区生产总值占全国比重的比例由 44∶22∶14∶20 扩大到 54∶19∶9∶18，经济总量在国土空间上进一步向东部沿海地区集聚，并主要集中在长三角、珠三角、环渤海等区域，而东部持续膨胀、中部被边缘化、西部长期落后、东北衰退难止等现象也一度严重影响了我国既定经济社会发展战略目标的实现。对于土地市场建设来说，由于全国土地市场建设水平不平衡，特别是大部分地区工业用地市场还没有形成，工业用地还不具备市场竞争条件，统一要求以招拍挂方式公开出让，显然对经济欠发达地区来说是不公平的，而且从实际情况来看，包括南京在内的大中型城市都存在工业用地市场竞争不充分现象，市场化配置效率不高。

2）土地管理相关法制不健全

由于我国目前土地立法层次有待进一步提高，并且都是以纵向管理为主，而横向法律关系调整存在许多空白，造成很多的土地供应管理规定不能上升为法律，在现实中缺少相应的法律依据，实施力度不够。同时，由于缺乏政策试点地区或试点地区经验不足，在推广土地管理政策时仅关注了局部的土地问题，未能从全域、全要素和全局视角制定一个完整的法律框架。

3）土地供应规范不全面

目前原国土资源部针对土地供应方面出台了两个规范，分别是《招标拍卖挂牌出让国有土地使用权规范（试行）》和《协议出让国有土地使用权规范（试行）》，还没出台"国有土地使用权划拨规范""国有土地使用权租赁规范""临时用地规范"等与土地供应有关的规范，本身就存在不足；而从已出台的两个规范来看,内容还不够全面,对部分实践操作的约束性不强,导致有些地方并没有按照规范来执行,各地做法不一,各具特色,使规范失去了应有的指导和统一作用。

3. 土地供应机制不完善

土地供应机制作为影响土地供应的内在作用机理,间接影响土地供应管控的实施及效果,而由于受到我国长期以来体制机制尚未完善的影响,土地供应机制还有很多不完善之处。

1)考核机制待完善,造成用地冲动

由于对省、市、县级政府的考核偏向于地区生产总值等经济指标,迫使各级地方政府要加大投资、引进项目,而这必然需要土地作为支撑,产生用地冲动。少数地区甚至因受经济利益的驱动,为满足招商引资的需要,没有完全按照国家有关土地供应政策和规定供应土地,导致一些违法用地、虚假招拍挂、地价返还等违法违规的现象出现,在一定程度上限制了城市土地的科学合理供应和利用,并给国家实施管控造成了一定难度。这主要是由于地方政府和上级政府所处角色不同,省级政府与中央政府所处高度不同,上级政府实现城市土地供应管控的目标是不完全一致的,在实际管控中侧重点是有所区别的,中央政府更多的是考虑保护耕地和基本农田,以保证国家粮食安全,省级政府除了考虑保护耕地外,还要考虑全省的经济发展,既要对上保证粮食安全,又要对下保证经济发展,而地方政府则更多的是考虑地方的经济发展而占用了部分耕地,造成对耕地保护的重视程度不足。虽然近年来加强了土地出让收入管理,但在追求经济增长的驱使下,这一现象并未根本改变。财政部统计数据表明,2009年全国土地出让收入为14 239.7亿元,而同年地方政府本级收入总额为32 581亿元,土地出让收入占比接近43.7%。正是由于考核机制不尽完善,造成各级地方政府以追求经济利益增长为目标，而忽视了综合效益，造成强烈的用地冲动。

2）管理体制不健全，造成管控不力

虽然我国实行省级以下国土管理部门统一管理，领导干部的人事任免权主要由上级国土管理部门掌握，但是由于财权和物权仍归所在地的政府管理，市级及以下机构编制也由地方政府负责，形成管理上的"两张皮"，因此，对地方国土管理部门来说，一方面要按照上级国土管理部门的要求履行国土管理职能、执行最严格的土地管理政策，另一方面又要按照地方政府的要求保障地方经济发展，导致部分地方土地资源管理部门在具体执行国家政策、处理违法用地、面对政府违规操作等问题时进退两难。因此，体制改革不到位引起的缺陷是市、县土地资源管理部门受到多头牵制，难以充分发挥严格管理土地、贯彻国家政策规定的重要原因。

3）市场化机制不充分，造成土地浪费

我国实行社会主义市场经济已有三十多年，但是市场配置土地资源的机制仍然不充分，存在大量人为因素的干扰，严重影响土地供应的效果，例如工业用地供应价格主要还是政府定价，并且低于土地成本价；各地仍存在各种形式的协议出让，即使采取招标、拍卖、挂牌等市场化方式出让，但也会设置大量限制条件来影响市场竞争，甚至有的地方土地市场不发达，根本没有市场竞争。由于市场机制作用不充分，土地市场是买方市场，导致大量土地被贱卖，造成土地闲置浪费及低效利用现象。

8.3.2　规划体系相互冲突，规划编制水平有待提高

经过多年的发展，我国形成较为庞杂的规划体系，呈现依据行政体系设置的并行体系特点，即一个行政层级存在由不同职能部门主导编制的规划（林坚等，2011）。我国规划体系可以大致分为四个基本类别：一是发改系统编制

的区域国民经济发展规划和主体功能区规划；二是建设系统编制的城乡规划；三是国土系统编制的土地利用规划；四是其他专业部门就其管辖范围编制的各类规划，如林业部门的林业规划、环保部门的环保规划等，在这样的基本规划体系下根据行政区划和部门事权又纵向和横向地衍生出了网络状规划体系。我国具有法定依据的各类规划便有80多种，且存在部分规划标准不统一、部分内容表述不一、数据衔接较为困难等问题。这不仅严重损害了各类规划的权威性，更使区域空间布局和资源配置易处于混乱无序的状态，导致越位、错位、缺位等问题频发。据统计，2015年，广州与厦门土规与城规的建设用地差异图斑面积占建设用地的比例分别为52.8%、52.5%（谢波等，2015）。而且值得注意的是，尽管当前各类规划在规划目标、规划理论、编制方法和实施途径等方面具有趋同趋势，但各类规划之间实质性协调的缺乏，使这一趋同反而加剧了事权争夺与规划冲突（顾朝林，2015）。由此，实现多规融合，解决规划自成体系、内容冲突、缺乏衔接与协调等突出问题，是保障规划有效实施、强化空间管控能力、改革政府规划体制的重要举措。

土地利用总体规划是在空间上对土地利用进行合理的组织与安排。根据城乡发展需要，通过优化土地利用结构，调整土地供需平衡，达到对土地资源的合理使用。土地利用规划主要影响规划期内城乡土地的总供给。在土地利用总体规划的基础上，自然资源部（原国土资源部）每年下达的土地利用年度指标则是规划期内指标的年度分解，它直接决定了年度土地供应量。城市规划对城市土地的利用具有导向性。科学、合理的城市规划能够提高城市土地的规模效益、经济效益和生态环境效益，引导城市向可持续的方向发展。城市规划对城市用地的作用主要表现在对城市土地需求的影响方面。城市规划是在土地利用总体规划的框架内，指导城市建城区和规划区土地开发利用的方向。一个区域规划的制订，表示了未来城市发展的主要特征，这些计划建设的区域，其价值将增长，从而带来对该区域及其周边地区土地需求的增长。

目前来说，各个城市的土地利用规划和城市规划的编制水平都还不足。一方面，城市规划预判力不足，划定的城镇开发边界不合理，导致土地浪费严重。现阶段，我国土地利用规划部门并没有针对城镇建设用地制定出一系列配套的方法体系和内容体系，土地利用规划部门成员在确定城镇建设用地界线时，受到了城市规划部门成员的质疑。城市规划部门已经针对城镇建设用地界线制定了一套行之有效的方法，已经明确城镇用地的界线。许多土地规划在土地利用上缺乏前瞻性和预见性，重复规划严重。城区道路狭窄，市内排水设施数量不足，存在城市内涝问题。所直接造成的结果就是交通拥挤，生活舒适度差。各个地区之间功能分区不明显，重工业、高污染高能耗工业较多，城市污染问题急需改善。土地利用粗放，重复拆建现象严重。各个系统缺乏统一调度。土地资源规划涉及的内容较多，大到与城乡建设、经济发展等有着紧密的联系，小到与居民住宅、农村耕地利用等有着千丝万缕的联系。如果对土地资源进行规划时，没有与其他领域相结合，易出现各种各样的矛盾。而当前我国缺乏土地资源管理与其他领域之间明确的协调方案，因此土地资源管理与其他领域出现矛盾时缺乏有效的应对措施。

另一方面，规划编制常常出现土地利用结构不合理的现象。城市土地利用的问题主要体现在两方面：一是城市土地过度利用与闲置并存；城区分布梯度性差，人口分布集中，城市住宅用地在市中心占据了大量的优势区位土地。二是土地资源配置性差，各个土地功能区分布混乱。第二产业占地比重仍然较大，不能保证最优行业土地配置，从而会大大降低土地利用效率，使土地利用效率极低。大量新增建设用地由耕地直接划拨而成，虽然土地开发成本较低，但城市发展可持续性差，不利于今后的长远发展。工业区、居住区犬牙交错，道路交通拥堵。出现这些问题首先不利于城市经济的健康发展。三是交通的出行不利，城市绿化不足。城市公园绿地面积小、数量少，而这些公园的面积和布局直接影响城市的环境质量。城区道路狭窄，大部分车道都是两车道或四车道，无法满足越来越多的市民的出行需求，在现代化城市发展上城市发展后劲越来越不足。

8.3.3 土地制度二元分立，农村土地流动性不足

《中华人民共和国宪法》对土地所有权进行了明确的界定：城市的土地属于国家所有。农村和城市郊区的土地，除由法律规定属于国家所有的以外，属于集体所有；宅基地和自留地、自留山，也属于集体所有。国家为了公共利益的需要，可以依照法律规定对土地实行征收或者征用并给予补偿。另外，《中华人民共和国土地管理法》也明确规定：中华人民共和国实行土地的社会主义公有制，即全民所有制和劳动群众集体所有制。全民所有，即国家所有土地的所有权由国务院代表国家行使。任何单位和个人不得侵占、买卖或者以其他形式非法转让土地。土地使用权可以依法转让。现阶段我国城乡土地制度正是以《中华人民共和国宪法》与《中华人民共和国土地管理法》为法律基础而发展起来的，这最终导致我国城乡土地制度存在鲜明的二元分离格局。正是由于城乡土地在所有权、征用、使用权等方面存在显著差异，我国对于城乡土地资源的使用与配置进行了严格的管理，在城市一级土地市场形成了政府垄断，这种垄断行为最终导致城乡土地权益二元化格外突出。

目前阶段我国土地政策都将土地所有权归于国家与集体，这就使土地权利对城镇化的负面影响得到了有效控制，这也是我国城镇化进程能得以全面推进的重要原因。但由于城市土地国家所有制与农村土地集体所有制在事实上的地位不对等，在现有土地流转制度中农业用地产权存在残缺。但从土地权利配置角度来看，与农村土地配置了同等权利的城市土地所具备的经济收益要更大，这主要是由于城市土地征收需要给予更多的拆迁安置费用以及货

币化补偿，在市场机制之下，农村土地征收补偿则相对较少。尽管农村土地属性为集体所有，农村居民都平等地拥有土地所有权，但实际上土地所有权并不能进行分割，农村居民所拥有的土地属于一种残缺的土地权利。在现代市场经济当中，商品交易必须要具备明确的产权，农村土地由于产权不明确，因此并不具备签订成功契约的前提，土地交易、抵押担保融资也就无法实现，居民对土地的权利也无法有效实现。

我国城乡土地制度二元对立最直观的体现就是我国对耕地实行最严格的保护措施。耕地保护是关系到国内民生的大问题，是关乎我国粮食安全的战略性问题。严格的耕地保护制度给建设用地划了一条明确的红线，也对城镇的发展起到了约束的作用。因为建设用地的主要来源就是占用耕地。城市建设用地包含两个部分：一个是存量土地；二是增量土地。对于前者来说土地供应是有限的，远不能满足城市建设的发展，因此不可避免地需要部分的耕地来补充和支持城市的建设和发展。因此如何设计一个既能合理利用耕地又能保护耕地的柔性系统，以支持城市建设，从而促进城市的健康发展，这是值得深入探讨的问题。

在我国现行土地制度中政府部门在土地一级市场中占据垄断地位，土地征用对农村居民土地权益保护的程度并不高。农村土地所有者不能分享农业用地入市所带来的增值效益，同时也无法将自己所持有的土地直接投放到城市土地交易市场，其所拥有的土地被征收时只能获得青苗补偿、农业使用权补偿等价值补偿，远低于农业用地被用于工业开发与城市建设所带来的经济效益。在城乡二元土地制度的作用之下，现行土地法律政策体系也没有完全赋予农村集体和居民充分保护其土地产权的权力。另外，大多数农村居民缺乏充分的土地权利意识，而我国也未对农村土地使用权在集体内部的流转交易进行明确规定，农村土地流转效率明显不足，土地权利也无法得以有效释放。

由于城乡二元土地制度限制了农业用地的实际价值，从而助长了农业用地的粗放利用，对于大多数农民来说只要土地利用价值超过农业生产的成本就可以转让或者租借给其他投资者，土地资源的整体利用效率不高，农业用地出现大量浪费。这种现象在城郊表现得尤为突出，在城镇化的驱动之下，城郊区域的农业用地在转化为工业与建设用地之后能够降低城镇化的成本，但这也导致城镇化不再关注对城市现有土地的高效利用。根据我国国土资源部中国土地勘测规划院颁发的《全国城镇土地利用数据汇总成果分析报告》所提供的统计数据，我国城市土地平均闲置率高达43%，与之形成矛盾的是农业用地的流失并未停止。改革开放初期我国人均耕地占有面积为1.63亩，到21世纪之后我国的人均耕地面积则持续下降到了1.47亩。2015年，我国已经有664个县市的人均耕地占有面积低于联合国规定的0.8亩红线。

除此之外，农村宅基地制度也在一定程度上加剧了建设用地的供需不匹配。农村宅基地制度发展到今天已经出现了一些弊端。农村集体土地所有制使农民有权无偿使用村里划拨的宅基地。由于对闲置宅基地方面缺乏规定，闲置成本较低，农民可以占用耕地建设房屋，造成事实上的耕地面积流失。农民到城市生活和工作也不愿意放弃对农村宅基地的拥有，他们更多的是占而不用，将其作为储备资产，从而导致大量的土地闲置和住房空置的现象出现，极大地浪费了宝贵的土地资源，耕地面积大量丧失，农村出现空心化现象。由于农民的福利包括分配到的土地和无偿使用宅基地，另外家庭成员之间可以循环流转，所以农民不愿意出售。对于宅基地进入市场，市场没有合理的价格进行流通，农民更愿意将宅基地进行空置。反过来说，即使农村宅基地没有限制可以流通，进入市场也将非常混乱，因为农民可以自由得到宅基地，在利益驱动下，农村宅基地数量将会不断增加。也就是说，宅基地的供应量超过了需求量，没有一些有效的措施可以让它达到供需平衡。农村宅基地普遍存在的粗放利用现象分布相当广泛，这也是一个全国性的问题。根据不同区域经济水平、自然条件的差异情况和村民的居住情况差异而不尽相同，所以农村宅基地的管理是一个相当困难的问题。

8.3.4　土地资源利用粗放，不集约现象较为突出

传统的城镇化模式强调土地扩张，导致对城市建设用地的需求不断扩大，同时对建设用地的利用低效，这加剧了土地供需矛盾，在城市化发展的初期，地方政府片面追求城市建设的速度，城市扩张过快。城市大规模地扩大客观上要求政府投入更多的土地以维系城市的发展。另外，为了追求地区生产总值的高增长，一批高污染、高能耗的企业相继出现，粗放型经济增长方式造成城市土地粗放经营的问题，大量优质土地被浪费。大部分城市在城市化发展过程中，城区扩张面积逐年加大，人口逐渐增加，建设用地不断增加，各种工程设施相继投入建设，城市规模不断膨胀，"摊大饼"式发展造成土地供应压力巨大。数据显示，每年城市的工业用地面积占到建设用地需求总面积的三分之一以上，地区发展之间不平衡，有的城镇的规模和结构都不甚合理，大量人口集中在中心城区等一小块地方，土地资源不能优化配置。

城市作为地区发展的中心，经济发达，高校林立，外来人口众多。如果外来人口都聚集到城市，按照城镇化的传统发展模式将导致城市更加拥挤，必然造成人们的生活质量大幅下降。城市规模的扩大，虽然创造了一些就业服务工作，但根本无法满足源源不断流到城市的人口的需求。另外大多数的农业人口虽然人到了城市，仍还没有摆脱农业人口的身份，没有真正成为城市人口。长期下去，环境恶化，城市人口过度拥挤，失业、社会动荡等一系列的"城市病"将会出现，更严重甚至出现"反城市化"现象。这将更加阻碍土地结构的配置和城市建设的发展。因此，传统的城市化发展模式已不适合现代城镇化的发展。它将使土地资源更加紧张，土地供需更加尖锐，土地利用率下降，从而阻碍城镇化的健康发展。

要积极开展城乡建设用地整治，实行城镇建设用地增加与农村建设用地减少挂钩，增减挂钩指标优先安置居民、完善基础设施和公共设施，得到的收益用于支持发展农业和农村。工矿废弃地复垦利用是推进土地集约利用，缓解建设用地供求紧缺的重要途径，具有多重战略意义。根据建设用地增减挂钩有关政策，以拓展城镇建设空间为目标，以扩大建设用地增减挂钩为手段，大力实施工业废弃地、采矿废弃地、仓储废弃地、盐田废弃地、砖厂废弃地和基础设施废弃地等复垦利用工程，除了优先用于补充耕地外，宜建设的只能用于补充建设用地。尤其是实施城镇周边的工矿废弃地复垦利用工程，可直接转废弃地为建设用地，有效拓展建设用地规模，提高建设用地供给能力。

部分城镇规模过度扩张，土地城镇化快于人口城镇化，城镇人均建设用地和农村人均建设用地均超过国家标准。工业化、城镇化和农业现代化"三化"的持续推进，基础设施建设力度不断加大，建设用地需求将呈刚性增长。未来工业农业争地、城镇农村争地、农业内部争地、生产生活生态争地局面将更加突出，统筹各业用地需求更加困难。

我国土地利用的现状基本可以总结如下。第一，显性和隐性的耕地撂荒普遍加速了耕地资源的短缺，在经济利益的刺激下，土地收入水平偏低导致了大量的耕地被撂荒。人力、物力的不足导致耕地产出效益无法发挥出最大水平，也导致了耕地的隐性撂荒。第二，建设用地的增长无序，土地资源被大量浪费。开发区建设混乱且大量土地被闲置、现有城镇建设脱离地方实际偏重于外延扩展的发展模式、农村人均宅基地面积严重超标、基础设施建设缺乏科学规划等问题并存。第三，生态环境十分脆弱并有继续恶化的态势，水土流失、土地盐渍化、荒漠化、沙漠化、生态系统退化恶化问题严重。第四，土地利用的区域布局不够合理，工业用地比例偏高，道路广场、公共绿地比例偏低等现在我国各个城市中几乎是普遍问题。

通过以上描述发现我国土地利用存在的问题主要体现在利用方式粗放、投入产出比较低、利用结构不合理等方面，改变我国土地利用的方式已经迫在眉睫。中央也做出了关于土地政策参加国家宏观调控的决定，要求控制土地投放速度，防止新的粗放浪费用地出现，促进土地利用方式的转变为我国经济发展的增长方式转变提供保障。

综上，本章从土地供需现状出发，通过计算土地供给量和土地需求量的匹配程度，发现我国目前存在巨大的土地供需不平衡的矛盾。基于对供给侧结构性改革、经济新常态、生态文明发展三大发展战略的分析，探讨了未来土地供求关系的发展方向。最后，基于对目前我国的土地供求矛盾的分析，讨论其存在的原因。

第 9 章
土地数量结构动态变化特征与驱动机制研究

　　土地是复杂的自然环境与社会经济综合体,并且包含了过去与现在人类活动的结果,未来也将持续受到人类活动的影响。随着工业化、城市化的快速发展,土地作为重要的空间载体与物质保障,土地利用数量结构的时空变化反映了在社会经济与自然环境双重影响下人类对土地利用的偏好变化。当前,对于土地资源的大量需求与土地资源的有限性形成了鲜明矛盾。土地利用结构变化驱动力的研究是探索土地利用结构变化机制的核心之一,能够有效解释引起土地利用结构变化的因素,并揭示这些因素是如何通过相互作用形成合力推动土地利用结构变化的。研究土地利用数量结构变化特征与驱动力,有利于引导土地开发利用向更可持续的方向转变,以实现土地资源的合理配置、更有效率的土地管理;同时,也可以为未来土地利用的优化提供科学依据。

9.1　全国土地数量结构变化规律

9.1.1　研究区概况与数据来源

　　全国土地利用数据来自 1990 年、1995 年、2000 年、2005 年、2010 年、

2015 年共 6 期中国土地利用现状遥感监测数据的分类型土地利用栅格数据库（1000m 分辨率）。本章将土地利用类型分为农用地、建设用地与生态用地。由于此栅格数据库采用的是 LUCC 分类体系（表 9-1），因此将耕地界定为农用地，城乡、工矿、居民用地界定为建设用地，林地、草地、水域、未利用土地界定为生态用地。根据国家统计局，除港澳台地区外，我国当前经济区域可分为东部、中部、西部和东北共四大地区。其中，东部包含北京市、天津市、河北省、上海市、江苏省、浙江省、福建省、山东省、广东省和海南省；中部包括山西省、安徽省、江西省、河南省、湖北省和湖南省；西部包括内蒙古自治区、广西壮族自治区、重庆市、四川省、贵州省、云南省、西藏自治区、陕西省、甘肃省、青海省、宁夏回族自治区和新疆维吾尔自治区；东北包括辽宁省、吉林省和黑龙江省。运用 ArcGIS 提取全国 31 个省（自治区、直辖市）分类型土地利用数据，并分别计算农用地、建设用地、生态用地面积与其占总面积的比例。

表 9-1　LUCC 分类体系

编号	一级类名称	编号	二级类名称
1	耕地	11	水田
		12	旱地
2	林地	21	有林地
		22	灌木林
		23	疏林地
		24	其他林地
3	草地	31	高覆盖度草地
		32	中覆盖度草地
		33	低覆盖度草地

续表

编号	一级类名称	编号	二级类名称
		41	河渠
		42	湖泊
		43	水库坑塘
4	水域	44	永久性冰川雪地
		45	滩涂
		46	滩地
		51	城镇用地
5	城乡、工矿、居民用地	52	农村居民点
		53	其他建设用地
		61	沙地
		62	戈壁
		63	盐碱地
6	未利用土地	64	沼泽地
		65	裸土地
		66	裸岩石质地
		67	其他

9.1.2 变化特征

1. 变化幅度

各用地类型面积比例的变化幅度可以直观地反映土地利用结构的变化。1990 年至 2015 年间，正值我国经济社会的快速发展时期，土地利用结构也随之发生较大变化（表 9-2）。总体而言，我国土地利用结构中，生态用地占比较高，但其总体上呈现下降趋势。1990 年生态用地面积占比为 62.82%，此后除 1995 年略有提升外，2000 年、2005 年、2010 年、2015 年分别下降了

0.82%、0.07%、0.02% 与 0.19%，截至 2015 年我国生态用地面积占比为 62.11%。农用地在整体土地利用结构中占比次之，但近年来同样也始终呈现下降态势。1990 年我国农用地面积占比为 33.91%，2005 年、2010 年、2015 年分别下降了 0.61%、0.37%、0.37%，到 2015 年农用地面积比例为 32.35%。建设用地在土地利用结构中占比最低，但呈现出持续性的扩张态势。从 1990 年的 3.27% 起，1995 年、2000 年、2005 年、2010 年、2015 年逐年扩张为 3.84%、3.91%、4.60%、4.98%、5.55%，共增加 2.28%。可见，我国土地利用结构整体呈现由农用地、生态用地向建设用地转变的趋势。

表 9-2　1990~2015 年土地利用结构变化

土地利用类型	1990 年	1995 年	2000 年	2005 年	2010 年	2015 年	幅度
农用地	33.91%	32.94%	33.70%	33.09%	32.72%	32.35%	−1.56%
建设用地	3.27%	3.84%	3.91%	4.60%	4.98%	5.55%	2.28%
生态用地	62.82%	63.21%	62.39%	62.32%	62.30%	62.11%	−0.71%

此外，土地利用结构的变化幅度存在明显的区域差异。通过对 1990 年土地利用状况数据与 2015 年土地利用状况数据进行空间叠加，对比得到 1990 年至 2015 年间土地利用类型的变化情况。可以发现，土地利用结构的变化主要发生在东部地区、中部地区与东北地区，西部地区土地利用结构的变化幅度则明显低于其他地区（表 9-3）。

表 9-3　1990~2015 年土地利用类型的变化情况

区域	年份	农用地		建设用地		生态用地	
		比例	变化幅度	比例	变化幅度	比例	变化幅度
东部地区	1990	45.13%	—	5.42%	—	49.45%	—
	1995	42.89%	−2.24%	6.33%	0.91%	50.78%	1.33%
	2000	44.13%	1.24%	6.45%	0.12%	49.42%	−1.36%

续表

区域	年份	农用地		建设用地		生态用地	
		比例	变化幅度	比例	变化幅度	比例	变化幅度
东部地区	2005	43.20%	−0.93%	7.60%	1.15%	49.20%	−0.22%
	2010	42.65%	−0.55%	8.22%	0.62%	49.13%	−0.07%
	2015	42.16%	−0.49%	8.85%	0.63%	48.99%	−0.14%
	总计	−2.97%		3.43%		−0.46%	
中部地区	1990	41.87%	—	3.11%	—	55.03%	—
	1995	41.32%	−0.55%	3.22%	0.11%	55.46%	0.43%
	2000	41.69%	0.37%	3.38%	0.16%	54.93%	−0.53%
	2005	41.37%	−0.32%	3.60%	0.22%	55.03%	0.10%
	2010	41.14%	−0.23%	3.80%	0.20%	55.06%	0.03%
	2015	40.73%	−0.41%	4.31%	0.51%	54.96%	−0.10%
	总计	−1.14%		1.20%		−0.07%	
东北地区	1990	34.62%	—	2.34%	—	63.03%	—
	1995	37.15%	2.53%	2.48%	0.14%	60.37%	−2.66%
	2000	37.90%	0.75%	2.40%	−0.08%	59.70%	−0.67%
	2005	38.07%	0.17%	2.44%	0.04%	59.49%	−0.21%
	2010	38.10%	0.03%	2.49%	0.05%	59.41%	−0.08%
	2015	38.36%	0.26%	2.60%	0.11%	59.04%	−0.37%
	总计	3.74%		0.26%		−3.99%	
西部地区	1990	9.06%	—	0.41%	—	90.53%	—
	1995	8.93%	−0.13%	0.42%	0.01%	90.64%	0.11%
	2000	9.32%	0.39%	0.44%	0.02%	90.24%	−0.40%
	2005	9.37%	0.05%	0.48%	0.04%	90.15%	−0.09%
	2010	9.40%	0.03%	0.50%	0.02%	90.10%	−0.05%
	2015	9.48%	0.08%	0.65%	0.15%	89.86%	−0.24%
	总计	0.42%		0.24%		−0.67%	

具体来看,东部地区在 1990 年至 2015 年间,建设用地面积占比提高

3.43%，农用地面积所占比例降低 2.97%，生态用地面积占比降低 0.46%。东部地区建设用地扩张幅度在四个区域中最大，东部地区作为工业化与城市化发展最为快速的地区，对于建设用地的需求明显强于其他区域。中部地区在 1990 年至 2015 年间，建设用地面积占比提高 1.20%，农用地面积所占比例降低 1.14%，生态用地面积占比降低 0.07%。中部地区的经济社会发展整体水平低于东部地区，因此尽管对于建设用地也存在较大需求，但其扩张程度略低于东部地区。东北地区在 1990 年至 2015 年间，农用地面积占比提高 3.74%，建设用地面积所占比例提高 0.26%，生态用地面积占比降低 3.99%。东北地区的农用地增加幅度在四个区域中居于首位。由于东北是我国重要的粮食主产区，在 20 世纪开展了大规模的垦荒运动，1990 年至 1995 年间，东北地区农用地面积占比提高了 2.53%。但过度地垦荒也对生态造成了巨大破坏，因此进入 21 世纪后，东北地区的大范围垦荒逐渐停止，例如黑龙江垦区在 1999 年出台规定要求全面停止大规模垦荒以保护百万公顷森林、湿地。这是导致 2000 年后东北地区农用地面积占比增幅骤降的重要原因之一，2000 年、2005 年、2010 年、2015 年仅分别增长 0.75%、0.17%、0.03%、0.26%。西部地区在 1990 年至 2015 年间，农用地面积占比提高 0.42%，建设用地面积所占比例提高 0.24%，生态用地面积占比降低 0.67%。西部地区的土地利用结构变化幅度在四个区域中最小，呈现相对稳定的态势。

2. 变化速率

土地利用结构的变化速率可以反映出在一定时期内土地利用结构变化的速度快慢，可以分为绝对变化速率与相对变化速率。绝对变化速率可以用土地利用动态度进行计算，其中又包括单一土地利用动态度与综合土地利用动态度，它们反映了土地利用结构变化的剧烈程度；相对变化速率则采用 NICH 指数进行计算，反映了各区域相对于全国土地利用结构变化的剧烈程度。

1）绝对变化速率

A. 单一土地利用动态度

单一土地利用动态度可以直观地表现研究时段内单一土地利用类型面积比例变化的速率，其计算方式为

$$V_1 = \frac{I_b - I_a}{I_a} \cdot \frac{1}{T} \cdot 100\% \qquad （9\text{-}1）$$

其中，V_1 表示研究时段内某种土地利用类型变化面积比例变化动态度；I_a 表示 a 时刻（研究初期）某种土地利用类型面积占总面积的比例；I_b 表示 b 时刻（研究末期）此种土地利用类型面积占总面积的比例；T 表示研究时段长度，一般以年为单位。

全国范围来看，1990~2015 年，农用地土地利用动态度与生态用地土地利用动态度较低，分别为 0.06%与 0.05%，变化较为缓慢；建设用地土地利用动态度为 1.92%，变化比较剧烈（表 9-4）。分区域来看，不同土地利用类型单一动态度也有较大差别。1990~2015 年，建设用地面积占比变化最为剧烈，尤其东部地区在四个区域中建设用地面积占比变化速率最大，动态度达 2.53%；农用地面积占比变化速率次之，东北地区在四个区域中农用地面积占比变化最为剧烈，动态度为 0.43%；生态用地面积占比较为稳定，变化比较缓慢，各区域动态度均为最低。

表 9-4　全国及各区域 1990~2015 年单一土地利用动态度

区域	农用地	建设用地	生态用地
全国	0.06%	1.92%	0.05%
东部	0.26%	2.53%	0.04%
中部	0.11%	1.55%	0.00%
东北	0.43%	0.44%	0.25%
西部	0.18%	2.43%	0.03%

进入 21 世纪以来，国家颁布了一系列更加符合土地可持续与高效利用的土地政策，对土地资源的开发利用产生了较大影响。因此，本章将研究时期分为 1990~2000 年与 2000~2015 年两段时期，对各区域土地利用动态度进行对比分析。东部地区从整体来看，在 2000~2015 年土地利用结构变化明显剧烈于 1990~2000 年，农用地土地利用动态度由–0.22%降低至–0.3%，建设用地土地利用动态度由 1.91%提高至 2.47%，生态用地土地利用动态度由–0.01%降低至–0.06%（表 9-5）。特殊地，北京市在 1990~2000 年土地利用结构变化显著剧烈于 2000~2015 年。这可能是由于北京市发展较早，土地资源开发利用程度高，因此土地利用结构已开始渐趋稳定。中部地区从整体来看，在 2000~2015 年土地利用结构变化基本剧烈于 1990~2000 年。其中，建设用地土地利用动态度变化最大，由 0.86%提高至 1.85%，提升了近 1 个百分点，建设用地面积占比变化越发剧烈；农用地土地利用动态度同样有所提升，由–0.04%降低至–0.15%；而生态用地土地利用动态度略有下降，1990~2000 年生态用地土地利用动态度为–0.02%，2000~2015 年则上升至 0.00%，基本保持稳定（表 9-6）。分省来看，除河南省外，其他各省建设用地面积占比变化剧烈程度均大幅提高，体了 21 世纪以来中部地区的快速城镇化趋势；而农用地面积占比变化的剧烈程度也有一定程度的提高，这与建设用地占用耕地密切相关；生态用地面积占比的变化剧烈程度则基本在较低的水平上保持稳定。东北地区从整体来看，不同土地利用类型面积占比的变化剧烈程度有较大差异。其中，只有建设用地土地利用动态度有所提升，由 0.23%提高至 0.57%，建设用地面积占比变化越发剧烈；而农用地土地利用动态度由 0.95%大幅下降至 0.08%，表明在 2000~2015 年东北地区的农用地面积占比变化剧烈程度明显降低；生态用地土地利用动态度由–0.53%上升至–0.07%，变化剧烈程度也有所降低（表 9-7）。西部地区从整体来看，不同土地利用类型面积占比的变化剧烈程度也有较大差异。其中，建设用地土地利用动态度由 0.86%

提高至 3.20%，建设用地面积占比变化剧烈程度明显提高；而农用地土地利用动态度由 0.28%下降至 0.12%，农用地面积占比变化逐渐放缓；生态用地土地利用动态度则保持–0.03%不变。其中，贵州省建设用地土地利用动态度的变化在全国范围内最大，由 1990~2000 年的–0.21%提高至 2000~2015 年的12.78%，建设用地面积占比变化速率较快（表 9-8）。

表 9-5　东部地区单一土地利用动态度

地区	利用类型	1990~2000 年	2000~2015 年	地区	利用类型	1990~2000 年	2000~2015 年
北京市	农用地	–1.14%	–0.55%	福建省	农用地	–0.06%	–0.16%
	建设用地	6.56%	2.15%		建设用地	0.55%	1.46%
	生态用地	0.09%	–0.07%		生态用地	0.01%	0.01%
天津市	农用地	–0.34%	–0.46%	山东省	农用地	–0.19%	–0.47%
	建设用地	0.89%	3.14%		建设用地	1.15%	5.87%
	生态用地	0.49%	–0.70%		生态用地	0.01%	–0.04%
河北省	农用地	–0.11%	–0.09%	广东省	农用地	–0.40%	–0.46%
	建设用地	2.11%	1.02%		建设用地	2.60%	3.56%
	生态用地	–0.10%	–0.03%		生态用地	0.02%	–0.06%
上海市	农用地	–0.79%	–1.20%	海南省	农用地	–0.23%	–0.19%
	建设用地	4.07%	4.75%		建设用地	2.63%	4.07%
	生态用地	0.19%	–0.25%		生态用地	0.02%	–0.05%
江苏省	农用地	–0.28%	–0.37%	整体	农用地	–0.22%	–0.30%
	建设用地	2.00%	2.12%		建设用地	1.91%	2.47%
	生态用地	0.07%	0.07%		生态用地	–0.01%	–0.06%
浙江省	农用地	–0.28%	–0.84%				
	建设用地	2.29%	8.97%				
	生态用地	0.03%	–0.05%				

表 9-6　中部地区单一土地利用动态度

地区	利用类型	1990~2000 年	2000~2015 年	地区	利用类型	1990~2000 年	2000~2015 年
山西省	农用地	−0.01%	−0.14%	湖北省	农用地	−0.07%	−0.23%
	建设用地	0.82%	1.73%		建设用地	0.88%	3.34%
	生态用地	−0.02%	0.03%		生态用地	0.02%	0.02%
安徽省	农用地	−0.06%	−0.16%	湖南省	农用地	−0.14%	−0.15%
	建设用地	0.55%	1.46%		建设用地	0.94%	4.38%
	生态用地	0.01%	0.01%		生态用地	0.04%	−0.01%
江西省	农用地	−0.03%	−0.12%	整体	农用地	−0.04%	−0.15%
	建设用地	0.87%	3.93%		建设用地	0.86%	1.85%
	生态用地	0.00%	−0.04%		生态用地	−0.02%	0.00%
河南省	农用地	0.01%	−0.13%				
	建设用地	1.07%	0.87%				
	生态用地	−0.35%	0.08%				

表 9-7　东北地区单一土地利用动态度

地区	利用类型	1990~2000 年	2000~2015 年
辽宁省	农用地	0.37%	−0.06%
	建设用地	0.33%	0.67%
	生态用地	−0.34%	−0.01%
吉林省	农用地	0.64%	0.03%
	建设用地	0.54%	0.69%
	生态用地	−0.43%	−0.05%
黑龙江省	农用地	1.33%	0.16%
	建设用地	−0.09%	0.37%
	生态用地	−0.61%	−0.10%
整体	农用地	0.95%	0.08%
	建设用地	0.23%	0.57%
	生态用地	−0.53%	−0.07%

表 9-8　西部地区单一土地利用动态度

地区	利用类型	1990~2000 年	2000~2015 年	地区	利用类型	1990~2000 年	2000~2015 年
内蒙古自治区	农用地	1.08%	0.01%	陕西省	农用地	0.00%	−0.22%
	建设用地	0.32%	2.08%		建设用地	1.36%	3.35%
	生态用地	−0.11%	−0.02%		生态用地	−0.02%	0.05%
广西壮族自治区	农用地	0.02%	−0.11%	甘肃省	农用地	0.10%	−0.02%
	建设用地	1.05%	1.78%		建设用地	0.90%	2.22%
	生态用地	−0.03%	−0.01%		生态用地	−0.02%	−0.01%
重庆市	农用地	0.00%	−0.24%	青海省	农用地	0.38%	−0.02%
	建设用地	5.07%	12.72%		建设用地	0.64%	5.41%
	生态用地	−0.04%	0.05%		生态用地	0.00%	−0.01%
四川省	农用地	−0.06%	−0.12%	宁夏回族自治区	农用地	1.51%	−0.23%
	建设用地	2.64%	4.50%		建设用地	1.06%	5.33%
	生态用地	0.01%	0.01%		生态用地	−0.71%	−0.01%
贵州省	农用地	−0.11%	−0.08%	新疆维吾尔自治区	农用地	0.49%	2.04%
	建设用地	−0.21%	12.78%		建设用地	0.54%	4.00%
	生态用地	0.04%	−0.02%		生态用地	−0.02%	−0.09%
云南省	农用地	0.00%	−0.11%	整体	农用地	0.28%	0.12%
	建设用地	1.38%	3.17%		建设用地	0.86%	3.20%
	生态用地	−0.01%	0.00%		生态用地	−0.03%	−0.03%
西藏自治区	农用地	−0.01%	−0.06%				
	建设用地	2.59%	4.56%				
	生态用地	0.00%	0.00%				

B. 综合土地利用动态度

综合土地利用动态度可以反映研究时段内总体土地利用结构的变化速率，其计算方式为

$$V_2 = \sum_{i=1}^{3} (|I_{ai} - I_{bi}|) \cdot \frac{1}{T} \cdot 100\% \qquad (9\text{-}2)$$

其中，V_2 表示研究时段内某种土地利用类型变化面积比例变化动态度；i 表示土地利用类型；I_{ai} 表示 a 时刻（研究初期）第 i 种土地利用类型面积占总面积的比例；I_{bi} 表示 b 时刻（研究末期）第 i 种土地利用类型面积占总面积的比例；T 表示研究时段长度，以年为单位。

全国综合土地利用动态度为 0.07%，说明全国总体土地利用结构变化较为缓慢平稳（表 9-9）。东北地区综合土地利用动态度为 0.32%，在四个区域中土地利用结构变化最快；东部地区次之，综合土地利用动态度为 0.27%；中部地区与西部地区土地利用结构变化则较为缓慢，中部地区综合土地利用动态度为 0.10%，略高于全国平均水平，西部地区综合土地利用动态度为 0.05%，低于全国平均水平。对于城市化、工业化发展水平较高的东部地区，以及作为粮食主产区、重工业区的东北地区而言，较多的人类活动使得这些区域土地利用结构变化较为剧烈；而人口密度较小、城市化水平较低、生态环境脆弱、土地资源利用开发条件较差的中部地区与西部地区的土地利用结构变化则较为缓慢。

表 9-9 全国及各区域综合土地利用动态度

区域	地区	1990~2000 年	2000~2015 年	区域	地区	1990~2000 年	2000~2015 年
东部	北京市	1.13%	0.57%	东北	辽宁省	0.35%	0.07%
	天津市	0.44%	0.89%		吉林省	0.51%	0.06%
	河北省	0.20%	0.12%		黑龙江省	0.82%	0.12%
	上海市	1.04%	1.57%		总计	0.32%	
	江苏省	0.41%	0.52%	西部	内蒙古自治区	0.19%	0.04%
	浙江省	0.16%	0.52%		广西壮族自治区	0.04%	0.06%
	福建省	0.06%	0.21%		重庆市	0.04%	0.22%
	山东省	0.20%	0.32%		四川省	0.03%	0.06%
	广东省	0.20%	0.31%		贵州省	0.06%	0.07%
	海南省	0.12%	0.16%		云南省	0.01%	0.04%
	总计	0.27%			西藏自治区	0.00%	0.00%

续表

区域	地区	1990~2000 年	2000~2015 年	区域	地区	1990~2000 年	2000~2015 年
中部	山西省	0.03%	0.11%	西部	陕西省	0.03%	0.15%
	安徽省	0.07%	0.19%		甘肃省	0.04%	0.03%
	江西省	0.02%	0.11%		青海省	0.01%	0.01%
	河南省	0.17%	0.18%		宁夏回族自治区	0.96%	0.17%
	湖北省	0.05%	0.17%		新疆维吾尔自治区	0.04%	0.17%
	湖南省	0.08%	0.10%		总计	0.05%	
	总计	0.10%		全国		0.07%	

2）相对变化速率

NICH 指数一般用于衡量地区生产总值的相对变化速率，这里引入 NICH 指数对土地利用结构变化的速率进行分析。其计算方式如下：

$$\text{NICH} = \frac{Y_{bi} - Y_{ai}}{Y_b - Y_a} \quad (9\text{-}3)$$

其中，Y_{ai} 表示 a 时刻（研究初期）第 i 个区域某种土地利用类型面积占总面积的比例；Y_{bi} 表示 b 时刻（研究末期）第 i 个区域某种土地利用类型面积占总面积的比例；Y_a 表示 a 时刻（研究初期）全国某种土地利用类型面积占总面积的比例；Y_b 表示 b 时刻（研究末期）全国某种土地利用类型面积占总面积的比例。当 NICH 指数大于 1 时，表明该地区土地利用结构变化速率快于全国平均水平；当 NICH 指数小于 1 且大于 0 时，表明该地区土地利用结构变化速率慢于全国平均水平；当 NICH 指数等于 1 时，表明该地区土地利用结构变化速率等于全国平均水平。

据表 9-10，在 1990~2015 年除西部部分省份外，大部分省份农用地的 NICH 指数大于 1，农用地面积占比变化速率快于全国平均水平。尤其是北京市、上海市、天津市、江苏省等经济发达的东部区域，农用地变化明显剧烈于全国平均水平，NICH 指数均大于 20。而各省份建设用地的 NICH 指数也存在较大差异，吉林省、黑龙江省等大部分东北部区域与内蒙古自治区、青海省、西藏自治区等大部分西部区域的 NICH 指数均小于 1，说明其建设用地面积占比变化速率慢于全国平均水平；而东部地区、中部地区省份的 NICH 指数均大于 1，建设用地面积占比变化速率快于全国平均水平。农用地变化较为剧烈、高于全国平均水平的北京市、上海市、天津市、江苏省等区域，建设用地变化也比较剧烈并高于全国平均水平。这反映了快速工业化、城镇化发展背景下大量农地被建设用地侵占所带来的土地供需矛盾。此外，只有东北部区域省份与个别东部、西部省份生态用地 NICH 指数大于 1，主要是由于这些区域生态用地受到人类活动的破坏较为严重；而其他区域生态用地 NICH 指数均小于 1，变化速率慢于全国平均水平，说明大部分区域生态用地变化较为缓慢，土地利用结构变化主要表现为农用地与建设用地的相互转换。

表 9-10　全国各区域 NICH 指数

地区		农用地	建设用地	生态用地
东部	北京市	35.20	14.43	0.30
	天津市	24.21	12.31	1.47
	河北省	4.65	2.94	0.69
	上海市	59.64	25.86	0.48
	江苏省	22.23	8.94	0.31
	浙江省	15.38	6.99	0.35
	福建省	5.20	2.79	0.41
	山东省	9.21	5.32	1.01
	广东省	10.02	4.99	0.53
	海南省	4.85	2.60	0.39
中部	山西省	3.16	1.16	0.12
	安徽省	6.57	2.64	0.10

续表

地区		农用地	建设用地	生态用地
中部	江西省	1.98	1.53	0.49
	河南省	4.54	2.83	0.64
	湖北省	5.68	1.98	0.30
	湖南省	3.70	1.37	0.13
东北	辽宁省	4.41	1.05	2.04
	吉林省	9.48	0.68	3.29
	黑龙江省	18.28	0.11	5.50
西部	内蒙古自治区	3.49	0.44	1.34
	广西壮族自治区	1.08	0.94	0.34
	重庆市	6.26	2.34	0.21
	四川省	2.25	0.70	0.18
	贵州省	2.17	0.85	0.05
	云南省	0.99	0.43	0.01
	西藏自治区	0.01	0.01	0.01
	陕西省	4.16	1.19	0.40
	甘肃省	0.34	0.46	0.43
	青海省	0.13	0.17	0.16
	宁夏回族自治区	12.80	2.20	5.34
	新疆维吾尔自治区	4.81	0.23	1.59

3. 变化有序性

信息熵最初出现在热力学领域,用于表示分子不规则运动的程度,现在已被广泛应用于社会经济领域研究中。因此,可以利用信息熵描述区域土地利用结构的有序程度。信息熵值变化的直接原因是土地利用结构的内部调整。一般而言,信息熵值越小,土地利用结构有序性越高,越有利于生产活动的开展;信息熵值越大,土地利用结构有序性越低。对土地利用结构信息熵变化进行分析对于优化和调整区域土地利用结构具有一定的指导作用。

假设某区域土地总面积为 A，土地利用类型数量为 n，某种土地利用类型面积为 A_i（$i=1,2,\cdots,n$），则有

$$A = \sum_{i=1}^{n} A_i \tag{9-4}$$

各土地利用类型所占比例为

$$P_i = \frac{A_i}{A}\left(\sum_{i=1}^{n} P_i = 1\right) \tag{9-5}$$

信息熵计算公式为

$$H = -\sum_{i=1}^{n}\left(P_i \ln P_i\right) \tag{9-6}$$

其中，H 表示土地利用结构信息熵，当 $P_1 = P_2 = P_3 = \cdots = \frac{1}{n}$ 时，信息熵值 H 达到最大。

据此，对全国各省份 1990~2015 年土地利用结构信息熵进行计算，结果见表 9-11 与图 9-1。研究期内，全国土地利用结构信息熵呈现基本稳定、缓慢提升的趋势，从 1990 年的 0.54 提高到 2015 年的 0.57。说明就全国整体水平而言，土地利用结构存在一定的无序性，但提升较为缓慢。同时，大部分省份土地利用结构信息熵也呈上升趋势，但提升速度不一。东部区域土地利用结构信息熵水平较高且提升速度较快，例如上海市由 1990 年的 0.87 提升至 2015 年的 1.04；这主要由于东部地区随着城市化、工业化的发展，城市边界快速扩张，大量农用地转化为建设用地，造成了土地利用结构无序性的提升。中部、东北、西部省份土地利用结构信息熵则提升较慢，这主要是由于其社会经济发展水平略低于东部地区，土地资源利用开发强度较低，土地利用结构无序性提高较慢。其中，西藏、青海等部分西部省区信息熵极低，这主要是由于其土地利用结构以生态用地为主，生态环境较为脆弱，土地资

源开发利用难度较大。

表 9-11 全国各省份 1990~2015 年土地利用结构信息熵

地区		1990 年	1995 年	2000 年	2005 年	2010 年	2015 年
全国		0.54	0.54	0.55	0.56	0.56	0.57
东部	北京市	0.90	0.95	0.96	0.99	1.00	1.00
	天津市	0.88	0.94	0.91	0.94	0.95	0.96
	河北省	0.84	0.87	0.87	0.87	0.88	0.89
	上海市	0.87	0.93	0.94	0.99	1.02	1.04
	江苏省	0.76	0.78	0.80	0.82	0.84	0.86
	浙江省	0.69	0.69	0.70	0.74	0.75	0.78
	福建省	0.52	0.52	0.52	0.55	0.55	0.56
	山东省	0.80	0.82	0.81	0.83	0.84	0.85
	广东省	0.70	0.71	0.72	0.74	0.75	0.76
	海南省	0.65	0.63	0.66	0.67	0.67	0.69
中部	山西省	0.76	0.74	0.76	0.77	0.77	0.78
	安徽省	0.84	0.84	0.85	0.85	0.86	0.88
	江西省	0.64	0.64	0.64	0.65	0.65	0.67
	河南省	0.80	0.79	0.81	0.82	0.82	0.83
	湖北省	0.75	0.75	0.75	0.75	0.76	0.78
	湖南省	0.64	0.64	0.65	0.65	0.65	0.67
东北	辽宁省	0.85	0.86	0.86	0.86	0.86	0.87
	吉林省	0.77	0.78	0.79	0.79	0.79	0.80
	黑龙江省	0.69	0.72	0.72	0.72	0.72	0.73
西部	内蒙古自治区	0.34	0.35	0.36	0.36	0.36	0.37
	广西壮族自治区	0.58	0.55	0.59	0.59	0.59	0.60
	重庆市	0.71	0.72	0.73	0.73	0.75	0.77
	四川省	0.58	0.59	0.59	0.59	0.59	0.60
	贵州省	0.58	0.57	0.58	0.58	0.58	0.60
	云南省	0.46	0.45	0.47	0.47	0.47	0.47

续表

地区		1990 年	1995 年	2000 年	2005 年	2010 年	2015 年
西部	西藏自治区	0.02	0.02	0.02	0.02	0.02	0.02
	陕西省	0.69	0.70	0.70	0.70	0.70	0.71
	甘肃省	0.45	0.44	0.46	0.46	0.46	0.47
	青海省	0.07	0.07	0.07	0.07	0.07	0.08
	宁夏回族自治区	0.69	0.70	0.72	0.72	0.73	0.76
	新疆维吾尔自治区	0.17	0.17	0.17	0.19	0.19	0.22

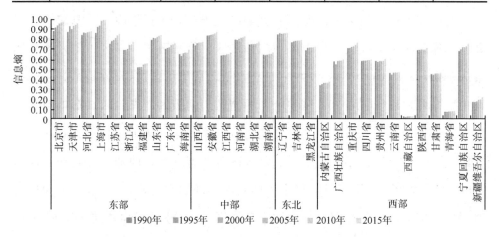

图 9-1　1990~2015 年地区土地利用结构信息熵变化情况

9.2　北京市土地数量结构变化特征与驱动

9.2.1　研究区概况与数据来源

北京作为首都，是全国的国际交往、文化、政治、科技创新中心，也是我国城市化进程中的典型发达城市，城市建成区面积不断扩大，土地利用结构产生了急剧变化（韩会然等，2015），具有一定的代表性。因此以北京市为例，从更小的尺度对土地利用结构变化特征进行研究。北京市土地利用数据来自 1990 年、1995 年、2000 年、2005 年、2010 年、2015 年共 6 期中国土地利用现状遥感监测数据的分类型土地利用栅格数据库（1000m 分辨率）。

北京市属中国华北平原地区，位于东经 115.7°~117.4°，北纬 39.4°~41.6°。北京市西北高、东南低，山区面积达 10 200 km²，约占总面积的 62%，平原则集中于东南地区，面积为 6200 km²，约占总面积的 38%。截至 2019 年末，北京市常住人口 2153.6 万人，城镇人口 1865 万人，城镇化率 86.6%。2019年，北京全市生产总值达 35 371.3 亿元，三次产业比重为 0.3：16.2：83.5。

北京市下辖东城区、西城区、朝阳区、丰台区、石景山区、海淀区、顺义区、通州区、大兴区、房山区、门头沟区、昌平区、平谷区、密云区、怀柔区、延庆区共 16 个辖区。1990~2015 年，北京市各区主要有两种划分方式。其中，按照地理位置划分，东城区、西城区、朝阳区、丰台区、石景山区、海淀区被划分为城六区；顺义区、通州区、大兴区、房山区、门头沟区、昌平区、平谷区、密云区、怀柔区、延庆区为非城六区，即郊区。此外，根据《北京市人民政府关于印发北京市主体功能区规划的通知》（京政发〔2012〕21 号），将全市国土空间划分为四类功能区域，分别为首都功能核心区（包括东城区、西城区）、城市功能拓展区（包括朝阳区、海淀区、丰台区、石景山区）、城市发展新区（包括通州区、顺义区、大兴区、昌平区和房山区的平原地区）与生态涵养发展区［包括门头沟区、平谷区、怀柔区、密云县（现密云区）、延庆区、昌平区和房山区的山区部分］。

9.2.2　变化特征

1. 变化幅度

北京市在 1990~2015 年土地利用结构变化幅度较大，尤其是其中部地区有大量农用地转化为建设用地。具体来看，北京市土地利用结构以生态用地与农用地为主，但其面积占比均呈现下降态势。其中，农用地面积占比下降幅度较大，1990~2015 年共下降 8.18%；生态用地较为稳定，仅下降 0.04%。建设用地面积占比则有大幅提高，是农用地的主要转出对象，由 1990 年的 6.91%大幅上涨至 2015 年的 15.12%（表 9-12）。

表 9-12　1990~2015 年北京市各区土地利用结构变化幅度

区域	农用地			建设用地			生态用地		
	1990 年	2015 年	变化幅度	1990 年	2015 年	变化幅度	1990 年	2015 年	变化幅度
北京市	43.92%	35.74%	−8.18%	6.91%	15.12%	8.21%	49.17%	49.13%	−0.04%
东城区	0.08%	0.00%	−0.08%	99.92%	100.00%	0.08%	0.00%	0.00%	0.00%
西城区	0.01%	0.00%	−0.01%	99.99%	100.00%	0.01%	0.00%	0.00%	0.00%
丰台区	56.98%	15.54%	−41.44%	34.25%	77.31%	43.06%	8.77%	7.15%	−1.62%
朝阳区	67.49%	21.16%	−46.33%	29.39%	75.38%	45.99%	3.12%	3.46%	0.34%
石景山区	19.38%	0.00%	−19.38%	46.25%	71.00%	24.75%	34.37%	29.00%	−5.37%
海淀区	40.37%	23.46%	−16.91%	38.58%	56.72%	18.14%	21.05%	19.82%	−1.23%
大兴区	85.32%	67.93%	−17.39%	9.38%	27.05%	17.67%	5.30%	5.01%	−0.29%
通州区	82.34%	67.30%	−15.04%	13.64%	27.73%	14.09%	4.02%	4.97%	0.95%
顺义区	79.35%	60.27%	−19.08%	11.60%	29.70%	18.10%	9.05%	10.03%	0.98%
门头沟区	5.70%	5.47%	−0.23%	2.08%	4.30%	2.22%	92.22%	90.24%	−1.98%
怀柔区	15.13%	13.36%	−1.77%	1.44%	3.98%	2.54%	83.43%	82.66%	−0.77%
密云区	24.77%	20.81%	−3.96%	1.77%	4.14%	2.37%	73.45%	75.05%	1.60%
延庆区	26.26%	23.31%	−2.95%	1.78%	4.48%	2.70%	71.96%	72.21%	0.25%
房山区	30.07%	22.92%	−7.15%	5.23%	13.50%	8.27%	64.70%	63.59%	−1.11%
平谷区	39.47%	33.66%	−5.81%	4.38%	9.20%	4.82%	56.15%	57.14%	0.99%
昌平区	37.10%	22.70%	−14.40%	8.13%	20.90%	12.77%	54.77%	56.40%	1.63%

分区域来看，各区域土地利用结构变化方向相似，农用地面积占比均有所下降，下降幅度在 0.01%到 46.33%不等；建设用地面积占比均在提升，提

升幅度在 0.01%到 45.99%不等；生态用地面积占比变化则有增有减。但区域之间幅度差异较大，东城区、西城区变化幅度最小，到 2015 年建设用地面积占比稳定保持在 100%；朝阳区、丰台区、石景山区、顺义区变化幅度较大，1990~2015 年农用地变化幅度分别为 46.33%、41.44%、19.38%、19.08%，建设用地变化幅度分别为 45.99%、43.06%、24.75%、18.10%（表 9-12），可见农用地非农化现象普遍，是土地利用结构变化的主要原因。

2. 变化速率

1）绝对变化速率：土地利用动态度

A. 单一土地利用动态度

运用单一土地利用动态度分析北京市 1990~2000 年与 2000~2015 年两个时期单一土地利用类型面积比例变化速率，其计算方式为

$$V_1 = \frac{I_b - I_a}{I_a} \cdot \frac{1}{T} \cdot 100\% \tag{9-7}$$

其中，V_1 表示研究时段内某种土地利用类型变化面积比例变化动态度；I_a 表示 a 时刻（研究初期）某种土地利用类型面积占总面积的比例；I_b 表示 b 时刻（研究末期）此种土地利用类型面积占总面积的比例；T 表示研究时段长度，一般以年为单位。

北京市从整体来看，各用地类型土地利用结构变化速率均有所放缓（表 9-13）。农用地土地利用动态度由 1990~2000 年的–1.14%提高至 2000~2015 年的–0.55%，说明农用地尽管仍在减少，但减少的速度在逐渐放缓；建设用地土地利用动态度由 1990~2000 年的 6.56%降低至 2000~2015 年的 2.15%，可见北京市建设用地的迅速扩张已得到一定控制；生态用地土地利用动态度由 1990~2000 年的 0.09%转变为 2000~2015 年的–0.07%，北京市生态用地变化较为平缓，只有轻微的上下波动。

表 9-13　1990~2015 年北京市及各区单一土地利用动态度

区域	农用地		建设用地		生态用地	
	1990~2000 年	2000~2015 年	1990~2000 年	2000~2015 年	1990~2000 年	2000~2015 年
北京市	-1.14%	-0.55%	6.56%	2.15%	0.09%	-0.07%
东城区	-10.00%	0.00%	0.01%	0.00%	0.00%	0.00%
西城区	-10.00%	0.00%	0.00%	0.00%	0.00%	0.00%
丰台区	-6.45%	-1.54%	10.92%	0.53%	-0.72%	-0.81%
朝阳区	-4.91%	-2.56%	10.66%	1.61%	5.72%	-1.97%
石景山区	-10.00%	0.00%	5.05%	0.13%	-1.16%	-0.30%
海淀区	-3.03%	-1.11%	2.89%	0.94%	0.52%	-0.70%
大兴区	-0.72%	-0.95%	5.59%	5.67%	1.71%	-1.28%
通州区	-0.82%	-0.73%	4.14%	2.92%	2.72%	-0.18%
顺义区	-1.14%	-0.95%	6.73%	3.54%	1.38%	-0.18%
门头沟区	0.28%	-0.45%	5.73%	2.08%	-0.15%	-0.05%
怀柔区	-0.65%	-0.37%	11.21%	2.02%	-0.07%	-0.01%
密云区	-1.33%	-0.20%	9.87%	1.16%	0.21%	0.00%
延庆区	-0.94%	-0.14%	11.16%	1.27%	0.07%	-0.02%
房山区	-1.48%	-0.70%	8.73%	2.53%	-0.02%	-0.10%
平谷区	-1.04%	-0.32%	7.26%	1.45%	0.16%	0.01%
昌平区	-2.12%	-1.49%	6.59%	3.66%	0.46%	-0.10%

　　分区域来看，东城区、西城区在 1990~2000 年农用地经历了急剧变化，农用地土地利用动态度达-10.00%，区域农用地基本全部转化为建设用地，而其本身生态用地面积占比为 0，因此，2000 年后东城区、西城区土地利用结构变化速率基本为 0，即保持不变。丰台区、朝阳区、石景山区与海淀区在两个时段内农用地土地利用动态度也发生了较大变化，整体而言，其农用地面积占比降低的速率均有所放缓，农用地土地利用动态度分别由-6.45%、-4.91%、-10.00%、-3.03%转变为-1.54%、-2.56%、0.00%、-1.11%，绝对

值下降了 4.91 个百分点、2.35 个百分点、10.00 个百分点、1.92 个百分点；建设用地面积占比提高速率也呈现明显的放缓趋势，建设用地土地利用动态度分别由 10.92%、10.66%、5.05%、2.89%转变为 0.53%、1.61%、0.13%、0.94%，下降了 10.39 个百分点、9.05 个百分点、4.92 个百分点、1.95 个百分点。城六区在经历过 1990~2000 年的快速扩张后，区域内农用地面积占比大幅下降，加之耕地保护政策的收紧，在 2000~2015 年，可供建设用地占用的农用地数量明显减少，农用地与建设用地变化均放缓。其他 10 个区尽管农用地、建设用地面积占比变化速率有所放缓，但变化程度小于城六区。2000~2015 年大兴区、通州区、顺义区、门头沟区、怀柔区、密云区、延庆区、房山、平谷区、昌平区农用地土地利用动态度分别为-0.95%、-0.73%、-0.95%、-0.45%、-0.37%、-0.20%、-0.14%、-0.70%、-0.32%、-1.49%，建设用地土地利用动态度分别为 5.67%、2.92%、3.54%、2.08%、2.02%、1.16%、1.27%、2.53%、1.45%、3.66%，建设用地仍在以较快的速率侵占农用地。大兴区、通州区、顺义区生态用地土地利用动态度由 1990~2000 年的 1.71%、2.72%、1.38%转变为 2000~2015 年的-1.28%、-0.18%、-0.18%，尽管变化速率有所放缓，但其变化方向转变为下降趋势，由于北京市整体呈现西北高、东南低的地势特点，因此这一时期建设用地主要向东南方向扩展，大兴区、通州区、顺义区被划分为城市发展新区，城市边界的扩张使得建设用地侵占生态用地的速率也在加快。而门头沟区、怀柔区、密云区、延庆区、房山区、平谷区、昌平区大部分位于生态涵养发展区内，生态用地土地利用动态度仅有较小的上下波动，生态用地面积占比基本保持稳定，有利于生态保障作用的充分发挥。

B. 综合土地利用动态度

运用综合土地利用动态度探究在 1990~2000 年与 2000~2015 年两个研究时段内，北京市总体土地利用结构的变化速率，其计算方式为

$$V_2 = \sum_{i=1}^{3} (|I_{ai} - I_{bi}|) \cdot \frac{1}{T} \cdot 100\% \qquad (9\text{-}8)$$

其中，V_2 表示研究时段内某种土地利用类型变化面积比例变化动态度；i 表示土地利用类型种类；I_{ai} 表示 a 时刻（研究初期）第 i 种土地利用类型面积占总面积的比例；I_{bi} 表示 b 时刻（研究末期）第 i 种土地利用类型面积占总面积的比例；T 表示研究时段长度，以年为单位。

北京市综合土地利用动态度由 1990~2000 年的 1.00%下降至 2000~2015 年的 0.49%，说明近年来，北京市土地利用结构整体变化速度放缓，渐趋稳定（表 9-14）。东城区与西城区土地利用结构基本保持不变，2000~2015 年综合土地利用动态度均为 0.00%。丰台区、朝阳区、石景山区与海淀区在 1990~2000 年土地利用结构变化较为剧烈，综合土地利用动态度分别高达 7.48%、6.62%、4.67%、2.45%；2000~2015 年土地利用结构变化速率则明显放缓，综合土地利用动态度为 0.75%、1.96%、0.18%、0.93%，分别下降 6.73 个百分点、4.66 个百分点、4.49 个百分点、1.52 个百分点，土地利用结构渐趋稳定。大兴区、通州区、顺义区、门头沟区、怀柔区、密云区、延庆区、房山区、平谷区、昌平区土地利用结构变化速率在 1990~2000 年与 2000~2015 年的差异不大，基本维持着较为稳定的变化速率。

表 9-14　1990~2015 年北京市及各区综合土地利用动态度

地区	1990~2000 年	2000~2015 年
北京市	1.00%	0.49%
东城区	0.02%	0.00%
西城区	0.00%	0.00%
丰台区	7.48%	0.75%
朝阳区	6.62%	1.96%
石景山区	4.67%	0.18%
海淀区	2.45%	0.93%

续表

地区	1990~2000 年	2000~2015 年
大兴区	1.23%	1.66%
通州区	1.35%	1.12%
顺义区	1.81%	1.37%
门头沟区	0.27%	0.14%
怀柔区	0.32%	0.12%
密云区	0.66%	0.09%
延庆区	0.49%	0.10%
房山区	0.91%	0.49%
平谷区	0.82%	0.23%
昌平区	1.57%	0.99%

2）相对变化速率：NICH 指数

使用 NICH 指数对北京市各区相对于北京市整体土地利用结构变化的速率进行分析。其计算方式如下：

$$\text{NICH} = \frac{Y_{bi} - Y_{ai}}{Y_b - Y_a} \tag{9-9}$$

其中，Y_{ai} 表示 a 时刻（研究初期）第 i 个区域某种土地利用类型面积占总面积的比例；Y_{bi} 表示 b 时刻（研究末期）第 i 个区域某种土地利用类型面积占总面积的比例；Y_a 表示 a 时刻（研究初期）北京市某种土地利用类型面积占总面积的比例；Y_b 表示 b 时刻（研究末期）北京市某种土地利用类型面积占总面积的比例。当 NICH 指数大于 1 时，表明该地区土地利用结构变化速率快于北京市平均水平；当 NICH 指数小于 1 且大于 0 时，表明该地区土地利用结构变化速率慢于北京市平均水平；当 NICH 指数等于 1 时，表明该地区土地利用结构变化速率等于北京市平均水平。

据表 9-15，东城区、西城区农用地、建设用地、生态用地 NICH 指数均接近于 0，变化速率远低于北京市平均水平，这主要由于东城区、西城区属于首都功能核心区，即开发强度已经很高的完全城市化地区，主要只在当前土地利用结构下进行优化开发。丰台区、朝阳区、石景山区与海淀区的农用地、建设用地、生态用地 NICH 指数均远大于 1，变化速率快于北京市平均水平，这四个区域作为城市功能拓展区，属于开发强度相对较高，但尚未完全城市化的地区，是北京市的重点开发区域，因此土地利用结构变化较快。通州区、顺义区、大兴区、昌平区、房山区的农用地、建设用地、生态用地 NICH 指数同样基本均大于 1，变化速率快于北京市平均水平，但慢于丰台区、朝阳区、石景山区与海淀区的平均水平。这些区域属于城市发展新区，开发潜力最大、城市化水平有待提高，因此预期后期 NICH 指数会进一步增大。门头沟区、平谷区、怀柔区、密云区、延庆区的农用地、建设用地 NICH 指数均小于 1，变化速率明显慢于北京市平均水平；而生态用地 NICH 指数均大于 1，变化速率明显快于北京市平均水平。这些区域属于北京市生态涵养发展区，是保障北京市生态安全和水资源涵养的重要区域，限制大规模、高强度的工业化、城镇化开发，因此农用地与建设用地面积比例变化较慢，生态用地面积比例则由于后期的限制开发与大规模造林活动变化较快。

表 9-15　北京市各区 1990~2015 年 NICH 指数

区域	农用地	建设用地	生态用地
东城区	0.01	0.01	0.00
西城区	0.00	0.00	0.00
丰台区	5.07	5.24	42.54
朝阳区	5.66	5.60	8.78
石景山区	2.37	3.01	141.16
海淀区	2.07	2.21	32.50
大兴区	2.13	2.15	7.45

续表

区域	农用地	建设用地	生态用地
通州区	1.84	1.71	25.03
顺义区	2.33	2.20	25.58
门头沟区	0.03	0.27	52.07
怀柔区	0.22	0.31	20.21
密云区	0.48	0.29	42.01
延庆区	0.36	0.33	6.65
房山区	0.88	1.01	29.26
平谷区	0.71	0.59	25.91
昌平区	1.76	1.55	42.82

3. 变化有序性

假设某区域土地总面积为 A，土地利用类型数量为 n，某种土地利用类型面积为 A_i（$i=1,2,\cdots,n$），则有

$$A = \sum_{i=1}^{n} A_i \tag{9-10}$$

各土地利用类型所占比例为

$$P_i = \frac{A_i}{A}\left(\sum_{i=1}^{n} P_i = 1\right) \tag{9-11}$$

信息熵计算公式为

$$H = -\sum_{i=1}^{n}\left(P_i \ln P_i\right) \tag{9-12}$$

其中，H 表示土地利用结构信息熵，当 $P_1 = P_2 = P_3 = \cdots = \dfrac{1}{n}$ 时，信息熵值 H 达到最大。

据此，对北京市各区 1990~2015 年土地利用结构信息熵进行计算，结果见表 9-16。

表 9-16　北京市各区 1990~2015 年土地利用结构信息熵

地区	1990 年	1995 年	2000 年	2005 年	2010 年	2015 年
北京市	0.895	0.951	0.963	0.987	0.998	1.003
西城区	0.001	0.000	0.000	0.000	0.000	0.000
东城区	0.006	0.000	0.000	0.000	0.000	0.000
朝阳区	0.734	0.821	0.818	0.755	0.677	0.658
丰台区	0.901	0.836	0.766	0.719	0.699	0.677
石景山区	1.042	0.627	0.614	0.611	0.602	0.602
海淀区	1.062	1.021	1.038	1.004	0.990	0.983
昌平区	0.902	0.936	0.949	0.979	0.985	0.987
大兴区	0.513	0.764	0.638	0.752	0.758	0.766
房山区	0.797	0.879	0.859	0.867	0.890	0.896
怀柔区	0.498	0.478	0.539	0.548	0.551	0.555
门头沟区	0.319	0.274	0.365	0.370	0.377	0.387
密云区	0.644	0.518	0.664	0.671	0.675	0.674
平谷区	0.828	0.870	0.883	0.885	0.897	0.906
顺义区	0.651	0.799	0.800	0.877	0.890	0.896
通州区	0.561	0.758	0.681	0.767	0.759	0.771
延庆区	0.660	0.599	0.699	0.702	0.711	0.714

　　研究期内土地利用结构信息熵整体呈现上升趋势，从 1990 年 0.895 上升至 2015 年的 1.003，土地利用结构无序性提高。这来源于北京市土地利用结构的快速变化，尤其是农用地向建设用地的大量转化，农用地、建设用地、生态用地比例由 1990 年的 43.92%、6.91%、49.17%变化为 2015 年的 35.74%、15.12%、49.13%（表 9-17）。

表 9-17　北京市 1990~2015 年土地利用结构变化

年份	农用地	建设用地	生态用地	信息熵
1990	43.92%	6.91%	49.17%	0.895

续表

年份	农用地	建设用地	生态用地	信息熵
1995	36.47%	11.15%	52.38%	0.951
2000	38.94%	11.44%	49.63%	0.963
2005	36.62%	13.64%	49.74%	0.987
2010	36.11%	14.67%	49.23%	0.998
2015	35.74%	15.12%	49.13%	1.003

1990~2015 年，北京市城市化快速发展，城市边界的无序扩张导致大量农用地流失，农业用地占比降低 8.18 个百分点，建设用地占比提升 8.21 个百分点，尤其是北京市中部平原地区，建设用地比例大幅提升。而北京市的西北部土地利用开发强度较低，生态用地占比较为稳定，仅降低 0.04 个百分点。可见，北京市土地利用结构的无序性主要由农用地向建设用地的转移带来。

总体而言，1995 年至 2005 年间，各区土地利用结构信息熵波动较大，均处于土地利用开发的快速变化阶段。而 2005 年后，除朝阳区与丰台区外，其他区域土地利用结构信息熵值逐渐稳定。这可能与 2004 年 10 月国务院出台《关于深化改革严格土地管理的决定》，提出城乡建设用地增减挂钩政策，文件指出"鼓励农村建设用地整理，城镇建设用地增加要与农村建设用地减少相挂钩"。增减挂钩政策下，农用地与建设用地实现动态平衡，土地利用结构变化速度放缓。

具体来看，北京市城六区（西城区、东城区、朝阳区、海淀区、丰台区、石景山区）土地利用结构信息熵呈现下降态势，表明其土地利用有序性在逐步提高，建设用地已经成为主要用地类型（图 9-2）。其中，西城区与东城区信息熵值最低，作为北京市的中心城区，其土地利用形式较为单一，1995 年后零碎的农用地也已转为建设用地。但较低的信息熵意味着在土地利用结构中建设用地比重过高，忽视了对生态用地的需求，因此也需要注意土地利用结构中生态用地比例的合理性问题。例如，石景山区在 1990 年到 2000 年间信息熵值的快速降低主要来源于农用地的大幅减少。根据《北京市石景山区土地利用总体规划（2006—2020 年）》，石景山区已不再承担耕地和基本农田的保护任务，而是重点保护优质园地和西北部山林，以充分发挥其生态恢复价值。

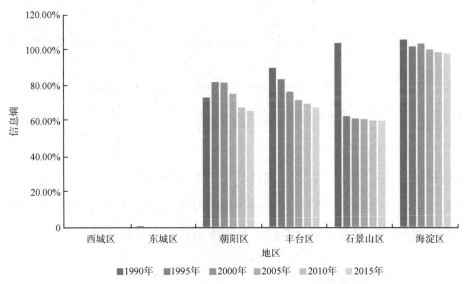

图 9-2 北京市城六区 1990~2015 年土地利用结构信息熵变化

处于郊区位置的昌平区、大兴区、房山区、怀柔区、门头沟区、密云区、平谷区、顺义区、通州区、延庆区，其土地利用结构信息熵基本呈现上升趋势（图 9-3），表明其区域土地利用有序性在降低。这些区域正处于经济社会快速发展阶段，城市迅速扩展，城市功能逐步完善。建设用地占用耕地规模增加，建设用地面积占比提升，农用地面积占比降低。因此，需加强建设用地集约节约利用水平，走存量挖潜道路，控制信息熵值的进一步上升。

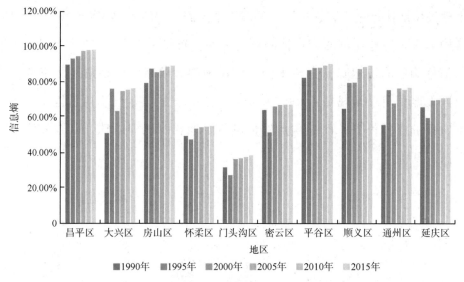

图 9-3　北京市郊区各区 1990~2015 年土地利用结构信息熵变化

土地利用结构的最优状态应处于适当的混沌与有序之间。若土地利用结构信息熵过高、无序性较强,则进行土地利用稳定性不足,容易出现功能紊乱,不利于土地可持续利用;而过低的信息熵,尽管有序性较强,但单一的土地利用方式也可能会造成土地利用多功能性优势的损失。

9.2.3　变化驱动机制

人类对大自然的改造主要是建立在已有用地的基础上,同时充分发挥人类智力因素,后来人们对城市土地又不断地加以规划,加以利用,将它按照越来越适宜人类生存和发展的方向进行改造。土地的发展,承载了多种驱动力量共同作用的结果。自然环境的影响、社会环境的影响、经济发展的需求、国家政策的变动等都在不同程度地影响着土地的使用。众多的因素综合在一起共同作用于土地,就形成了供给侧结构性改革导向土地利用变化的驱动力。驱动力包含的范围非常广,它包含着土地所在区域的气候和自然环境、历史政治变化、地理位置等各个方面。如果能够对土地驱动因素做到全面的、整体的把握，将对土地利用情况的研究非常有利，可以调查到不同的环境下、不同社会经济发展程度下、不同的历史条件下土地利用变化呈现怎样的状态以及变化的根源是什么，这有助于人类在与外部环境系统间的物质流和能量流交换中考虑到土地利用系统内、外部的各种耦合关系，从而释放供给活力，促进经济增长和经济发展方式转变。

1. 驱动力指标选取

已有学者从不同视角对土地利用变化驱动力开展了深入研究，普遍认为土地利用结构变化驱动力根据性质的不同，主要可分为自然环境驱动力与社会经济驱动力。美国全球变化研究委员会将地球表层系统的动态变化划分为自然驱动力与人类驱动力，自然驱动力主要是气候—水文过程与地形地势特征，人类驱动力则主要包括工业新陈代谢与土地转变。一般而言，由于自然环境的长期稳定性，自然环境驱动力往往不直接作用于土地利用结构的变化，而是间接影响人类土地利用决策以作用于土地利用结构变化。因此，社会经济驱动力是研究土地利用变化驱动力时主要的关注对象。有研究认为社会经济驱动力主要包含人口变化、经济发展与产业结构调整三大方面，这些驱动因素通过影响土地开发利用方式、土地管理政策与土地资源保护等驱动土地利用结构的变化。就人口变化因素而言，土地利用变化最主要的影响因素之一即农村人口对于生态系统的压力；人口增长会带来旱田的快速扩张及大量草地、林地与湿地等生态用地的开垦。就经济发展因素而言，刘纪远等（2014）指出经济发展是我国土地利用变化与时空差异的主要驱动力之一；经济活动的作用范围和强度是引起区域生态环境变化的重要原因。就产业结构调整因素而言，第二、第三产业比重的增大会加强建设用地对耕地的侵占程度。除这三方面外，社会经济驱动力还包括交通运输技术与政策因素。

部分学者在构建土地利用变化驱动力指标体系时，将自然环境因素与社会经济因素同时囊括在内，选取区域高程、坡度、坡向、年平均气温、年平均降水量作为自然环境驱动力因素。同时，分别选取人口密度、少数民族人口密度以及农业人口密度代表人口因素；选取农作物产量、油料作物产量、农业机械总动力、化肥施用量、棉花产量、农村用电量和牲畜头数代表农业因素；选取农业总产值、牧业总产值、林业总产值和渔业总产值代表经济因素。此外，由于自然环境驱动力在短期内往往具有较强的稳定性，因此大部分研究仅包括社会经济驱动力（陈菁和谢晓玲，2010），选取总人口、地区生产总值、城市化率、城镇人均可支配收入、城镇居民恩格尔系数、农村居民恩格尔系数、财政收入、人均地区生产总值、粮食产量、农业机械总动力、固定资产投资指标研究农用地变化驱动力，并指出经济发展是造成长沙市农用地数量变化的最主导驱动力因素。肖思思等（2012）选取总人口、农业人口、农作物总播种面积、农作物总产量、粮食作物播种面积、粮食总产量、水产品产量、大牲畜年末存栏量、地区生产总值、人均地区生产总值、工业总产值、农牧渔业总产值、农民人均纯收入研究太湖地区土地利用结构变化驱动力，指出经济发展会给农业发展带来巨大压力。韩会然等（2015）在研究北京市土地利用变化驱动机制时，选取北京市常住人口数量、非农业人口数量、从业人员、地区生产总值、固定资产投资、农业总产值、第二产业生产总值、第三产业生产总值、粮食总产量、城镇化率共 10 个驱动力指标。在选取土地利用结构变化驱动力指标体系时，主要依据以下基本原则：一是可量化原则，所选取的指标应当可以进行有效的量化，例如尽管政策因素是影响土地利用结构变化的重要驱动力，但它较难进行量化，因此很少被包含在土地利用结构变化驱动力的指标体系内；二是数据可得性原则，需要选择可以获取数据的指标进行研究；三是相关性原则，即所选指标需与研究区域土地利用结构变化有较强的相关性。北京市位于中部平原地区，区位条件较为优越，土地利用的自然环境约束条件较少且短期内比较稳定。而作为我国较早启动工业化与城市化进程的区域之一，其社会经济因素变化剧烈，因此土地开发利用主要取决于社会经济因素的影响。基于对过往文献的研究，结合北京市的实际情况，在考虑以上基本原则的基础上从影响土地利用结构变化的社会经济驱动力的人口因素、经济发展因素与产业结构因素中选取 7 个相关指标（表 9-18）：X1，常住人口密度（单位：人/km^2）；X2，人均地区生产总值（单位：元）；X3，社会固定资产投资总额（单位：亿元）；X4，城镇居民人均可支配收入（单位：元）；X5，农村居民人均可支配收入（单位：元）；X6，农林牧渔业总产值（单位：亿元）；X7，规模以上工业总产值（单位：亿元）。

表 9-18　驱动力指标说明

因素		指标	说明
人口	X1	常住人口密度（人/km^2）	区域常住人口数量/区域面积
经济发展	X2	人均地区生产总值（元）	区域地区生产总值/区域常住人口数量
	X3	社会固定资产投资总额（亿元）	—
	X4	城镇居民人均可支配收入（元）	—
	X5	农村居民人均可支配收入（元）	—
产业结构	X6	农林牧渔业总产值（亿元）	—
	X7	规模以上工业总产值（亿元）	—

1）人口因素

土地利用结构变化是人类开发、利用土地的直接结果，人口因素作为外界压力对土地利用变化起到一定的调控作用，人口的数量规模、结构、分布及其变化是影响土地利用结构变化的重要驱动力之一。人口规模扩大的直接影响是对粮食需求的快速增长与对其生活、生产所必需的承载空间与基础设施需求的快速增长，这会带来土地利用结构的变化。

过往研究中主要使用区域总人口数量、人口密度、农业人口数量、非农人口数量等指标衡量人口因素对土地利用结构变化的影响。由于北京市是我国主要人口流入地之一，除户籍人口外，还有大量外来人口。根据《北京市2015年暨"十二五"时期国民经济和社会发展统计公报》，截至2015年北京共有常住人口2170.5万人，其中，常住外来人口822.6万人，占常住人口的比重为37.9%。因此，用常住人口数量代表总人口数量更加准确，但常住人口中非农人口与农业人口比例数据较难搜集。北京市不同区域之间面积差异较大，密云区面积最大，达2229 km²，东城区面积最小，仅有42 km²，因此为减少面积的影响，最终采用常住人口密度（X1）衡量人口因素。人口密度可以集中表现出人口的规模与分布，它通过影响人类对耕地保护、就业机会、居住空间、公共设施等的需求，改变土地利用的方式与强度。

$$常住人口密度 = \frac{区域常住人口数量}{区域面积} \qquad (9\text{-}13)$$

2）经济发展因素

社会经济的发展使得对土地开发、利用的需求发生变化，经济水平的提高也为城市发展提供了支撑，经济的快速增长会带来对土地生产与服务的需求与投入要素的增加，从而改变土地利用方式，带来土地利用结构的变化。经济发展在提高人类生活水平与消费水平、为土地利用提供物质基础的同时，也提升了对土地系统过度开发与不合理开发的风险，会对土地利用结构造成一定破坏。随着城市化与工业化的推进，城市的蔓延使得土地利用非农化趋势明显。因此，经济发展因素是研究土地利用结构变化驱动力中的重要因素。

目前研究中经济发展因素一般包括地区生产总值、人均地区生产总值、社会固定资产投资总额、城镇居民人均可支配收入、农民人均纯收入等指标。由于对建设用地的投资是社会固定资产投资的主要组成部分，因此社会固定资产投资总额可以用来反映经济发展带来的建设用地扩张的资本基础。与地区生产总值相比，人均地区生产总值可以更加客观全面地反映区域经济与社会的发展水平，能够更好地反映工业化、城市化可持续推进的物质保障稳定性。综上，选择人均地区生产总值（X2）、社会固定资产投资总额（X3）、城镇居民人均可支配收入（X4）、农村居民人均可支配收入（X5）四个指标衡量经济发展因素。其中，人均地区生产总值通过地区生产总值与区域常住人口数量的比值计算得出。

$$人均地区生产总值 = \frac{地区生产总值}{区域常住人口数量} \tag{9-14}$$

3）产业结构因素

产业结构调整也是造成土地利用结构变化的重要驱动力。农林牧渔业总产值（X6）、规模以上工业总产值（X7）属于产业结构因素范畴。产业结构的变化反映对经济效益的追求；作为产业发展的空间载体，土地的开发与利用也受到经济规律的制约，土地资源配置具有从低经济效益利用方式向高经济效益利用方式转换的趋势，会带来土地利用的类型转换与结构调整。

2. 模型构建

1）面板回归模型

土地利用结构的变化具有较强的时空差异，复杂性较高。一些研究者采用了多元线性回归模型或 logistic 回归模型分析土地利用变化的驱动力。尽管回归模型有助于深入了解土地利用类型转变的驱动力，但土地利用结构变化的驱动机制复杂多变，无法显示土地利用结构变化的空间差异与时间动态。而面板数据可以同时包含横截面数据和时间序列数据，可以表示某个时间截面的土地利用结构变化的驱动力机制，也可以反映相关驱动机制随时间推移的变化情况。此外，面板数据中平稳分布的横截面维度可掩盖很多不利变化，因此面板回归模型可对带有转换性、持续性、流动性等方面特征的问题产生更好的研究效力。因此，本章选用面板数据对北京市土地利用结构变化的社会经济驱动力进行分析。

2005~2015 年，随着城市化与工业化的快速推进，我国土地利用结构也进入快速变化时期；而这一阶段中，《全国土地利用总体规划纲要（2006—2020年）》与《北京市土地利用总体规划（2006—2020）》相继发布，对土地利用结构变化产生了重要影响。因此选择 2005~2015 年作为研究时序，对规划期内的土地利用结构变化驱动力进行分析。此外，由于 2005 年后，北京东城区、西城区作为首都功能核心区，建设用地占比保持在 100%，没有发生变化；而石景山区在 2000 年后，农用地占比始终为 0，因此在面板回归模型中仅包括朝阳区、海淀区、丰台区、昌平区、大兴区、房山区、怀柔区、门头沟区、密云区、平谷区、顺义区、通州区、延庆区 13 个截面。

2）变量选择与数据来源

本章分别以农用地、建设用地与生态用地面积占总面积的比例为因变量，以 7 个社会经济驱动力指标为自变量，构建 3 个面板回归模型，对土地利用结构变化的驱动机制进行探究。

模型因变量为各土地利用类型面积占土地总面积的比例，即：Y1，农用地面积占比；Y2，建设用地面积占比；Y3，生态用地面积占比。根据表 9-19，模型共包含 7 个自变量，分别为：X1，常住人口密度（单位：人/km^2）；X2，人均地区生产总值（单位：元）；X3，社会固定资产投资总额（单位：亿元）；X4，城镇居民人均可支配收入（单位：元）；X5，农村居民人均可支配收入（单位：元）；X6，农林牧渔业总产值（单位：亿元）；X7，规模以上工业总产值（单位：亿元）。自变量数据来源于《北京区域统计年鉴》（2006~2016年）。其中，社会固定资产投资总额（X3）、城镇居民人均可支配收入（X4）、农村居民人均可支配收入（X5）、农林牧渔业总产值（X6）、规模以上工业总产值（X7）直接来源于统计年鉴，常住人口密度（X1）与人均地区生产总值（X2）根据统计年鉴数据计算得出。根据表 9-19，所有自变量在 2005~2015

年均保持上涨趋势。

表 9-19 自变量 2005~2015 年的变化

年份	常住人口密度/（人/km²）	人均地区生产总值/元	社会固定资产投资总额/亿元	城镇居民人均可支配收入/元	农村居民人均可支配收入/元	农林牧渔业总产值/亿元	规模以上工业总产值/亿元
2005	1 673	20 891.54	164.89	15 923.57	9 037.00	17.96	349.26
2006	1 753	26 162.97	196.40	17 546.54	9 789.69	18.48	385.02
2007	1 845	29 023.95	241.62	19 577.54	10 474.85	20.95	439.43
2008	1 980	32 320.44	235.25	21 782.00	11 411.15	23.38	488.81
2009	2 079	36 372.89	310.97	23 509.85	12 762.69	24.20	540.38
2010	2 189	39 990.25	364.62	25 499.77	13 930.69	25.16	663.89
2011	2 263	45 020.12	392.07	28 934.77	15 204.15	27.88	719.52
2012	2 319	49 945.49	430.54	31 984.00	16 745.23	30.37	761.38
2013	2 375	53 766.83	468.16	35 049.00	18 337.15	32.38	835.37
2014	2 426	57 873.62	502.40	38 265.23	20 246.15	32.18	882.55
2015	2 448	61 571.05	531.60	40 908.31	21 367.10	28.18	791.79

3）模型检验与结果

面板回归模型可以分为固定效应模型、随机效应模型两种基本类型。固定效应模型假设个体效应在组内是固定不变的，个体间差异反映在每个个体都有一个特定的截距项上；随机效应模型假设所有的个体具有相同的截距项，但个体间的差异是随机的，这些差异主要反映在随机干扰项的设定上。因此，首先进行 Hausman 检验以确定模型形式。检验结果见表 9-20，可以拒绝原假设。

表 9-20 Hausman 检验结果

H0： 两种方法得到的参数没有显著性差异	
Chi(7)	31.57
Prob	0.0000

因此，构建固定效应面板回归模型进行分析：

$$y_{hit} = \alpha_i + \sum_{k=1}^{k} \beta_k \lg x_{kit} + u_{it}(h=1,2,3; \ k=1,2,\cdots,7; \ i=1,2,\cdots,13; \ t=1,2,\cdots,11)$$

（9-15）

其中，y_{hit} 表示区域 i 在第 t 年的第 h 种土地利用类型面积占总面积的比例；x_{kit} 表示区域 i 在第 t 年的第 k 种驱动力指标值；β_k 表示第 k 种驱动力指标回归系数；α_i 表示截距项；u_{it} 表示随机误差项。

分析结果见表 9-21。

表 9-21　土地利用结构变化驱动力回归结果

变量	农用地面积占比	建设用地面积占比	生态用地面积占比
常住人口密度	−0.0398***	0.0450***	−0.0053**
人均地区生产总值	−0.0163***	0.0173***	−0.0009
社会固定资产投资总额	−0.0042**	0.0028	−0.0013*
城镇居民人均可支配收入	−0.0062	0.0138*	−0.0076**
农村居民人均可支配收入	0.0054	−0.0084*	0.0030*
农林牧渔业总产值	0.0089***	−0.0102**	0.0013
规模以上工业总产值	−0.0027*	0.0038**	0.0011
截距项	0.3128***	0.2634***	0.4238***
N	143	143	143

*表示$p<0.1$，**表示$p<0.05$，***表示$p<0.01$

3. 结果分析

1）人口因素

常住人口密度与土地利用结构的变化具有显著的相关关系，常住人口密度每提高 1%，农用地面积占比将下降 0.0398%、生态用地面积占比将下降 0.0053%、建设用地面积占比将上升 0.0450%。2005 年至 2015 年间，北京市作为快速发展中的超、特大城市，吸引了大量的流动人口流入，是重要的人口流入地之一。人口的增加会提高对就业机会、住房等公共设施与其他基础设施的需求；同时人口向城市的集聚需要新的承载空间，促进了建设用地面积占比大幅提升；城市扩张占用了农用地与生态用地，因此农用地与生态用地面积占比下降。由于建设用地与农用地均集中于地形平坦的西北部平原地区，因此相比生态用地，农用地面积占比与建设用地面积占比对于常住人口密度变化更为敏感。

2）经济发展因素

人均地区生产总值与农用地面积占比负相关，与建设用地面积占比正相关。人均地区生产总值水平的提高促使土地利用方式向更高经济效益与利用强度的方向转变；人均地区生产总值每提高 1%，农用地面积占比降低0.0163%、建设用地面积占比提高 0.0173%。社会固定资产投资总额与农用地面积、生态用地面积占比均呈负相关。建设用地的开发与利用则是社会固定资产投资的重要组成部分，社会固定资产投资总额的提升会加速对农用地与生态用地的占用。社会固定资产投资总额每提高 1%，农用地面积占比降低0.0042%、生态用地面积占比降低 0.0013%。城镇居民人均可支配收入与生态用地面积占比负相关，与建设用地面积占比正相关；城镇居民人均可支配收入每提高 1%，生态用地面积占比降低 0.0076%、建设用地面积占比提高0.0138%。农村居民人均可支配收入与生态用地面积占比正相关，与建设用地面积占比负相关；农村居民人均可支配收入每提高 1%，生态用地面积占比提高 0.0030%、建设用地面积占比降低 0.0084%。经济的快速发展为进一步的城市化、工业化提供了发展基础与动力，同时也会带来生产生活方式、价值观念的改变；此外，北京市在 2005~2015 年，经济发展处于扩张阶段，对土地依赖性较强。因此，在这一时期土地利用类型不断发生内部调整与相互转化，会提高土地的利用强度，加速城市空间扩张，表现在建设用地面积比例的提高；而农业用地、生态用地比例降低。

3）产业结构因素

农林牧渔业总产值与农用地面积占比正相关，与建设用地面积占比负相关。农林牧渔业总产值每提高 1%，农用地面积占比提高 0.0089%、建设用地面积占比降低 0.0102%。规模以上工业总产值则相反，其与农用地面积占比负相关，与建设用地面积占比正相关。规模以上工业总产值每提高 1%，农用地面积占比降低 0.0027%、建设用地面积占比提高 0.0038%。北京市近年来规模以上工业总产值持续保持增长态势，且增速显著快于农林牧渔业总产值增速；产业结构中城市建设部门所占比重的不断上升，工业企业数量增加。产业结构的内部调整使得人类对土地产出的种类及数量的需求发生变化，这带来了土地资源在各产业间的调整，进一步加快了农用地向建设用地的转化速度，加剧了农用地与建设用地间的供需矛盾。

9.3　海淀区土地数量结构变化特征与驱动

在对北京市土地利用结构变化特征与驱动机制进行研究的基础上，进一步对县区级尺度的区域土地利用结构进行更加深入的研究。海淀区具有"南城北乡"的特点，能够比较典型地代表我国在新型城镇化进程和经济社会发展过程中供给侧结构性改革的导向，以及土地利用结构变化方向。因此，选取海淀区作为研究区域具有一定的参考价值。

9.3.1　研究区概况与数据来源

海淀区地处北京辖区内的西北部，地理位置跨北纬 39°53′~40°09′，东经116°03′~116°23′，其东与西城、朝阳区相邻，南与丰台区毗连，西与石景山区、门头沟区交界，北与昌平区接壤，地势西高东低，区域面积 430.77 km²，约占北京市总面积的 2.6%。境内有大小河流 10 条，总长度 119.8 km。气候属温带湿润季风气候区，冬季寒冷干燥，盛行西北风，夏季高温多雨，盛行东南风。年均气温 12.5℃，年日照数 2662 h，无霜期 211 天，年平均降水量 628.9 mm。截至 2014 年底，全区常住人口 367.8 万人，实现地区生产总值 4290 亿元，比上年增长 8.6%，全区居民人均可支配收入达 50 088 元，增长 9.0%。

海淀区 2014 年土地利用变更调查数据显示，2014 年底，全区共有 43 077 hm^2 的土地，其中有 39.69%，也就是 17 097 hm^2 都属于农用地；有 58.82%也就是 25 338 hm^2 属于建设用地；另外还有 642 hm^2 属于未利用地，占土地总面积的 1.49%（表 9-22）。

表 9-22 2014 年海淀区土地利用状况（单位：hm^2）

行政区	总计	农用地					建设用地						未利用地
		合计	耕地	园地	林地	其他农用地	合计	城乡建设用地				交通水利及其他建设用地[1]	
								小计	城市	建制镇	农村居民点		
海淀区	43 077	17 097	2 042	2 571	10 458	2 026	25 338	23 240	15 107	1 104	7 029	2 098	642
南部地区	22 355	4 159	25	309	3 376	449	17 767	17 109	15 072	504	1 533	658	429
上庄镇	3 835	2 524	961	215	855	493	1 211	1 037	0	168	869	174	100
苏家坨镇	8 459	6 286	466	1 395	3 838	587	2 107	1 729	0	91	1 638	378	66
温泉镇	3 318	1 952	107	212	1 474	159	1 357	1 122	0	322	800	235	9
西北旺镇	5 110	2 176	483	440	915	338	2 896	2 243	35	19	2 189	653	38

1）交通水利及其他建设用地指土地利用状况分类中的风景名胜及特殊用地、交通、水利设施用地

海淀区土地利用具有明显的区域特点：①农用地以林地为主，2014 年林地面积 10 458 hm^2，占农用地的比例为 61.17%，耕地面积 2042 hm^2，占农用地的比例为 11.94%，且主要分布在海淀北部四镇（苏家坨镇、温泉镇、上庄镇、西北旺镇）。②建设用地以城市用地为主，2014 年城市用地面积 15 107 hm^2，主要分布在海淀南部地区，占建设用地的比例为 65%；2014 年农村居民点用

地面积 7029 hm²,主要分布在北部四镇,占建设用地的比例为 30.25%。③土地利用程度高,后备土地资源匮乏,未利用土地仅占土地总面积的 1.49%。

为保证研究数据的真实性、连续性和一致性,本章时间跨度为 2009~2014 年,主要通过两个途径获得相应的研究数据:①社会、经济、人口类数据。均采用北京市和海淀区统计年鉴数据,如有数据缺失无法在统计年鉴中获取,将优先采用政府部门通过官方渠道发布的数据并加以注释说明。②2009~2014 年土地类数据。因统计口径的不同,不同年份的数据来源也不同,其中,海淀区年度变更调查数据主要被应用在 2010 年以后的研究分析中,第二次全国土地利用调查数据则被应用在 2009 年的研究分析中。下文所有的数据运算均以此为基础进行。

9.3.2 变化特征

1. 变化幅度

土地利用变化幅度就是数量差异在各土地利用类型上的表现,由此能够看到总供给量在不同土地利用类型上发生的变化。对海淀区 2009~2014 年土地利用变化的幅度进行分析,可以了解供给侧结构性改革导向下土地利用变化总的态势,变化幅度见表 9-23 和图 9-4。

表 9-23　2009 年、2014 年海淀区土地利用状况对比

土地利用类型（一级分类）	土地利用类型（二级分类）	2009 年 /hm²	2014 年 /hm²	变化量 /hm²	变化幅度
农用地	耕地	2 528	2 042	−486	−19.22%
	园地	2 913	2 571	−342	−11.74%
	林地	10 898	10 458	−440	−4.04%
	其他农用地	2 319	2 026	−293	−12.63%

续表

土地利用类型 （一级分类）	土地利用类型 （二级分类）	2009 年 /hm²	2014 年 /hm²	变化量 /hm²	变化幅度
建设用地	城镇建设用地	15 924	16 211	287	1.80%
	农村居民点用地	6 136	7 029	893	14.55%
	交通水利及其他建设用地	2 025	2 098	73	3.60%
未利用地		334	642	308	92.22%

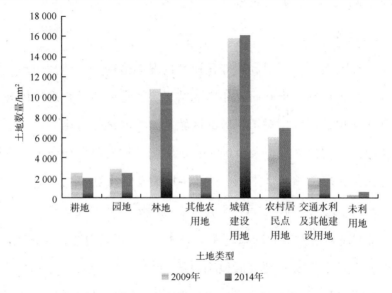

图 9-4　2009~2014 年海淀区土地利用数量变化

2009~2014 年，海淀区 4 种不同利用类型的土地，比如城镇建设用地等都保持着正增长的发展态势。其中，城镇建设用地面积增加了 287 hm²，增幅为 1.80%；农村居民点用地增加了 893 hm²，增幅为 14.55%；交通水利及其他建设用地增加了 73 hm²，增幅为 3.60%；未利用地增加了 308 hm²，增幅为 92.22%，未利用地大幅增加主要是 2009 年第二次全国土地利用变更调查时，将 308 hm² 河流水面纳入建设用地面积进行统计所致，从实际情况来看，海淀区 2009~2014 年未利用地面积保持稳定，且未利用土地类型主要为河流水面。

2009~2014 年，由于"十二五"时期，城乡一体化的先行试点地区在海淀区进行，并且自主创新示范区核心区也被确定在中关村，基于此，海淀区实施了相应的城市配套建设，海淀区耕地、园地、林地和其他农用地面积呈现负增长。其中，耕地面积减少了 486 hm²，减幅为 19.22%；园地减少了 342 hm²，减幅为 11.74%；林地减少了 440 hm²，减幅为 4.04%；其他农用地减少了 293 hm²，减幅为 12.63%。

2. 变化速率

对于海淀区而言，土地利用变化速度情况能借助于土地利用动态度加以充分体现，并系统地分析和研究相应的结果。动态度能够直观地体现不同类型土地利用变化的速度，对于相应的区域差异情况进行对比分析，进而将潜在的变化原因发掘出来，以及有助于在供给侧结构性改革导向下对土地利用发展趋势做出相应的预测。采用公式（9-16）进行计算：

$$K=\left[\left(S_b-S_a\right)/TS_a\right]\times100\% \qquad (9\text{-}16)$$

其中，不同土地利用类型的动态度表示为 K；其在研究初期的面积表示为 S_a；其末期面积则表示为 S_b；研究时段则表示为 T。

根据公式(9-16)，得出海淀区 2009~2014 年不同土地利用类型的动态度，结果见表 9-24 和图 9-5。

表 9-24　2009~2014 年海淀区各类土地利用动态度

土地利用类型 （一级分类）	土地利用动态度	土地利用类型 （二级分类）	土地利用动态度
农用地	-1.67%	耕地	-3.84%
		园地	-2.35%
		林地	-0.81%
		其他农用地	-2.53%

续表

土地利用类型 （一级分类）	土地利用动态度	土地利用类型 （二级分类）	土地利用动态度
建设用地	1.04%	城镇建设用地	0.36%
		农村居民点用地	2.91%
		交通水利及其他建设用地	0.72%
未利用地	18.44%	未利用地	18.44%

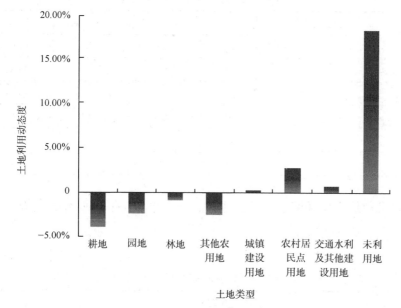

图 9-5　海淀区土地利用动态度

　　从表 9-24 中可以看出，农用地的土地利用动态度为–1.67%，呈递减趋势，其中，耕地逐年减少是农用地面积递减的主要原因，其土地利用动态度为–3.84%；园地的土地利用动态度为–2.35%；林地的土地利用动态度为–0.81%；其他农用地的土地利用动态度为–2.53%。建设用地的土地利用动态度为1.04%，主要表现在城镇建设用地、农村居民点用地和交通水利及其他建设用地上，土地利用动态度分别为 0.36%、2.91% 和 0.72%。未利用地因统计口径原因，其土地利用动态度变化较大，为 18.44%。

通过分析不难发现，建设用地新增来源主要是农用地，即农用地减少主要源于新增建设用地的占用。2009~2014 年，海淀区新增建设用地面积为 2021 hm²，其中：新增建设用地占用林地面积最大，为 829 hm²，占建设用地扩张总面积的 41.02%；其次为占用其他农用地与耕地面积，占比分别为 20.78%、18.95%；占用未利用地面积最小（表 9-25）。

表 9-25   2009~2014 年海淀区新增建设用地来源（单位：hm²）

区域	耕地	园地	林地	其他农用地	未利用地	总计
南部地区	100	65	445	139	30	779
上庄镇	157	20	50	108	3	338
苏家坨镇	40	128	185	98	5	456
温泉镇	13	18	65	23	0	119
西北旺镇	73	119	84	52	1	329
总计	383	350	829	420	39	2021

新增建设用地主要保障了全区民生建设、公共服务、国防建设需要，提升了全区生态品质（表 9-26）。

表 9-26   2009~2014 年海淀区新增建设用地项目情况（单位：hm²）

新增建设用地用途	建设项目名称	占地面积
保障性住房	海淀区上庄 B-09 地块经济适用住房项目	29.47
	海淀区上庄镇 C02 地块定向安置房项目	23.30
	海淀区上庄镇中心区 C-14 地块两限房项目	11.41
	海淀区苏家坨镇前沙涧北区、西区、东区定向安置房项目	36.63
	海淀区温泉镇太舟坞地块定向安置房项目	1.67
	海淀区温泉镇中心区 F 地块定向安置房项目	2.48
	海淀区西北旺镇大牛坊地块定向安置房项目	4.17
	辛店 B08 地块公共租赁住房项目	4.39
	辛店居住组团 A 地块定向安置房项目	15.93

续表

新增建设用地用途	建设项目名称	占地面积
保障性住房	北坞嘉园 A、B 地块回迁房	20.22
	门头村安置房项目	4.96
	唐家岭新城地块回迁安置住宅及配套	18.49
	东岳老年公寓补办	0.62
	巨山路（阜石路—永定河引水渠）	4.19
基础设施与民生工程	苏家坨镇中心区地块经济适用房周边道路规划建设	0.38
	翠湖北路（稻香湖东路—上庄路）道路工程	0.46
	沙阳路（颐阳路—八达岭高速公路西辅路）（海淀段）	1.98
	苏家坨镇东路、镇中街、南一街道路及跨前沙涧沟桥梁工程	0.35
	田村路（西黄村桥—定慧北桥）道路工程项目	0.31
	西三旗东路	1.48
	北坞村路（闵庄路—玉泉山路）道路工程项目	1.39
	香山南路道路工程	1.04
	北安河消防站	1.36
	创新园 110 kV 变电站	0.62
	清河再生水厂二期项目	14.25
	循环经济产业园再生能源发电厂	27.33
	苏家坨中心医院项目	0.36
军队军事与公共管理	军事设施用地	20.35
产业用地	中关村软件园二期起步区与西区土地一级开发	116.74
	中关村创新园 A、C、D、E、F、I 地块土地一级开发	115.79
	亮甲店村村东工业与教育科研地块土地一级开发	7.69
	上庄镇中心区 B10 地块	6.86
	温泉镇中心区 C 地块限价商品房一级开发项目	19.67
	温泉小城镇（D2、F 地块）土地一级开发	24.11
	温泉镇工业用地	0.16
	天秀花园	8.54

新增建设用地用途	建设项目名称	占地面积
产业用地	永丰高新科技产业基地（一期）	0.34
	中央液态冷热源环境系统产业化基地	0.40
	西二旗住宅区土地统一开发	0.12
	东升社区服务中心	0.11
生态建设	翠湖国家湿地公园 A、B 区	67.99
	温泉郊野公园一期	3.08
总计		621.19

2009~2014 年，海淀区新增建设用地 2021 hm^2，同期也腾退建设用地达 768 hm^2。其中：建设用地腾退为未利用地面积最大，为 348 hm^2，占建设用地腾退总面积的 45.31%；其次是腾退为林地、其他农用地与园地，占比分别为 44.27%、7.29%、2.86%，复垦为耕地的面积最少（表 9-27）。

表 9-27　2009~2014 年海淀区建设用地腾退去向（单位：hm^2）

区域	耕地	园地	林地	其他农用地	未利用地	总计
总计	2	22	340	56	348	768
南部地区	0	4	273	33	280	590
上庄镇	1	1	13	7	54	76
苏家坨镇	0	14	26	9	2	51
温泉镇	0	1	4	1	1	7
西北旺镇	1	2	24	6	11	44

由土地利用动态度及其具体分析可知，2009~2014 年，海淀区耕地、园地、城镇建设用地等八种土地利用类型的动态度不尽相同，说明其土地利用变化速度有较大差异，特别是在当前推进供给侧结构性改革的宏观背景下，要在正常的生活、生产用地得到保障的基础上，使土地利用结构优化朝有利

于生态建设的方向发展。

3. 变化有序性

对于海淀区而言,其土地利用结构在供给侧结构性改革导向下,所出现的动态演变规律能够通过信息熵体现出来,分析信息熵能够帮助我们更好地分析土地利用结构情况,分析的过程体现了土地利用系统理论的思想。

对于土地而言,其作为自然历史综合体,最大的特点就是耗散结构,另外还拥有有序的功能和结构特征。谭永忠和吴次芳(2003)指出,土地系统十分复杂,包含的子系统共有五个,比如人类系统、自然系统等,并且此系统难以进行精确定义。它如同其他的复杂系统一样,具有随机性、开放性等特征。从空间和功能层面来说,它所反映的组合关系和结构格局都存在很大的差别,同时从时间层面来看,其演替的最大特点就是具有阶段性、规律性以及过程性。对于土地综合体来说,人类既会对其实施正向的干扰,同时也会实施负向的干扰,基于各个时空尺度,其会影响到土地利用结构的有序程度,借助于信息熵能够揭示这种有序程度,越是较大的信息熵,则越是反映出较低的有序性程度。

对于研究区域来说,用 S 来表示其土地总面积,同时根据利用情况将其进行划分,其类型共 n 种,相应的面积表示为 S_i($i=1,2,\cdots,n$),在总面积中各个类型的占比表示为 P_i,则:

$$S = \sum_{i=1}^{n} S_i \tag{9-17}$$

$$P_i = S_i / S \tag{9-18}$$

其中,$\sum_{i=1}^{n} P_i = 1$,则土地利用结构信息熵可用公式表示为

$$H = -\sum_{i=1}^{n} (P_i \ln P_i) \tag{9-19}$$

其中，H 表示土地利用结构信息熵，在总面积当中不同类别土地占比表示为 P_i。除此之外，土地利用类型的多少可以通过 H 来体现，并且相应的面积分布均匀度也可以通过 H 来体现。如果各类土地拥有一样的利用面积，也就是 $S_1 = S_2 = \cdots = S_n = S/n$ 时，则能够得到最大的熵值，即 $H_{max} = \ln n$。由此不难看出，越是具有较多的土地利用类型，就越会缩小不同类型土地的占比，就会得到更大的土地利用结构信息熵，说明土地利用结构越是具有较低的有序性程度。

从前文对海淀区概况的分析可知，现阶段海淀区主要包括耕地、城镇建设用地、林地、农村居民点用地以及未利用地等土地利用类型，用土地利用结构信息熵模型进行熵值计算，结果见表 9-28 和图 9-6。

表 9-28　2009~2014 年海淀区土地利用结构信息熵

年份	耕地	园地	林地	其他农用地	城镇建设用地	农村居民点用地	交通水利及其他建设用地	未利用地	总熵值
2009	0.1664	0.1822	0.3477	0.1573	0.3679	0.2776	0.1437	0.0377	1.5140
2010	0.1510	0.1781	0.3479	0.1536	0.3679	0.2827	0.1447	0.0595	1.5344
2011	0.1479	0.1720	0.3463	0.1481	0.3679	0.2908	0.1428	0.0629	1.5308
2012	0.1470	0.1710	0.3457	0.1460	0.3679	0.2929	0.1444	0.0628	1.5306
2013	0.1454	0.1701	0.3446	0.1451	0.3678	0.2942	0.1448	0.0627	1.5293
2014	0.1445	0.1682	0.3437	0.1438	0.3678	0.2958	0.1472	0.0627	1.5292

2009~2010 年土地利用结构信息熵保持较高水平，主要是由于 2008 年北京奥运会结束以后，海淀区全面启动了中关村国家自主创新示范区核心区建设，随着各项建设的全面推开，土地利用结构发生了很大改变，由自然有序慢慢变得无序，在 2010 年处于最无序时期。2011~2014 年，土地使用渐渐趋向有序，信息熵也有一定的收敛趋势，且海淀区认识到土地利用结构无序之后采取了一系列的措施，比如加强了对违法用地行为的打击力度（这里的违

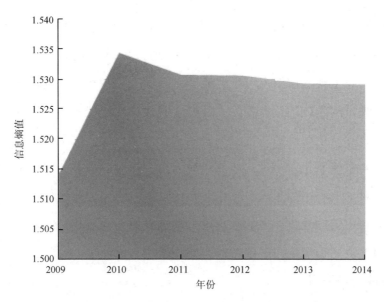

图 9-6 2009~2014 年海淀区土地利用结构信息熵值走向

法行为是指违法建设占用农用地及类似未批先建行为），限制了建设用地规模等。这些措施对减小信息熵值波动有一定的促进作用。

通过对海淀区 2009~2014 年的土地利用结构信息熵值的计算结果发现：有很多因素对该结果产生影响。农民居住地和城市发展中建设用地的随意性，体现了建设过程中未注重土地的节约集约利用，未严格按照规划对土地进行利用而是有选择性地进行建设，最终结果是用地面积中建设用地比例大幅度上升且在一定程度上超出规划建设范围，耕地面积大量减少，土地利用结构不稳定。

9.3.3 变化驱动机制

1. 供给侧结构性改革导向的土地利用变化驱动力作用机制

1）自然环境因素

自然环境因素，顾名思义，主要是来自自然界，它主要指有多少自然资源，人类周围的环境如何，等等。例如，气候、水文、植被、资源等都包含在自然环境因素中。土地是自然界非常重要的资源，具有自然属性，从该属性来看，研究土地利用情况可了解该地域内地表覆盖物以及其被利用的自然情况。地表自然生成的覆盖物、人发挥主观能动性建造的建筑物都会受到自然条件的影响。由此可知，土地利用结构会受到土壤、水文、建造物等很多方面的因素驱使变化。不过，自然环境因素在短时间内不会发生特别巨大的变化，它对土地利用的影响，要在非常漫长的时间里才能产生，对研究区域内的土地利用结构变化产生的影响也是渐进式的，具有相对的稳定性，因此短期内的土地利用变化一般不考虑自然环境因素的作用。

2）社会经济因素

人类出现以后，尤其是随着科学技术的发展，人类生产力水平的不断提高，社会人对自然界的改造能力越来越强，土地利用结构受人类活动的影响越来越大，仅仅由自然环境引发的土地利用变化占其全部变化的比重越来越小，尤其是伴随着城镇化的推进，土地利用变化最为直接的驱动因素不外乎人类科技进步与经济社会发展对土地资源产生的需求行为。由此可见，人类活动和经济社会发展的程度与土地利用结构具有非常紧密的联系。土地在经济社会发展中发挥了巨大的作用，研究土地利用情况可以了解人类经济社会发展的过程，尤其是对土地利用的方式方法。人类利用土地有非常强的目的性，或者是想获得物质产品，或者是想获得某种服务。在社会经济人文系统中，人类多样化的活动方式与各种驱动因素结合在一起共同促使土地利用结构发生变化，而且社会经济发展情况不同，或者环境不同时土地利用方式也各不相同。自然环境对土地利用的影响是缓慢的，而人类社会对土地的影响非常显著，这两个因素不断积累、互相融合使土地表面的附着物慢慢发生改变，它最基本的表现就是土地利用方式的变化，土地利用变化的驱动因素是随着自然环境和土地利用方式的变化而变化的（图9-7）。

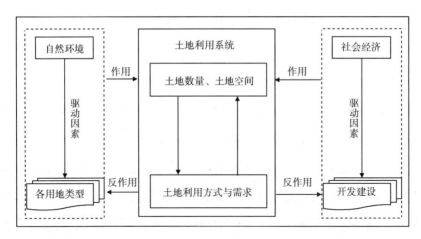

图 9-7　供给侧结构性改革导向的土地利用变化驱动力作用机制

土地利用变化在多因素的影响下导致了区域土地利用系统的循环往复，这里面包括自然环境和社会经济因素。所以加大对系统内各个因素发挥作用的限度以及方向进行探究，能帮助人们把握规律，并找到引导系统优化的方式，最终通过土地的可持续利用促进经济社会的持续健康发展。

城市土地利用与乡村土地利用相比，前者受社会经济因素的影响作用更大。在城市里，经济社会对土地利用的影响远远超过了自然环境对土地利用的影响，而且这个影响见效快，变化显著。在研究土地利用结构变化时，会发现城市人口的变化、经济的发展、各类型产业用地的变化，以及政府行为对土地利用都会造成直接的影响，并在短期内直观反映出来，对土地利用结构变化的影响是跳跃式的，具有相对不稳定性。

2. 土地利用变化的驱动力建模与结果分析

1）主成分分析方法

数学理论中有一种方法是数据降维，被称为主成分分析法。这种分析法是把数目众多的影响因素分别用 $X_1, X_2, \cdots, X_k$（k 代表驱动因子个数）来代替，并把它们重组形成一个数目较少且互相之间没有关联的综合指标 F_n 来替换原来的指标。在这个过程中，要注意指标的选择，要既不改变变量 X_k 原本指代的内容，又要使新建立的指标没有重合现象。

F_1 表示第一个线性组合形成的主成分，$F_1 = a_{11}X_1 + a_{21}X_2 + \cdots + a_{k1}X_k$，各个主成分所提取的信息量借助方差来度量。$F_1$ 包含的信息量越大，公式中方差 $\mathrm{Var}(F_1)$ 越大。一般而言 F_1 所含的信息最多，所以它是 $X_1, X_2, \cdots, X_k$ 的所有线性组合中方差最大的，此时我们称 F_1 是第一主成分。如果 F_1 这个第一主成分以前的 k 个指标的信息不能完全被包含，就尝试选择 F_2 为主成分，而且信息反映的有效性要求 F_1 所包含的信息不再在 F_2 中呈现，即 F_2 与 F_1 这两个主成分要保持互不相关、彼此独立，用协方差表示二者的关系就是 $\mathrm{Cov}(F_1, F_2) = 0$，这时，$F_2$ 是与 F_1 不相关的 $X_1, X_2, \cdots, X_k$ 这一组所有线性组合中方差最大的，所以我们把 F_2 定为第二主成分，按照这种方法往后递推建立的 $F_1, F_2, \cdots, F_n$ 为原变量指标 $X_1, X_2, \cdots, X_k$ 的第一、第二、……、第 n 个主成分。

计算相关系数矩阵：

$$R = \begin{pmatrix} r_{11} & r_{12} & \cdots & r_{1k} \\ r_{21} & r_{22} & \cdots & r_{2k} \\ \vdots & \vdots & & \vdots \\ r_{k1} & r_{k2} & \cdots & r_{kk} \end{pmatrix} \qquad (9\text{-}20)$$

其中，r_{ij}（$i,j=1,2,\cdots,k$）表示原变量 X_i 与 X_j 的相关系数，$r_{ij}=r_{ji}$，其计算公式为

$$r_{ij} = \sum_{m=1}^{n}\left(x_{mi} - \overline{x_i}\right)\left(x_{mi} - x_j\right) \Big/ \sqrt{\sum_{m=1}^{n}\left(x_{mi} - \overline{x_i}\right)^2 \sum_{m=1}^{n}\left(x_{mi} - \overline{x_j}\right)^2} \qquad (9\text{-}21)$$

下面计算特征值与特征向量。

解特征方程 $|\lambda I - R| = 0$。在求特征值时，通常使用雅可比（Jacobi）法，并按顺序排列 $\lambda_1 \geq \lambda_2 \geq \cdots \geq \lambda_k \geq 0$，分别求出对应特征值 λ_i 的特征向量 $e_i(i=1,2,\cdots,k)$，并且 $\|e_i\|=1$，即 $\sum_{j=1}^{k} e_{ij}^2 = 1$，其中 e_{ij} 表示向量 e_i 的第 j 个分量。

计算主成分贡献率及累计贡献率：

$$l = \lambda_i \bigg/ \sum_{k=1}^{k} \lambda_k \qquad (9\text{-}22)$$

$$L = \sum_{k=1}^{i} \lambda_k \bigg/ \sum_{k=1}^{k} \lambda_k \qquad (9\text{-}23)$$

其中，$i = 1, 2, \cdots, k$；l 表示主成分贡献率；L 表示累计贡献率。一般地，特征值累计贡献率要达到 85%~95%，$\lambda_1, \lambda_2, \cdots, \lambda_f$ 所对应的是第 1 个至第 k（$f \leqslant k$）个主成分。

计算主成分荷载：

$$k\left(z_i, x_j\right) = \sqrt{\lambda_i} e_{ij} \qquad (i, j = 1, 2, \cdots, k) \qquad (9\text{-}24)$$

2）驱动因子选择

人口、经济、国家政策、大政方针、社会组织等都是土地利用系统包含的内容，可见该系统包含的内容非常多，范围非常广泛。因为土地利用系统既体现人类的社会活动，又涉及自然生态。人类活动在改造自然环境时，改造的结果又反馈到人类本身，二者相互作用，不断循环往复。在这个过程中，自然、人、土地形成了一种规律和默契，它们在这个循环中，各自发挥作用，有学者提出，这是土地利用系统的自组织行为。

研究海淀区土地利用变化的驱动力主要是以供给侧结构性改革为向导，同时借鉴前人已有的研究成果，研究过程中，综合考虑了社会、经济、资源、环境等各种因素的影响。本章在使用最普遍的人口因子、经济发展因子、产业结构因子的基础上，为更深入地识别海淀区土地利用变化的驱动机制，还加入了生活水平因子、城市发展潜力因子和生态保护因子。

A. 人口因子

人作为社会经济活动的参与主体，其变化对于城市土地利用的变化有至关重要的影响。例如当城市人口增加时，对城市的土地利用就会形成新的引致需求，住房会增加，交通路线会增多，基础设施和公共的服务性设施要随之完善，等等，这些需求都会促使土地利用结构发生很大的变动。在中国，随着新型城镇化的开展，越来越多的人口向城市移动，所以当前中国人口变动的趋势是城市人口大规模增加。选取常住人口数、人口密度分别从总量、人口分布密度直接影响城市土地利用方式的指标作为人口因子的驱动指标。

B. 经济发展因子

城市经济发展对经济效率的提高、人均收入的增长、银行储蓄的增加都有一定程度的促进作用，也会影响居民的消费方式。消费方式的改变有很多表现形式，比如居民对公共服务、居住环境、基础设施建设的改善需求，通过消费方式改变适度扩大了总需求，总需求的增加对城市土地利用方式产生影响，进而推动城市用地结构的改变。

经济发展因子选取以下三项指标：一是地区生产总值。作为衡量地区经济发展水平的直观体现，它能从总体上反映所在地区经济发展的程度，所以我们在考虑地区经济发展总体水平时往往首先会考虑地区生产总值。二是全社会固定资产投资。固定资产的投资能够反映出这个地区各项资产的增值空间和能力，所以用全社会固定资产投资来反映地区经济的发展潜力。三是社会消费品零售总额。通过它我们能知道一个城市居民物质消费水平，因为它能体现一个地区人们的购买能力，还能反映批发零售业的销售情况的好坏，所以它也是衡量地区经济发展水平的一个重要标准。

C. 产业结构因子

对于一个城市而言，产业的产值以及其在国民经济中的占比是评价产业发展水平的主要标志之一。一个区域的城市化进程也和合理的产业结构息息相关，甚至决定一个城市的兴衰。因此，可以毫不夸张地说，产业结构就是经济发展程度和土地利用水平的直接体现。与此同时，在我国新型城镇化进程中，城市建设所发生的一系列变化都与产业结构的调整密不可分，意味着经济结构从传统制造业向新兴产业、服务业转移，转移过程也表明了其在经济社会发展中的影响逐步上升。从转移所带来的经济增长、技术进步、吸纳就业等方面的情况可以看出，其转移的实质就是产业结构升级转型的过程，这也正是土地利用变化的动因之一。

本章关注到了经济发展新常态下产业结构转型的变化，特别是结合供给侧结构性改革的背景，本章将产业结构因素单列出来，以规模以上工业总产值、农林牧渔业总产值、第三产业总产值这三项指标来反映城市产业结构的变动情况。

D. 生活水平因子

选取以下三项指标作为反映海淀区生活水平的指标：一是城镇居民人均可支配收入，即居民日常生活消费时可用的收入，它能体现城市居民收入能力和物质水平。笔者运用该指标来反映居民生活水平的变动情况。二是农村居民人均纯收入，指农村居民家庭一年的收入之中，可以作为生产、非生产性投资以及消费存储的那一部分收入，它能体现农村居民消费需求，从而代表他们的生活水平。

E. 城市发展潜力因子

投资作为社会经济活动的重要组成部分，对城市土地利用变化的影响不容忽视，投资需求导致了土地利用的变化，也能侧面反映一个城市的发展潜力。我国正处于新型城镇化建设发展时期，从供给侧发力，生产和购买固定资产，有效供给带动社会经济结构与产业结构调整等都是反映城市发展潜力的重要指标。鉴于我国还存在城乡二元结构，特别是在供给侧结构性改革的背景下，本章将城市发展潜力因子单列出来，因此，本章选取城镇固定资产投资、农村固定资产投资分别作为城市发展潜力因素的驱动指标。

F. 生态保护因子

生态环保对于一个区域而言,指的是在城市将来的发展过程中严格树立绿色低碳的观念,在经济发展过程中也更加注重低碳环保,只有保持这样的发展观念才能实现可持续发展。选取以下四项指标作为反映海淀区生态保护的指标:一是节能环保支出。我国在新型城镇化建设的同时,也强调生态文明建设的重要作用,节能环保支出反映了城市对生态保护的支持和引导力度,是反映生态环保的重要指标之一。二是能源消费总量。其是指原煤和原油及其制品、天然气、电力等的消费数量情况,从侧面反映了一个城市的生态环保状况,如果能源能够循环使用,将有利于城市生态环保建设,故能源消费总量是反映生态环保的重要指标之一。三是农作物播种面积。其是指实际种植在耕地或非耕地上的农作物的土地面积,从海淀区角度来看,农业生产已不是海淀区的主要功能,但能从侧面反映海淀区在经济社会高速发展情况下,对生态保护的重视程度,是反映生态环保的重要指标之一。四是林木绿化率。其指有林地面积、灌木林地面积、农田林网以及其他林木的覆盖面积之和占城市土地总面积的百分比,能全面衡量海淀区林木绿化状况,是反映生态环保的重要指标之一。

综上,对上述选取的指标进行分类,见表 9-29。

表 9-29　海淀区土地利用变化驱动因子分类指标

驱动因子	单位	指标类型
人口因子	万人	A1 常住总人口数
	人/km²	A2 人口密度
经济发展因子	亿元	A3 地区生产总值
	亿元	A4 全社会固定资产投资
	亿元	A5 社会消费品零售总额
产业结构因子	亿元	A6 规模以上工业总产值
	亿元	A7 农林牧渔业总产值
	亿元	A8 第三产业总产值

续表

驱动因子	单位	指标类型
生活水平因子	万元	A9 城镇居民人均可支配收入
	万元	A10 农村居民人均纯收入
城市发展潜力因子	亿元	A11 城镇固定资产投资
	亿元	A12 农村固定资产投资
生态保护因子	亿元	A13 节能环保支出
	万吨标准煤	A14 能源消费总量
	hm²	A15 农作物播种面积
		A16 林木绿化率

3. 结果分析

1）数据准备与分析

依照表 9-30 建立的指标体系进行海淀区土地利用影响驱动因子的数据收集，并通过统计分析软件 SPSS 17.0 进行相关分析，通过 SPSS 17.0 的科学统计得出多个指标之间存在着相互联系，有些指标的相关系数最大达到了 0.85 以上，如地区生产总值与区域内人均可以支配的收入等，具有较强的相关关系。因此，因要对数据进行降维处理，采用主成分分析法以消除多重共线性的影响。

表 9-30　主成分分析原始数据

指标类型	单位	2009 年	2010 年	2011 年	2012 年	2013 年	2014 年
A1 常住总人口数	万人	313.6	328.1	340.2	348.4	357.6	367.8
A2 人口密度	人/km²	7155	7617	7897	8087	8302	8539
A3 地区生产总值	亿元	2446.9	2771.6	3179.8	3514.8	3950	4290
A4 全社会固定资产投资	亿元	489.5	567	625.3	688.9	775.1	841.7
A5 社会消费品零售总额	亿元	1063.64	1273.04	1463.32	1653.14	1793.31	1960.8
A6 规模以上工业总产值	亿元	1188.8	1343	1443.7	1489.3	1708.3	2211.2

续表

指标类型	单位	2009 年	2010 年	2011 年	2012 年	2013 年	2014 年
A7 农林牧渔业总产值	亿元	4.33	4.02	4.76	5.73	5.79	5.87
A8 第三产业总产值	亿元	2063.5	2371.2	2765.36	3057.36	3441.36	3713.69
A9 城镇居民人均支配收入	万元	3.07	3.34	3.77	4.18	4.6	5
A10 农村居民人均纯收入	万元	1.6	1.77	2	2.24	2.47	2.71
A11 城镇固定资产投资	亿元	484.9	541.6	618.5	683.2	760.2	822.3
A12 农村固定资产投资	亿元	4.6	25.4	6.7	5.8	14.9	19.5
A13 节能环保支出	亿元	2.59	3.89	4.05	6.5	12.49	14.24
A14 能源消费总量	万吨标准煤	612	680.1	644.7	677.3	696.2	707.3
A15 农作物播种面积	hm^2	2163	1666	1581	1444	1343	1280
A16 林木绿化率		42.2	42.3	42.3	42.6	43.1	38.6

注：因 2013 年统计年鉴中能源消费总量统计口径有变化，为统一数据口径，因此表中 2013 年以前的能源消费总量为折算值

2）运行结果

根据上述原理和分析方法，利用统计分析常用的软件 SPSS 17.0 对统计数据进行主成分分析，求出各主成分的方差贡献率，并通过累计计算进一步得出主成分累计方差贡献率，见表 9-31。

表 9-31　特征值及主成分贡献率

主成分	特征值	方差贡献率	累计方差贡献率
1	13.481	84.255%	84.255%
2	1.373	8.582%	92.838%
3	0.880	5.497%	98.335%
4	0.201	1.257%	99.592%
5	0.065	0.408%	100.000%
6	0.000	0.000%	100.000%
7	0.000	0.000%	100.000%

主成分	特征值	方差贡献率	累计方差贡献率
8	0.000	0.000%	100.000%
9	0.000	0.000%	100.000%
10	0.000	0.000%	100.000%
11	0.000	0.000%	100.000%
12	0.000	0.000%	100.000%
13	0.000	0.000%	100.000%
14	0.000	0.000%	100.000%
15	0.000	0.000%	100.000%
16	0.000	0.000%	100.000%

第一、二主成分的方差贡献率分别为 84.255% 和 8.582%，同时第二主成分累计方差贡献率高达 92.838%，完全满足 85%~95% 的要求，这两个主成分能够解释原始变量间差异的 92.838%，达到了比较合理的水平，即提取的两个主成分能够较好地代表 16 个变量的原始信息。利用最大方差旋转法将主成分由抽象转为更为直观的数据，旋转后因子载荷将以其平方值显示并且向 0 与 1 两端进行靠近，载荷大的通过旋转其值更加显大，载荷小的通过旋转其值更加显小，各个因子的权重也显得更加明显。根据主成分荷载计算公式，计算各主成分上的荷载情况可以得出主成分荷载矩阵（表 9-32）。

表 9-32　旋转后的主成分荷载矩阵

变量	第一主成分	第二主成分
A1	0.952	0.287
A2	0.937	0.307
A3	0.961	0.273
A4	0.947	0.320
A5	0.962	0.265

续表

变量	第一主成分	第二主成分
A6	0.818	0.499
A7	0.979	−0.081
A8	0.965	0.257
A9	0.964	0.260
A10	0.961	0.273
A11	0.964	0.263
A12	−0.009	0.963
A13	0.868	0.390
A14	0.697	0.624
A15	−0.859	−0.349
A16	−0.353	−0.574

3）结果分析

第一主成分将 A12、A14、A15、A16 从其他类型中分离出来，与 A1、A2、A3、A4、A5、A6、A7、A8、A9、A10、A11、A13 这 12 个指标有较大的正相关（图 9-8），所反映出的信息综合全面，与人口、宏观经济、产业结构、生活水平等因子有着很大的联系，第一主成分与经济发展水平和人口增长有一定的关系。

在社会发展过程中，土地开发的变革最重要的影响因素就是人口，同时人口也是经济社会发展过程中的重要因素。2009~2014 年，海淀区常住人口由 313.6 万人增加到 367.8 万人，净增 54.2 万人，单位面积内的人口扩大了 17.28%，随着常住人员的不断增多，海淀区的经济变得更加繁荣，居民的生活变得更加富裕；同时居住在此的人口数量的剧增也导致了土地利用结构发生了明显的变化，最明显的特征就是城镇建设用地大幅增加和耕地面积减少，2009~2014 年城镇建设用地增加 1.80%，耕地面积下降 19.22%。

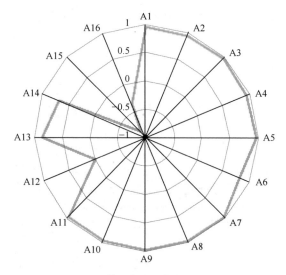

图 9-8　第一主成分荷载雷达分布

从经济发展来看，2014 年海淀区生产总值为 4290 亿元，与 2009 年相比，增幅高达 75%，第三产业的产值在三大产业中逐步增高，近年来一直保持着高于 80%的发展态势，这就反映出了海淀区产业结构的调整趋势，这种调整同时也引起了三大产业对土地利用需求的改变。同时，2014 年全社会固定资产投资 841.7 亿元，与 2009 年相比增幅 72%，其中城镇固定资产投资增幅就高达 70%，固定资产投资的增加则会造成土地利用结构的调整，意味着对建设用地的需求随之增加，也会对耕地保护造成一定的压力。

第二主成分将 A12 从其他类型中分离出来，与 A12 有较大的正相关（图 9-9），而 A12 反映的是农村固定资产投资的高低，结合表 9-32 分析可知，第二主成分与城市发展潜力有一定的关系，且城市发展潜力在某种程度上反映了新型城镇化水平，海淀区的城镇化率在 2014 年达到 97.8%，而城镇化率的提高与农村固定资产投资密不可分，为提高农民收入、农村人口转市民化提供了经济基础。

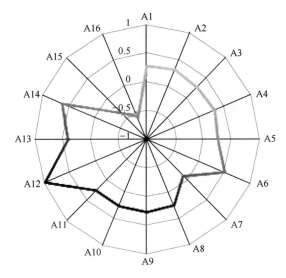

图 9-9　第二主成分荷载雷达分布

　　综合来看，主成分分析的结果从另一个侧面反映出本书的指标分类与收集是可行的。北京市海淀区在 2009~2014 年土地利用情况发生改变的重要原因是常住人口不断增长、经济发展和新型城镇建设水平不断提高。除此之外，海淀区在"十三五"时期将进一步提高综合经济实力和竞争力，疏功能减人口、提高城市治理能力、加快推进城市化、优化和谐宜居生态环境，进一步优化土地利用结构将对这些目标的实现起到决定性的作用。海淀区在"十三五"时期的发展过程中应进一步扩大对存量建设用地的利用率，提高土地开发使用的效率，从而使城市的发展向集约化迈进，使城市的发展更加协调、更加高效。

第 10 章
土地数量结构优化研究

10.1 供给侧结构性改革导向的土地利用数量结构
优化意义与流程

10.1.1 供给侧结构性改革导向的土地利用数量结构优化意义

随着我国经济的高速发展，城镇化率越来越高，但也导致了大量优质耕地被侵占，严重威胁到了国家的粮食安全。同时，城乡土地利用仍然较为粗放，土地的利用效率不高，造成了土地资源的浪费，降低了土地有效供给的能力，对我国的产业结构转型升级造成了负面影响。随着经济的发展和人类活动范围的扩大，各类化学物质、固体废弃物、生活垃圾等影响土地质量的因素也在不断增多，生态环境污染变得越来越严重。比如，在耕地过程中添加了超量的化肥、农药，在工业活动中使用的石油、固体废弃物等都不同程度地影响土地的质量，对环境造成了严重污染。

面对日益尖锐的人地矛盾和社会生态环境问题，以供给侧结构性改革为导向的土地利用结构优化为经济转型升级、新型城镇化发展提供了基础。在人类经济社会的发展过程中，土地的基础性作用显得尤为重要，引起人们的广泛重视。

前文已经对供给侧结构性改革导向的土地利用动态变化进行了分析，通过分析发现，海淀区 2009~2014 年土地利用结构效率不稳定，且资源过度消耗和环境污染物排放过量是制约海淀区土地利用结构效率提升的主要原因，需要在供给侧结构性改革导向下对研究区域内的土地在数量上进行优化安排，以控制建设规模，扩大生态空间，促进城乡空间集约高效利用，最大限度地协调土地面积有限性、经济社会发展和生态环境之间的关系，进一步提升经济社会可持续发展水平。

10.1.2 供给侧结构性改革导向的土地利用数量结构优化流程

首先，对研究区域进行数据采集和实地调研，根据实地调研中发现的土地利用结构性矛盾，然后结合区域发展要求对土地利用变化情况采取定性与定量分析；其次，结合供给侧结构性改革导向下研究区域的土地利用数量结构优化目标和约束条件，设置不同的优化情景，对不同情景下的土地利用数量结构进行优化，随后将土地利用数量结构优化结果在空间布局上进行优化模拟，如果空间布局满足区域发展要求，则将实施优化后的结果，如果优化结果不满足供给侧结构性改革导向的区域发展要求，则根据具体情况进行反馈，并重新开始优化流程（图10-1）。

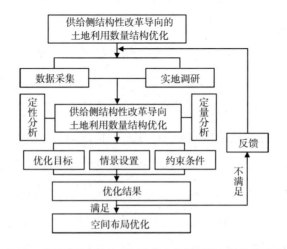

图 10-1 供给侧结构性改革导向的土地利用数量结构优化流程

10.2　供给侧结构性改革导向的土地利用数量结构优化模型构建

10.2.1　决策变量与目标函数建立

1. 决策变量

决策变量又称为控制变量,对构建土地利用数量结构优化模型具有至关重要的作用,设置决策变量时主要依据优化目标及优化对象。在研究过程中,选取的决策变量应具有战略性,既要符合改革过程中土地利用的现状和分类体系,又要能够适应 2020 年土地利用规划目标与社会发展要求。决策变量具有三个特征:①土地利用类型应尽量符合研究范围内的现实情况,同时应符合相关的政策法规和规程,以及土地利用总体规划目标,符合土地用途的管制要求;②每个区域应有各自独立的决策变量,各决策变量不能重复,应根据区域的不同具有各自的特点;③为便于计算土地利用效益系数,每个决策变量的效益资料应容易收集。在以上前提下,从研究范围内的经济发展和土地利用现状出发,根据海淀区土地利用情况,社会发展情况,政府关于人口分布、核心区域发展、农村建设等方面的规划情况将海淀区土地利用变量分为八类(表 10-1)。

表 10-1　海淀区土地利用变量设置

变量	地类	2014 年面积/hm²	2014 年比例
X_1	耕地	2 059.99	4.78%
X_2	园地	2 614.39	6.07%
X_3	林地	10 555.81	24.50%
X_4	其他农用地	2 052.85	4.77%
X_5	城镇建设用地	16 158.47	37.51%
X_6	农村居民点用地	6 945.01	16.12%
X_7	交通水利及其他建设用地	2 047.63	4.75%
X_8	未利用地	642.78	1.49%

2. 目标函数

土地利用类型具有不同的经济、社会、生态效益价值，其价值影响是本章构建供给侧结构性改革导向的多目标函数的必要前提。随着土地研究的不断发展，研究者对于土地的价值已经有着非常相似的看法，但对于不同土地类型的价值方面，不同的研究者仍然有着不同的研究结果。他们通过经济影响、社会影响和生态影响三个维度指出各类土地的利用价值的影响因素，具体情况见表 10-2。

表 10-2　供给侧结构性改革导向下各土地类型的价值影响

地类	经济影响	社会影响	生态影响
耕地	物质生产	粮食安全、就业保障与科研	涵养水源、气候调节、生物多样性维持、废弃物处理等
园地	园地/园艺产品	就业机会、娱乐与科研	调节气候、涵养水源、土壤保持、净化环境、物质循环、动物栖息地等
林地	林/林副产品	就业机会、娱乐与科研	调节气候、涵养水源、防风固沙、维持生物多样性等
其他农用地	提供农产品物质生产基础	休闲娱乐与科研文化	空气污染、温室效应、噪声污染等
城镇建设用地	产品与服务	娱乐、科研与就业机会	空气污染、温室效应、噪声污染等
农村居民点用地	产品与服务	娱乐、科研与就业机会	空气污染、温室效应、噪声污染等
交通水利及其他建设用地	交通运输、水利设施等服务	就业机会	空气污染、温室效应、噪声污染
未利用地	物质生产	休闲娱乐与科研文化	水分调节、蓄水与供水、土壤形成与保护、废物处理

1）供给侧结构性改革导向的土地利用经济效益目标函数

土地能够不断地为社会创造出生产资料，同时也是社会不断进步的物质支撑，在供给侧结构性改革的过程中，土地利用的经济效益是主要的分析指标。经济效益越大，供给侧结构性改革的成效越显著。经济效益的目标决策函数计算方法如下：

$$F(X) = \sum_{i=1}^{n} \mu X_i \to \max \qquad (10\text{-}1)$$

式中，$i = (1,2,\cdots,n)$；X_i 为土地利用类型；μ 为各类土地单位面积的经济产出，采用相对权益系数法来表示，以海淀区地区生产总值来表示单位经济产出。

一是确定不同土地利用类型的相对权益系数。即通过计算 2009~2014 年不同土地利用类型的经济效益，从而得到其相对权益系数。比如，耕地的相对权益系数由耕地产生的农业效益确定，园地的相对权益系数由农业园产生的效益确定，林地的相对权益系数由林业产生的效益确定，同时建设用地的相对权益系数根据建设用地相对应的第二产业和第三产业产出值来确定，海淀区未利用地主要以河流水面和湖泊水面为主，经济效益较低，而且海淀区未利用地面积仅占全区土地面积的 1.49%，所以将该区域内未利用地的相对权益系数假定为 0，即其经济产出假定为 0，从 2009~2014 年海淀区各项用地所产生的效益统计得出，建设用地效益虽然在不断提升，农用地效益却逐年下降，并且下降趋势短期内难以改变，所以建设用地相对权益系数相较于其他类型用地权益系数可以相对加强，2020 年海淀区各项用地的相对权益系数 P_i 如下所示：

$$P_i = (0.012, 0.035, 0.116, 0.067, 0.534, 0.153, 0.083, 0) \qquad (10\text{-}2)$$

二是分析 2020 年范围内各土地利用类型的单位效益。在"十三五"规划过程中，海淀区预计经济发展的增速为 7% 左右，根据增速可以计算出，"十三五"规划结束时期，其地区生产总值将达到 6438 亿元。通过运用相对权益系数进行计算，可以得出每种土地的经济产值；同时根据 2020 年土地利用规划目标，可以得出每种土地的单位面积内的经济产值。此外，假设在目标函数中，未利用地的系数为 1，则

$$\mu = (87\,379.53, 496\,572.93, 623\,759.6, 33\,437.31, 19\,738\,762.16,$$
$$9\,288\,323.78, 10\,628\,323.78, 1) \qquad (10\text{-}3)$$

根据以上分析,最后可以算出 2020 年供给侧结构性改革导向的土地利用经济效益目标函数为

$$F(x) = 87\ 379.53X_1 + 496\ 572.93X_2 + 623\ 759.6X_3 + 33\ 437.31X_4$$
$$+19\ 738\ 762.16X_5 + 9\ 288\ 323.78X_6 + 10\ 628\ 323.78X_7 + X_8 \qquad (10\text{-}4)$$

2)供给侧结构性改革导向的土地利用生态效益目标函数

随着人类活动范围扩大以及各项社会内容和形式的增多,生态环境变得越来越恶劣。虽然生态环境具有一定的自我调整和修复能力,但是如果受到外界的影响和破坏太大,生态环境将发生难以逆转的损害,从而引发自然灾害,对人类造成威胁,所以在对土地进行开发时,注重保护土地和周边的生态环境是非常重要的。在供给侧结构性改革过程中,在注重经济收益和节约成本的同时,应该更加重视保护生态环境。但是土地的生态环境带来的效益很难用具体的公式去计算。经过相关专家、学者不断地调查和研究,总结出对生态环境带来的收益的多项考量办法。生态服务价值(表 10-3)的提出提供了一种定量分析方法,越来越为研究学者所接受,本章采用该方法构建目标函数。

表 10-3　不同陆地生态系统单位面积生态服务价值(单位:元/(hm² · 年))

总类型	分类型	耕地	林地	草地	水域	湿地	荒漠
供给服务	食物生产	885.9	89.1	266.3	89.1	266.3	9.2
	原料生产	89.1	2 300.4	44.2	9.2	62.3	0
调节服务	气体调节	442.2	3 097.1	708.2	0	1 593.8	0
	气候调节	788.4	2 389.3	796.4	407.1	15 131.2	0
	水源涵养	531.7	2 832.4	708.9	18 033.4	13 715.3	27.1
支持服务	土壤保持	1 292.8	3 451.7	1 726.3	9.2	1 531.1	18.3
	废物处理	1 451.3	1 160.2	1 159.2	16 087.6	16 087.3	9.2
	生物多样性	628.4	2 885.6	965.4	2 203.3	2 212.3	301.3
文化服务	休闲景观	9.2	1 133.5	35.4	3 840.5	4 911.5	9.2
合计		6 119	19 339.3	6 410.3	40 679.4	55 511.1	374.3

已有研究认为，某一区域的生态服务功能总价值大于零时，该区域内生态系统相对安全。同时经调研发现一些地区土地生态遭到污染破坏主要是由建设用地的使用所导致的，通过上述分析，计算 2020 年供给侧结构性改革导向的土地利用生态效益目标函数如下所示：

$$G(x) = 6119X_1 + 18\,987X_2 + 19\,339.3X_3 + 6653X_4$$
$$-8952(X_5 + X_6) - 431X_7 + 374.3X_8 \tag{10-5}$$

3）供给侧结构性改革导向的土地利用低碳排放目标函数

供给侧结构性改革一项重要内容是促进经济增长和经济发展方式转变，支持建立绿色低碳循环发展产业体系，通过土地利用结构优化，为绿色低碳产业发展提供动力，同时强调合理地减少土地与能源的投入，以最小化的消耗来实现最大化的综合效益和碳排放目标。因此，在供给侧结构性改革导向下，引入低碳理念，统筹兼顾经济效益与生态环境，合理布局土地利用空间，使土地利用朝着越来越优化的方向改变。能够引起碳排放的活动主要包括两个方面：第一方面是在土地开发过程中直接引起的碳排放；第二方面是土地上生活的人民的各种生活引起的排放。在研究过程中，将第一种情况作为本章研究的碳排放方式。在土地利用过程中土地的质量不同、土地开发方式不同、不同区域和人员对于土地的种植方法不同，这些因素直接造成了碳排放系数的不同。为了便于展开研究，在计算过程中将碳排放公式进行了定量分析。

耕地、林地、园地、未利用地的碳排放测算公式如下所示：

$$W = \sum_{i=1}^{n} S_i x_i \tag{10-6}$$

式中，W 为耕地、林地、园地、未利用地四种类型的碳排放总量；S_i 为第 i 种地类的面积；x_i 为第 i 种地类的碳排放系数，耕地的碳排放系数为 $0.40\ \text{tC/hm}^2$，园地、林地和未利用地的碳排放系数分别为 $-0.39\ \text{tC/hm}^2$、$-0.64\ \text{tC/hm}^2$、$-0.005\ \text{tC/hm}^2$。

除此以外，畜牧和家禽、农作物生产的过程中也会释放出一定量的碳，其计算方法如下所示：

$$Z=\sum_{k=1}^{n} Q_k \varepsilon_k + \mu S_\alpha \qquad (10\text{-}7)$$

式中，Z 为其他农用地的碳排放量；S_α 为其他农用地的面积；Q_k 为第 k 种禽畜类数量；ε_k 为第 k 种禽畜类的排放系数；μ 为其他农用地管理系数。将禽畜类的碳排放系数设为 0.004 t/a。对于应用于建设领域的土地碳排放的计算，把生活过程中的能量消耗转换成标准煤量然后按照能源碳排放系数就可以算出最终结果。依照研究区域内的经济社会实际发展情况，选取在研究范围内生活过程中常用的 10 种能源，最终得出建设用地的碳排放计算方法，如下所示：

$$C=\sum_{i=1}^{n} M_i = \sum_{i=1}^{n} E_i \xi_i \qquad (10\text{-}8)$$

式中，C 为建设用地的碳排放总量；M_i 为第 i 种能源的碳排放总量；ξ_i 为第 i 种能源的碳排放系数；E_i 为第 i 种能源的标准煤量（$E_i=W_i V$，其中，W_i 为第 i 种能源的消耗量，V 为标准煤折算系数），见表 10-4。

表 10-4　标准煤折算系数和碳排放系数

能源	标准煤折算系数	碳排放系数
焦炉煤气（m³）	0.57 kg（标准煤）/m³	0.35 kg©/kg（标准煤）
其他石油制品（kg）	1.23 kg（标准煤）/t	0.59 kg©/kg（标准煤）
液化石油气（kg）	1.71 kg（标准煤）/t	0.51 kg©/kg（标准煤）
燃料油（kg）	1.43 kg（标准煤）/t	0.62 kg©/kg（标准煤）
洗精煤（kg）	0.90 kg（标准煤）/t	0.76 kg©/ kg（标准煤）
汽油（kg）	1.47 kg（标准煤）/t	0.55 kg©/kg（标准煤）
柴油（kg）	1.46 kg（标准煤）/t	0.59 kg©/kg（标准煤）
煤油（kg）	1.47 kg（标准煤）/t	0.57 kg©/kg（标准煤）
原煤（kg）	0.71 kg（标准煤）/t	0.76 kg©/kg（标准煤）
焦炭（kg）	0.97 kg（标准煤）/t	0.86 kg©/kg（标准煤）

根据上述公式,得出 2020 年供给侧结构性改革导向的土地利用低碳排放目标函数为

$$H(x)=0.40X_1-0.39X_2-0.64X_3+0.61X_4+124.5(X_5+X_6+X_7)-0.005X_8 \qquad (10\text{-}9)$$

10.2.2　约束条件

本章土地利用数量结构优化一方面需要考虑供给侧结构性改革的因素,另一方面也要遵循区域特点以及经济社会发展的客观规律。基于以上考虑进行约束条件的设置。

1. 土地总面积约束

$$\sum_{i=1}^{n}X_i=S \qquad (10\text{-}10)$$

式中, S 为土地总面积(hm^2); X_i 为各类型土地面积(hm^2); n 为土地利用类型数量。

2. 人口总量约束

在城市发展过程中,如果政府采取有力措施减少城市人口总量,那么城市土地利用面积也将会随之减少。在当今社会,随着大量外来务工人口不断地涌向城市,城市人口数量呈现出快速增长的态势,城市的基础和居住设施需要不断增加以满足人口增长的需求,从而引起了土地利用的扩张。在海淀区的规划过程中,到 2020 年将城市人口控制在 312.6 万人以内。即

$$U_1(X_1+X_2+X_3+X_4)+U_2(X_5+X_6+X_7)=P\leqslant 3\,126\,000 \qquad (10\text{-}11)$$

式中, U_1 为农用地平均人口密度(人/ hm^2); U_2 为建设用地平均人口密度(人/ hm^2); P 为 2020 年常住人口(人)。根据研究区域情况测算的农用地平均人口密度和建设地平均人口密度分别为 3 人/ hm^2 、115 人/ hm^2 。

3. 耕地约束

为了满足粮食生产的需求，同时促进城市生态环境质量的提高，在城镇化进程中，政府应该加强对城市耕地数量和质量的监管。同时，根据北京市节约用水办公室发布的《北京市主要行业用水定额》，农业用水灌溉定额在 $10\,050\ \mathrm{m}^3/\mathrm{hm}^2$ 以内，将 2014 年农业用水量 491 万 m^3 以及节水总量 270 万 m^3 考虑到农业用水中，则 2020 年耕地约束条件为

$$740 \leqslant X_1 \qquad\qquad (10\text{-}12)$$

式中，X_1 为耕地面积（hm^2）。

4. 粮食需求量约束

粮食需求量这一因素从另一个角度反映了经济发展情况，同时也可以衡量社会发展情况。这一因素的计算公式为

$$\partial \times \eta \times X_1 \geqslant \omega \times P \times \gamma \qquad\qquad (10\text{-}13)$$

式中，∂ 为粮食单产，根据海淀区 2009~2014 年粮食产量情况，确定粮食单产为 $1602\ \mathrm{kg}/\mathrm{hm}^2$；$\eta$ 为复种指数，根据全国各类地区复种指数，结合海淀区实际耕作特点，取复种指数为 1；X_1 为耕地面积；ω 为人均用粮标准，人均粮食年消费量约为 $420\ \mathrm{kg}$；γ 为粮食自给率，取 0.4；P 为常住总人口。

5. 生态环境约束

1）公园绿地面积约束

园地不仅具有经济效益的比较优势，而且对生态环境保护起着重要作用。结合海淀区"十三五"规划、"十三五"期间园林绿化行动计划安排和土地利用总体规划的约束性要求，2020 年园地约束条件为

$$1682 \leqslant X_2 \leqslant 2571 \qquad\qquad (10\text{-}14)$$

式中，X_2 为园地面积（hm^2）。

根据上述公式,得出 2020 年供给侧结构性改革导向的土地利用低碳排放目标函数为

$$H(x) = 0.40X_1 - 0.39X_2 - 0.64X_3 + 0.61X_4 + 124.5(X_5 + X_6 + X_7) - 0.005X_8 \quad （10\text{-}9）$$

10.2.2　约束条件

本章土地利用数量结构优化一方面需要考虑供给侧结构性改革的因素,另一方面也要遵循区域特点以及经济社会发展的客观规律。基于以上考虑进行约束条件的设置。

1. 土地总面积约束

$$\sum_{i=1}^{n} X_i = S \quad （10\text{-}10）$$

式中,S 为土地总面积（hm^2）;X_i 为各类型土地面积（hm^2）;n 为土地利用类型数量。

2. 人口总量约束

在城市发展过程中,如果政府采取有力措施减少城市人口总量,那么城市土地利用面积也将会随之减少。在当今社会,随着大量外来务工人口不断地涌向城市,城市人口数量呈现出快速增长的态势,城市的基础和居住设施需要不断增加以满足人口增长的需求,从而引起了土地利用的扩张。在海淀区的规划过程中,到 2020 年将城市人口控制在 312.6 万人以内。即

$$U_1(X_1 + X_2 + X_3 + X_4) + U_2(X_5 + X_6 + X_7) = P \leqslant 3\,126\,000 \quad （10\text{-}11）$$

式中,U_1 为农用地平均人口密度（人/hm^2）;U_2 为建设用地平均人口密度（人/hm^2）;P 为 2020 年常住人口（人）。根据研究区域情况测算的农用地平均人口密度和建设地平均人口密度分别为 3 人/hm^2、115 人/hm^2。

3. 耕地约束

为了满足粮食生产的需求，同时促进城市生态环境质量的提高，在城镇化进程中，政府应该加强对城市耕地数量和质量的监管。同时，根据北京市节约用水办公室发布的《北京市主要行业用水定额》，农业用水灌溉定额在 $10\,050\ \text{m}^3/\text{hm}^2$ 以内，将 2014 年农业用水量 491 万 m^3 以及节水总量 270 万 m^3 考虑到农业用水中，则 2020 年耕地约束条件为

$$740 \leqslant X_1 \tag{10-12}$$

式中，X_1 为耕地面积（hm^2）。

4. 粮食需求量约束

粮食需求量这一因素从另一个角度反映了经济发展情况，同时也可以衡量社会发展情况。这一因素的计算公式为

$$\partial \times \eta \times X_1 \geqslant \omega \times P \times \gamma \tag{10-13}$$

式中，∂ 为粮食单产，根据海淀区 2009~2014 年粮食产量情况，确定粮食单产为 $1602\ \text{kg/hm}^2$；η 为复种指数，根据全国各类地区复种指数，结合海淀区实际耕作特点，取复种指数为 1；X_1 为耕地面积；ω 为人均用粮标准，人均粮食年消费量约为 $420\ \text{kg}$；γ 为粮食自给率，取 0.4；P 为常住总人口。

5. 生态环境约束

1）公园绿地面积约束

园地不仅具有经济效益的比较优势，而且对生态环境保护起着重要作用。结合海淀区"十三五"规划、"十三五"期间园林绿化行动计划安排和土地利用总体规划的约束性要求，2020 年园地约束条件为

$$1682 \leqslant X_2 \leqslant 2571 \tag{10-14}$$

式中，X_2 为园地面积（hm^2）。

2）森林覆盖率约束

根据海淀区提出的 2020 年实现森林覆盖率 35.78%的目标，结合海淀区
"十三五"期间园林绿化行动计划安排，2020 年林地约束条件为

$$X_3 \geqslant 15\,380 \qquad (10\text{-}15)$$

式中，X_3 为林地面积（hm^2）。

6. 用水量约束

如果按照 2009~2014 年海淀区年均用水量总量推算，2020 年用水总量约
束为

$$\sum_{i=1}^{n} w_i X_i \leqslant 2.9 \times 10^8 \qquad (10\text{-}16)$$

式中，X_i 为各类土地面积（hm^2）；w_i 为单位面积需水量（m^3/hm^2），其中，
单位面积农用地、建设用地（按建设用地承载工业、居民生活用水计）需水
量分别为 287 m^3/hm^2 和 9233 m^3/hm^2。

7. 能源消费总量约束

根据海淀区 2009~2014 年能源消费总量测算，2020 年常住人口 312.6 万
人的情况下，2020 年能源总量约束为

$$\sum_{i=1}^{n} \varphi_i X_i \leqslant 936 \times 10^4 \qquad (10\text{-}17)$$

式中，X_i 为第 i 类土地利用面积（hm^2）；φ_i 为地均能源消耗量（t 标准煤/hm^2），
根据海淀区 2009~2014 年能源消耗情况，预测地均能源消耗量为 155 t 标准煤/hm^2。

8. 土地供应上限约束

根据海淀区"十三五"规划以及相关约束性要求，控制建设规模，促进
城市空间集约高效利用，2020 年建设用地中的城镇建设用地、农村居民点用
地、交通水利及其他建设用地的供应约束条件为

$$X_5 + X_6 \leqslant 22\ 700 \qquad\qquad （10\text{-}18）$$

$$X_7 \leqslant 4300 \qquad\qquad （10\text{-}19）$$

式中，X_5 和 X_6 分别为城镇建设用地面积和农村居民点用地面积，供应上限为 22 700 hm²；X_7 为交通水利及其他建设用地面积，供应上限为 4300 hm²。

9. 决策变量约束

$X_i \geqslant 0$，即要求决策变量为非负数。

10.2.3　优化情景设置

综合利用多目标优化的计算方式，将供给侧结构性改革导向的土地经济效益函数、土地生态效益函数和土地利用低碳目标函数进行综合，可以得出土地利用数量结构优化的综合目标函数。在此基础上运用 LINGO 10.0 软件，通过综合目标函数和约束条件，可以求出土地利用数量结构的最优化解。考虑到供给侧结构性改革导向的土地利用低碳目标函数求解结果是越小越好，但是其经济和生态效益目标函数求解结果是越大越好，三个目标函数优化的目标不尽相同，同时数量和单位也相异，根据以上分析，本章以海淀区"十三五"规划中 2020 年的目标为参考系，对各个目标函数进行无量纲处理与组合，进而求解得出综合目标函数的最优解。无量纲公式如下所示：

$$\begin{cases} y_i = \dfrac{x_i - \min x_i}{\max x_i - \min x_i} & （1） \\[3mm] y_i = \dfrac{\max x_i - x_i}{\max x_i - \min x_i} & （2） \end{cases} \qquad （10\text{-}20）$$

式中，（1）为正向标准化公式，指标 x_i 越大表示越好；（2）为负向标准化公式，指标 x_i 越小表示越好。由此可知，正向标准化适用于供给侧结构性改革导向的土地利用经济效益目标函数和生态效益目标函数，表示土地利用经济效益和生态效益越大越好；负向标准化适用于供给侧结构性改革导向的土地利用低碳排放目标函数，表示土地利用碳排放越小越好。

然后将处理后的综合目标函数进行组合，根据供给侧结构性改革导向对于不同目标函数的要求，结合前人研究经验以及当地实际情况，分别设置供给侧结构性改革导向的土地利用经济效益目标函数、生态效益目标函数以及低碳排放目标函数系数以确定其在综合目标函数中所占的比重，综合目标函数如下：

$$D(x)=v_1\tilde{F}(x)+v_2\tilde{G}(x)+v_3\tilde{H}(x) \tag{10-21}$$

式中，$\tilde{F}(x)$、$\tilde{G}(x)$ 和 $\tilde{H}(x)$ 分别为供给侧结构性改革导向的土地利用经济效益目标函数、生态效益目标函数和低碳排放目标函数标准化值；v_1、v_2 和 v_3 分别为其权重，且 $v_1+v_2+v_3=1$；$D(x)$ 为综合目标函数值，可称为综合效益值。因现实生活中碳排放、经济增长以及生态之间具有很大相关性，因此，式（10-17）可变为

$$D(x)=(1-v_3)(v_3\tilde{F}(x)+(1-v_3)\tilde{G}(x))+v_3\tilde{H}(x) \tag{10-22}$$

1. 供给侧结构性改革导向的土地低强度利用情景

当土地利用低碳目标函数系数 $v_3=0.5$ 时，设定为供给侧结构性改革导向的低碳生态并重型土地利用调控目标，此时土地利用的碳排放约束适中，生态效益系数值增加，而经济效益目标系数维持不变。因此，在进行土地利用数量结构优化时，会综合应用土地低碳排放目标函数和土地利用生态效益目标函数中各类土地利用面积，通过这种方法可以有效减少碳排放，同时促进土地生态效益的提高。

2. 供给侧结构性改革导向的土地中强度利用情景

当土地利用低碳目标函数系数 $v_3=0.7$ 时，设定为供给侧结构性改革导向的低碳型土地利用调控目标，在这种情况下，土地利用低碳目标函数对综合

目标函数所做出的贡献是最大的，因此，在土地利用数量结构优化过程中，将优先考虑土地利用低碳排放目标函数中的各类土地利用面积，从而使区域土地利用的碳排放量趋近最小化。

3. 供给侧结构性改革导向的土地高强度利用情景

当土地利用低碳目标函数系数 $v_3 = 0.3$ 时，设定为供给侧结构性改革导向的经济优先型土地利用调控目标，此时，在土地数量结构的不断优化过程中，将统计分析以经济效益作为目标函数的土地使用量，同时要考虑到土地利用产生的生态环境影响及低碳排放效益。该情景使区域土地利用的经济效益最大化，但会降低土地利用生态效益，同时使土地利用碳排放量降低的可能性变小。

4. 土地利用自然发展情景

为了与供给侧结构性改革导向下不同的土地利用情景进行对比分析，特别设置了土地利用自然发展情景，该情景是通过建立灰色预测 GM（1，1）模型，对 2009~2014 年土地利用变化趋势进行预测，进而得出 2020 年土地利用情况。灰色预测 GM（1，1）模型构建如下。

（1）设置等间隔时间序列：

$$x^{(0)} = \left\{ x^{(0)}(1), x^{(0)}(2), \cdots, x^{(0)}(n) \right\} \qquad （10\text{-}23）$$

式中，n 为观测值；$x^{(0)}$ 为某一预测对象的非负单调原始时间序列，将原始序列做一次累加得到新的序列 $x^{(1)} = \left\{ x^{(1)}(k),\ k = 1, 2, \cdots, n \right\}$，其中，

$$x^{(1)}(k) = \sum_{i=1}^{k} x^{(0)}(i) = x^{(1)}(k-1) + x^{(0)}(k) \qquad （10\text{-}24）$$

（2）建立白化微分方程：

$$\frac{\mathrm{d}x^{(1)}}{\mathrm{d}t} + ax^{(1)} = b \qquad （10\text{-}25）$$

式中，a 为发展系数；b 为灰作用量。根据最小二乘原则，可得参数 a、b：

$$a = \frac{TR - (n-1)C}{(n-1)M - T^2} \qquad (10\text{-}26)$$

$$b = \frac{RM - TC}{(n-1)M - T^2} \qquad (10\text{-}27)$$

式中，$T = \sum_{k=1}^{n} x^{(1)}(k)$；$R = \sum_{k=2}^{n} x^{(0)}(k)$；$C = \sum_{k=2}^{n} x^{(1)}(k) \times x^{(0)}(k)$；$M = \sum_{k=2}^{n} x^{(1)}(k)^2$，求解微分方程可得预测模型：

$$\widehat{x}^{(1)}(k+1) = \left[x^{(0)}(1) - \frac{b}{a} \right] \mathrm{e}^{-ak} + \frac{b}{a} \qquad (10\text{-}28)$$

式中，$k = (0, 1, 2, \cdots, n)$。将预测模型还原，即可得到预测值：

$$\begin{cases} \widehat{x}^{(0)}(1) = x^{(1)}(1) - x^{(0)}(0) \\ \widehat{x}^{(0)}(k+1) = x^{(1)}(k+1) - x^{(1)}(k) \end{cases} \qquad (10\text{-}29)$$

10.3　供给侧结构性改革导向的土地利用数量结构优化结果

10.3.1　模型运算结果与优化情景对比

根据上述公式，对构造的目标函数模型进行求解得出最终结果。为便于对土地利用数量结构优化结果展开对比分析，将优化结果列入表 10-5 中。

表 10-5　2020 年海淀区不同情景下土地利用数量结构优化结果（单位：hm²）

地类	自然发展情景	低强度土地利用情景	中强度土地利用情景	高强度土地利用情景
耕地	1 895	740	740	740
园地	2 366	2 626	2 694	1 103
林地	9 867	14 301	15 569	10 031
其他农用地	1 844	1 226	1 283	1 023
城镇建设用地	16 770	17 021	16 785	21 332

地类	自然发展情景	低强度土地利用情景	中强度土地利用情景	高强度土地利用情景
农村居民点用地	7 467	4 024	3 041	5 329
交通水利及其他建设用地	2 231	2 518	2 323	2 938
未利用地	637	621	642	581

根据土地利用情况的差异，每项情景有不同的结果，虽然存在着不同的侧重方向，但是每项优化情景都有共同的目的，即在供给侧结构性改革导向下使得土地利用产生的经济、环境和社会效益能够统筹兼顾，根据供给侧结构性改革导向的土地利用数量结构优化结果，与原 2020 年海淀区土地利用总体规划中的土地利用结构进行对比，通过对比可知，由于提前规定了条件的约束，耕地面积一直维持在 740 hm^2 的约束范围内，其余各类土地利用面积都随着测算结果的变化而发生了改变。其中，海淀区城乡建设过程中对土地的利用是影响利用过程中碳排放和利用效益的最主要因素。高强度土地利用情景下城镇建设用地和农村居民点用地面积比原规划 2020 年建设用地面积增加 3961 hm^2，而中强度土地利用情景下城镇建设用地和农村居民点用地面积比原规划减少 1655 hm^2，低强度土地利用情景下城镇建设用地和农村居民点用地面积比原规划减少 2874 hm^2。自然发展情景下城镇建设用地和农村居民点用地面积比原规划增加 1537 hm^2。

通过目标函数的计算方法，可以得出在各种发展模式下的土地利用碳排放量、土地利用经济效益和土地利用生态效益。

（1）不同发展情景下的土地碳排放情况如下：原规划目标下的碳排放总量为 344.34 万 t；土地高强度利用情景下的碳排放总量比原规划增加 23.57 万 t；土地低强度利用情景、土地中强度利用情景和自然发展情景下的碳排放总量分别比原规划减少 51.89 万 t、69.58 万 t、15.35 万 t。

（2）不同发展情景下的土地利用经济效益情况如下：原规划目标下的土地利用经济效益为 5083.27 亿元；土地高强度利用情景下的土地利用经济效益比原规划增加 3.67 亿元；土地低强度利用情景、土地中强度利用情景和自然发展情景下的土地利用经济效益分别比原规划减少 978.85 亿元、1133.2 亿元、766.83 亿元。

（3）不同发展情景下的土地利用生态效益情况如下：原规划目标下的土地利用生态效益为 0.018 亿元；土地高强度利用情景下的土地利用生态效益原规划减少 0.328 亿元；土地低强度利用情景、土地中强度利用情景和自然发展情景下的生态效益分别比原规划增加 1.322 亿元、1.712 亿元、0.268 亿元。

综合比较原规划目标、土地低强度利用情景、土地中强度利用情景、土地高强度利用情景和自然发展情景下的土地利用碳排放量、土地利用经济效益和土地利用生态效益，同时根据式（10-22）计算得到不同发展情景下的综合效益值（表 10-6）。考虑到海淀区"十三五"聚焦全国科技创新中心核心区建设、疏解非首都功能、加强基础设施建设，以及进一步深化研究范围内土地利用的绿色可持续发展、加大生态建设的现实需要，低碳型的土地开发方法可以实现碳减排的效果，同时又能相应地实现经济效益和生态效益的统筹兼顾，并且各类型的土地利用优化面积也保持在可实现的范围内，这种方式具有非常重要的现实意义。通过以上分析本章选择土地中强度利用情景的土地利用结构数量优化数据作为最终优化结果。

表 10-6　2020 年海淀区土地利用数量结构优化方案比较

土地利用类型	2020 年原规划目标	自然发展情景	土地低强度利用情景	土地中强度利用情景	土地高强度利用情景
耕地/hm²	2 076	1 895	740	740	740
园地/hm²	1 681	2 366	2 626	2 694	1 103
林地/hm²	9 708	9 867	14 301	15 569	10 031

续表

土地利用类型	2020 年原规划目标	自然发展情景	土地低强度利用情景	土地中强度利用情景	土地高强度利用情景
其他农用地/hm²	1 331	1 844	1 226	1 283	1 023
城镇建设用地/hm²	22 700	16 770	17 021	16 785	21 332
农村居民点用地/hm²	0	7 467	4 024	3 041	5 329
交通水利及其他建设用地/hm²	5 000	2 231	2 518	2 323	2 938
未利用地/hm²	581	637	621	642	581
土地利用碳排放量/万 t	344.34	328.99	292.45	274.76	367.91
土地利用经济效益/亿元	5 083.27	4 316.44	4 104.42	3 950.07	5 086.94
土地利用生态效益/亿元	0.018	0.286	1.34	1.73	-0.31
土地利用综合效益值	1.812	1.419	2.790	2.423	1.210

10.3.2 供给侧结构性改革导向的土地利用数量结构优化结果分析

根据优化方案对比,本章选择了土地中强度利用情景下的土地利用数量结构优化结果作为 2020 年土地利用数量结构优化目标。在该目标下,2020年土地利用碳排放总量为 292.45 万 t,实现土地利用经济效益 4104.42 亿元,实现土地利用生态效益 1.34 亿元。

为实现土地中强度利用情景下的土地利用数量结构优化目标,将其与2014 年土地利用状况进行对比,结果如下(表 10-7)。

表 10-7　海淀区土地利用数量结构优化前后对比

地类	2014 年面积/hm²	2014 年各用地面积占全区比重	结构优化后面积/hm²	优化后用地面积占全区比重	面积增减程度/hm²	比重变化/个百分点
耕地	2059.99	4.78%	740	1.72%	-1319.99	-3.06
园地	2614.39	6.07%	2 626	6.10%	11.61	0.03
林地	10555.81	24.50%	14 301	33.20%	3745.19	8.70
其他农用地	2052.85	4.77%	1 226	2.85%	-826.85	-1.92

续表

地类	2014 年面积/hm²	2014 年各用地面积占全区比重	结构优化后面积/hm²	优化后用地面积占全区比重	面积增减程度/hm²	比重变化/个百分点
城镇建设用地	16158.47	37.51%	17 021	39.51%	862.53	2.00
农村居民点用地	6945.01	16.12%	4 024	9.34%	-2921.01	-6.78
交通水利及其他建设用地	2047.63	4.75%	2 518	5.85%	470.37	1.10
未利用地	642.78	1.49%	621	1.44%	-21.78	-0.05

注：本表数据因进行了四舍五入，存在比例合计不等于 100%的情况

（1）耕地总面积变小，耕地利用结构得到了进一步优化，变得更加科学合理。根据近年来耕地情况的发展态势推测出，将来耕地的总体数量每年都会不断变少。本章优化后的耕地面积为 740 hm²，比 2014 年减少 1319.99 hm²，与国家进行规划调整完善的政策方向一致，符合北京市土地利用总体规划目标调整的要求[①]。

（2）园地面积增加 11.61 hm²，林地面积大幅增加 3745.19 hm²。生态环境改善，进一步提升了海淀区"三层、三网、两心、多点"的绿化空间格局，为海淀区加快实施大尺度城市森林建设，扩大生态环境容量，提升区域生态承载力打下了基础。

（3）城镇建设用地、交通水利及其他建设用地所占的面积增加。随着社会的发展和城镇人口的增多，需要更大范围和更加便捷的交通设施，经过本章优化后，交通水利及其他建设用地所占的面积占全区比重增加了 1.10 个百分点，主要用于"十三五"时期铁路、公路等基础设施建设，有利于海淀区经济的快速发展。根据海淀区"十三五"规划要求，以及供给侧结构性改革的发展方向，优化后的城镇建设用地规模为 17 021 hm²，比 2014 年面积增加

① 详见《北京市人民政府关于调整下达本市土地利用总体规划（2006—2020 年）有关指标的通知》（京政字〔2017〕1 号）。

862.53 hm^2。根据海淀区加快农村城市化建设步伐、加快北部地区"一镇一园"建设的发展需要,优化后的农村居民点用地面积为 4024 hm^2,比 2014年减少 2921.01 hm^2,在以后的发展过程中,应当注重旧村改造、拆迁、综合整治等各项工程的实施,进一步提高土地的利用效率。

综上,从供给侧结构性改革导向的土地利用数量结构优化结果来看,在保证土地开发方式的多样性和注重土地自然条件相互匹配的条件下,全面提高土地的利用效率,从而获得更多的经济效益,在此基础上应注重城市土地的生态环境保护,从而促进土地利用的持续稳定发展,最终以土地中强度利用情景下的土地利用数量结构优化结果作为 2020 年海淀区土地利用结构数量优化目标。本章综合分析了研究区域内在经济社会发展和城镇化进程中对于土地的需求现状,通过不同程度的优化,可以增加城镇建设用地、交通水利及其他建设用地,同时减少农村居民点用地。从生态环境效益看,优化方案保证了海淀区"十三五"时期绿色生态发展的需要,在保持园地、林地面积总量稳定的情况下,大幅增加了林地面积,从而使海淀区整个区域内部的自然环境得到很大提高,实现了生态环境的优化,同时为海淀区经济和社会的发展提供了有利条件。

第 11 章

水资源约束下的土地供需情况分析

水和土地一样，是人类生存、地区发展和经济增长不可或缺的自然资源，并且在短时间内难以迅速增加。随着城市化进程的加快，人口与水的供需矛盾也在日益突出，成为决定地区承载力的重要因素之一。我国人均水资源占有量约为 2300 m^3，仅为世界水平的 1/4，城市水资源极其匮乏，约 2/3 的城市处于缺水状态，且涉及面广，全国城市每年缺水 60 亿 m^3。水土资源的利用和保护关系到人类生存发展，一直以来都是自然和社会研究的重点之一，未来随着人口的增加还将越来越受到重视。对土地供需状况的研究和预测不仅应该考虑人口和土地自然供给本身，还应该加入水资源因素进行综合评价并对土地利用结构进行优化分析。对此，以河北省为例，通过对 2030 年水资源情况进行预测和分析，综合分析土地供需情况和未来预测结果。

11.1 水资源概况

11.1.1 流域概况

河北省地表水可划分为海河、辽河和内陆河水系三大一级分区，二级分区包括滦河及冀东沿海、海河北系、海河南系、徒骇马颊河、辽河和内陆河。按照发源地可划分两大类，一类发源于燕山和太行山背风坡，如漳河、滹沱河、永定河等,这类河流水系集中,流程长,落差小,流速缓,在山区内汇水面积大,但泥沙含量高;另一类发源于燕山和太行山迎风坡,如卫河、滏阳河、大清河等,支流漫布,流速快,洪峰到达时间短,水量大,控制难度大,但由于河流经过了洼淀滞蓄,泥沙含量降低,水质清澈。这两种河流在河北省境内相间分布,却又泾渭分明。各流域分区及面积如表 11-1 所示。

表 11-1　河北省流域分区及面积表

流域二级区		流域三级区		面积/km²
名称	编号	名称	编号	
滦河及冀东沿海	I	滦河山区	I_1	35 410
		冀东沿海山区	I_2	3 050
		滦河及冀东沿海平原	I_3	7 410
海河北系	II	蓟运河山区	II_1	2 816
		潮白河山区	II_2	11 871
		永定河山区	II_3	17 662
		海河北系平原	II_4	4 684
海河南系	III	大清河北支山区	III_1	5 651
		大清河南支山区	III_2	8 135
		滹沱河山区	III_3	4 654
		滏阳河山区	III_4	7 433
		漳河山区	III_5	1 813
		淀西清北平原	III_6	2 284
		淀东清北平原	III_7	2 843
		淀西清南平原	III_8	9 504
		淀东清南平原	III_9	6 263
		滹滏平原	III_{10}	8 205
		滏西平原	III_{11}	7 180
		漳卫平原	III_{12}	1 947
		黑龙港平原	III_{13}	15 228
		运东平原	III_{14}	7 216

续表

流域二级区		流域三级区		面积/km²
名称	编号	名称	编号	
徒骇马颊河	IV	徒骇马颊西部平原	IV₁	365
辽河	V	辽河山区	V₁	4 413
内陆河	VI	内陆河山区	VI₁	11 656
全省合计				187 693
其中：山区				114 564
平原				73 129

11.1.2　水资源总量

根据河北省 1956~2000 年 45 年的水资源资料，全省平均年降水量为 531.7 mm。多年平均水资源总量约为 205 亿 m³，包括 120 亿 m³ 的地表水和 123 亿 m³ 的地下水。按照 2015 年人口数计算，人均水资源量仅为 276 m³，远远低于国际公认的人均 300 m³ 的维持人类生存的最低标准，属于极度缺水。各行政区水资源量如表 11-2 所示。

表 11-2　多年平均河北省行政分区水资源量表

行政分区	面积/km²	水资源量/亿 m³			人均水资源量/m³
		地表水	地下水	水资源总量	
石家庄市	14 077	9.9	14.76	24.66	190
唐山市	13 385	14.03	13.5	27.53	310
秦皇岛市	7 750	13.06	7.36	20.42	546
邯郸市	12 047	6.19	11.54	17.73	165
邢台市	12 456	5.56	10.56	16.12	200
保定市	22 112	15.86	21.21	37.07	251
张家口市	36 965	11.57	12.74	24.31	431
承德市	39 601	34.13	14.05	48.18	989

续表

行政分区	面积/km²	水资源量/亿 m³			人均水资源量/m³
		地表水	地下水	水资源总量	
沧州市	14 056	5.9	6.52	12.42	181
廊坊市	6 429	2.64	5.02	7.66	174
衡水市	8 815	0.73	5.31	6.04	154
全省	187 693	119.57	122.57	242.14	276

资料来源：《河北省第二次水资源评价成果》

从人均水资源量来看，石家庄市、沧州市、廊坊市、衡水市和邯郸市缺水现象严重，均低于 200 m³/人，秦皇岛市和承德市水资源量相对丰富，达到 500 m³/人以上，但仍处于缺水状态。

在水质方面，根据 2015 年对地表水的监测，把化学需氧量、总磷和高锰酸盐指数作为主要污染指标，能达到或好于Ⅲ类水的断面占总数的 55.87%，七大水系的水质总体上属于中度污染。地下水资源总体质量不高，山丘地区水质相对较好，全省浅层地下水可开采量中，Ⅰ~Ⅲ类水仅占 42%，同时地下水存在超采现象，未来需要全面实施水生态保护和修复工程，避免地面沉降，改善水环境质量。

11.2 供 水 预 测

11.2.1 供水类型

水资源供给量主要依据水资源可利用量计算，具体是指在保护生态环境和水资源可持续利用的前提下，通过经济合理、技术可行的措施，在当地水资源量中可供河道外消耗利用的最大水量。根据《河北省水资源公报》的数据，供水包括地表水、地下水、外调水和非常规水源，非常规水源主要指再生水、微咸水、海水等。

1. 地表水

地表水供水工程一般包括蓄水工程、引水工程和提水工程。根据 1956~2000 年水文资料，河北省多年平均当地地表水资源可利用量为 59.3 亿 m³，地表水资源可利用率（地表水资源可利用量与地表水资源量的比值）为 49.4%，2017 年地表水工程开发能力已大于地表水可利用量，为了使河道内维持一定比例水量，需对地表水供水总量进行控制。

2. 地下水

地下水资源可利用量为浅层地下水的可开采量。与地表水相比，地下水具有水质好、供水保证率高、稳定可靠、易于取用等优点，因此城市、工业用水大多靠开采地下水维持。但地下水更新速度较慢，且不易恢复，过度开采地下水会造成水位大幅下降和地面沉降。因此，要限制地下水开采量，保证可持续发展。地下水可开采量是指某地区地面沉降控制在 10 mm/年，地下水位下降不超过–60 m 的前提下各地下承压含水层的开采总量。地下水接受补给更新缓慢，其年总量围绕均值波动较小，地下水资源供给量的预测考虑到经济合理、技术可行、不造成地下水位持续下降和地面沉降等影响因素，计算最大开采量。平原和山间盆地地下水可开采量为 1980~2000 年平均总补给量乘以可开采系数。可开采系数山前平原取 0.9~1.0，中东部平原取 0.65~0.9。

河北省地下水基本可以划分为四类。一是松散岩类孔隙水含水岩组，其分布于山间盆地和开阔河谷之中，在河北平原和坝上平原也有广泛分布；含水层多是粗砂砾石，少部分细粉砂和细砂；水源以大气降水渗入为主，侧向径流为辅，水位埋深变化较大；以潜水为主，局部是承压水，常常处于自然蒸发消耗状态，可开采量非常小。二是碳酸盐岩类裂隙岩溶水，其主要分布在燕山山区和太行山山区，含水层多为灰岩、白云岩，由于岩溶裂隙的发育程度高，含水量丰富，可开采量较大。三是火成岩、变质岩类裂隙水，广泛分布于潮白河、滦河和永定河等水系流域内，含水层由火山喷出岩和侵入岩共同组成，大多含水量适中，但在条件适宜的构造破碎带上可开采的地下水量较大。四是碎屑岩类裂隙水，一般在山区岛状零星分布，由砂岩和页岩组成，所含的大多是风化裂隙水，也有少量的破碎带裂隙水，以降水渗入补给为主，水量较小，基本蒸发消耗，水的矿化度小于 0.5 g/L，属于重碳酸钙镁型。根据河北省地下水超采综合治理规划，考虑到 2030 年逐步退减地下水超采量，预测到 2030 年，地下水可供水量为 98.97 亿 m³（表 11-3）。

表 11-3　河北省 2030 年浅层地下水可开采量预测表（单位：亿 m³）

水资源分区	平原区	山间盆地	一般山丘区	合计
浅层地下水可开采量	74.27	6.9	17.8	98.97

3. 外调水

河北省外调水主要来源于长江分配水量和黄河分配水量，其中，长江水来源于南水北调中线工程和东线工程；黄河水来源于河北省引黄工程。水量分配如表 11-4 所示。

表 11-4　外流域调水配置水量（单位：亿 m³）

项目	2030 年			
	中线一期	东线	引黄	小计
口门或渠首水量	30.4	20.0	7.2	57.6
配置水量	27.9	16.4	4.4	48.7

4. 非常规水源

非常规水源包括再生水、微咸水、海水等。再生水主要用于工业、城镇河湖、绿化等。为充分利用废污水资源，河北省计划设置城市再生水利用率不低于污水处理量的 60%；中小城镇再生水利用率不低于 40%，到 2030 年，再生水可利用量为 18.8 亿 m³。地下微咸水主要分布在平原区的中东部，为了增加非常规水利用、避免土壤次生盐碱化，计划抽咸补淡来改善浅层水水质，将微咸水利用量从 2017 年的 2.4 亿 m³，增加到 2030 年的 6.9 亿 m³。海水利用主要在水资源最为贫乏的沿海地区，随着膜法反渗透等海水淡化工艺的发展，海水淡化成本将逐渐降低，海水利用量也将相应增加，预计 2030 年可供配置的海水淡化量可达到 5.0 亿 m³。

11.2.2　总供水量预测

2030 年总供水量为 237 亿 m³，其中当地地表水占 25%，地下水占 42%，外调水占 21%，非常规水源占 13%[①]。河北省各行政区未来供水量预测值如表 11-5 所示。

表 11-5　河北省规划 2030 年可供水量预测结果表（单位：亿 m³）

行政分区	当地地表水	地下水	外调水	非常规水源	小计
石家庄市	7.11	15.81	7.96	4.32	35.20
唐山市	15.73	12.19	0	3.81	31.73
秦皇岛市	5.15	4.30	0	1.50	10.95
邯郸市	4.98	11.91	4.33	1.99	23.21
邢台市	3.60	9.99	6.12	1.81	21.52
保定市	6.16	18.74	9.51	2.20	36.61
张家口市	3.94	6.57	0	2.72	13.23
承德市	5.53	3.95	0	3.10	12.58
沧州市	2.74	4.95	9.11	3.40	20.20
廊坊市	1.40	5.33	3.28	2.97	12.98
衡水市	2.22	5.26	8.41	2.90	18.79
合计	58.56	99.00	48.72	30.72	237.00

---

① 占比数据因进行了四舍五入，存在比例合计不等于 100% 的情况。

11.3 基于水资源承载力的人口预测

11.3.1 供需平衡预测

根据《河北省水资源公报》，用水方式主要为生活需水、工业需水、农业需水和生态环境需水。依据水资源供需平衡的原理，当可利用水被完全消耗，即需水量等于预测的供水量时，所求得的人口数为水资源可承载的最大人口数。到 2030 年河北省供水总量为 237 亿 m^3，在总量控制的基础上，综合考虑经济和生态发展的需求，推算出人口数和用水结构，计算依据如下。

1. 工业需水

工业需水量预测按万元工业增加值需水量指标进行预测。考虑河北省推行工业节水、循环经济，淘汰耗水量大的小企业、小机组、小高炉（转炉）等因素，总体分析，河北省工业需水总的增长趋势会有所减缓，但局部如曹妃甸区、渤海新区等重点区域随着工业企业的集聚，需水量会有适度的增长。预测河北省工业需水总量 2030 年为 44.7 亿 m^3。2030 年工业需水量预测结果具体如表 11-6 所示。

表 11-6　2030 年工业需水量预测结果表（单位：亿 m^3）

行政分区	需水量	行政分区	需水量
石家庄市	6.18	张家口市	1.41
唐山市	10.86	承德市	3.08
秦皇岛市	1.68	沧州市	5.81
邯郸市	4.49	廊坊市	2.15
邢台市	2.32	衡水市	1.63
保定市	5.09	合计	44.7

2. 农业需水

农业需水量包括农田灌溉、林牧渔两部分。农田灌溉需水量包括农田灌溉净需水量和农田灌溉毛需水量，采用灌溉定额与灌溉水利用系数方法进行预测。林牧渔需水量包括林果地（含果树及速生林）灌溉、草场灌溉、鱼塘补水等。灌溉林果地和灌溉草场需水量预测采用灌溉定额预测方法；鱼塘补水量为维持鱼塘一定水面面积和相应水深所需要补充的水量，采用亩均补水定额方法计算。

灌溉需水根据非充分灌溉定额和有效灌溉面积分析，未来在采取优化种植结构、提高需水效率等强化节水措施后，灌溉需水量将有所下降，2030 年农田灌溉需水量预测值为 116.98 亿 m^3。林牧渔需水量在 2017 年生产规模和需水量的基础上，结合未来需求目标综合确定。随着城镇人口增加和生活水平提高，未来林牧渔需水量将有所增长，预计 2030 年为 10.00 亿 m^3。农业需水量合计 126.98 亿 m^3，如表 11-7 所示。

表 11-7　2030 年农业需水量预测结果表（单位：亿 m^3）

行政分区	农田灌溉	林牧渔	小计
石家庄市	17.98	1.31	19.29
唐山市	13.08	1.39	14.47
秦皇岛市	6.01	0.48	6.49
邯郸市	10.14	1.32	11.46
邢台市	12.60	0.84	13.44
保定市 （不含雄安新区）	16.64	1.07	17.71
张家口市	8.44	0.69	9.13
承德市	6.18	0.47	6.65
沧州市	7.88	1.12	9.00
廊坊市	6.05	0.84	6.89

续表

行政分区	农田灌溉	林牧渔	小计
衡水市	11.98	0.47	12.45
合计	116.98	10.00	126.98

3. 生态需水

水环境与人类生存和发展息息相关,河北省水环境恶化,制约了人们物质和精神生活条件的改善,影响了对外开放形象和投资环境。维系河流湿地水域、防止地表水质进一步恶化是一项紧迫而艰巨的任务。河北人民迫切需要改善现有的生存环境,提高生存质量,河北省制订了"天蓝、地绿、水秀"计划[①],生态需水在总需水量中的比重也逐渐扩大。生态需水包括重要湿地生态需水和城市生态环境需水两大类。重要湿地生态需水的预测结合了河北省水资源条件,对重要的白洋淀、衡水湖、南大港湿地需补水量进行了测算,其中白洋淀 4.0 亿 m^3,衡水湖 4000 万 m^3、南大港 3000 万 m^3,规划湿地补水量为 1.7 亿 m^3。城市生态环境需水量主要包括城市绿地灌溉、城市河湖补水和环境卫生三部分。河北省 2015 年城市河湖环境需水量较小,只是勉强维持部分城市河流和公园湖泊的水面,且多数城市河湖水质很差,有的甚至成为排污、纳污水域。本章主要考虑 11 个设区市及 22 个县级市城市河湖的补水量;城市绿地灌溉及环境卫生需水量按城镇发展规划要求的城市绿地面积及道路喷洒率进行测算,11 个设区市 2030 年人均绿地将超过 12 m^2。预测河北省 2030 年生态需水量为 20.6 亿 m^3,如表 11-8 所示。

---

① 参见《加快建设天蓝地绿水秀的美丽河北》,http://www.hebei.gov.cn/hebei/14462058/14471802/14471750/15414984/,2022 年 8 月 13 日。

表 11-8　2030 年生态需水量预测结果表（单位：亿 m³）

行政分区	城市绿地灌溉	城市河湖补水	环境卫生	小计
石家庄市	0.57	2.7	0.08	3.35
唐山市	0.45	1.04	0.07	1.56
秦皇岛市	0.18	0.57	0.03	0.78
邯郸市	0.42	0.76	0.06	1.24
邢台市	0.32	0.72	0.05	1.09
保定市 （不含雄安新区）	1.37	5.62	0.17	7.16
张家口市	0.21	0.56	0.03	0.8
承德市	0.14	0.57	0.02	0.73
沧州市	0.3	0.83	0.04	1.17
廊坊市	0.21	0.81	0.03	1.05
衡水市	0.19	1.45	0.03	1.67
合计	4.36	15.63	0.61	20.6

4. 生活需水

生活需水分城镇生活和农村生活两类，城镇生活含公共事业需水，农村生活包括牲畜需水，需水预测采用人均日需水量方法进行预测。随着城镇化率和居民生活水平的提高，城镇居民生活需水量将明显增加，全省 2030 年城镇化率为 65%，平均城镇生活需水定额取值 175L/（人·d）[其中公共事业 60 L/（人·d）]；平均农村生活需水指标取值 120 L/（人·d）[其中农村居民 75 L/（人·d）]，如表 11-9 所示。

表 11-9　2030 年生活需水量预测结果表

行政分区	城镇人口/万人	城镇生活需水/亿 m³	农村人口/万人	农村生活需水/亿 m³
石家庄市	729.48	4.66	392.80	1.72
承德市	225.25	1.44	121.29	0.53

续表

行政分区	城镇人口/万人	城镇生活需水/亿 m³	农村人口/万人	农村生活需水/亿 m³
张家口市	288.13	1.84	155.15	0.68
秦皇岛市	203.52	1.30	109.59	0.48
唐山市	537.39	3.43	289.36	1.27
廊坊市	313.29	2.00	168.69	0.74
保定市	745.49	4.76	401.42	1.76
沧州市	474.50	3.03	255.50	1.12
衡水市	289.28	1.85	155.76	0.68
邢台市	713.47	4.56	384.18	1.68
邯郸市	604.85	3.86	325.69	1.43
合计	5124.65	32.73	2759.43	12.09

综上所述,在预测供水量约束条件下,河北省 2030 年人口总数为 7884.08 万人,需水结构中生活需水 44.82 亿 m³,占 19%,工业需水 44.70 亿 m³,占 19%,农业需水 126.88 亿 m³,占 54%,生态需水 20.60 亿 m³,占 9%。2030 年河北省水资源可供养的人口数和用水结构如表 11-10 所示。

表 11-10　2030 年河北省人口和用水结构预测结果表

行政分区	人口/万人	生活需水/亿 m³	工业需水/亿 m³	农业需水/亿 m³	生态需水/亿 m³	需水合计/亿 m³
石家庄市	1122.28	6.38	6.18	19.29	3.35	35.20
唐山市	826.76	4.70	10.86	14.61	1.56	31.73
秦皇岛市	313.11	1.78	1.68	6.71	0.78	10.95
邯郸市	930.54	5.29	4.49	12.19	1.24	23.21
邢台市	1097.65	6.24	2.32	11.87	1.09	21.52
保定市	1146.90	6.52	5.09	17.84	7.16	36.61
张家口市	443.28	2.52	1.41	8.50	0.80	13.23
承德市	346.53	1.97	3.08	6.80	0.73	12.58

续表

行政分区	人口/万人	生活需水 /亿 m³	工业需水 /亿 m³	农业需水 /亿 m³	生态需水 /亿 m³	需水合计 /亿 m³
沧州市	730.01	4.15	5.81	9.07	1.17	20.20
廊坊市	481.98	2.74	2.15	7.04	1.05	12.98
衡水市	445.04	2.53	1.63	12.96	1.67	18.79
合计	7884.08	44.82	44.70	126.88	20.60	237.00

11.3.2 水资源人口承载力

在人口预测的基础上，结合河北省各市的统计资料，根据各市的生活用水可供量和用水定额，计算可承载的人口数。全省水资源所能承载的人口规模为 7884.08 万人。按照各市可承载的地均人口数进行分区，水资源承载力较高的有石家庄市、邯郸市、邢台市、保定市、沧州市，地均承载人口在 700 人/km² 以上。水资源承载力较低的有秦皇岛市，地均承载人口在 200 人/km² 以下。各市水资源的人口承载力评价结果如表 11-11 所示。

表 11-11 水资源人口承载力评价结果表

行政分区	人口承载力/万人	面积/km²	地均人口承载力/（人/km²）
石家庄市	1 122.28	14 060.14	798
唐山市	826.76	39 489.53	209
秦皇岛市	313.11	36 796.53	85
邯郸市	930.54	7 802.93	1193
邢台市	1 097.65	14 196.41	773
保定市	1 146.90	6 419.38	1787
张家口市	443.28	22 184.95	200
承德市	346.53	14 304.27	242
沧州市	730.01	8 836.78	826
廊坊市	481.98	12 433.26	388

行政分区	人口承载力/万人	面积/km²	地均人口承载力/（人/km²）
衡水市	445.04	12 065.47	369
河北省	7 884.08	188 589.65	418

11.3.3 人口预测对比

根据计算结果，2030 年河北省水资源可承载的人口小于按照目前人口增长趋势求得的人口数，两者相差 401.44 万人（表 11-12），这将给水资源供给带来较大压力，如果没有相应调水工程的支持，可能会出现过度开采地下水的问题。具体到市级层面，除了邢台市水资源仍有富余，其他城市都将出现水资源短缺的问题，其中以保定市、邯郸市和沧州市面临的水资源形势最为严峻。因此，未来仍需要增加从外省的调水量、提高水资源利用效率和节约用水。

表 11-12 全省及各行政分区 2030 年预测人口数（单位：万人）

行政分区	2015 年人口数	人口发展趋势预测数	水资源约束下人口预测数	水资源难以供养人口数
石家庄市	1070.16	1194.20	1122.28	71.92
承德市	780.12	393.93	346.53	47.40
张家口市	442.17	493.42	443.28	50.14
秦皇岛市	307.32	342.94	313.11	29.83
唐山市	780.12	870.54	826.76	43.78
廊坊市	456.32	509.21	481.98	27.23
保定市	1155.24	1289.14	1146.90	142.24
沧州市	744.30	830.57	730.01	100.56
衡水市	443.54	494.95	445.04	49.91
邢台市	729.44	813.99	1097.65	−283.66
邯郸市	943.30	1052.63	930.54	122.09
合计	7852.03	8285.52	7884.08	401.44

11.4 水资源约束下的土地需求量预测

11.4.1 农用地需求量

1. 耕地需求量

水资源约束下的耕地需求量预测与在 10.2.2 节中的分析计算同理，在此简单说明。耕地需求量 S 可用下式表达：

$$S = (P \times L) / (F \times G) \tag{11-1}$$

式中，P 为目标年总人口数；L 为目标年人均粮食需求量；F 为目标年单位面积产量；G 为耕地复种指数。利用《河北统计年鉴》中粮食、油料、棉花和蔬菜单位面积产量数据，考虑河北省自然分区和中国居民平衡膳食情况，结合水资源约束下的河北省预测人口数，得到预测的 2030 年河北省耕地需求量，如表 11-13 所示。

表 11-13 2030 年河北省耕地需求量预测（单位：hm^2）

项目	粮食	油料	棉花	蔬菜
基于水资源约束条件	4 530 409.93	1 028 566.11	88 085.76	882 828.11
基于人口预测条件	4 761 076.94	1 080 935.82	92 570.67	927 777.53

耕地总需求量=粮食作物用地需求量+油料用地需求量+棉花用地需求量+蔬菜用地需求量。由此，在水资源供给量被约束的条件下，可持续供养的人口数减少，河北省 2030 年为保证粮食安全所需的耕地面积为 6 529 889.91 hm^2。

2. 其他农用地需求量

林地、园地和草地的需求量推测依据与 10.2.2 节中的类似，在此略过预测过程，得出基于水资源约束的河北省各行政区 2030 年农用地需求量，如表 11-14 所示。

表 11-14 基于水资源约束的 2030 年河北省各行政区农用地需求量预测（单位：hm²）

行政区	耕地	林地	园地	草地
石家庄市	929 511.37	309 269.12	66 764.36	0
唐山市	684 749.76	164 939.01	133 129.01	0
秦皇岛市	259 330.76	329 264.32	95 913.91	0
邯郸市	770 707.70	187 424.39	18 396.53	0
邢台市	909 114.57	196 973.52	58 826.37	14.29
保定市	949 908.17	372 857.22	48 121.20	0
张家口市	367 142.42	1 622 355.09	152 016.68	246 367.72
承德市	287 012.13	3 459 660.79	144 268.98	163 507.60
沧州市	604 619.46	41 524.63	96 020.21	21.43
廊坊市	399 194.54	61 940.27	25 356.49	47.97
衡水市	368 599.34	43 017.56	51 187.11	40.82
合计	6 529 890.22	6 789 225.92	890 000.85	409 999.83

注：本表耕地合计数值与上文"河北省 2030 年为保证粮食安全所需的耕地面积为 6 529 889.91 hm²"的数值不同的原因是本表数据进行了四舍五入，分城市进行加总后存在偏差

11.4.2 建设用地需求量

依据河北省土地利用总体规划的控制指标、多年来人均建设用地的相关数据和基于水约束条件下的预测人口数，推算出 2030 年河北省各行政区建设用地需求量，如表 11-15 所示。

表 11-15 基于水资源约束的 2030 年河北省各行政区建设用地需求量预测（单位：hm²）

行政区	城乡建设用地	交通水利设施用地	其他建设用地	建设用地
石家庄市	254 756.70	44 666.59	6 666.32	306 089.61
唐山市	187 673.43	32 904.86	4 910.93	225 489.22
秦皇岛市	71 076.32	12 461.84	1 859.88	85 398.04
邯郸市	211 232.44	37 035.47	5 527.40	253 795.31
邢台市	249 166.43	43 686.45	6 520.04	299 372.92

续表

行政区	城乡建设用地	交通水利设施用地	其他建设用地	建设用地
保定市	260 346.97	45 646.74	6 812.60	312 806.31
张家口市	100 624.90	17 642.60	2 633.09	120 900.59
承德市	78 663.12	13 792.04	2 058.41	94 513.57
沧州市	165 711.65	29 054.29	4 336.24	199 102.18
廊坊市	109 409.62	19 182.83	2 862.97	131 455.42
衡水市	101 024.21	17 712.61	2 643.54	121 380.36
合计	1 789 685.79	313 786.32	46 831.42	2 150 303.53

预计 2030 年城乡建设用地总规模为 1 789 685.79 hm^2，相比于 2015 年的 1 847 366 hm^2，需要减少 57 680.21 hm^2。建设用地总面积将达 2 150 303.53 hm^2，较 2015 年的 2 187 407 hm^2 而言，减少了 37 103.47 hm^2。

11.5　人-地-水协调的实证分析

11.5.1　河北省土地利用结构与布局优化分析

1. 河北省土地利用结构状况

2015 年全省农用地 13 084 297 hm^2，占土地总面积的 69.38%；建设用地 2 187 407 hm^2，占土地总面积的 11.60%；未利用地 3 587 260 hm^2，占土地总面积的 19.02%（表 11-16）。农用地中，耕地 6 525 468 hm^2，园地 837 193 hm^2，林地 4 602 162 hm^2，草地 401 731 hm^2，其他农用地 717 743 hm^2，分别占土地总面积的 34.60%、4.44%、24.40%、2.13% 和 3.81%。建设用地中，城乡建设用地 1 847 366 hm^2，交通及水利设施用地 295 908 hm^2，其他建设用地 44 133 hm^2，分别占土地总面积的 9.80%、1.57%、0.23%。土地利用中以农业为主，建设用地比重低，土地利用强度相对较低。在布局上，在东南部

平原上，诸如沧州市、衡水市、邯郸市等，以耕地和城乡建设用地为主，是保障全省粮食安全的关键地区；而林地主要集中在东北部的燕山山地，如承德市等；坝上地区是全省牧草地的集中分布区；西北部山间盆地和太行山山地以耕地和未利用地为主。2015 年各行政区土地利用状况如表 11-16 所示。

表 11-16　河北省土地利用状况表（2015 年）（单位：hm²）

行政区	农用地					建设用地			未利用地	总计
	耕地	园地	林地	草地	其他农用地	城乡建设用地	交通水利设施用地	其他建设用地		
石家庄市	582 901	62 803	209 642	0	56 413	194 962	36 148	4 940	258 205	1 406 014
唐山市	555 720	125 230	111 806	0	120 727	282 889	37 948	4 589	180 732	1 419 641
秦皇岛市	188 650	90 223	223 196	0	30 736	76 237	13 807	1 272	156 172	780 293
邯郸市	664 565	17 305	127 048	0	47 836	173 597	24 314	1 608	150 275	1 206 548
邢台市	694 044	55 336	133 521	14	48 388	157 441	20 418	1 824	132 341	1 243 327
保定市	802 148	45 266	252 746	0	62 264	264 890	35 804	9 673	745 704	2 218 495
张家口市	931 729	142 997	109 9734	241 399	81 965	126 639	29 927	4 193	1 021 070	3 679 653
承德市	400 031	135 709	2 345 175	160210	51 032	92 503	23 293	3 549	737 452	3 948 954
沧州市	785 034	90 323	28 148	21	113 534	226 815	41 190	5 079	140 283	1 430 427
廊坊市	356 014	23 852	41 987	47	45 336	128 344	17 076	2 951	26 332	641 939
衡水市	564 632	48 150	29 160	40	59 513	123 051	15 984	4 455	38 694	883 679
河北省	6 525 468	837 193	4 602 162	401 731	717 743	1 847 366	295 908	44 133	3 587 260	18 858 964

注：本表总计与河北省数据由原始数据计算得出

2. 基于人口发展预测的和水资源约束的土地利用结构优化结果对比

在前文中，依据近年来人口发展趋势和水资源人口承载力，分别进行了人口预测，并基于预测人口数，对 2030 年土地利用结构用多目标线性规划方法进行了优化，相比较而言，基于人口预测的传统优化方法更为简便直接，适用于水资源充足的地区，但对于河北省这样重度缺水的省份而言，结果不够全面，现实中的可行性较差，因此，加上水资源约束后，尽管计算过程较为烦琐，但有了更多的现实意义。将 2015 年土地利用状况和两种情景下的土地利用结构优化情景进行对比，如表 11-17 所示，其中情景一是基于人口发展预测的土地利用结构优化情景，情景二是基于水资源约束的土地利用结构优化情景。

表 11-17　河北省土地利用情景分析

行政区	农用地					建设用地			未利用地	总计
	耕地	园地	林地	草地	其他农用地	城乡建设用地	交通水利设施用地	其他建设用地		
2015年/hm²	6 525 468	837 193	4 602 162	401 731	717 743	1 847 366	295 908	44 133	3 587 260	18 858 964
占比	69.38%					11.6%			19.02%	100%
情景一/hm²	6 917 618	54 496	6 872 859	63 074	95 767	1 856 050	339 084	39 752	2 620 263	18 858 964
占比	74.26%					11.85%			13.89%	100%
情景二/hm²	6 579 001	44 815	6 984 101	60 064	256 342	1 487 480	334 205	37 216	3 075 739	18 858 964
占比	73.83%					9.86%			16.31%	100%

注：本表数据因进行了四舍五入，存在计算不等的情况

　　相比于 2015 年的状况，在两种情景中，农用地在土地总面积中的占比都有所增加，这是由于耕地兼具生产功能和生态功能，产生良好的经济效益和生态效益。在没有水资源约束的情况下，预测的人口数较多，粮食需求量更大，因此情景一中的耕地面积较情景二中增长幅度更大。园地和草地相较于林地生态价值不高，经济价值相对于其他用地也没有突出优势，优化后园地面积适度减少，而草地面积有所增加。林地尽管几乎没有经济价值，但具有极高的生态价值，为了使生态效益目标函数取值更大，优化结果显示其面积

可以大幅增加。在建设用地方面，情景一中预测人口数较多，为了保证经济发展和住房，城乡建设用地面积有所增加；情景二中，水资源约束了人口的增长，在未来土地更集约利用的条件下，城乡建设用地面积可以适度减小。交通水利设施用地面积增加，以满足人口向城市聚集带来的交通用地需求，现代农业的推广对新建水利设施提出了要求。其他建设用地在两种情景下均有所减少，表示随着土地整理工作的进行，更多低效用地和闲置土地得到了开发利用。未利用地包括了自然界中位置较为偏远尚未开发的土地和原生态的自然界，既需要适度挖掘土地利用潜力以满足经济社会发展需要，也不能过度破坏原生环境，因此在情景一和情景二中未利用地都小幅减少。

3. 河北省土地利用布局优化分析

《河北省国土规划（2016—2030 年）》构建了国土空间功能分区，依据资源环境承载能力、现有开发强度、开发潜力和发展方向，将全省划分为四大功能区。一是集聚开发区域，包括京津冀地区国家优化开发区域和冀中南地区国家级重点开发区域；二是农业生产区域，包括太行山和燕山山前平原、丘陵地区以及黑龙港低平原地区，这些区域也是国家黄淮海平原农产品主产区的重要组成部分；三是生态保育区域，包括坝上高原山地区、冀北燕山山区和冀西太行山山区和各级各类自然文化资源保护区域;四是海陆统筹区域。依据河北省的规划和水资源约束下的土地利用结构优化对 2015 年土地利用结构分布图进行调整，依据土地利用类型分为农业空间、城镇空间和生态空间，在现有状况下适当增减相应的用地，得出优化的布局如下。

1）农业空间：合理布局，兴修水利

在农用地上，要引导种植业内部结构和布局的调整，适当增加耕地，大力增加林地，稳定园地和牧草地。对耕地，严格执行耕地占补平衡制度，确保耕地保有量，在太行山、燕山山前平原和低平原地区的粮食生产大县划定基本农田。对草地，加强坝上、滨海等草场的建设，形成适应当地自然条件和具有区域特点的牧草地。也要合理利用草场资源，在张家口、承德等牧草地集中分布地区，严格控制载畜量，防止过度放牧导致的草场退化。对园地，按照适地适树、规模发展的原则，优选树种，向山丘和沙地转移，建设冀中南、黑龙港及太行山等优势产区，提升经济和生态价值。对林地，加强对低效林地的改造，恢复和重建受损林地，在坝上、太行山和燕山山地丘陵地区扩大林业规模。

2）城镇空间：集约用地，节水生产

扩大石家庄、唐山两大省域中心城市和其他设区市主城区，构建人口聚集与建设用地集中地带，提升产业聚集能力，在集中地带内，积极开展城镇土地整理和空心村治理，推进旧区和城中村改造，科学开发利用空中和地下空间，提高用地效率，引导产业用地向园区集中。严控增量、挖掘存量、盘活流量，深化城镇用地内涵挖潜。在坝上、山区、丘陵等农村居民点集中区，积极推进中心村建设，鼓励散乱的农村居民点适度拆并。适度加大西部、北部山地丘陵缓坡地和东部沿海滩涂开发利用力度，拓展城乡建设用地发展空间，保障经济社会发展用地需求。

3）生态空间：保护生态，涵养水源

在坝上、太行山和燕山山地丘陵地区，退耕还林，建设平原农田防护林网、水源涵养林、沿海防护林等，大力实施防风固沙林建设工程，尤其要在重要水源地，开展小流域综合治理。在城市中，建设森林公园、风景名胜区等，为居民提供生态产品和服务。在未开发利用地区，注重湿地保护与恢复工程，推进白洋淀、衡水湖等湿地保护工程，维护生态系统完整性。

11.5.2　人-地-水协调的机制调节

河北省水资源匮乏，亟须改善水土资源利用方式，提高利用效率。本章结合河北省的现实情况，提出可以从以下方面做好规划，建立相应的制度，建立长效调节机制，消除和减缓系统运行中存在的问题障碍，使人-地-水系统达到均衡状态。

1. 科学规划人-地-水

在土地规划时，统筹考虑人口、水资源和土地资源的数量和时空分布，通过科学计算，实现水土资源合理高效配置，在实现经济、社会和生态效益间选择最佳均衡点，同时注重加强区域的自我调节、自我发展能力，为未来不可预期的变化留足弹性空间。并推进多规合一，将土地利用规划与水资源规划、环境保护规划、能源发展规划等相关规划相衔接（刘彦随和王介勇，2016），一张蓝图干到底。同时规划应与行政管理紧密结合（谢英挺和王伟，2015），严格实行土地用途管制，尤其要控制好永久基本农田红线、生态保护红线和城镇开发边界线，保障规划的顺利实施。

2. 以水定城，以水定产

以往的城市发展通常是根据经济社会的发展来衡量水资源需求量，通过调水等方式满足需求。这种做法成本高、风险大。新的发展思路是以水资源的分布来引导城市发展，先依据水资源的布局来评估地区水资源的承载能力，再据此推算可以承载的人口和适合发展的产业，让水资源丰富地区优先发展起来，通过市场机制的调节和国家宏观政策的引导，让人口向水量充足地区迁移和聚集。值得注意的是，这里的水资源承载能力评估并不能狭义地理解为可利用的水资源量，还应包括排水能力、污水处理能力等，要综合考虑整个水循环过程。在建设时，应从长远角度考虑，构建低资源消耗、低维护成本的城市，保证城市的可持续发展。对于水资源匮乏地区，可以调整产业结构，通过产业来限制就业，进而控制城市人口规模，例如，通过淘汰高耗水产业和产业改造升级来减少相应的工作岗位，同时发展新兴产业，来引导人口迁移。

从水资源利用率上看，第三产业万元增加值用水量低于第二产业，第二产业远低于第一产业，在水资源紧缺地区，应当缩小农业规模，大力发展第三产业。同时，对农业，优化生产结构，种植低耗水农作物。对工业，以水资源承载能力为约束，结合新型工业化和产业结构转型升级，建立和完善循环用水系统，改革生产工艺和用水工艺，实行最严格的水资源管理制度，建设节水型工业体系。对第三产业，限制高尔夫球场等高耗水行业的发展，加强行业内自我监管和调整，建立产业用水效率准入制度。对学校、医院等日常所需的基础服务业，在进行城市规划时合理布局，分散用水压力。

3. 改善水地关系

根据土地利用/土地覆盖变化（land-use and land-cover change，LUCC）的研究，地表覆被对地表径流量和地下水位有显著影响。城市建设中应倡导低影响开发，大力推进海绵城市的建设，通过绿色屋顶、城市绿地等更多地保留自然下垫面，让地表植被通过截持、蒸腾等过程，削减洪峰，延长洪水历时，调节地表、地下径流比例，缓解城市洪涝灾害，同时改良土壤理化性质，净化水质，以改善水土生态环境。在农村地区，开展农用地整理，改造中低产田，治理和修复沙化耕地、污染耕地、缓坡耕地，实施坡改梯等水土保持工程建设，提高农地质量。积极建设农田水利基础设施，增强抵御自然灾害的能力，并在农业生产中推广滴灌、喷灌、微灌等不同形式的高效节水灌溉技术，提高农业用水效率，保持土壤肥力。

4. 建立健全水资源管理制度

依据水资源的利用潜力，建立一套规范的水资源开发、利用和排放管理制度，通过工程管理、规划配置、监测、考核等方式，在水资源工作领域内依法管理。对严重缺水地区下达用水计划指标，以水定需，量水而行，从人均生活用水、万元工业增加值用水量、农田灌溉有效系数、生态用水四个方面进行定量控制,从市级往下层层分解指标,实行用水超标累进加价制度,相关部门对用水超标单位给予预警提示,严格收取超标费用,通过市场机制和政府调控督促用水单位自觉节水。总体来说,要从划定水资源开发总量控制红线、建立用水效率控制制度、设定污染物最大容纳量、明确水资源管理权责四个方面,完善水资源管理制度,让水资源利用与地区人口发展相协调。

5. 建立环境资源承载力监测预警制度

建立对环境资源承载力进行监测、评估、调节等的长效机制,首先设定最大允许开发土地比例、污染物排放最大量等阈值或指标,再通过信息技术平台和数据库的建设,对地区进行实时动态监测,依据资源环境损耗程度将其分为超载、临界超载和不超载三类,通过奖惩措施督促地区进行整改和保持良好发展。同时参照评估结果,对现有规划进行相关调整,合理调整资源利用方式和产业布局。

综上所述,本章首先讨论了水资源对土地资源利用的约束作用;其次,讨论了在水资源的约束下土地资源供给量和需求量的变化,通过对供需量进行比较,发现我国土地资源仍然存在严重的供需不平衡的矛盾;最后,基于人–地–水的协调关系,对土地利用结构和供需情况进行了新的预测并提供了未来建议。

第 12 章
基于协同发展的狭义国土开发强度内涵界定
与阈值测度研究

12.1 狭义国土开发强度内涵界定

习近平总书记在党的十九大报告中提出"以疏解北京非首都功能为'牛鼻子'推动京津冀协同发展，高起点规划、高标准建设雄安新区"[①]。河北省作为京津冀协同发展战略展开的腹地，不仅是疏解非首都功能的核心承载和雄安新区所在地，更是京津冀协同发展的关键"短板"，迫切要求补齐短板、承接产业、加快发展，其中首要的便是提供用地支撑、破解国土空间的瓶颈制约。然而，河北省作为京津冀区域生态建设的主战场，区域内国土开发格局相对复杂，开发强度差异显著，部分地区过高的开发强度已然对资源环境产生了较大的影响，导致土地利用率和产出率偏低，耕地等自然资源不断减少，严重影响区域国土资源的可持续利用。此外，随着区域协同发展的进一步深化，河北省作为产业转型升级试验区，将加速承接京津部分产业和人口转移，必然面临更为强烈的建设用地需求。因此，在生态文明建设与区域协同发展理念下（叶菁等，2017），亟须更为合理地测度国土开发强度，明晰资

---

① 参见《习近平：决胜全面建成小康社会 夺取新时代中国特色社会主义伟大胜利——在中国共产党第十九次全国代表大会上的报告》，http://www.gov.cn/zhuanti/2017-10/27/content_5234876.htm，2017 年 10 月 27 日。

源环境、政策红线等对建设用地扩张的刚性约束（叶英聪等，2017；严金明等，2018），以期引导优化未来建设空间布局和结构。

当前亟须进一步拓展国土开发强度研究以应对现实变化和满足制度需求，主要体现在：①需进一步明确作为国土开发建设"底盘"的自然条件适宜面积。目前国内外相关研究往往将国土开发强度定义为"区域内的建设用地规模占国土总面积的比例"（樊杰，2013），即分子是建设用地规模，分母是区域国土总面积，然而在地质地貌（张荣群等，2018）、资源禀赋（邱硕等，2018）、地理条件（喻忠磊等，2015）等自然条件约束下，并不是区域内所有国土都适宜开发建设利用。以北京市为例，以国土总面积计，全市国土开发强度为21.3%，若扣除山区以平原地区计，则开发强度达到57%（董祚继，2014），表明国土资源承载压力更大。鉴于此，本章对一般国土开发强度的分母进行调整探索，尝试探讨自然条件约束下的狭义国土开发强度概念。②需从区域宏观大尺度进一步开展统筹研究。当前开发强度研究多集中在过往经验数据和市县层面，包括城市用地强度演变与影响因素（乔伟峰等，2015；李进涛等，2018）、城市建设用地扩张及驱动力分析（刘瑞等，2009；吕晓等，2013）、城市土地开发强度与生态环境的关系（赵亚莉等，2014）、城市土地利用变化与结构优化（黄迎春等，2016；胡玉福等，2011）等方面，相对缺乏宏观调控研究，需进一步强化国土开发强度在调节区域建设空间数量和结构上的重要宏观调控作用。③需进一步考虑产业转移等区域协同对建设用地诉求的影响。在建设用地需求预期方面，现有研究多以独立行政单元为主体进行预测（安祥生，2006；王丽萍等，2012），且预测因素多为当地人口与社会经济指标，相对缺乏跨区域协同发展对于建设用地需求的综合度量。尤其是在京津冀协同发展背景下，北京和天津的产业将通过发展轴带、点点对应等多种方式向河北转移（黄金川等，2017a），然而当前仍然缺乏区域产业转移对于建设用地诉求的影响分析。

基于此，本章以河北省及省内 11 个地级市和雄安新区为测度单元，以地理国情数据和土地利用数据为基数，识别国土开发建设的自然条件约束和政策红线约束，分析适宜国土开发建设的理论最大空间，实现区域狭义国土开发强度阈值测算，分析充分保障区域自身发展和产业转移对建设用地诉求理想情景下的狭义开发强度情景值，进而比较狭义开发强度现状值、情景值和阈值，以期为合理控制国土开发强度、引导京津冀协同发展中的河北省国土开发建设提供参考和建议。

国土开发强度是区域国土开发建设利用程度及其累积承载密度的综合反映（周炳中等，2000），其在地块尺度和区域尺度上有着不同的内涵，地块尺度上的开发强度常用于表示城市土地开发程度，属于对"地块"的三维空间管理；区域尺度上的开发强度则反映的是区域内土地整体开发的程度，属于对区域性国土空间的二维管理。

"狭义"主要指某一物质系统中具有特殊的、有别于一般的、非普遍的部分。相对于广义而言，本章提出的狭义国土开发强度是指区域建设用地规模与区域自然条件适宜建设国土面积的比例，不仅是区域尺度上的"二维"开发强度概念，其分母更调整为自然条件约束下的国土适宜开发建设面积，其阈值为区域内生态与耕地保护红线约束下的理论最大开发建设规模占自然条件适宜建设国土面积的比例。

区域狭义开发强度内涵与国土资源的"底盘""底数""底线"密切相关（图 12-1），具体包括三层含义：一是自然适宜"底盘"，由于地形地貌、地质灾害、地质环境、资源禀赋等自然条件约束，国土空间开发建设需要"择地"而非"全域"，即识别自然条件约束的有限国土适宜开发建设范围。二是建设需求"底数"，区域自身发展和协同发展对国土资源开发建设有着强烈需求，即建设用地需求规模。三是政策约束"底线"，在自然适宜建设的范围内，国土开发建设还应规避生态与耕地保护红线，非红线空间即为保护"底线"

基础上的建设用地规模"天花板"。

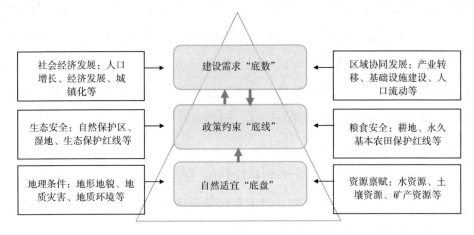

图 12-1 狭义国土开发强度的内涵

12.2 研究材料与方法

12.2.1 研究区域与数据来源

1. 区域概况

河北省经济腹地辽阔,横连东、中、西部,纵接东北、中原,在京津冀协同发展战略中是兼具"三区一基地"功能的核心区域。河北省是全国唯一兼有高原、山地、丘陵、盆地、平原、湖泊、海滨的省份,地势西北高、东南低,呈现出典型的半环状阶梯形地貌特征。2016 年全省土地总面积 188 589.65 km²,其中农用地面积 131 684.67 km²,建设用地规模 21 744.10 km²,生态用地总面积为 90 536 km²。本章开发强度测算范围包括河北省及省内的石家庄、唐山、秦皇岛、邯郸、邢台、保定、张家口、承德、沧州、廊坊、衡水和雄安新区等测度单元的陆域国土范围,其中雄安新区范围为安新县、容城县、雄县三县全域和任丘市、高阳县部分区域。

2. 数据来源

本章中社会经济数据来源于《河北经济年鉴》和《中国城市统计年鉴》，土地数据来自 2016 年土地利用数据，基本农田数据来自永久基本农田数据库，生态保护红线数据来自 2017 年底划定的阶段性成果。地形地貌以数字高程模型（digital elevation model，DEM）数据为基础，计算得到坡度和高程数据。地质灾害调查数据来自河北省 65 个山区县（市）地质灾害详细调查资料。岩溶塌陷数据根据已有岩溶塌陷分布与各影响因素的关系，采用层次分析法建立塌陷易发性评估模型获得。地面沉降数据由中等分辨率合成孔径雷达干涉技术获取。本章中的所有数据通过"矢量化—投影转换—栅格化—分级赋等级—适宜性分值计算"等步骤进行预处理，投影坐标系统一采用"西安 80 坐标系 39 度带"，计算栅格统一为 100 m×100 m。

12.2.2　研究方法

1. 基于自然条件约束的国土开发建设适宜性评价

本章围绕区域地质环境、地形地貌、地质灾害、地表类型、区位资源禀赋等核心约束条件（曲衍波等，2010），力图构建较为完善、反映地域特色的自然限制条件体系，根据影响程度对要素进行评价分级，进而采用限制系数法计算国土开发建设适宜性（贾克敬等，2017），公式如式（12-1）所示：

$$E = \sum_{q=1}^{n} F_q W_q \qquad (12\text{-}1)$$

式中，E 为综合适宜性分值；F_q 为第 q 个适宜性因子适宜性等级；W_q 为第 q 个适宜性因子的权重；n 为适宜性因子个数。根据适宜性评价分级结果，通过聚类分析法将建设开发适宜性划分为适宜（E_1）、基本适宜（E_2）、基本不适宜（E_3）和不适宜（E_4），其中适宜和基本适宜规模之和为自然条件约束的国土开发建设适宜面积,即狭义国土开发强度的测算分母。

国土开发建设自然适宜性评价指标体系如表 12-1 所示。

表 12-1　国土开发建设自然适宜性评价指标体系

影响因素	具体指标	指标分级	建议等级
地质环境	活动断层	1000 m	E_1
		800 m	E_2
		500 m	E_3
		200 m	E_4
	地面沉降	轻微或稳定区	E_1
		一般沉降区	E_2
		较严重沉降区	E_3
		严重沉降区	E_4
地形地貌	坡度限制	0~8%	E_1
		8%~15%	E_2
		15%~25%	E_3
		>25%	E_4
	高程限制	1000 m 以下	E_1
		1000~2000 m	E_2
		2000~3000 m	E_3
		3000 m 以上	E_4
地质灾害	岩溶塌陷	不易发区	E_1
		低易发区	E_2
		中易发区	E_3
		高易发区	E_4
	崩塌、滑坡、泥石流	不易发区	E_1
		低易发区	E_2
		中易发区	E_3
		高易发区	E_4

续表

影响因素	具体指标	指标分级	建议等级
地表类型	土地类型限制	无限制	E_1
		轻度限制	E_2
		中度限制	E_3
		水域、冰川和永久积雪	E_4
区位资源禀赋	水资源约束	一般或无约束	E_1
		较严重	E_2
		严重	E_3
		极为严重	E_4
	河流缓冲距离	>100 m	E_1
		50~100 m	E_2
		30~50 m	E_3
		<30 m	E_4
	湖泊、水库缓冲距离	>2000 m	E_1
		1000~2000 m	E_2
		500~1000 m	E_3
		<500 m	E_4

2. 狭义开发强度阈值测度

1）基于 GIS 叠加政策红线约束

以自然条件约束的国土开发建设适宜性评价结果为基础，通过 GIS 空间分析，叠加生态保护红线、永久基本农田红线等政策红线约束，得出理论最大的建设空间阈值，其公式如式（12-2）所示：

$$F = E_j - f(s, n) \tag{12-2}$$

式中，F 为基于自然约束与政策红线约束的理论建设规模阈值；E_j 为自然条件约束下的国土开发建设适宜等级，$j=1,2$；$f(s,n)$ 为红线约束因素叠加函数，

其中 s 为生态保护红线属性，n 为永久基本农田红线属性。

2）狭义开发强度阈值

以自然条件约束的国土开发建设适宜性评价结果为分母，经叠加政策红线约束的最大可建设规模为分子，对比分析可得出狭义国土开发强度阈值，公式如式（12-3）所示：

$$L_i = \frac{E_{i,j} - F_i(s,n)}{E_{i,j}} \qquad （12\text{-}3）$$

式中，L_i 为第 i 区域的狭义开发强度阈值；$E_{i,j}$ 为第 i 区域在自然条件约束下的适宜开发建设规模，其中 $j=1,2$；$F_i(s,n)$ 为第 i 区域在自然条件适宜开发建设范围内受政策红线约束的规模。

3. 基于 RBF 模型与产业转移修正的狭义开发强度预测

1）RBF 神经网络模型

RBF 神经网络有较高的运算速度和很强的非线性映射功能（Kansa，1990），能以任意精度逼近任意连续函数，可以较好地揭示复杂非线性系统的实际结构（张良均等，2008）。研究表明，RBF 神经网络模型在建设用地需求预测精度上优于 BP（back propagation，反向传播）网络、GM（1，1）和多元回归等模型方法（张晓瑞等，2013），因此，本章运用 RBF 神经网络模型分析各区域 2030 年建设用地最大需求规模，其隐含层的激活函数采用高斯 RBF。

2）产业转移测度模型

借鉴偏离–份额法的思想（Fothergill and Gudging，1979），通过将某个产业在某一行政单元一定时期经济产出的变化分解为不同区域层面的增长分量（李林子等，2017），观察得出区域承接产业转移的时空演变趋势和绝对规模，进而通过单位产业用地面积测算产业转移所需增加的建设用地规模。由于第二次全国土地调查分类表中，建设用地是按土地用途分类，而不是按产业和行业分类，因此产业转移过程中的建设用地需求规模以产业转移规模/单位二三产业产值地耗进行测算。产业转移测度模型公式如式（12-4）、式（12-5）所示：

$$
\begin{aligned}
Z(Q,B,k)_{i,t} = & Q_{i,t-1k} \times (Q_{J,tk}/Q_{J,t-1k})/B_t \\
& + Q_{i,t-1k} \times (Q_{i,tk}/Q_{i,t-1k} - Q_{S,tk}/Q_{S,t-1k})/B_t \\
& + Q_{i,t-1k} \times (Q_{i,tk}/Q_{i,t-1k} - Q_{J,tk}/Q_{J,t-1k})/B_t
\end{aligned}
\tag{12-4}
$$

$$
Y'_{i,t+n} = Z(Q,B,k)_{i,t+n} + G(S) \tag{12-5}
$$

式中，$Z(Q,B,k)_{i,t}$ 为 i 区域在 t 时期产业转移需要的建设用地规模；$Q_{i,tk}$、Q_{t-1k} 分别为 i 区域 k 产业 t 时期、$t-1$ 时期的产业增加值；$Q_{J,tk}$、$Q_{J,t-1k}$ 分别为京津冀地区 k 产业 t 时期、$t-1$ 时期的产业增加值；$Q_{S,tk}$、$Q_{S,t-1k}$ 分别为河北省 k 产业 t 时期、$t-1$ 时期的产业增加值；B_t 为 t 时期第二、第三产业产值耗用建设用地面积；$Y'_{i,t+n}$ 为 i 区域基于未来 n 时期产业转移的建设用地修正规模；$Z(Q,B,k)_{i,t+n}$ 为 i 区域在未来 n 时期基于产业转移预测的建设用地需求规模；$G(S)$ 为成立雄安新区等特殊事件所引发的建设用地规模。$Q_{i,t-1k} \times (Q_{J,tk}/Q_{J,t-1k})$ 表示产业规模的京津冀地区增长分量，即 i 区域按照 k 产业京津冀地区增长率所增加的分量；$Q_{i,t-1k} \times (Q_{i,tk}/Q_{i,t-1k} - Q_{S,tk}/Q_{S,t-1k})$ 表示产业规模的省增长分量，即 k 产业所在 i 区域增长率与河北省增长率的差值所增加的分量，若为正，则时段内该区域有产业转入，若为负，则该区域有产业转出；$Q_{i,t-1k} \times (Q_{i,tk}/Q_{i,t-1k} - Q_{J,tk}/Q_{J,t-1k})$ 表示产业规模的区域增长分量，即 k 产业所在 i 区域增长率与京津冀地区增长率的差值所增加的分量，若为正，则时段内该区域有产业转入，若为负，则该区域有产业转出。

3）狭义国土开发强度情景值

以 RBF 神经网络模型分析的建设用地 2030 年情景规模为基数，叠加区域协同发展对建设用地的外生性需求规模，测算理想情景下的最大建设用地规模，并与狭义开发强度的分母对比分析，得出狭义开发强度的 2030 年情景值，公式如式（12-6）所示：

$$P_i = \frac{Y_i + Y_i'}{E_{i,j}} \qquad\qquad (12\text{-}6)$$

式中，P_i 为第 i 个区域的狭义国土开发强度情景值；Y_i 为 i 区域建设用地 2030 年情景规模；Y_i' 为 i 区域基于协同发展对建设用地的需求规模；$E_{i,j}$ 为第 i 区域在自然条件约束下的适宜开发建设规模，其中 j=1,2。

4. 预期修正下狭义开发强度阈值反馈调整

通过上述狭义开发强度阈值和情景值的比较分析，测算各区域的邻近阈值系数，并以此进行阈值和情景值的反馈调整。邻近阈值系数测算公式如（12-7）所示：

$$I_i = \frac{P_i}{L_i} \qquad\qquad (12\text{-}7)$$

式中，I_i 为第 i 个区域的狭义开发强度邻近阈值系数；P_i 与 L_i 的含义与前文一致。

若邻近阈值系数<1，则表示该区域适宜开发建设的国土面积能够满足未来建设用地需求，无须调整；若邻近阈值系数>1，则表示未来建设用地需求规模突破适宜开发建设的国土面积，在短时间内无法改变自然条件约束的前提下，需调整政策红线约束范围，或调减建设用地未来情景规模，以此实现开发强度差别化管控。

12.3 狭义国土开发强度测度结果

12.3.1 狭义国土开发强度阈值测度

按照上文构建测算狭义国土开发强度阈值的方法，得出全省狭义国土开发强度阈值为 52.32%，省内各测度单元有显著差异。阈值较低的衡水仅为 39.14%，主要原因是其生态保护区域和基本农田保护区域与自然条件适宜开发建设的区域高度重叠。位于太行山前平原区的石家庄、邯郸和邢台的开发强度阈值均在 45% 至 48% 之间，尽管这些区域受地形限制较少，但水资源约束和基本农田保护任务致使其能够开发建设的适宜国土面积有限，故其阈值相对较低。位于沿海的唐山、秦皇岛和沧州的开发强度阈值分别为 59.83%、59.46% 和 51.38%，沧州阈值较小的主要原因是自然适宜建设范围内的基本农田保护面积占其总面积的 31.63%。位于冀西北生态涵养区的张家口开发强度阈值（50.71%）明显低于同为生态保护重点区的承德（58.63%），原因是张家口的自然条件适宜开发建设范围内的生态保护和基本农田保护面积相对更多。雄安新区开发建设受自然条件约束小，适宜开发建设的国土面积占其总面积的 71.43%，但受白洋淀等生态区保护和基本农田刚性约束，其狭义开发强度阈值为 56.33%。

12.3.2　基于协同发展的狭义国土开发强度预测

1. RBF 模型结果

在已有文献研究建设用地变化驱动因子的基础上（迪力沙提·亚库甫和夏方舟，2018），选取地区生产总值（X_1）、人口总量（X_2）、固定资产投资额（X_3）、规模以上工业企业主营业务收入（X_4）、社会消费品零售总额（X_5）、地方一般公共预算收入（X_6）、城镇人口数（X_7）等 7 个因子作为驱动建设用地变化的主导因子，在 Matlab 7.1 软件构建河北省 2030 年建设用地规模情景分析的 RBF 神经网络模型。

应用 SPSS 19.0 软件中的曲线估计功能构建 7 个驱动因子值与时序的最优拟合方程（表 12-2），再利用最优方程对驱动因子值进行预测（平均 $R^2=0.940$）。调用 Matlab 软件建立 RBF 网络训练样本的输入、输出向量，以 $X_1 \sim X_7$ 为输入层神经元，以建设用地规模 Y 为输出层神经元，再调用函数 newrb 进行网络训练，newrb 可自动生成增加 RBF 网络的隐含层神经元，直到均方误差满足精度要求为止。以 2006~2014 年的相关数据作为训练样本，以 2015 年、2016 年的数据作为检测样本，通过不断试验获得模型隐含节点数和扩展常数最佳值，其结果分别为 2 和 1，样本误差分析见图 12-2 和表 12-3。用该模型可得河北省 2030 年建设用地的最大需求情景值为 22 818.77 km^2，受篇幅限制，其他区域分析预测过程不再列出。

表 12-2　建设用地增长驱动因子拟合方程

指标名称	回归方程	R^2	F	P
地区生产总值	$21.88x^{0.221}$	0.938	135.13	0.000
人口总量	$336.2+0.074x$	0.937	134.10	0.000
固定资产投资额	$54.96x^{0.133}$	0.968	271.20	0.000
规模以上工业企业主营业务收入	$34.49x^{0.169}$	0.919	102.23	0.000
社会消费品零售总额	$e^{5.45-1055.44/x}$	0.952	179.70	0.000
地方一般公共预算收入	$e^{5.43-185.66/x}$	0.931	121.36	0.000
城镇人口数	$e^{5.89-1937.94/x}$	0.937	132.91	0.000

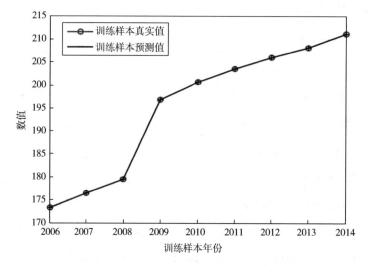

图 12-2　RBF 神经网络训练样本拟合结果

训练样本均方误差为 0

表 12-3 RBF 神经网络检测样本拟合结果

检测编号	预测值	真实值	误差值	相对误差	均方误差
2015 年	217.47	214.33	3.14	1.47%	111 296
2016 年	220.96	217.44	3.52	1.62%	

2. 修正后建设用地规模

根据式（12-4）测算河北省承接京津冀地区产业转移的规模与趋势，结果表明，全省在 2006~2016 年承接第二产业转移规模 1005.73 亿元，承接第三产业转移规模 460.02 亿元。通过 ARMIA（3，0，2）模型预测 2017~2030 年承接产业转移规模共 1633.33 亿元（平均 R^2=0.441），结合单位二三产业产值地耗测算全省承接产业转移所需额外建设用地 1000.02 km^2（表 12-4）。根据《河北雄安新区规划纲要》，雄安新区将重点承接北京疏解的事业单位、总部企业、金融机构、高等院校、科研院所等功能，远期建设用地规模将控制在 530 km^2 以内，本章以此面积作为雄安新区修正后的建设用地规模情景值。修正后全省 2030 年建设用地规模最大需求情景值为 23 818.79 km^2，面积较 2016 年增加了 2074.69 km^2。

表 12-4 基于协同发展的河北省建设用地规模 2030 年情景值（单位：km^2）

区域	RBF 模型预测规模	承接产业转移所需增加规模	修正后规模
石家庄	2 454.63	90.47	2 545.10
唐山	3 417.97	125.95	3 543.92
秦皇岛	986.36	33.13	1 019.49
邯郸	2 088.64	76.59	2 165.23
邢台	1 939.79	73.63	2 013.42
保定	2 799.29	111.64	2 910.93
张家口	1 672.73	58.24	1 730.97
承德	1 252.44	46.62	1 299.06

续表

区域	RBF 模型预测规模	承接产业转移所需增加规模	修正后规模
沧州	2 811.05	100.80	2 911.85
廊坊	1 575.49	58.36	1 633.85
衡水	1 463.95	51.02	1 514.97
雄安新区	356.43	173.57	530.00
河北省	22 818.77	1 000.02	23 818.79

3. 狭义国土开发强度情景值

在充分保障区域自身发展和产业转移对建设用地诉求的理想情景下，全省狭义国土开发强度 2030 年情景值为 29.34%，省内各测度单元的预测值有显著差异。从空间上看，情景值较高的区域主要分布于太行山平原区，如石家庄、邯郸、雄安新区等，位于山地地区的张家口和承德的情景值为 8.78% 和 10.73%。从区域发展功能看，情景值在 30% 以上的区域主要位于京津冀协同发展功能定位的环京津核心功能区、冀中南功能拓展区和沿海率先发展区，情景值较低的张家口和承德都处于冀西北生态涵养区。

12.3.3　预期修正下狭义国土开发强度阈值反馈调整

如表 12-5 所示，河北省狭义国土开发强度阈值为 52.32%，2030 年情景值为 29.34%，可得邻近阈值系数为 0.56，即自然适宜且不受政策红线约束的可开发建设国土面积能够满足未来建设用地需求。全省 2016 年狭义开发强度现状值为 26.79%（现状建设用地规模/自然适宜国土开发建设面积）。省内各测度单元的邻近阈值系数有显著差异。

表 12-5　河北省狭义国土开发强度邻近阈值系数结果

区域	现状值	情景值	阈值	情景值邻近阈值系数
石家庄	51.22%	55.50%	45.51%	1.22
唐山	42.76%	46.96%	59.83%	0.78
秦皇岛	21.64%	24.21%	59.46%	0.41
邯郸	56.53%	60.63%	47.45%	1.28
邢台	32.23%	35.72%	45.39%	0.79
保定	44.07%	47.00%	50.26%	0.94
张家口	8.06%	8.78%	50.71%	0.17
承德	9.65%	10.73%	58.63%	0.18
沧州	28.35%	30.42%	51.38%	0.59
廊坊	35.91%	39.54%	55.14%	0.72
衡水	53.21%	57.29%	39.14%	1.46
雄安新区	26.03%	41.90%	56.33%	0.74
河北省	26.79%	29.34%	52.32%	0.56

　　石家庄、邯郸和衡水的邻近阈值系数均大于 1，且 2016 年狭义开发强度现状值也均突破了阈值。归其原因，首先，从适宜开发建设规模看，由于活动断层、岩溶塌陷和地面沉降等自然地理条件限制，这三个区域适宜开发建设的自然本底条件比较薄弱，适宜面积共 10 768.11 km²，仅占总面积的30.53%。其次，从建设用地需求看，石家庄作为省会城市，其虹吸效应所带来的产业集聚与人口吸引对建设用地有强烈需求，邯郸和衡水位于冀中南功能拓展区，其自身增长与承接产业转移对建设用地同样有强烈需求，三个区域建设用地的 2030 年情景规模达 6225.3 km²，占全省总规模的 26.1%。基于生态保护与耕地保护两条政策红线难以逾越，这三个区域需优化调控建设用地规模，严格控制建设用地增速，以存量用地结构和布局调整为主，通过"减量瘦身"倒逼建设用地利用效率提升，进而有效控制国土开发强度。

雄安新区狭义国土开发强度现状为 26.03%，2030 年情景值为 41.90%，均显著小于其阈值（56.33%），表明雄安新区自然适宜国土面积能充分满足其建设用地需求。其他各区域邻近阈值系数尽管未突破阈值，但从保护生态环境和战略性资源、服务京津冀协同发展的理念出发，仍需强化国土建设空间管控，遵守生态保护与耕地保护底线，以集聚开发与适度建设为导向，对适宜开发建设的区域实施集中布局、据点开发，适度增加区域新增建设用地规模，优化空间结构以及协调矛盾冲突，充分提升有限开发空间的利用效率。

第 13 章
风险约束下土地供给侧数量结构改革路径研究

13.1 土地供应结构风险形成机理研究

风险是一个被广泛应用于金融、保险、健康和信息技术等多个领域中的复杂概念，被进行了众多的定义。一般来说，风险可以被定义为不确定性对目标的影响，包括收益和损失，也可狭义地理解为损失的不确定性，即损失发生的可能性和大小。一方面，土地供给过剩和土地利用结构安排不合理，可能导致规模低效风险和结构低效风险；绿地面积不足可能导致福利损失风险；耕地和文化景观不足可能导致发展可持续性风险；生态土地面积不足、生态廊道阻塞可能导致生态安全风险。另一方面，在土地供应过程中，土地整理项目、土地利用结构调整、土地转用等行动也会带来风险。征地和土地转用的不规范可能导致社会冲突风险；农业整合项目不足和破坏性的土地结构调整可能导致发展可持续性风险；污染企业过多，生态修复项目不足，可能导致生态安全风险。

13.1.1 土地供应结构的经济风险

在农村人口外流和工业萧条的大趋势下，建设用地的过度供给会导致规模低效风险。建设用地供过于求，导致土地使用者失去了提高土地储备利用效率的动力,加大了土地粗放利用程度,引发土地利用效率低下、土地闲置、村庄空心化等问题。这种风险可以通过建设用地闲置面积、人均宅基地面积超标率、地均地区生产总值等指标来衡量。

此外,空间结构布局不合理会影响国土空间利用效率,导致结构低效风险。结构低效风险主要表现在:①为满足建设需求进行的国土空间调整往往会加剧建设空间的破碎性,难以实现规模效应和集聚效应。这使得生产者承担更高的基础设施供应、修缮、维护、运输和管理成本,导致生活、生产设施利用效率降低。它可以使用建设用地破碎度来衡量。②交通用地规模不足,导致村庄区位和交通状况恶化。交通用地结构恶化,如道路损坏和分布不均,将导致道路设施覆盖面减少,运输成本增加,造成结构低效的风险。这种风险可以通过交通用地面积和公路密度等指标来衡量。

农业用地方面也存在类似的情况。现代农业生产高度依赖大规模经营和大型农业机械。然而,在许多农业生产经验丰富,特别是人口高度密集的地区,由于受到土地产权、空间布局和土地肥力的限制,实际用于种植的土地可能会呈现出支离破碎的分布特征,难以实现农业规模经营。这导致农业生产效率降低、农业人口减少、适宜耕种的土地被废弃,从而导致规模低效风险和结构低效风险。前者可以用耕地撂荒面积等指标来衡量,后者可以用农用地破碎度等指标来衡量。

13.1.2　土地供应结构的社会风险

城乡空间中涉及公共利益的土地征用和土地利用转用会导致社会冲突风险。农用地占用、征地、乡村更新等项目的设计与实施,可以涉及不同利益相关者之间的互动,农民可能被迫失去农地或接受不满意的补偿,可能导致社会不和谐。一般认为,在国土空间,尤其是土地资源利用转换过程中,由于公共利益的模糊界定和实施偏差，农民的利益更容易受到损害，土地的增值效益被其他群体获得，形成不公平的竞争优势。这一问题可以通过征地面积和农用地转用面积来表征。

以建设用地扩张为主要驱动力的粗放式发展模式，不仅会导致效率的损失，还会导致福利损失风险，这与具有福利功能的土地资源供应不足有关。福利损失风险主要表现在：①规划基础设施用地供应不足将加剧农村基本公共服务短缺，农村居民生活质量降低、生活成本提高。它可以通过基础设施用地面积、人均基础设施用地面积等指标来衡量。②农村居民点内及周边景观绿化用地不足，会降低农村人居环境质量，影响居民的生活舒适度，从而阻碍农村居民获得更高层次福利,阻碍其获得较高人居环境质量权利的实现。它可以用景观绿地比率、景观质量等指标来表征。

耕地面积数量结构偏低会导致实际用于农业生产的耕地不足，降低粮食产量，导致发展可持续性风险。这种风险可以通过耕地面积或粮食产出直接表征。持续的农业生产降低了土地的生产能力，因此，有必要配置一定的农地整理项目，以解决肥力下降和土壤污染问题。该因子可用耕地质量等级表示。如果农地整理项目的规模不够大，就无法避免农村农地质量的下降，生产适宜性和连续生产能力将逐渐降低。另外，不适当的土地整理项目可能对农村地区现有的生产和生活方式产生重大影响，迫使农民改变传统的生产方式，从而造成发展可持续性风险。该因子可用农用地整治面积表示。例如，以城镇化和社区建设为重点的乡村改造项目,可能会导致家庭失去他们的"院子"，而"院子"是重要的生产和储存空间。以集中聚落和村庄合并为主要目标的村庄改造项目，扩大了耕作半径。该因子由户均院落面积和平均农业半径表示。

现代化和城市化对农村传统文化产生了实质性的影响。国土空间规划对传统建筑、文化纪念馆、宗族文化遗址等文化景观的重视程度不够，甚至有地区主张完全转变此类空间的用地类型，以增加可直接用于生产活动的土地面积或者空间规模。因此，通过国土空间规划来调整农村土地结构，很可能导致文化景观丧失。这种损失意味着乡村丰富的文化和旅游开发潜力被削弱，导致乡村可持续发展能力下降，发展可持续性风险加剧。这一因素可以通过文化景观用地面积来表征，如墓地、祠堂等。

13.1.3　土地供应结构的生态风险

土地供给导致的空间结构调整和开发利用活动会影响生态系统的稳定性和多样性，这可能导致生态安全风险，主要表现在：①在农村安置大量污染企业，加重农村生态负担。废气、废弃物等污染物会对周边环境产生不利影响，破坏农村生态系统，造成重大环境污染。该因子可以用企业污染影响面积来表示。②林地、水域、滩地等生态空间的收缩，导致农村生态系统多样性和稳定性破坏，生态产出减少，生态服务功能破坏，影响可持续发展能力。这一因素可以用规划指标表示，如森林覆盖率、湿地面积等。③规划开发造成的生态空间破碎化，破坏了自然的物质、能源输送渠道。这种破坏导致生物栖息地之间的连接廊道遭到破坏和阻碍，威胁到物种多样性。此外，这阻碍了大气和水的循环，恶化了区域气候条件，降低了生态稳定性。这个因子可以用生态空间连通度来表示。④生态恢复、水土流失治理、土壤环境改善等生态整治工程的不足，加剧了农村人居环境的恶化。其结果是生产生活活动对生态环境的影响不能得到充分修复，脆弱的生态空间不能得到充分维护和保护，已经恶化的区域不能及时恢复。这一因素可以用生态整治面积来表示。

13.2 土地供应结构风险评估框架

13.2.1 研究区域的确定和备选土地供应结构方案的选择

以村庄为研究尺度，收集区域基本经济、社会、自然条件数据与信息，征询村民意见，结合不同可行的发展战略和制约因素，制订低、中、高三种开发情景的土地供应结构方案。在这些备选方案中，土地利用的数量结构需要考虑特定村庄的发展战略。此外，方案应确定各种实施项目和要求，如土地整理项目和土地用途转换。

13.2.2 土地供应结构风险评价指标体系的建立

构建土地供应结构评价指标体系的关键是分析经济、社会和生态三个维度上的风险，确定每个维度的主要风险评价指标。我们可以在上述土地供应结构风险评价框架的基础上，考虑可能的评价指标，建立可行的指标库（表13-1）。在实际研究中，基于土地供应结构风险评价指标库，选择合适的指标，可以在三个维度上建立评价指标体系。

表 13-1 土地供应结构风险评价指标库

维度	土地供应结构风险	指标	方向
经济风险	规模低效风险	耕地撂荒面积	+
		建设用地闲置面积	+
		地均地区生产总值	−
		人均宅基地面积超标率	+
		⋮	⋮
	结构低效风险	农用地破碎度	+
		建设用地破碎度	+
		交通用地面积	−

续表

维度	土地供应结构风险	指标	方向
经济风险	结构低效风险	公路密度	−
		⋮	⋮
社会风险	社会冲突风险	征地面积	+
		农用地转用面积	+
		⋮	⋮
	福利损失风险	基础设施用地面积	−
		人均基础设施用地面积	−
		景观质量	−
		景观绿地比率	−
		⋮	⋮
	发展可持续性风险	耕地面积	−
		粮食产出	−
		农用地整治面积	−
		耕地质量等级	−
		户均院落面积	−
		平均农业半径	+
		文化景观用地面积	−
		⋮	⋮
生态风险	生态安全风险	企业污染影响面积	+
		森林覆盖率	−
		湿地面积	−
		生态空间连通度	−
		生态整治面积	−
		⋮	⋮

13.2.3　应用 TOPSIS 法的土地供应结构风险评估

TOPSIS 法是一种多属性决策方法，其实质为根据有限个评价对象与理想化目标的接近程度进行排序，可以从现有的 n 个备选对象中确定某个特定对象相对最优解和最劣解的状态，从而为决策提供支撑。该方法只要求各效用函数具有单调性质，从而判断评价对象与最优解、最劣解的距离，从而进行排序，认定最靠近最优解的对象是更好的对象，最靠近最劣解的对象则获得更差的评价。其中，涉及的"理想解"和"负理想解"是指各个属性值都达到各备选方案中的最好的值或者都达到各备选方案中的最坏的值。作为 Hwang 和 Yoon（1981）提出的并得到广泛应用的多目标决策模型，TOPSIS 通过对多元指标方案与理想目标之间的距离排序，实现对多方案的评价（Chen，2000；Behzadian et al.，2012）。与其他方法相比，TOPSIS 能够客观、全面地反映原始信息。它对样本量、数据分布、指标数量没有严格的限制，结果比较具有可比性和准确性。

对 m 种评价方案和 n 个评价指标建立初始决策矩阵 X：

$$X = (x_{ij})_{m \times n} = \begin{bmatrix} x_{11} & x_{12} & \cdots & x_{1n} \\ x_{21} & x_{22} & \cdots & x_{2n} \\ \vdots & \vdots & & \vdots \\ x_{m1} & x_{m2} & \cdots & x_{mn} \end{bmatrix} \tag{13-1}$$

式中，x_{ij} 为第 i 个方案的第 j 项指标得分，$i \in (1, 2, \cdots, m)$，$j \in (1, 2, \cdots, n)$。

为消除指标量纲和方向的影响，使用极大极小值法对初始矩阵进行标准化处理，对于正向指标（指标越大，风险越大）采用式（13-2）进行处理，对于负向指标（指标越大，风险越小）采用式（13-3）进行处理，得到标准化矩阵 Z。

$$z_{ij} = \frac{x_{ij} - \min(x_{ij})}{\max(x_{ij}) - \min(x_{ij})} \tag{13-2}$$

$$z_{ij} = \frac{\max(x_{ij}) - x_{ij}}{\max(x_{ij}) - \min(x_{ij})} \tag{13-3}$$

$$Z = (z_{ij})_{m \times n} = \begin{bmatrix} z_{11} & z_{12} & \cdots & z_{1n} \\ z_{21} & z_{22} & \cdots & z_{2n} \\ \vdots & \vdots & & \vdots \\ z_{m1} & z_{m2} & \cdots & z_{mn} \end{bmatrix} \tag{13-4}$$

使用熵权法确定指标权重矩阵 W，构造加权决策矩阵 Y：

$$\begin{aligned} Y &= WZ \\ &= \begin{bmatrix} w_{11} & 0 & \cdots & 0 \\ 0 & w_{22} & \cdots & 0 \\ \vdots & \vdots & & \vdots \\ 0 & 0 & \cdots & w_{mn} \end{bmatrix} \begin{bmatrix} z_{11} & z_{12} & \cdots & z_{1n} \\ z_{21} & z_{22} & \cdots & z_{2n} \\ \vdots & \vdots & & \vdots \\ z_{m1} & z_{m2} & \cdots & z_{mn} \end{bmatrix} \\ &= \begin{bmatrix} y_{11} & y_{12} & \cdots & y_{1n} \\ y_{21} & y_{22} & \cdots & y_{2n} \\ \vdots & \vdots & & \vdots \\ y_{m1} & y_{m2} & \cdots & y_{mn} \end{bmatrix} \end{aligned} \tag{13-5}$$

使用极大极小值法求取正理想解为 $Z_j^+ = \max(y_{ij})$，$j \in (1, 2, \cdots, n)$，负理想解为 $Z_j^- = \min(y_{ij})$，$j \in (1, 2, \cdots, n)$。

计算各个对象距离理想值之间的欧氏距离，第 i 个方案与最优解和最劣解的距离分别为

$$S^+ = \sqrt{\sum_j^n (Z_j^+ - y_{ij})^2} \tag{13-6}$$

$$S^- = \sqrt{\sum_j^n (Z_j^- - y_{ij})^2} \tag{13-7}$$

计算各个评价方案与最优解的相对接近程度 C_i：

$$C_i = \frac{S_i^-}{(S_i^+ + S_i^-)} \tag{13-8}$$

最后，按照 C_i 值的大小进行排序，C_i 值越大表明该地区的风险越高，反之越低。最后依照相对贴近度对方案进行排序，形成决策依据。

13.2.4 土地供应结构风险的评估和识别

基于风险最小化原则，选取最安全的土地供应结构情景：

$$\min R = \min C_i = \min \frac{S_i^-}{(S_i^+ + S_i^-)} = \min f(C_{\text{eco}} + C_{\text{soc}} + C_{\text{env}}) \qquad （13-9）$$

式中，R 为方案的风险；C 为方案 i 的总体风险贴近度；C_{eco}、C_{soc} 和 C_{env} 分别为经济风险、社会风险和生态风险的贴近度。

根据规划方案各项风险评价指标的得分，土地供应结构风险对应的土地供应行为的具体内容可以被识别：

$$R_i = f(\text{index}_{ij}) = g(x_{ij}), \ j \in (1, 2, \cdots, n) \qquad （13-10）$$

式中，index_{ij} 为方案 i 的指标 j 对应的风险指数；x_{ij} 为方案 i 的指标 j 对应的土地供应情况。

13.3 案例研究：北京七王坟村

13.3.1 研究区域

七王坟村位于北京市海淀区西北部的阳台山风景区，是苏家坨镇的一部分。七王坟村的战略位置和自然条件为其发展奠定了良好的基础。全村以果树种植业为主，年人均收入近万元。林地是土地利用的主要类型，占村庄总面积的 80%以上，其次为园林用地类型。耕地和建设用地所占比例相对较低，分别为 0.08%和 4.72%。村内一半以上为生态安全控制区，涉及相当重要的生态安全保护任务。

13.3.2 数据来源

土地利用数据来源于第二次全国土地调查（2016 年更新）。未来规划数据以《北京市海淀区土地利用总体规划（2006—2020 年）》和区村土地利用总体规划成果为基础。北京市国土资源局海淀分局提供了土地坡度图、质量等级、地质灾害分布与防治等数据。经济、社会、人口数据来源于《2017 北京海淀统计年鉴》。七王坟村提供了农村规划、国民经济发展规划、环境与生态规划等资料，用于现场调查。所有的图形都是用 ArcGIS 10.3 生成的。

13.3.3 土地供应结构备选方案的选择

根据七王坟村的经济、社会、自然和政策条件，结合第 12 章的研究结果，确定了高、中、低三种土地供应结构备选方案。每个方案都具有不同的开发强度，同时侧重于不同的发展战略，分别为低强度情景（技术型工业主导）、中强度情景（生态旅游产业主导）和高强度情景（规模化农业主导）三种情景。因此，这三个方案将导致 2035 年不同发展进程下土地利用变化的不同（表13-2 和表 13-3）。

表 13-2 三种备选方案对应的土地利用规划指标情况

指标类型	规划指标	高强度情景	中强度情景	低强度情景
经济社会发展	常住人口/人	425	425	425
	地区生产总值/万元	2450	2450	2450
国土空间保护	耕地保有量/hm²	2.56	1.18	0.53
	森林覆盖率	61.73%	78.02%	73.22%
	湿地面积/hm²	2.82	4.57	4.46
国土空间开发	建设用地面积/hm²	30.33	29.57	27.64
	农用地面积/hm²	199.89	95.82	130.93
	新增工业用地面积/hm²	0.37	−0.39	−2.32

续表

指标类型	规划指标	高强度情景	中强度情景	低强度情景
国土空间开发	公路密度/（m/hm²）	97.86	82.37	66.99
	容积率	0.64	0.79	0.98
土地整治	农用地整治面积/hm²	154.77	26.07	55.98
	建设用地整治面积/hm²	16.39	13.10	18.81
	生态整治面积/hm²	79.26	245.76	94.51
人居环境质量	公共厕所无害化比例	90%	90%	90%
	生活垃圾无害化比例	90%	90%	90%

表 13-3　2035 年备选方案的土地利用变化情况（单位：hm²）

备选方案	耕地	林地	其他农用地	建设用地	水域	未利用地
2016 年	1.65	469.81	98.48	29.96	4.57	4.30
高强度情景	2.56	375.72	197.33	30.33	2.82	0
中强度情景	1.18	474.92	94.64	29.57	4.57	3.89
低强度情景	0.53	445.69	130.40	27.64	4.46	0

　　高强度情景提倡较高的发展强度，因此以规模化农业为主导产业，对生产用地供应采取积极态度。高强度情景主张扩大现有耕地面积，增加到 2.56 hm²，大规模增加其他农业用地和水果采摘用地供应，到 2035 年，其他农用地总规模达到 197.33 hm²，相应的林地面积减少到 375.72 hm²。这部分新增的农用地主要集中在村庄北部。在建设用地方面，高强度情景主张增加建设用地规模，增加到 30.33 hm²，将村庄内部的零星工业用地聚集为规模生产的大工厂，同时住宅用地规模将增加至现有规模的 140%左右，新增部分主要位于村庄东北部，以满足农民农业生产就近居住的需要。同时，为降低农业通勤成本和工业生产成本，高强度情景将扩大生产道路，增加村东北地区道路面积，因此该方案下的交通用地规模在四个方案中最大，达到 6.42 hm²。

　　结合 2016 年七王坟村庄国土空间开发的水平，中强度情景要求尽量维持

2016 年的状态,因此通过发展旅游业在维持当前强度的同时满足经济发展需求。该情景规划旅游用地 6.12 hm²,主要发展观光农业、文化旅游和自然景观旅游三类旅游产业。其中,观光农业将集中在村落中部,依托基础设施完善和农业资源丰富的优势,形成小规模观光农业区,种植面积增加到 1.18 hm²。七王坟村具有发展文化旅游产业的良好潜力,拥有七王府、七王墓、龙王寺、清代兵营等文化景点。为提高七王坟村的旅游服务水平,将在文化景点周边划拨一定规模的建设用地,全村文化景观总规模达到 6.77 hm²。七王坟村依托位于阳台山风景区的旅游优势,充分发展山水旅游产业,有效利用该村的优美的自然风光。相应地,村庄的传统农业用地会减少,农业用地(含耕地和其他农用地)总量将减少到 95.82 hm²。

低强度情景提倡采取较低的发展强度,因此村庄主要的农业生产用地规模有所降低,耕地面积和林地面积将分别减少到 0.53 hm² 和 445.69 hm²,其他农用地面积将略有增加。为实现同等经济发展需求的诉求,这一情景要求以技术型工业为主导产业。由于海淀区北部地区具有工业基础的技术性产业以电子制造业为主,因此选择电子制造业作为其主导产业。这一情景中工业用地面积最大,为 6.66 hm²,并主要集中在村庄的东南部。但是,由于旅游建设用地面积减少(减少 7.82%)、住宅建设用地面积减少(减少 6.97%)、基础设施建设用地面积减少(减少 27.28%),七王坟村的总建设用地规模不会显著扩大(27.64 hm²)。

13.3.4 构建土地供应结构风险评价指标体系

我们根据研究区域的条件和土地供应结构风险评价指标数据库的数据可用性选择合适的指标,对三个备选方案的风险进行评估。考虑以下几个方面:①考虑数据的可得性,未考虑征地面积、平均院落面积等指标。②北京市政策规定耕地可以种树,因此,对于有废弃倾向的耕地,政府将组织造林,耕地造林成本较低，可以使使用者在承担较低成本的情况下，避免耕地报废处罚，同时也完成了造林的政策任务。这使得北京的耕地废弃问题相对较少，基本未能见诸报道，因此，本章没有考虑废弃耕地的数量。③考虑到各指标之间的相关性，某些指标不应同时使用。例如，由于研究区森林的优势，森林覆盖率与生态土地面积高度相关，因此，我们仅用森林覆盖率来代表生态空间萎缩所带来的生态安全风险。

此外，地区生产总值、公路密度、耕地保有量、农用地整治面积、森林覆盖率、生态整治面积等指标均可直接从三类情景对应的土地利用规划中得到（表 13-2）或通过简单计算得到。通过 FRAGSTATS 4.2 的网格化图处理，得到农用地破碎化指数、建设用地破碎化指数和生态空间连通度。从规划图中直接提取基础设施用地面积、居住区绿地覆盖率、文化用地面积等数据。表 13-4 给出了七王坟村土地供应结构风险评价指标体系。

表 13-4　七王坟村土地供应结构风险评价指标体系

维度	风险	指标	代码
经济风险	规模低效风险	地均产值	eco1
		人均住宅超标率	eco2
	结构低效风险	农用地破碎化指数	eco3
		建设用地破碎化指数	eco4
		路网密度	eco5
社会风险	社会冲突风险	农地转用面积	soc1
	福利损失风险	基础设施用地面积	soc2
		居住区绿地覆盖率	soc3
	发展持续风险	耕地面积	soc4
		农用地整治面积	soc5
		平均农业耕作半径	soc6
		文化用地面积	soc7

续表

维度	风险	指标	代码
生态风险	生态安全风险	污染企业影响面积	env1
		森林覆盖率	env2
		生态空间连通度	env3
		生态修复工程面积	env4

（1）地均产值是指单位土地上从事经营活动的产出总规模，反映了土地供应的产出效率。产出以地区生产总值衡量，土地以生产用地计算，包括工业建设用地和农业用地。

（2）人均住宅超标率是指七王坟村的人均居住用地面积超过北京市农村人均居住用地的上限，反映了住宅用地供应是否契合人口的居住需求，超标率越高，过度供应的情况越发严重，风险越大。1990 年实施的《北京市人民政府关于加强农村村民建房用地管理若干规定》规定，"凡本市农村村民（以下简称村民）建设个人住宅用地，均按本规定管理""村民每户建房用地的标准，由各区、县人民政府根据本行政区域的情况确定，但近郊区各区和远郊区人多地少的乡村，最高不得超过 0.25 亩；其他地区最高不得超过 0.3 亩"。因此七王坟村的人均住宅用地超标率应该以 166.6 m^2 为标准，超标率以超出部分占标准的比例计算。

（3）农用地破碎化指数和建设用地破碎化指数是指两类生产用地在空间上的破碎程度，反映了生产用地的集聚和分散程度，破碎化指数越大说明生产用地越分散，规模效应越低，生产成本越高，生产效率越低。

（4）路网密度是指村庄内部各类道路在空间内的分布密度，反映了交通通达情况，路网密度越大说明村庄道路越多、覆盖面积越广、通达率越高，生产通勤成本也就越低，面临的风险也就越低。计算方式为村庄内部各类道路里程/区域土地面积。

（5）农地转用面积是指农业用地转为非农用地的面积，是征地面积的替代指标（村级征地面积数据无法获取），在当前我国的农地征收利益分配模式下，农地转用往往伴随着农民福利的损失，因此属于风险正向指标。

（6）基础设施用地面积是村庄内部属于基础设施的建设用地规模，反映了基本公共服务的覆盖水平，基础设施用地面积越大，村庄内部居民能够享受到公共服务质量越高，拥挤度越低，风险也就越低。

（7）居住区绿地覆盖率是指居住区附近的绿化景观面积，绿化景观的诉求是人类生活的高级需求，因此绿化景观面积越大，农村居民的人居生活质量也就越高。计算方法为以居住区为对象利用 ArcGIS 的"Buff"工具制作缓冲区，缓冲区以最近的可视距离（20 m）为半径，景观绿地率就是缓冲区内非建设用地面积所占的比例。

（8）耕地面积越大，可用于粮食生产的土地也就越多，面临的粮食风险也就越低，因此属于风险负向指标。

（9）农用地整治面积是指村庄内部进行农用地整治工程的面积。农用地整治工程是通过改造和完善农业配套基础设施，对农业用地结构进行优化配置和合理布局，改良土壤，完善农田水利设施，提高耕地质量，增加有效耕地面积，提高农业综合生产能力，实行田、水、路、林综合治理，提高农业抗御自然灾害能力。因此，农用地整治面积的增加能够降低风险。

（10）平均农业耕作半径是农业生产所需的通勤距离，即居民点斑块与农用地斑块之间的平均距离，距离越长，意味着农业生产和销售所需的交通成本越高，因此面临着更高的经济风险。计算方法包括利用掩模提取居民点斑块和农用地斑块，并将其转换为点层。随后，利用 ArcGIS 的"Near"工具测量两种点层之间的平均距离。

（11）文化用地面积是村庄内部的宗祠、村社、遗址等具有文化景观价值的用地，文化用地面积的损失意味着村庄传统文化的消亡，不利于社会稳定和谐,因此属于风险负向指标。

（12）污染企业影响面积是指受到企业生产污染的面积,属于正向的风险指标。计算方法是利用 ArcGIS 的"Buff"工具构建缓冲区,以工业用地为中心,防护（污染）距离为半径。污染距离按照《工业企业设计卫生标准》（GBZ 1—2010）的规定,由于电子制造业尚未列入该标准,因此我们采取污染类型与强度类似的铅酸蓄电池厂的保护范围,考虑海淀区的平均风速,我们采用 400 m 作为防护（污染）半径。

（13）森林覆盖率是指区域内部的森林面积占比,森林具有重要的涵养水源、调节气候、保护生物多样性等生态功能,森林覆盖率越高,区域面临的生态风险也就越低,属于负向风险指标。

（14）生态空间连通度是指区域生态用地在空间上的连通度水平,连通度越高,生态空间更多地呈现出连接沟通的状态,而非分裂破碎的状态,意味着有大量的廊道、斑块将各个生态空间连接起来,从而能够有效保护生物的多样性,降低生态风险。

（15）生态修复工程面积是指开展生态修复工程的面积,属于负向风险指标。

13.3.5　备选方案的风险评价

1. 指标权重的确定

对初始判断矩阵进行归一化和方向处理,得到归一化矩阵,并确定各指标的权重。具体流程如表 13-5 所示。

表 13-5　指标权重采用熵权法确定

指标	编码	权重
地均产值	eco1	0.0577

续表

指标	编码	权重
人均住宅超标率	eco2	0.0599
农用地破碎化指数	eco3	0.0517
建设用地破碎化指数	eco4	0.0693
路网密度	eco5	0.0585
农地转用面积	soc1	0.0514
基础设施用地面积	soc2	0.0792
居住区绿地覆盖率	soc3	0.0517
耕地面积	soc4	0.0537
农用地整治面积	soc5	0.0525
平均农业耕作半径	soc6	0.0518
文化用地面积	soc7	0.0514
污染企业影响面积	env1	0.1011
森林覆盖率	env2	0.0712
生态空间连通度	env3	0.0873
生态修复工程面积	env4	0.0515

注：本表数据因进行了四舍五入，存在运算不等的情况

2. 土地供应结构风险贴近度

利用熵权法确定的指标权重，根据式（13-5）计算权重决策矩阵 Y，分别根据式（13-6）和式（13-7）测度与正理想解和负理想解的距离。利用式（13-8）确定风险贴近度结果，如表 13-6 所示。

表 13-6 土地供应结构的风险贴近度

土地供应结构风险	高强度情景	中强度情景	低强度情景
规模低效风险	1.00	0.30	0.31
结构低效风险	0.19	0.75	0.53
社会冲突风险	1.00	1.00	0.00

土地供应结构风险	高强度情景	中强度情景	低强度情景
福利损失风险	0.93	0.28	0.55
发展可持续性风险	0.47	0.46	0.89
生态安全风险	1.00	0.00	0.30

考虑每类风险的风险贴近度结果，我们根据式（13-6）~式（13-9）计算出三个方案的总风险贴近度，如表 13-7 所示。

表 13-7   土地供应结构的风险贴近度

风险贴近度	高强度情景	中强度情景	低强度情景
总体风险贴近度	0.65	0.37	0.46
经济风险贴近度	0.49	0.56	0.47
社会风险贴近度	0.62	0.40	0.58
生态风险贴近度	1.00	0	0.30

在经济风险方面，低强度情景的安全性最高，风险贴近度得分为 0.47，高强度情景安全性次之，风险贴近度得分为 0.49，中强度情景安全性最差，风险贴近度得分高达 0.56。至于社会风险，中强度情景显示了最高的安全性，风险贴近度得分只有 0.40，低强度情景安全性次之，风险贴近度得分为 0.58，高强度情景安全性最差，风险贴近度得分高达 0.62。在生态风险方面，中强度情景安全性最高，风险贴近度得分为 0，低强度情景安全性次之，风险贴近度得分为 0.30，高强度情景安全性最差，风险贴近度到达 1.00。

综合来看，高强度情景的风险贴近度得分最高，为 0.65，低强度情景次之，风险贴近度得分为 0.46，中强度情景风险贴近度得分为 0.37，表明中强度情景是三个备选情景方案中最安全的一项。

第三篇 "多规合一"视角下土地供给侧空间结构
改革路径设计

第 14 章
国土空间单元的优化配置

14.1 空间单元的集聚与分散

14.1.1 空间单元的格局演进推演

前文介绍的克里斯塔勒中心地理论具有较为理想的一系列假设，将复杂的空间结构抽象化，推动了对人类聚落类型和分级的研究进程。此外，克里斯塔勒对杜能农业区位论和韦伯工业区位论做了一些补充。然而，实际的国土空间类型同理论上的预期不相符合，人口的均匀分布和交通的均等可达性在现实中很难实现，且六边形结构只是一种理想化的数学模型。从现实来看，单中心的国土空间增长极是很难持续发展的，不然我们现在看到的世界就是由少数超巨型城市构成的，而非许多不同规模的城市组成城镇空间体系。随着社会经济的发展和人口的不断增长，要素持续向单一中心流动，从经济角度看，这种要素不断集聚会造成中心内部的过度拥挤，拥挤效应逐渐给生产部门带来成本上升和边际报酬递减，这将促使企业在中心外部寻找空间，形成要素的逆向流动，进而推进多中心形态的形成。

根据核心-边缘理论，可将国土空间格局的演进过程分为四个阶段，每个阶段都具有核心区与边缘区相互作用和演变格局的特征（图 14-1）。第一阶段为前工业化阶段，农业产业为主要产业，工业处于萌芽状态，城镇化率

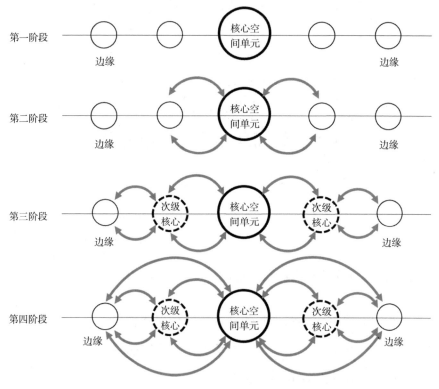

图 14-1　Friedmann 的核心–边缘模型

较低，各个空间单元之间相互联系较微弱，基本处于自给自足的状态。第二阶段为工业化初级阶段，工业在经济结构中的比重较前期明显提升，产品交换和生产力水平的迅速提高，促进了空间单元的功能分工，区位优势凸显、交通条件便利和资源禀赋明显的国土空间单元形成了经济活动的中心，逐渐形成了区域空间的核心，而其他的空间单元则演变成边缘区。第三阶段为工业化成熟阶段，核心空间单元逐渐成为区域发展的"发动机"，边缘空间单元与其的发展差距越来越大，空间失衡越发明显，为了缓和核心空间单元与边缘空间单元之间的资源矛盾，邻近核心区的空间单元会承接核心单元的产业、人口等要素，形成了次级核心空间单元。第四阶段为经济发达阶段，核心空间单元的辐射带动作用增强，资本、劳动力、技术等要素不断向边缘区域流动，使得边缘空间单元的基础设施条件得到改善，提高其对产业、人口的承接能力，使得边缘空间单元逐步变为低一级的核心单元，在整体上就可以形成要素流动、互相作用的"核心-边缘"有机整体。

14.1.2　国土空间单元的层次结构

1. 微观视角：城乡协同空间结构

如图 14-2 所示，1990 年我国主要城市空间形状有菱形、星形、正方形、横矩形、竖矩形、"X"形和"H"形，多数城市空间形状分布在正方形与横矩形之间。2010 年城市空间形状则包括横矩形、正方形、星形、竖矩形、"X"形和"H"形等，多数城市空间形状集中在正方形与横矩形之间。其中，1990年城市的形状指数在 6.82~69.32，2010 年城市形状指数则在 7.66~65.81。20年间，形状指数平均值从 1990 年的 26.58 减小到 2010 年的 26.50，而标准差则从 14.18 降低到 13.10，城市形状总体上趋于稳定，单体城市的形状差异在缩小，城市形状多样性程度也在降低（潘竟虎和戴维丽，2015）。

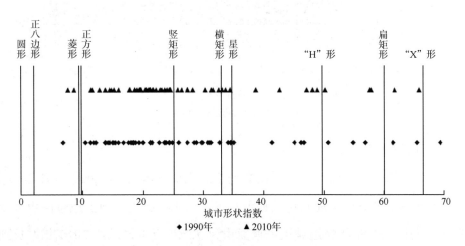

图 14-2　1990 年和 2010 年城市形状指数的散点

资料来源：潘竟虎和戴维丽（2015）

2. 中观视角：城市和镇

1）数量规模

如图 14-3 所示，改革开放初至 20 世纪末，我国城市数量由 1978 年的 193 个发展到 1996 年的 666 个；而镇的数量由 1978 年的 2173 个发展到 1997 年的 18 925 个。2000 年前后开始，我国城市数量和镇的总体数量逐渐趋于稳定。其中，城市数量的增长率 1997 年后基本保持在（–0.5%，0.5%）范围内，而镇的数量的增长率 2006 年后基本保持在（–1.5%，1.5%）范围内。

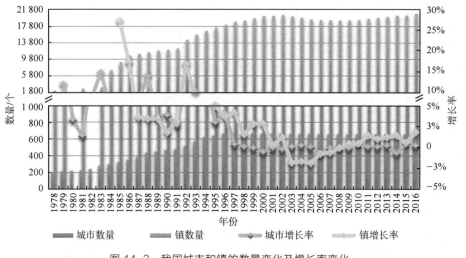

图 14-3　我国城市和镇的数量变化及增长率变化

资料来源：《中国民政统计年鉴》

2）面积变化

自然资源部全国城镇土地利用数据汇总成果显示[①]，自 2009 年国土资源部组织开展全国城镇土地利用数据汇总工作以来，我国城镇土地总面积逐年扩张。其中，2009 年我国城镇土地面积为 725.0 万 hm²，到 2016 年增长到

---

① 参见《全国城镇土地利用数据汇总成果新闻发布会》，http://www.mnr.gov.cn//dt/zb/2017/tdly/，2022 年 12 月 22 日。

943.1 万 hm²，这期间全国城镇土地总面积共增长了 218.1 万 hm²，增幅为 30.1%，年均增长 3.8%。同样，就城镇土地面积扩张速度而言，全国城镇土地总面积年度增幅由 2010 年的 4.7% 下降至 2016 年的 2.9%，扩张速度总体而言也呈放缓趋势（图 14-4）。

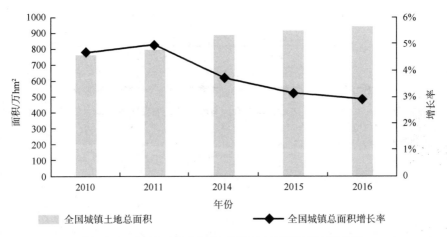

图 14-4 2010~2016 年全国城镇土地面积及增长率变化

3）空间布局

A．城镇土地扩张向中西部地区集中

至 2016 年，我国城镇土地主要集中在东部地区（图 14-5）。其中，东部、中部、西部以及东北地区城镇土地面积占全国城镇土地总面积的比例分别为 40.0%、23.3%、26.6%、10.1%。但与 2009 年比，东部地区与其他三个地区的差距有所减小。此外，2009~2016 年我国城镇土地面积增长逐年向中、西部地区偏移。中、西部地区城镇土地面积增幅分别达到 40.6% 和 41.9%，均明显高于全国总增幅（30.1%）；东部、东北地区增幅较低，分别为 19.4%、23.2%（图 14-6）。

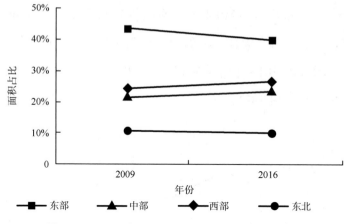

图 14-5 2009 年、2016 年城镇土地面积区域结构

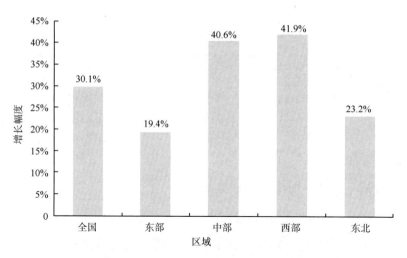

图 14-6 2009~2016 年全国、区域城镇土地面积增长幅度

B. 城镇土地扩张向建制镇集中

2016 年全国城镇土地面积中,城市面积占 46.0%,建制镇面积占 54.0%,城镇空间主要集中在建制镇(图 14-7)。同时,2009~2016 年,全国城市土地面积增幅为 22.9%,低于建制镇土地面积增幅(36.5%)13.6 个百分点,城镇土地扩张进一步向建制镇集中。

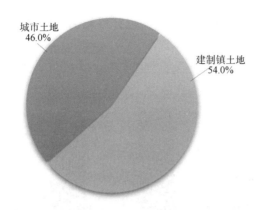

图 14-7　2016 年城市土地和建制镇土地面积结构

C. 城镇土地用途结构以住宅为主但逐渐向商服和工矿仓储用地倾斜

2016 年，我国城镇土地在用途结构上，仍以住宅用地为主。其中，住宅用地面积 315.9 万 hm^2，占 33.5%；工矿仓储用地 267.9 万 hm^2，占 28.4%；公共管理与公共服务用地 117.5 万 hm^2，占 12.5%；交通运输用地 110.3 万 hm^2；商服用地 69.8 万 hm^2，占 7.4%，我国城镇用地类型以住宅用地为主（图 14-8）。然而，2009~2016 年，全国城镇各类土地中，商服用地和工矿仓储用地面积增幅最大，分别增长了 51.7% 和 46.3%，大大超过全

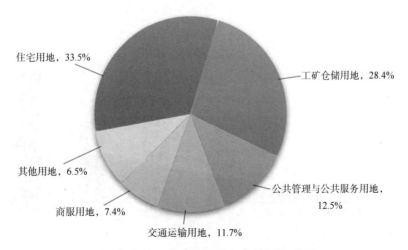

图 14-8　2016 年全国城镇各类用地面积结构

国总增幅。而全国城镇住宅用地面积累计增幅为 31.6%，与全国城镇土地增幅基本接近（图 14-9）。

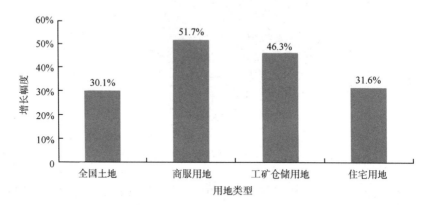

图 14-9   2009~2016 年全国与城镇各类用地面积增长幅度

3. 宏观视角：城市群

如图 14-10 所示，1980~1990 年的 10 年间，我国只有 1 个城市群，即长江三角洲城市群；1991~2000 年的 10 年间，我国城市群数量仅增加 2 个，此阶段全国共计 3 个城市群，即长江三角洲城市群、珠江三角洲城市群和京津冀城市群；进入 21 世纪后，仅 2001~2005 年的 5 年间，我国城市群数量便

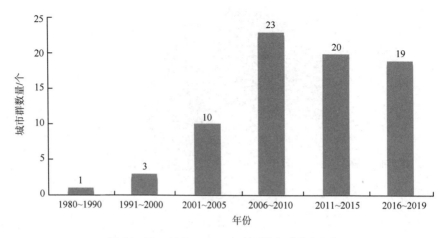

图 14-10   1980~2019 年中国城市群数量变化

增长到了 10 个；再到 2010 年，我国城市群数量已经达到 23 个。2011 年后，城市群数量开始趋于稳定，我国城市群的名称和空间范围相应发生了变化，空间范围不断扩大，但城市群数量随发育程度不断提高进一步减少。其中，2015 年城市群数量合并减少为 20 个，2015~2019 年进一步合并减少为 19 个（方创琳，2018）。

14.2　空间单元的重心

14.2.1　空间单元的重心变化

随着空间单元的集聚与分散演进，国土空间结构正在发生激烈的分化与重组，为了将其视为一个整体，并通过历史信息空间位置变动分析其空间发展的均衡程度、变化轨迹、均衡的变化程度以及不同经济要素相互间的协同作用对国土空间结构的影响需要选用一个复合变量，在这种情况下，重心概念被引入。

"重心"源于物理学中，一般是指物体各部分所受重力产生合力的作用点，在地理学中表示某个区域在某些方面的空间上的平衡点。在相同的重力场下，均质物体（密度、比重为定值）的重心和形心是重合的，可以将前文所分析的边缘城市点连接形成面，进而构建多中心体，当各个中心的密度一样，如人口密度、经济密度等，则该多中心体的重心、核心与形心是重合的，即是一个均衡的核心-外围多中心空间结构。然而，在现实生活中，当部分经济活动与人口分散到外围地区时，外围地区的资源环境、基础设施、政策支持不是完全一样的，这就会使分散过程并不按照均匀分布的规则进行，流向部分外围中心的企业和人口会多，相应地还有一部分地区会转移得少，这就会造成外围多中心的密度不一样，进而使多中心体的重心与形心产生偏离，甚至经济活动的重心与人口重心也产生偏离，这种偏移就是"重心偏移"。

例如，从 1978 年以来，我国城市群重心主要以胡焕庸曲线以下的东南部地区为主。其中，2006 年之前，城市群全部出现在胡焕庸曲线以下的东南部地区，如 2000 年前形成的长江三角洲城市群、珠江三角洲城市群、京津冀城市群，2000 年后形成的辽东半岛城市群、山东半岛城市群、成渝城市群等；随着我国城市群的不断发展，2006 年后，胡焕庸曲线以上的西北部地区也逐渐形成城市群，如天山北坡城市群、兰西城市群（2015 年以前为兰白西城市群）、呼包鄂榆城市群（2010 年以前为呼包鄂城市群）等，但整体而言，我国城市群发展重心仍以胡焕庸曲线以下的东南部地区为主。

1．重心的空间表达

1）物理重心

重心是源于物理学中的概念，指物体各部分所受重力产生合力的作用点。物理学中的重心用式（14-1）和式（14-2）表达：

$$\bar{X} = \frac{\iint m_i x_i}{\iint m_i} \tag{14-1}$$

$$\bar{Y} = \frac{\iint m_i y_i}{\iint m_i} \tag{14-2}$$

式中，$(\bar{X}, \bar{Y})$ 为重心坐标；m_i 为平面区域 i 的质量，$m_i = \iint \mu \mathrm{d}\sigma$，$(x_i, y_i)$ 是 i 点处的坐标。因此，式（14-1）和式（14-2）可表示为

$$\bar{X} = \frac{\iint \mu x \mathrm{d}\sigma}{M_i} \tag{14-3}$$

$$\bar{Y} = \frac{\iint \mu y \mathrm{d}\sigma}{M_i} \tag{14-4}$$

如果各点的质量处处相等，那么物体的中心与其重心重合。几何中心与空间重心见图 14-11。

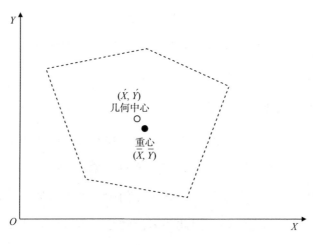

图 14-11　几何中心与空间重心

2）国土空间重心

美国学者 Walker（沃克）在 1874 年首次使用重心方法分析了美国人口的空间分布特征，随后空间重心就成为分析空间格局演变的重要工具。国土空间重心指在国土空间内各要素子矢量合力的平衡点。对一个拥有若干个空间单元的区域来说，计算某种属性的重心通常是借助各空间单元的某种属性和地理坐标来表达。

假设一个区域由各空间单元构成，这些空间单元可抽象为点分布，第 i 个空间单元的地理坐标为（x_i, y_i），m 为空间单元的某种属性，如人口、经济和土地要素等，求该要素的空间重心。设重心在（X, Y），则该区域某种属性重心的地理坐标为

$$X = \frac{\sum_{i=1}^{n} m_i x_i}{\sum_{i=1}^{n} m_i} \qquad (14-5)$$

$$Y = \frac{\sum\limits_{i=1}^{n} m_i y_i}{\sum\limits_{i=1}^{n} m_i} \qquad (14\text{-}6)$$

显然，空间单元的位置是固定的，即其地理坐标是保持不变的，而区域重心主要是随属性值的动态变化而变化。

2. 空间重心变化的原因

在前文就已分析空间重心迁移机理，现在从空间重心的测算公式出发，探讨空间重心变化的原因。由空间重心的计算公式式（14-5）和式（14-6）可知，空间密度的异质性是重心异于几何中心的直接原因，而空间密度的异质性是要素的流动造成的，因此要素流动是导致空间重心变化的根本原因。要素具有正向流向优势区位的动力，其空间运动表现为空间扩散和空间集聚两种形式。要素流动的主要目的是实现价值最大化。各要素向优势区位集聚的实质是生产要素向区域经济增长极集聚，从集聚到扩散，再到集聚，再到扩散，要素流动呈现出这样的循环特征（胡长慧，2019）。这样的循环博弈无论一次还是无限重复几次都可以，但每个可预见的阶段都有构成集聚和分散的均衡状态这一事实，空间重心就是这样的均衡现象。

14.2.2 重心轨迹分析

1. 重心移动距离

由前文分析可知，空间要素的流动致使空间内不同区域的要素密度不同，进而使空间重心产生移动，移动的距离则取决于空间要素流动的幅度。移动距离一般用欧氏距离测算，令初始状态的重心坐标为(x_0, y_0)，t时期的重心坐标为(x_t, y_t)，则在t时期内重心移动距离为D_t，其测算公式为

$$D_t = \sqrt{\left(x_t - x_0\right)^2 + \left(y_t - y_0\right)^2}\qquad（14-7）$$

2. 重心移动方向

根据重心移动的方向，可判断要素在空间上的流动趋向。在上文分析重心移动距离的基础上，连接初始时期 (x_0, y_0) 重心点与 t 时期 (x_t, y_t) 重心点，形成一条重心连线，设该线与正北方向的夹角为 α，则根据反三角函数可得出重心移动方向 α，计算公式如下：

$$\alpha = \text{arctg}\left|\frac{\left(y_t - y_0\right)}{\left(x_t - x_0\right)}\right|\qquad（14-8）$$

3. 重心移动速度

重心移动速度能反映空间要素流动的灵活度，反映国土空间格局变化的灵敏性和剧烈性。在重心移动距离的基础上，设 v 是初始时期至 t 时期内的重心移动速度，其公式为

$$v = \frac{\sqrt{\left(x_t - x_0\right)^2 + \left(y_t - y_0\right)^2}}{t}\qquad（14-9）$$

式中，t 为重心移动的时间跨度。

14.3　重心节点协调

14.3.1　空间节点

1. 空间节点的认知

"节点"一词常用于网络工程和社会科学领域。在城市网络体系中，节点是指具有纵向体系衔接、横向布局联结的城镇单元。卡斯特（Castell）首先提出了"节点城市"概念，认为节点城市就是在城市网络中将高等级服务业

的生产和消费中心与它们的辅助性社会连接起来的节点。

国土空间是人类经济社会活动的空间载体,特别是对人口的承载和发展,因此国土空间单元中节点的本质内涵是对人口的集聚,人口集聚才能有物质生产资料的集聚,进而有后续的经济社会发展。本章认为,国土空间节点不仅仅是一个地点、一个城市,更是一个流空间,即汇聚了人口流、服务流、资本流、交通流、技术流等各种显性流和隐性流,具有广泛的连通性和大规模要素流动功能,具有影响区域经济社会发展的配置功能。

2. 空间节点的识别

1)国土空间多中心结构

一个节点的节点规模和该节点在特定地区所有节点规模排序中的位序之间存在着一定的规律关系,称为位序-规律回归。该规律最早是由奥尔巴赫提出的,后由齐夫提出城市(节点)规模分布不仅服从帕累托分布,而且帕累托指数为 1,后被称为齐夫定律。该定律经过不断地完善,形成如下城市(节点)规模与其位序的关系表达式:

$$P_r = P_1 R^{-\alpha} \tag{14-10}$$

式中, P_1 为由高到低逆序排列的首位城市规模; P_r 为位序为 r 的城市规模; r 为城市的位序; α 为幂指数。

为了便于分析,对上式两边取对数,得出:

$$\mathrm{Ln}P_t = \mathrm{Ln}P_1 - \alpha \mathrm{Ln}R_t \tag{14-11}$$

此时, α 代表斜率,当 $\alpha=1$,符合位序-规模的齐夫定律;当 $0<\alpha<1$,直线斜率越小,表示国土空间结构的多中心特征越明显(Spiekermann and Wegener,2004;Parr,2004)。

2)关键节点的识别

在分析国土空间结构的多中心特征基础上,进一步分析并识别其中的关键节点。社会网络分析方法把社会关系和社会结构作为网络，这个网络由节点和连线组成，本章将其延伸至国土空间网络分析。其中，国土空间单元就是节点；空间单元之间的人流、物流和交通流就是节点之间的连线。

在空间网络中，中心度是一种通过分析通勤流来测量城市之间日常联系程度的分析方法，网络中处于枢纽地位的中介性空间单元可以被视为关键节点。基于此，本章通过中心度与中介中心度识别国土空间结构中的关键节点。

A. 中心度

国土空间节点 i 的中心度 C_i^d 是指该空间节点 i 与其他节点直接相连的个数，其公式如下：

$$C_i^d = \text{sum}(e_{ij}) \tag{14-12}$$

式中，e_{ij} 为空间节点 i 与空间节点 j 之间的连线个数。中心度值（C_i^d）越大，与其直接相连接的空间节点数量（e_{ij}）越多。

空间节点的中心度越大，表明其与其他节点的衔接能力越强，节点重要性就越强，即为国土空间多中心结构中的关键节点。

B. 中介中心度

中介中心度（C_i^b）则是从枢纽角度出发，提出若某个空间节点是其他节点空间联系的不可或缺的组成部分，则该节点在国土空间结构中具有重要地位，即为关键节点。通常而言，通过某个节点的空间连线越密集，则其中介中心度越大（Sohn and Kim，2010），其表达公式如下：

$$C_i^b = \sum_{j=1}^{n} \sum_{k=1}^{n} \frac{e_{jk}(i)}{e_{jk}} \tag{14-13}$$

式中，e_{jk} 为从空间节点 j 到空间节点 k 的连线个数；$e_{jk}(i)$ 为其中经过空间节点 i 的路径数量。

3. 关键节点的层级

在分形理论中，自相似原则和迭代生成原则是最为重要的两条原则。分形形体中的自相似性可以是完全相同，也可以是统计意义上的相似。标准的自相似分形是数学上的抽象，迭代生成无限精细的结构，如科赫（Koch）雪花曲线（图 14-12）。

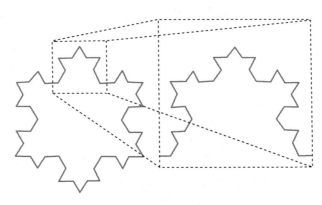

图 14-12　科赫雪花曲线构造示意图

在关键节点识别的过程中，空间尺度越大，识别节点的过程相对越容易。例如，在国家尺度，可以将城市群、城市区域、城市连绵区等城市密集地域单元看成关键节点。针对城市群空间范围，直接将直辖市和主要地级市列为关键节点，例如，在京津冀城市群中，北京、天津、石家庄、唐山和保定就是关键节点；针对市域的空间范围，可将中心城区和周边主要县市视为关键节点，部分人口规模较大的集镇也可以是关键节点；针对市区的空间范围，可将人口密集区、产业集中区、重要街道视为关键节点。

1）国家尺度

从国家尺度来看，多节点的国土空间布局意味着相对均衡发展，国家中心城市、重要交通枢纽则可视为关键节点，共同支撑国土空间整体结构布局。美国的发展现实提供了一个独立统一的大国均衡布局实例，在美国，除东、西沿海地区的波士顿、纽约、洛杉矶、旧金山是国民经济重要支撑外，中部内陆地区的五大湖地区、芝加哥地区同样也是国土空间格局重要的发展区域。十大连绵区遍布美国的广大国土空间，基本上实现了在全国范围内相对均衡的分布。又如，我国 15 个城市群共同构成了我国国土空间的经济增长极，使国土空间呈现多中心等级体系。

2）区域尺度

从区域尺度来看，由不同层次节点构成的多中心结构意味着以区域空间为边界，区域内部各城市或担当中心地位，彼此协作，共生发展，形成多中心城市区域的概念。西方关于多中心城市区域的特征与定义的内容大致如下：这些城镇围绕着一个或多个较大的中心城市（霍尔等，2009），形态上相互独立，但功能上相互联系，新的劳动分工显示出巨大的经济实力。这些城镇作为独立的实体存在，大多数居民在当地工作，大部分工人是当地居民，但也作为一个广泛的功能城区的一部分，通过高速公路和其他交通基础设施连接起来，形成了密集的人流和信息流。

3）城市尺度

从城市尺度来看，关键节点组成的多中心结构意味着以城市空间为边界，城市内部除传统城市中心中央商务区以外，城市外围地区还有一定数量的新兴副中心分布，共同打造多中心的城市空间形态（图 14-13）。具体实践案例如我国近些年大力推进的多中心空间发展战略，力求疏解特大城市中心城区的人口压力、交通拥堵等集聚不经济现象，希望在城市边缘建立郊区新城吸引人口，以及设立产业园区等提供一定的就业岗位，积极引导人口、就业的空间分布。

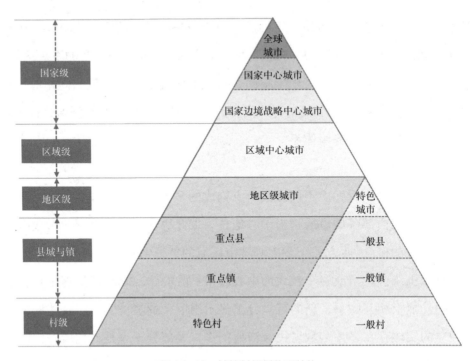

图 14-13 城镇村规划体系结构

14.3.2 重心协调：三角理论

随着人口要素的流动、产业的空间集聚与经济发展水平的提升，已经形成的初始结构受到外生因素影响，人口-土地-产业重心均衡点的位置开始动态移动，当其中一个要素的重心移动方向与速度与另外两个要素不一致时，就会出现要素匹配的失衡与不协调，并向新的多重结构均衡演进，其间不断发生着城市节点间行为的互动、序列的重组与资源的重新流动配置。人口-土地-产业要素在空间上从协调向非协调的变化过程大致存在四种情景。

初始状态与空间扰动：假设空间格局的初始均衡态为——人口、土地、产业要素均衡分布且密度属性完全相同，此时三者空间重心处于同一位置，随着经济社会的发展，人口要素的流动、产业的空间集聚和土地（建设用地）的扩张反映出区域内中的某一要素的空间分布对其均衡状态的偏离。某一（些）空间分布的状态发生改变，通过系统内部的空间响应机制（非线性相互作用），可能引起整个系统空间结构的变化。

情景 1：人口要素朝着某一特定方向流动，或人口规模增长非均质（特定局部空间内的人口规模增长过快或过慢）等，而产业布局和土地配置未能及时跟进，造成人口要素的重心偏离产业和土地要素的重心结合点，出现局部地区的人口过度集聚，但缺乏配套产业和用地。

情景 2：当人口和产业要素重心仍处于均衡点，土地配置出现局部过快或过慢的状况，例如，土地城镇化速度快于人口城镇化和产业集聚，造成人地失衡，"鬼城"就能比较好地体现这个情景。

情景 3：当某一空间区位因自身区位优势获得竞争优势，或因外部政策、项目建设等外部因素的介入带来产业空间集聚的增强，会使产业空间重心偏离人口和土地重心集合点，出现类似"职住失衡"等现象。

情景 4：前三种情景是假设在特定封闭的国土空间内，若放开这个假设条件，认为国土空间是开放的，可以有外部区域的人口、土地和产业要素流入和流出，例如，劳动力的跨区流动、产业的区际转移以及建设用地指标的跨区域交易等，这些都会使国土空间单元的重心迁移变得更为复杂，使得人口–产业–土地要素的空间重心失衡复杂化。

当然，现实中人口–土地–产业配置的空间失衡可能是因为四种情景单独发生或同时发生，空间失衡的原因有多重因素，但总体而言，这些情景的发生成为驱动空间重心移动的重要因素。直至人口–土地–产业在空间上达到均衡状态，然而，随着经济社会的发展，这些要素在每个时代具有不同特征，具体表现在空间上的持续流动，此时的均衡状态成为下一阶段的初始状态，进而寻求下一阶段的空间均衡，从而呈现"均衡—非均衡—均衡"的系统动态循环过程。

第 15 章
国土空间单元优化配置的实证研究

15.1　研究区域基本情况

15.1.1　自然地理条件

1. 地理环境

1）"交互"区位

河北省经济腹地辽阔，横连东、中、西部，纵接东北、中原，是我国东部、中部、西部和东北四大经济区域的交接地区，陆域和海域结合，是"一带一路"的陆海交汇区，是京津门户和全国其他省区市联系首都的必经之地，战略地位十分重要。

2）地貌多样

河北省地势西北高、东南低，呈现出典型的半环状阶梯形地貌特征。高原面积 24 343 km²、山地面积 70 194 km²、丘陵面积 9068 km²、盆地面积 22 709 km²、平原面积 61 379 km²，分别占全省国土总面积的 12.91%、37.22%、4.81%、12.04% 和 32.55%。

3）气候分异

河北省属中纬度温带大陆性季风型气候，四季分明，类型多样。全省平均气温介于 0~13℃，自北向南升高，北部坝上高原低于 4℃，南部邯郸地区约为 13℃。最低极温北部御道口–42.9℃，南部–19℃；最高极温北部一般低于 35℃，南部达到 43.3℃。离海相对较远的中西部地区湿度较小，离海相对较近的东南部湿度较大，全年平均在 50%~70%。年日照时数一般在 2400~3100 h。长城以北大部分地区及渤海沿岸年日照时数 2800~3100 h；燕山、太行山麓及附近平原年日照时数在 2700 h 以下。

2. 自然资源

1）土地资源

河北省 2016 年度土地变更调查统计数据显示，河北省国土总面积 188 589.65 km^2，全省农用地面积 131 684.67 km^2，占全省土地面积的 69.83%，建设用地规模 21 744.10 km^2，占全省土地面积的 11.53%。其中耕地面积为 65 254.68 km^2，为河北省土地利用类型中面积最大的一类，占到全省土地面积的 34.60%，其次分别为林地（46 021.61 km^2，占比 24.40%）、自然保留地（31 013.79，占比 16.45%）、城镇村及工矿用地（18 473.66 km^2，占比 9.80%），四类土地之和占到全省土地总面积的 85.25%。剩余部分包括园地（8371.93 km^2，占比 4.44%）、其他农用地（7177.43 km^2，占比 3.81%）、草地（4017.31 km^2，占比 2.13%）、交通水利设施用地（2959.08 km^2，占比 1.57%）、滩涂沼泽（2472.02 km^2，占比 1.31%）、水域（2386.80 km^2，占比 1.27%）和其他建设用地（441.33 km^2，占比 0.23%）[①]。

2）水资源

2016 年，河北省平均降水量 595.9 mm，比多年平均值多 64.2 mm。2016 年全省地表水资源量为 105.94 亿 m^3，地下水资源量为 154.71 亿 m^3。扣除地表水和地下水资源的重复计算量，全省水资源总量 208.31 亿 m^3，水资源总量、地表水资源量、地下水资源量分别为 1956~2000 年长系列多年平均值的

---

① 本段数据进行了四舍五入，存在运算不等的情况。

69%、48%和95%。按2016年的人口规模统计,全省人均水资源量仅为279 m³,远低于国际公认的人均500 m³极度缺水标准,而且也低于人均300 m³的维持人类生存的最低标准。全省亩均水资源量为217 m³,为全国平均水平的1/7,属于典型资源型缺水省份。

15.1.2 经济社会概况

1. 经济发展

2016年,河北省实现地区生产总值超过30 000亿元,地区生产总值达到32 070.5亿元,人均生产总值43 063元。从三次产业结构看,第一产业增加值 3492.8 亿元,第二产业增加值 15 256.9 亿元,第三产业增加值 13 320.7亿元[1],分别占地区生产总值的10.89%、47.57%和41.54%[2]。从分行业来看,采矿业增加值规模占地区生产总值规模比重较大,对经济发展贡献率较高。

2. 人口规模

2016年末,河北省常住人口7470.1万人,城镇化率达到53.32%,比2010年提高了8.82个百分点,平均每年提高1.47个百分点(图15-1)。城镇聚集人口能力不断增强,城镇常住人口总量达到3811万人,户籍人口城镇化率达到36.34%,2010~2016年约实现了680万农转非和常住人口在城镇落户。河北省人口规模与城镇化率变化趋势见图15-1。

从三次产业吸纳就业人数的趋势看,农业就业人口比重持续减少,服务业就业人口比重不断增加,逐渐呈现出"三分天下"的局面(图15-2)。

---

① 数据来源:《河北经济年鉴—2017》。
② 数据进行了四舍五入,存在运算不等的情况。

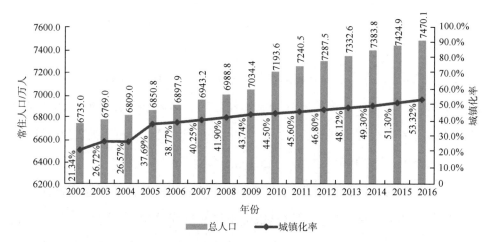

图 15-1　2002~2016 年河北省人口规模与城镇化率变化趋势

资料来源:《河北经济年鉴》

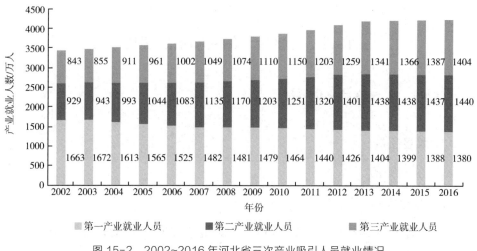

图 15-2　2002~2016 年河北省三次产业吸引人员就业情况

资料来源:《河北经济年鉴》

3. 雄安新区

2017 年 4 月 1 日,中共中央、国务院决定设立河北雄安新区。这是以习近平同志为核心的党中央做出的一项重大的历史性战略选择,是继深圳经济特区和上海浦东新区之后又一具有全国意义的新区,是千年大计、国家大事。

雄安新区地处北京、天津、保定腹地，属华北平原，地势平坦，与北京、天津构成一个等边三角形，距离北京市、天津市和保定市分别为 105 km、105 km、30 km。距北京大兴国际机场 55 km，区位条件优越。新区规划范围涵盖安新县、容城县、雄县三县全域和任丘市、高阳县部分区域，新区规划建设以特定区域为起步区先行开发，起步区面积约 100 km²，中期发展区面积约 200 km²，远期控制区面积约 2000 km²。

雄安新区的建设有助于集聚各方资源，打造北京非首都功能疏解创新平台与开发新高地，调整优化京津冀城市布局和空间结构，培育创新驱动发展新引擎，提升区域发展的规模水平和质量效益，辐射带动冀中南乃至整个河北发展，实现区域良性互动。

15.2　省域单元的空间格局演化

15.2.1　人口格局演化特征

1. 数量格局

1）人口规模

A. 常住人口

从全省人口总规模来看，2000 年，河北省常住人口规模 6674.01 万人，占京津冀地区人口总规模的比重为 73.84%（图 15-3），至 2016 年末，河北省总人口规模增长至 7470.1 万人，占京津冀地区的比重为 66.67%，人口规模较2000 年增长了 796.09 万人，但占京津冀地区的比重却下降了 7.17 个百分点。

从人口增速来看，由图 15-4 可知，2001~2016 年，河北省人口规模增速基本低于京津两地，且在 2010 年就达到增速高峰（2.26%），高峰值显著低于北京市（5.67%）和天津市（5.79%）。就京津冀地区整体而言，2001~2016

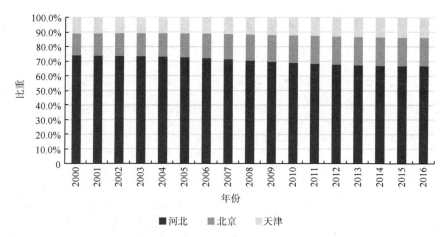

图 15-3 京津冀三地区人口比重变化（2000~2016 年）

资料来源：国家统计局

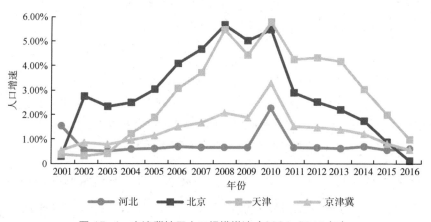

图 15-4 京津冀地区人口规模增速（2001~2016 年）

资料来源：国家统计局

年京津冀人口规模增长速度呈现先升后降的态势，在 2010 年达到人口增速的高点（3.28%），较当年全国平均水平高出 2.83 个百分点，增速随后逐年下降，在 2016 年降至 0.56%。

B. 常住外来人口

从外来人口规模来看，河北作为京津两地外来人口的重要来源地之一，

人口增长幅度相对较小,外来人口比重稳定在 1%至 2%。由图 15-5 可知,2002
年北京市常住外来人口 286.9 万,常住外来人口比重为 20.16%,至 2016 年
末,这一比重提高到 37.16%。天津市常住外来人口比重也呈上升趋势,从
2002 年的 8.75%快速上升至 2015 年的 33.62%,尽管随后在 2016 年比重有所
下降,但外来人口增长幅度和比重仍较大。

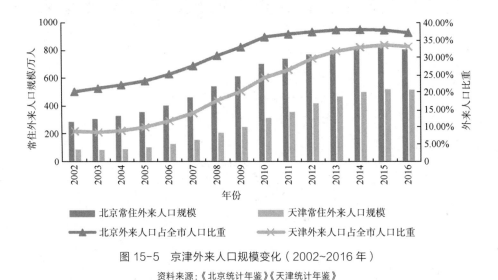

图 15-5　京津外来人口规模变化(2002~2016 年)

资料来源:《北京统计年鉴》《天津统计年鉴》

　　根据河北省卫生和计划生育委员会的流动人口动态监测调查,2015 年,
流入人口跨省流动的比例维持在较高水平,为 40.07%;市内跨县流动和省内
跨市流动的比例分别为 21.98%和 37.92%。和 2014 年相比,省内跨市比例有
了较大幅度的提高,上升了近 6 个百分点;市内跨县流动的比例下降了 4.29
个百分点,说明市内流动人口近距流动的态势有所加强(图 15-6)。

　　从各地市来看,不同流动范围的流动人口构成比例差异明显。总体上看,
乡域流动人口分布比例高的地市以冀中南地区为主,如衡水、邢台、邯郸等;
县域流动人口规模与各地市人口规模基本上成正比,同时经济较为发达的地
区流动人口较多,如唐山、石家庄,经济总量较小的地区流动人口较少,如

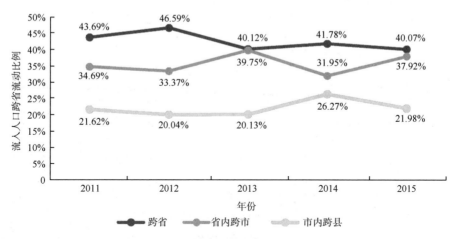

图 15-6　河北省流入人口流动范围

资料来源：河北省卫生和计划生育委员会流动人口动态监测数据

承德、保定等。县域流动人口在各县（县级市）的分布呈现"二沿、一环、一资源"的特征。"二沿"指的是沿海、沿主要干道的流动人口分布较多，如曹妃甸区、黄骅市、河间市、昌黎县等；"一环"指的是围绕中心城市的县域流动人口分布较多，如鹿泉区、三河市、高碑店市等；"一资源"指的是富有资源的县域或具有特色产业的县域流动人口分布较多，如武安市、安新县、任丘市、辛集市等。

2）人口密度

2002 年，京津冀地区的人口密度为 424 人/km²，其中，北京的人口密度为 867 人/km²，天津的人口密度为 856 人/km²，而河北省的人口密度为 358 人/km²，仅为北京人口密度的 41.3%，天津人口密度的 41.8%。随着京津冀地区的经济社会快速发展，人口集聚效应越发凸显。2016 年，京津冀地区的人口密度为 518 人/km²，是全国人口密度 144 人/km² 的 3.6 倍，而在 2002 年这一倍数为 3.17，表明京津冀地区人口密度的增速要高于全国层面，见图 15-7。

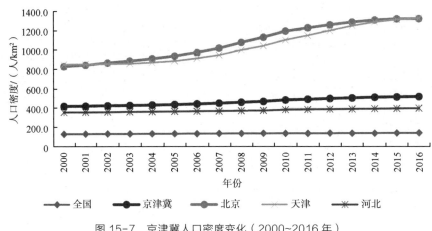

图 15-7　京津冀人口密度变化（2000~2016 年）

资料来源：国家统计局

2016 年河北省人口密度为 398 人/km²，仅约为北京和天津人口密度的 30%，京津两地人口密度分别高达 1324 人/km² 和 1328 人/km²。需要注意的是，这里北京的人口密度是总人口规模与行政区土地总面积的比值，若扣除北京的山区，平原地区的人口密度会显著高于天津市，这在下文会有详细分析。与此相比，河北省人口密度虽逐年增加，但增幅明显小于京津两市，人口尚有较大潜力。

2. 空间分布

1）人口空间分布特征

A. 常住人口

上文分析了河北省人口数量变化情况，需要注意的是，人口密度仅表现了区域人口在空间分布的整体疏密情况，其分母是统计人口规模的行政单元，仍是一个整体的数量概念，接下来引入空间要素，将人口密度从区域尺度细化到栅格尺度，提升人口空间分布的解释力。

由于人口规模往往以行政单位进行统计，因此，人口空间化的过程其实就是将统计数据加权栅格化的过程。本章在县级行政单元的人口统计数据基础上，以建设用地矢量值、夜间灯光栅格值、居民点栅格值为权重，将县级人口规模按权重赋予每个栅格人口值，以此计算县域单元每个栅格的人口规模值，得到栅格化的人口空间分布数据。计算公式为

$$\text{Pop}_{ij} = \text{Pop}_i \times \omega_{ij} \qquad (15\text{-}1)$$

式中，Pop_{ij} 为第 i 个县域单元的第 j 个栅格的人口规模；Pop_i 为栅格所在的第 i 个县域单元的人口规模；ω_{ij} 为该栅格单元的建设用地、夜间灯光、居民点的综合权重。

河北省人口主要分布在省中部和南部地区，北部地区仅在张家口和承德市区有人口集聚，这与冀北地区的山区自然环境有关。将人口分布与高程属性叠加，可得出不同海拔地区的人口分布情况（表 15-1）。

表 15-1 河北省不同高程地区的人口分布与比重（2000~2015 年）

高程	2000 年		2005 年		2015 年		2000~2015 年比重变化/个百分点
	人口/万人	占全省的比重	人口/万人	占全省的比重	人口/万人	占全省的比重	
<100 m	4889.01	73.25%	5081.46	74.17%	5635.13	75.90%	2.65
100~300 m	539.16	8.08%	553.22	8.08%	531.43	7.16%	−0.92
300~500 m	265.95	3.98%	265.18	3.87%	277.51	3.74%	−0.24
500~800 m	382.41	5.73%	377.56	5.51%	377.01	5.08%	−0.65
800~1200 m	327.64	4.91%	317.62	4.64%	335.48	4.52%	−0.39
1200~1500 m	197.26	2.96%	186.88	2.73%	195.31	2.63%	−0.33
1500~2000 m	69.72	1.04%	66.11	0.96%	70.12	0.94%	−0.10
>2000 m	2.86	0.04%	2.78	0.04%	2.90	0.04%	0.00

注：本表数据因四舍五入，存在比例合计不等于 100% 的情况

B. 流动人口

根据第六次全国人口普查数据，从周边省份外来人口在河北省域内空间流向分布看，周边省市主要包括北京市、天津市、辽宁省、河南省和山东省，

外来人口在省域内呈现向北京市、天津市等核心城市外围和沿海地区集聚的趋势。

2）热点分析

热点分析（局部 Getis-Ord Gi*）常用于研究要素在空间上发生聚类的冷热点分布，可通过其 Z 值进行研判。Z 值较高且为正值时，表明有空间聚类（热点区），当 Z 值较低且为负数时，表明有低值空间聚类（冷点区）。热点分析局部统计的公式为

$$G_i(d) = \frac{\sum_{j=1}^{n} \omega_{ij}(d) x_j}{\sum_{j=1}^{n} x_j} \tag{15-2}$$

$$Z(G_i^*) = \frac{G_i^* - E(G_i^*)}{\sqrt{\mathrm{Var}(G_i^*)}} \tag{15-3}$$

式中，$Z(G_i^*)$ 为对 $G_i(d)$ 进行标准化处理的值；$E(G_i^*)$ 和 $\mathrm{Var}(G_i^*)$ 分别为 G_i^* 的数学期望和变异数。

根据河北省 2000 年、2005 年、2010 年、2015 年的人口分布的热点分析结果，Z 值较高且为正数，表明人口分布呈现空间集聚（热点区），但 Z 值呈现下降的趋势（表 15-2），表明地区人口空间分布上总体呈现先集聚再扩散的趋势。

表 15-2　河北省局部 Getis-Ord Gi*分析结果（2000~2015 年）

年份	$Z(G_i^*)$ 值
2000	1605.93***
2005	1257.97***
2010	841.34***
2015	837.24***

***表明 Z 值在 1%的水平下显著

15.2.2　经济格局演化特征

1. 经济规模

1）地区生产总值

2016 年，河北省地区生产总值达到 32 070.5 亿元，较 2002 年增加了 27 026.5 亿元，年均增速达到 14.12%，高于北京市（13.58%），低于天津市（16.33%）。2006 年全省生产总值规模占京津冀地区生产总值总规模的 42.41%，较 2002 年下降了 9.31 个百分点，呈现"规模上升、贡献下降"的形势，下降幅度远高出同样为规模上升、比重下降的北京市幅度。天津市生产总值规模占京津冀地区的比重呈上升趋势，表明其对整个地区经济发展的贡献越来越大。

从经济结构看，由图 15-8 可知，河北省在"十二五"时期呈现第一产业比重逐步降低，第二、第三产业比重不断上升的态势，2015 年第三产业比重占生产总值比重首次突破 40%，在经济总量中的权重进一步提高。

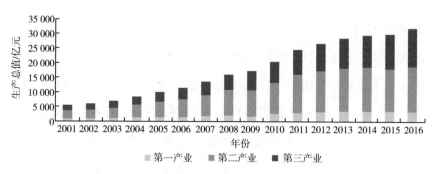

图 15-8　河北省经济结构变化（2001~2016 年）

资料来源：《河北经济年鉴》

2）一二三产业增加值

A. 第一产业增加值

河北省第一产业增加值从 2001 年的 913.86 亿元增加至 2016 年的 3492.81

亿元,年均增速达 9.35%,增速显著高于北京市(3.21%)和天津市(7.10%)。河北省作为京津冀地区的农业大省,第一产业增加值稳居京津冀地区首位(图 15-9)。

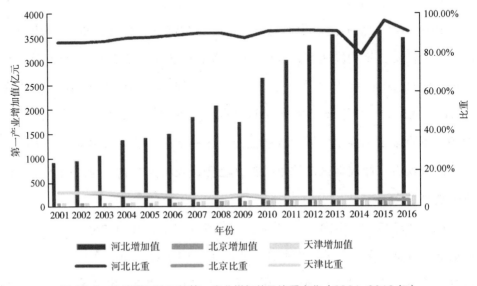

图 15-9　京津冀三地区的第一产业增加值及比重变化(2001~2016 年)

B. 第二产业增加值

河北省第二产业增加值从 2000 年的 2514.96 亿元增加至 2016 年的 15 256.93 亿元(图 15-10),占京津冀地区的比重呈现基本稳定趋势,2000 年的比重是 57.00%,2008 年提高至峰值 57.80%,随后又逐年下降至 2016 的 54.94%。北京市第二产业增加值从 2000 年的 1033.29 亿元增加至 2016 年的 4944.4 亿元,但其占京津冀地区的比重呈下降趋势,占比从 2000 年的 23.42% 下降至 2016 年的 17.80%。天津市第二产业增加值增速显著高于河北省,2000 年第二产业增加值仅为 863.83 亿元,到 2016 年就大幅增加至 7571.35 亿元,增长超过 700%,其第二产业增加值占京津冀地区第二产业增加值的比重也提升了 7.68 个百分点。

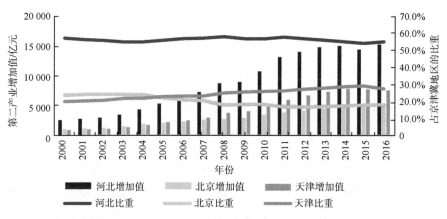

图 15-10　京津冀三地区的第二产业增加值及比重变化（2000~2016 年）

C. 第三产业增加值

2016 年，河北省第三产业增加值规模达到 1.33 万亿元（图 15-11），较 2000 年增长了 1.16 万亿元。2000~2016 年，北京市和天津市产业结构升级进程明显快于河北省，其中北京市的第三产业增加值年均增速达到 15.36%，天津市的年均增速达到了 17.50%，明显高于河北省的第三产业增加值年均增速（13.71%）。

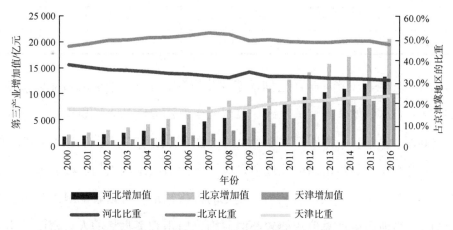

图 15-11　京津冀三地区的第三产业增加值及比重变化（2000~2016 年）

3）人均地区生产总值

从地区生产总值来看，2016 年京津冀三地的贡献率河北省最高，北京市次之，天津市最低。但是从人均地区生产总值的角度来看，结果却正好相反，自 2000 年来京津冀地区人均地区生产总值大幅度提升，从 2000 年的 1.10 万元/人提升至 2016 年的 6.19 万元/人，增长率超过了 400%，其中北京市、天津市两地的增幅最为明显，北京市人均地区生产总值从 2000 年的 2.36 万元/人快速提升至 2016 年的 10.9 万元/人，增长率达到 362%，天津市从 2000 年的 1.70 万元/人快速提升至 2016 年的 10.59 万元/人，增长率达到 523%，而河北省 2016 年的人均地区生产总值为 4.02 万元/人，与 2000 年相比增长率为 429%，但仅为北京的 36.88% 和天津的 37.96%，表明河北省与北京市、天津市两直辖市间存在着较大的经济差距（表 15-3）。

表 15-3　京津冀地区人均地区生产总值变化情况（2000~2016 年）（单位：万元/人）

年份	河北省	北京市	天津市	京津冀地区
2000	0.76	2.36	1.70	1.10
2005	1.24	3.92	2.98	1.87
2010	2.41	6.33	5.79	3.56
2016	4.02	10.90	10.59	6.19

从人均地区生产总值的空间动态变化情况，可以看到唐山和秦皇岛是人均地区生产总值增长较快的地区，冀西北生态涵养区的人均规模增长相对较慢。2000~2015 年，河北省人均地区生产总值在空间上呈南部地区尤其邯郸区域率先增长，随后由南向北逐渐发展，东部沿海地区人均规模后来居上的趋势。结合上文关于人口空间动态变化的分析结果，可以解释唐山和秦皇岛地区的人均地区生产总值规模较高的原因，唐山和秦皇岛的人口密度平均为 466.9 人/km^2，冀中南地区的人口密度为 690.8 人/km^2，在地区生产总值规模

接近的情况下，人口密度较小区域的人均地区生产总值规模必然会高。

2. 空间分布

1）地区生产总值空间分布

地区生产总值空间化的原理同人口空间化一致，都是统计数据的在空间上的加权栅格化。因此，本章在县级行政单元的地区生产总值规模基础上，以建设用地矢量值、夜间灯光栅格值、居民点栅格值为权重，将县级地区生产总值规模按权重赋予每个栅格地区生产总值，以此计算县域单元每个栅格的地区生产总值规模值，得到栅格化的地区生产总值空间分布数据。计算公式为

$$\mathrm{Gdp}_{ij} = \mathrm{Gdp}_i \times \omega_{ij} \tag{15-4}$$

式中，Gdp_{ij} 为第 i 个县域单元的第 j 个栅格的地区生产总值规模；Gdp_i 为栅格所在的第 i 个县域单元的人口规模；ω_{ij} 为该栅格单元的建设用地、夜间灯光、居民点的综合权重，该值与人口空间化过程中的权重值一致。

若从石家庄市井陉县向承德市平泉县[①]画条线，称该线为"井平线"，以此划分南北格局，河北省经济总体呈现"南强北弱"的总体格局，但这种格局正在被改变。"井平线"以南地区的土地面积为 10.47 万 km²，占全省土地总面积的 55.52%，地区生产总值规模占全省总规模的较大比重。2000 年，"井平线"以南地区的地区生产总值规模达到 4894.01 亿元，占全省地区生产总值的 97.03%，随后比重逐年下降，至 2015 年仍占全省的 79.72%（表 15-4）。与此同时，"井平线"以北的地区生产总值比重正在逐年上升，"北弱"的趋势正在扭转。从地区生产总值的空间分布来看，河北省的经济格局正在重构过程中，经济"南强北弱"格局正在改变，呈现区域协同展趋势。

---

① 2017 年 4 月 10 日，经国务院批准，同意撤销平泉县，设立县级平泉市，以原平泉县的行政区域为平泉市的行政区域。

表 15-4　河北省"井平线"的南北地区生产总值空间分布

年份	"井平线"以南地区				"井平线"以北地区			
	土地面积/万 km²	占全省比重	地区生产总值规模/亿元	占全省地区生产总值总规模的比重	土地面积/万 km²	占全省比重	地区生产总值规模/亿元	占全省地区生产总值总规模的比重
2000 年	10.47	55.52%	4 894.01	97.03%	8.39	44.49%	149.95	2.97%
2005 年	10.47	55.52%	9 027.80	89.85%	8.39	44.49%	1 019.30	10.15%
2010 年	10.47	55.52%	16 433.76	80.19%	8.39	44.49%	4 060.43	19.81%
2015 年	10.47	55.52%	23 936.30	79.72%	8.39	44.49%	6 088.77	20.28%

2）产业空间分布

河北省二三产业特色鲜明、体系完善，是全省经济发展的核心支撑，自2005 年以来，增加值占地区生产总值的比重一直保持在 85%以上，2016 年，二三产业增加值达到全省地区生产总值的 89.1%。在第二产业中，工业处于绝对的主导地位，基本形成了钢铁、装备制造、石油化工、建材等主导产业；建筑业保持相对稳定发展，一直占地区生产总值的 6%左右；近年来第三产业发展速度不断加快，2014 年对经济发展的贡献首次超过工业，同时形成了以批发零售、交通运输、金融为主体的产业构架。

（1）传统资源型产业区域同构性特点突出。河北是全国传统资源型产业大省，近年来虽然产业结构不断调整，但是传统资源型产业仍是全省二三产业布局的重点，同时在区域间的同构现象也比较明显。我们对比观察了环京津核心功能区、沿海率先发展区、冀西北生态涵养区、冀中南功能拓展区四个战略功能区的主导产业，从工业布局来看（表 15-5），在四个区域中，黑色金属冶炼和压延加工业在各个区域工业发展中的地位突出，除在环京津核心功能区中处于第二位以外，在其他区域都是区域占比最高的工业行业；黑色金属矿采选业，电力、热力的生产和供应业，石油加工、炼焦和核燃料加工业在四个区域中也都占据相当的比重。从服务业布局来看，除环京津核心功能区以外，交通运输、仓储和邮政业，批发和零售业以及金融业均为区域中服务业增加值最高的三个行业，只是行业位次在区域间略有差异。

表 15-5　2015 年河北分区域主导产业情况

区域	工业主导产业	服务业主导产业
环京津核心功能区	汽车制造业 黑色金属冶炼和压延加工业 电气机械和器材制造业 电力、热力的生产和供应业	房地产业 批发和零售业 金融业
沿海率先发展区	黑色金属冶炼和压延加工业 金属制品业 石油加工、炼焦和核燃料加工业 黑色金属矿采选业	交通运输、仓储和邮政业 批发和零售业 金融业
冀西北生态涵养区	黑色金属冶炼和压延加工业 黑色金属矿采选业 电力、热力的生产和供应业 食品制造业	交通运输、仓储和邮政业 金融业 批发和零售业
冀中南功能拓展区	黑色金属冶炼和压延加工业 化学原料和化学制品制造业纺织业 农副食品加工业	批发和零售业 交通运输、仓储和邮政业 金融业

（2）依托资源和城镇布局特点明显。从河北二三产业整体发展来看，资源型特点突出，且与资源的区域分布存在密切联系。邯郸、唐山等煤炭、铁矿石较为丰富的地区，满足钢铁产业发展的相应条件，是河北省的钢铁产业最为集中的地区；沿海地区地处华北油田、大港油田和冀东油田的主产区，石化产业发展条件得天独厚，是全省石化产业最为密集的地区；冀中南地区作为传统的粮棉集中生产区，纺织业和农副食品加工业在区域产业中的地位突出，河北整体产业布局与矿产资源、能源的分布高度吻合。同时，受产业发展要素支撑和市场的影响，二三产业布局与城镇发展息息相关，2015 年，河北省城市经济（设区城市市区）地区生产总值达到 1.1 万亿元，在 8.3%的土地面积上，第二产业和第三产业增加值分别达到全省的 37.7%和 46.6%，

合计占到全省地区生产总值的 41.4%，二三产业依托于重点城市布局的特点突出。

（3）园区化布局特点明显。各级各类开发区、产业园区和集聚区是推动区域产业发展最为重要的平台，2016 年，河北共有省级以上开发区 184 个，其中包括 150 个经济技术开发区、30 个高新技术开发区和 4 个海关特殊监管区，随着河北推进企业"退城入园"和鼓励工业集群发展、集聚化布局的力度逐步加大，开发区建设、整合和改革发展步伐也在不断加快，开发区已经成为二三产业发展的重点区域。2016 年，河北省级以上开发区各项主要产业发展指标增长速度均大大快于全省平均水平，开发区共聚集了全省二三产业增加值的 55.4%，二三产业固定资产投资的 47.5%，其中仅经济技术开发区就占到全省工业增加值的 61.3%、出口额的 55.3%和利用外资额的 55.2%，各级各类园区已经成为河北二三产业布局的主要平台。

15.2.3 建设用地格局演化特征

1. 建设用地规模

1）建设用地总量变化

本部分采用空间分辨率为 30 m 的 Landsat 系列卫星影像数据，所选影像云量低，且研究区域尽量无云遮盖，主要包括 Landsat 4-5 TM、Landsat-7 和 Landsat 8 OLI 3 个卫星影像[1]，在 ENVI 5.3 平台，利用监督分类功能识别并提取建设用地数据。辅助 DMSP/OLS（2000—2012 年）和 VIIRS DNB（2013—2015 年）夜间灯光数据[2]，结合目视解译，对识别的建设用地进行修正。建设用地分类方式参照中国科学院资源环境科学与数据中心土地类型数据

---

[1] 卫星影像数据来源中国科学院地理空间数据云平台。
[2] 夜间灯光数据可由美国国家地球物理数据中心（National Geophysical Data Center，NGDC）的地球观测小组（Earth Observation Group，EOG）直接下载。

集，分为城镇用地、农村居民点和其他建设用地（表 15-6）。

表 15-6　建设用地类型分类及含义

	建设用地类型	含义
5	建设用地	指城乡居民点及其以外的工矿、交通、水库等用地
51	城镇用地	指城市及县镇以上建成区用地
52	农村居民点	指独立于城镇以外的农村居民点
53	其他建设用地	指厂矿、大型工业区、盐场、采石场等用地以及交通道路、机场、水库及特殊用地

注：序号为中国科学院资源环境科学与数据中心土地类型数据集的分类系统编号

为了验证卫星影像解译出的建设用地的精度，可与第二次全国土地调查连续变更数据进行比较，第二次全国土地调查时点为 2009 年 10 月 31 日，并通过逐年变更调查更新土地利用类型。因此，将遥感解译出的河北省建设用地数据与 2010 年和 2015 年的土地变更调查数据进行比较，可验证遥感数据识别的准确性。经比较分析，2010 年和 2015 年的误差率均在 10%以内（表 15-7），土地类型识别数据准确性较高，可用于本书研究。

表 15-7　卫星影像解译的建设用地规模与二调数据的比较结果

年份	第二次全国土地调查连续变更的建设用地规模/ km²	卫星影像解译的建设用地规模/ km²	误差率
2010	20 054.46	18 695.82	6.77%
2015	21 876.78	21 081.50	3.64%

注：第二次全国土地调查连续变更数据源于原国土资源部土地调查数据平台

2000 年，河北省建设用地面积为 13 630.30 km²，占到全省土地总面积的 7.23%，其中城镇建设用地面积达到 1896.17 km²，占土地总面积的 1.01%，农村建设用地面积达到 9955.05 km²，占土地总面积的 5.28%，其他建设用地面积达到 1779.08 km²，占土地总面积的 0.94%。2015 年，河北省建设用地面积达到 21 081.50 km²，占到全省土地总面积的 11.18%，其中城镇建设用地面积达到 3690.85 km², 占土地总面积的 1.96%, 农村建设用地面积达到 12 605.66 km², 占土地总面积的 6.68%, 其他建设用地面积达到 4784.99 km², 占土地总面积的 2.54% (表 15-8)。

表 15-8   河北省 2000~2015 年建设用地变化 (单位: km²)

地类	2000 年	2005 年	2010 年	2015 年
城镇建设用地	1 896.17	2 375.78	2 977.38	3 690.85
农村建设用地	9 955.05	10 091.01	11 300.93	12 605.66
其他建设用地	1 779.08	2 312.55	4 417.51	4 784.99
合计	13 630.30	14 779.34	18 695.82	21 081.50

总的来看, 2000~2015 年河北省建设用地总规模呈现持续增长的态势 (图 15-12), 以年均 496.75 km² 的速度增长了 7451.20 km², 年均增长率为 2.95%, 增长速度整体表现为"增速—减速"的倒"U"形特征 (表 15-9), 增长最快的时段是 2005~2010 年, 年均增长值为 783.30 km², 年均增长率达到 4.81%, 增长较慢的时段是 2000~2005 年, 年均增长值为 229.81 km², 年均增长率仅为 1.63%。

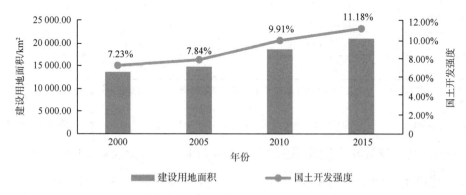

图 15-12   河北省建设用地面积与国土开发强度变化 (2000~2015 年)

表 15-9　河北省建设用地增长规模（2000~2015 年）

时段	增长面积/km²	年均增长面积/km²	年均增长率
2000~2005 年	1149.04	229.81	1.63%
2005~2010 年	3916.48	783.30	4.81%
2010~2015 年	2385.68	477.14	2.43%

2）主要类型建设用地规模

A. 城镇建设用地

2000~2015 年，河北省城镇建设用地增长 1794.68 km²，年均增长规模 51.28 km²，年均增长率为 4.54%，2000~2010 年增长相对较快，10 年期间年均增长值为 108.12 km²，年均增速为 4.62%。在 2010~2015 年，城镇建设用地增速下降至 4.39%。2000~2015 年是河北省城镇化建设的高速发展期，城镇建设用地的快速增长为城镇化建设和国民经济社会发展提供了用地保障，从增长趋势来看，城镇建设用地总体呈现"增速—减速"增长的特征，在经济高速发展阶段，建设用地增长较快，当经济增速进入中高速阶段，城镇建设用地的年均增速也从 4.62%减速至 4.39%，基本符合经济社会发展与城镇用地的增长规律。

B. 农村建设用地

整体上看，在 2000~2015 年，河北省农村建设用地增长规模大于城镇建设用地，2000 年全省的农村建设用地面积为 9955.05 km²，到 2015 年面积增加至 12 605.66 km²，年均增长规模 75.73 km²，年均增长率为 1.59%，增长最快的时段是 2005~2010 年，5 年期间增加面积 1209.92 km²，年均增长值为 241.98 km²，增速为 2.29%；2000~2005 年增速相对较慢，年均增长率仅为 0.27%。2005~2015 年是河北省城镇化的快速发展期，大量的农民进城生活，理论上应该是农村建设用地减少或增速降低，实际上河北省的农村建设用地面积却在快速增长，且增速高于 2000~2005 年，反映了河北省农村建设用地的粗放利用问题较为突出，城乡建设用地的结构有待优化。

C. 其他建设用地

2000~2015 年，河北省其他建设用地增长 3005.91 km²，年均增长规模 85.88 km²，年均增长率为 6.82%，增速高于城镇与农村建设用地。增长最快的时段是 2005~2010 年，5 年期间增加面积 2104.96 km²，年均增速达到 13.82%，此阶段正是基础设施建设高速发展时期，公路、铁路、机场、水库等大量基建项目落地实施，对建设用地的需求较大，由此造成其他建设用地大幅增长。

2000~2015 年河北省三类建设用地增速变化如图 15-13 所示。

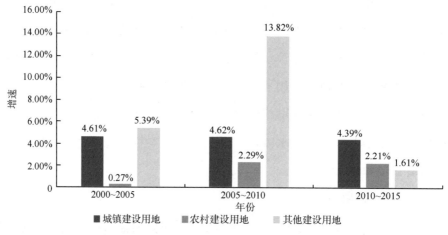

图 15-13　河北省三类建设用地增速变化（2000~2015 年）

2. 建设用地的空间格局演化

河北省建设用地主要位于太行山前平原地区和东部沿海区域，在 2000 年至 2015 年期间，建设用地变化主要集中在环京津核心功能区、沿海率先发展区和冀中南功能拓展区，其城镇建设用地增长较快，也是河北省的经济快速发展重点区域。而位于北部地区的冀西北生态涵养区的建设用地变化较小，属于经济发展缓慢的城市，其农村建设用地增加较快。

环京津核心功能区新增建设用地规模在各时期都处于稳定上升趋势，其中在 2000~2015 年，环京津核心功能区新增建设用地 252.67 km^2，占全省新增规模的 10.6%。

沿海率先发展区在 2000~2005 年是新增建设用地的核心地区，新增建设用地规模为 196 km^2，占全省新增建设用地规模的 17.1%，新增建设用地主要为农村用地，占新增规模的 44.39%，沧州市新增规模在该区内相对较大，为 57.09 km^2。随后的各个阶段，沿海率先发展区新增规模仅次于冀中南功能拓展区，成为全省新增建设用地的主要集中地区。

冀中南功能拓展区在 2000~2005 年是新增建设用地的次核心区，新增建设用地规模为 130 km^2，占全省新增建设用地规模的 11.3%，主要新增的是农村建设用地，其中邯郸市和邢台市新增规模相对较大，分别为 49 km^2 和 39 km^2。2005~2015 年，冀中南功能拓展区是全省新增建设用地的核心地区，2010~2015 年新增规模达到 471.33 km^2。

冀西北生态涵养区是全省新增建设用地规模最小的地区，在 2010~2015 年该区新增建设用地规模为 220 km^2，占全省新增建设用地规模的 9.2%。

15.2.4　人口经济建设用地的协调性

1. 构建"人产地"协调增长模型

根据前文的理论分析，区域人口、经济与建设用地的协调发展是衡量区域高质量发展的重要因素。因此，本部分在前文对河北省 2000 年、2005 年、2010 年和 2015 年的人口发展、经济增长和建设用地扩张的基础上，结合精明增长理论中的效率理念，构建"人产地"协调增长模型，进而对河北省"人产地"的协调性进行分析。

土地是一切经济社会活动的空间载体，因此，"人产地"协调发展的关键是土地配置，通过土地作为载体，将"人""产""地"挂钩。人均建设用地可以衡量建设用地利用效率，常用于各类空间规划，人均建设用地越少，表明建设用地资源利用效率越高，反之则效率越低。单位建设用地产值是衡量区域经济与土地消耗的效率指标，单位建设用地产值越高，表明建设用地利用效率越高。基于此，通过人均建设用地和单位建设用地产值的比值来衡量区域"人产地"协调发展情况，该值越小，表明"人产地"协调性越好，反之则协调性弱，具体模型如下：

$$E=PCI/GCI \tag{15-5}$$

$$PCI=Con/Pop \tag{15-6}$$

$$GCI=GDP/Con \tag{15-7}$$

式中，E 为"人产地"协调增长系数，值越小越协调，反之则反；PCI 为人均建设用地；Con 为区域建设用地总面积；Pop 为区域人口规模；GCI 为单位建设用地产值；GDP 为地区生产总值。

2. 结果分析

从"人产地"协调模型的分子，即人均建设用地的变化情况来看，全省人均建设用地呈逐步增长趋势，各市增速有明显差异。2000 年，全省人均建设用地面积 204 m²/人，2015 年增至 284 m²/人，2000~2015 年均增长率为 2.23%。

从各市的人均建设用地变化情况来看（表 15-10），承德市的人均规模增长较快，从 2000 年的 79 m²/人增长至 2015 年的 323 m²/人，反映了建设用地粗放利用情况较为严重，其人均建设用地的增长主要是因为农村建设用地的大量增加，这在前文已有分析。与承德市同在冀西北生态涵养区的张家口也是如此，其人均建设用地增长幅度明显高于除承德以外的地区。沧州市、邯郸市和衡水市的人均建设用地增长较慢，其 2015 年面积较 2000 年分别增加了 12 m²/人、47 m²/人和 49 m²/人，表明这三个地区在 2000~2015 年对建设用地的集约节约化利用程度较高。

表 15-10　河北省人均建设用地动态变化（2000~2015 年）（单位：m²/人）

地区	2000 年	2005 年	2010 年	2015 年	2000~2015 年变化值
石家庄	148	156	199	212	64
唐山	315	324	363	405	90
秦皇岛	174	199	264	300	126
邯郸	159	165	189	206	47
邢台	168	171	214	240	72
保定	182	195	240	256	74
张家口	177	217	314	348	171
承德	79	91	279	323	244
沧州	328	344	333	340	12
廊坊	241	244	283	313	72
衡水	259	263	283	308	49
河北省	204	216	260	284	80

从"人产地"协调模型的分母，即单位建设用地产值的变化情况来看，全省单位建设用地产值呈逐步增高趋势，表明建设用地的经济效益逐渐在提高。2000 年，全省单位建设用地产值 0.37 亿元/km²，2015 年提升至 1.41 亿元/km²，单位建设用地产值在 2000~2015 年提升了 1.04 亿元/km²。

由表 15-11 可知，单位建设用地产值增长较快的是石家庄市和唐山市，作为全省经济发展的重要增长极，两市经济规模增长的同时也大幅提升了建设用地的经济效率，尤其唐山市 2015 年的单位建设用地产值是 2000 年的近 5 倍。2000~2015 年，单位建设用地产值增加值在 1 亿元/km² 以上的还有邯郸市、沧州市和廊坊市。需要注意承德市，其单位建设用地产值在 2000~2015 年呈先升后降的趋势，2015 年的单位建设用地产值比 2000 年还降低了 0.25 亿元/km²，也是全省唯一出现负向变化的地区。

表 15-11　河北省单位建设用地产值动态变化（2000~2015 年）（单位：亿元/ km²）

地区	2000 年	2005 年	2010 年	2015 年	2000~2015 年变化值
石家庄	0.73	1.12	1.68	2.39	1.66
唐山	0.41	0.86	1.62	1.93	1.52
秦皇岛	0.56	0.82	1.18	1.41	0.85
邯郸	0.41	0.78	1.36	1.62	1.21
邢台	0.33	0.58	0.80	1.01	0.68
保定	0.31	0.49	0.76	1.01	0.71
张家口	0.28	0.47	0.71	0.89	0.60
承德	0.57	1.16	0.92	0.31	−0.25
沧州	0.20	0.45	0.93	1.26	1.06
廊坊	0.35	0.63	1.09	1.73	1.38
衡水	0.26	0.46	0.64	0.89	0.63
河北省	0.37	0.68	1.10	1.41	1.04

注：本表数据因为进行了四舍五入，存在运算不等的情况

在上述分析的基础上，运用"人产地"协调增长模型，分别测算河北省及 11 个城市在 2000 年、2005 年、2010 年和 2015 年的"人产地"协调增长系数，并根据自然断裂法划分系数变化幅度，再以此判定协调状态，情况结果见表 15-12。

表 15-12　河北省"人产地"的协调增长系数的动态变化（2000~2015 年）

地区	2000 年	2005 年	2010 年	2015 年	优化值	协调状态
石家庄	2.03	1.40	1.18	0.89	1.14	强协调
唐山	7.61	3.76	2.24	2.09	5.52	强协调
秦皇岛	3.10	2.44	2.24	2.12	0.98	弱协调
邯郸	3.91	2.12	1.39	1.28	2.63	强协调
邢台	5.07	2.97	2.68	2.38	2.70	强协调
保定	5.90	4.00	3.14	2.52	3.37	强协调
张家口	6.23	4.64	4.44	3.93	2.29	强协调

地区	2000 年	2005 年	2010 年	2015 年	优化值	协调状态
承德	1.38	0.78	3.04	10.26	−8.87	逆协调
沧州	15.99	7.68	3.59	2.70	13.29	强协调
廊坊	6.79	3.88	2.59	1.81	4.98	强协调
衡水	9.94	5.70	4.44	3.46	6.49	强协调
河北省	5.52	3.17	2.37	2.02	3.50	强协调

注："人产地"协调系数优化值<0，则为逆协调；0<优化值<1 为弱协调；优化值>1 则为强协调

整体上看，河北省"人产地"协调系数从 2000 年的 5.52 下降至 2015 年的 2.02，该值越低表明"人产地"发展越协调，反映了河北省的人口发展、经济增长和建设用地扩张的协调性正逐步加强。从省内各地区来看，石家庄市、唐山市、邯郸市、邢台市、保定市、张家口市、沧州市、廊坊市和衡水市为"人产地"强协调发展地区，秦皇岛为"人产地"弱协调发展地区，而承德市则为逆协调发展地区，其人口发展、经济增长与建设用地扩张呈脱钩趋势。

15.3　城市单元的空间格局演化

15.3.1　人口格局演化特征

1. 数量格局

城市是主要的人口集聚地，前文分析了河北省人口规模的总体变化情况，接下来从城市角度进一步分析城市人口规模的变化情况。需要说明的是，该城市人口是指市区常住人口规模，不包括城周边集镇和其他城镇人口数。由于城市人口和建成区数据的可获得性，城市单元的相关数据从 2002~2016 年进行分析。

在 2002~2016 年，全省 31 个城市人口总体呈增长趋势，但城市间增长幅度有较大差异。从增幅来看，保定市人口增长规模最大，14 年间增加了76.06 万人，增加规模占 31 个城市人口增加规模的 11%（图 15-14）；其次是石家庄市，城市人口规模从 2002 年的 199.05 万人增加至 2016 年的 264.1 万人，增加规模达到 65.05 万人，占 31 个城市人口增加规模的 10%；增长规模最小的是新乐市，14 年间仅增加了 2.22 万人，占 31 个城市人口增加规模的 0.33%。

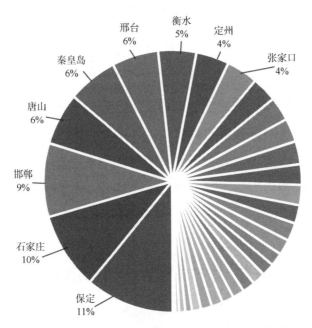

图 15-14　河北省 31 个城市 2002~2016 年人口增幅比重

图中只标注出了人口增幅比重较高的前 9 个城市，后面的不再标出

从人口增幅来看，31 个城市平均增幅为 150%，即 14 年间增加的人口规模是 2002 年的 1.5 倍左右。迁安市增幅居全省各个城市的首位，增幅超过了600%，即 14 年间增加的人口规模是 2002 年的 6 倍多，当然，这是由于迁安市的人口基数不大，2002 年人口规模仅 3.5 万人，在高速城镇化阶段，城市人口大幅增加是必然趋势。唐山市是全省人口增幅最小的城市，仅为 29.49%，

作为河北省经济发展大户，其 2016 年地区生产总值达到 6355 万元，但人口增幅最小，这个结果比较令人意外。从经济发展对人口的吸引力来看，唐山市应该更快地集聚更多人口，但事实不是如此，产业结构和北京市的虹吸效应导致其人口增速较慢，这会在后文进行详细分析。

各个城市的人口年均增速同样有较大差异（图 15-15），增速最高的是迁安市，其年均增速达到 14.95%，增速较低的是唐山市，仅为 1.86%，两者差异达到约 7 倍。人口年均增速超过 10% 的城市有晋州市、迁安市和武安市，人口增速排后五位的是唐山市、石家庄市、新乐市、张家口市和沧州市，全省的四个主要地级市人口年均增速均处全省后几位，初步呈现人口增长的去中心化特征。

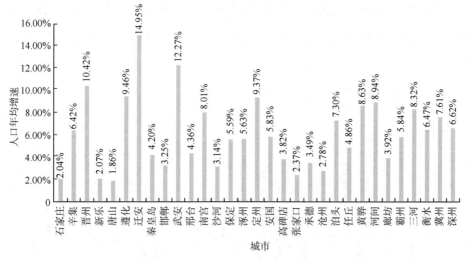

图 15-15　2002~2016 年河北省 31 个城市的人口年均增速

2016 年 7 月 5 日，经国务院批准，撤销县级冀州市，设立衡水市冀州区，以原冀州市的行政区域为冀州区的行政区域，本书在论述时均使用"冀州市"

2. 人口密度

上文分析的是某行政区总人口规模在本地区的密度情况，其分子是行政区总人口，包括农业和非农人口，分母是行政区土地总面积，反映了人口在本地区的总体分布情况。城市人口密度则能比较清楚地反映人口在城市地区内的集聚情况,因此,在本节中引入城市人口密度,重点分析城市地区的人口集聚特征,故将上文中人口密度测算分子聚焦至城市人口规模,分母缩小至建成区,即城市人口密度=城市人口规模/建成区面积。

从图 15-16 可以看出,2002~2016 年河北省城市人口密度变化差异非常大,人口密度有所增加的城市有 21 个,密度负向变化的城市 10 个,其中晋州市人口密度变化最大,变化值达到 5932 人/km²,较 2002 年增加了 160%左右;石家庄市的人口密度下降值位于全省各城市首列,其 2016 年的城市人口密度(9308 人/km²)较 2002 年(14 286 人/km²)下降了 4978 人/km²。从分子与分母分别来看,前文已分析石家庄市人口增速较慢,但城市扩张较快,这在本节第三部分会有分析,分子增长慢,分母增长快,人口密度大幅下降是必然趋势。从各城市人口密度变化幅度来看,承德市人口密度下降幅度最大,变化值达到 4248 人/km²,较 2002 年减少了近 50%,这与其城市人口年均增速较低密切相关。

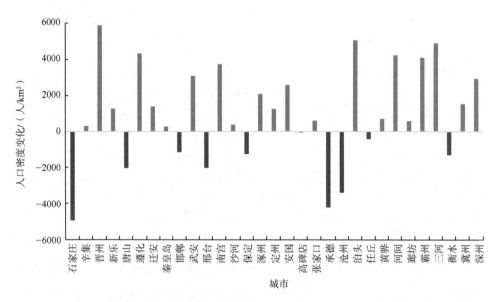

图 15-16　2002~2016 年河北省 31 个城市的人口密度变化

3. 空间布局

1）人口地理集中度

人口地理集中度既能衡量人口在空间上的分布情况，也能表示某地区在同级区域或整体中的地位和作用（陈妍和梅林，2018），公式为

$$\text{GPI}_i = \frac{\text{Pop}_i}{\sum \text{Pop}_i} \times \frac{\text{Arl}_i}{\sum \text{Arl}_i} \qquad (15\text{-}8)$$

式中，GPI_i 为第 i 城市的人口地理集中度；Pop_i 和 Arl_i 分别为 i 城市的人口和土地面积。为了便于对比分析河北省 31 个城市在研究时段内人口空间分布变动，本章列出了河北省 31 个城市 2002~2016 年各年度的人口地理集中度指数（表 15-13）。

表 15-13　河北省城市人口地理集中度指数（2002~2016 年）

城市	2002年	2003年	2004年	2005年	2006年	2007年	2008年	2009年	2010年	2011年	2012年	2013年	2014年	2015年	2016年
石家庄市	1.62	1.53	1.42	1.18	1.03	1.03	1.03	1.07	1.01	0.97	0.97	0.99	0.99	0.97	0.99
辛集市	0.57	0.58	0.55	0.44	0.78	0.77	0.70	0.70	0.66	0.54	0.54	0.54	0.54	0.56	0.57
晋州市	0.34	0.36	0.36	0.31	0.63	0.64	0.76	0.75	0.70	0.68	0.68	0.68	0.88	0.91	0.95
新乐市	0.59	0.62	0.62	0.54	0.62	0.63	0.64	0.66	0.64	0.63	0.64	0.66	0.66	0.66	0.68
唐山市	1.12	1.01	1.00	0.85	0.89	0.93	0.94	0.89	0.80	0.78	0.75	0.76	0.78	0.80	0.82
遵化市	0.45	0.49	0.45	0.39	0.75	0.75	0.75	0.79	0.80	0.80	0.80	0.82	0.85	0.86	0.88
迁安市	0.48	0.36	1.05	0.81	0.76	0.81	0.81	0.77	0.72	0.67	0.60	0.57	0.58	0.59	0.60
秦皇岛市	0.81	1.11	1.11	0.98	0.95	0.93	0.96	0.95	0.89	0.90	0.89	0.88	0.87	0.74	0.79
邯郸市	1.26	1.36	1.38	1.22	1.41	1.42	1.44	1.40	1.29	1.21	1.23	1.21	1.21	1.20	1.05
武安市	0.44	0.43	0.49	0.44	0.83	0.81	0.84	0.85	0.80	0.78	0.77	0.73	0.74	0.73	0.74
邢台市	1.31	1.27	1.17	1.16	1.13	0.84	0.85	0.90	0.85	0.90	1.14	1.07	0.98	1.00	1.01
南宫市	0.59	0.63	0.63	0.55	0.98	0.88	0.94	0.93	0.86	0.83	0.85	0.83	0.86	0.90	0.95
沙河市	0.57	0.83	0.90	0.81	0.66	0.67	0.67	0.66	0.60	0.59	0.60	0.57	0.57	0.57	0.57

续表

城市	2002年	2003年	2004年	2005年	2006年	2007年	2008年	2009年	2010年	2011年	2012年	2013年	2014年	2015年	2016年
保定市	1.01	1.28	1.07	0.73	1.05	1.04	0.84	0.83	0.78	0.77	0.74	0.74	0.75	0.78	0.81
涿州市	0.73	0.78	0.82	0.72	0.89	0.90	0.93	0.97	0.93	0.81	0.80	0.77	0.80	1.07	0.89
定州市	0.89	0.89	0.97	0.79	0.84	0.85	0.86	0.87	1.06	1.05	1.05	0.87	0.89	0.85	0.96
安国市	0.61	0.64	0.64	0.56	0.71	0.72	0.73	0.71	0.67	0.66	0.66	0.67	0.71	0.75	0.84
高碑店市	0.71	0.75	0.75	0.65	0.75	0.76	0.77	0.78	0.73	0.74	0.75	0.77	0.78	0.69	0.66
张家口市	1.02	1.11	1.11	0.97	1.05	1.07	1.05	1.03	0.96	0.93	0.94	0.96	0.99	1.02	1.01
承德市	1.00	1.01	1.03	0.63	0.53	0.56	0.57	0.55	0.49	0.45	0.44	0.44	0.45	0.47	0.48
沧州市	1.23	1.37	1.39	1.15	1.18	1.20	1.20	1.23	1.17	0.90	0.90	0.80	0.77	0.78	0.79
泊头市	0.38	0.40	0.39	0.34	0.76	0.80	0.82	0.84	0.80	0.79	0.81	0.82	0.84	0.87	0.89
任丘市	0.89	1.38	1.08	0.96	0.82	0.85	0.86	0.85	0.80	0.78	0.77	0.77	0.76	0.76	0.79
黄骅市	0.37	0.64	0.67	0.57	0.72	0.68	0.66	0.63	0.55	0.52	0.50	0.46	0.46	0.43	0.42
河间市	0.38	0.38	0.41	0.36	0.89	0.91	0.92	0.85	0.80	0.80	0.78	0.74	0.75	0.77	0.80
廊坊市	0.73	0.77	0.94	0.79	0.73	0.78	0.78	0.77	0.73	0.71	0.68	0.69	0.70	0.72	0.74
霸州市	0.44	0.50	0.50	0.42	0.72	0.74	0.76	0.78	0.77	0.78	0.80	0.77	0.83	0.86	0.85
三河市	0.59	0.63	0.60	0.91	0.93	1.27	1.27	1.26	1.21	1.19	0.89	0.90	0.93	1.01	1.07
衡水市	0.99	1.03	0.94	0.82	0.90	0.82	0.84	0.84	0.80	0.77	0.74	0.74	0.76	0.79	0.78
冀州市	0.81	0.58	0.60	0.53	0.90	0.91	0.92	0.92	0.84	0.81	0.79	0.81	0.83	0.84	0.91
深州市	0.71	0.68	0.76	0.63	0.81	0.83	0.85	0.89	0.87	0.85	0.86	0.88	0.90	0.93	0.97

2002~2016 年河北省各个城市人口空间分布特征发生了一定的变动,总体呈现大城市集中度指数下降、小城市集中度指数上升,如 2002 年集中度指数较高的石家庄市(1.62)、唐山市(1.12)、邯郸市(1.26)、邢台市(1.31)、保定市(1.01)、承德市(1.00)和沧州市(1.23),到 2016 年分别下降至 0.99(石家庄市)、0.82(唐山市)、1.05(邯郸市)、1.01(邢台市)、0.81(保定市)、0.48(承德市)和 0.79(沧州市)。2002 年指数较小的晋州市(0.34)、

遵化市（0.45）、泊头市（0.38）、河间市（0.38）、霸州市（0.44）和三河市（0.59），至 2016 年分别提高至 0.95（晋州市）、0.88（遵化市）、0.89（泊头市）、0.80（河间市）、0.85（霸州市）和 1.07（三河市）。

人口集中指数在不同规模城市的差异，反映出大城市对人口的吸引能力并不比小城市强，或者在某种程度上表现出小城市对人口有更强的吸引能力，从城镇化视角可以较好地解释这种现象，2002~2016 年正是河北省城镇化建设的高速期，城镇化率从 30%左右快速上升至 53%左右，大量农业人口就近向中小城市集聚，因此在过去一段时间表现出省内中小城市相比大城市有更强的人口集聚能力。

2）人口相对迁移指数

人口相对迁移指数主要用来反映区域内某单元人口的平均发展速度与该区域人口的平均发展速度的关系，如果区域内某单元人口的平均发展速度高于该区域人口的平均发展速度，则该区域人口表现为相对迁入，否则为相对迁出，计算方法如下：

$$P_i = \sqrt[t-1]{\frac{\text{GPL}_{it}}{\text{GPL}_{i0}}} - 1 \qquad (15\text{-}9)$$

式中，P_i 为第 i 城市人口的相对迁移指数；t 为时间跨度研究时段；GPL_{it} 和 GPL_{i0} 为第 i 城市人口在 t 时期和基期的地理集中度。若 $P_i < 0$，则城市人口表现为相对迁出；若 $P_i = 0$，则城市人口表现为相对维持现状；若 $P_i > 0$，该城市人口表现为相对迁入。

根据人口相对迁移指数（表 15-14），晋州市、新乐市、遵化市、迁安市、武安市、南宫市等 14 个城市以人口相对迁入为主，其中晋州市指数最大，为 0.08，表明其在河北省 31 个城市中人口集聚能力最强，其次是泊头市和河间市，指数均为 0.06，人口集聚能力较强，0<指数≤0.05 的有新乐市、遵化市、迁安市、武安市、南宫市、涿州市、黄骅市、霸州市、三河市、冀州市和深

州市，人口集聚能力一般，这些城市人口集中分布水平强于其他城市。另外10个资源型城市人口均表现为相对迁出，其中承德市指数最小（–0.05），集聚能力最弱。

表 15-14　河北省各城市人口相对迁移指数（2002~2016 年）

城市	人口相对迁移指数	城市	人口相对迁移指数
石家庄市	–0.03	高碑店市	–0.01
辛集市	0.00	张家口市	0.00
晋州市	0.08	承德市	–0.05
新乐市	0.01	沧州市	–0.03
唐山市	–0.02	泊头市	0.06
遵化市	0.05	任丘市	–0.01
迁安市	0.02	黄骅市	0.01
秦皇岛市	0.00	河间市	0.06
邯郸市	–0.01	廊坊市	0.00
武安市	0.04	霸州市	0.05
邢台市	–0.02	三河市	0.04
南宫市	0.03	衡水市	–0.02
沙河市	0.00	冀州市	0.01
保定市	–0.02	深州市	0.02
涿州市	0.01		

15.3.2　经济格局演化特征

本小节将从经济角度出发，对各个城市的经济规模、经济结构和经济格局进行分析，需要说明的是，本小节中的城市经济规模在地级市层面指的是市辖区的经济产值，在县级市层面是指市域的经济产值。

1. 经济发展

1）经济总量

由图 15-17 可知，石家庄市和唐山市两城市的生产总值增长趋势大致一样，且明显高于其他城市，成为河北省城市经济发展的"双核"。从生产总值规模来看，石家庄市 2016 年生产总值为 3214.80 亿元，较 2002 年增长了 2704.69 亿元；唐山市 2016 年生产总值为 3323.83 亿元，较 2002 年增长了 2778.97 亿元。

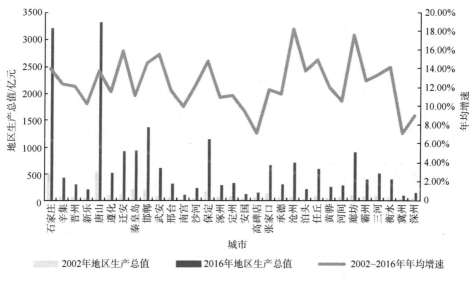

图 15-17　河北省 31 个城市的地区生产总值变化情况（2002~2016 年）

邯郸市和保定市在城市经济产值上处于省内第二梯队，2016 年生产总值均超过了 1000 亿元，其中邯郸市生产总值为全省第三位。从增量来看，在 2002~2016 年，这两个城市生产总值分别增加了 1165.11 亿元和 977.29 亿元。

秦皇岛市、迁安市、武安市、张家口市、沧州市、任丘市、廊坊市、遵化市和三河市经济总量上处于省内第三梯队，2016 年生产总值均超过了 500 亿元，其中秦皇岛市为 934 亿元，在梯队中相对最高。从增量来看，廊坊市生产总值在 2002~2016 年增长了 810.23 亿元，增量在第三梯队中同样处于较高水平。

从增速来看，2002~2016 年，全省大部分城市的地区生产总值年均增速都在 10%及以上，只有安国市、高碑店市、冀州市和深州市的增速在 10%以下，如表 15-15 所示。其中增速最快的是沧州市，年均增速达到 18.27%，其次是廊坊市，年均增速达到 17.64%。

表 15-15 河北省 31 个城市的生产总值增量与增速（2002~2016 年）

城市	2002~2016 年增长规模/亿元	2002~2016 年均增速
石家庄市	2704.69	14.05%
辛集市	342.96	12.42%
晋州市	240.39	12.19%
新乐市	155.34	10.31%
唐山市	2778.97	13.79%
遵化市	401.94	11.59%
迁安市	803.88	15.92%
秦皇岛市	722.02	11.17%
邯郸市	1165.11	14.66%
武安市	526.55	15.56%
邢台市	247.45	11.69%
南宫市	78.42	10.00%
沙河市	185.77	12.30%
保定市	977.29	14.85%
涿州市	219.12	11.01%
定州市	253.66	11.20%
安国市	87.17	9.51%
高碑店市	92.33	7.18%
张家口市	526.04	11.82%
承德市	237.55	11.36%
沧州市	642.65	18.27%
泊头市	180.55	13.82%
任丘市	510.11	14.98%
黄骅市	206.86	12.06%
河间市	217.45	10.64%
廊坊市	810.23	17.64%

续表

城市	2002~2016 年增长规模/亿元	2002~2016 年均增速
霸州市	321.80	12.77%
三河市	422.27	13.43%
衡水市	337.54	14.20%
冀州市	60.98	7.16%
深州市	105.64	9.07%

2）二三产业

A. 第二产业

从图 15-18 可以看出，唐山市作为工业主导的城市，其第二产业增加值明显高于其他城市，2016 年第二产业产值为 1819.89 亿元，处于全省最高位置，石家庄市紧随其后，与唐山市有 572.89 亿元的差距，该差值较 2002 年的 78.69 亿元有了明显提升。从增速来看，2002~2011 年，唐山市第二产业高速增长，平均增速达到 20.92%，随着国内外经济形势的变化，唐山市工业发展增速明显减缓，2012~2016 年第二产业平均增速降至 2.88%。

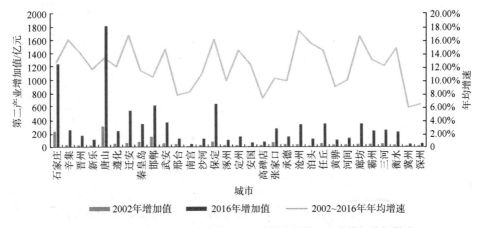

图 15-18　2002~2016 年河北省 31 个城市的第二产业增加值与增速

从增量来看,石家庄市和唐山市的增量规模处于全省第一梯队,2002~2016年增量规模分别为1013.49亿元和1507.69亿元。保定市、邯郸市和迁安市的增量规模处于第二梯队,增量规模分别为567.36亿元、470.86亿元和485.12亿元。其余城市的第二产业规模均有不同程度的增加(图15-19)。

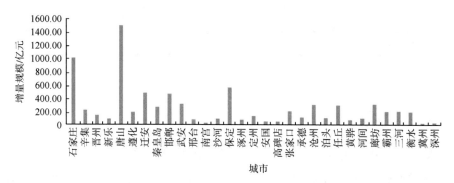

图15-19　2002~2016年河北省31个城市的第二产业增加值的增量情况

B. 第三产业

从图15-20可以看出,省会城市石家庄市辖区的第三产业增加值显著高于其他城市,其2016年第三产业增加值为1833.1亿元,占全市第三产业增

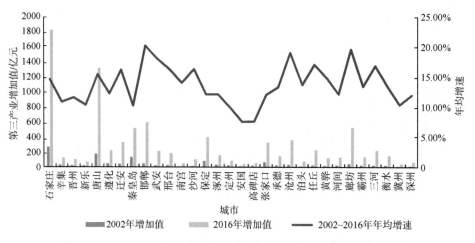

图15-20　2002~2016年河北省31个城市的第三产业增加值与增速

加值的 74.75%，较 2002 年提高了近 10 个百分点，说明城市第三产业的集聚水平有所提升。从第三产业增加值的年均增速来看，2002~2016 年，邯郸市的第三产业增长较快，年均增速达到 20.28%，安国市的第三产业增加值增速相对较低，年均增速为 7.57%。

2. 经济位序-规模

1）城市经济位序-规模模型

由于城市经济规模是区域经济集聚的特殊形式，根据前文提出的节点位序-规模模型，本节将齐夫指数引申，引入时间维度，构建城市经济位序-规模模型，用于表示城市经济位序-规模的动态变化过程，模型如下：

$$\text{GDP}_{i,t} = \text{GDP}_{1,t} \times R_{i,t}^{-\alpha} \tag{15-10}$$

式中，$\text{GDP}_{i,t}$ 为在第 t 时期从高到低排序中第 i 个城市的地区生产总值规模；$\text{GDP}_{1,t}$ 为 t 时期首位城市地区生产总值规模；$R_{i,t}$ 为 t 时期从高到低排序后的第 i 个城市的位序；α 为帕累托指数，也就是齐夫指数，如果城市经济规模分布符合帕累托定律，那么帕累托指数 α 就可以用来衡量城市经济规模分布的均衡程度。

为了便于分析，对式（15-10）两边取对数，得出：

$$\text{LnGDP}_{i,t} = \text{LnGDP}_{1,t} - \alpha \text{Ln}R_{i,t} \tag{15-11}$$

此时，α 代表斜率，当 $\alpha=1$，符合位序-规模的齐夫定律；当 $\alpha>1$，直线斜率较大，表示大城市在经济体系中占优势，即区域经济集中在部分城市；当 $0<\alpha<1$，直线斜率越小，表示城市经济分布越分散，即区域经济的多中心特征越明显（Spiekermann and Wegener，2004；Parr，2004）。

2）城市经济位序-规模结果

基于上述分析，运用河北省 31 个城市 1995~2015 年的地区生产总值规模做位序-规模回归，回归结果见表 15-16。可以看到，各个年份的 R^2 值均在 0.881 以上，2003 年达到 0.965，回归拟合结果较好。从回归分析的 F 值可以发现，较大的 F 值表明回归分析的拟合效果较好。

表 15-16　2002～2016 年河北省城市经济位序-规模模型回归结果

年份	拟合方程	R^2	F 值
2002	LnGDP=6.415−0.799LnR	0.961	705.421
2003	LnGDP=6.599−0.812LnR	0.965	803.797
2004	LnGDP=6.833−0.831LnR	0.964	773.365
2005	LnGDP=7.090−0.878LnR	0.948	533.691
2006	LnGDP=7.261−0.894LnR	0.946	507.943
2007	LnGDP=7.449−0.914LnR	0.934	412.201
2008	LnGDP=7.710−0.956LnR	0.927	369.724
2009	LnGDP=7.745−0.956LnR	0.926	364.205
2010	LnGDP=7.911−0.954LnR	0.927	368.663
2011	LnGDP=8.089−0.957LnR	0.924	353.827
2012	LnGDP=8.152−0.948LnR	0.921	339.091
2013	LnGDP=8.149−0.924LnR	0.912	299.763
2014	LnGDP=8.339−0.977LnR	0.916	318.090
2015	LnGDP=8.405−0.980LnR	0.924	350.173
2016	LnGDP=8.559−0.999LnR	0.933	405.925

图 15-21 展示了 2002 年和 2016 年的河北省城市位序-规模模型的回归结果和齐夫指数，我们可以直观地看到：图 15-21（a）中拟合线相对平缓些，齐夫指数为 0.799；图 15-21（b）中拟合线相对陡峭，齐夫指数为 0.999，非常接近齐夫定律。

从总体上看，河北省城市经济齐夫指数偏小，各年份齐夫指数均小于 1，最大值为 0.999，反映了城市经济体系中，较低位次的中小城市较多，大城市在全省城市经济体系中的集聚作用不凸显，当然，从指数趋势来看，大城

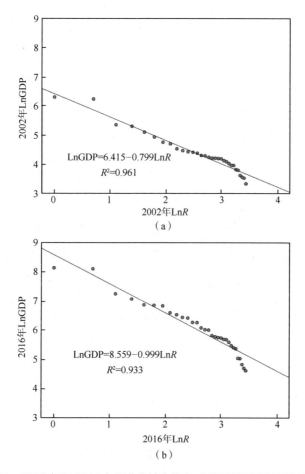

图 15-21　2002 年和 2016 年河北省城市位序-规模模型回归结果和齐夫指数

市的集聚效应在逐步体现。在上文分析城市生产总值规模时，就提出唐山市和石家庄市的地区生产总值规模接近且发展趋势大致相似，即首位城市与次位城市差距很小，且在 2002~2016 年都显著高于其他城市，因此当前分析得出齐夫指数接近 1 也在情理之中。

3）城市经济与人口脱钩分析

城市人口规模是城市规模等级划分的主要依据，前文已经分析了各个城市人口的地理集中度与人口相对迁移指数，在此基础上，将人口与经济联系起来，分析城市经济位序–规模与人口规模的挂钩情况。分析方法是运用城市经济位序–规模原理，构建人口位序–规模模型，分析河北省城市人口规模的齐夫指数动态变化，将人口齐夫指数与经济齐夫指数挂钩分析，探究河北省城市人口与经济的互动情况。

首先，构建城市人口位序–规模模型，模型与经济位序–规模模型相似，模型具体如下：

$$Pop_{i,t} = Pop_{1,t} \times R_{1,t}^{-\alpha} \qquad (15\text{-}12)$$

式中，$Pop_{i,t}$ 为在第 t 时期从高到低排序中第 i 个城市的城市人口规模；$Pop_{1,t}$ 为 t 时期理论上首位城市人口规模；$R_{1,t}$ 为 t 时期从高到低排序后的第 i 个城市的位序。α 为齐夫指数，当 $\alpha=1$，符合位序–规模的齐夫定律；当 $\alpha>1$，表示人口集聚效应较强；当 $0<\alpha<1$，表示城市人口分布呈现多中心特征。

河北省城市人口位序–规模模型回归效果较好，各年份拟合方程的 R^2 值都在 0.9 以上。2016 年河北省城市人口齐夫指数为 1.105，较 2002 年下降了 0.273，表明城市人口集中化程度有所降低，中小城市对人口的集聚效应有所增强。

将经济齐夫指数与人口齐夫指数挂钩分析，可得出城市经济发展与人口集聚的协调情况。河北省人口齐夫指数整体高于经济齐夫指数（图 15-22），2002 年，两者指数差为 0.579，表明人口集中化程度要显著高于经济集中化程度，呈现"人口集聚、经济分散"的特征。随着城镇化进程的推进，指数差异缩小至 2016 年的 0.106，整个过程是人口齐夫指数下降，经济齐夫指数上升，即过程体现为"人口分散、经济集中"的特征。这是值得研究的现象，理论上应该是人口的集聚与经济的集中化是同向而行的，即人口集聚、经济集中，两者相辅相成，但河北省的城市人口集聚与经济集中是异向而行，反映了河北省城市经济与人口的脱钩。

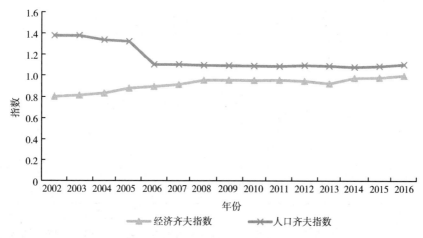

图 15-22　河北省城市经济与人口齐夫指数动态变化过程（2002~2016 年）

15.3.3　建设用地空间布局

1. 城市建设用地变化

上文对河北省整体的建设用地总规模变化和格局演变进行了分析，建设用地总规模在地区总体层面反映了国土空间开发状况和格局，下面将聚焦城市单元，以河北省内的 31 个城市为单元，从建成区增长幅度、增长强度、增长速率和增长协调分析建设用地要素在区域空间格局的演化过程，并引入前文所提的城市人口变化情况，通过人地增长弹性进一步分析城市扩张的人地协调性。

本部分所使用的城市建设用地是指城市现状的建设用地面积，数据源自相关统计部门出版的《城市建设统计年鉴》中城市建设用地面积及其条目下各分类统计数据[①]。城市建设用地变化特征的测度指标解释见表 15-17。

---

① 2010 年 12 月 24 日发布的《城市用地分类与规划建设用地标准（GB50137-2011）》将城市建设用地划分为居住用地、公共管理与公共服务用地、商业服务业设施用地、工业用地、物流仓储用地、交通设施用地、公用设施用地、绿地八大类。

表 15-17　城市建设用地变化特征的测度指标解释

测度指标	指标解释	测算公式
增长幅度	反映城市建设用地变化的总体幅度,通常用城市建设用地面积变化值与原面积比较进行表征	$P_i = \dfrac{C_{i,t} - C_{i,0}}{C_{i,0}} \times 100\%$
增长强度	反映城市建设用地变化的规模与强度,指单位时间内城市建设用地变化的强弱和快慢	$I_i = V_i / C_{i,0} \times 100\%$ $V_i = (C_{i,t} - C_{i,0}) / t$
增长速率	反映城市建设用地变化的年均增长速率	$\mathrm{CI}_{i,t} = \sqrt[n]{\dfrac{C_{i,t}}{C_{i,0}}} - 1$
增长协调	反映扩张速度与人口增长速度之间的关系是否合理	$\mathrm{PI}_{i,t} = \sqrt[n]{\dfrac{P_t}{P_0}} - 1$

表 15-17 中,V_i 为第 i 城市的建成区面积增长速度;$C_{i,t}$ 为第 i 城市在目标年的建成区面积;$C_{i,0}$ 为第 i 城市在基期年的建成区面积;t 为目标年与基期年之间的年份数;$\mathrm{CI}_{i,t}$ 为第 i 城市的建成区面积在 t 时间段内的年均增长率;P_i 为第 i 城市的建成区面积增长幅度;I_i 为第 i 城市的建成区面积增长强度;$\mathrm{PI}_{i,t}$ 为第 i 城市在 t 时间段内的人口年均增长率;P_t 为第 i 城市在目标年的市区人口规模;P_0 为第 i 城市在基期年的市区人口规模。

1)城市建设用地面积增长情况

通过测算,2002~2016 年河北省各个城市的增长幅度差异巨大(图 15-23),增长幅度最大的是迁安市,其城市建成区面积在 14 年间增长了 429.84%,2016 年建成区面积是 2002 年的 5 倍以上;同样,增长幅度和增长强度最小的是泊头市,增长幅度仅为 5.98%,增长面积仅为 2002 年建成区面积的 0.43%,比较分析可知,建成区面积增长幅度最大的迁安市与增长幅度最小的泊头市的幅度差异达到 70 倍,结果令人诧异。

2)城市建设用地增长速度

通过测算得出表 15-18,2002~2016 年河北省各个城市建成区扩张速度呈现"增速—减速"特征的居多,开始的增速较快,随后增速逐渐降低,如辛集市、迁安市、武安市、沙河市、安国市、承德市、廊坊市、三河市、冀州

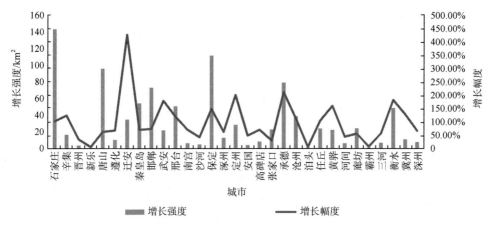

图 15-23 河北省 31 个城市的建成区面积变化（2002~2016 年）

市、深州市等。也有的城市呈现"快速—降速—快速"特征，最为明显的是石家庄市，其在 2002~2005 年的年均增速达到 12.36%，年均增长规模为 19.44 km²，随后在 2005~2013 年年均增速降至 2.93%，年均增长规模降至 7.88 km²，之后在 2013~2016 年增速提升至 5.21%，年均增长规模也增长至 10.31 km²，可见年均增速和年均规模都呈现震荡减少趋势，唐山市、秦皇岛市、保定市和衡水市呈现同样特征，根据前文产业转移对建设用地需求预测的分析结果，这些城市是承接首都非核心功能的主要阵地，对建设用地的需求提升也是必然的，因此近年来呈现建设用地增速提升的趋势。

表 15-18 河北省 31 个城市的建设用地增速变化（2002~2016 年）

地区	2002~2005 年	2005~2013 年	2013~2016 年	2002~2016 年
石家庄市	12.36%	2.93%	5.21%	5.38%
辛集市	7.18%	3.55%	0.84%	5.97%
晋州市	1.49%	1.88%	0.03%	2.16%
新乐市	0	0.15%	1.36%	0.46%
唐山市	8.78%	2.53%	3.57%	4.06%
遵化市	3.15%	5.24%	1.39%	3.81%
迁安市	40.97%	6.52%	4.13%	12.65%

续表

地区	2002~2005 年	2005~2013 年	2013~2016 年	2002~2016 年
秦皇岛市	2.45%	2.36%	7.82%	3.91%
邯郸市	1.03%	2.44%	9.34%	4.06%
武安市	17.13%	6.06%	1.90%	7.63%
邢台市	5.99%	6.62%	4.24%	5.80%
南宫市	1.08%	6.24%	0	3.91%
沙河市	2.91%	2.38%	1.91%	2.57%
保定市	9.22%	5.37%	6.77%	6.75%
涿州市	0	3.54%	1.54%	3.56%
定州市	4.08%	5.18%	4.49%	8.20%
安国市	1.42%	0.58%	0	2.88%
高碑店市	0	0	5.44%	3.90%
张家口市	0	1.63%	3.79%	1.89%
承德市	14.77%	5.76%	0.65%	8.49%
沧州市	7.09%	6.13%	3.53%	5.58%
泊头市	0.58%	0.07%	0.29%	0.42%
任丘市	14.52%	1.41%	1.63%	5.26%
黄骅市	2.82%	9.29%	5.17%	7.08%
河间市	1.43%	4.79%	0	2.68%
廊坊市	3.56%	2.55%	1.24%	3.25%
霸州市	2.53%	0	0	0.54%
三河市	12.47%	1.42%	0	3.27%
衡水市	9.48%	0.79%	12.98%	7.72%
冀州市	19.57%	2.70%	2.00%	6.10%
深州市	10.29%	2.03%	1.40%	3.72%

3）城市人地增长协调性

依靠大量新增建设用地供应换取城市发展和经济增长的传统模式,逐渐表现出城市用地粗放、产出不足、侵占优质耕地与生态用地等问题,不仅导致城市形态与布局散化,更是威胁区域粮食安全与生态安全。因此,如何协

调城市用地扩张和人口增长之间的关系，已然成为推进高质量城镇化亟待解决的重要问题

国内外学者通常采用土地扩张速度与人口增长速度的弹性系数来衡量城市土地与人口的协调增长关系。国外学者 Marshall（2007）研究发现美国在 1950~2000 年的城市土地扩张速度比人口增长速度快 10%，国内学者一般认为城市土地扩张与人口增长的弹性系数为 1.12 时比较合理（司成兰和周寅康，2008）。基于此，本节采用土地扩张速度与人口增长速度的弹性系数，构建基于城市建成区规模的土地与人口协调增长模型。模型具体如下：

$$I = \frac{\text{CI}_t}{\text{PI}_t} \times K \qquad (15\text{-}13)$$

$$\text{CI}_t = \sqrt[n]{\frac{C_t}{C_0}} - 1 \qquad (15\text{-}14)$$

$$\text{PI}_t = \sqrt[n]{\frac{P_t}{P_0}} - 1 \qquad (15\text{-}15)$$

$$K = \frac{\text{LP}_t}{\text{LP}_0} \qquad (15\text{-}16)$$

式中，I 为城市土地扩张与人口增长协调性系数；CI_t 和 PI_t 分别为目标年建成区面积和城市人口年均增长率；C_0 和 P_0 分别为基期年（2002 年）的建成区面积和城市人口规模；K 为修正系数；C_t 和 P_t 分别为目标年的建成区面积和城市人口规模。

在充分考虑城市化过程中城市用地扩张与人口增长之间关系的基础上，以 I 值等于 1.1 为基点（杨艳昭等，2013），将河北省城市土地扩张与人口增长协调性分为土地快速扩张、人地基本协调、人口快速增长三类（表 15-19）。

表 15-19 城市土地扩张与人口增长协调性分级标准

协调类型	I 值标准	内涵
土地快速扩张	$I \geq 1.2$	土地扩张速度高于人口增长速度,人均建设用地有增长趋势
人地基本协调	$0.9 < I < 1.2$	土地扩张和人口增长基本同速,二者关系基本协调,人均建设用地变化幅度不大
人口快速增长	$I \leq 0.9$	土地扩张速度低于人口增长速度,人均建设用地有减少特征

从整体来看,河北省 31 个城市土地-人口增长协调性较弱,主要以人口快速增长型为主,占近 1/4 的城市数量、62.50%的人口和 60.83%的城市建设用地面积(表 15-20)。

表 15-20 2002~2016 年河北省城市土地扩张与人口增长协调类型

协调类型	城市数量	人口规模/万人	比重	建设用地面积/km²	比重
土地快速扩张型	17	389.805	23.77%	490.41	23.83%
人地基本协调型	6	225.27	13.73%	315.76	15.34%
人口快速增长型	8	1025.13	62.50%	1252.08	60.83%

河北省内各个城市的土地-人口增长弹性系数差异较大(结果见表15-21),系数最大的是石家庄市,系数值为 2.57,系数最小的是泊头市,系数值仅为 0.06,两者差异较大。按照变动趋势可以将城市土地-人口增长弹性系数划分为两个时期:2002~2006 年,城市土地-人口增长弹性系数波动较大,其中冀州市在 2003 年达到全省峰值 15.6;2006~2016 年,各个城市的土地-人口增长弹性系数处于稳定变化状态,即波幅较前期相对较小。

表 15-21 2002~2016 年河北省 31 个城市的人地协调类型

城市	建设用地增速	人口增速	土地-人口增长弹性系数	协调类型
石家庄市	5.21%	2.04%	2.57	土地快速扩张型
辛集市	5.97%	6.42%	0.88	人口快速增长型
晋州市	2.16%	10.42%	0.21	人口快速增长型
新乐市	0.46%	2.07%	0.22	人口快速增长型

续表

城市	建设用地增速	人口增速	土地–人口增长弹性系数	协调类型
唐山市	3.57%	1.86%	1.92	土地快速扩张型
遵化市	3.81%	9.46%	0.40	人口快速增长型
迁安市	12.65%	14.95%	0.76	人口快速增长型
秦皇岛市	3.91%	4.20%	0.93	人地基本协调型
邯郸市	4.06%	3.25%	1.05	人地基本协调型
武安市	7.63%	12.27%	0.63	人口快速增长型
邢台市	5.80%	4.36%	1.42	土地快速扩张型
南宫市	3.91%	8.01%	0.50	人口快速增长型
沙河市	2.57%	3.14%	0.89	人口快速增长型
保定市	6.75%	5.59%	1.15	人地基本协调型
涿州市	3.56%	5.63%	0.54	人口快速增长型
定州市	8.20%	9.37%	0.88	人口快速增长型
安国市	2.88%	5.83%	0.49	人口快速增长型
高碑店市	3.90%	3.82%	0.96	人地基本协调型
张家口市	1.89%	2.37%	0.68	人口快速增长型
承德市	8.49%	3.49%	2.31	土地快速扩张型
沧州市	5.58%	2.78%	2.15	土地快速扩张型
泊头市	0.42%	7.30%	0.06	人口快速增长型
任丘市	5.26%	4.86%	1.10	人地基本协调型
黄骅市	7.08%	8.63%	0.83	人口快速增长型
河间市	2.68%	8.94%	0.30	人口快速增长型
廊坊市	3.25%	3.92%	0.85	人口快速增长型
霸州市	0.54%	5.84%	0.09	人口快速增长型
三河市	3.27%	8.32%	0.39	人口快速增长型
衡水市	7.72%	6.47%	1.04	人地基本协调型
冀州市	6.10%	7.61%	0.78	人口快速增长型
深州市	3.72%	6.62%	0.59	人口快速增长型

15.3.4 人口经济土地重心的协调耦合

1. 重心轨迹变化

高质量的空间发展应当满足人口发展、经济增长和建设用地扩张的数量协调和空间协同,上文从省域视角分析了河北省"人—地—产"协调发展的情况,这是从数量上分析三者的协调性,本节将从空间对三者的协调性进行分析。根据本书第 14 章中关于空间重心轨迹的公式,经测算,2002~2016 年,河北省城市人口—经济和建设用地重心分布在省中部地区,主要在任丘市、保定市高阳县和廊坊市文安县内移动,整体呈现朝东北先行、随后南下的趋势。

1) 人口重心轨迹

根据前文的重心轨迹公式,经测算,2002~2016 年,河北省城市人口重心在保定市高阳县和任丘市之间来回移动,整体上自北向南移动了 1°50′,自西向东移动了 1°04′,移动方向为偏离正北 156°,矢量移动距离 3.74 km。从移动速度来看,人口重心在 2002~2003 年移动较快,移动速度为 5.23 km/年;在 2009~2011 年、2012~2014 年移动较慢,移动速度平均为 0.47 km/年。

人口重心在纬度上的南移,反映了冀中南地区的城市对人口的集聚效应要强于北部地区;在经度方面,人口重心从 2002 年至 2007 年先向东移动,此阶段正是沿海城市快速发展区,尤其唐山地区的快速工业化集聚了大量城市人口,随后人口重心又逐渐向太行山前地区移动。

2) 经济重心轨迹

2002~2016 年,河北省城市经济重心分布在任丘市境内,经济重心自北向南移动了 2°01′,自东向西仅移动了 14′,移动幅度(各年份移动距离之和)为 36 km,大于人口重心移动幅度。从移动速度来看,城市经济重心移动速度较快的是 2015~2016 年,移动速度为 8.27 km/年。从移动方向看,2002~2012 年,唐山和秦皇岛经济的快速发展致使城市经济重心先朝东北方向移动,随后重心向西南方向移动，尤其在 2015~2016 年快速南移，反映了冀中南地区经济发展势能要明显高于其他地区。

3）建设用地重心轨迹

2002~2016 年，河北省城市建设用地重心的移动幅度要明显大于人口重心和经济重心，建设用地重心在 2010 年达到向北极值 38°53′30.50″和向东极值 116°29′17.11″，随后向西南方向移动，2016 年达到西南方向的极值，整体南北移动幅度为 4′23″，东西移动幅度 13′34″，矢量移动距离 4.79 km。

4）重心迁移的因果检验

本节运用格兰杰因果检验分析河北省城市人口、经济和建设用地重心经纬度之间的因果关系。在格兰杰因果检验中，如果在包含了城市人口、经济和建设用地重心过去信息的条件下，对重心的预测效果明显优于单独由某个（如建设用地）重心的过去轨迹对该（建设用地）重心进行的预测效果，也就是说，其他两个重心（人口和经济）可以提高对该（建设用地）重心将来变化的解释程度，则认为其他两个重心（人口和经济）是能够引致该重心（建设用地）的格兰杰原因。时间序列模型为

$$C_{(x,y)t} = \gamma + \sum_{j=1}^{m} \alpha_j C_{(x,y)t-m} + \sum_{j=1}^{m} \beta_j P_{(x,y)t-m} + \varepsilon_t \qquad (15\text{-}17)$$

$$C_{(x,y)t} = \gamma + \sum_{j=1}^{m} \alpha_j C_{(x,y)t-m} + \sum_{j=1}^{m} \beta_j G_{(x,y)t-m} + \varepsilon_t \qquad (15\text{-}18)$$

$$G_{(x,y)t} = \gamma + \sum_{j=1}^{m} \alpha_j G_{(x,y)t-m} + \sum_{j=1}^{m} \beta_j P_{(x,y)t-m} + \varepsilon_t \qquad (15\text{-}19)$$

检验原假设"$H_0: b_1 = \cdots = b_p = 0$"，即某个重心的过去值对预测其他重心的未来值没有帮助。式（15-17）中，人口重心 $P_{(x,y)}$ 的过去值对预测建设用地重心 $C_{(x,y)}$ 的未来值有帮助，则拒绝原假设，即人口重心是建设用地重心的格兰杰原因；将人口重心与建设用地重心的位置互换，则可以检验建设用地重心是否为人口重心的格兰杰原因。式（15-18）中，经济重心 $G_{(x,y)}$ 的过去值对预测建设用地重心 $C_{(x,y)}$ 的未来值有帮助，若拒绝 H_0，则称经济重心是建设用

地重心的格兰杰原因；将经济重心与建设用地重心的位置互换，则可以检验建设用地重心是否为经济重心的格兰杰原因。式（15-19）中，人口重心 $P_{(x,y)}$ 的过去值对预测经济重心 $C_{(x,y)}$ 的未来值有帮助，若拒绝 H_0，则称人口重心是经济重心的格兰杰原因；将人口重心与经济重心的位置互换，则可以检验经济重心是否为人口重心的格兰杰原因。需要说明的是，式中 x 和 y 表示三个重心的经纬度，为了方便进行因果检验，将经纬度转换成 2000 国家大地坐标系中的 X 和 Y 坐标。

首先用 ADF 检验数据平稳性，其次进行协整检验，最后分别对人口重心经度（X_p）与经济重心的经度（X_g）、人口重心经度（X_p）与建设用地重心的经度（X_c）、经济重心经度（X_g）与建设用地重心的经度（X_c）、人口重心纬度（Y_p）与经济重心的纬度（Y_g）、人口重心纬度（Y_p）与建设用地重心的纬度（Y_c）、经济重心纬度（Y_g）与建设用地重心的纬度（Y_c），彼此进行因果检验，具体结果见表 15-22。

表 15-22 2002~2016 年河北省人口重心、经济重心、建设用地重心格兰杰因果检验结果

维度	变量关系	F 值	显著水平	滞后阶数	结果
经度	$X_p \rightarrow X_g$	2.53	0.1404	1	不存在
	$X_g \rightarrow X_p$	7.53	0.0191	1	存在
	$X_p \rightarrow X_c$	7.90	0.0169	1	存在
	$X_c \rightarrow X_p$	2.35	0.1538	1	不存在
	$X_g \rightarrow X_c$	38.16	0.0001	1	存在
	$X_c \rightarrow X_g$	2.59	0.1358	1	不存在
纬度	$Y_p \rightarrow Y_g$	7.66	0.0139	1	存在
	$Y_g \rightarrow Y_p$	1.90	0.1952	1	不存在
	$Y_p \rightarrow Y_c$	2.14	0.1759	1	不存在
	$Y_c \rightarrow Y_p$	0.79	0.3933	1	不存在
	$Y_g \rightarrow Y_c$	0.86	0.3723	1	不存在
	$Y_c \rightarrow Y_g$	3.18	0.0009	1	存在

在经度方面，经济重心是人口重心的格兰杰原因，也是建设用地重心的格兰杰原因，表明经济发展在省内东西部之间的差异直接影响人口和建设用地的分布；人口重心是建设用地重心的格兰杰原因，表明地随人走的特征在省内东西部之间较明显。在纬度方面，人口重心是经济重心的格兰杰原因，反映了人口分布对经济空间格局的重要影响，建设用地重心也是经济重心的格兰杰原因，表明城市经济的发展需要建设用地作为先前保障，但人口重心和建设用地重心都不是彼此的格兰杰原因。

2. 重心偏离–耦合分析

1）重心移动距离耦合

在重心移动的矢量距离方面，全省城市人口重心矢量移动距离为 3.74 km，经济重心矢量移动距离为 3.66 km，建设用地为 4.79 km，可以看出人口重心与经济重心的矢量移动距离高度协调，表明全省城市人口流动与经济分布的变化趋势比较拟合，建设用地与两者的空间拟合性较弱。

在重心移动的总体距离方面，2002~2016 年，全省城市建设用地重心移动总体距离为 52 km，经济重心移动距离为 36 km，人口重心移动距离为 26 km，可以看出建设用地重心较人口与经济移动幅度更大，表明这 14 年城市建设格局正在发生着激烈的博弈重组，进而给整个区域空间格局带来变化(图 15-24)。

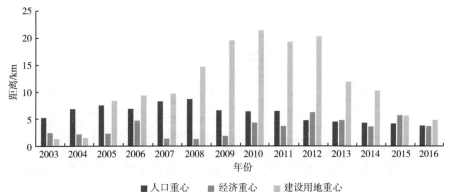

图 15-24　河北省城市人口、经济和建设用地的重心移动矢量距离

2）重心移动方向耦合

为了直观地展现城市人口、经济和建设用地重心的移动方向差异，以真北方向作为 0°，顺时针逐步增大至 360°，将 2002 年的重心坐标作为原点，构建四象限模型，见图 15-25。

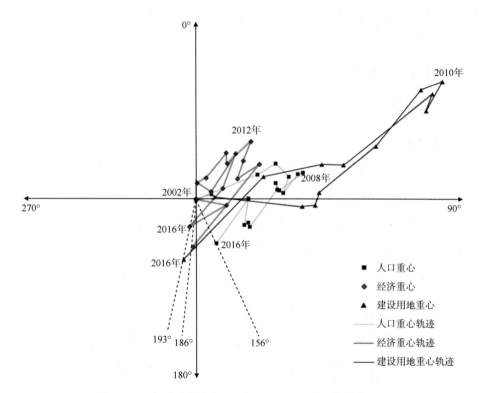

图 15-25　河北省城市人口、经济和建设用地重心移动象限

可以通过城市人口、经济和建设用地重心的矢量方差来判定三者重心的方向协调性，相邻的方差正向变化（方差扩大）为重心"偏离"，方差负向变化（方差缩小）为重心"耦合"（表 15-23）。2007 年，城市人口、经济和建设用地重心的矢量方差最小，人口重心为正北偏南 78.11°，经济重心为 64.20°，建设用地重心为 88.59°，三者在移动方向上协调性最强。2004 年，城市人口、经济和建设用地的重心在矢量方向上差异最大，人口重心为正北

偏南 68.04°，经济重心达到了 196.26°，建设用地重心为 87.16°，三者在移动方向上协调性最弱。

表 15-23　河北省城市人口、经济和建设用地的重心移动方向（2003~2016 年）

时间	人口重心移动矢量方向	经济重心移动矢量方向	建设用地移动矢量方向	矢量方差	偏离-耦合
2003 年	70.27°	102.07°	74.47°	14.11	耦合
2004 年	68.04°	196.26°	87.16°	56.48	偏离
2005 年	78.26°	69.17°	95.50°	10.92	耦合
2006 年	87.44°	43.11°	94.55°	22.76	偏离
2007 年	78.11°	64.20°	88.59°	9.99	耦合
2008 年	78.09°	5.08°	75.48°	33.82	偏离
2009 年	85.50°	27.13°	66.26°	24.29	耦合
2010 年	80.28°	35.01°	66.54°	18.95	耦合
2011 年	85.05°	43.02°	71.19°	17.49	耦合
2012 年	118.08°	45.53°	68.23°	30.30	偏离
2013 年	115.09°	53.00°	79.11°	25.45	耦合
2014 年	118.52°	65.36°	76.51°	22.89	耦合
2015 年	90.49°	63.12°	74.02°	11.25	耦合
2016 年	156.11°	186.01°	193.52°	16.16	偏离

3）重心移动速度耦合

2016 年，城市人口、经济和建设用地重心移动速度的方差最小（表 15-24），人口重心移动速度为 3.74 km/年，经济重心移动速度为 3.67 km/年，建设用地重心移动速度为 4.80 km/年，三者在移动速度方面比较同步。2010 年，城市人口、经济和建设用地心移动速度的方差最大，人口重心移动速度为 6.41 km/年，经济重心移动速度为 4.31 km/年，建设用地重心移动速度为 21.40 km/年，表明建设用地的扩张活力和空间敏感性较强，城市之间的建设格局变化差异较大。

表 15-24　河北省城市人口、经济和建设用地的重心移动速度（2003~2016 年）

时间	人口重心移动速度/（km/年）	经济重心移动速度/（km/年）	建设用地移动速度/（km/年）	速度方差	偏离-耦合
2003 年	5.23	2.41	1.30	1.65	偏离
2004 年	6.87	2.15	1.47	2.40	偏离
2005 年	7.53	2.26	8.38	2.70	耦合
2006 年	6.90	4.72	9.38	1.90	偏离
2007 年	8.26	1.32	9.69	3.66	偏离
2008 年	8.68	1.27	14.68	5.48	偏离
2009 年	6.61	1.84	19.58	7.49	偏离
2010 年	6.41	4.31	21.40	7.61	耦合
2011 年	6.46	3.70	19.33	6.81	偏离
2012 年	4.75	6.23	20.30	7.01	耦合
2013 年	4.50	4.77	11.85	3.40	耦合
2014 年	4.29	3.62	10.23	2.97	耦合
2015 年	4.14	5.69	5.58	0.70	耦合
2016 年	3.74	3.67	4.80	0.52	偏离

4）重心移动的耦合性特征

综上，河北省城市人口重心一直位于经济重心和土地重心的西侧，且三者的演变轨迹在方向上呈"偏离—耦合—偏离—耦合"的波动关系，在速度和移动距离上呈"偏离—趋同"关系，表明河北省城市人口、经济和建设用地重心存在一定程度的偏离。

前文已从河北省内因分析了城市人口、经济和建设用地重心移动和偏离的原因，现从京津冀协同的外因分析三者的重心耦合性。2005 年，《北京城市总体规划（2004 年—2020 年）》为京津冀的整体发展绘制了详尽的蓝图，随后北京市、天津市与河北省签署了一系列合作政策文件，2011 年国家"十二五"规划强调了推进京津冀区域经济一体化发展，国家政策推动强化了河北省建设用地配置以保障协同发展所带来的土地需求，尤其是省内中南部城市建设用地面积增速逐年增大，全省城市土地扩张呈现"南快北慢"，使得城市建设用地重心从 2010 年开始就一路南下，且移动速度明显快于人口重心和经济重心。随着 2014 年京津冀协同发展战略上升到国家战略层面，河北省成为协同发展战略腹地，更是疏解非首都核心功能的主要承接地（严金明等，2019a），省内 17 个城市位于京津冀协同发展战略功能区中的冀中南功能拓展区，这些城市积极承接京津产业转移，出现了大量的劳动密集型产业，产业集聚伴随着人口流动，致使河北省城市经济重心和人口重心从 2015 年开始向南移动，且移动速度逐年加快。相比而言，建设用地重心向南移动时间早于人口重心和经济重心，说明土地响应区域政策较人口和经济更为提前。

第 16 章
国土空间结构的优化路径

16.1　国土空间单元间的相互作用

16.1.1　空间相互作用的机理

地理学家乌尔曼（Ullman，1957）认为空间相互作用反映了地域差异，因此他对影响这种相互作用的基本条件进行了推测，并提出了一个解释模型。空间相互作用受到三种决定因素的有效控制，他称之为互补性、可转移性和介入机会。

要使两个空间单元产生相互作用，一个地方必须有另一个地方有有效需求的物品的供应，这一点可以从对该物品的欲望、购买该物品的购买力和运输工具等方面得到证明，这就是互补性。有效的供给和需求是重要的考虑因素，仅仅是商品盈余或赤字的地区差异不足以促使要素产生空间流动。例如，我国东北地区与西北地区在自然资源和经济方面明显不同，但它们之间的相互作用就较少。供需需要通过市场匹配，就像季节性水果和蔬菜从山东流向北京等地区的城市市场，或者西部地区的能源流向东部地区一样，原油和精炼油在空间分离的有效供应和市场之间的大规模流动清楚地表明国际贸易的互补性。较普遍的互补性模式是较不发达地区的原材料和农产品与发达地区的工业商品进行交换的基础。

即使在互补性存在的情况下，也只有在满足可转移性条件（交换的可接受成本）的情况下，才会发生空间相互作用。空间移动不仅要考虑可用性和需求，还要考虑时间成本与运输成本。可转移性是要素流动性的一种表现，是三个相互关联的条件的函数：①要素的特性和价值；②空间移动的成本；③要素承担移动成本的能力。如果移动一段距离所需的时间成本太大或者运输成本过高，则不会产生空间流动。也就是说，流动性不仅是一个物理问题，也是一个经济问题。如果一种要素在交付给一个原本愿意购买它的需求方时，需求方无法负担得起，那么它就不会在空间中流动，而潜在的需求方必须寻找替代品或放弃替代品。可转移性不是一个恒定的条件。简而言之，可转移性表达了运输成本与被运输要素价值之间的变化关系。

只有在缺乏更有吸引力的供应或需求的替代来源，即更接近或更便宜的情况下，互补性才可能有效。干预机会有助于减少供应/需求的相互作用，否则可能在遥远的互补地区之间发展。例如，我国西北地区的富余劳动力并不足以保证它流向劳动力短缺的东部沿海地区，因为在东部地区周边，劳动力成本更低。出于成本和方便的考虑，当附近有合适的供应时，需求方不太可能在远处寻求相同的原材料或商品。此时，介入机会在较短的距离内表现出互补性，也就是说，近在咫尺的机会减少了遥远目的地提供的机会的吸引力。空间相互作用的模式是动态的，反映了国土空间要素流动的动态结构（图 16-1）。

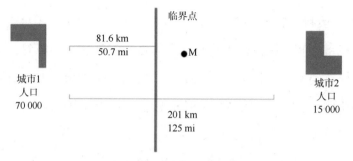

图 16-1　城市之间的空间相互作用临界点

资料来源：Fellmann（2000）

1 mi=1.609 344 km

16.1.2 空间相互作用测度

1. 经典引力模型

在 17 世纪，牛顿提出了著名的万有引力定律，根据该定律，可得出任何两个物体之间的作用（引力）的大小与它的质量成正比，与它们之间的距离成反比。

$$F_{ij} = \frac{K_i M_i^{\alpha} \times K_j M_j^{\beta}}{D_{ij}} \qquad （16-1）$$

式中，F_{ij} 为物体 i 和 j 之间的引力作用规模；K_i、K_j 为经验确定权数；α、β 为经验系数；M_i 和 M_j 为物体 i 和 j 的质量；D_{ij} 为空间距离。

国内外学者以牛顿经典力学的万有引力公式为基础，构建了引力模型并进行了修正，这些修正模型可以综合表达为

$$F_{ij} = \frac{K_i M_i^{\alpha} \times K_j M_j^{\beta}}{D_{ij}^{b}} \qquad （16-2）$$

式中，b 为空间距离摩擦系数，$b>0$。

2. 衍生的引力模型

1）Reilly 模型

Reilly（赖利）根据牛顿力学的万有引力理论，提出了零售引力法则，他基于两个城市之间的距离是影响经济主体之间相互作用的障碍，而区位城市的市场规模对消费者来说更具有吸引力，提出一个城市对 i、j 两城市的商品零售额的比例，与其人口规模的比例成正比，与其空间距离的平方成反比（郑良海等，2011）。可用如下公式表示：

$$T_i / T_j = P_i / P_j \cdot (d_j / d_i)^2 \qquad （16-3）$$

式中，T_i、T_j 为从一中间城市被吸引到 i 城和 j 城的贸易额；d_i、d_j 为 i 城和 j

城分别到中间城市的距离；P_i、P_j分别为 i 城和 j 城的人口。

2）Converse 断裂点

Converse（康弗斯）发展了 Reilly 的理论，提出城市引力范围的断裂点公式：

$$d_i = D_{ij} / [1 + (P_j / P_i)^{1/2}] \qquad （16\text{-}4）$$

式中，d_i 为断裂点到 i 城的距离；D_{ij} 为 i、j 两城市间的距离；P_i、P_j 分别为 i 城和 j 城的人口。

16.2　国土空间的引线联结

16.2.1　交通联系——空间骨骼

城市形成后，集聚对城市空间扩展起主导作用，动力来自对周围区域的吸引。其扩展的特征之一是城市扩展的相对独立性，其次是城市间联系的微弱性，最后是扩展方向的不稳定性（薛东前和王传胜，2002）。以城市为例，在铁路、公路充分发展以前，城市多位于大江、大河沿岸，城市空间扩展沿江河流向而呈明显的带状分布。铁路、公路的发展在改变城市交通条件的同时，也改变了城市沿河单一扩展的方式，使得公路、铁路、水路共同成为城市空间扩展的轴线，从而使城市空间扩展更具灵活性，即交通线路的开辟与建设往往成为城市空间扩展的伸展轴，对城市空间扩展具有指向作用。

另外，依托交通通道的载体作用，城市之间会逐渐实现社会、经济、文化的整合，进而推动城市空间结构不断演化，在此过程中，始终遵循由单一化向复杂化转变的增长方式，引领人口、工业向远离中心的方向发展，打破原有的环状空间扩展格局，代之以网状空间结构形式而且随着城市所在区域交通网络的不断分异，主要放射线间可达性较差的区域不断得到填充，地域活动的均质性逐渐形成,城市区域空间一体化格局日益形成(刘艳军等,2006)。

这在空间经济学模型中也有所体现,前文在分析国土空间单元的人口异质性时,就提出了构建一个平面空间 X,有制造业部门(M)和农业部门(A)两个部门,用 τ 表示两个部门产品的运输成本,对农业产品和工业产品,运输成本都是正的。现在引入冯·杜能和萨缪尔森的"冰山成本"概念,冰山成本即在运输产品时会只有一部分产品能到达目的地,其余部分会像冰山一样融化消失。可以用经济学模型进行表达,假设有 1 单位的农业产品,从 $r \in X$ 运往目的地 $s \in X$,只有一部分能运抵目的地,该部分的量由 $\exp\left(-\tau^A|r-s|\right)$ 给出。这一份额随着到目的地距离的增加而减少。类似地,对于工业制成品我们有 $\exp\left(-\tau^M|r-s|\right)$。考虑两种产品运输成本下降的情况,即 τ^M 和 τ^A 减小,这将使得偏远区位的吸引力增加,使工业部门厂商从经济中心国土空间单元朝区域边界的方向迁移,同时农业地区边界也不断向外扩展。换句话讲,若交通基础设施条件越好,区域间经济活动消耗的产品就越少,区域间经济活动成本就越低,这有助于提升区域整体的福利性。这能较好地解释当前的高速铁路建设对区域经济格局的影响,高速铁路的建设使客运从原先的客货双用铁路线独立出来,原先的铁路主要用于货运,这会使铁路的货运量大幅提升,运输成本大幅下降,市场价格降低,从而提升了福利水平。

简言之,高运输成本促进资源分散,而低运输成本则促进集中。一个简单的例子可以用来说明这一基本观点。假设一个决策者需要决定布局一个或多个厂房生产某一产品,产品的消费者均匀分布在两个不同的区域。在产地居住的消费者可以零运输成本获取该企业生产的产品,而另一个区域的消费者要获取产品则必须支付 T 运输成本。投资建厂的固定成本都是 F。假定决策者想要追求建设成本和运输成本之和最小化,以获取最大限度的效率,当且仅当 $2F<F+T$ 时,也就是说 $T>F$ 时,他们会选择在两个区域投资建厂。否则,在一个区域投资建厂,生产的产品供应两个区域的消费者可以节约成本。

16.2.2　经济联系——产业转移

产业转移是指在一定条件下引起经济活动在空间上的移动。实际上，本书在 3.2 节中就对产业集聚对国土空间城市体系的影响进行了分析，当时提出的研究假设是不同产业对选址的偏好不同，导致不同产业在不同城市的集聚，进而导致形成不同规模的城市体系，若进一步增加国土空间内的产业和行业数量，以及产业选址的临界值 d^* 多元化，国土空间内的城市单元层级体系和空间分布会变得更加复杂。上述分析的重要前提是产业在不同城市之间进行转移的背后有人口的流动和土地的配置支撑。不妨假设产业 1 从城市 A 向城市 B 转移，暂不讨论其转移是主动转移（寻求利润更大化）还是被动转移(非市场因素)，产业转移从人口和土地两个方面对国土空间格局产生影响。

首先，产业 1 从城市 A 向城市 B 转移后面临着建厂房，此时，就会对城市 B 提出额外的土地需求规模 P，因为若没有该产业的转移，城市 B 的自身发展不会有这额外的土地需求。此时可以从两个方面分析城市 B 对产业 1 的土地供给：新增供给和内部挖潜。在第一种情形下，为了满足产业 1 在城市 B 的建厂发展，城市 B 不得不扩展城市边界，以获取建厂房的土地。此时，就城市 B 的发展边界而言，产业转移促进了其边界的外扩，促使城市建设规模外延扩张。当国土空间边界固定时，城市边界的扩张就意味着农业生产区域的缩小，农业土地的稀缺性提升，进而使土地租金上升，这对土地所有者产生了正向影响，因为其土地租金的收入提高了。就农民而言，城市边界的外延使得农民进城销售农产品的距离缩短了，在前文所提到的"运输成本"概念下，运输距离的缩短意味着农产品运输成本的下降，在产品价格不变的假设条件下，农民获得的实际收益提高了。第二种情形则是城市 B 通过城乡内部土地整理，尤其通过低效用地再开发保障产业 1 的用地需求，内部挖潜提升了土地集约节约利用效率，促进了城市土地的进一步集聚。

就人口流动的因素而言,产业 1 从城市 A 向城市 B 转移并建成厂房后,需要劳动力保障企业的生产,此时可以分三种情形分析劳动力的供给情况:城市内部提供、城市外围提供、其他城市提供。在第一种情形下,解决了城乡富余劳动力的就业问题,提升了城市工人的福利水平。在第二种情形下,城市外围的农村富余劳动力进城打工,促进了城市人口要素的流动,强化了城乡联系程度,这对城乡融合发展具有正向作用。第三种情形则是其他城市的人口向城市 B 流动,人口要素的空间流动强化了城市 B 与其他城市的空间联系强度,使得空间内的城市联系更为紧密。在上述三种情形下,人口在城市内的集聚,都会产生居住用地需求,这同样会增加城市的开发规模,尽管开发规模的提升可以是二维的外延或者三维的内扩。产业转移对国土空间结构的影响机理见图 16-2。

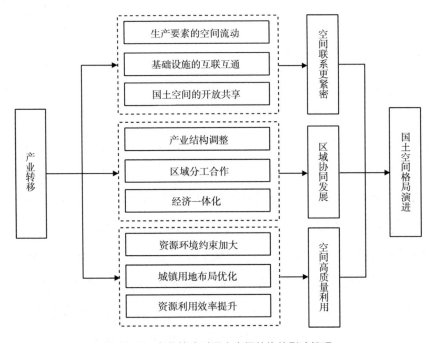

图 16-2 产业转移对国土空间结构的影响机理

此外，产业转移还会促进区域基础设施的改善。就城市间的交通基础设施而言，需要改善公路、铁路等线性交通设施，为劳动力、原材料等生产要素提供便捷的运输。就城乡协同而言，需要通过基础设施的改造提升以缓解人口集聚带来的拥堵、生活垃圾等问题。

16.3　空间引流与载体匹配

引流是空间单元之间的理论联系空间，载体是空间单元之间的现实联系空间，若从经济学的角度考虑，可以将引流视为空间联系的需求，载体视为空间联系的供给，空间载体的供给与引流的需求匹配，是优化国土空间格局的重要路径。

16.3.1　广度匹配

引流广度是指国土空间单元之间的相互作用范围，理论上，根据引力模型，区域内任何空间单元之间都会有引力，只是彼此引力作用的大小不同。因此，载体的覆盖范围与引流的作用覆盖范围一致是国土空间格局的优化状态，即有引流就匹配载体。以交通基础设施为例，区域内的国土空间单元之间彼此都有引力作用，因此需要在各个单元之间都有配套的基础设施，以此承载引流空间，将虚拟的引力作用通过交通设施现实化。

16.3.2　强度匹配

引流强度是指空间单元之间的作用力强度，载体的容量一般是指能承载最大引流的空间，容量越大，能承载的引流也就越大。前面分析指出，各个空间单元之间都存有引流，但引流的大小存在差异，因此，载体之间也应该有差异,并不是采用"一刀切"的方式来给不同空间单元间提供引流的承载空间。若空间单元之间的引流强度较大,则就匹配容量较大的载体,避免出现"小马拉大车";若空间单元之间的引流强度较弱,就匹配容量较小的载体。这就很好地解释了大城市之间需要建设客流容量较大的基础设施,如高铁、高速公路等,而小城市之间则不需要。

16.3.3 黏性匹配

引流黏性是空间单元之间相互引力作用的摩擦系数,摩擦系数越高,引流速度也就越慢,引流的黏性可以是贸易壁垒、行政成本等存在于空间单元之间的割裂要素。载体的速度相对较好理解,是指瞬时通过的现实流或虚拟流的大小。区域内的各个空间单元之间的引流黏性较小,如省内不同城市之间的引流黏性就比这些城市与省外城市之间的引流黏性小,当人流与物流企图以最快的时空速度从同一区域内某空间单元前往另一个空间单元时,交通工具自身速度的局限成为黏性产生的主因,这就需要通过优化载体的速度以匹配引流空间。

引力模型与距离衰减帮助我们理解在一个理想化的国土空间中,没有自然或文化的障碍,没有对流动的限制,也没有对行为的限制,只有在这些条件下,我们才能做出理性的交互决策。即使在这些模型条件下,由于某种原因而形成的空间相互作用的模式也不可避免地影响未来相互作用发生的条件。

第 17 章

国土空间结构引线联结的实证

17.1 城镇空间结构概况

17.1.1 城市规模体系

根据《国务院关于调整城市规模划分标准的通知》(国发〔2014〕51 号)提出的城市划分标准,即新的城市规模划分标准以城区常住人口为统计口径,将城市划分为五类七档:小城市(Ⅰ型小城市、Ⅱ型小城市)、中等城市、大城市(Ⅰ型大城市、Ⅱ型大城市)、特大城市、超大城市。河北省 2002 年和 2016 年的城市规模体系见表 17-1 和表 17-2。

表 17-1 河北省城市规模体系(2002 年)

规模等级	城镇个数/个	城镇人口规模/万人
超大城市	0	0
特大城市	0	0
Ⅰ型大城市	0	0
Ⅱ型大城市	3	458.63
中等城市	3	190.38
Ⅰ型小城市	5	170.07
Ⅱ型小城市	123	838.68

资料来源:《中国城市建设统计年报(2002)》

表 17-2　河北省城市规模体系（2016 年）

规模等级	城镇个数/个	城镇人口规模/万人
超大城市	0	0
特大城市	0	0
Ⅰ型大城市	0	0
Ⅱ型大城市	4	772.44
中等城市	6	445.99
Ⅰ型小城市	9	263.25
Ⅱ型小城市	117	1100

资料来源：《中国城市建设统计年鉴（2016）》

2016 年，河北省城市规模等级构成为：100 万~300 万人口的Ⅱ型大城市 4 个，占城市总数的 2.94%，人口规模共 772.44 万人；50 万~100 万人口的中等城市 6 个，占城市总数的 4.41%，人口规模共 445.99 万人；Ⅰ型小城市 9 个，占城市总数的 6.62%，人口规模共 263.25 万人；Ⅱ型小城市 117 个，占城市总数的 86.03%，人口规模共 1100 万人。河北省 2016 年的城镇结构体系见表 17-3。

表 17-3　河北省城镇结构体系（2016 年）

规模等级		城市名称
超大城市（1000 万人以上）		无
特大城市（500 万~1000 万人）		无
大城市	Ⅰ型大城市（300 万~500 万人）	无
	Ⅱ型大城市（100 万~300 万人）	石家庄市、唐山市、保定市、邯郸市
中等城市（50 万~100 万人）		承德市、沧州市、邢台市、衡水市、张家口市、秦皇岛市
小城市	Ⅰ型小城市（20 万~50 万人）	廊坊市、定州市、任丘市、涿州市、武安市、迁安市、遵化市、涉县、磁县
	Ⅱ型小城市（20 万以下）	宁晋县、高碑店市、魏县、滦县、三河市、辛集市、霸州市、黄骅市、深州市、河间市、晋州市、安国市、沙河市、新乐市、南宫市、泊头市、清河县、大名县、故城县、威县、平泉县、玉田县、固安县、张北县、正定县、安平县、涞源县、乐亭县、枣强县、昌黎县、平山县、滦南县、肥乡县、临漳县、巨鹿县、赵县、曲周县、献县、迁西县、

续表

规模等级		城市名称
小城市	Ⅱ型小城市（20万人以下）	景县、香河县、青县、唐县、武邑县、井陉县、馆陶县、怀来县、鸡泽县、定兴县、隆尧县、吴桥县、易县、东光县、成安县、深泽县、元氏县、武强县、曲阳县、围场满族蒙古族自治县、广平县、丰宁满族自治县、蔚县、无极县、临西县、肃宁县、兴隆县、平乡县、青龙满族自治县、高阳县、涿鹿县、内丘县、阜城县、南和县、任县、顺平县、承德县、隆化县、盐山县、广宗县、蠡县、宽城满族自治县、邱县、行唐县、灵寿县、南皮县、阜平县、尚义县、雄县、涞水县、大城县、滦平县、临城县、望都县、阳原县、康保县、沽源县、怀安县、卢龙县、博野县、安新县、高邑县、新河县、文安县、赤城县、万全县、赞皇县、海兴县、容城县、柏乡县、饶阳县、永清县、崇礼县、孟村回族自治县、大厂回族自治县、白沟新城、胜芳镇、燕郊镇

资料来源：《中国城市建设统计年鉴（2016）》

注：2016年撤销崇礼县、万全县、肥乡县，设张家口市崇礼区、张家口市万全区、邯郸市肥乡区

　　2002年，河北省有100万~300万人口的Ⅱ型大城市3个，分别是石家庄市、唐山市和邯郸市，占城市总数的2.24%，人口规模共458.63万人；中等城市3个，分别是秦皇岛市、保定市和张家口市，占城市总数的2.24%，人口规模共190.38万人；Ⅰ型小城市5个，分别是邢台市、承德市、沧州市、廊坊市和衡水市，占城市总数的3.73%，人口规模共170.07万人；Ⅱ型小城市123个，人口规模共838.68万人。

　　河北省是京津冀建设世界级城市群的重要组成部分，未来京津冀城市群将形成超大城市、特大城市、大城市、中等城市、小城市梯度配置的城镇体系，建设与之相适应的、能吸附大量人口和产业的大中小城市，是未来河北城镇化的重大任务。然而，从现状来看，河北省城镇体系结构存在失衡，中心城市规模不大，中等城市数量少、规模小，小城市和小城镇数量多、规模小，与建设世界级城市群的要求还有很大差距。

17.1.2　城镇空间布局

　　《河北省国民经济和社会发展第十三个五年规划纲要》提出了全省区域发

展新格局，着力打造环京津核心功能区、沿海率先发展区、冀中南功能拓展区、冀西北生态涵养区。其中，环京津核心功能区包括保定平原地区和廊坊市，沿海率先发展区包括唐山、沧州、秦皇岛；冀西北生态涵养区包括张家口、承德及太行山区；冀中南功能拓展区包括石家庄、邯郸、邢台平原地区和衡水市。

交通的通畅便捷是城市经济社会发展的重要因素，因此，交通道路尤其是骨干通道建设往往成为城镇区域布局中的关键因素。长期以来，河北布局的一批重要城市依靠京广、京九和京山等国家重点铁路交通设施和能源运输通道。近年来随着以港口为核心的沿海经济快速发展，石黄高速等一批港腹互动通道对城镇的带动作用也在逐步凸显。2016 年，京承—京广通道、京九通道、津保通道、石沧通道、京山通道、石德通道等 6 条通道总共带动大中小城市 58 个，城镇人口规模达到 2802.2 万人，占河北省城镇人口的 70.35%（表 17-4），其中纵向的京承—京广通道和京九通道与横向的石沧通道、京山通道对城镇空间布局的影响最为明显，合计带动各级城市 50 个，沿线城镇人口达到 2448.5 万人，超过河北省城镇人口的 61%。

表 17-4　河北省交通干线城镇人口分布情况（2016 年）

通道类型	城市数量	城镇人口规模/万人	占河北省城镇人口比重
京承—京广通道	25	1192.7	29.94%
京九通道	12	331.3	8.32%
津保通道	3	122.1	3.07%
石沧通道	8	518.3	13.01%
京山通道	5	406.2	10.20%
石德通道	5	231.8	5.82%
合计	58	2802.2	70.35%

注：本表数据因进行了四舍五入，存在运算不等的情况

河北省环绕北京、天津两个特大城市，省级城镇体系与国家总体趋势呈现不同的特点。从人口居住地来看，2016 年河北省城镇人口在中心城市（设区市）城区、县城（县级市及县城）城区和小城镇的分布基本呈现"三分天下"的格局，分别达到 1266 万人、1293 万人和 1424 万人。

海洋是集水、土、能、矿、盐、渔等战略资源于一体的战略资源宝库，沿海地区历来是发达国家和地区城镇化发展的重点，世界 60% 以上的国际化城市、经济核心区和高开放区分布在沿海地区距海 200 km 范围内。近年来，河北沿海地区港口的快速发展，以及石油化工和钢铁产业的持续拉动，使得沿海城镇发展迅速，但受多种自然、历史和经济社会条件的综合影响，沿海地区整体而言仍然相对落后，在全省中的地位和影响带动能力远低于太行山前地区，2016 年，沿海地区涵盖 26 个城市，占全省的 19.3%，城市人口 616.9 万，仅占全省的 25.1%，与山前地区形成较大发展落差，与发达省份沿海地区的作用和地位相去甚远，沿海城镇在全省经济社会发展和城镇体系建设中的作用远未得到充分发挥。同时沿海城镇发展的滞后也严重制约了全省城镇开放化、国际化的进程，影响了全省在我国东部沿海省份中地位的确立和提升。

17.2　城市空间引力测算

17.2.1　国土空间引力模型

1. 改进的引力模型

传统引力模型的一个缺点是两个空间单元之间简单的欧氏距离并不能准确地反映现实中的实际距离，甚至与现实中的空间距离偏离很大。因此，本章使用改进引力模型衡量国土空间单元之间的空间联系强度，包括引力强度与隶属度两方面内容（赵正等，2017）。本章以城市人口、地区生产总值和建成区面积综合表示引力模型的质量，选取城市间最短时空距离代表距离。本章确定使用的引力模型公式形式为

$$F_{ij} = G \times \frac{\sqrt{P_i \times G_i \times C_i} \times \sqrt{P_j \times G_j \times C_j}}{D_{ij}^{\ b}} \qquad (17\text{-}1)$$

式中，F_{ij} 为城市 i 和城市 j 之间的空间引力强度；P_i 和 P_j 为两城市的年末城市人口数（万人）；G_i 和 G_j 为两城市的地区生产总值（亿元）；C_i 和 C_j 为两城市的建成区面积（万 km^2）；b=2；G=1；D_{ij} 为两城市的时空距离。

　　为了更加准确和贴近实际地表达城市间的引力作用，城市间的距离不能单纯地考虑欧氏空间距离，本章运用 ArcGIS 网络数据集分析功能，获取城市道路之间的最短距离和相应的通勤时间，用两者的复合时空距离来代替欧氏空间距离，计算公式如下：

$$D_{ij} = \alpha L_{ij} + \beta T_{ij} \qquad (17\text{-}2)$$

式中，D_{ij} 为城市之间的时空距离，是由公路最短路径距离和相应通勤时间 L_{ij} 与时间成本 T_{ij} 组成的；α=0.5；β=0.5。路网数据源于当年地图矢量化数据，提取高速公路、国道和省道路网。根据《公路工程技术标准》（JTG B01—2014）设定不同等级道路网的运行速度，高速公路平均行车速度设定为 100 km/h，国道平均行车速度设定为 80 km/h，省道平均行车速度设定为 60 km/h，通过行车速度将路径距离与通勤时间衔接，以此测算城市间通勤时间成本。

　　除此之外，本章还进一步计算了各城市间的联系隶属度 R_{ij}，计算公式如下：

$$R_{ij} = \frac{F_{ij}}{\sum_{i=1}^{31} F_{ij}} \qquad (17\text{-}3)$$

2. 改进的断裂点模型

本章使用断裂点模型衡量河北省各城市之间的空间影响强度范围，即城

市对周边区域的辐射半径。本章对断裂点模型进行改进，在人口和经济规模基础上，引入建设用地要素，对河北省 31 个综合实力占优的核心城市进行断裂点分析，测度城市之间的空间影响强度，即城市对周边区域的影响和辐射作用（齐梦溪等，2018）。若以 L_i 表示断裂点到 i 市的距离，L_j 表示断裂点到 j 市的距离，L_{ij} 表示两城市间路径距离，并分别以城市人口规模、地区生产总值以及建成区规模指标，全面反映城市的实际引力，则具体的断裂点计算公式为

$$L_i = \frac{L_{ij}}{(1+\sqrt{P_j/P_i})} \tag{17-4}$$

$$L_i = \frac{L_{ij}}{(1+\sqrt{G_j/G_i})} \tag{17-5}$$

$$L_i = \frac{L_{ij}}{(1+\sqrt{C_j/C_i})} \tag{17-6}$$

式中各指标解释同上。

17.2.2　城市间的空间引力强度

1. 城市综合质量测度

按照前文的国土空间引力模型，首先计算出 2002 年和 2016 年河北省 31 个城市的综合质量，结果见表 17-5。石家庄市作为省会城市，其城市综合质量在 2002~2016 年的增长率为 313%，2002 年和 2016 年综合质量排名都位于全省第一。唐山市的城市综合质量在 14 年间增长了 259%，2002 和 2016 年综合质量排名都处于全省次位。从表 17-5 中可知，石家庄市和唐山市的城市综合质量在 2002 年和 2016 年都远超其他城市，反映了两座城市在省内城镇发展格局中的"双核"地位。城市综合质量增长率最高的是迁安市，达到

1617%，即迁安市 2016 年的城市综合质量是 2002 年的 17 倍之多，表明其城市人口、经济和建设用地快速增长，其省内排名也提高了 13 位。

表 17-5　河北省城市综合质量变化（2002~2016 年）

城市	2002 年综合质量	排名	2016 年综合质量	排名	综合质量增长率	排名变化
石家庄市	3 761.28	1	15 520.52	1	313%	→
辛集市	86.64	17	456.15	18	426%	↓1
晋州市	46.77	28	243.08	24	420%	↑4
新乐市	67.72	22	160.41	29	137%	↓7
唐山市	3 525.72	2	12 670.61	2	259%	→
遵化市	101.79	15	536.60	16	427%	↓1
迁安市	57.80	26	992.30	13	1617%	↑13
秦皇岛市	945.67	4	3 462.68	5	266%	↓1
邯郸市	1 476.95	3	6 357.14	3	330%	→
武安市	68.46	21	708.88	15	935%	↑6
邢台市	372.95	7	1 617.93	9	334%	↓2
南宫市	35.17	31	153.75	30	337%	↑1
沙河市	57.54	27	192.20	27	234%	→
保定市	907.13	5	5 525.48	4	509%	↑1
涿州市	133.89	13	521.06	17	289%	↓4
定州市	108.07	14	738.77	14	584%	→
安国市	37.64	30	128.87	31	242%	↓1
高碑店市	71.62	19	197.72	26	176%	↓7
张家口市	858.23	6	2 519.92	6	194%	→
承德市	289.33	10	1 382.48	10	378%	→
沧州市	293.42	9	1 683.35	8	474%	↑1
泊头市	64.76	23	270.26	23	317%	→
任丘市	187.24	12	993.19	12	430%	→
黄骅市	58.27	25	372.56	20	539%	↑5

续表

城市	2002 年综合质量	排名	2016 年综合质量	排名	综合质量增长率	排名变化
河间市	69.30	20	308.16	22	345%	↓2
廊坊市	334.21	8	1 706.70	7	411%	↑1
霸州市	87.64	16	313.87	21	258%	↓5
三河市	82.93	18	439.18	19	430%	↓1
衡水市	196.31	11	1298.37	11	561%	→
冀州市	44.25	29	181.57	28	310%	↑1
深州市	63.31	24	235.09	25	271%	↓1

注：→表示排名无变化，↓表示排名下降，↑表示排名上升

迁安市是唐山市代管市，其地处京津冀物流大通道和"京津唐秦承"城市圈的中心，两者空间距离仅为 60 多 km，是河北省贯彻"东出西联""两环带动"经济发展战略的一线地区，2016 年迁安市境内公路通车总里程达到 2338 km，公路密度位居河北省首位，发达的交通体系使其经济社会发展较为快速。

2. 城市间的时空距离

随着交通基础设施建设的大力推进，城市间点到点的快速通道密度逐渐提升，尤其在 2008 年的金融危机之后，河北省加大对道路基础设施的投资，道路和场站的新建、改造规模进一步扩大和提速，使河北省城市间的时空距离都有不同程度的缩小。

在 ArcGIS 平台上运用网络数据集分析以石家庄为出发点到其他 30 个城市的公路路径，可以看出 2016 年的通勤距离较 2002 年明显降低，缩短距离达到 1030.07 km（表 17-6）。因篇幅限制，仅列出石家庄市、唐山市至省内其他 30 个城市的路径距离，体现公路基础设施建设能有效缩短这两个城市至全省其他 30 个城市的公路通勤距离，以此体现这两个城市在全省公路网中的重要作用。

表 17-6 石家庄、唐山至河北省内其他城市的公路里程变化（2002~2016 年）

石家庄至	2002 年里程/km	2016 年里程/km	缩短距离/km	唐山至	2002 年里程/km	2016 年里程/km	缩短距离/km
辛集市	70.13	62.21	7.92	石家庄	421.76	362.69	59.07
晋州市	49.21	46.01	3.20	辛集市	399.96	319.23	80.73
新乐市	40.32	36.91	3.41	晋州市	398.24	324.64	73.60
唐山市	421.76	362.69	59.07	新乐市	381.44	333.81	47.63
遵化市	433.62	380.33	53.29	遵化市	71.80	64.34	7.46
迁安市	511.39	422.25	89.14	迁安市	90.77	61.16	29.61
秦皇岛市	561.83	487.97	73.86	秦皇岛市	146.18	127.18	19.00
邯郸市	179.85	159.32	20.53	邯郸市	565.40	465.82	99.58
武安市	187.14	152.09	35.05	武安市	590.03	476.52	113.51
邢台市	121.02	108.93	12.09	邢台市	518.58	429.37	89.21
南宫市	131.38	108.45	22.93	南宫市	419.13	349.75	69.38
沙河市	150.61	130.87	19.74	沙河市	538.92	443.92	95.00
保定市	137.60	123.80	13.80	保定市	284.17	248.22	35.95
涿州市	221.42	204.20	17.22	涿州市	223.65	188.93	34.72
定州市	73.63	66.54	7.09	定州市	348.10	302.47	45.63
安国市	112.77	81.95	30.82	安国市	333.79	280.74	53.05
高碑店市	202.32	185.06	17.26	高碑店市	242.74	200.14	42.60
张家口市	439.73	304.71	135.02	张家口市	407.82	306.86	100.96
承德市	514.46	438.44	76.02	承德市	206.57	147.34	59.23
沧州市	225.10	205.10	20.00	沧州市	235.48	187.49	47.99
泊头市	186.86	180.13	6.73	泊头市	274.11	221.79	52.32
任丘市	199.25	157.10	42.15	任丘市	248.27	205.74	42.53
黄骅市	299.79	249.38	50.41	黄骅市	220.73	157.44	63.29
河间市	188.41	144.34	44.07	河间市	280.60	223.52	57.08
廊坊市	298.95	251.00	47.95	廊坊市	150.18	126.51	23.67
霸州市	235.45	201.92	33.53	霸州市	192.40	163.60	28.80
三河市	348.99	307.93	41.06	三河市	114.67	101.69	12.98

续表

石家庄至	2002 年里程/km	2016 年里程/km	缩短距离/km	唐山至	2002 年里程/km	2016 年里程/km	缩短距离/km
衡水市	124.11	106.25	17.86	衡水市	366.22	302.72	63.50
冀州市	134.88	108.53	26.35	冀州市	392.16	324.42	67.74
深州市	94.23	91.73	2.50	深州市	367.68	289.71	77.97
总里程	6896.21	5866.14	1030.07	总里程	9431.55	7737.76	1693.79

3. 城市间的引力强度

在上述分析基础上，根据引力测度模型，测算得出河北省 31 个城市在 2002 年和 2016 年的空间引力强度与隶属度。受篇幅限制，此处仅列出河北省各城市的引力强度合计规模及隶属度。

根据引力强度结果，本章进一步对河北省各城市进行空间引力强度等级划分，等级标准见表 17-7。

表 17-7　河北省城市空间引力强度等级划分标准

项目	一级	二级	三级	四级	五级
取值范围	$F_{ij} \geqslant 50$	$20 \leqslant F_{ij} < 50$	$10 \leqslant F_{ij} < 20$	$2 \leqslant F_{ij} < 10$	$0 \leqslant F_{ij} < 2$

在 2002 年，石家庄市与保定市、石家庄市与定州市、石家庄市与新乐市、石家庄市与晋州市、石家庄市与辛集市、石家庄市与邯郸市、邯郸市与沙河市、邯郸市与武安市、石家庄市与唐山市、唐山市与秦皇岛市、唐山市与遵化市的引力强度为四级，尤其是石家庄市与唐山市发挥了引力节点作用，由这两个城市引出的四级引力线达到 9 条，占四级引力线总数的 82%，其余城市之间的引力强度都为五级。

2016 年，河北省内各城市间的引力强度都有不同程度的提高，其原因不仅在于各个城市的人口、经济和建设用地发展引致城市综合质量提升，还在于城市间时空距离缩短。石家庄市与保定市、石家庄市与定州市、石家庄市与新乐市、石家庄市与晋州市、石家庄市与辛集市、石家庄市与邯郸市、石家庄市与邢台市、石家庄市与衡水市、邯郸市与沙河市、邯郸市与武安市、石家庄市与唐山市、唐山市与秦皇岛市、唐山市与遵化市、唐山市与迁安市、唐山市与廊坊市的引力强度上升到一级，石家庄市、唐山市与其他城市的引力强度进一步提升，而张家口市和承德市处于边缘化位置。

2002 年，石家庄市对河北省内其他 30 个城市的引力总和为 36.58，为全省最大引力规模，占全省各城市引力总和的 22.54%，即引力隶属度，说明石家庄市对外辐射能力较强，省会城市的"火车头"作用凸显；到 2016 年，石家庄市对河北省内其他 30 个城市的引力总和为 1129.06，占全省各城市引力总和的 18.66%，较 2002 年降低了 3.88 个百分点，表明在这 14 年间，石家庄市在全省的辐射带动作用被其他城市所稀释，但仍是全省引力最大值。

2002 年，唐山市对河北省内其他 30 个城市的引力总和为 18.65，为全省第二大引力规模，占全省各城市引力总和的 11.56%。2016 年，唐山市对河北省内其他 30 个城市的引力总和提升至 641.40，占全省各城市引力总和的 10.60%。尽管就引力隶属度而言，唐山市在省内空间辐射作用有所减弱，但在局部地区的引力作用有所增加，一级引线数仅次于石家庄市，表明唐山市在河北省城镇体系中发挥着重要节点作用。

从引力隶属度来看（表 17-8），引力隶属度增强的有冀州市、三河市、泊头市、辛集市、承德市、河间市、廊坊市、黄骅市、邯郸市、沧州市、定州市、任丘市、衡水市、保定市、武安市和迁安市，表明这些城市在河北省城镇体系中的节点作用有提升，对周边城市的辐射作用有所提升。与此同时，石家庄市、新乐市、秦皇岛市、唐山市、高碑店市、沙河市、涿州市、深州市、遵化市、霸州市、张家口市、晋州市、邢台市、安国市和南宫市的引力隶属度呈负向变化。

表 17-8　河北省 31 个城市之间的引力隶属度变化（2002~2016 年）

城市	2002 年隶属度	2016 年隶属度	变化值/个百分点
石家庄市	22.54%	18.66%	−3.88
辛集市	2.02%	2.19%	+0.17
晋州市	1.84%	1.75%	−0.09
新乐市	3.58%	1.47%	−2.11
唐山市	11.56%	10.60%	−0.96
遵化市	1.65%	1.49%	−0.16
迁安市	0.67%	2.99%	+2.32
秦皇岛市	4.05%	2.91%	−1.14
邯郸市	11.43%	11.78%	+0.35
武安市	2.72%	4.88%	+2.16
邢台市	5.45%	5.40%	−0.05
南宫市	0.39%	0.37%	−0.02
沙河市	2.23%	1.68%	−0.55
保定市	8.43%	9.83%	+1.40
涿州市	1.66%	1.14%	−0.52
定州市	2.41%	3.20%	+0.79
安国市	0.60%	0.57%	−0.03
高碑店市	1.27%	0.62%	−0.65
张家口市	1.24%	1.13%	−0.11
承德市	0.87%	1.08%	+0.21
沧州市	1.92%	2.52%	+0.60
泊头市	0.60%	0.62%	+0.02
任丘市	1.92%	2.72%	+0.80
黄骅市	0.31%	0.60%	+0.29
河间市	0.69%	0.94%	+0.25
廊坊市	2.41%	2.67%	+0.26
霸州市	0.85%	0.74%	−0.11

城市	2002 年隶属度	2016 年隶属度	变化值/个百分点
三河市	0.76%	0.78%	+0.02
衡水市	2.23%	3.14%	+0.91
冀州市	0.64%	0.65%	+0.01
深州市	1.06%	0.88%	−0.18

注：本表数据因进行了四舍五入，存在比例合计不等于100%的情况；变化值数据由原始数据计算得出

17.2.3　引力断裂点

根据前文对引力断裂点的研究方法设定，本章以 2002 年和 2016 年为时间点，对河北省 31 个城市引力断裂点之间的距离进行计算，以此分析引力断裂点的变化范围，探讨城市辐射边界的拓展与收缩情况。首先仅考虑基于经济规模的城市与断裂点距离，其次仅考虑基于人口规模的城市与断裂点距离，最后是仅考虑建设用地规模的城市与断裂点，目的在于对三种空间影响强度的计算结果进行对比，突出在不同判定标准下城市与断裂点间距离呈现出的不同特点。以上三种计算方式分别采用地区生产总值（亿元）、市辖区年末总人口数（万人）以及建设用地规模（万 km^2）作为断裂点模型的判定标准。需要说明的是，前文已指出路网建设使城市间的时空距离有所拉近，但为了分析人口、经济和建设用地要素的发展所带来的断裂点动态变化值，剥离城市间道路距离的变化对断裂点产生的影响，我们将断裂点模型中的分子，即城市间距离固定为 2002 年的道路距离。

1. 人口引力断裂点

河北省内各个城市基于人口规模的城市空间引力断裂点变化差异较大（表 17-9），总体表现为地级市的引力范围缩短，即人口规模的辐射范围缩短，其他中小城市的引力范围有不同程度的扩大，人口引力变化总体呈现"大城

小引，小城大引"的特征。迁安市是人口引力辐射范围变化最大的城市，2016年的人口引力断裂点较 2002 年增加了 1493.18 km，这个距离是迁安市对其他 30 个城市人口引力辐射范围的总距离。张家口市和承德市的人口引力辐射范围有较大程度的缩短，其中张家口市的人口引力辐射范围缩短了 723.86 km，承德市的人口引力辐射范围缩短了 489.71 km。

表 17-9　基于人口规模的城市空间引力断裂点范围（2002~2016 年）

城市	2002 年引力断裂点/km	2016 年引力断裂点/km	引力范围变化/km
石家庄市	5263.95	4964.41	−299.54
辛集市	2505.91	2513.74	+7.83
晋州市	2053.90	2403.03	+349.13
新乐市	2674.14	2233.29	−440.86
唐山市	7265.78	6807.74	−458.04
遵化市	4186.39	4686.62	+500.23
迁安市	4119.45	5612.62	+1493.18
秦皇岛市	8851.39	8540.82	−310.57
邯郸市	7394.68	7060.20	−334.48
武安市	3989.44	4927.51	+938.07
邢台市	5655.49	5455.40	−200.09
南宫市	2607.38	2784.95	+177.56
沙河市	3788.63	3322.82	−465.81
保定市	3881.56	3866.41	−15.15
涿州市	3204.65	3135.29	−69.36
定州市	2998.50	3300.59	+302.09
安国市	2146.11	2090.89	−55.22
高碑店市	2677.17	2422.98	−254.19
张家口市	9501.08	8777.22	−723.86
承德市	7671.85	7182.13	−489.71
沧州市	3891.41	3584.30	−307.11

续表

城市	2002 年引力断裂点/km	2016 年引力断裂点/km	引力范围变化/km
泊头市	2533.99	2639.18	+105.19
任丘市	3186.97	3064.81	−122.16
黄骅市	2812.69	3078.37	+265.69
河间市	2195.14	2425.73	+230.59
廊坊市	4253.89	4006.61	−247.28
霸州市	2628.44	2567.74	−60.70
三河市	3466.98	3720.69	+253.71
衡水市	3496.64	3557.41	+60.77
冀州市	2660.98	2801.62	+140.64
深州市	2511.20	2544.41	+33.21

注：表中引力断裂点是指该城市对其他 30 个城市基于人口规模的城市空间引力断裂点之和。引力范围变化数据由原始数据计算得出

2. 经济引力断裂点

在经济引力断裂点方面（表 17-10），石家庄市、唐山市、邯郸市、保定市、沧州市、廊坊市和衡水市等地级市的经济引力辐射范围有所扩大，其中沧州市和廊坊市的辐射范围分别扩大了 568.25 km 和 561.80 km。迁安市也是经济引力辐射范围变化最大的城市，2016 年的经济引力断裂点较 2002 年增加了 605.71 km，这个距离是迁安市对其他 30 个城市经济引力辐射范围的总距离。

表 17-10　基于经济规模的城市空间引力断裂点范围（2002~2016 年）

城市	2002 年引力断裂点/km	2016 年引力断裂点/km	引力范围变化/km
石家庄市	4792.34	4891.79	+99.44
辛集市	3031.17	2995.12	−36.05
晋州市	2829.68	2774.04	−55.64
新乐市	2863.11	2628.37	−234.73

续表

城市	2002 年引力断裂点/km	2016 年引力断裂点/km	引力范围变化/km
唐山市	7015.52	7157.48	+141.96
遵化市	5618.34	5498.90	−119.44
迁安市	6566.71	7172.43	+605.71
秦皇岛市	8413.74	8166.34	−247.40
邯郸市	6148.40	6443.07	+294.67
武安市	5220.50	5701.43	+480.93
邢台市	4109.74	3988.04	−121.70
南宫市	2537.81	2278.85	−258.96
沙河市	3970.54	3939.39	−31.15
保定市	3376.55	3552.61	+176.06
涿州市	3111.86	2955.48	−156.38
定州市	3090.23	2941.89	−148.34
安国市	2256.79	1986.95	−269.84
高碑店市	2863.81	2352.31	−511.50
张家口市	7933.62	7787.20	−146.42
承德市	6180.81	5989.55	−191.26
沧州市	3039.93	3608.18	+568.25
泊头市	2483.11	2621.59	+138.48
任丘市	3060.20	3284.61	+224.42
黄骅市	3404.09	3380.74	−23.35
河间市	2828.34	2650.02	−178.33
廊坊市	3833.64	4395.44	+561.80
霸州市	3155.08	3187.48	+32.40
三河市	4343.75	4477.26	+133.51
衡水市	2899.06	3044.50	+145.44
冀州市	2649.47	2118.26	−531.20
深州市	2496.97	2170.34	−326.64

注：表中引力断裂点是指该城市对其他 30 个城市基于经济规模的城市空间引力断裂点之和。引力范围变化数据由原始数据计算得出

3. 建设用地引力断裂点

河北省内各个城市基于建设用地规模的城市空间引力断裂点变化差异很大（表 17-11），地级市与其他中小城市的引力范围有不同程度的变化，并无明显特征。石家庄市 2016 年的建设用地引力断裂点范围较 2002 年增加了 29.43 km。同一时期，唐山市的建设用地引力断裂点缩小了 138.07 km。迁安市也是建设用地引力辐射范围变化最大的城市，2016 年的建设用地引力断裂点较 2002 年增加了 1483.09 km，表明这段时期内，迁安市的建设用地扩张规模较大，建设用地规模越大对周边城市的引力也会越大。张家口市和承德市的建设用地引力断裂点变化方向截然相反,张家口市 2016 年的建设用地引力断裂点较 2002 年缩短了 617.55 km，而承德市却扩张了 757.86 km。

表 17-11　基于建设用地规模的城市空间引力断裂点范围（2002~2016 年）

城市	2002 年引力断裂点/km	2016 年引力断裂点/km	引力范围变化/km
石家庄市	4764.29	4793.72	+29.43
辛集市	2635.55	2736.13	+100.58
晋州市	2527.85	2252.28	−275.57
新乐市	2779.31	2316.79	−462.52
唐山市	6943.58	6805.51	−138.07
遵化市	4695.97	4583.01	−112.96
迁安市	4557.25	6040.34	+1483.09
秦皇岛市	8725.62	8597.12	−128.51
邯郸市	6822.23	6718.93	−103.29
武安市	4501.92	4991.27	+489.34
邢台市	5034.78	5178.36	+143.58
南宫市	2712.02	2614.00	−98.02
沙河市	3961.71	3639.25	−322.45
保定市	3694.88	3849.85	+154.96
涿州市	3181.51	3038.01	−143.50

续表

城市	2002 年引力断裂点/km	2016 年引力断裂点/km	引力范围变化/km
定州市	2799.28	3128.61	+329.33
安国市	2218.14	2030.43	−187.70
高碑店市	2653.09	2549.98	−103.11
张家口市	9013.10	8395.55	−617.55
承德市	7190.50	7948.36	+757.86
沧州市	3513.83	3590.95	+77.13
泊头市	3005.61	2543.34	−462.27
任丘市	3036.71	3066.45	+29.75
黄骅市	3367.06	3651.79	+284.73
河间市	2620.00	2407.08	−212.92
廊坊市	4260.31	4074.25	−186.06
霸州市	2966.77	2512.93	−453.84
三河市	3615.08	3432.35	−182.73
衡水市	3254.94	3551.12	+296.19
冀州市	2533.74	2665.95	+132.21
深州市	2494.44	2377.18	−117.26

注：表中引力断裂点是指该城市对其他 30 个城市基于建设用地规模的城市空间引力断裂点之和。引力范围变化数据由原始数据计算得出

第 18 章
国土空间板块的分区管控

18.1 基于功能分区的板块识别

多功能性是国土的基本特征。一般来说，人们对国土的需求的差异性导致一块地存在多功能性、主次之分等现象。本节通过国土空间功能适宜性评价，明确国土空间的主导功能，进而以此划分国土空间板块。

18.1.1 生态空间

1. 生态空间的内涵

生态空间以自然生态或人工生态为主，主要承担国土空间的生态服务、生态系统维护、生态产品供给等功能，包括森林、山岭、草原、湿地、河流、湖泊、滩涂、自然岸线、荒地、荒漠、冰川等自然生态空间，以及城市公园、绿地、水系等人工生态空间。

《省级国土空间规划编制指南》（试行）提出国土空间格局的优化要"依据重要生态系统识别结果，维持自然地貌特征，改善陆海生态系统、流域水系网络的系统性、整体性和连通性，明确生态屏障、生态廊道和生态系统保护格局；确定生态保护与修复重点区域；构建生物多样性保护网络，为珍稀动植物保留栖息地和迁徙廊道；合理预留基础设施廊道"。

2．生态空间识别

生态功能重要性评价是生态空间识别的主要手段，从生态保护底线、生态系统服务重要性、生态敏感性等三个方面评价生态功能重要性。其中，生态保护底线是生态重要性最高等级，而生态系统服务重要性与生态敏感性则根据其程度来进行重要性的评估（图 18-1）。

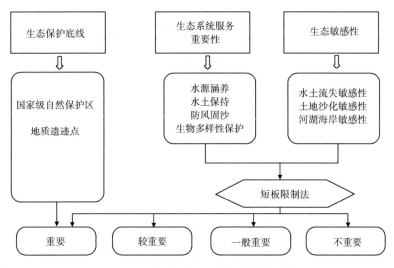

图 18-1　生态功能重要性评价技术路线

1）生态功能重要性评价指标体系

根据评价思路建立评价指标体系（表 18-1），评价指标可以分为两大类：一类为强限制性指标，包括生态保护底线，该范围所包括的区域生态功能极为重要，等级为 1；另一类为弱限制性指标，包括生态系统服务重要性、生态敏感性，运用木桶原理，按照因子短板级别确定最终适宜性级别的规则来获得。

表 18-1 国土空间生态功能重要性评价体系

系统性	指标层		指标分级	建议等级
生态保护底线	D1	自然保护区	保护区	1
			非保护区	4
	D2	地质遗迹点	地质遗迹点	1
			非地质遗迹点	4
	D3	禁止开发区	禁止开发区	1
			非禁止开发区	4
生态系统服务重要性	S1	水源涵养	水源地及其 500 m 缓冲区	1
			500~1000 m 缓冲区	2
			1000~2000 m 缓冲区	3
			>2000 m 区域	4
	S2	水土保持	极为重要	1
			重要	2
			一般重要	3
			其他	4
	S3	防风固沙	极为重要	1
			重要	2
			一般重要	3
			其他	4
	S4	生物多样性	极为重要	1
			重要	2
			一般重要	3
			其他	4
生态敏感性	M1	水土流失敏感性	极为敏感	1
			敏感	2
			一般敏感	3
			不敏感	4

续表

系统性	指标层		指标分级	建议等级
生态敏感性	M2	河湖海岸敏感性	<500 m 区域	1
			500~1000 m 区域	2
			1000~2000 m 区域	3
			>2000 m 区域	4
	M3	土地沙化敏感性	重度沙化	1
			中度沙化	2
			轻度沙化	3
			其他	4

2015 年，环境保护部印发的《生态保护红线划定技术指南》经过试点试用、地方和专家反馈、技术论证，对以下四项进行了重要性评价，依次是水源涵养、生物多样性保护、防风固沙、水土保持。此项评价从水土流失、土地沙化、石漠化三个方面考察生态敏感性。《生态保护红线划定技术指南》的附录中列出了具体方法。上述三个方面的评价指标可以分为两大类：一类为直接赋值指标，包括生态保护底线，由于其本身就是生态环境系统的重要组成部分，故该范围所包括的区域生态功能重要性等级最高；另一类为计算赋值指标，包括生态系统服务重要性和生态敏感性，通过加权求和法计算获得，根据其重要性分值的大小来划分重要性等级。

2）生态功能重要性综合评价

A. 生态保护底线区域评价

生态保护底线区域评价是非常重要的，这关系到国家或地区生态安全。为了保持和提高生态产品的供给能力，需要在国土空间开发中限制大规模高强度工业化城镇化开发的区域的主要类型有水源涵养区、水土保持区、防风固沙区和生物多样性维护区（陈映，2015）。

B. 其他生态功能重要性评价

在此基础上，对非生态保护底线区生态功能的重要性进行评价，测度指标从生态系统服务重要性、生态敏感性两个方面进行计算，综合各指标的分值，并根据其对生态环境的影响程度分配相应的权重。生态重要性分值按照下列公式计算：

$$E' = \sum_{i=1}^{n} S_i + \sum_{j=1}^{m} M_j \qquad （18\text{-}1）$$

式中，E' 为生态重要性分值；S_i 为第 i 个生态系统服务重要性指标分值；M_j 为第 j 个生态敏感性指标分值。

最后，在上述评价的基础上，根据重要性评价分值的直方图，对重要性等级进行划分，最终获得"极重要""较重要""一般重要""不重要"四个等级。

18.1.2　农业空间

1. 农业空间的内涵

农业生产和农村居民生活是农业板块的主体功能，它是承载农业生产和农村生活功能的国土空间，主要包括永久基本农田、一般农田等农业生产用地以及村庄等农村生活用地。

《省级国土空间规划编制指南》（试行）中提出，要"以水平衡为前提，优先保护平原地区水土光热条件好、质量等级高、集中连片的优质耕地，实施'小块并大块'，推进现代农业规模化发展；在山地丘陵地区因地制宜发展特色农业。综合考虑不同种植结构水资源需求和现代农业发展方向，明确种植业、畜牧业、养殖业等农产品主产区，优化农业生产结构和空间布局。按照乡村振兴战略和城乡融合要求，提出优化乡村居民点布局的总体要求，实施差别化国土空间利用政策"。

2. 农业功能适宜性评价

农业生产空间、农村居民点和农村建设用地属于农业空间。农业生产和农村生活存在本质上的区别，农业功能评价应包括农业生产适宜性评价和农村居住空间适宜性评价。

从农业生产适宜性角度出发，光、热、水、土、地形等都是影响农业生产的基本条件。农业生产成本则受灌排设施、污染等条件的影响。研究表明（关小克等，2010；郑新奇等，2007），影响土壤肥力的主要评价因子包括气候、水文、地形、土壤、植被、坡度、土层厚度、灌排保证、有机质、降水量、积温、浓度、毗连度等。目前的耕地分类结果基本上是上述因素的反映，因此耕地农业适宜性评价因子可以采用耕地分类结果。此外，永久基本农田是耕地的本质，而《省级国土空间规划编制指南》（试行）确定的粮食主产区或生产基地也是农业生产的核心区域，因此上述地区直接纳入农业生产空间。应当指出，农业生产不仅需要"精心规划"，而且需要"可持续"（袁枫朝等，2008）。其本质是农业、生态、城镇等空间的博弈与平衡。根据后续讨论的相关内容，为了避免重复，这里的适宜性没有考虑社会经济因素。

除永久基本农田和优等草地为最适宜的 1 级农用地外，耕地、后备耕地及其他农用地需要根据其自身质量等别和土壤污染情况，再进行适宜性的判断，农村居民点则根据其自然适宜性情况和集中连片程度进行农业功能的判断。具体评价步骤如下。

1）农业生产适宜性评价

A. 永久基本农田农业功能适宜性评价

$$A = \begin{cases} 1 \\ 4 \end{cases} \qquad (18\text{-}2)$$

式中，A 为农业功能适宜性等级；1 表示农业生产适宜性最高等级；4 表示农业生产适宜性最低等级。

B. 耕地、后备耕地农业功能适宜性评价

耕地、后备耕地的农业功能适宜性评价主要包括以下两个步骤。

第一，评价对象定级。将耕地、后备耕地本身赋予农业功能适宜性等级。

第二，土壤污染限制性评价。评价耕地（S_1）、后备耕地（S_2）的土壤污染限制性，比较其自身等级与土壤污染限制性等级，将低等级赋予所在地块，代表其受到的土壤污染限制性。

$$S = \max(S_1, S_2, S_3, S_4) \qquad (18\text{-}3)$$

式中，S 为耕地、后备耕地的土壤污染限制性评价等级。

2）农村居民点适宜性评价

在全域范围内开展农村居民点适宜性评价。首先，农村居民点的自然适宜性采用短板限制评价方法计算，扣除永久基本农田和生态重要区，下一步根据分值大小划分适宜性等级。在此基础上，根据适宜斑块的面积提取农村居民点适宜性，当适宜斑块小于 1 km^2 时，判断其为农村居民点农业功能适宜，否则判断其具有建制镇潜力。

$$N' = \frac{\sum_{i=1}^{m} N_i}{m} \times B \times J \qquad (18\text{-}4)$$

式中，N' 为农村居民点适宜性分值；B 为虚拟变量，代表是否为永久基本农田，如果是，则 $B=0$，否则 $B=1$；J 为虚拟变量，代表是否斑块面积小于 1 km^2，如果是，则 $B=0$，否则 $B=1$。

将上述各部分的适宜性进行综合，最终获取农业功能适宜性等级，指标体系见表 18-2。

表 18-2　国土空间农业功能适宜性评价指标体系

目标层	系统性	指标层		指标分级	建议等级
农业生产适宜性	优质农用地保护	B	永久基本农田保护区	保护区	1
				非保护区	4

续表

目标层	系统性	指标层		指标分级	建议等级
农业生产适宜性	耕地、后备资源限制性评价	S_1	耕地质量等别 [1]	5~7	1
				8~10	2
				11~12	3
				13~15	4
		S_2	后备资源	集中连片后备资源	1
				非集中连片后备资源	4
		S_3	土壤污染等级 [2]	清洁	1
				轻微和轻度污染	2
				中度污染	3
				重度污染	4
农村居民点适宜性	自然适宜性	N_1	坡度	0~8%	1
				8%~15%	2
				15%~25%	3
				>25%	4
		N_2	地质灾害	不易发区	1
				低易发区	2
				中易发区	3
				高易发区	4
	优质农用地保护限制性	B	永久基本农田	保护区	4
				其他	1
	生态保护限制性	E	生态重要性等级	保护区	4
				其他	1
	城镇化潜力	J	集中连片程度	斑块面积<1 km²	1
				斑块面积≥1 km²	4

1）河北省耕地属 5~15 等地，指标分级依河北省实际设置；2）土地质量地球化学综合等级评价按照《土地质量地球化学评价规范》（DZ/T 0295—2016）的标准进行，土壤质量地球化学综合等级由评价单元的土壤养分地球化学综合等级与土壤环境地球化学综合等级叠加产生

18.1.3 城镇空间

1. 城镇空间的内涵

城镇空间指的是以城镇居民生产、生活为主体功能的国土空间，包括城镇建设空间、工矿建设空间和部分乡级政府驻地的开发建设空间。

《省级国土空间规划编制指南》（试行）中关于优化城镇空间的格局思路是，结合主体功能定位，综合考虑到经济社会、产业发展、人口分布等因素，确定城镇体系的等级和规模结构、职能分工，提出城市群、都市圈、城镇圈等区域协调重点地区多中心、网络化、集约型、开放式的空间格局，引导大中小城市和小城镇协调发展。按照城镇人口规模 300 万以下、300 万~500 万、500 万~1000 万、1000 万~2000 万、2000 万以上等层级，分别确定城镇空间发展策略，促进集中集聚集约发展。将建设用地规模分解至各市（地、州、盟）。针对不同规模等级城镇提出基本公共服务配置要求，优化教育、医疗、养老等民生领域重要设施的空间布局。加强产城融合，完善产业集群布局，为战略性新兴产业预留发展空间。

2. 建设开发限制性评价和城镇功能适宜性评价

1）建设开发限制性评价

国土空间开发建设的适宜性被一些因素影响和制约。首先，由于自然环境对开发建设的限制和人类对生存环境的需求，土地资源的利用需避开不适宜的自然条件。其次，建设用地布局要考虑多种限制因素，需要协调和农用地、生态用地等土地资源的冲突关系，并考虑防灾减灾的要求，实现可持续发展的目标。

本章根据建设用地开发受不同因素的限制以及限制程度的不同，认为生态保护区、当前重要湿地及难以利用土地等区域对建设用地布局的限制最为强烈，建设用地布局应严格避开这些区域。优质耕地，易发生崩塌、滑坡、泥石流、岩溶塌陷, 地形坡度>8%等因素对建设用地布局有着较强的限制性, 应尽量避免在上述地区开发建设。

根据以上判断, 结合 ArcGIS 工具叠合和计算机分析, 综合各要素的划入标准, 开展建设开发综合限制性评价, 并分别对强约束因素和较强约束因素进行空间叠加, 确定国土空间开发的强约束区和较强约束区范围。

2）城镇功能适宜性评价

A. 基于自然地理条件约束的国土空间开发建设限制性评价

根据地形限制、地质灾害、矿产利用、水约束等影响开发建设的因素构建开发适应性评价指标体系（表 18-3）, 根据影响程度对要素进行评价分级, 进而采用限制系数法计算国土开发建设适宜性（贾克敬等, 2017）, 公式如下:

$$E = \sum_{i=1}^{n} F_i W_i \qquad (18\text{-}5)$$

式中, E 为综合适宜性分值; F_i 为第 i 个适宜性因子适宜性等级; W_i 为第 i 个适宜性因子的权重; n 为适宜性因子个数。根据适宜性评价分级结果, 通过聚类分析等方法将建设开发适宜性划分为适宜（E_1）、基本适宜（E_2）、基本不适宜（E_3）和不适宜四类（E_4）。

表 18-3　国土开发建设适宜性评价指标体系

目标层	系统层	指标层		指标分级	建议等级
国土开发建设自然适宜性评价	地形地貌	N	坡度	0~8%	1
				8%~15%	2
				15%~25%	3
				>25%	4
	矿山占用	M	矿山占用土地	未占用	1
				中转场地、矿山建筑	2
				采场	3
				塌陷地、固体废弃物	4

续表

目标层	系统层	指标层		指标分级	建议等级
国土开发建设自然适宜性评价	地质灾害	G1	活动断层	1000 m	1
				800 m	2
				500 m	3
				200 m	4
		G2	岩溶塌陷	不易发区	1
				低易发区	2
				中易发区	3
				高易发区	4
		G3	崩塌、滑坡、泥石流易发程度分级	非易发区	1
				低易发区	2
				中易发区	3
				高易发区	4
	地面沉降	S	地面沉降	轻微或稳定区	1
				一般沉降区	2
				较严重沉降区	3
				严重沉降区	4
	水资源约束	W	水资源约束	一般或无约束	1
				较严重	2
				严重	3
				极为严重	4

B. 基于 GIS 叠加政策红线约束

以自然条件约束的国土开发建设适宜性评价结果为基础，通过 GIS 空间分析，叠加生态红线、永久基本农田红线等政策红线约束（迪力沙提·亚库甫等，2019）（表 18-4），得出理论最大的可建设规模，其公式如下：

$$F = E_j - f(s,n) \tag{18-6}$$

式中，s 为生态保护红线属性；n 为永久基本农田红线属性；$f(\alpha, \beta)$ 为红线约束图层叠加函数；E_j 为自然条件约束下的国土开发建设适宜等级，$j=1,2$。

表 18-4　国土空间开发建设的政策红线约束

因子类型	因子	分类	适应性分值
政策红线约束	生态保护区	生态保护区	0
		其他	1
	永久基本农田保护区	永久基本农田	0
		其他	1

18.1.4　板块识别

国土单元具有"生态、农业、建设发展"的多重功能，同一单元对不同功能的适应性不同。在判断主导功能时，一般遵循"最适宜优先权→生态优先权→农业优先权"的原则。也就是说，同一土地单元内有最适宜的功能类型，则以最适宜的功能空间为主，生态优先，农业优先。本章分析了城市建设与发展适宜性、农业功能适宜性和生态功能重要性三个层次，确定了各空间单元对三类功能的适宜程度。叠加分析计算如下：

$$V = I_1 \times 100 + I_2 \times 10 + I_3 \qquad (18\text{-}7)$$

式中，V 为叠加分析分值，通过 V 的三位数值判定评价单元建设开发、农业功能和生态功能的适宜性或重要性等级，百分位代表建设开发的适宜性等级，十分位代表农业功能适宜性等级，个位代表生态重要性等级。

每类空间具有 4 个适宜性等级，因此每个国土空间单元具有 64 种生态、农业和建设开发适宜性等级的组合（表 18-5）。例如，V 值为 111，表明该单元对于生态、农业和建设开发的适宜性均呈现最高等级；V 值为 123，表明该单元属于建设开发适宜、农业功能较适宜、生态重要性较弱；V 值为 324，表明该单元属于建设开发一般适宜、农业功能较适宜、生态功能不重要。

表 18-5 基于主导功能分析的国土空间板块初步判断

序号	V 值	判定板块	序号	V 值	判定板块
1	111	生态板块	28	342	生态板块
2	121	生态板块	29	412	农业板块
3	131	生态板块	30	422	生态板块
4	141	生态板块	31	432	生态板块
5	211	生态板块	32	442	生态板块
6	221	生态板块	33	113	农业板块
7	231	生态板块	34	123	城镇板块
8	241	生态板块	35	133	城镇板块
9	311	生态板块	36	143	城镇板块
10	321	生态板块	37	213	农业板块
11	331	生态板块	38	223	农业板块
12	341	生态板块	39	233	城镇板块
13	411	生态板块	40	243	城镇板块
14	421	生态板块	41	313	农业板块
15	431	生态板块	42	323	农业板块
16	441	生态板块	43	333	生态板块
17	112	农业板块	44	343	生态板块
18	122	城镇板块	45	413	农业板块
19	132	城镇板块	46	423	农业板块
20	142	城镇板块	47	433	生态板块
21	212	农业板块	48	443	生态板块
22	222	生态板块	49	114	农业板块
23	232	生态板块	50	124	城镇板块
24	242	生态板块	51	134	城镇板块
25	312	农业板块	52	144	城镇板块
26	322	生态板块	53	214	农业板块
27	332	生态板块	54	224	农业板块

续表

序号	V 值	判定板块	序号	V 值	判定板块
55	234	城镇板块	60	344	城镇板块
56	244	城镇板块	61	414	农业板块
57	314	农业板块	62	424	农业板块
58	324	农业板块	63	434	生态板块
59	334	生态板块	64	444	生态板块

18.2　功能板块的内部结构优化模式

18.2.1　结构优化：用地类型

国土空间功能板块的优化既要强化底线思维，严守生态、粮食、能源等国家战略安全底线，保障国防、基础设施等重大项目的资源供给与落地实施，切实维护国家安全与长远利益，也要注重落实国家区域战略布局，加强陆海统筹，促进城乡融合，因地制宜统筹开发保护行为，提升国土空间对于国家区域战略实施的支撑功能。

具体到第三次全国国土调查的土地分类中，城镇板块、农业板块和生态板块应在坚持体现国家意志、促进国土空间永续利用、城乡统筹和土地集约利用的理念基础上，逐步调整各类土地类型的结构比例，进而优化板块内部结构。基于土地类型的国土空间板块划分标准见表 18-6。

表 18-6　基于土地类型的空间板块划分

一级地类	二级地类	地类界定	板块类型
湿地	红树林地	沿海生长红树植物的林地	生态板块
	森林沼泽	以乔木森林植物为优势群落的淡水沼泽	生态板块
	灌丛沼泽	以灌丛植物为优势群落的淡水沼泽	生态板块

续表

一级地类	二级地类	地类界定	板块类型
湿地	沼泽草地	以天然草本植物为主的沼泽化的低地草甸、高寒草甸	生态板块
	盐田	用于生产盐的土地，包括晒盐场所、盐池及附属设施用地	生态板块
	沿海滩涂	沿海大潮高潮位与低潮位之间的潮浸地带	生态板块
	内陆滩涂	河流、湖泊常水位至洪水位间的滩地；时令湖、河洪水位以下的滩地；水库、坑塘的正常蓄水位与洪水位间的滩地	生态板块
	沼泽地	经常积水或渍水，一般生长湿生植物的土地	生态板块
耕地	水田	用于种植水稻、莲藕等水生农作物的耕地	农业板块
	水浇地	有水源保证和灌溉设施，在一般年景能正常灌溉，种植旱生农作物（含蔬菜）的耕地	农业板块
	旱地	无灌溉设施，主要靠天然降水种植旱生农作物的耕地	农业板块
种植园用地	果园	种植果树的园地	农业板块
	茶园	种植茶树的园地	农业板块
	橡胶园	种植橡胶树的园地	农业板块
	其他园地	种植桑树、可可、咖啡、油棕、胡椒、药材等其他多年生作物的园地	农业板块
林地	乔木林地	生长乔木的林地	生态板块
	竹林地	生长竹类植物的林地	生态板块
	灌木林地	灌木覆盖度较大的林地	生态板块
	其他林地	疏林地、未成林地、迹地、苗圃等林地	生态板块
草地	天然牧草地	以天然草本植物为主，用于放牧或割草的草地	农业板块
	人工牧草地	人工种植牧草的草地	农业板块
	其他草地	表层为土质、不用于放牧的草地	生态板块
商业服务业用地	商业服务业设施用地	用于零售、批发、餐饮、旅馆、商务金融、娱乐及其他商服的土地	城镇板块
	物流仓储用地	用于物资储备、中转、配送等场所的用地	城镇板块
工矿用地	工业用地	工业生产、产品加工制造、机械和设备修理及直接为工业生产等服务的附属设施用地	城镇板块
	采矿用地	采矿、采石、采砂（沙）场，砖瓦窑等地面生产用地，排土（石）及尾矿堆放地	城镇板块

续表

一级地类	二级地类	地类界定	板块类型
住宅用地	城镇住宅用地	城镇用于生活居住的各类房屋用地及其附属设施用地	城镇板块
	农村宅基地	农村用于生活居住的宅基地	城镇板块
公共管理与公共服务用地	机关团体新闻出版用地	用于党政机关、社会团体、群众自治组织、广播电台、电视台、电影厂、报社、杂志社、通讯社、出版社等的用地	城镇板块
	科教文卫用地	教育、科研、医疗卫生、社会福利、文化设施和体育用地	城镇板块
	公用设施用地	用于城乡基础设施的用地	城镇板块
	公园与绿地	城镇、村庄范围内的公园、动物园、植物园、街心花园、广场和用于休憩、美化环境及防护的绿化用地	城镇板块
特殊用地	特殊用地	用于军事设施、涉外、宗教、监教、殡葬、风景名胜等的土地	城镇板块
交通运输用地	铁路用地	用于铁道线路及场站的用地	城镇板块
	轨道交通用地	用于轻轨、现代有轨电车、单轨等轨道交通用地，以及场站的用地	城镇板块
	公路用地	用于国道、省道、县道和乡道的用地	城镇板块
	城镇村道路用地	城镇、村庄范围内公用道路及行道树用地	城镇板块
	交通服务场站用地	城镇、村庄范围内交通服务设施用地	城镇板块
	农村道路	在国家公路网络体系之外，以服务于农村农业生产为主要用途的道路	城镇板块
	机场用地	用于民用机场、军民合用机场的用地	城镇板块
	港口码头用地	用于人工修建的客运、货运、捕捞及工程、工作船舶停靠的场所及其附属建筑物的用地	城镇板块
	管道运输用地	用于运输煤炭、矿石、石油、天然气等管道及相应附属设施的地上部分用地	城镇板块
水域及水利设施用地	河流水面	天然形成或人工开挖河流常水位岸线之间的水面	生态板块
	湖泊水面	天然形成的积水区常水位岸线所围成的水面	生态板块
	水库水面	人工拦截汇集而成的总设计库容≥10万 m^3 的水库正常蓄水位岸线所围成的水面	生态板块
	坑塘水面	人工开挖或天然形成的蓄水量<10万 m^3 的坑塘常水位岸线所围成的水面	农业板块

续表

一级地类	二级地类	地类界定	板块类型
水域及水利设施用地	沟渠	人工修建,用于引、排、灌的渠道,包括渠槽、渠堤、护堤林及小型泵站	农业板块
	水工建筑用地	人工修建的闸、坝、堤路林、水电厂房、扬水站等常水位岸线以上的建(构)筑物用地	城镇板块
	冰川及永久积雪	表层被冰雪常年覆盖的土地	生态板块
其他土地	空闲地	城镇、村庄、工矿范围内尚未使用的土地	城镇板块
	设施农用地	直接用于经营性畜禽养殖生产设施及附属设施、作物栽培或水产养殖等农产品生产的设施及附属设施、设施农业项目辅助生产、规模化粮食生产所必需的设施用地	农业板块
	田坎	梯田及梯状坡地耕地中,主要用于拦蓄水和护坡的地坎	农业板块
	盐碱地	表层盐碱聚集,生长天然耐盐植物的土地	生态板块
	沙地	表层为沙覆盖、基本无植被的土地	生态板块
	裸土地	表层为土质,基本无植被覆盖的土地	生态板块
	裸岩石砾地	表层为岩石或石砾,其覆盖面积≥70%的土地	生态板块

注:土地分类与地类界定参照《第三次全国国土调查工作分类地类认定细则》

在生态板块内,应确保湿地等生态重要区的面积不减少,在坚持山水林田湖草共同体理念上,逐步提升湿地在土地结构中的比例,发挥生态服务功能,保障国土生态安全。

在农业板块内,为保障国家粮食安全,应确保耕地面积不减少,在此基础上,适度调整其他农业生产用地类型,增加农业生产基础设施用地,在土地供给侧方面促进农业生产现代化。

在城镇板块内,以集约节约利用为导向,优化城乡建设用地结构,控制城镇建设用地的过快增长,合理增加公共服务用地,促进城镇空间高质量利用。

18.2.2　质量提升：综合整治

综合整治是指从大国土的角度入手，站在服务国家全局发展的战略高度，以提高国土资源利用效率、优化国土空间格局、提升国土环境质量、维护国土安全为目标。基于国土资源调查评价，诊断国土发展中存在的土地退化、环境污染、生态脆弱、国土空间利用效率不高等突出矛盾，综合运用经济、行政、法律等多种手段和政策措施，实施改造修复、治理保护、优化提升等重大工程，来优化国土空间功能、提高资源利用效率、改善国土质量，促进国土开发利用从无序走向有序、从低效到高效、从危机到安全的转变，不断提高国土的综合承载能力和抵御风险能力。

1. 宏观尺度的"点–线–面"综合整治机制

"点"状综合整治是指在国土综合整治统筹中起到中心辐射、抓手带动作用的区域层面上进行统筹，如快速城镇化区域中某一核心城市、海岛区中某一核心岛屿、重要线性工程中某一重要节点区域、国土整治重点项目等，即国土综合整治"点"层次统筹是带动国土整治全域统筹更广泛层面（"线"和"面"）的重要突破核心：通过实施国土综合整治重点项目，实现"点位突破"，发挥其对整个区域宏观层次上国土整治统筹的核心带动功能。

"线"状综合整治是针对国土综合整治中的线状工程、线状区域开展综合统筹，如海岸带、重要水体流域、重要线性工程等。"线"层次统筹是在重点项目、重点区域之上更加广泛的区域统筹。与"点"层次上的区域统筹不同，其是在更大的尺度上进行国土综合整治区域统筹，在结构上体现出跨多个行政区综合统筹、整治区域空间呈线状分布的特征，需要实现区域整治高位统筹和多个行政主体的协调沟通、通力配合，合理安排"线"状区域内各项具体整治工程和资源配置，能够将多个区域通过线性整治工程连接起来，实现区域统筹。

"面"状综合整治是指在城镇板块、农业板块和生态板块开展综合统筹，根据生态导向、农业导向、景观游憩导向等目标导向，立足于资源家底本底条件，聚焦生态重要、结构不良、功能受损的生态修复地区，产能不高、设施薄弱、土壤污染的农田整治地区，以及格局失序、效能低下、品质不高的优化重点地区，统筹"中医调理"和"西医治病"的整治方式，分类分区实施城镇板块综合整治、农业板块综合整治、生态板块综合整治。

2. 微观尺度的"现状评价+功能定位+单元划分+细部设计"综合整治机制

微观尺度下国土综合整治的区域统筹实施机制，重点强调以综合整治微观单元+配套工程进行引领，是在城镇、农业和生态板块统筹的基础上对市县及以下行政区域进行具体国土综合整治工程落地的指导。具体而言，在微观尺度上应当通过现状评价、功能定位、单元划分、细部设计四个步骤，基于现状评价开展功能定位分析，划定国土整治功能微观单元，并以此为引领配套各类国土综合整治项目，最终实现微观尺度上的区域统筹（沈悦等，2018）。

首先，开展研究区域的现状评价，结合区域发展现状、产业集聚情况、生态资源禀赋、农业生产条件等因素，得出针对每个研究区域具体的评价结果。其次，通过分析区域功能目标导向、区域内功能划分，明确区域功能定位，并在多规融合视角下开展功能亚区布局分析。再次，服务于发展梯度中各区域的功能定位，进行整治区块微观单元划分，有效分解落实区域的发展战略，识别区域空间内国土综合整治的主导功能，以单元良性循环促进区域机能的提升。最后，在此基础上完善细部设计，以划分的微观单元为引领，配套设计全面系统的山水林田湖草综合整治、乡村人居环境提升综合整治、城镇更新综合整治和产业园区节地综合整治等各类综合整治项目。城镇+农业+生态板块的综合整治矩阵见表 18-7。

表 18-7　城镇+农业+生态板块的综合整治矩阵

板块类型	城镇板块	农业板块	生态板块
城镇板块	注重优化产业用地重点开发轴带；城市群差别化整治工程配套；优化"三生空间"布局；跨区域工程开发与建设等	注重存量建设用地整治，严守耕地保护与生态红线；农地综合整治；城乡低效用地再开发；城乡要素流动配置；城乡融合等	以国土生态整治建立生态城市开放系统；加强快速城市化区域周边生态功能区的保护与修复
农业板块	……	以农用地整治推进区域间农村产业循环；以耕地异地占补平衡协调不同区域农村耕地保护	建立农村地区与生态功能区相结合的生态产业用地整治工程；大力推进农村生态环境整治工程
生态板块	……	……	建立区域间生态功能区协同整治机制；建立区域间生态综合整治衍生协同机制

18.3　功能板块的外部边界管控

18.3.1　三线划定

1. 生态保护红线

随着人口规模的不断增长，城镇开发边界会逐渐扩大，为了进一步扩大生产空间，可能会侵占生态空间。在内部分析过程中，我们就提出生态核心区是刚性保护区，而这种刚性保护则可通过划定生态保护红线的形式予以实现。生态保护红线是为确保保持生态功能、保障自然生态系统功能能够持续稳定发挥作用，维护国土生态安全的底线和生命线，进而对重要生态空间进行特殊保护的政策红线。

例如，青海省依托国家公园体制试点区、自然保护区、森林公园、风景名胜区、地质公园、湿地公园、饮用水水源保护区等重要生态区域分布，划定生态保护红线面积 26.16 万 km^2，占省域面积的 37.55%，其中，祁连山拟划定生态保护红线面积 1.58 万 km^2，占祁连山区域面积的 25.28%。构建起青藏高原东北部生态安全的天然屏障，保护中华水塔，筑牢国家生态安全屏障。

2. 耕地保护红线

耕地保护红线是基于粮食安全考虑，对耕地尤其是基本农田采取边界管控，实施特殊保护的红线（迪力沙提·亚库甫和严金明，2017）。国土资源部耕地保护司负责人解读 2018 年 2 月印发的《关于全面实行永久基本农田特殊保护的通知》，明确提出通过划定并守住永久基本农田控制线，确保全国永久基本农田保护面积在 2020 年不少于 15.46 亿亩，保障国家粮食安全。

例如，长春是我国农产品主产区的核心区，也是重要的商品粮基地，素有"中国优质粳米之都"之称。2016 年长春市耕地面积为 2167.03 万亩，全市 2006 年至 2016 年新增建设用地占用农用地面积为 42.31 万亩，新增建设用地占用耕地面积为 39.38 万亩，城市扩张对耕地的侵占愈演愈烈。为此，长春市划定永久基本农田红线范围 117.93 km^2，其中，中心城区保护红线面积 26 264 km^2，占中心城区土地总面积的 29.35%，主要分布在宽城区、绿园区等。通过永久基本农田保护红线的刚性约束方式，以遏制建设扩张占用农业空间，确保区域甚至国家粮食安全。

3. 城镇开发边界

城镇开发边界一般指一定规划期限内城市集中连片开发建设地区的边界。城镇开发边界内的地区为集中建设区，是城市各类建设项目的集中引导区。在现实中各类复杂影响因素的综合作用下，城市发展边界受历史传统影响、自然地理条件、经济社会发展、空间规划约束等多方面的影响，呈千奇百怪的形状。

2019 年 5 月印发的《中共中央 国务院关于建立国土空间规划体系并监

督实施的若干意见》明确指出，在资源环境承载能力和国土空间开发适宜性评价的基础上，划定城镇开发边界，强化底线约束。2020 年 1 月，自然资源部办公厅印发的《省级国土空间规划编制指南》（试行）进一步强化了城镇开发边界的空间约束性作用，明确了城镇开发边界是调整经济结构、规划产业发展、推进城镇化不可逾越的红线。

城镇开发边界以限制城市过高的发展需求、促进城市生产空间内部用地结构调整、提升城市生产用地节约集约利用为导向，围绕中心城区、城市副中心、新城、镇中心区、部分城市功能组团集中连片开发地区的最外缘，划出相对集中、紧凑的空间包络线，可包含部分非建设用地。城镇开发边界的划定应尽可能避免碎片化，散碎图斑应尽可能与邻近组团和地块进行归并。绝大部分城镇建设用地应位于城镇开发边界内；相对零散分布的村庄建设用地和少量独立的旅游设施、基础设施用地等可不纳入城镇开发边界内。

2020 年新冠疫情是对国土空间治理管理与治理体系的一场大考，也是对国土空间规划应对突发公共灾害能力的一场检验。国土空间规划要增强规划韧性，要留有弹性的余地，未来城市发展的复杂性和难以预测性，增加了对未来风险的应对和控制能力的要求，因而要合理预留弹性的建设空间。因此，考虑在未来长远发展中，为公共应急事件等突发情况预留空间可能性，应在城镇开发边界划定战略留白用地。从体现战略预留的角度，战略留白用地应位于城镇开发边界内，具备一定的规模，建议优先选择具备重大活动和重大事件举办潜力的地区（如重点功能性地区的周边），可以选择在城市集中建设组团的边缘地区。战略留白用地宜划定在现状"白地"或现状腾退后留白用地，不安排规划建筑规模；也可以划定在现状利用低效、未来发展方向不明确，可进行过渡性保留和管控的合法建设地区。

18.3.2 用途管制

1. 管制方式

"管制"一般是政府的强制性的管理措施。在新华字典里简单的解释有三条：强制管理，如管制灯火；强制性的管理，如军事管制、交通管制；对罪犯或坏分子施行强制管束。第一条解释说明管制得有客体，如为了维护社会安全等，需要对灯火、枪支等进行强制管理；第二条解释说明管制类别和范围，如交通管制是出于某种安全方面的原因对于部分或者全部交通路段的车辆和人员同时进行的控制措施，这种管制的范围是交通行为；第三条解释是一种特定的刑罚措施，违反相关管制会受到惩罚。

按照上述解释的理解，国土空间管制的主体是政府，管制的客体是空间，管制的范围是空间的用途。这种管制是一种强制性的政府调控措施，违反国土空间管制应受到相应的处罚。国土空间用途管制的本质是政府使用资源管理权和空间治理权对自然资源利用进行管理的行为，是以行政许可为主的管理方式。根据现有法律规定，国土空间管理部门依据国土空间规划对项目用地进行预审，核准有关用地可否用于"建设"，办理"农转非""土地征收"等审批，并对用地范围进行"定桩定界"；城乡规划管理部门依据控制性详细规划或村庄规划等的要求，核定用地的具体用途（性质）、开发强度（容积率）等，对符合规划的用地颁发建设用地规划许可、乡村建设规划许可以及建设工程许可，其实就是核准用地"建什么""建多少"。依据国土空间规划中农用地的土地用途，申请使用主体通过办理产权证明获得用途许可，如农村土地承包经营权证、林权证、草原使用权证等。

2. 管制机制

1）用途管制的现状

国土空间管制作为市场经济条件下政府宏观调控的重要手段，是基于特

定的区划理念，将国土空间划分为不同的政策管制区域。我国自 20 世纪 90
年代起，城市总体规划、土地利用总体规划等将空间管制的概念纳入各自的
规划体系中。例如，城市总体规划将空间管制内容规定为强制性内容面，对
不同层次的城乡建设行为进行差别化管制；土地利用总体规划体系中划定了
"三界四区"，从用途、区位和规模指标等方面对国土空间进行空间管制。此
外，主体功能区规划划定了优化开发区、重点开发区、限制开发区和禁止开
发区，对不同区域实施差别化的区域管制政策。上述三个规划在空间管制上
的内容如表 18-8 所示。

表 18-8　主要空间规划空间管制制度总结

规划类型	主体功能区规划	城市总体规划	土地利用总体规划
空间管制内容	四区	四区	三界四区
管制目标	引导区域城乡有序发展	引导和控制城乡建设有序进行	严格保护耕地
区划单位	以行政边界为基础	以自然要素为主	以自然要素为主
空间管制区划	优化开发区、重点开发区、限制开发区、禁止开发区	已建区、适建区、限建区、禁建区	允许建设区、限制建设区、禁止建设区
管制措施	制定区域发展战略和政策	对建设行为进行管制	土地用途、规模和位置进行管制

资料来源：林坚（2013）

　　除上述三个空间规划的主管部门［国家发展和改革委员会、住房和城乡
建设部、自然资源部（原国土资源部）］外，生态环境部（原环境保护部）、
水利部等相关部委也在开展生态功能区规划、水利规划等相关规划编制，探
索针对重要生态功能区保护、水资源保护和合理利用、湿地保护等的空间管
制。空间管制逐步成为优化国土空间格局的重要手段。

　　资源要素和环境要素是国土空间的重要组成部分，但国土空间是更上位
的概念，内容也更为广泛。比如，生态空间包括天然草地、林地、湿地、水
库水面、河流水面、湖泊水面、荒草地、沙地、盐碱地、高原、荒漠，乃至

冰川等。当前相关部门的空间管制没有做到全覆盖,荒漠、冰川等空间的管制没有相关的主管部门,缺乏必要的法律法规。因此,需要将所有国土空间纳入空间管制的范畴,做到国土空间管制全域全要素覆盖。

2)用途管制的机理

在资源环境承载能力综合评价的基础上,结合地域功能定位和经济社会发展的需求,明确生产、生态、生活空间开发界限。基于不同的空间功能实施资源环境差异化准入管理政策,优化产业空间布局,提高区域建设和发展活动空间准入决策的科学性,提出明确可操作的区域产业发展法规和要求,推动产业布局、产业结构优化、项目准入、总量控制和污染减排,促进国土空间开发与生态环境承载力相协调。

国土空间管制是政府强制性地将不同特点的国土空间进行分区,区别对待不同空间分区的开发利用行为,从而发挥不同地区的比较优势。另外,这也会造成限制开发区相关群体利益的"突然流失",以及土地不受限制的"突然获利"现象。比如,由于土地规划和使用控制的刚性,限制开发区内的土地不能由低效农用地转为高收入的工商业用地,而高收入的工商业用地将因规划控制而失去发展,非限制区域内的土地利用可以改为工商用地等高收益的土地利用方式,以获取"暴利"(文兰娇和张晶晶,2015)。

生态保护地区的群体因为服务于生态保护自身发展受限,但是产生的生态产品又是供全社会共享的,因此需要提供生态补偿。生态补偿机制的形成并不是简单地规定"谁破坏谁修复"或"谁破坏谁罚款"就可以实现的,而建立生态补偿的良性循环和长效机制需要与国土综合整治相结合。国土综合整治需要从国土规划、计划部署、工程措施、经济保障、政策规范等多方面入手形成一个整体系统。生态补偿的机制建立必须与国土综合整治的其他环节紧密结合在一起,因为生态补偿实际上在更大程度上是对未来的国土开发活动提出要求,而已经发生的生态环境破坏需要国土综合整治中其他环节和手段去调节，因此只有国土综合整治稳步推进，生态补偿才具有操作层面的必要性和可行性。仅仅是单纯地进行包括生态补偿在内的生态保护尝试，并不能有效解决目前中国的生态环境问题，必须从国土综合整治出发，将两者结合起来，将包括生态补偿在内的生态保护措施融入国土综合整治当中，才能够从规划、开发、修复和维护多个环节全面改善生态环境问题。

第 19 章
国土空间板块优化配置的应用实践

19.1　空间板块概况

19.1.1　生态本底条件

1. 河流水系

河北省河流水系按流域划分为海河、辽河、内陆河 3 个一级分区，滦河及冀东沿海、海河北系、海河南系、徒骇马颊河、辽河和内陆河 6 个二级分区，滦河山区、冀东沿海山区、滦河及冀东沿海平原、蓟运河山区、潮白河山区等 24 个三级分区。海河、滦河流域以密布网状结构涵盖了河北省大部分国土，其上、中、下游因地理基础差异而呈现不同的生态功能，而河网的连通性可以成为区域间物质、能量交换的有效通道。生态安全廊道的构建中，河网可以起到重要骨架作用，而河网上的湖泊与水库可以作为调节廊道物质能量交换的中转站。

河北省内现有白洋淀、衡水湖、安固里淖等湖泊；主要的大型水库有岳城水库、东武仕水库、岗南水库、黄壁庄水库、王快水库、西大洋水库、陡河水库、官厅水库、洋河水库、桃林口水库、大黑汀水库和潘家口水库。湖泊及水库在洪水调蓄、生物多样性维护方面具有重要的生态功能。

2. 植被土壤

河北植被自西北向东南方向呈现有规律变化，与大地貌单元相吻合。可分为坝上草原区、山地丘陵落叶阔叶林区、平原落叶阔叶林农作物栽培植被区和滨海平原盐生植物栽培植被区。栗钙土壤主要分布在河北省西北部的坝上高原区和冀西北间山盆地区的盆地中，是半干旱凉温气候、干草原植被条件下发育的草原土壤。该地区的草原土壤质地较粗，结构松散，含水量低，导致坝上高原区、间山盆地区处于土地沙化极敏感区域。棕壤主要分布于冀北山地至太行山地北段一带，多出现在海拔 800~2000 m 的山体中上部，为温湿气候、森林植被条件下发育的山地土壤。因该地区的土壤在气候、植被等优越条件下发育而成，因此冀北山地土壤深度较厚，结构紧实，致使燕山山地水土保持功能较强。褐土及潮土主要分布在海拔 800 m 以下的低山、丘陵和山前冲积洪积平原地带，该地区土壤肥沃，经耕地熟化已逐步发育为成熟土质，主导生态功能为京南生态屏障、农田生态保护、水源涵养。

19.1.2　农业发展状况

河北是传统的农业大省，2015 年全省农业总产值达到 5978.9 亿元，居于全国第 5 位，耕地灌溉面积达到 444.8 万亩，占全国的 5.6%。近年来河北主要农产品生产布局不断向优势产区集中，粮食产业形成京山、京广沿线优质专用粮食产业带，以张承地区为主的马铃薯产业带和以冀东卢龙县、冀中永清县、冀南大名县为主的甘薯产业带，黑龙港流域优质棉花产业带，冀东、冀中、冀南优质油料产业带。蔬菜产业形成了张承地区坝上错季菜、冀东日光温室、冀中温室拱棚、冀南拱棚等蔬菜优势产区。林果产业形成了太行山、燕山苹果，冀中南平原沙地梨，黑龙港金丝小枣、冬枣和太行山大枣，桑洋河谷、冀东滨海地区葡萄，大中城镇周边观光采摘时令果品优势产业带。

河北省农业依托资源和水土条件布局特点突出。由于农作物、林木、畜禽和水生动植物等对自然资源条件具有不同的生态适应性,农业发展受地形、气候、资源等自然条件影响明显,农业发展具有明显的资源环境适应型特点,河北概莫能外。承德、保定、石家庄、张家口整体或部分区域地处冀西北山区，森林覆盖条件较好，林业增加值分列河北前四位，共占全省的 58.8%；唐山、秦皇岛和沧州地处沿海地区，在渔业发展中具有得天独厚的优势，三市渔业增加值占全省的 75.1%；唐山、石家庄、保定地处太行山和燕山山前平原核心区，水田和水浇地占耕地面积比重大，地势相对平坦有利于大规模集中种植，油料作物和蔬菜等经济作物种植面积居全省前三位，粮食作物种植面积也居于全省前列，三市农业增加值占全省的 43%，河北农业依托资源和水土保障条件发展的特征明显。

19.1.3　城镇空间布局

受区域发展自然资源禀赋、地形地貌特征、工业化发展进程、城市功能定位、历史发展渊源、行政区划等诸多因素的影响，河北城镇明显呈现出集中化布局特点。太行山前地区地势平坦、交通发达、工业基础雄厚，历来是全省城镇发展的重心所在，区域内各级城市（镇）吸引和集聚了大量人口，目前太行山前地区总共涵盖 6 个设区城市，13 个县级市，62 个县，集中布局了 84 个城市，城市数量及城镇人口均占全省的 63%左右。

从全国城镇体系发展看，21 世纪前十年，全国经历了一个大城市、特大城市快速发展的阶段，以大城市为中心、中小城市为骨干、小城镇为基础的金字塔形城镇体系基本形成，城市人口的一半以上集中在特大城市。河北环绕北京、天津两个特大城市，省级城镇体系与国家总体趋势呈现不同的特点。从人口居住地来看，2016 年河北省城镇人口在中心城市（设区市）城区、县城（县级市及县）城区和小城镇的分布基本呈现"三分天下"的格局，分别达到 1266 万人、1293 万人和 1424 万人。

城市尤其是中心城市是一个区域二三产业发展的骨干载体和引领平台，河北 11 个设区城市在各自行政区域内承担着经济发展的核心引领和辐射带动作用，在二三产业发展中的地位更为突出，但是与我国东部沿海地区乃至部分中部省份相比，河北中心城市无论在产业规模还是在城市经济首位度上尚存差距。从省会城市来看，2016 年，石家庄地区生产总值占全省的 18.5%，低于杭州、广州、福州、沈阳、武汉、成都等城市在各省的经济占比，唐山作为河北的经济第一大市，2016 年地区生产总值占全省的 19.8%，也低于青岛、大连、泉州、苏州等城市在各省的地位。另外，从中心城市的产业发展层次水平看，无论石家庄还是唐山，资源型的重化工产业都在工业中占据相当大的份额，区域产业发展之间尚未形成关联互动关系，中心城市只是在产业规模体量上大于周边地区，但发展层次基本处于同一水平线，尚不能真正成为区域产业发展的龙头。

然而，随着沿海港口的快速崛起，京唐秦、石衡沧、津保等依托于港腹互动通道建设的东西向城镇发展步伐加快，城镇带雏形初显，但由于河北省内国家重大交通干线的布局以南北向为主，且受内向资源拉动型发展模式的影响，东西向城镇带虽然经过多年发展，与传统的太行山前地区以南北向为主的城镇带相比，无论是在城镇的数量、规模，还是在城市的影响带动能力等方面，还存在不小的差距。

19.2 国土空间功能适宜性评价

19.2.1 生态功能重要性评价

1. 生态功能重要性单要素评价

1）生态规划要素

A. 国家级自然保护区

河北省国家级自然保护区主要有：雾灵山、红松洼、滦河上游、塞罕坝、茅荆坝、小五台山、泥河湾、大海坨、黄金海岸、柳江盆地、衡水湖、驼梁、青崖寨等 13 处，国家级自然保护区面积总计 2536.53 km²，占河北省国土总面积的 1.35%。全省还有灵寿漫山、赞皇嶂石岩、宽城千鹤山、宽城都山、滦平白草洼、保定白洋淀等 26 处省级自然保护区（截至 2018 年），面积共4147.34 km²，占全省国土总面积的 2.20%。河北省内国家级自然保护区分布见表 19-1。

表 19-1 河北省内的国家级自然保护区

名称	位置	面积/km²	主要保护对象	级别
雾灵山国家级自然保护区	承德市兴隆县	142.47	森林生态系统和野生动物及猕猴生存北限	国家级
红松洼国家级自然保护区	承德市围场满族蒙古族自治县	79.70	草原生态系统	国家级
滦河上游国家级自然保护区	承德市围场满族蒙古族自治县	506.37	水源涵养、森林生态系统	国家级
塞罕坝国家级自然保护区	承德市围场满族蒙古族自治县	200.30	森林草原生态系统	国家级
茅荆坝国家级自然保护区	承德市隆化县	400.38	森林生态系统	国家级
小五台山国家级自然保护区	张家口市蔚县、涿鹿县	218.33	褐马鸡、森林生态系统	国家级
泥河湾地质遗迹国家级自然保护区	张家口市阳原县	10.15	古地质遗迹	国家级

续表

名称	位置	面积/km²	主要保护对象	级别
大海坨国家级自然保护区	张家口市赤城县	112.25	森林生态系统	国家级
黄金海岸国家级 自然保护区	秦皇岛市昌黎县	300.00	海滩、海洋海岸生态系统、文昌鱼	国家级
柳江盆地地质遗迹国家级 自然保护区	秦皇岛市抚宁县	13.95	地质遗迹	国家级
衡水湖国家级自然保护区	衡水市桃城区、冀州市	187.87	湿地生态系统、鸟类	国家级
驼梁国家级自然保护区	石家庄市平山县	213.12	森林生态系统、野生动植物	国家级
青崖寨国家级自然保护区	邯郸武安市	151.64	珍稀、濒危野生动植物	国家级

资料来源：《河北省主体功能区规划》

注：2015 年撤销抚宁县，设立抚宁区

B. 地质遗迹

河北省地质遗迹资源主要分布在唐山市、秦皇岛市、承德市、张家口市、保定市等区域，其中位于张家口市阳原县的泥河湾地质遗迹为国家级自然保护区，其面积达到 10.15 km²；柳江盆地地质遗迹国家级自然保护区位于秦皇岛市抚宁县，其面积为 13.95 km²；海兴小山火山地质遗迹省级自然保护区位于沧州市海兴县，其面积为 13.81 km²。

C. 禁止建设区

河北省规划的禁止建设区主要包括自然与文化遗产保护区和生态环境安全控制区，规划禁止建设区面积总计 3967.23 km²，占河北省土地总面积的 2.10%。

河北省禁止建设区域主要包括自然保护区、风景名胜区、森林公园、湿地公园、地质公园、国家级水产种质资源保护区、饮用水水源地保护区。

禁止建设区主要分布在冀北及燕山山地、冀西北间山盆地、冀东太行山沿线及冀中南平原地区，具体分布在承德市的围场满族蒙古族自治县、隆化县的东北部、平泉市西北部、丰宁满族自治县南部、滦平县、兴隆县、宽城满族自治县的大部分地区；张家口市的宣化区南部、赤城县南端、怀来县中部、涿鹿县和蔚县南部；保定市的易县北部、安新县大部、阜平县西部地区；石家庄市灵寿县、新乐市、平山县、正定县、鹿泉区、井陉县、赞皇县；邢台市临城县；邯郸市的武安市西北部、涉县南部、市辖区、磁县大部分地区。此外，衡水市，沧州市的黄骅市、海兴县，以及唐山市的沿海地区均有零星分布。

D. 生态本底要素综合评价

通过对生态本底要素国家级自然保护区、规划禁止建设区、地质遗迹等单因素进行叠加分析，综合评价出河北省生态保护底线面积为 5458.10 km²，占区域国土总面积的 2.89%。

2）生态系统服务重要性

A. 水源涵养

水源涵养区主体保护区内的重要饮用水源地，是具有水源涵养和水质保护的主要功能，以及调节区域水循环，防止江河、湖泊、水库淤积等功能的重要区域。对调节径流、减缓和控制水旱灾害、合理开发利用水资源具有重要意义。

河北省水源涵养功能极重要区，即水源地及其 500 m 缓冲区面积为 40 375.96 km²，占河北省国土面积的 21.41%，主要分布在河北省北部的燕山山脉地区和西部的太行山区沿线，唐山市和秦皇岛市北部山区，石家庄市、邢台市、邯郸市西部山区。

B. 水土保持

河北省水土保持功能极重要区面积为 36 626.30 km²，占河北省国土面积的 19.42%，主要分布于河北省西部和北部地区，集中在燕山和太行山地区。燕山地区水土保持功能极重要区在承德市全域、唐山市和秦皇岛北部均有分布，但相对分散，鹰手营子矿区、宽城满族自治县、青龙满族自治县等县

（市、区）分布较为集中；太行山水土保持功能极重要区主要在太行山北部和西部呈条带状分布，集中分布在涿鹿县、阜平县、平山县、井陉县、涉县等县。

C. 防风固沙

河北省防风固沙功能极重要区面积为 5480.89 km²，占河北省国土面积的 2.91%。极重要区整体分布较少，集中在太行山区与燕山地区，主要涉及承德市西部的丰宁满族自治县，张家口市东部的赤城县、怀来县、涿鹿县、蔚县、崇礼区，保定市北部的涞水县、涞源县、易县、阜平县，石家庄市的平山县，另外，邢台市、邯郸市西部、承德市北部和中部、秦皇岛市东部也有零星分布。

D. 生物多样性

河北省生物多样性维护功能极重要区面积为 18 437.09 km²，占河北省国土面积的 9.78%。主要分布在承德市的滦平县、兴隆县、平泉市、宽城满族自治县等，唐山市北部的遵化市、迁西县，秦皇岛市北部的青龙满族自治县、抚宁县，太行山沿线的阜平县、平山县、武安市等县（市）。除此之外，在唐山市、秦皇岛市和沧州市的沿海地区呈斑点状分布，在沧州市中东部、衡水中南部、保定市东部、石家庄市东南部呈弧状分布。

3）生态敏感性

A. 水土流失

水土流失敏感区地势起伏较大、植被覆盖率较低、降水量集中，容易引发水土流失。河北省水土流失极敏感区面积为 3114.75 km²，占河北省国土总面积的 1.65%。其主要沿太行山分布，但是整体较为分散，分布较为聚集的地区出现在邯郸市西部的涉县、磁县、武安市，邢台市西部，保定市西部的涞源县、阜平县、唐县，张家口市东部的怀来县、涿鹿县。

B. 土地沙化

土地沙化敏感区自身生态敏感性很高，外部一旦施加破坏性干扰就会造成区域内部沙漠化,使整个区域生态环境质量下降,进而影响周边地区的生态环境质量,因此土地沙化区是河北省土地沙化的重点防护区域。河北省土地沙化极敏感区面积为 10 491.02 km²,占河北省国土面积的 5.56%。主要分布在张家口市的康保县北部、张北县西部、尚义县中南部、崇礼区西南部、宣化区、怀安县、桥东区、桥西区、涿鹿县等地区。

C. 河湖海岸

河湖海岸带指河湖水体、海域与陆地相互作用的过渡地带。狭义范围是指周边受水位波动或水体影响的范围,其陆侧边界的判定指标包括潜育土、湿中生植物、一定洪水频率影响范围等。根据河湖海岸带敏感性评估方法进行计算,河北省河湖海岸带敏感区面积为 2197.14 km²,占河北省国土面积的 1.17%。

河流主要是滦河、永定河、子牙河、南运河、卫河、潮白河、洋河、蓟运河、大清河、滏阳河、漳河。湖泊主要是白洋淀和衡水湖。海岸线是指天然形成的砂质岸线、粉砂淤泥质岸线和基岩岸线,以及整治修复后具有自然海岸生态功能的岸线,全省共划定 17 段,总长 97.20 km,占全省大陆岸线总长的 20.05%。

2. 生态功能重要性综合评价

根据前文关于生态功能适宜性评价等价的划分方法,将全省生态功能适宜性划分为重要、较重要、较不重要和不重要四个等级,经测算,四类空间面积分别占区域总面积的 45.72%、6.69%、7.99%和 39.61%[①]。河北省生态重要性区域主要分布于坝上高原区、冀西山地区、冀北山地区及环渤海区域,这些区域也是构成河北省生态板块的主要区域。

---

① 因数据进行了四舍五入,存在比例合计不等于 100%的情况。

19.2.2　农业功能适宜性评价

1. 农业生产适宜性评价

1）永久基本农田

永久基本农田是指根据一定时期内人口和社会经济发展对农产品的需求和土地利用总体规划而划分的不能占用的耕地（陈朝和吕昌河，2010）。所有永久基本农田保护区都被列为适合农业生产的区域。河北省基本农田主要分布在河北平原和冀西北盆地区域。河北省基本农田保护区面积为54 652.56 km²，占河北省国土总面积的 28.98%。

从数量上来看，基本农田在全省各地市分布不均匀，其中张家口市分布数量最大，达到了 77.46 万 hm²，秦皇岛市分布数量最少，为 14.87 万 hm²。沧州市、保定市、邯郸市、邢台市、唐山市、石家庄市和衡水市基本农田面积均超过了 40 万 hm²，承德市和廊坊市分布较小。

从空间上来看，基本农田在全省各地市均有分布，集中分布于冀南、冀北和冀东区域，尤其是平原地区分布较多。基本农田在全省分布上，大致为两个分布带，分别为沿海—冀南分布带和冀北张承分布带。沿海—冀南分布带主要是从秦皇岛地区南端开始，经过唐山市、沧州市、保定市、石家庄市、衡水市、邢台市，最后到邯郸市结束，基本农田呈带状分布在上述地区，且集中分布在冀东区，燕山山脉和太行山山脉分布较为零散。冀北张承分布带主要是从张家口地区到承德西部，受地形地势影响，基本农田分布较为分散，集中性较差，承德市区域面积广大，但是基本农田面积较少。

2）耕地质量等级

根据河北省 2015 年度耕地质量等别年度更新评价结果，河北省 2015 年度耕地质量等别包含 5~15 等地，共 11 个等别。根据利用等别将评价成果进行分级，5~7 等地农业适宜等级为 1 级，即适宜农业生产区；8~10 等地农业适宜等级为 2 级，为农业生产较适宜区；11~12 等地农业适宜等级为 3 级，属于农业生产一般适宜区；13~15 等地农业适宜等级为 4 级，不适宜开展农业生产。

从国家利用等平均等别情况来看，全省平均等别为 11 等地（表 19-2），属于中等地（9~12 等地），承德市平均等别最低，为 14 等地，石家庄市和衡水市平均等别最高，为 9 等地。全省高等别（5~8 等地）耕地面积为 117.32 万 hm²，比例为 18.19%，主要分布于衡水、石家庄和邯郸；中等别（9~12 等地）耕地为 339.19 万 hm²，比例为 52.58%，在各市均有分布，而邯郸、邢台、保定、沧州、唐山的面积较大；低等别（13~15 等地）耕地面积为 188.54 万 hm²，比例为 29.23%，主要集中分布在张家口和承德。

表 19-2　河北省 2015 年国家利用等别面积（单位：万 hm²）

地区	5 等	6 等	7 等	8 等	9 等	10 等	11 等	12 等	13 等	14 等	15 等	平均等别
石家庄	2.09	3.00	9.51	14.98	7.02	5.67	4.73	4.78	1.74	4.78	0.00	9
唐山	—	—	1.55	2.47	9.70	10.39	12.36	13.39	5.83	0.67	0.00	11
秦皇岛	—	—	0.30	1.60	3.72	4.04	3.36	2.54	1.51	1.83	0.00	11
邯郸	0.35	1.43	4.77	12.35	13.81	10.83	7.69	8.06	5.84	1.34	0.00	10
邢台	0.00	1.75	4.88	11.93	11.32	11.47	7.03	11.07	5.33	4.67	0.00	10
保定	—	0.12	0.70	9.04	13.81	17.96	12.32	8.12	5.07	2.10	2.49	10
张家口	—	—	—	—	—	0.07	0.79	8.81	31.75	50.79	0.97	13
承德	—	—	—	—	—	—	—	3.09	14.26	21.59	1.08	14
沧州	0.35	2.06	1.84	5.60	8.97	10.83	10.69	20.92	14.90	2.33	0.00	11
廊坊	/	0.21	0.26	2.22	5.21	9.07	10.18	4.63	1.81	2.08	0.00	11
衡水	0.02	1.54	8.86	11.54	10.63	9.36	6.20	4.55	2.00	0.16	1.62	9
河北省	2.81	10.11	32.67	71.73	84.19	89.69	75.35	89.96	90.04	92.34	6.16	11

优质耕地主要分布在河北省东南部平原地区，而质量较差的耕地主要分布在河北省坝上高原地区、冀西山地区、冀北山地区。统计结果表明，1 级农业生产适宜区面积为 45.59 万 hm²，占全省土地总面积的 2.42%；2 级农业

生产适宜区面积为 245.61 万 hm², 占全省土地总面积的 13.02%; 3 级农业生产适宜区面积为 165.31 万 hm², 占全省土地总面积的 8.77%; 不适宜农业生产区面积为 188.54 万 hm², 占全省土地总面积的 10.00%。

3) 耕地后备资源

河北省后备资源分布广泛, 耕地后备资源调查评价成果中提取集中连片后备资源, 集中连片后备资源主要分布在冀西山地区与环渤海区域。其中, 1 类与 4 类适宜性区域面积分别为 2117.73 km² 和 946.29 km², 分别占区域国土总面积的 1.12%和 0.50%

4) 土壤污染

河北耕地土壤污染主要是汞、砷、镉超标, 耕地土壤重金属污染总面积小, 主要是人为污染, 污染程度较轻微; 其次是自然因素, 镉是超三级土壤分布区中最大的元素。据统计分析, 在土壤污染方面, 全省 1 级适宜农业生产区面积为 179 976.36 km², 占全省土地总面积的 95.43%, 该区域是受土壤污染限制最小, 最适宜进行农业生产的区域; 2 级适宜农业生产区面积为 8010.46 km², 占全省土地总面积的 4.25%; 3 级适宜农业生产区面积为 648.25 km², 占全省土地总面积的 0.34%; 4 级适宜农业生产区面积为 62.83 km², 占全省土地总面积的 0.03%, 该区域的土壤污染严重, 从农产品安全的角度来看, 不适宜进行农业生产。

5) 农业生产适宜性综合评价

通过对河北省永久基本农田、耕地等级、后备耕地资源、土壤污染等因素的分析, 采用 18.1 节中关于农业生产适宜性综合评价的方法, 对全省农业生产适宜区进行了综合评价, 并根据适宜程度分为适宜、较适宜、较不适宜和不适宜四个等级。

全省适宜农业生产的区域面积为 63 005.31 km², 占全省土地总面积的 33.41%, 主要位于太行山前平原地区和冀西北盆地区; 农业生产较适宜区面积为 13 918.06 km²,占全省土地总面积的 7.38%,主要位于冀西北盆地区;农业生产的一般适宜区面积共 1840.26 km²,占全省土地总面积的 0.98%;不适宜开展农业生产的区域面积为 5.33 km²,仅占全省土地总面积的 0.003%。

2. 农村居民点适宜性评价

1)农村居民点自然适宜性评价

根据 18.1 节中的评价方法,首先进行单因子评价,按适宜性程度分为适宜、较适宜、较不适宜和不适宜四个等级,其中,适宜级的面积为 21 925.56 km²,较适宜级的面积为 79 638.38 km²,较不适宜级的面积为 79 788.75 km²,不适宜区面积为 5751.24 km²,分别占省域国土总面积的 11.63%、42.23%、42.31%、3.05%。

2)农村居民点适宜性综合评价

将农村居民点的自然适宜性区域扣除基本农田、生态重要区域及城镇化潜力区域,综合评价出农村居民点适宜性,并按适宜性程度分为适宜、较适宜、较不适宜和不适宜四个等级。

全省适宜布局农村居民点的区域面积 21 925.56 km²,占全省土地总面积的 11.63%,主要位于太行山前平原地区;较适宜布局农村居民点的区域面积为 79 638.38 km²,占全省土地总面积的 42.23%,主要位于冀西北盆地区;一般适宜布局农村居民点的区域面积 79 788.75 km²,占全省土地总面积的 42.31%;不适宜建设农村居民点的区域面积共 7345.21 km²,仅占全省土地总面积的 3.89%。

19.2.3 城镇功能适宜性评价

1. 基于自然条件约束的国土开发建设适宜性评价结果

河北省冀西山地区、坝上高原区、冀北山地区属于坡度大的区域,且坡度以 15°~25° 的缓坡为主。全省矿山占用区域有限，仅占全省国土总面积的 0.57%，但空间分布与城乡发展空间有重叠；河北主要活动断层以 1000 m 和 800 m 为主，占国土总面积的 84.17%，主要分布于冀西北和东北地区。全省岩溶塌陷存在明显的区域差异。中高发区主要分布在西南部的太行山一线及东部的唐山、承德；全省崩塌、滑坡、泥石流高易发区主要分布在北部区域及太行山一线区域；全省地面沉降分布集中，平原地区地面沉降程度相对较严重，严重沉降区占国土总面积的 2.18%；全省水约束极为严重的区域主要分布在张家口市和承德市，受水约束较小区域主要包括石家庄、唐山和保定，各测度单元的单因子评价结果见表 19-3。

表 19-3 基于单因子评价的国土开发建设适宜性评价结果

适宜等级	坡度/km²	矿山占用/km²	活动断层/km²	岩溶塌陷/km²	崩塌、滑坡、泥石流/km²	地面沉降/km²
1	117 110.8	187 512.8	135 356.6	74 187.99	179 874.5	133 028.5
2	23 748.25	268.18	23 379.98	84 573.13	1 977.02	38 602.81
3	32 158.78	228.23	27 785.12	27 559.57	5 474.06	12 850.93
4	15 571.86	580.46	2 067.94	2 268.96	1 264.06	4107.45

在上述单因素评价的基础上，通过短板约束，得出河北省国土开发建设的自然适宜性区域，适宜与较适宜区域面积共 81 175.87 km²，占全省国土总面积的 43.04%。其中，适宜区域空间面积为 20 857.07 km²，占全省国土总面积的 11.06%，主要分布在石家庄市、唐山市、邯郸市和张家口市；全省较适宜区域为 60 318.80 km²，占区域国土总面积的 31.98%，在省域范围内分布广泛。

2. 叠加政策红线约束后的国土开发建设适宜性结果

在自然条件适宜开发建设的范围内，需要避开生态保护红线 7973.09 km² 和永久基本农田保护红线 30 658.92 km²，两者重叠部分面积有 2.71 km²，综合得到全省适宜国土开发建设区域 43 811.58 km² (表 19-4),占全省国土总面积的 22.56%,主要分布于石家庄以东、衡水市以北、沧州市以西和环渤海区域。

表 19-4 基于自然条件与政策红线约束的国土开发建设适宜性结果

区域	生态保护红线限制/km²	永久基本农田红线限制/km²	限制条件重叠部分/km²	修正后适宜规模/km²	占区域总面积比例
石家庄	478.59	2 014.08	0.12	2 093.12	14.74%
唐山	345.09	2 680.58	0.05	4 521.15	32.16%
秦皇岛	676.21	1 028.33	0.03	2 505.92	32.12%
邯郸	222.16	1 649.05	0.03	1 700.26	14.09%
邢台	370.06	2 702.68	0.07	2 564.35	20.62%
保定	129.52	3 542.75	1.56	3 787.58	12.36%
张家口	2 776.46	6 563.75	0.18	10 364.74	28.17%
承德	2597.09	2 198.67	0.31	7 315.79	18.53%
沧州	124.57	4 524.81	0.22	4 924.14	34.42%
廊坊	19.71	1 833.44	0.05	2 279.41	35.51%
衡水	133.86	1 468.45	0.02	1 042.16	11.79%
雄安新区	99.77	452.33	0.07	712.96	40.29%
河北省	7 973.09	30 658.92	2.71	43 811.58	22.56%

19.2.4 基于功能分区的板块格局优化

1. 景观格局优化

基于国土空间单元的主导功能,以公里网格为划定三区的基本单位,统计分析各公里网格内适宜生态、农业、建设开发单元的面积和百分比,逐块分析每个网格需要生态保护、利于农业生产、适宜城镇开发建设的功能等级,确定网格的功能属性。

1)单一功能网格评价

对于单个公里网格内只有一种类型的图层,空间类型直接根据其类型确定。

2）复合功能网格评价

对于单公里网格涉及多种适宜性属性，通过建立评价指标体系，综合确定空间发展类型属性。指标选择主要考虑以下因素：主体功能定位、与周边网格连片个数、网格中各空间的面积比例。采用专家打分法确定各因素的权重（表 19-5）。

表 19-5　复合功能网格评价指标表

评价因子	条件	分值
主体功能定位	相符	100
	不相符	50
与周边网格连片个数	5 个及以上	100
	3~4 个	50
	3 个以下	10
网格中各空间的面积比例	70%以上	100
	30%~70%	50
	30%以下	10

3）复合功能网格评价计算规则

A. 主体功能定位赋值

根据主体功能区规划确定的各县主体功能定位，对单个公里网格内三类空间进行等级赋值，符合主体功能定位的赋 100 分，不符合主体功能定位的赋 50 分。例如，如果一个县的主体功能定位为重点开发区，建设开发空间赋值 100 分，其余 50 分。

B. 与周边网格连片赋值

根据评价网格周边同类空间网格的数量进行赋值，同类网格达到 5 个及以上赋 100 分，3~4 个赋 50 分，3 个以下赋 10 分。例如，评价网格为建设开发功能和生态功能,该网格周边 8 个网格中,有 5 个网格为建设开发功能,有 3 个为生态功能,则所评价的网格内建设开发功能赋值 100 分,生态功能赋值 50 分。

C. 三类空间所占面积比例赋值

计算公式:各类空间所占面积比例=公里网格内各类空间面积÷公里网格面积。

根据计算结果,按比例达到 70%以上赋 100 分,在 30%~70%赋 50 分,30%以下赋 10 分。

D. 确定网格功能属性

根据以上因素的赋值结果,按照各因素权重累加得分,计算出单个公里网格中三类空间的最终评价结果,并将得分最高对应的空间作为公里网格的功能类型。

4)评价结果优化

通过上述评价确定每一个单元网格的功能属性后,对结果进行聚类,即将分散的功能网格与周围的功能网格合并。同时进行不规则网格处理,提高绘图的美观性。

2. 空间板块优化结果

经优化,河北省生态板块面积为 100 260.51 km^2,占区域总面积的 53.16%;农业板块面积为 69 105.18 km^2,占区域总面积的 36.64%;城镇建设板块面积为 19 248.62 km^2,占区域总面积的 10.21%。

第 20 章
河北省国土空间格局优化方案

20.1 国土空间总体格局

以国土空间功能适宜性为基础，结合城镇化、工业化、农业现代化的合理需求与生态空间保护要求，实施国土集聚开发与分类保护，按照"核心引领、多点联系、轴带拓展、区域协同"的空间发展策略，引导人口和产业集聚，统筹安排城镇板块、农业板块和生态板块，构建"一极双核四板块，两屏五带多节点"的国土空间总体格局。

打造"一极"。推进雄安新区国际一流、绿色、现代、智慧城市建设，打造京津冀协同发展动力源、北京非首都功能疏解集中承载地与河北省发展质量提升增长极，建成京津冀世界级城市群具有重要影响力的中心城市。

提升"双核"。提升石家庄市、唐山市在全省的"双核"驱动能力，做大城市规模，做强城市经济，优化城市空间结构，带动河北冀中南地区与冀东地区发展。

协调"四板块"。协调优化环京津核心功能区、沿海率先发展区、冀中南功能拓展区和冀西北生态涵养区功能板块，突出区域功能定位与战略导向，形成良性互动、协调共进、融合发展的新局面。

构筑"两屏"。实施燕山、太行山生态工程建设，提升生态功能，维护区域生态系统完整稳固，构筑京津冀地区两大绿色生态屏障，推进区域生态文明建设。

发展"五带"。强化以京石邯城镇发展带、京唐秦城镇发展带、沿海城镇发展带、石衡沧黄城镇发展带、京衡城镇发展带为骨架的空间发展带，联动辐射区域，推进国土空间集聚开发和集约高效、绿色低碳发展。

强化"多节点"。强化保定、邯郸两个区域中心城市和承德、张家口、秦皇岛、廊坊、沧州、衡水、邢台、定州、辛集等重要节点城市功能，提升辐射带动与创新示范作用。

20.2 重心-引线发展格局

根据城镇单元的空间引流载体布局，发挥关键节点的集聚带动效应，统筹安排城镇发展建设空间，着力构建基于重心-引线的"一极两核，五带多点"的城镇空间集聚开发格局。

打造雄安新区战略增长极，提升石家庄市、唐山市的全省"双核"驱动能力，构建"张京保石邢邯城镇发展带、承京廊雄衡城镇发展带、京唐秦城镇发展带、石衡沧城镇发展带和沿海城镇发展带"五带（表 20-1）；强化保定、邯郸两个区域中心城市和承德、张家口、秦皇岛、廊坊、沧州、邢台、衡水、定州、辛集等重要节点城市功能（多点）。

表 20-1 基于重心-引线的河北省空间集聚开发格局

重心单元	空间引线	发展依托	发展目标
张家口、石家庄、保定、邯郸、邢台	张京保石邢邯城镇发展带	以京张-京广铁路、京广客专-京张城际、京港澳-京藏(新)、京昆-张石高速等复合交通廊道为依托	建成京津冀世界级城市群西部纵向重要发展轴，打造为上连西北，下通华中、华南地区的联系辐射大通道

续表

重心单元	空间引线	发展依托	发展目标
承德、廊坊、雄安新区、衡水	承京廊雄衡城镇发展带	以京九客专-京沈客专、大广高速-京承高速等复合交通廊道为依托	建成京津冀世界级城市群中部纵向新兴发展带与战略增长极,拓展京津冀上连辽宁和内蒙古,下通华南的集聚发展大通道
唐山、秦皇岛	京唐秦城镇发展带	以京秦铁路、京唐城际、京哈高速等复合交通廊道为依托	建成京津冀世界级城市群横向产业转型升级发展带与城镇集聚发展轴,打造京津冀出海通道,京津冀与东北地区的重要通道
石家庄、衡水、沧州	石衡沧城镇发展带	以石太客专-石衡沧客专、石太高速-石黄高速公路等复合交通廊道为依托	建成京津冀世界级城市群中南部的横向发展轴,打造冀中南地区及广大中西部地区的出海通道
唐山、秦皇岛、沧州	沿海城镇发展带	以环渤海城际、津秦客专、沿海高速、津汕高速等为依托	建成京津冀世界级城市群东部滨海纵向优先发展带,打造京津冀沿海合作开放高地与桥头堡

20.3 功能板块协调格局

20.3.1 生态板块

(1)两屏——燕山、太行山生态屏障区。燕山、太行山区作为京津冀主要的生态屏障,为京津冀提供水源涵养、水土保持、防风固沙、生物多样性维护功能,主要包括承德市中南部,张家口市南部,唐山市、秦皇岛市北部,保定市西部、北部,石家庄市、邢台市、邯郸市西部地区。应充分保护各类自然资源,大力恢复植被,做好水土保持工作,注重生态农业发展,进一步增加林地覆盖面积,保障和加强其生态屏障和水源涵养地的生态功能。

(2)两带——坝上高原防风固沙林带和滨海湿地及沿海防护林带。坝上高原防风固沙林带和滨海湿地及沿海防护林带主要为京津冀提供防风固沙功能,主要包括承德西北部,张家口北部,秦皇岛、唐山南部,沧州东部地区。

坝上地区环境治理及生态恢复必须遵循生态系统的自然规律,重点恢复坝上草原生态,强化其生态屏障作用,实现生态环境良性循环。滨海地区地势低平,排水不畅,易造成涝灾。土地资源丰富,但盐渍化严重。利用河岸、渠旁、道路两侧大力植树,构成农田防护林网,改善生态环境。

(3)多廊道——以水库、湖泊及出入河流为廊道构成多廊道生态格局。水库、湖泊以及出入河流构成的多廊道生态格局具有灌溉农田、洪水调蓄和调节径流等功能,主要分布在燕山、太行山山麓及平原区,河流及湖泊、水库形成的水系不仅为人类提供生活和生产活动的必需的水资源,还能维持自然生态系统结构、过程与功能。河北省各级河流作为两屏两带多点的连接通道,实现各类生态安全格局间物质、能量的交换,以达到河北省生态安全格局结构的完整性、过程的连续性和功能的高效性。

20.3.2 农业板块

立足全省各地的资源禀赋、环境承载能力和农业发展基础,构建"一环四区"特色鲜明、良性互动、逐级带动的现代农业协同发展新格局,河北省农业板块分布可见表20-2。

表 20-2 河北省农业板块范围

区域名称	区域范围	土地面积/km²	2015年人口/万人	县(市、区)个数
环京津都市现代农业板块	廊坊市、承德市、唐山市、保定市、沧州市部分县市	46 770.12	1 259.85	27
山前平原高产农业板块	石家庄市、唐山市、保定市、邢台市、邯郸市、秦皇岛市部分县市	35 658.82	2 609.77	53
黑龙港生态节水循环农业板块	衡水市、沧州市、邢台市、邯郸市部分县市	28 117.47	1 731.22	37
山地高效特色农业板块	唐山市、张家口市、石家庄市、保定市、邢台市、邯郸市部分县市	65 688.82	1 062.74	29

续表

区域名称	区域范围	土地面积 /km²	2015 年人口 /万人	县（市、区） 个数
坝上绿色生态产业板块	张家口市、承德市部分县市及沽源、察北、御道口、康保、鱼儿山等 5 个国有牧场	22 412.35	159.76	5 个县、5 个国有牧场
沿海高效渔业产业板块	秦皇岛市、唐山市、沧州市部分县市	11 668.4	443.55	12

（1）环京津都市现代农业板块。该区域紧邻京津，社会资本活跃，优质农产品需求量大，对生态环境要求较高。该区域以化肥农药减施、农业废弃物循环利用为重点，强化京津"菜篮子"产品供给保障能力，发展休闲观光农业，建设环京津生态保育圈。

（2）山前平原高产农业板块属国家黄淮海平原农产品主产区，农业地位突出，农村人口集中，水土条件好，是全省粮食高产区和主产区，也是重要的菜、肉、蛋、奶集中产区，以绿色增产模式推广、耕地质量提升、生态经济林建设和农业废弃物资源化利用为重点，建设山前平原高产农业区。

（3）黑龙港生态节水循环农业板块属黄淮海平原农产品主产区，是全省重要的粮、棉、蔬、果生产集中区，农业需水量较大。该区域以地下水超采治理、耕地质量提升为重点，以发展节水高效农业为主攻方向，突出优质高效、生态修复功能，建设黑龙港高效节水农牧区。

（4）山地高效特色农业板块以发展草食畜牧业、山区沟域经济为重点，建设生态保育型农业区，突出生态屏障、农民增收功能，实施山区综合开发工程，培育现代山地特色高效农业。

（5）坝上绿色生态产业板块的草食畜牧业规模优势明显，是深河、潮河和自河的发源地，也是水资源缺乏地区。该区域以农业结构调整、农业生态修复为重点，建设生态农牧结合种养基地，建设冀西北生态环境支撑区。

（6）沿海高效渔业产业板块以优质水产品生产为主攻方向，注重精品生产功能,发展生态高效健康养殖和开展资源增值,建设标准化健康养殖基地,拓展提升休闲渔业。

20.4 区域空间统筹格局

20.4.1 省域协调格局

按照国土空间功能定位,以点状开发、引线联结、板块统筹的总体思路,分析省域内集聚建设区、重要开发轴带、重点保护区域,以协调开发与保护、促进区域联动为导向,设计国土空间战略格局,描绘省域国土空间蓝图,构建集聚开发、分类保护与区域统筹的国土空间格局。

协调优化环京津核心功能区、沿海率先发展区、冀中南功能拓展区和冀西北生态涵养区四大功能板块国土开发利用、生态保护和农业生产的多功能建设,突出区域功能定位与战略导向,构建资源要素科学合理有序利用、生产高质量发展、生活舒适美丽、资源环境可承载的区域协调发展格局。

20.4.2 城乡融合格局

调整和优化城乡产业布局,促进城乡一二三产业有机融合、协调发展。推动城镇与农村在水电路气等基础设施和文化、体育、教育、医疗、卫生、环保等公共服务设施方面城乡共建、城乡联网、城乡共享。城镇地区积极安排民生建设空间,拓展绿色空间,重点解决农业转移人口住房问题,改善城乡人居环境;对于农村地区,积极引导人口集聚达到一定规模的农村社区向城镇社区转变,稳妥推进农村土地征收、集体经营性建设用地入市改革,试点推行宅基地"三权"分置,探索建立城乡统一的建设用地市场。

20.4.3　交通引线格局

以综合交通通道为主骨架，建设河北中心城市间城际铁路，分层次建设中心城区与新城、卫星城之间的地铁和市域（郊）铁路。重点推进连接雄安新区与周边城市、连接北京与崇礼冬奥会赛区、连接北京新机场与周边城市等的城际铁路及连接线建设，强化干线铁路与城际铁路、城市轨道交通的高效衔接，着力打造"轨道上的京津冀"，提升交通"引线"对空间"引流"的载体匹配。

优化公路网结构，完善布局，重点打通区域"断头路"、拓宽"瓶颈路"、推进"对接路"，加快对接京津，强化内外联系的公路网络建设，构建高速公路、国道干线通道发达，高速公路连接线、省道干线支路成网，农村公路末梢广覆盖的便捷通畅公路网。着力畅通县乡主通道，优化农村路网结构，推进农村公路由"村村通"向"网络化、村内通"延伸，不断提高中心城区到边远县城、乡镇的全程通行能力，缩短全程通行时间，打造城乡居民出行和物流对接互联互通的公路网络。

第四篇 "多规合一"视角下土地供给侧时序结构

改革路径设计

第 21 章
国土空间规划的时序特征及其对土地供给
影响机理分析

21.1 国土空间规划生命周期概念梳理

生命周期理论由卡曼（Karman）于 1966 年首先提出，后来赫塞（Hersey）与布兰查德（Blanchard）于 1976 年发展了这一理论，生命周期是一种非常有用的工具，标准的生命周期分析认为研究对象要经历发展、成长、成熟、衰退几个阶段。目前国内外学者生命周期理论应用于经济、国土利用以及生态等领域，该理论在国土空间规划过程中同样适用，可将其生命周期分为准备期、构思期、编制期、执行期以及实现期共五个时期，构成一个全流程闭环规划管理体系，各部门、各环节之间协调衔接，确保国土空间规划顺利落地。

21.1.1 国土空间规划准备期

国土空间规划准备期是对规划地区进行"空间识别、空间诊断"的阶段，是由专业权威的规划技术团队对待规划地区的自然社会经济状况进行充分的熟悉了解，深入挖掘分析规划需求群体用户画像，并开展社会经济发展研究、资源环境承载力评价综合研究、大气环境特征与国土空间利用优化研究、水资源合理配置与国土空间格局优化研究、耕地保护研究、城镇产业布局优化研究以及生态保护与国土空间保护研究等众多规划前期基础性专题研究的过程，从而为国土空间规划后续阶段的开展提供基础数据资料，确保各阶段的有序进行。国土空间规划准备期是国土空间规划生命周期的起始时期，也是整个规划过程中十分重要的阶段。

21.1.2　国土空间规划构思期

国土空间规划构思期是指通过在准备期开展各类基础性调查研究对规划目标地区的自然资源以及社会经济情况进行充分掌握熟悉的前提下，进一步探知规划利益相关者的需求，明确开展国土空间规划的战略导向和目标，指出国土空间规划需要解决的核心重点问题，提出规划期限、编制原则、技术标准以及注意事项，构思确保国土空间规划实施落地过程中的监管方案，总体上勾绘出规划"一张图"的阶段，是对整个国土空间规划过程进行梳理引导的一个阶段。该阶段的核心内容是协调融合各级各类规划之间的关系，2019年5月印发的《中共中央　国务院关于建立国土空间规划体系并监督实施的若干意见》，明确提出建立国土空间规划体系并监督实施，将主体功能区规划、土地利用规划、城乡规划等空间规划融合为统一的国土空间规划，实现"多规合一"，强化国土空间规划对各专项规划的指导约束作用。此前，各类规划的编制实施分属于不同部门的工作范畴，如主体功能区规划由国家发展和改革委员会负责，城乡规划由各规划部门组织编制实施，土地利用规划属于国土部门的工作内容，而将各类空间规划融为一体，不可避免地会出现"规划冲突，政策打架"的局面，因此，国土空间规划构思期的主要任务就是要处理好各规划的关系，避免规划内容以及规划期限相互矛盾，该任务完成的效果如何，将会直接影响到规划编制、实施落地是否能够顺利开展。只有先"落好棋盘"，才能后"布好棋子"。

21.1.3　国土空间规划编制期

国土空间规划编制期是指依据国土空间规划相关法律、法规和政策，在前期调研构思以及明确各级各类国土空间规划的编制主体、编制内容要求、编制程序、编制技术标准、编制工作组织程序与要求的基础上，构建出五级三类的国土空间规划方案以及图表的阶段，从而为后期各级各类的国土空间规划执行监督和规划实现提供基础的指导资料和规划实施成果评估依据，属于国土空间规划从构思到实施的过渡阶段，发挥着承上启下的作用。其中，在编制主体方面，全国国土空间规划由自然资源部会同相关部门组织编制；省级国土空间规划编制主体为省级政府，由省级自然资源主管部门具体开展，市级国土空间总体规划由市级人民政府负责组织编制，市级自然资源主管部门会同相关部门承担具体编制工作；市县和乡镇国土空间规划由同级政府组织编制。在编制内容方面，不同层级的国土空间规划在编制内容上有所差异，全国国土空间规划纲要的重点任务是综合考虑全国人口分布、经济布局、国土利用、生态环境保护等因素，整体谋划新时代国土空间开发保护格局，科学布局生产、生活、生态空间。省级国土空间规划的编制内容一般包括省级国土空间保护、开发、利用和修复的目标定位、空间战略、开发保护格局、资源要素保护与利用、基础支撑体系、生态修复与国土整治、区域协调与规划传导等。市级和县级国土空间总体规划的编制内容主要体现在落实主体功能定位，明确空间发展目标战略；优化空间总体格局，促进区域协调、城乡融合发展；强化资源环境底线约束，推进生态优先、绿色发展等方面。在编制依据方面，国土空间总体规划编制的主要依据为党中央、国务院关于国土空间保护、开发、利用与修复的方针、政策;《中华人民共和国土地管理法》(简称《土地管理法》)、《中华人民共和国城乡规划法》等法律、法规;国民经济和社会发展规划;国土空间规划编制技术标准;依法批准的上一级国土空间总体规划;自然资源调查成果、承载力和开发利用适宜性"双评价"成果等。在编制程序方面,国土空间总体规划的编制程序一般包括准备工作、专题研究、规划编制、规划多方案论证、规划公示、规划报批、规划公告等。

21.1.4 国土空间规划执行期

国土空间规划执行期是指各级各类国土空间规划经相关主管部门审批通过后,有关自然资源部门遵循因地制宜、保护生态等原则,在规划方案、规划约束性指标、刚性管控要求和指导性要求下,采取适当的方式组织开展实施国土空间规划的阶段。它是国土空间规划由意识形态到付诸行动,由抽象到具体的过程,执行效果的好坏将会影响到规划能否顺利落地以及后期规划效果的评估。其中,国家和省级国土空间规划提出下级国土空间总体规划和相关专项规划、详细规划的分解落实要求,建立健全规划实施传导机制,确保相关专项规划和下级规划能够符合并细化落实全国和省级国土空间规划的各项要求。下级国土空间规划不得突破上级国土空间规划确定的约束性指标,不得违背上级国土空间规划的刚性管控要求。市县和乡镇国土空间规划的实施,除了通过规划实施传导机制,把规划要求在相关专项规划和下级总体规划、详细规划中细化落实外,主要是通过农用地转用许可、规划许可等行政管理措施进行。

21.1.5 国土空间规划实现期

国土空间规划实现期是指提出国土空间规划监测评估机制,构建评价指标体系，对国土空间规划项目的实施效果进行识别评估，进而给出相关建议并对其中存在的问题和不足进行动态调整加以纠正的阶段。这是国土空间规划全生命周期中的最后一个时期，这一时期所开展的工作活动，既能够对本轮规划进行全面的总结，又能够为下一轮规划的编制实施提供宝贵的借鉴经验。此外，规划实施评估是确保规划从静态型蓝图式规划向动态型政策式规划转变的重要环节，作为规划动态维护的主要依据，对于保证"规划—监测—评估—优化—规划"的良性循环系统的有效运行具有重要意义（苏世亮等，2019）。其中，在组织上应按照政府组织、市区联动、部门合作和公众参与的方式开展实施评估工作；在技术上应建立指标分解—文本拆解—图纸分类的评估框架，形成"总体评估+专项评估+各区评估+政策建议+公众参与"的监测评估成果体系；在实施上应采取"智慧核查+人工监测"相结合的评估方式和分级考核问责制度，提高评估成果应用的深度和广度（詹美旭等，2020）。

21.2　国土空间规划生命周期阶段特征与问题识别

21.2.1　国土空间规划准备期特征与问题识别

1. 国土空间规划准备期特征

作为规划全生命周期的起始阶段，国土空间规划的前期准备工作对整轮规划具有重要的意义。该时期有关负责部门结合在上轮规划实现期中汲取的先进规划理念思想和技术手段，以及当前时段开展的前期基础性研究工作，为整轮规划的开展打下良好的基础和支撑。

国土空间规划准备期的主要目标在于准确把握规划相关者的利益需求，保护规划相关者的合法权益，实现规划遵循"以人为本"的发展理念，使规划赢得社会公众的理解支持和参与，确保接下来的规划工作顺利开展；同时需要进行基于社会、经济、生态等方面的基础性研究工作，深入挖掘规划区域自然资源禀赋条件和社会经济发展动向，为规划的编制、实施等工作提供翔实、具有时效性的基础资料和数据支撑。

首先，成立由多学科、多层次、多方面的人才组成的规划工作领导小组和规划专业队伍，其中规划工作领导小组的主要任务是负责规划工作的组织开展和协调，而规划专业队伍的主要工作是负责具体的规划编制和实施评估。其次，做好前期物质准备工作，开展空间识别与空间诊断，为了准确把握规划区域自然资源禀赋和社会经济发展动向，开展自然、生态、社会和经济等方面的基础性专题研究工作，主要包括：研究人口规模、结构、分布以及人口流动等对空间供需的影响；研究气候变化及水土资源、洪涝等自然灾害等因素对空间开发保护的影响；研究重大区域战略、新型城镇化、乡村振兴、科技进步、产业发展等对区域空间发展的影响；研究交通运输体系和信息技术对区域空间发展的影响；研究公共服务、基础设施、公共安全、风险防控等支撑保障系统的问题和对策；研究建设用地节约集约利用和城市更新、土地整治、生态修复的空间策略；研究自然山水和人工环境的空间特色、历史文化保护传承等空间形态和品质改善的空间对策；研究资源枯竭、人口收缩、城市振兴发展的空间策略等。专题研究的主要目的是为国土空间规划的编制提供科学依据。因此各项专题规划既不是彼此相互独立的，要为整个规划服务；又要做到有的放矢，根据区域需要来设置不同的研究专题。最后，要针对国土空间规划通过新闻、报纸、互联网等媒介方式，以及召开发布会或者座谈会等形式向社会公众进行宣传，提高公众对于国土空间规划的支持感、认同感和参与感，听取公众有关规划的建议和意见，全方位挖掘规划相关者的利益需求，保护其合法权益。

国土空间规划的前期准备工作的大致内容包括：借助大数据等技术手段，

加强基础数据分析，以第三次全国国土调查成果数据为基础，形成统一的工作底数，结合对区域自然地理、自然资源、生态环境、社会、人口、经济、文化、基础设施、城乡建设、灾害风险等基础性专题研究工作的开展以及成果汇总，为各级各类规划的编制、实施等工作提供基础资料和数据支撑。

2. 国土空间规划准备期问题识别

1）基础性研究工作不全面、不深入

首先，由于不同层级、不同区域的自然资源禀赋和社会经济发展情况都存在较大的差异，因此基础性研究工作的开展要因地制宜，根据区域实际情况有选择地开展专题研究，但有些区域并没有遵循因地制宜的规划原则，对于基础性研究工作草草了事，没有在开展研究前进行深入的分析，导致前期的专题研究工作覆盖领域不宽泛、不全面，无法充分地对区域自然社会经济情况进行深入把握，此外各项专题工作开展的深入程度也有所差异，不同专题在研究开展的时限、相关要求等方面未能进行明确的说明，研究成果汇总也存在一定的困难，从而无法充分发挥规划前期准备工作对于后期编制实施工作的辅助作用。

2）国土空间规划准备期与土地供给计划准备期存在错位现象

国土空间规划工作在前期准备工作中更注重专题研究的开展，该阶段的工作内容翔实，尽可能全面综合地考虑区域社会经济发展情况，通过开展国土空间规划工作努力实现社会、经济、生态三者效益的最大化。但是，土地供应计划的前期准备工作更多的是聚焦于土地资源方面的专题研究，对于其他社会经济和生态等方面开展的基础性研究相对较少，准备工作较为简单，因此两者的准备期在一开始就出现了错位现象，导致在后期土地供应过程中无法满足国土空间规划对土地资源的长远规划、宏观布局，导致国土资源的布局配置以及开发利用管理难以与社会经济的发展相匹配。

3）规划前期宣传不到位，公众对规划认知不够

一方面，十八大以后，党中央在领导全党全国纠正上述偏差过程中，逐渐形成并提出转型升级、高质量发展战略。首先是战略目标变了，不再片面追求高速度，而是强调发展质量，注重资源环境保护，注重民生，注重产业平衡、供需平衡、投资消费平衡、城乡平衡等。其次是落实战略的方法也变了，经过几十年探索，我们对现代化建设和社会主义市场经济已经积累了不少正反两方面的经验，因此不能总是"摸着石头过河"了，而要在总结经验、深化认识基础上，对未来的发展进行顶层设计和全面谋划，按照统筹协调、因地制宜的原则，分类指导、分别推进。但也并不排斥在遇到不熟悉的问题、领域时，仍然要搞试点、"摸石头"。因此开展国土空间规划工作，是集中体现党中央战略目标和战略方法的重要载体和抓手。

另一方面，国土空间规划工作的开展，对于保护十八亿亩耕地红线、实施乡村振兴战略、建设山清水秀的社会主义和谐新农村具有重要的推动作用。因此，加强国土空间规划的宣传，提高社会公众的认知和参与感是规划工作中尤为重要的一环。但是，目前随着规划层级的降低，对于国土空间规划工作的宣传力度也大大降低，导致社会公众，尤其是农民群众对于国土空间规划的相关内容一知半解，对规划工作漠不关心，极大降低了公众参与力度。

21.2.2　国土空间规划构思期特征与问题识别

1. 国土空间规划构思期特征

只有先布好棋盘，才能落好棋子。国土空间规划构思期是为整个规划工作"搭架子"的阶段，勾勒规划蓝图，进行宏观部署，为国土空间规划后期工作提供指导思想和方针。因此，该阶段在国土空间规划全生命周期过程中也发挥着举足轻重的作用。

以习近平新时代中国特色社会主义思想为指导，全面贯彻党的十九大和十九届二中、三中全会精神，紧紧围绕统筹推进"五位一体"总体布局和协调推进"四个全面"战略布局，坚持新发展理念，坚持以人民为中心，坚持一切从实际出发，按照高质量发展要求，做好国土空间规划顶层设计。制定规划战略目标，体现战略性、提高科学性、强化权威性、加强协调性、注重操作性，实现国土空间开发保护更高质量、更有效率、更加公平、更可持续，为规划全生命周期敲定编制基调，勾勒实施框架，做到长远规划，宏观部署。

在内容上，首先，通过对主体功能区战略、区域协调发展战略、乡村振兴战略、可持续发展战略等国家重大发展战略的梳理，确定相关战略对于各级各类国土空间规划的具体要求。其次，通过对前期准备工作成果的整合分析，识别出区域国土资源布局配置、开发利用与社会经济发展之间存在的冲突和问题，并对问题进行深入的剖析，从数量、质量、布局和结构、效率等方面，评估国土空间开发利用管理保护的现状问题和风险挑战，并进行情景模拟分析。最后，结合城镇化发展、人口分布、经济发展、科技进步等社会经济各方面的发展趋势，研判国土空间开发利用需求，进而确定规划战略目标、近期规划任务和远期规划任务等要点。2019 年 5 月印发的《中共中央　国务院关于建立国土空间规划体系并监督实施的若干意见》中提出三阶段全国国土空间规划目标，到 2020 年，基本建立国土空间规划体系，逐步建立"多规合一"的规划编制审批体系、实施监督体系、法规政策体系和技术标准体系；基本完成市县以上各级国土空间总体规划编制，初步形成全国国土空间开发保护"一张图"。到 2025 年，健全国土空间规划法规政策和技术标准体系；全面实施国土空间监测预警和绩效考核机制；形成以国土空间规划为基础，以统一用途管制为手段的国土空间开发保护制度。到 2035 年，全面提升国土空间治理体系和治理能力现代化水平，基本形成生产空间集约高效、生活空间宜居适度、生态空间山清水秀，安全和谐、富有竞争力和可持续发展的国土空间格局。

国土空间规划构思期的主要作用就是为各级各类规划编制实施工作提供指导方针和原则,搭建出目标导向、问题导向和结果导向相统一的思路框架,防止后期规划工作出现偏差,从而使国土空间规划任务无法完成,规划目标难以实现。

2. 国土空间规划构思期问题识别

1)各类规划战略目标的融合较为困难

将主体功能区规划、土地利用规划、城乡规划等空间规划融合为统一的国土空间规划,实现"多规合一",首先最为重要的就是要将各类规划思想和规划目标进行统一,2010 年底国务院印发的《全国主体功能区规划》中指出,推进形成主体功能区规划的主要目标是:空间开发格局清晰,空间结构得到优化,空间利用效率提高,区域发展协调性增强,可持续发展能力提升。由此可见,主体功能区规划的重点聚焦在城市空间上。我国三轮土地利用规划的规划目标则更聚焦于土地资源的布局配置和开发利用,更加注重实现土地资源的可持续利用,而对其他国土资源如何实现合理有效利用的关注度不足。而城乡规划的主要目标是打破城乡之间的二元制度,实现城乡区域的协调融合发展。因此各类空间规划的目标侧重点存在一定的差异,国土空间规划在将这些战略目标融为一体时较为困难。

2)跨学科、高层次背景的规划专家较为缺乏,规划缺乏前瞻性和战略性

《中共中央 国务院关于建立国土空间规划体系并监督实施的若干意见》指出我国各层级国土空间规划分为三轮,远景规划到 2035 年,因此各层各类的每一轮国土空间规划工作在构思阶段提出的目标任务都要具有战略性、前瞻性和指导性,确保 2025 年中期目标以及 2035 年远景目标实现,但是,当前我国多学科、高层次的规划专家还较为缺乏,随着规划层级的降低,尤其

是对于县级及县级以下的国土空间规划，具有跨学科背景知识的规划专家更为稀缺，而一般规划人员通常缺乏大局意识，没有开展规划专家的专业咨询仅依靠他们进行国土空间规划的构思和实施，往往会导致规划工作缺乏前瞻性和战略性，2035 年远景目标的实现会大打折扣。

3）综合性国土空间规划缺位，缺乏明确的国土空间开发战略

综合性国土空间规划的长期缺位，导致我国没有明确的国土空间开发战略。在现行财税体制下，各地区在自然条件、自然资源和区域承载力存在着巨大的差异的前提下，都谋求快速的经济社会发展和城乡建设，经济社会发展与资源环境之间的匹配趋于恶化，国土安全和资源保障问题日趋严重。许多地方规划由于缺乏国家规划控制，加之地方保护主义严重，只注重眼前利益和局部利益，助长了重复建设、恶性竞争和资源环境破坏，有的不惜损害相邻地区利益。由于缺少跨行政区国土规划，一些重要流域、大都市连绵区、城镇群地区、海岸带地区以及重要资源富集地区，在开发建设部署上缺乏统筹规划，各自为政，加剧了资源浪费和环境恶化（郝庆等，2010）。

21.2.3　国土空间规划编制期特征与问题识别

1. 国土空间规划编制期特征

国土空间规划编制阶段是在掌握区域基础资料数据并且经过构思阶段的框架勾勒，明确各级各类国土空间规划的编制主体、编制内容要求、编制程序、编制技术标准以及编制工作组织程序与要求，依据国土空间规划相关法律、法规和政策，由专业规划编制人员构建出五级三类的国土空间规划方案以及有关图表的阶段，从而为后期各级各类的国土空间规划执行监督和规划实现提供指导资料和规划实施成果的评估依据，属于国土空间规划从构思到实施的过渡阶段，发挥着承上启下的作用，是整个规划工作过程最为重要的

环节之一。

翔实编制统筹区域国土资源禀赋及开发利用、经济与社会活动、生态环境治理与保护三者关系的具有战略性、指导性、约束性的资源空间配置、开发利用总体方案，真正实现规划"一张图""一盘棋"。

在遵循生态优先、绿色发展，以人为中心、高质量发展，区域协调、融合发展，因地制宜、绿色发展，数据驱动、创新发展以及共建共治、共享发展的原则的基础上，专业规划编制技术团队根据前期工作成果，编制规划实施方案、技术路线以及有关图表，制定出台相关配套法律法规，建立健全规划实施政策保障机制，确保实施工作顺利开展。

在国土空间规划编制过程中，首先，要明确各级国土空间规划编制的重点，全国国土空间规划是对全国国土空间做出的全局安排，是全国国土空间保护、开发、利用、修复的政策和总纲，侧重战略性，由自然资源部会同相关部门组织编制，由党中央、国务院审定后印发。省级国土空间规划是对全国国土空间规划的落实，指导市县国土空间规划编制，侧重协调性，由省级政府组织编制，经同级人大常委会审议后报国务院审批。市县和乡镇国土空间规划是本级政府对上级国土空间规划要求的细化落实，是对本行政区域开发保护做出的具体安排，侧重实施性。需报国务院审批的城市国土空间总体规划，由市政府组织编制，经同级人大常委会审议后，由省级政府报国务院审批；其他市县及乡镇国土空间规划由省级政府根据当地实际，明确规划编制审批内容和程序要求。各地可因地制宜，将市县与乡镇国土空间规划合并编制，也可以几个乡镇为单元编制乡镇级国土空间规划。其次，各级规划要严格按照要求进行编制，《中共中央 国务院关于建立国土空间规划体系并监督实施的若干意见》提出规划的编制要体现战略性，全面落实党中央、国务院重大决策部署，体现国家意志和国家发展规划的战略性，自上而下编制各级国土空间规划，对空间发展做出战略性系统性安排；提高科学性，运用城市设计、乡村营造、大数据等手段，改进规划方法，提高规划编制水平；加强协调性，强化国家发展规划的统领作用，强化国土空间规划的基础作用；注重操作性，按照谁组织编制、谁负责实施的原则，明确各级各类国土空间规划编制和管理的要点，健全规划实施传导机制，确保规划能用、管用、好用。

国土空间规划编制期的工作成果可以为后期开展规划实施提供工作指导标准和依据，同时为规划实施效果的评估提供指标体系，保障规划的实施达到预期效果。若缺少编制阶段，规划实施过程将会变得无章可循。

2. 国土空间规划编制期问题识别

1）各地追求"以地谋发展"的模式，导致规划编制注重眼前及局部利益

在中国 20 世纪 90 年代中期开始的这一轮经济发展中，土地扮演着非常重要的角色。20 世纪 80 年代以来，随着国有土地使用制度改革的深入，国有土地开始从"无偿、无期限、无流动"向"有偿、有期限、有流动"转变，土地作为一种重要的生产要素开始参与社会财富的分配，从传统的生产和生活功能向资本功能扩展。20 世纪 90 年代以来，随着分税制改革和住房制度改革的不断深化，土地价值不断攀升，土地资本属性日益显现。在土地资本化背景下，地方政府通过开发和经营土地，获得了大量的土地收入，形成了独具特色的"以地谋发展"模式，这种模式在各地普遍流行，显著推动了区域经济的发展（杨宜勇和范宪伟，2018）。但是，"以地谋发展"的模式同样会给区域发展带来显而易见的经济风险和社会风险，在该模式下，地方政府对土地资源的依赖程度会极度提升，通过招拍挂的出让方式尽可能地将工作重心放在建设用地的开发上，从而不利于耕地的保护。因此在国土空间规划编制过程中，可能存在地方保护主义现象，当地政府将有利于区域经济发展作为规划编制的更重要的目标，注重眼前利益和局部利益，不利于实现国土

空间规划宏观布局战略。

2）现有规划难以有效衔接，编制过程中存在各规划"冲突打架"现象

据不完全统计，当前中国由政府编制的各类法定规划有 80 多种，且存在规划标准"打架"、内容表述不一、数据彼此矛盾和规划管理"分割"等问题（迪力沙提·亚库甫和严金明，2017）。不同的规划在规划目标、规划逻辑以及规划年限上都存在一定的问题，如在规划逻辑方面，国民经济与社会发展规划侧重经济发展和项目建设；土地利用总体规划更侧重土地资源的保护，以供定需，由远及近；城乡规划侧重城乡区域的协调发展，以需定供，由远及近；主体功能区规划侧重以禀赋定发展，区分主体功能，侧重区域协同有序；而环境保护规划则更侧重生态环境的保护（夏方舟等，2019）。在规划年限上，国民经济和社会发展规划为五年一编制；土地利用总体规划为十五年一编制；城乡总体规划为二十年一编制；而环境保护规划没有具体的规定，大多为五年一编制。因此，各类规划在目标、内容以及期限等方面存在的差异冲突，使国土空间规划的编制过程变得更加困难，各类规划想要实现无缝衔接还需进一步探索。

3）咨询与编制的脱节导致规划方案的可实施性不强

在当前我国项目编制实施的运作模式下，工程咨询是不可忽视的重要环节，它是通过工程、技术、经济、管理、财务和法律等专业知识和分析方法对项目实施的必要性、可行性、合理性和科学性等内容进行系统分析。一方面，由于工程咨询的编制环节与审核环节都不属于自然资源与城乡规划管理序列，因此，咨询论证成果是否严格落实上位规划管控要求，是否符合国土空间资源保护需要都无法得到保障。另一方面，工程咨询处于规划编制到建设实施的中间环节，现状建设条件对咨询内容有着至关重要的影响，然而长期以来，规划方案缺少翔实的现调查分析一直是影响规划设计成果可实施性的重要因素，对使用者对各项功能的需求缺少具体的第一手调查数据，导致

设计的科学性基础不牢。一旦遇到复杂性和不确定性问题的叠加，在一定程度上会导致规划方案可操作性不强（方可和张蕾，2020）。

4）如何通过国土空间规划编制，推进全民所有的自然资源管理有待进一步探索

在国家治理体系和治理能力现代化的全面深化改革总目标下，国家空间治理体系和治理能力现代化是改革目标的重要组成（张兵，2019）。《生态文明体制改革总体方案》提出构建以空间治理和空间结构优化为主要内容，全国统一、相互衔接、分级管理的空间规划体系。要为自然资源的产权界定、确权、分配、流转、保值与增值提供管理基础和制度保障（杨保军等，2019），推动规划从支撑开发建设向支撑空间资源管理的职能转变。但是，由于当前自然资源资产产权制度、核算评价制度、监管保护制度和收益分配制度等"规则"尚未系统建立，自然资源的调查监测、确权登记等应当作为规划基础的工作同步开展，在后续的规划审批、监督和实施中，如何深入落实自然资源资产管理要求、如何实现全民所有的自然资源保值增值等问题仍有待解决（赵燕菁，2019）。当前，通过国土空间的编制和实施，来推进对全民所有的自然资源管理仍需要更多的探索（罗彦等，2020）。

21.2.4　国土空间规划执行期特征与问题识别

1. 国土空间规划执行期特征

国土空间规划的执行期是规划工作由纸面向地面转变的阶段，只有国土空间规划实施落地并依法解决相关问题，整个国土空间规划工作才能发挥出对空间资源、权益分配和空间秩序构建的积极作用。因此该阶段是整个规划生命周期至关重要的一个阶段。

若要确保规划实施工作严格按照规划编制文本顺利开展，实现规划设计

方案精准无偏落地，就要落实好国土空间规划的实施监督工作，使各地政府了解空间政策工具的影响力并实现战略目标，进一步推进空间治理体系和治理能力现代化。

首先，有关主管部门对上阶段编制的规划实施方案和其他规划材料进行审批通过，《中共中央　国务院关于建立国土空间规划体系并监督实施的若干意见》中提出要改进规划审批。按照谁审批、谁监管的原则，分级建立国土空间规划审查备案制度。精简规划审批内容，管什么就批什么，大幅缩减审批时间。减少需报国务院审批的城市数量，直辖市、计划单列市、省会城市及国务院指定城市的国土空间总体规划由国务院审批。相关专项规划在编制和审查过程中应加强与有关国土空间规划的衔接及"一张图"的核对，批复后纳入同级国土空间基础信息平台，叠加到国土空间规划"一张图"上。其次，规划方案通过后，规划工作部门和人员就要严格按照规划文本，开展组织实施工作。同时要健全国土用途管制制度，以国土空间规划为依据，对所有国土空间分区分类实施用途管制。在城镇开发边界内的建设，实行"详细规划+规划许可"的管制方式；在城镇开发边界外的建设，按照主导用途分区，实行"详细规划+规划许可"和"约束指标+分区准入"的管制方式。对以国家公园为主体的自然保护地、重要海域和海岛、重要水源地、文物等实行特殊保护制度。因地制宜制定用途管制制度，为地方管理和创新活动留有空间。

通过组织实施国土空间规划工作，将前期的编制成果由虚转实，完成规划工作由纸面向地面的转变。同时健全空间规划用途管制制度，为新时期国土空间总体规划用途管制水平及其质量的提升提供有力的保障。

2. 国土空间规划执行期问题识别

1）规划实施过程中，对于生态环境的保护可能重视程度不够

在国家大力提倡生态文明建设的政策背景下，作为开展落实国家重大战

略的重要载体和抓手，国土空间规划工作也要充分体现生态环境保护的思想理念，《中共中央　国务院关于建立国土空间规划体系并监督实施的若干意见》提出，到 2035 年，全面提升国土空间治理体系和治理能力现代化水平，基本形成生产空间集约高效、生活空间宜居适度、生态空间山清水秀，安全和谐、富有竞争力和可持续发展的国土空间格局。2020 年 9 月 22 日，自然资源部印发的《关于开展省级国土空间生态修复规划编制工作的通知》指出，国土空间生态修复规划是国土空间规划的重要专项规划。省级国土空间生态修复规划要依据国家、省级国民经济和社会发展规划纲要、国土空间总体规划，衔接全国生态保护和自然资源利用规划、全国重要生态系统保护和修复重大工程总体规划等相关规划，落实全国和省级生态保护格局、生态修复目标任务，维护国家生态安全、强化农田生态功能、提高城市生态品质，同时作为市县级国土空间生态修复规划编制、科学开展生态修复工作的依据。此前，我国各地都存在着"重经济，轻生态"的发展理念，虽然国土空间规划在政策文件上对生态环境的保护都给予了足够的重视，但是在真正的规划实施过程中，各地政府在面临经济发展和生态保护这道选择题时，是否会坚定不移地选择走生态保护这条道路仍然是个疑问号。

2）规划实施中管控要求的应变不足

国土资源的布局配置是一个巨大的系统，在长期发展过程中存在着很多不确定性的因素，因此，规划实施过程中要在认真贯彻执行规划编制文本的同时也要具有一定的弹性和应变力。但是在此前各类规划实施过程中，一方面，规划方案自身缺乏应对现实不确定性的弹性余量，方案成果中各项指标和要求过于机械和僵硬，一旦在实施过程中遇到复杂情况，就需要人为干预，而这种干预一旦缺乏整体全局性的约束管控，将带来规划的混乱无序；另一方面，在国土监察体制逐步完善的趋势下，部分管理工作一味强调严格落实上位规划要求，确保规划实施不越线、不突破，宁可在法定框架体系下严守静态蓝图式的规划模式，也不愿动态创新其规划模式。正反两方面的影响，势必导致规划方案在面对实际情况变化时操作性不强，应变性不足（方可和张蕾，2020）。

3）规划实施过程中各部门职能分工不够明确

国土空间规划本身是一个系统性的工作，在开展的过程当中，需要各部门之间有机配合才能够更高质量地完成。但是在实际开展过程中，不同部门的规划及顶层设计会不同，工作的侧重点也会存在着明显区别，所以，规划完成的质量也存在很多的不足之处。在具体落实规划的过程当中，各部门之间没有进行有效的沟通和协调，使得部门优势难以发挥出来。再加上在进行国土空间规划的过程中，各环节的工作无法得到规范落实，并且有时由于利益方面的诸多矛盾而出现权责冲突的问题，而且各部门间的工作内容也确实存在着显著区别，比如，城建部门会更加重视城市建设，而国土部门则会更加重视耕地保护（高婉莹，2020）。因此，在进行国土空间规划的过程中，每个部门都会将自身发展需求放在前面，以自我发展为中心，这就直接导致前期规划措施难以充分落实，在用地标准方面也会相应出现偏差，导致国土资源被大量浪费。同时，部门之间缺乏有效沟通，使得规划工作的开展也缺乏规范性，在用地规模和功能布局等方面都会出现阻碍问题，最终导致国土空间规划难以发挥出作用。

4）规划实施政策保障不够健全，且资金支持力度不强

首先，各类规划的战略目标和战略导向都需要通过各部门的支持才能够落实，而国土空间规划作为未来区域国土资源布局配置和开发利用的指南，也应当成为整个地区及其各部门政策制定的依据。但目前各级国土空间规划无论是在编制程序上还是实施内容上，都还处于起步阶段，都与该要求存在一定的距离，规划的原则和思路在各部门、机构和经济实体发展的政策中难以得到全面的体现。其次，国土空间规划必须得到充分的经济保障和

财政支持才能得以实施。这是因为在规划实施过程中，会遇到来自其他部门在经济利益上的挑战，地区规划只有通过一定经济力量的对抗才有可能化解这种挑战，保持其主动性和引导性。但目前，规划部门对公共投资决策并不具有强大的影响力，也缺乏足够的能力协调平衡地区公共投资的投入方向、地区和时间，未能建立国土资源保护义务与财政转移支付联动机制（严金明，2010）。

21.2.5　国土空间规划实现期特征与问题识别

1. 国土空间规划实现期特征

作为本轮国土空间规划的最后一个阶段以及下轮国土空间规划的起始阶段，国土空间规划实现期在本轮规划与下轮规划之间起着承上启下的作用，通过在规划实施过程中对其进行监督指导，开展定期阶段性评估，并对最终规划成果进行整体性评估，总结规划中的亮点和不足之处，从而为下轮国土空间规划提供宝贵的经验。

在该阶段中，首先，在完善国土空间基础信息数字平台的基础上，建立健全国土空间规划动态监测评估预警和实施监管机制。运用 RS、GIS 以及 GPS（global positioning system，全球定位系统）技术，对各类国土资源实施动态监测，这是构建国土空间规划体系和开展国土空间规划工作的重要基础和制度支撑。上级自然资源主管部门要会同有关部门组织对下级国土空间规划中各类管控边界、约束性指标等管控要求的落实情况进行监督检查，将国土空间规划执行情况纳入自然资源执法督察内容。健全资源环境承载能力监测预警长效机制，建立国土空间规划定期评估制度，结合国民经济社会发展实际和规划定期评估结果，对国土空间规划进行动态调整完善。其次，对规划实施成果按照前期构建的评估指标体系从自然、社会、经济以及生态等多个角度进行阶段性评估和整体性评估，这是规划实现期的核心环节，通过评估可以准确把握规划的实施效果。在组织上应该按照主管部门组织、有关部门参与以及社会大众参与的方式开展评估工作；在技术上应建立指标分解—文本拆解—图纸分类的评估框架，形成"总体评估+专项评估+各区评估+政策建议+公众参与"的监测评估成果体系；在实施上应采取"智慧核查+人工监测"相结合的评估方式和分级考核问责制度，提高评估成果应用的深度和广度（詹美旭等，2020）。

在国土空间规划实现期通过完备的监测预警机制以及全方位多角度规划评估体系，可以精确识别规划实施变化和效益水平，并且作为下轮规划起始阶段，汲取先进规划思想理念和技术做法，为下一轮规划提供经验借鉴。

2. 国土空间规划实现期问题识别

1）缺乏有效的监测预警机制，无法快速精准定位问题源头

国土空间规划工作的监测预警机制是保障规划工作落到实处的关键。因此，构建完善的"多主体、多维度、多方法"的监测预警机制，对于实现规划目标、完成规划任务十分重要。但目前，一方面，我国国土空间规划仍处于起步阶段，相关的规划经验尚需积累，并且当前的各级各类的规划工作重心大部分放在规划的编制和执行上，对于国土空间规划的评估探索相对较少，因此还未建立完善的监测预警机制。另一方面，一个透明度高的规划，不仅能够在规划编制时，提出站在公众利益立场上，反映国土资源配置利用中不同价值取向的规划方案，也能在规划实施中，伴随着公众的支持，顺利实现规划目标，同时也能在规划评估中，从公众手中获取第一手资料，准确评估规划实施效果。但是，个别规划部门更多地注重编制实施过程中公众的参与权，而缺乏对公众参与决策监督权的关注，在一定程度上影响了规划实施的监测预警。因此，监测预警机制的不完善以及公众参与监督的缺乏，导致无

法快速监测识别规划工作中出现的问题并精准定位问题源头，从而影响了规划的实现。

2）规划调整机制不够完善，缺乏规划定期评估机制

由于规划实施过程是一个连续动态的过程，因此，规划实施并不能一成不变地按照规划方案开展，当规划不能适应新的社会经济发展需要时，规划需要调整、修改，甚至修编，而对规划进行适当调整的前提是开展阶段性成果评估，但是就此前各类规划实施情况来看，各地区都十分重视规划布局的实施状况，较少关注规划实施对于经济、社会、历史、环境生态以及自然资源禀赋所产生的影响，从而缺乏对规划实施成效的全面认识，缺乏规划实施效果的多角度、重定量和可操作的指标评价体系和评价标准。

国土空间规划全生命周期流程及问题识别图见图 21-1，特征及问题识别表见表 21-1。

图 21-1　国土空间规划全生命周期流程及问题识别图

表 21-1 国土空间规划全生命周期特征及问题识别表

规划阶段	目标	内容	作用	问题
规划准备期	准确把握规划相关者的利益需求；进行基于社会、经济、生态等方面的基础性研究工作，为规划的编制、实施等工作提供翔实、具有时效性的基础资料和数据支撑	成立规划领导小组和规划专业队伍，做好前期物质准备工作，开展空间识别与空间诊断，掌握规划区域自然资源禀赋和社会经济发展动向，全方位挖掘规划利益相关者的特征	为各级各类规划的编制、实施等工作提供基础资料和数据支撑	1. 基础研究工作不全面，不深入。 2. 国土空间规划准备期与土地供给计划准备期存在错位现象。 3. 规划前期宣传不到位，公众对规划认知不够
规划构思期	制定规划战略目标，为规划全生命周期敲定编制基调，勾勒实施框架，做到长远规划，宏观部署	识别出区域国土资源布局配置、开发利用与社会经济发展之间存在的冲突和问题，提出本轮规划的目标、战略导向以及原则等要点	为各级各类规划编制实施工作提供指导方针和原则	1. 各类规划战略目标的融合较为困难。 2. 跨学科、高层次背景的规划专家较为缺乏，规划缺乏前瞻性和战略性。 3. 综合性国土空间规划缺位，缺乏明确的国土空间开发战略
规划编制期	翔实编制统筹区域国土资源禀赋及开发利用、经济与社会活动、生态环境治理与保护三者关系的具有战略性、引导性、约束性的资源空间配置、开发利用总体方案	根据前期工作成果，编制规划实施方案、技术路线以及有关图表，制定出台相关配套法律法规，建立健全规划实施政策保障机制，确保实施工作顺利开展	为后期开展规划实施提供工作指导标准和依据，为规划实施效果的评估提供指标体系	1. 各地追求"以地谋发展"模式，导致规划编制注重眼前及局部利益。 2. 现有规划编制难以有效衔接，编制过程中存在各规划"冲突打架"现象。 3. 咨询与编制的脱节导致规划方案的可实施性不强。 4. 如何通过国土空间规划编制，推进全民所有的自然资源管理有待进一步探索
规划执行期	确保规划实施工作严格按照规划编制文本顺利开展，实现规划设计方案精准无偏落地	主管部门组织开展评估、论证审批执行规划编制方案，定期开展阶段性规划监察，对规划实施过程中出现的问题进行及时纠偏改正	将前期的编制成果由虚转实，完成规划工作由纸面向地面的转变	1. 规划实施过程中，对于生态环境的保护可能重视程度不够。 2. 规划实施中管控要求的应变不足。 3. 规划实施过程中各部门职能分工不够明确。 4. 规划实施政策保障不够健全，且资金支持力度不强

续表

规划阶段	目标	内容	作用	问题
规划实现期	全方位多角度评估规划实施情况，精确识别规划实施变化和效益水平	构建全面综合的国土空间规划实施评价指标体系，由相关负责单位严格按照规划方案和评价体系进行最终评估，总结规划中的经验不足	作为下轮规划起始阶段，汲取先进规划思想理念和技术做法，为下一轮规划提供经验借鉴	1. 缺乏有效的监测预警机制，无法快速精准定位问题源头。2. 规划监测预警机制不够完善，缺乏规划定期评估机制

21.3　国土空间规划生命周期对国土空间供给侧的影响

在当前国土资源约束趋紧的情况下，必须要重视国土空间规划的编制过程对国土空间供给侧的影响。从上文梳理的国土空间规划生命周期来看，可以分为准备期、构思期、编制期、执行期和实现期，每个时期有不同的目标、作用和问题，对国土空间供给过程也会产生不同的影响。

21.3.1　国土空间规划准备期的影响

准备期的主要目标是对规划区域的自然、社会和经济等方面进行基础性研究工作，搜集全面且具有时效性的数据，为后续规划的构思、编制和实施等时期提供基础支撑。在这一时期，可能对国土空间供给侧造成的影响主要是基础资料不完善导致预测失误，进而使得土地供需不匹配。

在编制国土空间规划之前，需要全面搜集地区的资源环境资料，进行国土空间规划的"双评价"，摸清国土资源本底对地区发展规模的承载能力限值。如果基础资料并不是最新的数据，或者资料精度有限，可能无法满足规划落地的需求。如果出现矢量数据边界精度不足或与实际不符等问题，那么在规划图斑落地时会导致无法重合等现象，在土地供应时出现矛盾和冲突。

城市的基础设施包括交通运输、水利、供电和通信等，支撑了居民的工作、生活和城市的正常运转。为了保障城市的长远发展，国土空间规划需要借助人口、经济等数据对基础设施需求进行预测和提前布局。如果在人口、地区生产总值、产业生产值等指标上出现误差，那么对产业用地规模、基础设施配套规模等的预测和供给也会出现偏差，无法满足城市转型发展的要求。

在城镇化进程中，国土空间规划要从"本底容量"出发，在人口规模、资源环境承载能力、土地供给等方面加强协调，因此需要完善的自然本底数据支撑。如果在水文、土壤和环境等数据上出现误差，那么对自然环境承载力的评价结果可能出现偏差。城市的资源和自然环境在人类生存环境质量不下降的前提下，对污染物的负荷量存在阈值，这就是城市的资源环境承载力。因此，国土空间规划要对城市水资源、森林资源等重要自然资源的源地划定保护区域，对于废弃物、污染物等的处理场地也要给予优先保障，否则可能会导致规划区域的经济增长目标超出自身的资源环境承载能力，导致空间供需不匹配、空间品质下降等后果。

另外，在实际的土地开发利用过程中，由于收集的社会经济发展数据口径不一和规划期限的滞后等，规划结果缺乏科学性和现实指导性。例如，《1997—2010 年全国土地利用总体规划纲要》在总目标和具体目标中提及"保持耕地总量动态平衡""在保障重点建设项目和基础设施建设用地的前提下，建设用地总量得到有效控制"。这个目标制定时所依据的信息是有40%的城镇用地可以挖潜，农村居民点用地在 13 年内可以减少 1/3，10 年内可增加新耕地 3 亿亩，而这个数据本身不够准确，因此规划实施不过两年，耕地保有量和建设用地总量都突破了控制指标。1999~2006 年因建设占用的耕地面积超过了土地利用规划指标的 24.3%。

21.3.2　国土空间规划构思期的影响

构思期的主要目标是制定规划战略目标，为规划全生命周期敲定编制基调，勾勒实施框架，做到长远规划，宏观部署。同时，要识别出区域国土资源布局配置、开发利用与社会经济发展之间存在的冲突和问题，调整本轮规划的目标。在这一时期，可能对国土空间供给侧造成的影响如下。

1）规划体系不完善导致土地供给矛盾

国土空间规划体系不完善首先体现在各类规划之间无法有效衔接，导致城市经济发展目标与用地供给规模在相关规划之间存在脱节。2018 年发布的《中共中央　国务院关于统一规划体系更好发挥国家发展规划战略导向作用的意见》明确提出，坚持下位规划服从上位规划、下级规划服务上级规划、等位规划相互协调，建立以国家发展规划为统领，以空间规划为基础，以专项规划、区域规划为支撑，由国家、省、市县各级规划共同组成，定位准确、边界清晰、功能互补、统一衔接的国家规划体系。2019 年国家机构改革之前，各类规划由于部门利益、目标和指标等彼此不协调，缺乏有效衔接与协调。因此，在规划落地时容易出现同一地块在不同规划中有不同用途的现象，在用地时造成矛盾。因此，在构思期需要厘清规划区域的发展目标，协调各个部门的利益与诉求，然后在规划编制时期才能以城市发展目标为导向，为重点项目进行规划布局并提前储备土地。

国土空间规划体系不完善也表现在长期规划和短期规划之间缺乏过渡，导致土地供给波动较大。过去土地规划体系主要包括总体规划、详细规划、专项规划和年度计划等。土地利用总体规划是对 15 年左右的长期土地利用情况进行提前布局，而土地利用年度计划是根据地区每年的建设项目进行土地供应的调整。由于短期规划的波动性较大，与长期规划之间缺乏过渡，可能短期规划的变化积累起来会导致长期中出现较大的土地供应波动。例如，北京市 1992~2000 年土地供应量出现较为明显的上升，年均供应土地面积约 1492 hm²。而在 2000~2004 年，北京市年均供应土地面积上升到 5916 hm²，是上一期的近 4 倍。仅 2004 年，就因为首都机场的扩建增加了上千公顷面积的土地供应量，使得 2004 年的年度供应量超过过去几年的用地总和。这些短期项目对用地的过度要求使得土地利用规划反过来要根据土地利用的实际情况进行调整，失去了规划对实际的引导作用。由于土地市场中存在着许多不确定因素，对于中长期经济社会发展难以进行准确预测，因而在做长期规划时不可能获得完全信息，需要加入土地利用中期规划进行承上启下的及时协调。

2）规划思路落后导致无法适应城市的转型发展

随着科技进步和产业转型，城市原先的定位会发生变化（刘璐，2019），国土空间规划也要据此进行调整。同时，产业结构的转型升级是一个快速、不确定和持续的过程，单一土地利用模式的传统开发思路可能会导致现有产业用地无法适应快速变化的产业发展。例如，随着新兴产业的不断变化，一个城市高科技产业园区准许进入的产业类型可能会从传统制造业调整为生物医药、信息产业等高附加值产业，土地用途由工业用地转向科教研发用地，产业发展呈现多元化趋势，对空间的混合利用需求会进一步增加。目前，许多城市的产业园区空间容量存在上限（朱昊雯，2020），并且按照规划指标，可供开发的新增用地数量有限，对空间的竞争阻碍了潜在企业的进入，不利于产业的集群发展和规模发展。

3）规划预见性不强影响土地储备

由于国土空间规划较长，规划的预见性不强，很可能对重点建设项目的储备不足。同时，每年一次的短期规划很难进行局部调整，一些重点项目一旦没有在国土空间规划编制初期制订用地储备计划,将在后续的项目用地保障上面临困难。因此,需要在国土空间规划编制初期结合城市发展目标做好项目预测,保障重点区块和重点项目。然而,即使为重大项目预留了用地,规划在编制期仍然无法精确满足城市发展的用地需求。因为随着规划期内技术的进步和生产工艺的更新,生产单位产品所需的建设用地标准可能发生变化,产业所需建设用地总规模存在不确定性。同时,产业的进驻与发展以市场为主要依托,用地规划等政策工具对产业的进驻与发展可能不起决定性作用,未来产业类型以及生产规模的预测值势必存在误差。

21.3.3　国土空间规划编制期的影响

编制期的主要目标是编制统筹区域国土资源配置及开发利用的总体方案,包括规划编制的实施方案、技术路线以及相关图表,同时出台相关法律法规,建立健全规划实施政策保障机制,确保工作顺利开展,同时为规划工作提供指导标准和依据,为后期规划效果的评估提供指标体系。在这一时期,可能对国土空间供给侧造成的影响如下。

1)严控增量用地导致城市发展空间不足

从近年的土地利用规划编制来看,土地资源的计划指标供应逐渐下降,建设用地规划从单一增量向存量挖潜与适度增量结合过渡。但对于很多大型城市来说,经过多年的发展,存量用地数目极少,耕地占补平衡指标紧缺,新的用地项目可能难以获批,发展空间趋紧。同时,规划原有的作用是通过严格保护耕地倒逼建设用地总量的控制,从而使得建设用地和耕地都得到合理布局。然而,土地利用战略和制度安排对快速工业化、城市化进程中的土地刚性需求估计不足,造成建设用地供给过少,进而产生违规用地现象。同时由于农地征用成本低,在后备耕地资源不足的情况下,地方政府会低价甚至无偿出让土地进行招商引资,造成大面积优质耕地被占用,建设用地现状面积已经逼近甚至突破长期规划所设定的建设用地总量控制指标，各类用地之间的矛盾亟待解决。

此外，过去的规划未能充分考虑以集约节约利用土地，盘活存量建设用地来缓解建设和农业争地的矛盾。面对土地资源稀缺和土地利用效率低下的双重压力，数量有限的土地资源不可能完全满足各产业部门的用地需求，规划规定的耕地保护和建设用地控制指标未能全部实现，使得政府计划性配置失灵。

因此，在新的国土空间规划中，需要完善项目储备库建设，加大对新兴企业的用地保障力度，提前做好报批，进行用地预审批，做到地方重大项目应保尽保。同时，要统筹规划，优化国土资源配置，必要时向上协商增加新增用地指标，保障地区的适度发展空间。另外，也要做好土地存量挖潜，国土空间规划在完善新增用地指标分配的同时要与存量建设用地盘活结合，也要更加关注土地的节约集约利用，减少新增建设用地指标的压力。

2）指令性规划无法满足市场化发展

我国过去的土地利用规划行政指令性较强，土地利用指标通过土地利用规划自上而下地分解下达，层层控制，逐级细化。建设用地需求也在不断扩大，而城市建设用地来源的单一以及耕地红线、规划调控和用途管制等制约了土地的供给，造成城市土地供需失衡。土地规划的用地指标控制对于地区发展起到了重要保障，但是这种严格的用地数量和空间控制手段运用在所有地区不尽合理，过于"一刀切"，因此为了达到用地总量控制的目标，在用地紧张的地区只能利用增减挂钩来实现局部区域范围内的耕地占补平衡。随着我国市场化程度的完善，市场对于空间资源的配置作用逐渐加强，过去行政指令性较强的规划可能不利于地区的均衡发展，因为其无法通过差别化的用地政策来满足不同经济发展程度地区的发展诉求。在经济发展程度较高的地区，对基础设施更新、产业用地扩张等用地需求很大，土地利用规划下达的用地指标无法满足建设用地的实际需求，而且城市已经高度发展，在周边区域实行耕地占补平衡的难度也很大。因此，地方政府可能需要频繁修改土地利用规划以解决城市发展的用地难题。

3）规划空间布局不合理影响土地利用效率

土地利用规划过程中，因为不同区域的资源禀赋存在差异，土地利用也存在差异，需要进行统筹配置。随着地域间分工的细化和主导功能的演变，地域功能必需的基本用地类型和用地结构呈现不同的特点。如耕地资源丰富的粮食生产基地首先要确保耕地保护的任务，严格控制建设用地的占用，而高度发达的工业区对工业用地、工矿仓储用地的需求量较大，对于森林植被资源比较丰富的城市多划为禁止建设区，进行重点的生态保护。但是，在土地利用规划中，根据其自然资源禀赋合理配置和安排不同的土地利用规模并进行相应的空间布局尚缺乏科学可信的论证过程。一二三产业的发展成果已经惠及更为广大的区域，在地域空间上分布不当，就会限制土地利用效率的提高。

4）规划理念惯性强导致土地利用潜力难以释放

传统的规划准备工作中，预测未来用地规模往往用"以人定地"的方法，但是在这种方法下很难得到用地规模的准确预测值。例如，在城市规划中对建设用地总规模的测算通常采用本地常住人口为基数并按照《城市用地分类与规划建设用地标准》（GB50137—2011）中制定的人均用地标准进行计算（王雪娇和许景权，2020），使得用地规模与经济发展关联度较弱。而与经济发展有较高关联度的工业用地规模，是按照规划城市建设用地总规模乘以一定比例进行测算。在这种测算方式下，一些市县在用地总规模突破合理范围的情况下，产业用地规模也超过了需求。

此外，过去的规划中对产业用地进行预测时对实际的产业种类、生产环节等对用地的要求考虑不足，导致供需不匹配。不同的产业类型需要不同的土地资源进行匹配，经济效益产出、土地利用效率也不同。在没有充分考虑土地产出效益的情况下，仅仅通过经验比例估算用地规模，可能会使部分产业用地片区闲置粗放，而部分产业用地片区发展空间不足。不考虑具体生产环节对用地的需求，也可能导致规划用地的规模以及空间配置和实际生产脱节，无法满足产业发展对用地的需求，与经济发展的关联度也较低。因此，在国土空间规划对产业用地的规划中，应该根据城市的产业发展目标因地制宜地制定产业用地标准，不能用以往"一刀切"的标准。

在新一轮的国土空间规划当中，将不同产业对用地的差异化需求纳入到编制规划的考虑中来，探索新的产业用地规模测算方式，根据不同产业对空间的需求合理安排空间布局，作为对传统的"以人定地"的测算方式的补充，确定规划区域所需要的建设用地总规模和产业用地规模，使得用地供给与经济发展目标关联度更高。

5）用途管制严格导致规划留白较少

在过去的规划中，大部分地区都由规划明确用途并进行严格的用途管制，留白较少。虽然用途管制能在一定程度上遏制土地违法乱用的行为，但行政意义过强，在某种意义上也阻碍了土地要素的市场化配置，导致土地资源的配置仍然存在优化的空间。

从近年来其他国家的实践来看，在规划中增加白地供给有助于提升空间利用效率。例如，上海和武汉等地引进了新加坡的"白地"概念，将部分土地资源交给市场主体进行配置，市场主体根据市场需要自由决定土地的性质、用途以及功能，但此类实践从全国来看还较少。因此，在新一轮的国土空间规划中，可以考虑增加留白，促进空间资源的市场化和多元化利用（燕新程和严金明，2006），合理减少土地出让的年限，提高土地利用的容积率，对空间资源进行地上地下全方位立体开发，以提高空间利用效率。

21.3.4 国土空间规划执行期的影响

执行期的主要目标是严格保障规划实施工作按照规划方案顺利开展，使得规划精准落地。规划主管部门组织开展评估、论证、审批和执行规划编制方案，定期开展规划检查，对规划实施过程中出现的问题进行及时纠偏，由虚转实，完成规划工作由纸面向地面的转变。在这一时期，可能对国土空间供给侧造成的影响如下。

1）监管薄弱导致用地效率低下

过去规划中对产业用地的规模测算不够合理，在一些地区导致产业用地规模较大甚至超过需求，进而导致企业进驻产业园区的土地成本较低。同时，由于当地政府在规划实施阶段可能存在"重供地，轻监管"的现象，对企业进驻园区后是否达到容积率标准和产出效益没有进行有效监管，因此企业圈地占地、多占少用和宽打宽用等现象多有发生，出现产业用地低效闲置等问题。

同时，部分地区由于在前几个时期用地报批量较大，各个行业的用地需求意愿下降，招商引资难度加大，地方财政负债增加，融资难度加大，导致公共投资项目进展缓慢，使当地出现了大量批而未供或者供而未用的无效用地。从目前来看，许多地区在国土空间领域去库存、降成本以及补短板的任务较重。尽管部分地区开展的存量用地挖潜计划已经盘活了部分低效用地，但存量建设用地基数大，因此未来仍需继续加大挖潜力度。因此，在新的国土空间规划阶段，地方要进行批而未供土地的专项清理活动，将这些存量土地利用起来，在下一个规划报批阶段减少新增用地。同时，要重视规划执行期的监管举措，由过去规划重规划前审批向重规划中监督和规划后监管转变，对低效用地进行定期督察和曝光。

2）注重经济用地保障而忽视生态用地

在过去规划的实际执行过程中，尽管规划中已经明确各个地块的用途，并制定了相应的用途管制法律法规，但由于地方监管不力等原因，建设用地占用耕地和生态用地等的现象仍然屡见不鲜。在"三条红线"中，城镇开发边界仍然有扩张趋势，而生态保护红线和永久基本农田边界却不断被突破。因此，在新一轮的国土空间规划的执行中，要完成生态保护红线、永久基本农田、城镇开发边界这"三条红线"的划定工作，严守生态保护红线，严格保护永久基本农田，严控城镇开发边界，从严管控非农建设占用耕地和生态用地。

21.3.5　国土空间规划实现期的影响

实现期的目标是全面评估国土空间规划的实施情况，判断规划在实施期的效果。因此，需要构建国土空间规划实施评价指标体系，由相关单位和第三方机构对规划方案进行最终评估，总结规划中的问题和经验。本轮规划实施结果是下轮规划的起始阶段，因此下轮规划需要总结本轮规划的先进理念和技术，吸取经验教训。在这一时期，可能对国土空间供给侧造成的影响如下。

1）部门职责不明导致国土执法不到位

在过去的规划中，规划工作涉及的部门众多，部门之间的职责边界有重叠，导致实际工作中容易出现推诿现象，具体区域的规划实施可能没有明确的监管部门，执法检查的职责没有落实到位，土地资源没有得到合理保护。

在过去的基层土地利用规划中，各类图斑都需要具体落地，但是由于分区方法落后以及缺少技术保障等原因，基层的规划结果表现在空间上往往过于零碎，有些图斑在规划图上甚至无法展示，因此难以落实上级的规划方案。过去的规划中，分区首先要借助各类模型确定数量结构，其次通过空间叠加等手段确定空间布局。由于不同的与规划有关的部门有各自的规划理念，对相同的空间区域会进行重复规划，在各部门没有协调好时，各区划的土地用途分区可能会出现交叉或重叠性，出现"政出多头"的问题（苏黎兰等，2015）。此外，土地利用结构优化本质是经济学中的资源配置问题，即把区域土地资源按效益最大化原则配置给不同用地部门，土地利用规划需要对各个相关部门的用地需求进行协调与权衡。

因此，在新一轮的国土空间规划中，要配合机构改革，厘清国土资源空间范围和部门管理的职权边界，加大对国土资源的保护力度。

2）监管依据缺乏导致土地违法案件频发

过去，各类国土空间相关规划长期缺乏严格的法律制度保障，规划内容、过程、标准和行为等也缺乏法律约束，因此地方在开展规划工作时无法可依、无据可查，随意改动规划的问题较为严重，规划实施时的监管力度也不够，没有起到规划的控制作用。规划的控制性和引导性减弱导致供地过程中底数不清、底线不明，地方政府受经济利益驱使而放任城市摊大饼式扩张（刘新平等，2015），占用了大量耕地资源和生态用地资源（何书金和苏光全，2001）。

因此，要完善国土空间规划的法律法规保障体系，严格规划实施后的执法监察，严厉打击土地违法案件（吴九兴，2010），严控新增违法用地。此外，考虑到很多违法用地现象是发生在监管薄弱的基层地区，必须要推动执法监察工作纳入基层综合执法平台建设，发挥基层监察责任；推广使用执法监察"一张图"管理信息系统，提高执法效率。

第 22 章
土地利用的时序特征及规划需求分析

本章旨在划分出我国土地利用不同的生命周期阶段，深入剖析土地要素供给与配置对城乡社会经济发展的作用，提炼土地利用不同时期内的核心内生偏好和外生影响，梳理土地利用不同生命周期阶段对于各类规划的需求导向；分析土地利用不同生命周期阶段的特征和易出现的问题，挖掘各类规划在其中每个阶段所发挥的具体作用与影响，探索不同土地利用生命周期的最佳规划配置组合，构建土地供给侧的不同生命周期的差异化和差异化规划指引机制，进而形成实现土地资源有效供给和科学合理配置的规划整合建议。

22.1 土地利用生命周期解析

22.1.1 生命周期理论在土地利用领域应用的可能性

生命周期理论因其有效性、实用性，自提出以来被广泛地应用于管理、社会、经济、生态等各研究领域，纵向涵盖个人、家庭、企业组织等各研究尺度（梁上坤等，2019；李敏等，2020）。国内专家学者也将生命周期理论较早运用于土地利用问题的研究（王行风等，2009），分析土地利用方式、土地利用规划等具体问题。但当前研究多就土地某单一利用方式阐述其生命周期不同阶段特征及其面临挑战，缺乏将该理论拓展至土地利用综合性分析的可行性论证。因此，下文将基于土地利用的战略取向、供给方式、边际报酬三个维度系统探讨土地利用研究领域应用生命周期理论的可能性，具体而言，便是从人地关系认知的周期性、土地供给的周期性以及土地产出的周期性三个维度进行论述。

1. 人地关系认知的周期性使宏观土地利用存在生命周期

纵观人类历史长河，人类文明不断向前迈进。从原始文明步入农业文明，再演变至工业文明，人类对土地的认知也逐渐深化，形成了"自然物质—生产资料—自然历史综合体"的土地认知观念变化历程（郑红玉等，2020），对土地利用产生深刻影响。同时，伴随土地内涵认知的演化，人地关系形成周期。这种周期具体可以阐述为：①原始部落时代人类因敬畏自然，形成人依赖地的人地关系；②农耕游牧时代因改造自然，形成人地并存的人地关系；③工业时代因人类中心观，形成人掠夺地的人地关系；④后工业时代因尊重自然，形成新型人地并存的人地关系。

1）原始部落时代人类因敬畏自然，形成人依赖地的人地关系

此时期人类敬畏自然，一方面，因为人类生存环境较恶劣。当时受限于人类的认知水平和生产力的落后，人类生存面临三个严峻挑战，一是食物的短缺，二是野兽的侵袭，三是自然灾害。在部落时期食物极端短缺时，部落会选择放弃幼儿和体弱成员，以谋求整个部落的生存，由此可见食物匮乏是当时人类面临的主要挑战。在旧石器时代就常有各种自然灾害发生，根据对于许多史前遗址研究来看，旧石器时代许多遗址都经历过被水掩埋的情况，虽然不一定每个遗址都遭受过洪水灾害，但在一定程度上反映了史前人类的居住环境并不是长期处于一个稳定的环境之中。另一方面，人类生存又极度依赖自然。原始部落时代，人类主要以搜集、渔猎赖以生存。土地的功能也主要表现为提供食物和栖息生存之地。《礼运篇》中记载原始人类生活状态：

"未有火化，食草木之实、鸟兽之肉，饮其血，茹其毛。"《易·系辞传》中记载道"上古穴居而野处，后世圣人易之以宫室"。

人依赖地的人地关系在人类敬畏自然的认知观中逐渐形成。上古时期，人们不明白自然运行的机制，把自然归结为神秘力量，对这种力量敬而远之。祭祀是人、神交际的手段，致力于解决人们能力不足以抵抗自然灾害的问题。通过与神的沟通、交涉，渴望得到庇佑，保障人们的基本生存资料。《尚书·虞书·皋陶谟》中记载皋陶建言："天叙有典，敕我五典五惇哉！天秩有礼，自我五礼有庸哉！同寅协恭和衷哉！天命有德，五服五章哉！天讨有罪，五刑五用哉！"从中也可以看出天命观是早期人们的世界观，是人们对整个世界的总的看法和根本观点。原始部落时代大自然对人类的馈赠毋庸置疑，而人类也较为深刻地影响着自然。人类不断繁衍，人口数量逐渐增长，其对生物系统的影响日益深刻。原始文明时期，中华民族的祖先便已意识到维护自然生态平衡的重要性。《国语·周语》记载"灵王二十二年，谷、洛斗，将毁王宫。王欲壅之，太子晋谏曰：'不可。晋闻古之长民者，不堕山，不崇薮，不防川，不窦泽。夫山，土之聚也，薮，物之归也，川，气之导也，泽，水之钟也……'"，体现出古人与自然相调和的价值观。

2）农耕游牧时代因改造自然，形成人地并存的人地关系

农耕文明与游牧文明虽存在差异，但两种文明下的人类都只能在既定的自然地理环境中，适应、利用和改造自然生存条件，即"依天地自然之利，养天地自然之物"。对于农耕文明，先秦儒家思想已非常重视人与自然的和谐相处，处处强调"仁民爱物"。要想与天地万物和谐共处，首先要节制人类的欲望，按照大自然的节奏、万物生长的节律来安排人类行为。《论语》记载"子钓而不纲，弋不射宿"，这种"不将鱼一网打尽，不猎杀归巢之鸟"的思想体现了要有节制地合理利用资源。《孟子·梁惠王上》记载了孟子说的一段话，"不违农时，谷不可胜食也；数罟不入洿池，鱼鳖不可胜食也；斧斤以时入山

林，材木不可胜用也"。《礼记·月令》则明确要求要根据动植物的自然生长规律进行适时的砍伐和田猎。由此可见，传统儒家认为自然界是互相联系、互相作用的有机整体，人类作为有机整体中的重要一分子，应遵循自然规律，"以时禁发"，唯有如此，方能达到"天人合一"的理想境界。对于游牧民族，无"马"不成"牧"。马匹的繁殖和广泛使用，确保了游牧文明移牧生活的需要。他们也把土地当作自己的财产对待，但在使用土地时，游牧民族按照游牧生产要求对游牧地进行选择，按照游牧生产规律进行流动，"庐帐而居，随水草畜牧"。与农耕民族不同，游牧民族选择所考虑的重心不在于土质之膏腴，而是在于水草之肥美，此即史书所谓"种类资给，惟藉水草"的含义所在。如果土地上的水草不佳，他们一年四季都处在迁徙之中。对于游牧民族，迁徙是为了生存，也是为了发展；既是生产，也是生活。游牧经济生态系统呈现出"人—畜—草"的食物链。草原上水草的空间分布，形成了游牧生产与生活的流动状态。而这种流动恰恰能反映出人类节制利用自然资源，人与自然和谐相处的思想。

3）工业时代因人类中心观，形成人掠夺地的人地关系

人类中心观是指人类凌驾于自然之上作为自然的征服者和统治者，同时认为道德是调节人与人关系的内在规范，人与自然的关系不属于道德范畴，而道德的目的是守护人的利益，因此自然界则成为满足人类欲望、实现人类需求的工具。人类中心观来源于西方的传统伦理思想，最早可追溯于古希腊著名哲学家苏格拉底的思想："作为思维者的人是万物的尺度。"其中包含以人类为中心的人与自然思想。自 17 世纪后期科学革命的兴起和理性主义思想传播，人类中心观也逐步建立，而伴随第一次工业革命展开，人类生产力得到大大提高，整个人类社会发生巨大变革，人类拥有更加强大的力量去战胜、征服自然，人类中心观也得到进一步的强化。

在人类中心观的思想影响下，人类对土地利用逐渐偏重其经济价值，人

类掠夺土地的人地关系因此也自然形成。人类对土地的掠夺主要表现在两个方面，一方面是人口数量持续增长下，人类的生活、生产空间不断挤压生态空间，造成全球性生态系统的失衡。许多物种因生态系统的剧烈变化而灭绝或濒临灭绝，生物多样性遭受严重挑战。人类过度开垦与无节制使用化石能源使得荒漠化与气候变暖成为全球性危机。另一方面，工业化在给人们带来舒适方便生活的同时，有毒有害气体的随意排放、废水废液废渣的倾倒，严重危害自然环境，造成土壤污染事件频发。2017年7月21日，安新县公安局在工作中发现，该县李某某在未办理危险废物经营许可证的情况下，在其租赁的厂房内，将23 t含有废铅膏和废酸液的废旧铅酸蓄电池壳露天堆放在无防渗措施的地面上，对土壤造成污染。

4）后工业时代因尊重自然，形成新型人地并存的人地关系

生态环境危机的出现迫使人类重新认识和反思人类与自然之间现存的伦理关系。人们意识到：环境问题不仅仅是经济和技术问题，要想彻底消除环境危机，人类首先要在思想上树立以自然和人类可持续发展为标志的新的道德观即环境伦理观念，通过对人与自然之间伦理关系的研究，为人类的经济活动提供新的价值导向，进而形成了尊重自然观。在新工业文明阶段，人类的环境保护和尊重自然的意识开始觉醒，通过制造高科技人工材料、利用可再生能源和废弃物、开发人工资源、开展污染治理等措施，降低对自然资源的利用，以及对自然环境和生态系统的污染及破坏。在开启生态文明时代的今天，人类意识到人是自然界的组成部分，人与自然的关系不是"人定胜天"，而应该是"天人合一"。

在尊重自然观的影响下，人们不满足于降低对自然环境的负向作用，希望经济发展与自然生态保护形成相互促进格局，形成新型人地并存的人地关系。这种新型人地关系要求在发展经济时节约集约利用土地，给予生态系统以正向作用，同时，合理的土地供给又将反过来为产业经济的发展提供良好

的支撑和保障作用，从而实现产业与生态的双赢。无论理论还是实践均证明节约集约用地是促进经济发展方式转变的有效途径，提高土地节约集约利用水平，能够以更少的土地投入支撑经济社会高质量发展。节约集约用地既能够"严控增量"避免占用耕地，也可以"盘活存量"优化用地布局，还可以通过"市场配置"提高土地利用效率。而合理的土地供给，既是促进社会经济平稳健康发展的宏观有力调控手段，又可以为产业政策实施提供有力保障，增加产业经济发展的稳定性与可持续性。通过将土地在灾后重建、农业农村发展、中西部地区倾斜供给，有力促进社会和谐稳定。通过将土地在国家铁路、公路、水利、能源等重大基础设施项目精准供给，有力保障经济持续发展（表 22-1）。

表 22-1　人地关系认知周期演变表

社会发展时代	自然认知观	人地关系	特征
原始部落时代	敬畏自然	人依赖地	自然被归结为神秘力量 人类利用、影响土地
农耕游牧时代	改造自然	人地并存	依天地自然之利，养天地自然之物
工业时代	人类中心观	人掠夺地	偏重土地经济价值 破坏生态环境
后工业时代	尊重自然	新型人地并存	经济发展与自然生态保护相互促进

2. 土地供给的周期性使中观土地管理存在周期性

随着我国土地储备制度的建立与完善，存量土地经过土地储备流程得以开发再利用，使土地供给形成"土地储备—土地供给—土地利用—土地回收再储备"的循环利用方式，从而使土地供给具有周期性。这种周期性具体可以阐述为：①土地供给准备期的土地供应计划的编制与审批；②土地供给储备期的土地供应征收与初开发；③土地供给供应期的土地市场化供给；④土地供给回收期的存量土地回收与再开发。

20 世纪 90 年代中期,我国第一家土地储备机构在上海诞生,至今全国范围内已超过 2000 多个市、县陆续实行了这项城市化土地供给的储备制度。我国新一轮城市土地供给制度的改革以城市土地收购储备制度的建立为标志。2007 年 11 月,国家正式出台《土地储备管理办法》。此办法的颁发意图就是要完善土地储备制度,加强土地调控,规范土地市场运行,促进土地节约集约利用,提高建设用地保障能力。2013 年以来,中国经济发展进入新常态,城镇化、工业化和市场化的加速发展,对土地资源配置提出了更高的要求,而土地供应及其变革是优化土地资源配置的核心与关键。这一时期,我国完善土地"征收—储备—供应"模式,健全完善使用土地供给作为宏观调控手段的相关制度。现如今,大部分城市都初步形成了政府宏观调控下的统一收购、储备、出让的城市土地供给市场。政府以建立城市土地储备和交易制度为主要内容的土地供给制度改革,既提高了土地资源配置效率,又促进城市土地供给由粗放式向集约式的转变,实现土地资产的保值增值,同时在城市发展规划、环境治理、社会保障和招商引资等方面也起到了推动作用。

1)土地供给的准备期主要包含建设用地供应计划编制审批环节

土地供给准备期的主要工作流程为:一般由市一级自然资源管理部门牵头编制土地储备开发计划,针对拟启动项目审议后报市政府批准实施。之后,由土地储备机构编制项目开发实施方案,针对项目启动的必要性进行可行性分析,方案主要包括待储备开发地块的基本用地、规划情况、征地及拆迁安置计划、预计开发成本、土地收益、开发周期及计划、实施主体及方式等。市级自然资源部门同市级各委办局联审并提出意见,审议通过后,将项目报市级政府批准后启动实施。

土地供给的准备期的工作流程表现出供给期存在以下特点:第一,编制土地储备计划是核心。土地储备计划分为三年滚动计划和年度土地供应计划。

其中土地储备三年滚动计划是依据国民经济和社会发展规划、土地利用总体规划和城乡规划等进行编制。而年度土地储备计划则根据城市建设发展和土地市场宏观调控情况，具体结合社会发展规划、土地储备三年滚动计划、年度土地供应计划等进行制订。土地储备计划的编制影响土地供给，决定了土地供后利用管理的模式。第二，强化用地审批制度是基础。在准备期的工作流程中，通过用地预审是项目能够立项的基本条件。我国土地管理行政体系构建了以用途管制为核心的土地利用管理体系，强调事前监管。《建设项目用地预审管理办法》中严格规定"审批""核准""备案"三类审批方式所对应的用地预审办理要求。换言之，用地预审需要经历层层上报的政府内部审查、审核，通过后才可进行进入土地准备期程序。

2）土地供给的储备期主要包含证照核发环节和征地拆迁环节

土地供给储备期的证照核发环节主要内容为：经过准备期的项目预审通过项目，由自然资源管理部门依据预审意见，结合土地利用规划，核发项目符合规划的相关证照，包括对土地储备开发整理规划条件、储备供应规划条件的审核，以及对建设项目主体、开发周期、项目范围及相关规划指标的确定。土地供给储备期的征地拆迁环节的主要内容为：对建设项目所需用地进行征收、拆迁，符合储备条件后，纳入土地储备库。具体集体土地和其他权属单位国有土地的征收与拆迁，需进一步完成用地审批和征地补偿工作。

土地供给储备期存在以下特点：第一，储备土地受规划限制。需要储备的土地正式进入储备实施过程前，需要审核项目与土地利用规划、城乡规划的匹配度，与准备期的项目预审所不同的是，项目预审是项目用地与用地区域经济社会发展的匹配度检验，而具体用地还需符合各项规划。这是由土地资源的稀缺性决定的，每一宗土地的最终利用形式都面临巨大的机会成本，而经过准备期与储备期的双重匹配，是确保储备土地实现高效利用的保障机制。第二,储备实施受征拆影响。储备土地能否实现入库,还受到所涉土地的征收与拆迁的影响,甚至征收、拆迁进程直接决定了土地储备的进度。这一环节是土地供给由计划阶段进入具体实施阶段的转折期,也是集体土地转变为国有土地的所有权变化期,而土地征收、拆迁涉及多元主体的利益。特别是集体土地,如何对失地农民做出合理的补偿是理论和现实的难题,并且在土地储备期,征拆补偿在先供地出让在后,土地储备资金是储备期重要制约因素。

3)土地供给的供应期主要包含土地出让环节与供后利用环节

土地供给供应期的土地出让环节,在土地供应前,需要经过成本预估,确定交易土地底价并报政府批准后,才允许进入市场交易环节,其中出让土地通过招标、拍卖、挂牌方式获得,划拨土地是经政府批准后,缴纳划拨资金取得国有土地使用权。土地供给供应期的供后利用环节是指土地使用权人依法合规取得国土建设用地使用权后,对建设用地按照申报计划进行土地利用。

土地供给供应期存在以下特点:第一,政府垄断新增建设用地供给来源。尽管集体建设用地已在2019年修正的《土地管理法》中被允许入市,参照同类用途的国有建设用地执行,但尚处于探索之中。我国地方政府通过国有土地的唯一合法性供给,垄断土地一级市场,成为唯一的供地主体。经过土地供给储备期的征收、拆迁,核验后将新增建设用地纳入土地储备库,按照土地供应计划供应土地,从而形成卖方市场。该土地供应方式下,可以使政府通过调控供地节奏加强对宏观经济调控,但是在这种供应方式下如何实现土地市场的供需平衡是该时期的重点、难点。第二,工业用地供给数量多于居住用地。在地方政府晋升锦标赛激励机制下,地方政府过度看重作为量化考核核心指标的地区生产总值指标,而特大项目建设是短期内提升地区生产总值的可行办法,因而,地方政府竞相招商引资,为此使出浑身解数,各种优惠政策更是层出不穷。工业用地也曾被作为一项优惠政策用于吸引投资，被大量低价供给。而居住用地则因供给的不充分造成价格的快速增长，弥补了工业用地的低价出让损失，形成了工业用地多，居住用地少的局面。第三，商品房用地高于保障房用地。1998 年出台的《国务院关于进一步深化城镇住房制度改革加快住房建设的通知》政策，正式开启了我国住房商品化历史进程。短短 22 年时间，住房商品化改革改善了超过 5 亿人口的居住环境，带动上下游 50 多个行业发展，支撑我国经济快速发展，贡献不可谓不大，但是住房供给过度商品化，保障性住房供给不足，造成房价高企，大量住房需求未能得到有效满足而被广为诟病，造成了住房供给的结构性失衡。

4）土地供给的回收期主要包含存量土地回收环节和再利用环节

土地供给的回收期是指将闲置土地重新收归土地储备库，准备再次开发利用的阶段。闲置土地是指国有建设用地使用权人超过国有建设用地使用权有偿使用合同或者划拨决定书约定、规定的动工开发日期满一年未动工开发的国有建设用地，以及已动工开发但开发建设用地面积占应动工开发建设用地总面积不足 1/3 或者已投资额占总投资额不足 25%，中止开发建设满一年的国有建设用地。

土地供给回收期存在以下特点：第一，回收期回收土地认定困难。2012年《闲置土地处置办法》中对于闲置土地的认定标准较为模糊，在土地管理部门实际工作中执行存在认定困难、无法执行的问题，使得土地供给所设计的土地回收制度被象征化，闲置土地的退出困难，严重制约土地节约集约利用，影响存量建设用地的二次开发。第二，存量土地二次利用成本高。回收期存量土地回收再利用相比储备期的土地征收特殊之处在于交易成本较高。尤其对于烂尾工程的现存价值的核算和二次开发后建筑设计滞后市场问题，使二次开发主体望而却步（图 22-1）。

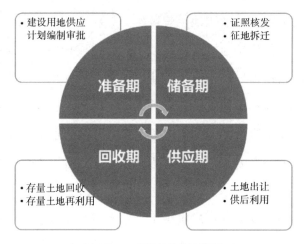

图 22-1　土地供给全周期图

3. 土地产出周期性使微观土地利用存在周期性

1）土地产出的周期性

尽管从长期分析看土地产出（报酬）总量保持持续增长，土地产出似乎并不存在周期性，但土地产出持续增长实际具有波段增长特征，即在最初开始阶段土地产出随着资本投入与劳动投入的增加而逐渐增加，在土地产出达到某一个峰值后，伴随资本与劳动的继续投入，土地产出不升反降，直到降至某一低点，土地投入再次随着资本与劳动的增加而上升，而后攀升至一个新的峰值，并且此峰值高于前峰值，这种波动向上的过程不断循环，最终使土地产出呈现出随时间变化，向上增长的"锯齿状"周期趋势。

农业生产能较好地体现出土地产出存在周期性。农业生产指需要劳动者对充当基本生产资料的土地持续不断地投入人类劳动，从而获得土地产出的过程。在此过程中，无论是由地貌、土壤、岩石、水文、气候、植被等所构成的自然历史综合体的土地，还是人类的劳动都会发生变化。土地受到自然变化和人类活动的影响，其形状与性状均发生变化，如土地的隆起与塌陷、土壤肥力不断降低、土地盐碱化等。人类劳动也会因思维的变化、知识的积累、技术的进步等发生改变，这种改变总体上呈现趋向更高级阶段发展。在土地改变与人类劳动改变的相互制约、相互促进进程中，人类劳动不断克服土地改变，从而使农业产出总体呈现增长趋势，但增长过程中，又伴随产出的波动。

2）技术进步与边际报酬递减规律对土地产出周期的综合解释

从蒸汽机的发明、电力推广应用再到信息技术传播扩散，每一次跨时代的技术创新都使人类社会经济呈现出"跳跃式"发展。因此，人类社会的发展存在相对稳定期与快速发展期，在没有新技术创新及应用时，表现为相对稳定的发展阶段，而在出现颠覆性技术时，整个社会经济的发展便进入加速期，使各个领域都取得突破性进展。稳定期内生产技术水平具有相对稳定性。稳定期内，土地报酬以零报酬为起点，随着投入的增长和时间的延续，土地报酬是增加的，土地边际报酬在开始阶段也在逐步上升。在边际报酬达到极大值前，整个土地报酬都呈现快速增长阶段，表现为报酬递增现象。在边际报酬达到极大值以后，随着人类劳动和资本投入量的继续增加，土地总报酬仍然继续增长，但边际报酬发生改变，由增变减，呈现下降趋势。直到边际报酬归零，如果没有新的技术条件的产生或投入量的控制，土地边际报酬出现负值，土地总报酬开始下降。这就是人们通常所说的土地报酬递减规律。而在快速发展期内，技术创新短时期内呈现"井喷式"发展，土地边际报酬重新大于零，土地总报酬趋势也发生改变，由减少变为增加。之后，再次形成新的稳定期，由于新稳定期运用新的生产技术，土地总报酬峰值会超越前一个稳定期峰值。这种"稳定期—快速发展期—稳定期"周而复始的循环积累，使得土地产出出现周期性规律。

3）土地产出周期性对土地利用的影响

土地产出呈现周期性规律给土地利用主要带来以下三个方面的影响：第一，土地利用投入资源的节约高效。由于稳定期内，随着土地利用投入的不断增加，土地总报酬呈现先增加后降低的倒"U"形，确保土地利用投入在土地总报酬峰值对应投入一定范围内,能够实现土地资源最高效利用的同时,节约投入。第二,土地利用技术不断吐故纳新。仅农业领域土地利用技术的创新便不胜枚举,如大型农业机具的使用,使农作物耕作效率得到极大提升。最新型的智能农业机械,也将进一步从农业种植中解放农业劳动力人口,从而使劳动力要素流动至更高要素回报率领域。同时,土地利用规划也随土地产出周期性演进而持续创新,力求实现土地利用的精准调节、合理配置土地资源,指引土地利用供给时序。第三,土地利用方式产生巨大转变。在稳定期,为适应经济由高速增长转向高质量发展的要求,以国土开发方式转变推动经济发展方式转变,转变资源依赖、要素驱动的发展模式,加大资源约束,把城镇、农业、生态空间和生态保护红线、永久基本农田红线、城镇开发边界作为调整经济结构、规划产业发展、推进城镇化不可逾越的红线(图22-2)。

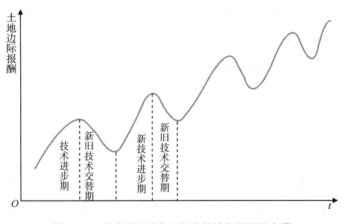

图 22-2　技术进步视角下的土地边际报酬示意图

22.1.2　土地利用的生命周期划分

1. 宏观资源利用强度的生命周期

回顾人类文明发展历程,从原始部落文明、农耕游牧文明、工业文明直至目前的后工业文明,在整个文明进程中人类对资源利用强度呈现出生命周期性，资源利用强度先逐步增加，到达峰值后开始逐步下降。宛若人的生命力一般，经历了出生期与成长期的生命力持续增长阶段，在中年前达到生命力巅峰后，开始衰老直至死亡。因此，运用生命周期理论将资源利用强度周期进行划分，划分为以下四个阶段，即出生期、成长期、成熟期和衰退期。在资源利用的生命周期中，伴随着科学技术进步、环境污染程度的变化。土地资源也属于资源的一种形态，因而，资源利用强度生命周期中也必然伴随土地资源开发强度的变化。

1）出生期："靠天吃饭"式的资源利用观

出生期的资源利用强度，对应原始部落文明时期，此时期人地关系表现为"人依赖地"，科学技术发展处于"天然生物"阶段，人类生存所需的一切都是倚靠大自然的赐予，因此，出生期的资源利用强度可以被称为"靠天吃饭"式的资源利用观。在资源利用强度的出生期中，科技处于"天然生物"阶段，如能源利用依靠植物的燃烧释放热量，需要使用动物皮毛进行取暖等。这种资源利用方式，受到自然条件的限制，无法充分满足人类的利用，而人类活动对生态环境存在一定污染，但所造成的污染都在生态系统承受能力范围之内，换言之，生态系统可以修复人类活动对其的破坏。此时期，对土地资源的利用强度也是一样，人类在此时期对土地的利用仅限于承载、贮藏以及简单养育的功能，尚处于土地利用的初级阶段，土地仍有较大开发利用潜力未被释放。

2）成长期："优胜劣汰"式的资源利用观

成长期的资源利用强度相较出生期有了巨大进步，此时对应农耕游牧文明时期，人地关系表现为"人地并存"，科学技术处于"自然物理化学"阶段，因为人类开始通过种养殖满足自己的生存需求，基础生产资料开始具有竞用性，此时期的资源利用强度可以被称为"优胜劣汰"式资源利用观。"自然物理化学"阶段的科学进步，最显著的标志是人类对于化石能源的使用，如开始使用煤炭资源进行燃烧，同时改变某些工具的动力来源，如使用水车作为水利工具以满足生产生活。伴随科技的进步，人类活动对生态环境的破坏力逐渐也增强，原本人类活动所产生的污染，完全能够被生态环境自我净化，此时期的生态修复能力开始逐渐无法应对人类活动的干扰。成长期的土地资源的利用也有了极大的提高，土地在此时期演变为封建王朝时代的阶级身份的象征，人们开始对土地展现出渴望，但常年的精耕细作使土地肥力大幅消耗，换言之，土地利用强度增加的同时，土地承载力在逐步下降。

3）成熟期："亡羊补牢"式的资源利用观

成熟期的资源利用与成长期存在较大区别，此时期对应工业文明时期，人地关系表现为"人掠夺地"，此时期科学技术处于"人工物理化学"阶段，尽管人类活动对生态环境影响巨大，生态环境脆弱性日益提升，但是在此时期人类已经开始反思自己行为对自然的影响，同时，开始着手改变资源利用方式，因此可以将成熟期的资源利用强度称为"亡羊补牢"式。人工物理化学阶段，人类已能够利用自然资源生产服务于社会经济发展的非天然物质，如塑料的使用，大大丰富了人类所能利用的材料种类，此时能源利用更加依赖化石能源的利用，如石油、天然气得到广泛应用。人类活动对生态环境的影响也远超前两个时期，达到了生态环境无法承受之重，但人类也开始自觉人与自然的相处之道，开发出的技术在某种程度上减少了对不可再生资源的倚靠，如风能、水能、太阳能发电技术的发明应用。此时期，土地资源的利用强度接近极限，且随着人类发展，土地资源的稀缺性也开始显现，土地资源节约集约利用成为必然选择。

4）衰退期："将功补过"式的资源利用观

衰退期资源利用强度相较于成熟期，出现拐点。此时期对应后工业文明，人地关系表现为"人地并存"。科学技术处于"仿生物理化学"阶段，因人类深受资源过度消耗、生态环境恶化的危害，更加注重生态环境保护，并且运用科技主动帮助生态环境修复，因此，衰退期的土地利用强度可以被称为"将功补过"式。"仿生物理化学"阶段，代表着人类模仿自然界运行规律，进一步改进人工技术，使其类自然化，核能的利用是这个阶段最显著的标志，在解决能源危机的条件下，人类开始实质性地保护和修复生态环境，同时也得益于对自然规律认知的提升，人类可以运用技术辅助生态环境的自我修复，使得这一时期资源利用强度开始降低。这一时期的土地资源利用强度受科技影响也有所下降，同时，人类活动空间得到约束，土地资源节约集约利用效率取得进一步提高（表 22-2）。

表 22-2 宏观资源利用强度生命周期

文明阶段	生命周期	资源利用观
原始部落文明	出生期	"靠天吃饭"式
农耕游牧文明	成长期	"优胜劣汰"式
工业文明	成熟期	"亡羊补牢"式
后工业文明	衰退期	"将功补过"式

2. 中观土地管理的生命周期

土地作为土地管理的客体，随着时间的推移，与其相关的土地管理信息在不断地发展和变化，且在时间序列上具有较强的因果关系。下文将在土地管理的基础上，从土地生命周期的角度对建立土地生命周期管理进行阐述。

土地生命周期管理就是随着时间变化对空间位置上的地块演化全过程进行全周期管理。分析土地生命周期就是分析空间位置上地块的形态、属性从产生、变化到消亡的过程。土地管理包括土地调查、用地预审、土地征收、土地储备、市场交易、土地供应、土地利用、执法监察等环节。

因此，土地生命周期是以土地利用总体规划为生命起点，划分为土地管理的导入期、成长期、成熟期和衰退期。其中导入期包括土地调查、用地预审两个环节；成长期包括土地征收、土地储备、市场交易三个环节；成熟期具体指土地供给与土地利用环节；衰退期具体指执法监察和重新规划环节。

在土地生命周期中，每个环节都是相互关联的。土地利用总体规划是土地生命周期的起点，是地块孕育期，对各种土地利用活动进行约束；土地调查阶段的地块测量使地块具备了初始的形态，为其他业务的开展建立了空间参考；用地预审根据其成长制定规则，使地块具备了相关属性，使其身份合法化；土地征收使地块由农用地转变为建设用地，是地块进入土地利用程序的关键，也是土地储备的前期工作；土地储备可以使原地块重新进入新的土地生命循环周期，衔接着土地征收和土地交易两个环节；土地交易将征收或储备的地块投放到市场，使地块的价值得到体现；土地供给是土地交易的后续阶段，主要包括供地合同管理和费用管理；土地登记可以看作为地块"上户口"，确认身份；执法监察和重新规划是对地块整个生命周期的监督检查环节，使其地块生命沿着正确的循环路线进行（图 22-3）。

图 22-3　中观土地管理生命周期

3. 微观宗地演化的生命周期

人的生命周期理论包括人的出生、成长发育、繁殖和死亡四个阶段，微观视角下某一宗土地利用的生命周期虽然并不具备人的生命周期理论所描述的死亡阶段，因为无论这宗土地能否被人类利用，该宗土地都是客观存在的，并不会凭空消亡，但是一宗土地从无到有，再到被人类所利用，这期间经历了无数岁月的自然孕育，凝聚了大量人类劳动，逐步实现其价值发现，宛如人的生命周期一般，会经历出生、成长、成熟、衰老四个阶段，但与人的生命周期理论所不同的是，土地利用生命周期经历了漫长孕育、初生与成长阶段，在第一轮周期经历衰老阶段后，会直接跳过死亡与出生阶段，进入第二轮成熟、衰老阶段，并且自此开始踏入"成熟—衰退"的无限循环，换言之，土地利用只存在"起点"，而不存在"终点"。因此，可以将微观层面某一宗土地利用的生命周期划分为以下三个阶段：①初生阶段；②成长阶段；③成熟期—衰退期持续循环阶段。下文将结合冲积扇形成过程对各生命周期具体阶段分别进行阐述。

1) 初生阶段经历漫长孕育，土地系统较脆弱，尚不具备开发利用条件

人类似乎在无意识中形成了对脚下所踩大地的承载功能的习惯，而较少关注脚下所处之地的来源。土地的新生需要经历漫长岁月洗礼，常以千万年为单位进行时间度量，因而对于土地的新生过程的记录易湮灭于历史的长河中，不被人类所熟知，但冲积扇形成过程为现代人类探索土地的起源提供了良好的观察窗口。冲积扇指河流出山口处的扇形堆积体。冲积扇的形成较少受自然气候限制，在多种气候条件下均可形成。它是在当河流流出山口的时候，摆脱了由山体左右两边带来的侧向束缚，河流内部携带的物质便铺散沉积下来，在山谷口堆积，经历自然沉降，最终呈现扇形平面。有几种特殊冲积扇，其形成过程可能与一般意义上的冲积扇形成过程存在冲突，但形成原

理较为一致。例如，我国黄河三角洲冲积扇则是因黄河入海口三角洲处水下的堆积形成。深水海底扇形成于海洋底，由通过海底峡谷搬运的沉积物堆积而成。在土地初生阶段，整个土地系统比较脆弱，如黄河三角洲冲积扇，新土地形成后大部分依旧浸润于海水之中，虽含有大量的矿物质，但此时土质甚至不能称为"土壤"，所以不具备开发利用条件，在继续经历沉淀积累后，逐渐成为能够供给人类活动的土地。

2）成长阶段完善生态系统，生态系统较脆弱，随时存在退化风险

在土地的成长阶段，最显著的变化便是由微生物系统进化为生物系统的生态系统的改变。根据耗散理论，土地初生阶段所构建的生态系统，通过不断与外界发生能量交换，生态系统内物质由无序变为有序、从同质到异质、由简单到复杂。这是因为依附于土地的生态系统是一个开放系统。初生阶段时，系统内部的物质能量表现为"杂乱无章"的状态，熵值较高，系统稳定性不高。随着时间的推进，生态系统由建立之初的不稳定的无序的状态，通过与外部的物质能量的交换和内部的自我组织过程而逐步达到相对稳定的、有序的状态，并且依靠外部能量的流入（主要来自太阳）和内部能量的耗散来维持其稳定有序的结构。此时，生态系统比较脆弱，像处于幼儿阶段人类生命周期一般，仍离不开家人的悉心照料，土地生态系统向草地、林地一步步演化，虽然其能够被人类进行利用，但是生态系统仍很脆弱，若利用不当，随时面临土地退化风险。

3）成熟期—衰退期持续循环阶段，利用方式分化转化并存

随着土地利用由成长期进入成熟期，土地利用开始出现分异。具体宗地依据利用功能不同可以分为农地、建设用地和林草地，不同功能的宗地的"成熟期—衰退期"既存在共性，也存在差异。下面将分别从农地、建设用地和林草地维度论述一宗土地的成熟期—衰退期的持续循环阶段。

第一，农地的成熟期—衰退期的持续循环阶段。伴随对农地的持续的资

本投入与劳动力投入，农地产出不断提高，但在一定技术水平时期内，农地产出不会随着资本、劳动投入不断增加而无限增值，而是存在农地产出峰值的投入阈值，换言之，当投入超过阈值后，农地产出反而随着投入的增加而不断降低，即此时农地利用进入衰退期。但是经济社会的发展并不是一直保持稳态的，而是会随着技术创新而实现跳跃式发展，具体到农地，新的耕作物种子播种、新技术化肥应用、新种植技术的推广等，又会使土地利用重新进入成熟期、衰退期，周而复始。

第二，建设用地的成熟期—衰退期的持续循环阶段。建设用地的成熟期是因地面附着物，即建筑的建设工程的投入结束，建筑设施构建完毕，能够被人们利用时达到的。但与农地由成熟期进入衰退期不同，建设用地进入衰退期是在其地面或地下建筑投入使用时，便开始了衰退，这是因为地上地下建筑物会老化，当建筑设施直到老化至某一程度时，人们对建筑物重新进行改造或者拆除重新建设，完成衰退期再次踏入成熟期的循环。

第三，林草地的成熟期—衰退期的持续循环阶段。林草地的成熟阶段与建设用地不同，但是与农地相似。不过对于林草地的约束条件是自然气候、光热条件等，其决定了林草地生态系统所能演化的最高级形态。林草地步入衰退期分为两种情况，一种是人类活动的影响，另一种是自然活动的影响。人类活动是指人们为满足自身发展需要，需要牧草、森林的物质资源，影响生态系统稳定性，使林草地出现退化进入衰退期。自然活动的影响是指洪水、自然火灾、泥石流等自然灾害影响林草地，对林草地产生巨大冲击，使其进入衰退期。但生态系统具有自我修复能力，除非产生不可逆的破坏，因此林草地会再次进入成熟期。

以上是三种土地利用基本功能的土地生命周期的演化，值得注意的是，这三种土地利用可能会在整个生命周期的某一时期出现相互转化，从而进入另一种生命周期模式。

22.1.3　不同尺度下土地利用生命周期表现

1. 宏观资源利用强度的生命周期

1）土地资源开发利用强度

我们用 2000~2019 年全社会固定资产投资与国土空间面积比值表示我国土地资源开发利用强度，变化趋势如图 22-4 所示，2000~2019 年我国完成工业化发展，进入后工业发展阶段，土地资源开发利用强度与理论分析描述一致，先逐渐增加，达到峰值后开始逐渐降低，尽管土地资源开发利用强度尚在继续演变过程中，但从理论分析以及变化趋势分析，可以发现随着科学技术的进步和人类对人与自然关系认知的变化，土地资源开发利用强度逐渐走低。

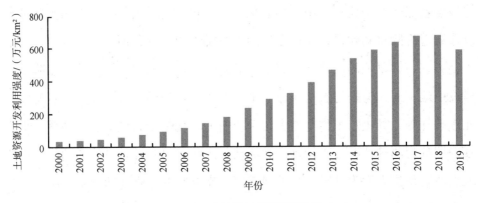

图 22-4　土地资源开发利用强度

2）建设用地变化率

从国土空间结构来看，其中建设用地变化率呈现出 4~5 年的周期性变化，但是 2000~2016 年全国建设用地面积总量总体呈现增长趋势，随着社会经济发展土地需求越发高涨，长期对土地总需求仍会增加，短期建设用地因经济、社会等情况的变化出现周期性变动（图 22-5）。

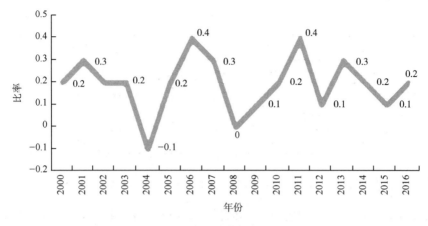

图 22-5　建设用地数量变化比率图

2. 微观宗地利用的生命周期

微观利用层面宗地演变生命周期有诸多实例，但山东东营的黄河三角洲冲积扇的形成与利用案例，能够更完整、系统地表现出土地利用的生命周期。东营市在地理位置上位于中国华东地区、山东东北部、黄河入海口的三角洲地带，是山东省辖属地级市，还是国务院批复确定的中国黄河三角洲中心城市、中国重要的石油基地。东营市土地面积变化情况见表 22-3。

表 22-3　东营市土地面积变化（单位：万 hm²）

年份	农用地	建设用地	未利用地	总面积
2007	37.43	11.09	30.71	79.23
2008	37.63	11.21	30.12	78.96
2009	37.63	11.21	30.12	78.96
2010	37.61	11.51	30.12	79.24
2011	37.61	11.51	30.12	79.24
2012	37.61	11.51	30.39	79.51
2013	37.61	11.51	30.39	79.51
2014	42.44	13.72	26.28	82.44

续表

年份	农用地	建设用地	未利用地	总面积
2015	42.46	13.65	26.32	82.43
2016	42.63	13.87	25.93	82.43
2017	42.94	13.95	25.64	82.53
2018	42.96	14.21	25.26	82.43

历史资料数据显示,自 1855 年铜瓦厢决口,黄河裹挟大清河水注入渤海,由于黄河水中携带大量的泥沙,是世界上含沙量最多的一条大河,平均每立方米的河水含沙量约为 37 kg,它每年倾入大海的泥沙多达 16 亿 t,并且尾闾摆动异常频繁,黄河泥沙在入海处大量沉积,因此构建了大约 6000 km² 的近代三角洲体系,使黄河河口每年平均向大海伸长 2~3 km,即每年新增加约 50 km² 的新淤陆地。这些具有"蓝色土地"之称的独特的新生湿地,不仅拥有种类繁多、数量巨大的生态环境资源,而且为沿海渔业生产、发展水产养殖、开发农业种植、盐田修建及工业用地等提供了宝贵的土地资源,具有重大的保护和开发价值。因此,下文将依据微观宗地演化的生命周期,分析东营市现胜利大街和南一路交会处地块的土地利用生命周期的演变。

1)初生期阶段

东营市现东城胜利大街和南一路交会处地块土地,与东营市其他土地的生成过程是一致的,并不存在差别,即都是黄河裹挟大量泥沙汇入渤海,泥沙在海底逐渐堆积形成滩涂,土质逐渐由海水浸泡的泥质演化为土壤。随着黄河泥沙的不断注入,海岸线不断东扩,此地块由完全浸润于海水之下,逐渐露出海面,再到完全脱离海水冲刷,完成由海域向滩涂的巨大转变。此时期,从产出维度分析,地块产出实际是下降的,因为海域具有渔业资源,而滩涂的可利用性较差。从生态系统演化维度分析,由微生物生态系统向生物生态系统逐渐演变,在局部地方出现一些稀疏草类。因此,基于敏感且脆弱的生态系统，此阶段土地不易被利用。

2）成长期阶段

此阶段，地块的土地生态系统进一步演化，原本稀疏的草地，逐步繁茂，土地覆盖率得到一定提高，但是起初土地盐碱化比较严重，土地利用率较低，但已属于未利用地范畴，但是基于当时工程、生物、农业技术等条件的限制，该地块一直作为荒地、草地。成长阶段的中后期，由于黄河三角洲整体生态系统剧烈演化，地块土壤类型与周围土地都是滨海盐土、盐化潮土，土地盐度大，极易发生次生盐渍化，土地仍未得到有效利用。

3）成熟期—衰退期持续循环阶段

1983 年 10 月，东营市成立，这座年轻的城市得以设立，主要得益于 1964 胜利油田的大规模勘探与开发，1961 年胜利油田便在东营村打出第一口油井。从此，东营迎来快速发展时期，土地利用变化也十分明显。1997 年宗地土地利用主要是由交通运输用地、少量建设用地以及大量草地构成。经过短短 15 年发展，宗地十字路口东南侧的草地已变为居住用地，而道路西南侧的建设用地和水塘统统改变为城市绿地。七年后，2012 年十字路口西南侧的城市绿地也已成为建设用地。

分析十字路口东南侧地块变化，先由草地转变为建设用地，发生了土地利用性质的转化，在建设用地地上建筑物建设完成时，此块土地利用进入生命周期的成熟期，之后，随着建筑物的不断老化，土地利用进入衰退期。分析十字路口西南侧地块变化，经历了两个成熟—衰退的循环过程。1997 年，该地块是建设用地，2012 年建筑物已经消失不见，取而代之的城市绿地，这是第一个成熟—衰退循环，而 2012 年至 2019 年，该宗土地利用性质再次发生改变，由绿地转化为建设用地，且建筑物已完整构建，因而，属于第二个成熟—衰退循环。未来，此地块的生命周期会继续保持成熟期—衰退期持续循环，用地性质可能会往复变化。

22.2 土地利用生命周期特征与问题辨析

22.2.1 宏观土地利用生命周期的特征与问题

国土空间结构现状是对以往较长时期土地资源利用导向、方式、效率等的综合反映，因而，国土空间结构特征是宏观资源利用特征的具体表现。"三生空间"构成了不同空间尺度的主体要素，是一种综合性的国土空间分区方式。"三生空间"包括生产、生活、生态三类空间。生产空间是以生产功能为主导的空间，主要向人类提供生物质产品和非生物质产品以及服务的空间。生活空间是以生活功能为主导的空间，是人类为了满足居住、消费、娱乐、医疗、教育等各种不同需求，而进行各种活动的空间。生态空间是以生态功能为主导的空间，是提供生态产品和服务的空间，是主要承担生态系统与生态过程的形成、维持人类生存的自然条件及其效用的空间。综合考虑空间功能细分需求和城乡交错区空间形态差异，可将"三生空间"中生活空间细化为城镇生活空间与乡村生活空间两个功能维度。下文将依据城镇生活空间、乡村生活空间、生产空间、生态空间的国土空间划分方式，总结我国国土空间结构特征及问题。

1. 国土空间结构特征

1）城镇生活空间：城市人口集聚度高，东、中、西部差异明显

第一，城市群人口集聚态势明显，但呈现一定差异。2010~2018 年 19 个城市群地区人口增加 5183.25 万人，占全国的比重从上升至 80.11%，地区生产总值占比从 87.53%提高到 87.96%。其中沿海三大城市群人口增量占城市群人口总增量的 40%以上，而哈长城市群人口规模、占比双下降。第二，"两横三纵"轴带格局表现出对中国城镇化格局的支撑作用。其中，沿海、京广京哈、沿长江轴带聚集态势更加明显，而陇海兰新、包昆两个轴带则相对较

弱。第三，西部陆海新通道集聚明显加快，沿边地区集聚效应不显著。西部陆海新通道区域地区生产总值占全国比重从2010年的12.31%上升至2018年的14.10%，同期人口增加了1015.78万人，比陇海兰新、包昆两轴带之和还要多，成为中国西部地区的增长引擎。

2）乡村生活空间：东部分布比重大，交界地带密度高

第一，中国村落空间分布符合传统聚落分布。从中国人口格局来看，村落在很大程度上分布在"胡焕庸线"以东。村落分布具有特定自然历史原因，胡焕庸线以东，降水充沛、光热条件好，环境承载力较强，同时，从西汉开始人口地理迁移也进一步增加东部地区村落分布比例。第二，中国村落在部分省份的交界地带，以及部分地级市的交界地带分布密度最高。例如，在黔、桂、湘三省交界地带，晋、豫、冀三省交界地带，皖、赣、浙三省交界地带，村落分布密度高。

3）生产空间：自东向西衰减，中心城市依赖度高

第一，生产空间质量整体从东南沿海地区向西北和东北地区逐渐衰减，东北地区生产空间质量下降十分明显。换言之，就生产空间投入产出效率看，南方优于北方，东部地区好过中西部地区。这是由于东南沿海地区区位条件优、资源禀赋强、城市间协调度高、产业发展集聚效果明显、规模效应突出。而西部地区与东北地区，受限于自然、区位条件与资源禀赋，城市间产业关联性较弱，因而所在空间生产质量较差。第二，西部、东北地区的生产空间集中于中心城市，且区域中心城市多为省会城市，说明生产空间在省域尺度内的分布不平衡特征也很明显。形成这种特征的主要原因是西部地区和东北地区省域内城市的经济发展主要依靠国家重点项目，形成"嵌入性"经济，而只有中心城市服务功能较为完善，能够与嵌入产业形成互动，从而对省内其他城市形成较强的虹吸效应。

4）生态空间：草地林地为主，分布十分不均衡

首先，全国生态空间结构主要以草地生态空间和林地生态空间为主。基于 2015 年生态用地数据分析，全国生态空间总面积为 73 237.03 万 hm^2，约占国土面积的 76.28%。其中，草地、林地、水域、荒漠的面积分别为 28 640.20 万 hm^2、25 299.20 万 hm^2、4100.63 万 hm^2、15 197.00 万 hm^2，占生态空间总面积的 39.11%、34.54%、5.60%、20.75%。其次，我国国土生态空间分布十分不均衡。生态空间多集中于西北部人口稀疏、社会经济欠发达的区域，而东部人口聚集、社会经济发达区域则分布较少，可见我国人口、社会经济的空间分布与生态系统服务供给区域在空间配置上处于不均衡状态。

2. 宏观土地利用问题

1）生产、生活空间"挤压"生态空间

新中国成立以来，尤其是改革开放以后，我国经济发展取到了耀眼成就，而以往依靠要素驱动型的大规模经济建设，需要巨量土地发挥承载与生产资料功能。农地非农化利用，为耕地"占补平衡"带来巨大压力，城市快速扩张和工业园区建设直接占用或破坏优质农田、河湖水面，导致城郊区、开发区周边重要生态空间的迅速萎缩甚至消失。我国东北林区、西北草原、西南山地等生态脆弱、发展滞后区域，缘于农牧民生计需要，就地开垦林草地、山坡地，造成对脆弱生态空间的直接侵占。

2）国土空间细碎化程度高，功能定位不清晰

首先，我国生产、生活、生态空间相互交织，有学者将国土空间问题总结为："到处都有树，但成林的少；到处都有田，但成片的少；到处都有工业区，但形成产业链并具集聚经济的少；到处都有居民点，但形成'入门人口'规模、具备城市功能的少。"（杨伟民，2003）国土空间细碎化分布，主体功能定位不清晰，以至于土地利用效率受到限制，是我国土地利用结构长期面

临的问题。

22.2.2　中观土地管理生命周期的特征与问题

1. 城乡统一的建设用地市场尚未形成

一是农村经营性建设用地除部分试点外仍然难以流转，价格也未显化，整体市场尚未形成。尽管 2020 年 1 月 1 日实施的新修正的《土地管理法》破除了集体经营性建设用地入市的法律障碍，但入市实践过程中仍存在诸多问题。第一，就入市对象而言，究竟是只有现有存量，还是包括符合规划和用途管制的新增集体经营性建设用地仍然未明。如果只停留在存量入市，据原国土资源部数据，农村集体经营性建设用地约占集体建设用地的 10%左右，在中西部比较偏远的农村，可能仅为 5%或者更低，实际上难以形成较大的规模效应，可能无法满足发展需求；如果允许增量入市，就需要明确相应增量范畴。显然，农村集体新增建设用地与新增国有建设用地存在竞争，从规划制定、调整到指标落实以及土地的收益、补偿、征地、转用等均存在冲突，在具体流转实施中往往限制重重。第二，由于集体经营性建设用地入市工作的主体复杂性、理论前沿性、学术探索性与实践专业性，政府凭借规划管制和规则制定等职权不可避免地深度参与甚至主导了入市过程，同时还存在着权力寻租、市场机制扭曲、效率和公平损害的风险。第三，在农村集体经营性建设用地流转具体的市场路径设定中，流转主体究竟是农民集体、村民委员会、土地股份合作社、村民小组抑或农民个体，流转方式究竟是直接自由转让，或是通过"招拍挂"出让，还是租赁、入股或抵押等形式，抑或通过整治置换指标入市仍然不尽明晰，流转利益分配中地方政府、农民集体、农民的利益分配比例也缺乏相对明确的规定，容易引发矛盾冲突。二是宅基地流转大部分为隐性或自发，面临着退路保障和资产盘活矛盾。其一，当前宅基地产权权能仍不完整，缺乏自由的处分权，无法进行抵押。1999年国务院办公厅印发《关于加强土地转让管理严禁炒卖土地的通知》，首次明确"农民的住宅不得向城市居民出售，也不得批准城市居民占用农民集体土地建住宅"。2004年《国务院关于深化改革严格土地管理的决定》规定"禁止城镇居民在农村购置宅基地"。2020年5月通过的《民法典》第三百九十九条规定：宅基地的土地使用权不得抵押。其二，宅基地"最后退路保障"和"资产盘活流动"之间相互冲突，流转还是持有难以抉择。在新冠疫情冲击下，宅基地作为农民"最后退路保障"的功能更加彰显。在农村逐步空心化、老龄化和职业化的大环境下，如何平衡资产盘活和退路保障，针对不同农民的需求，有针对性地选择或者兼顾宅基地"居住"或"资产"双向功能，仍是各地实践中亟待解决的重要问题。三是土地征收中的成片开发范围界定不清，潜在矛盾冲突等问题突出。新修正的《土地管理法》中对成片开发等概念的内涵和外延仍然未能做出明确界定，在经济下行压力变大、地方债务激增的背景下，征地成片开发范围的科学界定容易受到掣肘和牵制。究竟何种开发建设情形属于"成片开发"，其内涵界定是"宜宽"还是"宜窄"，条件标准是"宜松"还是"宜紧"，是否要限制"最小规模""公益占比""总体规模"等问题仍然亟待探讨和确定。此外，征地过程中不可避免地涉及"个人意愿"和"群体意愿"、"个人利益"和"公共利益"、"流转"和"征收"等矛盾冲突。特别是在征地和入市之间互为补充的同时，也存在着此消彼长的矛盾冲突。面对仍然存在的公益性用地征地诉求，究竟哪些土地需要征收、哪些土地可以直接流转？集体建设用地入市是否会造成征地拆迁的难度进一步提升？如何平衡征地补偿和直接入市收益之间的矛盾？这些问题仍然有待解决。

2. 产业用地市场化配置效率偏低

产业用地特别是工业用地的出让相对缺乏弹性和灵活性，导致市场配置效率偏低。《中华人民共和国城镇国有土地使用权出让和转让暂行条例》第十二条规定，工业用地出让最高年限为50年，且在实际出让中工业用地出让年限也多定为50年，难以和企业生命周期紧密匹配。企业生命周期与区域经济发展水平、企业规模、行业类型等因素密切相关，例如，江苏省企业生命周期范围为5~30年，平均生命周期仅为15.5年，经营30年以上的企业数量较少，通常而言更难以持续50年。这就意味着当企业到达其生命周期的消亡阶段，但由于土地使用权证书尚未到期，企业依然可以占据该地块，从而可能导致该地块被低效利用甚至闲置。总而言之，不同规模、不同行业间企业生命周期和用地诉求存在差异，而目前仍为固定的全行业统一供应年限和供应方式，难以满足各类行业差异化需求。

3. 存量建设用地缺乏市场化盘活机制

由于企业流转和持有土地的成本收益存在明显差别，存量流转或再开发的意愿偏弱。一方面，企业生命周期结束后建设用地退出机制不尽明确，虽然土地使用权出让设置了年限，但是续期费用、逾期处置等问题不尽明朗，没有相应较为容易操作的政策规定，导致低效、闲置土地难以流通。同时，由于企业普遍对土地未来转让收益存在较高预期，加之土地持有成本低，为了获取最大土地增值收益，企业主动腾退存量建设用地积极性不高。另一方面，土地转让成本过高，使得企业转让存量建设用地的积极性大受影响。目前土地转让在交易环节涉及缴纳的税种包括流转税类（增值税和附征的城建税、教育费附加等）、所得税（根据纳税主体分为企业所得税和个人所得税）、财产行为税类（土地增值税、契税、印花税等），税种多达十余种。土地增值税税率根据增值额测算，比例为30%~60%，增值税征收率为5%，过高的转让税费影响了存量建设用地的再次盘活。由于缺乏统一的交易平台,存量建设用地流转主要表现为零星自发的交易,严重影响了土地要素的再次配置效率。此外,存量建设用地转让时如涉及用途变更的增值收益分配机制仍然模糊不清,难以通过二级市场转让或再开发促进存量建设用地盘活。

4. 农用地流转的平台和机制不完善

尽管农地流转在我国已经逐渐推开,但是交易场所和交易平台仍然不尽完善。大多数区域农村农民作为流出方不知道如何流转、去哪儿流转,流入方不知道人在何方、地在何处,这就导致供给和需求信息难以流通和匹配,造成了"有地无市"与"有市无地"并存的流转困境。此外,农村土地流转市场仍然缺乏健全的市场机制,例如,尚未形成规范的全国性指导价格标准,第三方土地估价平台还有待发展完善,使得农户在实际流转中面临价值估计偏离的困境,导致了低价流转、租金价格增值损失等"价格陷阱"的出现。此外,农地流转市场缺乏有效保障和监管机制。如部分村民流转土地时只有口头协议,在土地确权或征用时容易发生毁约;又如,土地流转合同内容不规范、签订程序不完整等问题,不仅容易导致纠纷,而且容易对调解过程造成困扰;再如,土地流转大户或农业企业经营不善,或因自然灾害、突发风险等原因导致亏损,无法兑现农户的土地流转费用,甚至发生毁约和跑路的现象。

5. 土地市场化配套体制机制不健全

一是土地要素供给机制不尽完善。长期以来,地方政府垄断一级市场的土地要素供给,相对缺乏供地结构和规模的统筹优化。地方政府不仅决定了城市土地在一定时期内的供给总量和不同时点的供应流量,而且决定了土地的供给结构和方向。在有限的土地资源总量约束下,部分地方政府在工业、商服和住宅用地之间不合理的供给规模、时点和结构偏好,容易导致土地供应紧张与闲置浪费并存等现象。此外，在单一供给主体管控之下，土地要素供给总量和供给结构等缺乏精准的匹配和控制，仅仅通过土地利用计划指标的供给，难以精准满足土地要素分异需求。土地市场供给完全由政府掌握，对地块的价格、用途、规模、容积率以及用途的改变等都具有绝对的决定权，不仅难以满足真实市场的需要，导致区域诉求、产业需求与空间供给脱节，而且容易引发信息不对称，使得监管困难，并在一定程度上为政府的权力寻租提供了空间，容易产生腐败问题。二是增值收益分配机制的公平性和科学性难以保障。在土地增值收益分配过程中，政府、企业、市民、村集体和农民等利益相关主体均有较大收益期望。对于土地增值收益的分配，主要有三种观点——"涨价归公""涨价归私""公私兼顾"。尽管"建立兼顾国家、集体、个人的土地增值收益分配机制，合理提高个人收益"的增值收益分配逻辑已逐步形成共识，然而在实际执行中仍存在诸多困难。第一，现实中政府作为社会全民的代理人，这部分土地增值收益由政府代为管理，最终可能逐渐异化为"涨价归政府"，原土地所有者（或使用者）得到的补偿仅仅是损失的实物价值，隐性的价值损失或无法准确估算的价值并未得到补偿。第二，对于政府、集体、个人应当参与分配哪一部分收益、如何进行收益分配、收益分配的比例等关键性问题，仍然没有形成一套达成共识、可供推广的分配标准。其中，增值收益分配的理论支撑也有待形成共识。在征地过程中，政府是否应当享有的土地用途转换引起的效益性增值（级差地租Ⅰ）和土地整理再开发的人工增值（级差地租Ⅱ），农民集体和农民是否应当享有因所有权和承包权而产生的资产价值等问题也远远没有达成共识。此外，增值收益分配比例在实践中缺乏依据。各试点实践中增值收益分配比例差异巨大，缺乏坚实的理论支撑、科学依据和广泛共识。例如，按照《农村集体经营性建设用地土地增值收益调节金征收使用管理暂行办法》第六条规定，调节金分别按入市或再转让农村集体经营性建设用地土地增值收益的 20%~50%征收。

2019 年《中华人民共和国土地增值税法（征求意见稿）》将集体房地产纳入了征税范围，拟取消土地增值收益调节金，但是按照四级累进税率实际上是增值收益的 30%~60%。就各主体分配比例而言，有观点认为增值收益由农民、集体、政府按照 31%：16%：53%的比例分配，也有观点认为应按拆旧区农民、建新区农民和政府按 82.1%：10.7%：7.2%的比例分配，各种观点莫衷一是。三是土地要素市场配套机制多有"缺位"。首先，土地要素交易服务体系不健全。尽管城市土地交易服务体系相对完善，服务平台有地方政府网站、中国土地市场网、公共资源交易网等，但城乡统一的土地要素有形市场、中介平台、信息和金融服务配套机制还未能同步建设。其次，土地要素价格配套机制不尽完善。尤其是农村区域，未实现城乡建设用地基准地价全覆盖，也未能像城市一样具备地价信息服务平台、能够实现地价的实时监测，使得农村土地流转价格常常带有随意性和盲目性，普遍存在着价格偏离合理范围、定价相对随意、价格差异大等问题，在一定程度上影响了我国土地要素市场化有序推进。最后，土地市场监管机制有待完善。当前对于市场不正当竞争行为缺乏监管和惩罚，也尚未建立完善的信用体系。

22.2.3　微观土地利用生命周期的特征与问题

1. 特征总结

1）初生阶段与成长阶段：生态系统脆弱，经济效益低，土地利用受限

脆弱性是生态系统的固有属性。生态系统的脆弱性是指生态系统在与其他系统发生物质能量交换时，受系统外的干扰所表现出的自我调节、自我修复的适应性反应，通常受自然条件、人为活动干扰及系统自身恢复能力共同作用，具有复合性、动态性、相对性、可控性等特点。通过生命周期理论分析，滩涂这一特殊地类的利用往往能够代表土地初生阶段和成长阶段的特征。

滩涂的形成是自然演化的结果，经历漫长岁月海水与陆地的相互作用、沉积形成。但是滩涂的开发利用却是人类活动改造、利用自然的过程。滩涂开发利用方式大致经历了由简单到复杂、由单一到多样的演变过程。总体上看，滩涂资源利用率不高，相对耕地等其他类型的土地，经济效益较低。

2）成熟期—衰退期持续循环阶段

耕地细碎化程度高，耕地非农化现象突出。耕地是土地最重要利用方式之一，作为最基本的生产资料，是人类赖以生存和发展基本要素。此外，耕地还具有社会保障属性，作为农民群体抵御劳动力市场就业风险的最后屏障，对社会稳定做出贡献。因而耕地利用长期以来备受关注。改革开放以后，我国逐渐将工作重心转移到经济建设中，从而取得了举世瞩目的辉煌成就，城镇化、工业化进程因此走上了"快车道"。而"摊大饼"式的粗放用地方式，使得城镇化发展过程中，不可避免地大量占用耕地，使得农地出现快速、过度非农化倾向。同一时期内，我国农业生产效率也处于逐步提升阶段，耕地资源未得到节约集约利用，耕地质量持续下降。耕地资源面临经济建设外部挤压和内部粗放利用的双重压力，造成耕地面积持续减少，严重威胁我国粮食安全。

城市建设用地开发强度过高。按照国际惯例，一个地区土地开发强度30%是警戒线，超过该强度，人的生存环境就会受到影响。2010年《全国主体功能区规划》提出衡量土地开发强度指标，即区域建设空间与区域总面积的比值，因此，选取城市建设用地面积占城区面积的比重作为表征城市土地开发强度的指标测算我国城市土地开发强度。据测算，2016~2018年，全国各省城市土地开发平均强度分别为31.62%、31.95%、32.15%，从全国尺度看，城市国土开发平均强度由2006年的29%上升至2018年的32.15%，尽管总体呈现为增长趋势，但变化过程中伴随着一定波动。从区域尺度看，除西部地区外，东部、中部、东北区域国土开发强度均有所增长。依据《中国统计年鉴》

区域划分标准，东北地区城市国土开发强度增量最大，从 2006 年的 25.16% 增加至 2018 年的 38.06%，东部区域城市国土开发强度增量最小，从 2006 年的 24.37%上升至 2018 年的 26.92%。中部地区城市开发强度由 2006 年的 30.45%增长至 2018 年的 40.5%，而西部地区则由 2006 年的 33.46%下降为 2018 年的 31.45%。从省域尺度看，北京、吉林、上海、湖南、海南、贵州、西藏、陕西、甘肃、新疆这 10 个省区市在 2013 年至 2018 年间，城市国土开发强度呈现下降趋势，其余省区市均呈现增长趋势。如图 22-6 所示，其中黑龙江、河南、陕西、甘肃、新疆等城市国土开发强度均超过 40%，大幅超过 30%的国际警戒线。

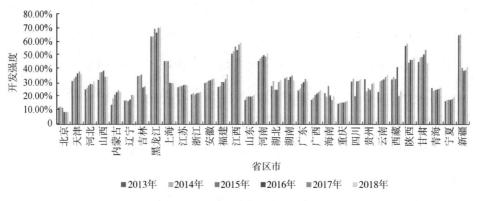

图 22-6　中国城市国土开发强度图

因而，无论是增量土地空间，还是城市土地开发利用强度，均表明城市增量扩张空间已经十分有限，实现土地利用从发展"增量"转向盘活"存量"，从粗放外延式发展转向紧凑内涵式发展是未来建设用地主要利用趋势。

2. 问题分析

1）初生阶段和成长阶段

首先，管理体制不清晰。以滩涂开发为例，需要多学科交叉共同研究，需要针对滩涂资源属性、产权属性、生态系统属性、开发利用属性进行充分评估，从而实现滩涂资源的综合、高效利用，发挥滩涂的价值潜力。从现实行政管理层面对滩涂开发利用研究，发现滩涂研究涉及行政职能部门多达十几个，农林、发改、财政、国土、交通等部门都分别依据各自职能对滩涂拥有管辖权。条块分割、政出多门，造成了滩涂管理的不清晰。对于此类"新生"用地，究竟如何保护、如何利用，尚未有明确综合管理方案，因而容易出现重复建设、破坏环境等现象，同时由于滩涂权属的模糊，易造成部门之间规划冲突。

其次，开发形式较单一、利用较粗放。滩涂利用多以种养殖业为基本开发利用方式，其中养殖业又以海产品养殖为主体。但是依靠滩涂发展的种植养殖缺乏产业规划引导，同时过度追逐经济利益的种植养殖，使滩涂生态系统损失巨大，环境污染严重，最严重的甚至造成滩涂的退化。而在滩涂的利用方式上也未能实现集约化的经营生产，严重低估滩涂的利用价值。

最后，滩涂环境快速恶化。由于对滩涂资源利用过度注重短期利益，不注重长期保护，盲目追求经济利益的开发方式，对滩涂环境造成严重污染。如沿海滩涂遭受侵蚀、破坏严重，滩涂土壤出现沙化、盐碱化倾向，造成滩涂的退化。如何实现滩涂的开发与保护，以实现此类"新生"土地的可持续利用，应被纳入规划体系的考量范围之内，从而促进"多规合一"供给侧结构性改革下的规划创新、有效供给。

2）成熟期—衰退期持续循环阶段

第一，耕地化肥污染问题严重。在我国人地关系问题突出的压力下，我国仅利用全球 7%耕地养育全球 22%人口，因而如何尽可能提高单位耕地产出，确保我国粮食安全不仅是过往时期的考验，还是新时代核心问题。我国农业从业人员专业性较低，农业化肥使用易超标超量，对土壤环境造成严重污染，同时给我国地下水安全带来挑战。地下水污染分为点源污染与面源污染，以往污水排放导致的城镇点源污染较为常见，而现今出现的新趋势显示出农业生产中氮、磷、其他农药化肥的使用造成的面源污染逐渐成为水污染主要方式。

第二，建设用地闲置浪费问题严峻。近年来，随着城市化进程的加快，中国经济水平不断提高，人们对生活环境和城市化建设用地的需求也在增加。根据国土资源部 2015 年发布的《年国家土地督察公告》，截至 2014 年 9 月 30 日，近 5 年内，全国批而未供土地 1300.99 万亩，闲置土地 105.27 万亩；2018 年 7 月 25 日，河南省十三届人大常委会第五次会议上发布的河南省政府《关于限制土地管理情况的专项工作报告》中公布了河南省涉嫌闲置土地 21.28 万亩，数量居全国第一位，占到全国总量的 1/10。据此推算，全国 2017 年底的闲置土地数量或已经达到 200 万亩以上规模，闲置土地问题的严峻性不可忽视。此外，2006 年至今全国房地产业如雨后春笋，蓬勃发展，房地产商大量开发土地，兴建楼房，导致城市建设用地也出现供地紧张的状况。大部分一线城市的建设用地资源已经出现供不应求的状态，为了缓解土地需求给予的压力，城市建设的区域正在积极扩展到城市周边，过度开发农用地，使之变为建设用地，破坏耕地资源，这样的做法虽然目前可以满足城市土地开发的需要，但其必然会产生一个恶性结果。而且，很多土地拥有者并未合理地开发、利用手中的土地资源，普遍出现圈地、占地，甚至中途闲置、荒废的情况。土地资源闲置不仅浪费土地资源，而且对城市土地结构调整和城市化发展也有一定影响。

22.3　土地利用生命周期内对规划体系的需求

不同尺度的土地利用生命周期对规划体系具有不同需求，而规划体系对不同尺度的土地利用又存在不同作用方式。其中宏观土地利用周期是土地利用战略的生命周期，中观土地利用周期是土地利用管理的生命周期，微观土地利用周期是土地具体利用的生命周期,从上到下依次体现出宏观战略引导、中观管理约束、微观利用高效的不同定位。与之相对应,规划体系则需要分别回应不同尺度的土地利用生命周期的不同需求,从而实现宏观战略引导有工具、中观管理约束有依据、微观利用高效有保障。

22.3.1　宏观资源利用周期的规划需求

1. 原始部落文明保证生存的规划需要

原始部落文明时代,人类先祖一切资源利用战略导向都是为了生存和发展,人类生存面临无数的不确定性,仿佛一切都是未知的,即使是生存所需基本的衣、食、住、行的获取都伴随着未知危险,尤其是食物的不充足,严重制约着人类文明的发展。极度匮乏的物质生产资料和异常落后的生产力,迫使人类必须牢牢依靠同伴才能生存下去。但落后和饥饿并不意味着愚笨和无知。人类和自然界差距悬殊,在残酷的自然法则中得以生存下来,依靠的正是强大的模仿和学习能力。这种模仿可以是动物的动作,可以是自然界的自然现象,还可以是自然界的规律。在原始部落文明时代,人们已经开始逐步观察和认识到一些自然规律,如四季的变换、昼夜的轮替、河水流向等,这些自然规律的认知,使人类开始对食物用度、部落的迁徙,甚至部落选址做计划。尽管与现代文明相比,这种计划行为显得过于稚嫩,但正是由于此,人类得以繁衍。因此,原始部落文明时代对于规划的需求导向是生存目标,具体体现在衣物与食品分配计划、季节迁徙计划以及防御保卫种族安全的居住分布计划。

2. 农耕游牧文明满足经营的规划需要

农耕文明时代相较于原始部落时代,无论是生存环境与生活条件,还是物质生产资料与生产力都有了较大的提高,如果说原始部落时代的采集、狩猎等生产方式，对自然的敬畏之情使生态意识较早地植根于人类心中，那么农耕游牧时代的到来，则推动了古人自然保护观更进一步地发展。先秦时期，特别是春秋战国时期，伴随农业生产水平的大幅提高，越来越多的农业生产工具被发明创造，促使社会生产力进一步提高，使人类具备了初步探索自然、改造自然的能力，从而与自然产生深刻互动，并在此基础上，对自然以及人与自然的关系有了更加深刻的认知。古人开始思考人应该如何对待自然，如何定位人与自然的关系、如何调和人与自然的关系。管仲认为发展社会生产的最佳举措，就是"一年之计，莫如树谷；十年之计，莫如树木；终身之计，莫如树人"(《管子·权修》)。因而，在农耕游牧文明时期已经出现初步的规划意识，并且农耕游牧文明对规划的需要已不单单是生存的需求，而是满足生态经营意识的需要。所谓经营，是指对事务进行统筹组织，而生态经营就是古人开始在保护基础上对土地等资源经营利用，以实现自身的可持续发展，并且自秦始，便设有专职管理生态事务机构，可见古人对人与自然关系的深刻认知。

3. 工业文明效率优先的规划需要

工业文明与农业文明的差异非常明显，具体体现在资产主导权的差异、合作形式差异、生产流程差异、生产装备差异。第一，资产主导权差异表现在农民种田，由农户家庭内部自行决策种植内容，自主分配生产收益。而工业生产的资产主导权，则主要以公司形式进行，工人付出自己的体力劳动、脑力劳动、时间等来换取工资。第二，合作形式差异表现为传统农业生产主要以家庭为生产单位，家庭或家族成员内部合作劳作，以血缘关系、亲情关系为纽带和信任基础进行生产合作，由家庭或家族比较有威望的当家人来负责口授心传的统筹和协调。现代化工业生产是社会化大生产，组织成员可以来自五湖四海，主要是建立在契约条文上的陌生人合作，以现代化的文明秩序，规定管理制度来确定组织成员各自的权和责。第三，生产流程差异，相较传统农业生产，主要以每个农户自己的经验来自由安排自己的生产方法和生产时间，此时期的生产过程具有经验性、随意性。而工业生产流程，一般都具有正式制度的约束、明确的管理制度、工艺流程、技术标准，具有科学化、标准化、流程化、明确化等特点。第四，生产装备差异表现为传统农业生产，主要利用的是天然的资源、人力或动物力进行生产，工业生产则是利用大规模的机械装备进行生产，具有机械化、自动化、智能化等特点。

因而，工业文明时代由于社会基础、价值规范以及正式制度的全面演化，对规划的需求与原始文明、农耕文明时期的规划需求存在巨大差异。效率是衡量工业时代发展好坏的核心标准，因而规划导向也是为了保证效率目标的实现。标准化、统一化、强制性成为规划的优先原则。因此，美好生活以及生态环境的需求在工业文明时期未能成为首要选择，这是与以往不同时期所不同的需求。

4. 后工业文明重归自然的规划需要

后工业文明的出现，本身便是对工业文明的一种批判，因而与工业文明存在诸多不同，这些不同又构成了新的规划需求。首先是后工业文明与工业文明主体的差别。工业文明只有一个单一主体，便是人类自身，除人类自身以外一切是现在能够被人类利用和未来能够被人类利用的资源，换言之，自然是能够被人类改造和利用的，但是自然地位次于人类。后工业文明的主体则演变为人类和自然两者，二者地位平等，人类与自然相互作用、相互促进。这种主体的转变，并非一次认知的飞跃，而是一种反思与回归。随着主体的改变，规划需求也要相应改变，规划需要也应体现出人与自然双主体，换言之，后工业文明的规划是协调人和自然关系的一种规则，既要考虑人的需求，又要考量自然的发展。

后工业文明与工业文明的主体变化，本质是价值认知的转换。正如前文所述,工业文明信奉"人类中心观",后工业文明追求"人与自然和谐发展观"。价值认知观念的改变,伴随着人们需求的改变,其中物质需要由"充裕"走向"节约",消费习惯由"过度"变为"合理",精神满足由"强刺激"转变为"久平和"。同时,后工业文明时代,人类的发展虽然仍旧基于自然,但是人类发展成果的分配,转变为开放人与自然共享,即人类利用自然发展,发展成果反馈自然成长。

后工业文明时代,人们开始反思工业时代"人类中心观"的战略导向,也已经充分认识到破坏环境的代价,战略导向重归人与自然和谐相处,因而后工业时代的生态文明战略导向对规划体系的需求就是保证人类发展需要的同时,尊重自然、顺应自然和保护自然。

22.3.2　中观土地管理周期的规划需求

1. 导入期需要对土地管理"批供用"做出统筹规划

中观土地管理周期的起点便是土地利用总体规划。土地资源属于有限的、不可再生资源,在人口数量不断增加、建设活动用地日益增多背景下,必须节约土地资源,通过有效地管理及合理规划,充分挖掘土地潜力,提高其利用率。通过土地利用总体规划,国家将土地资源在各产业部门进行合理配置,首先是在农业与非农业之间进行配置,其次是在农业与农业内部进行配置,如在农业内部的种植业、林业、牧业之间配置。土地利用总体规划属于宏观土地利用规划,是各级人民政府依法组织对辖区内全部土地的利用以及土地开发、整治、保护所做的综合部署和统筹安排。

2. 成长期需要对土地储备供应做出详细规划

土地管理的成长期主要包括土地储备、土地征收、土地供给以及土地交易等土地管理环节,换言之,土地管理的成长期即为城市土地"收购—储备

—开发—出让"机制全流程周期。近年来，各地方政府纷纷成立土地储备机构，从土地储备机构职责便可一窥土地管理成长期的规划需求。首先，根据土地利用总体规划和城市规划的要求，对管辖区内的全部城市建设用地实行统一的规划、征收、收储、开发、供应与管理。其次，需要根据土地利用总体规划和城市规划的建设用地需求预测与供给指标的分配，编制计划储备土地，以满足经济社会健康持续的发展，同时要符合政府的宏观经济调控方向。再次，土地储备机构要实施土地供应前，储备后的土地初级开发，审核三年期、年度土地供应计划和土地储备计划，根据用地单位申请，编制土地供应方案。最后，土地储备机构具有筹备土地征收、储备、初级开发资金的职责，这也是实现完整"收购—储备—开发—出让"流程的保障。

　　因此，成长期对规划需求分为外部和内部两个方面，其中外部需求是需要土地利用规划和城市土地规划对城市土地需求数量做出合理预测，从而直接或间接为土地储备提供依据；而内部需求是对于土地储备计划与土地供应计划的制订，辅助土地储备供应的全流程管理。

3. 成熟期需要对土地开发、利用、整治、保护做出系统规划

　　土地管理成熟期是对土地利用进行管理，其管理内容指通过编制土地利用规划，在一定区域内确定土地利用的目标和用途，采取行政、经济、法律和工程手段，对土地利用状况进行综合管理。其中，土地整治又是土地利用管理的核心方式与手段。土地整治是指在一定区域内按照土地利用规划所确定的，调整改造、综合治理，以提高土地利用率和产出率，改善生产、生活条件和生态环境的过程。农地整治的目的在于通过调整田块、兴建或改造沟渠和田间道路、建立农田防护林带，以及平整土地等田、水、路、林、村综合整治开发手段，增加有效耕地面积，提高耕地质量，改善农业生产和土地利用条件，提高农业综合生产能力。自 2000 年以来，作为促进土地资源合理

利用、实现耕地总量动态平衡的重要手段，以土地平整、田块合并、沟渠道路整治、防护林完善等为主要内容的土地整治活动在我国全面展开，并已取得显著成效。实践证明，土地整治不仅可以增加有效耕地面积，而且可以使农业增产、增收、增效，同时还能有效地改善生态环境，为人类的休养生息和生产劳动提供一个优良的环境。因此，土地管理的成熟期，实现土地利用管理则需要全面涉及社会经济各个层次，为实现土地合理高效利用需要制订系统的规划予以支撑。

4. 衰退期需要对土地利用现状做出更新规划

土地管理的衰退期对应土地执法监察阶段，土地执法监察是指县级以上人民政府国土资源行政主管部门按照法定程序和方式，依法对本行政区域内土地管理法律、法规的执行情况进行监督检查，并对违法者实施法律制裁的活动。此时期是通过土地执法与监督，对土地利用行为进行约束与诊断。对不符合实时用地的土地及时进行清理，属于土地管理事后监督。土地管理在此周期内，希望规划对土地利用现状得出实时更新，从而加强对土地利用的监督管理工作。

22.3.3　微观土地利用周期的规划需求

1. 土地初生阶段对规划的保护需求

当土地初处于初生阶段时，整个土地系统比较脆弱，如黄河三角洲冲积扇在新土地形成之前大部分土地依旧浸润于海水之中，虽含有大量的矿物质，但此时土质甚至不能称为"土壤"，所以不具备开发利用条件，在继续经历沉淀积累后，逐渐成为能够供给人类活动的土地。因此需要规划对此类土地提供保护，同时，由于初生期土地的利用经济效益低，本不适宜进行开发。

2. 土地成长阶段对规划的开发需求

土地利用周期的成长阶段，土地的生态系统比较脆弱，像处于幼儿阶段人类生命周期一般，仍离不开家人的悉心照料，土地生态系统向草地、林地一步步演化，虽然其能够被人类进行利用，但是生态系统仍很脆弱，若利用不当，随时面临土地退化风险。因此，此阶段土地利用需要规划提出合理的开发利用途径，在保证此阶段土地脆弱的生态系统不受影响情况下，充分利用土地资源。

3. 土地成熟阶段对规划的引领需求

规划引领需求是指在土地利用步入成熟期，土地投入产出、利用效率等各个方面均实现最佳状态，如伴随对农地的持续的资本投入与劳动力投入，农地产出不断提高，但在一定技术水平时期内，农地产出不会随着资本、劳动投入不断增加而无限增加，而是存在农地产出峰值的投入阈值。建设用地的成熟期是因地面附着物，即建筑的建设工程的投入结束，建筑设施构建完毕，能够被人们利用时达到的。林草地利用成熟期是在自然气候、光热条件等的约束条件下，达到了林草地生态系统所能演化的最高级形态。但是此状态不能持续，所以，此阶段土地利用需要规划发挥高瞻远瞩的引领作用，能够尽可能维持土地利用的最佳状态。

4. 土地衰退阶段对规划的指引需求

规划的指引需求是指土地利用在达到峰值之后，陷入下降趋势，如在一定技术水平时期内，当投入超过阈值后，农地产出反而随着投入的增加而不断降低，建设用地进入衰退期是在其地面或地下建筑投入使用时，便开始了衰退，这是因为地上地下建筑物会老化，林草地出现退化进入衰退期，这种土地利用趋势能够得到纠偏，而此阶段需要规划发挥指引作用，指引土地利用走出衰退阶段。土地利用生命周期对规划体系需求表见表 22-4。

表 22-4　土地利用生命周期对规划体系需求表

不同尺度的土地利用生命周期	各生命周期阶段	规划需求
宏观资源利用的生命周期	原始部落文明	保证生存的规划需要
	农耕游牧文明	满足经营的规划需要
	工业文明	效率优先的规划需要
	后工业文明	重回自然的规划需要
中观土地管理的生命周期	导入期	对"批供用"做出统筹规划
	成长期	对土地储备供应做出详细规划
	成熟期	对土地开发、利用、整治、保护做出系统规划
	衰退期	对土地利用现状做出更新规划
微观土地利用的生命周期	初生期	保护需求
	成长期	开发需求
	成熟期	引领需求
	衰退期	指引需求

第23章

国土空间利用的时序结构优化路径——一个
国土空间规划实践的评价框架

23.1 "规划-土地"生命周期匹配研究框架

23.1.1 国土空间时序结构变化驱动因素与实践应用

1. 国土空间时序结构变化驱动因素相关研究

1)土地利用时序变化的客观驱动因素

国土空间时序变化的驱动力研究主要集中在社会经济快速发展的热点地区、生态环境脆弱区、城市化最敏感、变化最大和发展最迅速的城市边缘区（杨梅等，2011）。早期（2006年以前），学者关注经济欠发达地区的土地利用，关心如何在改善生态脆弱区生态环境的同时加快经济发展，提高人民生活水平，如探索黄土高原区（Chen et al.，2001）、喀斯特山区（张惠远和蔡运龙，2000）、准格尔旗（任志远，2003）等生态脆弱区的形成演变机制，探索各种自然、社会、经济因素对土地利用可持续性的影响。在经济发达地区，学者更加关注工业化、城市化进程的加快和人类活动如何使土地利用快速变化，探讨如何协调经济发展和土地生态环境之间的矛盾，如珠江三角洲地区（黎夏，2004）、长江三角洲地区（杨桂山，2001；谭少华等，2006）、北京（宋金平等，2008）、深圳（王兆礼等，2006）。对以上区域土地利用变化驱动力研究表明：该时期建设用地通过大量侵占耕地、林地等生态用地而得以迅速增加，耕地持续减少，且耕地和建设用地与总人口数量增加、经济发展和城市化水平提高等社会经济因素密切相关。

"十一五"时期（2006~2010 年），驱动因素研究以定性定量结合的模式，侧重细致分析和描述每一类因素对土地利用时序结构的影响机理。学者注意到人口因素、经济因素、政策因素、资源开发因素等四个方面对特定时期的土地利用变化有驱动作用（任志远，2003；雷广海等，2009）。人口因素主要通过增长促进城镇化和工矿企业发展，迫使建设用地需求量增加。经济因素方面，农业经济的发展是当时土地利用的基本导向，引起农业结构的调整，使土地资源在产业上重新分布（赵小汶等，2008），城市和县镇土地的集约度也深受经济发展水平的影响（赵丽等，2008；吴郁玲，2009）。政策因素方面，国家和地方政府十分重视生态脆弱地区生态环境的保护与建设，使得这一时期林草面积大幅度增加，荒山坡地得以绿化，未利用土地大量减少，局部地区"西部大开发""东北振兴"等国家重大政策也有效促进了土地利用（刘纪远等，2009）。资源开发因素方面，自然地理特征、资源禀赋等因素与社会经济因素共同作用于这一时期的国土空间时序结构变化，在西部地区尤其突出（何书金等，2006）。此外，随着交通、建筑等行业科技水平的不断提高，摩天大厦拔地而起，地铁、地下商场、地下车库相继出现，这些为城市土地资源的立体空间开发提供了技术支撑，对国土空间的时序结构变化产生了重大影响（雷广海等，2009）。

"十二五"时期（2011~2015 年），人口与经济增长之外的指标开始进入驱动因素研究的考虑范围，随着 RS-GIS 技术应用更加广泛，数据的可获取性大大增加，研究开始更多地使用大量数据进行影响路径和程度的讨论。在经济发达地区，研究除保留传统的人口增长、经济发展等因素外，还引入了政策发展、社会文化因素，发现人口数量的增加、工业化、城市化带来的经济发展与土地管理政策等人类活动是土地利用类型转换的主要驱动力量（肖思思等，2012），并进一步衍生出不同政策层级对土地利用影响的探讨（马才学等，2015）。此外，对于土地利用时序变化研究也不再局限于单个因素的影响分析，而开始关注所有因素的综合影响，关注宏观经济运行状态以及研究区域土地自身条件的限制、比较经济效益、当地人文自然因素等方面的特殊性（乔伟峰等，2012）。在中西部地区，研究更加深入地挖掘了自然因素产生的影响，将自然因素细分为地形、成土母质、土壤类型、土地利用方式、植被覆被率等（罗由林等，2016），同时更加关注土地利用导向型政策在生态脆弱区土地利用中所起的重要作用（李艳华等，2015）。

"十三五"时期（2016~2020 年），驱动因素研究更加关注国家高位战略对土地利用变化的驱动作用，同时各类因素之间的层级和综合影响作用研究越来越广泛，研究客体也不仅局限于土地利用时空结构变化本身，研究方法更加丰富化。在中部崛起等战略的影响下，这一时期中部地区更加关注国家战略对土地利用变化的指导作用，在城市地区研究中部崛起、两型社会、长江经济带发展战略等政策的影响（黄端等，2017）；东部地区土地利用时空结构变化研究则在传统社会、经济、人口、政策等因素的分析上，更加具体地关注产业结构调整、土地资源禀赋（陈磊等，2020）、地方管理政策（余德贵和吴群，2017）的影响，研究结果表明影响因素呈现社会经济因素为主、自然资源因素为辅的趋势。此外，在客体上也针对信息熵（司慧娟等，2016）、生态服务价值（张亮，2018；徐煖银等，2019）、建设用地变化（张雪茹等，2016）、乡村重构效率（屠爽爽等，2019）等方面进行了丰富的研究，既体现了研究客体的综合化，也展现了研究客体受政策影响的轨迹。同时，研究更加广泛地运用如主成分分析法（杨绮丽和何政伟，2016）、DEA 模型（张立新等，2017）、Logistic-Markov 方法（余德贵和吴群，2017）等进行分析，或通过多因素耦合视角（邓华等，2016），综合阐述影响因素的层级和复合效应（表23-1）。

表23-1 国土时序结构变化客观驱动因素研究示例

作者及发表时间	时间跨度	研究区域	土地利用主要驱动因素
任志远（2003）	1987~2000 年	准格尔旗	人口因素 经济因素 政策因素 资源开发
雷广海等（2009）	1997~2006 年	江苏省 13 城市	区域经济 经济发展 城市性质与规模 人口密度 政策层面 技术管理水平
肖思思等（2012）	1980~2005 年	江苏省环太湖地区	人口数量 经济发展 土地管理政策
马才学等（2015）	1990~2005 年	武汉市	政策因素
司慧娟等（2016）	1999~2013 年	青海省	人口与经济发展 城市化 产业结构调整 农业发展
杨绮丽和何政伟（2016）	2000~2013 年	敦煌市	经济发展 国家政策
黄端等（2017）	2000~2015 年	武汉城市圈	中部崛起 两型社会 长江经济带发展战略
余德贵和吴群（2017）	2001~2010 年	江苏省泰兴市	城镇发展 经济发展 管理政策
陈磊等（2020）	2005~2016 年	南京市	土地资源禀赋 经济发展水平 产业结构调整 土地管理政策

可以看出，20 世纪 90 年代年以来，关于土地利用时序结构变化驱动因素的研究层出不穷，主要着眼于客观因素对于土地利用结构的影响，且在不同时期、不同地点影响因素略有不同。综合来看，所有时期涉及的影响因素可以总结为：①人口因素，如人口总量、人口密度、就业情况等；②经济因素，如城市化水平、区域经济发展水平、基础设施建设等；③政策因素，如国家宏观发展战略，以及各层级的土地管理政策；④资源因素，如资源禀赋、地理区位等；⑤技术因素，如作物管理、城市更新的创新等（表 23-2）。

表 23-2　区域土地利用时序变化客观驱动力

驱动因素	主要因子	因子特点	主要驱动区域	主要驱动时期
资源因素	地表自然作用和人为引起的气候变化、地形演化、植物演替、土壤过程、排水格局变化等	受其他驱动因子作用结果效应的累积作用，数据可得性强，易于定量和模拟	生态脆弱区、经济欠发达且人口增长过快及由经济快速发展诱导的地表覆被急剧变化区	1987~2000 年 1997~2006 年 2005~2016 年
政策因素	产业结构变化、政策法规及个人和社会群体的意愿、偏好等	受生态环境、粮食安全等强信号的驱动，难以量化和模拟	生态脆弱区、发达地区及欠发达地区城镇周围及城乡过渡区	全时期
技术因素	新材料、生物遗传、作物及有害物管理、食品加工及酿造等技术	受经济剩余和利润最大化等强信号驱动，难以量化和模拟	经济快速发展和人口高密度地区及经济落后地区初期的驱动力	1997~2006 年
经济因素	供给、需求、投入/产出、区域经济发展水平和消费方式等	受价格信号和政策信号的驱动，易于定量和模拟	经济快速发展地区或欠发达地区的城镇周围及城乡过渡区	全时期
人口因素	人口总量、人口密度、就业情况等	受政策信息与市场改革的影响，易于定量和模拟	经济快速发展、资源禀赋较好地区	1987~2000 年 1997~2006 年 1980~2005 年 1999~2013 年

2）土地利用时序结构变化的主观影响因素

在国土空间利用结构随时间变化的过程中，除了客观因素的影响外，还不可避免地受到主观因素方面的影响，其中，生产方式、生活习惯、主体对生态的认知、风险意识等因素在长期以来对土地利用的变化形成了重要影响。

生产方式和生活习惯方面：我国各地不同的自然环境、生产特点、生活习惯及民族文化风俗导致了农村聚居模式的巨大地域差异（彭鹏，2008）。经济收益、劳动力素质和劳动力投入、民族文化与心理因素均会对农业地区的土地利用变化产生驱动作用（杨海龙等，2010）。也有学者采用"社会存在—社会意识—行为决策"理论分析框架，认为发达地区农民的社会意识会影响宅基地的退出，这些意识包括传统习俗、禀赋效应、羊群效应、农民和市民身份意识等主观内容（范辉，2016）。

生态认知方面：研究集中讨论了生态意识与生态行为的互动关系，这些行为包括还田、退耕还林、水土保持措施、支付生态补偿等方面。社会学习和社会信任既直接影响农户的还田意愿，又通过生态认知间接影响其还田意愿（姜维军等，2019），提高农户的生态认知程度，可以提高农户参与新一轮退耕还林的意愿和规范农户退耕还林行为（史恒通等，2019），生态认知和生计资本均显著正向影响流域居民生态补偿支付意愿（张化楠等，2019），农户生态认知对农民的水土保持技术采用行为具有显著的正向作用（黄晓慧等，2019）。

风险意识方面：行为主体的风险意识强弱是推动城乡土地利用结构改变的主要方面，关系着农用地流转（李景刚等，2014）、用途变更预期（李景刚等，2016）、宅基地退出（周婧，2011）等城乡土地结构调整的重要环节（表23-3）。

表 23-3　区域土地利用变化主观驱动力

驱动因素	主要因子	因子特点	主要驱动区域
生产方式	（微观）主要生产模式	受环境、政策的驱动，难以量化和模拟	经济欠发达且长期缺少人员变动的村落
生活习惯	民族习惯、文化风俗、地区公认的行为方式	受环境驱动，难以受临时政策影响，难以量化和模拟	生态脆弱区、发达地区及欠发达地区城镇周围及城乡过渡区
生态认知	生态治理必要性认知、补偿政策了解程度、生态产权意识和预期	易受其他因子的影响，难以量化和模拟	经济快速发展地区或欠发达地区的城镇周围及城乡过渡区
风险意识	禀赋效应、合同状况、收益敏感度	受价格信号和政策信号的驱动，通过问卷访谈等形式获取	经济快速发展和人口高密度地区

通过以上分析可以发现：主观影响因素对土地利用的影响在长期研究中普遍存在，且影响层面和层级不一，涉及城市土地市场和农村土地市场中的各个环节，同时这些影响也存在于不同地区和不同群体之间。一个明显的问题是，目前针对一段时期内主观因素动态变化对土地利用变化影响规律的研究（现有研究多集中在客观驱动因素上）较少，没有全面地关注主客观因素的统一。

3）驱动力系统的性质

①整体性和综合性。土地利用变化的各种驱动力之间都存在着一定联系，而且受到其他众多因素制约，都会对土地利用产生一定的影响（摆万奇和赵士洞，2001；王兆礼等，2006）。应在整体合力的基础上对每一个驱动力进一步分析。②层次性。正如前文分析所示，土地利用变化的驱动力是一个有序的系统，虽然在整体上发挥驱动作用，但各个因素之间的联系具有一定规则和层次。在大类上，可以大致分为自然驱动力与社会经济驱动力（杨梅等，2011），自然驱动力作为一个子系统，又可分为气候、水文、土地资源禀赋等不同部分。同样，社会经济驱动力系统也能分解成不同组成部分。至于划分层次的多少，则由分析问题的深度和广度决定，因为在不同层次上各驱动力的作用程度和影响范围往往不同（邵景安等，2007；李平等，2001）。③随时间动态变化。按照系统论的观点，驱动力系统兼有横向运动和纵向变化的特点。因此，各类驱动因素在不同社会经济发展时期表现出的不同现状，也会影响驱动力系统的动态变化。驱动力系统是一个动态的开放系统，系统内的各种驱动力及系统整体与系统外的土地利用决策者、土地利用/土地覆被方式以及更大范围的自然和社会系统有着相互联系和相互作用。例如，人口因素作为一种重要的驱动力，其动态变化推动着土地利用变化，而土地利用变化的结果又通过对社会经济和自然环境的影响，反馈于人口变化（摆万奇等，2005）。

2. 实践应用

在实践技术层面，研究开始综合考虑各类驱动/障碍因素，并且越来越多地强调以多维技术的综合运用来构建土地利用动态管理体系。早期黄福奎（1998）就提出通过综合考虑各类影响因素、优化整体布局、进行合理配置形成有机的技术体系，融合各种手段的优势，综合调整和安排土地利用时序结构演变。一些研究也针对我国农村土地和城市土地管理较为粗犷的问题，从影响因素出发，为进一步加强集约节约利用构建技术和理论支撑体系，可以较好地达到土地利用动态监测效果（刘志军，2005）。近年来，这类技术应用实践更加体系化和精细化：徐昔保（2007）就通过元胞自动机（cellular automata，CA）方法结合 GIS 等工具，对兰州市土地利用动态演化特征及驱动机制进行了分析，邬亚娟等（2020）以 1987~2017 年多时相 Landsat TM/OLI[①]遥感影像解译分类为基础，参考生态学植被演替研究方法，系统分析了科尔沁沙地 30 年来的土地利用/土地覆被动态演变规律，利用卫星遥感、航空遥感、地面调查、抽样调查在内的方法，综合评价了土地利用时序特征。

23.1.2　国土空间规划体系在不同规划时期的侧重点

1. 国土空间规划体系的变革历程

国土空间规划体系的演进历程大致可以分为低层次融合阶段、分异阶段、冲突阶段、高层次融合阶段几个主要发展阶段。第一，低层次融合阶段主要表现为发展计划与城市规划的融合，主要是城市地区的工业项目的布局优化；第二，分异阶段的主要特征是目标的差异导致发展计划和空间性规划的演进路径逐渐分离，慢慢发展成并行的两大体系，规划之间开始出现目标、内容、执行上的分异；第三，随着社会和经济的不断发展，这种分异的弊端开始暴

---

① thematic mapper，专题制图仪；operational land imager，陆地成像仪。

露，发展规划向空间规划延伸、城乡规划向区域规划延伸、土地规划向国土规划延伸，越位缺位并存，功能交叉重叠，协调成本高昂，法律定位不清；第四，为了解决多规之间的不统一和冲突，自然资源部成立，整合各部委的规划职能，同时进行规划的融合，推动"多规合一"的发展，国土空间规划体系总体的发展概况见表23-4。

表23-4 国土空间规划体系发展概览

	低层次融合阶段	分异阶段	冲突阶段	高层次融合阶段
主要规划依据	《关于加强新工业区和新工业城市建设工作几个问题的决定》	《中华人民共和国城市规划工作条例》《城市规划法》《土地管理法》	《关于国土规划试点工作有关问题的通知》《关于开展全国主体功能区划规划编制工作的通知》《城乡规划法》	《中共中央 国务院关于统一规划体系更好发挥国家发展规划战略导向作用的意见》《中共中央 国务院关于建立国土空间规划体系并监督实施的若干意见》
主要措施	发展计划重点谋划"干什么"，城市规划主要落实"在哪干"	城市规划要"不断改善城市的生活条件和生产条件，促进城乡经济和社会发展"；"合理利用土地，切实保护耕地"；确立了"指标+分区"土地利用总体规划编制模式	开展国土规划试点和省级层面主体功能区规划试点	自然资源部整合各部委的规划职能；加快规划体制改革
主要问题	发展计划与城市规划的融合，主要局限在工业项目或工业区的布局上，是低层次的融合	目标的差异导致发展计划和空间性规划的演进路径逐渐分离，慢慢发展成并行的两大体系，规划之间没有形成合力	发展规划向空间规划延伸、城乡规划向区域规划延伸、土地规划向国土规划延伸，越位缺位并存，功能交叉重叠，协调成本高昂，法律定位不清	规划融合的标准、实施等有待明确和完善

"多规合一"是指在一级政府一级事权下,强化国民经济和社会发展规划、城乡规划、土地利用规划、环境保护、文物保护、林地与耕地保护、综合交通、水资源、文化与生态旅游资源、社会事业规划等各类规划的衔接，确保"多规"确定的保护性空间、开发边界、城市规模等重要空间参数一致，并在

统一的空间信息平台上建立控制线体系,以实现优化空间布局、有效配置土地资源、提高政府空间管控水平和治理能力的目标。当前"多规合一"可以发展模式的转变为标的划分为四个阶段,一是早期探索阶段,二是自上而下的试点阶段,三是试点与全面提速阶段,四是新常态下逐步转变发展方式的阶段,上述主要发展阶段及其特征见表23-5及表23-6。

表23-5 "多规合一"的主要发展阶段

发展阶段	时间段	阶段特征	发展状况
早期探索阶段	2003年	依靠单个部门推进,进行理念方面的探索	2003年广西钦州首先提出了"三规合一"的规划编制理念,即把国民经济与社会发展规划、土地利用规划和城市总体规划的编制协调、融合起来,在理念上提出一些创新
自上而下的试点阶段	2004~2013年	该阶段试点集中在一些较为发达的特大城市和地区,是一种自下而上向国家部委争取空间管理政策和权限的过程,机制和配套政策面临一些法律和制度上的障碍,这种自发的规划融合探索取得的效果存在一定局限性	2004年国家发改委在苏州、安溪、钦州、宜宾、宁波、庄河等6地试点"三规合一";2008年6月,国土资源部、住房和城乡建设部在浙江召开了"两规协调"推广会;2008年,上海、武汉相继对国土和规划部门进行机构合并,开展两规或者三规整合探索;2010年,重庆市开展"四规叠合";2012年,广州市开展"三规合一"探索工作;2013年中央城镇化工作会议上,习近平总书记指出要建立一个统一的空间规划体系,限定城市发展边界,划定城市生态红线
试点与全面提速阶段	2012~2016年	该阶段主要特征是"自上而下"的授权式改革,在市县层面探索推动经济发展规划、生态保护规划"多规合一",形成市县一本规划、一张蓝图经验,为国家空间规划体制改革凝聚共识	2014年中共中央、国务院印发了《国家新型城镇化规划(2014—2020年)》,提出推动有条件地区的经济社会发展总体规划、城市规划、土地利用规划等"多规合一"。随后国家发改委、原国土资源部、原环保部和住建部四部委共同确定了全国28个市县作为"多规合一"试点市县 2016年12月27日,中共中央办公厅、国务院办公厅印发了《省级空间规划试点方案》(厅字〔2016〕51号),这是在市县"多规合一"试点工作的基础上,中央执行深化改革的又一项重要战略部署,其目的在于建立健全统一衔接的空间规划体系,提升国家国土空间治理能力和效率

续表

发展阶段	时间段	阶段特征	发展状况
新常态下逐步转变发展方式阶段	2016~2020 年	该阶段的特征是"高位统筹"：重点关注规划编制主体的改革、国土空间总体规划的构建	2019 年中共中央办公厅、国务院办公厅联合印发《关于在国土空间规划中统筹划定落实三条控制线的指导意见》，按照党中央、国务院决策部署，落实最严格的生态环境保护制度、耕地保护制度和节约用地制度的重要举措

表 23-6　"多规合一"中主要规划与特征

类型	编制部门	期限	内容
国民经济和社会发展规划	国家发改部门	5 年	统筹规划区域经济与社会发展
城市总体规划	城市规划部门	20 年	协调城市发展和建设用地安排
土地利用总体规划	国土资源管理部门	15 年	土地利用、开发、保护的综合部署

2. 规划大周期：国土空间规划在不同时期的侧重点

1）低层次融合阶段（1956~1978 年）主要目标和针对的问题

1956 年，国务院作出的《关于加强新工业区和新工业城市建设工作几个问题的决定》进一步明确要求，"区域规划就是在将要开辟成为若干新工业区和将要建设新工业城市的地区，根据当地的自然条件、经济条件和国民经济的长远发展计划，对工业、动力、交通运输、邮电设施、水利、农业、林业、居民点、建筑基地等建设和各项工程设施，进行全面规划"，体现了区域规划落实总体发展计划、服务工业化发展的鲜明特点。这一阶段主要以落实城市区域规划为主，兼有其他类型的区域规划。1956~1960 年这一时间段比较关注长江黄河等主要流域和水系的规划和治理问题（李锐，1956；张昌龄和顾文书，1956），1963 年开始，部分地区进行了针对农业区划的讨论（何作文，1963），比如针对某一优良品种划定种植区，或是针对某一地区畜牧具体优势作出具体规划。改革开放以来，区域规划统筹了这些相对零散的规划，开始发展城市规划、长江流域规划等，重点转移到了城市和大城市圈中工农业生产和各项建设事业上（张维强，1979；程远，1980），开展经济区划，主要任务是使国民经济在全国各地区因地制宜地合理发展，以获取最好的经济效果，对生产力布局进行规划的主要任务是：第一，在全面分析评价当地各项资源与建设条件的基础上，使区内各项经济建设的发展和布局与客观可能提供的条件相适应，既能迅速发挥投资的经济效果，又符合该地区的长远发展方向。第二，对规划地区内的工业建设项目进行合理布局，包括对新建骨干企业的选厂定点，组织有关新老企业的协作配套，在一定工业区内进行工业企业的成组布局，正确处理工业布点集中与分散的矛盾。第三，对区域内城镇人口的发展趋势进行预测，并在区域分析的基础上确定各主要城镇的性质、规模和布局，指出各类城镇的合理联系与发展的方向。第四，使交通运输、动力供应、给排水、建筑基地、生活服务设施等各项公用工程的建设布局同工业和城镇的布局相互协调配合。第五，解决工农业之间和各项建设之间在用地、用水方面的矛盾，安排好农副产品的生产基地（胡序威等，1981；仇金泉等，1982）。总的来说，限制该时期"规划-土地"合理匹配的因素可能有：城镇区划内各项资源禀赋、工业与农业资源竞争，工业成组布局、人口增长趋势、工业同步的配套措施。

2）分异阶段（1979~2000年）规划主要目标和针对的问题

1987年，为落实《土地管理法》提出的"合理利用土地，切实保护耕地"的目标，国家土地管理局编制了《全国土地利用总体规划纲要（1987—2000年）》。1997年，国家土地管理局在全国范围内开展第二轮土地利用规划修编时，确立了"指标+分区"的土地利用总体规划编制模式。这一时期随着改革开放的深入，市场力量在资源配置中的作用逐渐凸显，规划重点从经济转向"经济和社会"结合，发展计划引领增长、城市规划协调生产生活空间、土地利用规划注重耕地保护，目标的差异导致发展计划和空间性规划的演进路径逐渐分离，慢慢发展成并行的两大体系，规划之间没有形成合力。土地规划工作的一个大重点，就是要考虑实现农业现代化的要求，同时注意耕地资源的保护（何永祺等，1981），而城市规划的一个重点是规划配套建设，协调产业空间和生活空间（麻高云，1982），国民经济的发展计划则注重城市地区人口的增长和土地增值。

3）冲突阶段（2001~2018 年）主要目标和针对的问题

2001 年 8 月，国土资源部印发《关于国土规划试点工作有关问题的通知》，2006 年国务院办公厅印发《关于开展全国主体功能区划规划编制工作的通知》，又于 2007 年开始编制《全国主体功能区规划》，2008 年则发布《城乡规划法》，其中一些条款存在出入，各部门各行其是，十分混乱。因此，阻碍这一阶段规划推进的首要障碍就是规划之间的衔接性不足，此外该阶段规划的核心在于：主体功能区划关注如何能够彻底改变传统空间规划不考虑资源环境承载能力的弊端（王东祥，2006），国土空间规划关注如何统筹主体功能区划在内的规划，实现城市和农村在空间上的统筹规划，实现其"龙头地位"，也即另一种层面上对规划关系调整的迫切需求，城市规划则转向生态保护、产城融合、限制城市边界扩张等方面，村庄规划则强调农房整治、优化人居环境、与城市对接（毛仙琴和毛孝华，2006）。

4）高层次融合阶段（2019~2020 年）主要目标和针对的问题

2019 年 5 月，《中共中央　国务院关于建立国土空间规划体系并监督实施的若干意见》阐明国土空间规划由规划编制审批体系、实施监督体系、法规政策体系和技术标准体系等四大体系以及"五级三类"构成，即国家、省、市、县、乡镇五级以及总体规划、详细规划和相关专项规划三类，同时明确交通、能源、水利、农业、信息、市政等基础设施，公共服务设施，军事设施，以及生态环境保护、文物保护、林业草原等专项规划，纳入国土空间规划体系，是全方位、多层次、全领域的融合，与第一阶段仅仅是工业项目布局和工业区的融合明显不同。"多规合一"的协同发展是一个差异性的建设过程。不同地区之间在城乡建设差距、产业发展规模、地域环境特色等方面都存在个体差异性的特点，所以，在具体的规划发展中要杜绝"一刀切"地统一规划发展目标，拒绝将适合大中城市或东部经济发达地区的规划计算模式生搬硬套放到中西部地区或经济欠发达地区规划建设的过程中。结合目前"多规合一"的相关文件和新闻报道，可以看出不同的规划时期、不同规划文本中反映出的规划主要目标具有差异性，同时，这些目标的确定过程也反映了当地土地利用规划预期的未来发展方向，部分试点地区目标可见表23-7。

表 23-7 "多规合一"部分试点地区目标

名称	制定时间	规划跨度	规划层级	地区	涉及多规	解决的问题
海南省	2015~2016年	2015~2030年	省级	东部	主体功能区划、生态红线保护区划、城镇体系规划、土地利用总体规划、林地保护利用规划、海洋功能区划	1. 规划差异 2. 生态本底侵蚀
厦门市	2014~2015年	2014~2020年	市级	东部	经济社会发展规划、城乡规划、土地利用规划	1. 生态保护 2. 城市发展 3. 规划不统一的问题
广州市	2012~2013年	2012~2020年	市级	东部	经济社会发展规划、城乡规划、土地利用规划	1. 规划的统一发展 2. 生态发展的统一
南海区	2014年	2014~2030年	区级	东部	经济社会发展规划、城乡规划、土地利用规划、环保规划	1. 建设用地过度扩张，开发强度过高 2. 土地碎片化 3. 生态环境压力大
安徽寿县	2014~2015年	2013~2030年	县级	东部	经济社会发展规划、城乡规划、土地利用规划	1. 区域交通改善 2. 经济示范区建设和区域旅游一体化 3. 产业培育、产业升级、产业改造，农业升级 4. 生态环境保护 5. 历史文化保护

续表

名称	制定时间	规划跨度	规划层级	地区	涉及多规	解决的问题
湖南省临湘市	2016 年	2016~2020 年	市级	中部	经济社会发展规划、城乡规划、土地利用规划	1. 打造政治、经济、文化和交通综合职能的重要卫星城 2. 促进全市社会经济可持续发展与人口、土地资源、环境的相互协调
甘肃省玉门市	2014~2015 年	2015~2030 年	市级	西部	经济社会发展规划、城乡规划、土地利用规划、环境规划	1. 满足跨部门的所有技术要求 2. 控制集中建设区人口规模 3. 交通等基础设施的建设 4. 环境保护

23.1.3　分析框架：匹配驱动因素与规划阶段目标

识别土地利用不同生命周期的驱动因素：土地作为社会经济发展中重要的参与要素，在利用过程中也表现出明显的生命周期特征，不同地区、不同用途的土地都会经历开始利用、利用方式转变加速、利用方式转变方式放缓、闲置等不同的状态。研究以划分土地利用不同的生命周期为基础，通过确定划分依据，将土地利用生命周期划分为 1、2、3、4 几类发展阶段，进一步通过定量手段（离散事件史模型）确定每一生命阶段转换到下一阶段的影响和驱动因素类别，并确定影响方向和影响程度。

识别国土空间规划不同时期的关注重点：中国土地制度不同于西方国家，规划在对土地利用的指导方面起着举足轻重的作用，一个规划体系的形成必然通过多次的商讨和修改、经历不同的生命周期，就目前而言，国土空间规划体系的形成经历了一系列大周期变革，面临着社会经济背景、政策条件、生态状况的不同变化，而针对每一类规划内的小周期，在规划编制前、规划编制中、规划编制后的不同阶段也面临着不同的市场经济条件、不同的资源禀赋差异，以及不同的政策引导，因此规划体系在整体发展过程中、在生命周期内的不同阶段，都必然面临着不同的驱动力与阻碍。

匹配土地利用与国土空间规划阶段性驱动因素：对不同规划周期性目标以及土地利用生命周期的驱动因素在发展阶段上进行匹配，可以识别出国土空间时序结构配置在不同时期应注重的方面，同时也可以定位到规划生命周期中侧重不当的部分。研究以客观驱动因素为标的，以土地利用生命周期转变的驱动因素与"多规合一"各个规划编制小周期中的阶段目标与解决的问题进行定性比较，根据因素与目标是否重合、重合时间段长度、重合频率得出综合评判指标，最终确定规划生命周期目标的适宜性。具体的分析框架如图 23-1 所示。

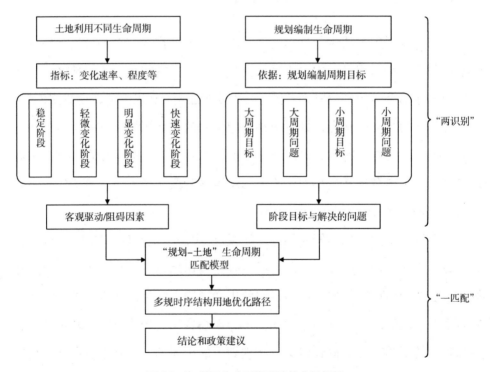

图 23-1 基于生命周期理论的分析框架

23.2 土地利用不同生命周期驱动因素的识别

23.2.1 理论分析与研究假设

1. 理论基础：生命周期理论

生命周期理论由卡曼于 1966 年首先提出，最早应用于生物医药领域，后来赫塞与布兰查德于 1976 年发展了这一理论。它是指具有生命现象的有机体从出生、成长、成熟到衰老的生命过程，也包括患病与治疗康复的过程。之后，这一理论被广泛引入经济学、管理学等社会科学领域，成为分析研究对象在不同发展阶段特征与预测未来发展情况的重要工具。它认为部分系统是有生命的机体，同人的生命一样，会具有自己的生命周期，一般会经历从萌芽到成长、成熟，再到衰退的过程。在市场经济条件下，各类要素也具备其生命周期，表现为不同运行阶段所表现出的动态、活力及其绩效等方面的不同状态，在生命周期不同阶段，所要解决的问题是不相同的。如果将生命周期视为一个可调节系统，则会经历系统稳态、系统偏离、系统失衡或恢复、系统消亡或恢复等系列过程（图 23-2）。

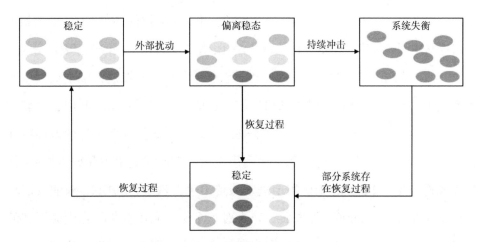

图 23-2 生命周期现象的系统论表述方式

目前，生命周期理论一方面应用在城市的生命周期分析上，以提出不同生命周期阶段下的城市规划导向：吴兵和王铮（2003）将大都市生命周期分为向心城市化阶段、郊区城市化阶段、逆城市化阶段与再城市化阶段。何琪潇和谭少华（2020）基于生命周期理论，分析了城市在不同生命周期的发展需求，将城市发展的生命周期概括为有序发展、城市病、无序发展与康复四个阶段，并构建了主动式规划干预模式。这类研究主张对城市发展失衡阶段生态、经济、社会环境等的变化进行评估，进行有针对性的规划和有目的的限制，使整个城市系统恢复稳态后再次步入有序发展时期，实现城市发展的良性循环，过程中重点关注目标是优化空间布局、保护城市生态。

另一方面，生命周期理论还经常被应用于环境评价中，即生命周期评价（life cycle assessment，LCA）。生命周期评价最初出现在20世纪70年代左右；到20世纪末期，生命周期评价已开始被广泛应用于相关公共政策制定、战略规划研究等各个领域。这一评价体系可以用于评价分析对象在整个生命周期内对外部环境的直接或间接影响，提供了识别其全生命周期各个阶段中环境绩效的机会，为政府制定相关政策提供了基础。《环境管理——生命周期评估：原则与框架》（ISO 14040）将生命周期定义为针对产品从"摇篮到坟墓"的整个生命周期分析其输入、输出状况与潜在环境影响。生命周期评价基本步骤一般包括评价目标与范围的确定、清单分析、影响评价、结果解释与应用四个主要部分。

本书所指土地利用生命周期，是土地在社会经济发展过程中土地利用所表现出的一定时期内的利用状态和特征，这些特征可以是土地利用类型变化速率、土地利用强度变化程度、土地利用集约性变化程度等一种或多种特征在不同时间段的集合。目前对于土地利用生命周期的研究集中在城市扩张（何琪潇和谭少华，2020）、工矿用地进入与退出（王轶峤，2019）、农业发展环境评价（梁龙等，2009）等方面，缺少对整个土地利用变化状态生命周期的描述与评估，对土地利用不同生命周期转变动力或阻力的研究也比较缺乏。

本节以不同研究区域的土地利用在空间、政策、经济、技术等方面的差异性为基础，依据土地利用综合动态度划分土地利用生命周期，并在综合归纳学界土地利用时空变化驱动因素的理论研究基础上，阐述这些因素对土地利用生命周期转变的影响，然后提出并检验研究假设。

2. 研究假设

根据表23-2可知，影响土地利用时空格局变化的因素可以主要归纳为：人口因素（人口总量、人口密度、就业情况等）；经济因素（城市化水平、区域经济发展水平、基础设施建设等）；政策因素（政策强度，以及各层级的土地管理政策）；资源因素（资源禀赋、地理区位等）；技术因素（作物管理、城市更新的创新等）。上述因素是各个时期驱动土地利用结构变化的主要因素，也即各个时期土地利用结构变革的主要诉求。同时，土地利用空间结构变化与土地利用生命周期存在着密切的关系：土地利用生命周期变化的基础即土地利用结构在每一时点的变化状态特征，其实质是这些变化特征的动态集合。因此，对于土地利用时空格局变化有驱动或阻碍影响的因素，在一定程度上也是影响具有不同土地利用生命周期的重要因素。

1）资源因素与土地利用生命周期

区域内可利用自然资源数量决定了土地利用可调整的空间与范围；同时，生态环境脆弱性也与土地利用存在着密不可分的关系，一些地区可以通过改变土地利用结构来降低生态脆弱性（周岩等，2013），生态脆弱性的增加也会阻碍人类社会与生态环境的协调发展（李珍珍，2019）；此外，研究区域所处的宏观区位决定了其特有的海拔、气候、水文等综合特征，也具有社会、经济、人口的特殊性，这些因素对土地利用结构调整产生重要影响。因此，研究针对资源数量、生态脆弱性、宏观区位三个维度提出了以下假设。

H_0：区域内自然资源量越多，区域越可能进入土地利用调整阶段，或向结构调整更加深入的阶段转变。

H_1：生态环境脆弱性增加，可能阻碍土地利用时序结构调整向更加深入的阶段转变。

H_2：位于西部的研究区域，更可能处于土地时序结构调整剧烈的状态。

2）社会经济因素与土地利用生命周期

产业规模或产值的变化主要会对城市土地利用产生影响，如产业规模提升和产业结构升级会抑制城市土地的扩张（朱高立等，2020），由此引发区域内的土地利用结构变化；基础设施建设优劣也是决定城市或周边区域土地利用变化的重要影响因素，如城市交通与土地利用的协调发展，是从根源上解决城市交通问题、实现土地利用集约化的重要前提（杨励雅，2007）；此外土地资产化程度直接决定了城乡土地由资源到资产转化的效率，也决定了土地整治、土地资源综合管理的效率（蒋正举，2014）；而综合来讲，经济发展水平是推动土地利用结构改变的最主要力量，其发展方向、模式、速率都深刻影响着国土空间利用的时序结构。由此，研究基于工农业发展水平、基础设施建设水平、土地资产僵化程度、经济发展水平四个层面提出假设。

H_3：农业或工业等产值增加，可能驱动土地利用生命周期由相对稳定状态向更剧烈的调整状态转变。

H_4：基础设施建设水平越落后，越可能驱动土地利用生命周期由相对稳定状态向更剧烈的调整状态转变。

H_5：土地资产僵化程度越大，越可能抑制土地利用生命周期由相对稳定状态向更剧烈的调整阶段转变。

H_6：经济发展水平越高，越可能驱动土地利用生命周期由相对稳定状态向更剧烈的调整状态转变。

3）人口因素与土地利用生命周期

人口因素在长期以来都是土地利用变化的重要影响因素，如人口密集会促进城镇扩张，以及对生态环境质量产生影响（周亮等，2020），就业人数的增加、就业机会的扩张，也预示着区域人口的聚集与经济的发展，必然对土地利用结构变化产生影响。由此，研究从人口数量、就业机会两个层面提出以下假设。

H_7：人口总量越大，越可能驱动土地利用生命周期由相对稳定状态向更剧烈的调整状态转变。

H_8：就业机会越多，越可能驱动土地利用生命周期由相对稳定状态向更剧烈的调整状态转变。

4）政策、技术因素与土地利用生命周期

土地利用政策是引导土地利用结构改变和调整的重要因素，如耕地保护政策深刻地影响着城乡耕地数量和质量结构（王文旭等，2020），产业集聚的导向性政策深刻地影响着城市工业用地数量和布局（王媛玉，2019）等，因此，研究针对政策因素的影响提出假设。

H_9：促进性政策力量越强，越可能驱动土地利用生命周期由相对稳定状态向更剧烈的调整状态转变。

技术创新能力或技术发展潜力的高低，影响着行业发展。土地利用时序结构的调整和变化过程中，技术创新在实施层面具有重要地位，因此，提出以下假设。

H_{10}：技术力量越强，越可能驱动土地利用生命周期由相对稳定状态向更剧烈的调整状态转变。

23.2.2　离散事件史分析（EHA-Logistic 模型构建）

1. 分析单位与数据来源

基于对研究适宜性、可比性和数据可及性等方面的综合考虑，研究选取中国 31 个省级行政区（不含港澳台）作为研究对象。土地利用生命周期的变化通常以某一地块为基本单元，但基于单个地块的社会、经济、土地利用结构数据难以获取且不具有代表性，而省级行政区是土地利用时序变化速率和方向的综合体现，对其研究具有很强的社会经济价值，相关数据也较为齐整且易于获取。且省级行政区和直辖市之间的可比性较强，已有研究也多将其作为一个可以相互比较的群体加以研究。以 1980 年为基期，研究计算 1990年对比 1980 年、1995 年对比 1990 年、2000 年对比 1995 年、2005 年对比2000 年、2010 年对比 2005 年、2015 年对比 2010 年的土地利用综合年平均变化速率，研究时间跨越 1990~2015 年，共划分 6 个离散观测时间点。由于本书关注的是国土空间时序结构特征的影响因素，因此将主要自变量都滞后一期，即取 1989 年、1994 年、1999 年、2004 年、2009 年、2014 年为结束时间点的 6 期 5 年跨度的平均数据，并对部分缺失数据进行了插值补充。本书有关土地利用时序结构变化的数据主要来自中国科学院资源环境科学与数据中心的土地覆被变化遥感监测数据集。所有自变量的数据都来自历年《中国城市统计年鉴》《中国统计年鉴》《中国国土资源统计年鉴》《中国人口普查分县资料》等官方统计资料、北大法宝和中国知网等信息平台。

2. 变量的确定与测量

1）因变量

以基期土地覆被变化遥感监测数据集本底与后一期土地利用动态的成分数据作为估算每一期土地利用动态变化数据的依据，在消除空间数据尺度效应的基础上，保证数据的空间精度和面积精度。将每一期与前一期的土地利用栅格数据进行对比，可以得到每个栅格内各土地类型的动态变化面积及类型之间的转换面积。这样，每一栅格上，记录了不同时期土地利用类型的面积百分比及其变化比例、变化方式等信息。本节主要考虑研究区域内土地利

用的综合时序动态度,土地利用动态度反映了土地利用变化速率的区域差异,土地利用动态度可以按照以下公式计算:

$$S = \left\{ \sum_{ij}^{n} (\Delta S_{i-j} / S_i) \right\} \times \frac{1}{t} \times 100\% \qquad (23\text{-}1)$$

式中, S_i 为监测开始时间第 i 类土地利用类型总面积; ΔS_{i-j} 为监测开始至监测结束时段内第 i 类土地利用类型转换为其他类土地利用类型面积总和; t 为时间段,土地利用动态度 S 反映了与 t 时段对应的研究样区土地利用变化速率。

进一步地,根据每一研究对象每一观测时间点所得综合变化度,可以将土地利用生命周期划分为稳态、轻微调整、明显调整、剧烈调整等几个主要阶段。值得注意的是,以土地利用为标的的生命周期与一般生命周期有所不同,鉴于我国可利用土地资源稀缺、利用率较高的现状,土地利用的生命周期并不存在真正意义上的"出生"和"消亡",更多的是对系统稳态的偏离,或是从一种稳定状态转变为另一种稳定状态,因此本书中对土地利用生命周期的划分是一个循环往复的过程,并且这些生命过程不存在固有的顺序,不同研究区域的土地利用生命周期会随着当地社会经济发展、自然资源利用等因素的变化而呈现不同的状态。

2)自变量

A. 资源层面

(1)自然资源数量。邵帅和杨莉莉(2010)认为资源丰裕度是某一地区社会经济发展可利用的自然资源数量,而资源依赖度为经济体对于资源的依赖程度,即资源型行业所占据的作用大小和地位高低。其中,资源丰裕度一般选取资源产量、资源储量、人均资源量等指标来衡量,而资源依赖度则为比值类指标,包括资源类产业从业人员占全部从业人员比重、资源类产业产值占地区生产总值比重等(陈建宝和乔宁宁,2016;原毅军和谢荣辉,2014)。

（2）生态脆弱性。"脆弱性"可以从以下两个方面来解释，一是易变性，环境资源系统在外界干扰或胁迫的影响下容易发生变化，这种变化可以是正向的也可以是逆向的，通常用敏感性、不稳定性或抗干扰能力来描述；二是可能性，主要是考察环境资源系统各种潜在性的风险及其系统本身所做出的可能响应。生态环境各因子的类型、数量、质量在时间和空间上配置的不均衡性是脆弱性的内在原因，人类活动和外界环境胁迫是脆弱性演变的动力机制，而生态灾害则是最外在的表现形式。因此，生态环境的脆弱性内涵应该是，由于各生态环境因子类型、数量和质量在空间和时间上配置的不均衡性，生态环境系统在人类活动干扰和外界环境胁迫作用下所表现出来的易变性以及生态环境系统所做出的可能性响应（王介勇等，2004）。

（3）区位。影响规划实施的地理因素一般包括两个方面，一是规划区自身具有的地理性质（董昕，2001），包括所处位置层级，如研究区域处于国土空间中的何种方位（省级），处于本省内何种位置（市级），以及研究区域覆盖范围、研究区域内地质、地形和气候条件等；二是规划区与周边区域的联动关系（杜德斌，2005），如规划区与相邻地区的距离，与区域主要交通节点的最短距离等。

B. 经济层面

（1）土地资产僵化程度。资产的僵化程度是指对某一类资产加以转化，使之产生资本过程的难易程度。早期，西方国家通过正规的产权制度将资产转化为资本，使得资产里蕴含的潜能得以释放。这种转化具有六个方面的效应——确认资产的经济潜能；将分散的信息纳入一种制度；建立责任和信用体系；使资产具有可交换性；建立人际关系网络；保护交易。资产僵化通常表现为资本化程度不高，资产流动性不够，资产存量固化、资产结构僵化、资产效率低下等（周雪松，2015）。

（2）基础设施建设状况。基础设施建设具有超前性、规划性、基础性、共享性和巨额性的特点，这决定了基础设施状况对未来规划的制订和土地利用都会产生一定影响。其中，交通基础设施是国民经济和社会事业发展的基础性产业，其建设完成度与区域规划、城乡发展等具有密切联系（黄志刚，2005）。同时，农业基础设施（农田水利建设，农产品流通重点设施建设，商品粮棉生产基地、用材林生产基础和防护林建设，农业教育、科研、技术推广和气象基础设施等）建设也影响着农业和农村经济的持续稳定发展，城市能源设施、排水设施、交通设施的状况均是规划制订的重要参考条件。研究采用人均道路铺装面积、每万人拥有公共汽车来主要表征基础设施建设情况。

（3）产业发展情况。农业、工业、建筑业等产业的落地，对土地利用有明显的导向作用，其调整幅度、调整频次等也对土地利用的动态变化产生重要影响。同时，地区内各产业一段时间内的产量、产值也决定了后期该区域土地利用的调整方向。产业发展水平可通过产业类型、数量、结构、生产率、产值等方面综合进行考量（赵锋，2014；周良军，2004）。而农业发展状况和工业发展状况能够很好地反映发展情况。

（4）综合经济条件。在驱动因素相关研究中，经济发展水平一般用当期地区生产总值（刘纪远等，2009；王静爱等，2002）、财政收支水平（马亮，2015）等进行测量，因此，本书采用观测期研究区域内的地区生产总值来表示当期经济发展水平。

C. 其他层面

（1）人口层面。一方面人口状况在以往研究中往往从当期人口数量、人口密度、人口增长率等方面来解释。另一方面，一些研究中以岗位供给数量结构与岗位需求数量结构进行对比，得出区域内就业供需状况，也有研究直接采用研究区域内的就业人数、就业率、失业率等指标进行描述，本书采用后者，即采用就业人数整体状况进行描述，因而将就业机会也归纳入人口因素层面。

（2）政策层面。研究采用该观测时期是否有重大土地利用导向性政策，以及该政策层级情况（国家级或省级）来描述政策因素对国土空间利用时序结构变化的影响，通过对具有不同效力和强度的政策进行赋值（王文旭等，2020；李江等，2015），可以计算出该时期内土地政策的综合强度。因此，本节以北大法宝、中国知网相关报道等提供的政策文件数据为来源，将土地利用政策分为法律、行政法规、司法解释、部门规章几个层级，赋值后加总得出政策强度的测量。

（3）技术层面。以往研究多以观测期内是否有技术创新（雷广海等，2009）、科研机构数量、科研成果数、科研人员数等指标来衡量技术发展水平的高低，研究与实验发展人员全时当量是指全时人员数加非全时人员按工作量折算为全时人员数的总和，为国际上比较科技人力投入而制定的可比指标，一定程度上可以描述当时的技术创新与发展能力。故本书采用科研机构人员全时当量指标（R&D）来系统描述观测期各个研究单位的技术创新能力。上述的自变量及测量见表 23-8。

表 23-8　自变量及其测量

维度	变量	测量	单位
自然层面	自然资源数量（Re_end）	区域可利用自然资源总量	km^2
	生态脆弱性（Eco_vul）	观测期发生的自然灾害总数	件
	区位（Loc）	东=1 中=0；西=1 中=0	无
经济层面	土地资产活力（Rig）	土地及相关产业产值	万元
	基础设施建设状况（Fac）	道路建设程度：人均道路铺装面积	m^2/人
		公共交通建设程度：每万人拥有公共汽车	辆/万人
	产业发展情况（Indus）	农林牧渔业总产值	万元
		工业总产值	万元
	综合经济条件（Eco）	研究区域内地区生产总值	万元
政策层面	土地利用政策强度（Pol）	按照法律=4，行政法规=3，司法解释=2，部门规章=1 赋值并加总	无

维度	变量	测量	单位
技术层面	技术力量（Tech）	科研机构人员全时当量（R&D）	人年
人口层面	就业机会（Emp）	就业人数	万人
	人口数量（Pop）	观测时点区域内人口总数	万人

3. 模型设定

事件史分析（event history analysis，EHA）的目标是解释个体行为在特定时间点发生的变化，事件史就是在特定时期内个体是否经历某个事件的记录。EHA 的理念与方法最先应用于生物医学、工程技术等自然科学领域，主要用来分析和处理动物或电子元件在实验中的反应。1960 年以来，社会科学开始应用马尔可夫过程理论，并通过连续时间的马尔可夫安全预测模型来研究社会现象变化过程中个体事件的分布情况。社会科学领域则更多地使用离散事件史模型来分析政策扩散、重大事件生命周期等内容，离散事件史分析需要满足：①事件为离散型，表示为存在/不存在或是/否之类的二分变量，以及表示不同类别或程度的多分类变量；②时间为离散型，风险率在一个时间区间内是常量，或者虽然风险率随时间变化，但我们只在固定时点观测或更新。"离散时间"的 EHA 统计模型可以表示如下：

$$P_{it} = P_r\left[T_i = t \middle| T_i \geq t, X_{it}\right] \tag{23-2}$$

式中，P_{it} 为在风险集（$T_i \geq t$）中某一事件（$T_i = t$）发生的概率，建立风险率与时间以及解释变量之间的关系。因本书的因变量是一个分类变量，所以以连续变量为因变量的普通最小二乘法（ordinary least squares，OLS）模型不适用，需要使用非线性回归模型。已有的行政边界调整（匡贞胜，2020）、创新与政策扩散研究（马亮，2015）、住房制度（吴开泽和魏万青，2018）研究，由于数据的可观测性与可获得性，主要使用基于 Logistic 回归模型的事件史分析方法（EHA-Logistic），来分析离散时间观测点的事件发展规律，本节也采用该策略。常用的 Logistic 回归模型可以表示如下：

$$\log\left[P_{it} / (1 - P_{it})\right] = \alpha_0 + \beta_i X_{it} \tag{23-3}$$

式中，P_{it} 为一个事件 i 在时间 t 发生的概率；$\log(P_{it})$ 为 log 对数转换后的概率；X_{it} 为影响事件 i 的自变量 X 在时间 t 的值；β_i 为自变量相关系数；α_0 为常数项。风险模型可以用二分数据分析方法来赋值，即把每个个体都看作一个独立的观察对象，若在观察期内有事件发生，因变量取 1，否则取值为 0。进一步地，可以将二分数据扩展为多维分类数据，采用有序/无序多分类 Logistic 回归模型进行估计，本书采用后者。

　　本书构建的是一个混合截面数据库，即研究样本期内每个研究区域在每个观测时点都有对应记录。为此，研究在模型中加入各年份的虚拟变量，以控制时间效应。土地利用变化具有较为典型的"离散时间"EHA 特征。一般来说，在一段较长时间保持稳定，调整不具有重复性，大多为一次性事件；土地利用变化事件本身具有离散性，调整时间也是离散的，并同时受到经济、社会、政策等多方面因素的影响，但由于影响因素的数据更新具有时间性，我们仅能从固定时点观测这些因素。因此，本章借鉴 EHA 的理念与方法，对我国 1990~2015 年的省级区划内土地利用变化强度进行量化分类分析。

　　基于前文对土地利用生命周期的理论分析，本章运用 EHA 方法构建 Logistic 回归模型来验证前文假设。模型形式如下：

$$\log\left(\frac{P_{it}}{1 - P_{it}}\right) = \alpha_0 + \beta_1 \text{Re\_end}_{it-1} + \beta_2 \text{Eco\_vul}_{it-1} + \beta_3 \text{Loc}_{it-1} + \beta_4 \text{Rig}_{it-1} + \beta_5 \text{Fac}_{it-1}$$
$$+ \beta_6 \text{Indus}_{it-1} + \beta_7 \text{Eco}_{it-1} + \beta_8 \text{Pol}_{it-1} + \beta_9 \text{Tech}_{it-1} + \beta_{10} \text{Emp}_{it-1} + \beta_{11} \text{Pop}_{it-1}$$

$$\tag{23-4}$$

式中，P_{it} 为研究区域内土地利用生命周期是否发生变化的概率；α_0 为常数项；

i 为研究区域编号；t 为观测的时间点。

23.2.3 研究结果

1. 基于土地利用变化率的生命周期划分

依据前文对生命周期理论的分析，考虑研究时间段内土地利用的综合变化率，研究从系统性的视角出发，将各个研究区域的土地利用生命特征时期划分为生命稳态时期（状态 1）、轻微偏离时期或轻微调整时期（状态 2）、明显偏离时期或明显调整时期（状态 3）、失衡时期或剧烈调整时期（状态 4）。对应的识别标准分别为：土地利用综合变化率接近于 0、土地利用综合变化率处于较低水平、土地利用综合变化率处于较高水平、土地利用综合变化率处于最高值区间四类情况。如前所述，土地利用生命周期不存在真正消亡，各个阶段之间具有一定的相互转换性，土地利用结构与社会经济发展目标不匹配（或匹配），引致国土空间利用调整的需要，形成一个阶段向另一个阶段的转换（图 23-3）。

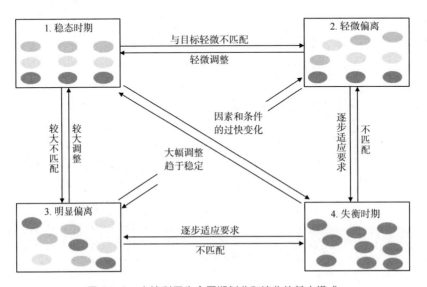

图 23-3 土地利用生命周期划分和演化的基本模式

研究时间段内，我国东、中、西部土地利用综合变化率的变化趋势呈现出由高到低的特征，即由土地利用剧烈变化阶段转向稳态阶段。其中，西部地区土地利用生命周期阶段演进的变化程度相对较大，东部地区变化相对较小。综合来看，土地利用与社会经济目标不匹配的阶段（即失衡阶段）主要发生在 1990 年前后，这一时期土地利用以管制非法用地、优化土地利用结构以适应经济快速变革的要求为主；1995~2005 年土地利用变化逐渐趋于稳定，这一阶段承接上一阶段的土地利用调整，反映了土地利用逐步适应当时社会经济发展要求的过程；而在土地利用的稳态阶段，虽然大部分地区土地利用特征已经稳定，但部分东部沿海地区又重新进入了轻微偏离时期、明显偏离时期或失衡时期，因而说明我国土地利用生命周期并不是单向演变的，各个时期之间均可能由于当时的社会、经济、自然等条件催化，演进到不同阶段（图 23-4、图 23-5）。

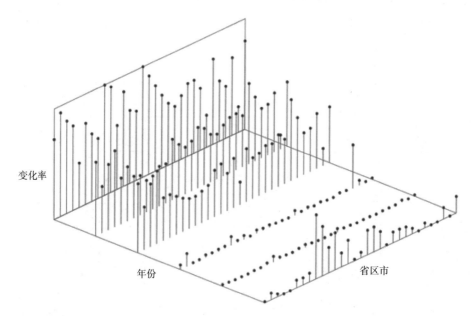

图 23-4 各时点土地利用综合变化率

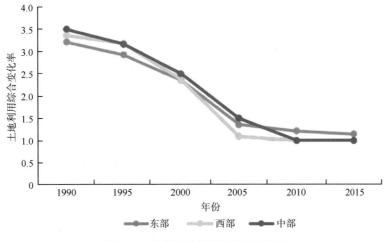

图 23-5 各地区土地利用综合变化率

2. Logistic 回归结果与因素识别

1）EHA-Logistic 回归结果

表 23-9 和表 23-10 报告了基于 Logistic 回归模型的分析结果。为了满足正态分布等前提假设，对农业生产产值、工业生产产值、就业人数、地区生产总值等自变量取对数。从模型的拟合程度来看，伪 R^2 的值为 0.4931，且通过了 0.01 显著性水平下的 Wald 检验，似然比（likelihood ratio，LR）检验值为 223.79，结果表明模型的整体解释能力较佳。

表 23-9 回归结果（模型 1~模型 2）

变量	1（base）	2	3	4	1	2（base）	3	4
农用地面积	—	0.0001 （−0.55）	0.0001 （−0.39）	−0.0114* （−2.39）	−0.0001 （−0.55）	—	−0.0001 （−0.26）	−0.0128** （−2.66）
建设用地面积	—	−0.0017 （−0.16）	−0.0018 （−0.19）	0.0060 （−0.46）	0.0017 （−0.16）	—	−0.0001 （−0.01）	0.0076 （−0.55）
生态脆弱性	—	0.0006 （−1.47）	−0.0001 （−0.15）	−0.0331** （−2.90）	−0.0006 （−1.47）	—	−0.0007 （−0.76）	−0.0337** （−2.95）
东部	—	0.7940 （−0.90）	0.9780 （−1.15）	−0.6070 （−0.45）	−0.7940 （−0.90）	—	0.1840 （−0.22）	1.4020 （−1.06）

续表

变量	1（base）	2	3	4	1	2（base）	3	4
西部	—	−3.385** (−2.79)	−2.338* (−2.27)	0.5200 (−0.33)	3.385** (−2.79)		1.0480 (−0.94)	3.905* (−2.29)
土地资产活力	—	3.557** (−2.61)	3.562* (−2.82)	2.9540 (−1.85)	−3.557** (−2.61)		0.0050 (−0.01)	−0.6030 (−0.42)
人均道路铺装面积	—	−0.3230 (−1.89)	−0.473** (−2.83)	−0.727** (−2.71)	0.3230 (−1.89)		−0.1500 (−0.86)	−0.4040 (−1.44)
每万人拥有公共汽车	—	−0.2240 (−1.38)	−0.2300 (−1.81)	−0.3420 (−1.71)	0.2240 (−1.38)		−0.0059 (−0.04)	−0.1170 (−0.53)
农业发展状况	—	−4.155** (−2.60)	−2.2550 (−1.58)	−3.4990 (−1.60)	4.155** (−2.60)		1.9000 (−1.33)	0.6560 (−0.30)
工业发展状况	—	2.2970 (−1.49)	1.4750 (−1.12)	−1.0380 (−0.59)	−2.2970 (−1.49)		−0.8230 (−0.57)	−3.3360 (−1.60)
技术力量	—	-7.39×10^{-6} (−0.80)	$1.34 \times 10^{-5*}$ (−2.37)	0.0000 (−1.21)	7.39×10^{-6} (−0.80)		$2.08 \times 10^{-5*}$ (−2.13)	0.0000 (−1.55)
log（就业人数）	—	−2.4400 (−1.54)	0.7430 (−0.79)	1.7070 (−1.37)	2.4400 (−1.54)		3.183* (−2.13)	4.147* (−2.37)
总人口	—	0.0006 (−1.89)	0.0005 (−1.81)	0.0003 (−0.76)	−0.0006 (−1.89)		−0.0001 (−0.30)	−0.0003 (−0.62)
log（地区生产总值）	—	−3.3890 (−1.57)	−7.091*** (−3.72)	−1.5740 (−0.88)	3.3890 (−1.57)		−3.7030 (−1.56)	1.8150 (−0.73)
土地利用政策强度	—	0.0138 (−1.04)	0.0300* (−2.41)	0.0304 (−1.45)	−0.0138 (1.04)	—	0.0162 (−1.11)	0.0166 (−0.74)
时间虚拟变量	—	−1.7110 (−0.82)	1.2720 (−0.75)	0.8690 (−0.40)	1.7110 (−0.82)	—	2.9830 (−1.64)	2.5800 (−1.15)
常数项	—	18.96* (−2.11)	27.19** (−3.29)	19.3700 (−1.56)	−18.96* (−2.11)		8.2350 (−1.12)	0.4180 (−0.03)

表 23-10　回归结果（模型 3~模型 4）

变量	1	2	3（base）	4	1	3	2	4（base）
农用地面积	0.0001 (−0.39)	0.0001 (−0.26)	—	−0.0122* (−2.70)	−0.0114* (−2.39)	0.0128** (−2.66)	0.0122** (−2.70)	—
建设用地面积	−0.0018 (−0.19)	−0.0001 (−0.01)	—	0.0077 (−0.63)	−0.0060 (−0.46)	−0.0076 (−0.55)	−0.0077 (−0.63)	—

续表

变量	1	2	3（base）	4	1	3	2	4（base）
生态脆弱性	−0.0001 （−0.15）	0.0007 （−0.76）	—	−0.0330** （−2.89）	0.0331** （−2.90）	0.0337** （−2.95）	0.0330** （−2.89）	—
东部	0.9780 （−1.15）	−0.1840 （−0.22）	—	−1.5850 （−1.34）	−0.6070 （−0.45）	1.4020 （−1.06）	1.5850 （−1.34）	—
西部	2.338* （−2.27）	−1.0480 （−0.94）	—	2.858* （−2.01）	−0.5200 （−0.33）	−3.905* （−2.29）	−2.858* （−2.01）	—
土地资产活力	−3.562* （−2.82）	−0.0050 （−0.01）	—	−0.6080 （−0.46）	−2.9540 （−1.85）	0.6030 （−0.42）	0.6080 （−0.46）	—
人均道路铺装面积	0.473** （−2.83）	0.1500 （−0.86）	—	−0.2540 （−0.99）	0.727** （−2.71）	0.4040 （−1.44）	0.2540 （−0.99）	—
每万人拥有公共汽车	0.2300 （−1.81）	−0.0059 （−0.04）	—	−0.1110 （−0.58）	0.3420 （−1.71）	0.1170 （−0.53）	0.1110 （−0.58）	—
农业发展状况	2.2550 （−1.58）	−1.9000 （−1.33）	—	−1.2440 （−0.62）	3.4990 （−1.60）	−0.6560 （−0.30）	1.2440 （−0.62）	—
工业发展状况	−1.4750 （−1.12）	0.8230 （−0.57）	—	−2.5130 （−1.32）	1.0380 （−0.59）	3.3360 （−1.60）	−2.5130 （−1.32）	—
技术力量	−0.0000134* （−2.37）	−0.0000208* （−2.13）	—	-1.93×10^{-6} （−0.22）	0.0000 （−1.21）	0.0000 （−1.55）	0.0000 （−0.22）	—
log（就业人数）	−0.7430 （−0.79）	−3.183* （−2.13）	—	0.9640 （−0.78）	−1.7070 （−1.37）	−4.147* （−2.37）	−0.9640 （−0.78）	—
总人口	−0.0005 （−1.81）	0.0001 （−0.30）	—	−0.0002 （−0.49）	−0.0003 （−0.76）	0.0003 （−0.62）	−0.0002 （−0.49）	—
log（地区生产总值）	7.091*** （−3.72）	3.7030 （−1.56）	—	5.518* （−2.36）	1.5740 （−0.88）	−1.8150 （−0.73）	−5.518* （−2.36）	—
土地利用政策强度	−0.0300* （−2.41）	−0.0162 （−1.11）	—	0.0004 （−0.02）	−0.0304 （−1.45）	−0.0166 （−0.74）	−0.0004 （−0.02）	—
时间虚拟变量	−1.2720 （−0.75）	−2.9830 （−1.64）	—	−0.4030 （−0.22）	−0.8690 （−0.40）	−2.5800 （−1.15）	0.4030 （−0.22）	—
常数项	−27.19** （−3.29）	−8.2350 （−1.12）	—	−7.8170 （−0.71）	−19.3700 （−1.56）	−0.4180 （−0.03）	7.8170 （−0.71）	—

2）不同时期相互演化的驱动/障碍因素识别

（1）稳态时期与轻微调整（或轻微偏离）时期的相互转化主要受到三个因素的影响：宏观地理区位、土地资产活力、农业产值。首先，西部地区更容易处于国土空间利用调整的稳态时期，这与长期以来西部地区经济活跃度相对较低，更加注重生态环境保护目标有关；其次，土地资产活力的增加会使得区域土地利用由稳定状态转入轻微调整状态，同时土地资产僵化程度上升可能会抑制土地的轻微调整，这是由于土地资产活力增加会引致更多对于可资产化土地的需求；最后，农业产值降低也会促使土地利用由稳态时期进入轻微调整时期，反之，当农业产值升高时，区域土地利用更容易进入一个稳定状态，这是因为产值的变化一定程度上表示着产业结构的调整，势必伴随着土地调整（图23-6）。

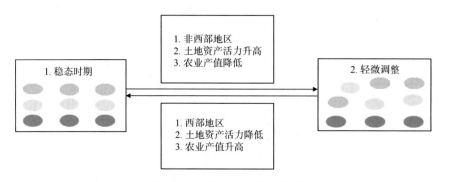

图23-6　稳态时期与轻微调整时期相互演进的驱动因素

（2）稳态时期与明显调整（或明显偏离）时期的相互转化主要受到六个因素的影响：宏观地理区位、土地资产活力、交通基础设施建设情况、技术力量、地区生产总值水平、土地利用政策强度。第一，与上述分析类似，处于西部的区域进行明显土地利用调整的概率更低；第二，土地资产活力的升高同样会打破土地利用的稳态，反之也会由调整状态进入稳态；第三，人均道路铺装面积代表了交通基础设施满足需求的程度，这一指标的降低，是土地利用结构需要明显调整的重要预警；第四，技术力量的增强，也为土地利用格局调整提供了重要支撑，在技术力量减弱时期，国土空间结构可能不会产生变化；第五，地区当期生产总值的降低，促使着区域内土地利用结构的调整，以达到一个更适合经济发展的新状态，而在地区生产总值增加的阶段，区域倾向于保持现有的土地利用状态；第六，当期政策的指导/约束能力越强，土地越可能产生明显的调整，政策指导/约束能力减弱时，土地利用趋于稳定（图 23-7）。

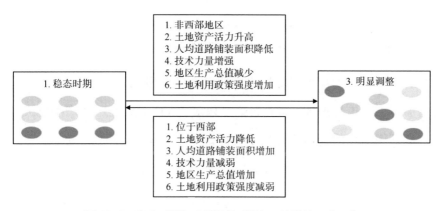

图 23-7　稳态时期与明显调整时期相互演进的驱动因素

（3）稳态时期与失衡（或剧烈调整）时期的相互转化主要受到三个因素的影响：一是在自然禀赋方面，农用地面积的减少会引发土地利用结构的剧烈调整，反之则趋于稳态；二是前一期生态脆弱性的降低，会促使本期的土地利用时序演变朝着剧烈调整的方向发展，可能是由于生态风险和相关风险的降低，为土地利用大幅调整提供了条件，反之土地利用格局将倾向于稳定状态；三是在交通基础设施建设方面，人均道路铺装面积的降低，会引发剧烈的土地调整需求，反之则会使本期土地利用趋于稳定，结果与上述的分析保持一致（图 23-8）。

（4）轻微调整（或轻微偏离）时期与明显调整（或明显偏离）时期的相互转化主要受到两个因素的影响：首先，技术力量的增强会加剧土地利用调整的程度，反之也可能使土地利用从明显调整转为轻微调整阶段；其次，就

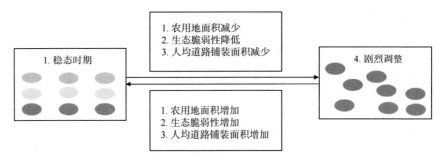

图 23-8　稳态时期与剧烈调整时期相互演进的驱动因素

业机会的增加也将加深由轻微调整向明显调整阶段的转变，因区域内的就业机会增加将引致人口增加、商业集聚等效应，进而对建设用地产生更大需求，也对土地利用结构的合理化提出了更高的要求（图 23-9）。

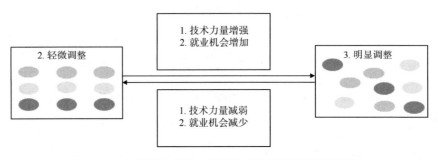

图 23-9　轻微调整时期与明显调整时期相互演进的驱动因素

（5）轻微调整（或轻微偏离）时期与剧烈调整（或失衡）时期的相互转化主要受到四个因素的影响：第一，农用地面积的减少不仅影响由稳态出发向剧烈调整阶段的转变，也会加剧轻微调整过程中土地利用的调整程度；第二，如前文所述，生态脆弱性的下降为更强的调整提供了条件；第三，西部地区更有可能经历由轻微调整到剧烈调整的转变，其他地区则更有可能由直接的剧烈调整转变为轻微调整状态；第四，就业机会在这一转变中仍然起到了关键作用（图 23-10）。

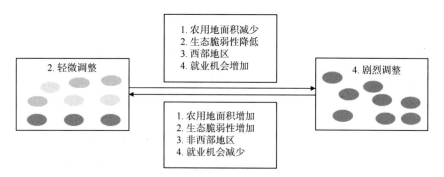

图 23-10 轻微调整时期与剧烈调整时期相互演进的驱动因素

（6）明显调整（或明显偏离）时期与剧烈调整（或失衡）时期的相互转化主要受到四个因素的影响：第一，农用地面积的减少会加剧明显调整过程中土地利用的调整程度；第二，生态脆弱性的下降为更强的调整提供了条件，使得明显调整具备了向剧烈调整阶段转变的条件；第三，西部地区更有可能经历由明显调整到剧烈调整的转变，其他地区则更有可能由直接的剧烈调整转为明显偏离状态；第四，与（5）中的分析相比，明显调整时期最大的不同是地区生产总值的增加，驱动了土地利用的进一步变化，地区生产总值的减少也会进一步使得土地利用调整状态恢复（图 23-11）。

图 23-11 明显调整时期与剧烈调整时期相互演进的驱动因素

值得注意的是，由阶段 1 到阶段 3 受到各类因素影响最多（六种），也即相比其他转变过程，稳态时期与明显调整时期的相互转变可能更容易发生；

生态因素的影响分别出现在阶段 1、阶段 2、阶段 3 与阶段 4 相互转变过程中，不仅说明生态脆弱性是决定是否能够进入（退出）土地利用剧烈调整阶段的重要因素，更说明了生态脆弱性是影响土地利用生命周期的重要因素；政策强度因素仅出现在阶段 1 与阶段 3 相互转变的过程中，说明土地利用政策的导向作用是土地利用重要的启动器，且达到的效果一般是较为显著的、可感知的，但一般不会使得土地利用时序结构调整直接进入剧烈调整阶段。反之，也说明土地利用政策的控制作用是非常显著的，可以将土地利用调整程度控制在一个很低水平，但对于剧烈调整时期的土地时序结构变化作用甚微；同时结果表明，西部地区由阶段 1 变化到阶段 2 可能性不高，但更有可能经历阶段 2 到阶段 4，以及阶段 3 到阶段 4 的转变，说明西部地区的土地利用结构变化基本处于一个较为强烈的状态，或鲜有调整（表 23-11~表23-14）。

表 23-11　稳态阶段到其他阶段的驱动/障碍因素及 OR[①]值

变量	稳态阶段	轻微偏离	明显偏离	失衡阶段
农用地面积	—	1.000 14	1.000 09	0.998 86
建设用地面积	—	0.998 31	0.998 24	1.005 97
生态脆弱性	—	1.000 56	0.999 86	0.967 44
东部	—	2.212 23	2.659 13	0.544 98
西部	—	0.033 88	0.096 52	1.682 03
土地资产活力	—	35.057 87	35.233 59	19.182 53
人均道路铺装面积	—	0.723 97	0.623 13	0.483 36
每万人拥有公共汽车	—	0.799 32	0.794 53	0.710 35
农业发展状况	—	0.015 69	0.104 87	0.030 23
工业发展状况	—	9.944 30	4.371 04	0.354 16
技术力量	—	0.999 99	1.000 01	1.000 01

① OR 全称为 odds ratio，优势比。

续表

变量	稳态阶段	轻微偏离	明显偏离	失衡阶段
log（就业人数）	—	0.087 16	2.102 23	5.512 40
总人口	—	1.000 62	1.000 53	1.000 33
log（地区生产总值）	—	0.033 74	0.000 83	0.207 21
土地利用政策强度	—	1.013 90	1.030 45	1.030 87

注：背景色是为突出显示重要的变量和数字，下同

表 23-12　轻微偏离阶段到其他阶段的驱动/障碍因素及 OR 值

变量	稳态阶段	轻微偏离	明显偏离	失衡阶段
农用地面积	0.999 86	—	0.999 95	0.998 72
建设用地面积	1.001 69	—	0.999 93	1.007 67
生态脆弱性	0.999 45	—	0.999 31	0.966 86
东部	0.452 03	—	1.202 02	0.246 10
西部	29.517 99	—	2.851 94	49.650 08
土地资产活力	0.028 52	—	1.005 03	0.547 17
人均道路铺装面积	1.381 27	—	0.860 71	0.667 64
每万人拥有公共汽车	1.251 07	—	0.994 15	0.889 59
农业发展状况	63.751 96	—	6.685 89	1.927 07
工业发展状况	0.100 56	—	0.439 11	0.035 58
技术力量	1.000 01	—	1.000 02	1.000 02
log（就业人数）	11.473 04	—	24.119 00	63.243 98
总人口	0.999 38	—	0.999 91	0.999 71
log（地区生产总值）	29.636 30	—	0.024 65	6.141 08
土地利用政策强度	0.986 29	—	1.016 33	1.016 74

表 23-13　明显偏离到其他阶段的驱动/障碍因素及 OR 值

变量	稳态阶段	轻微偏离	明显偏离	失衡阶段
农用地面积	0.999 91	1.000 10	—	0.998 78
建设用地面积	1.001 76	1.000 10	—	1.007 74
生态脆弱性	1.000 14	1.000 70	—	0.967 54

续表

变量	稳态阶段	轻微偏离	明显偏离	失衡阶段
东部	0.376 06	0.831 90	—	0.204 95
西部	10.360 49	0.350 60	—	17.426 64
土地资产活力	0.028 38	0.995 00	—	0.544 44
人均道路铺装面积	1.604 80	1.161 80	—	0.775 69
每万人拥有公共汽车	1.258 60	1.005 90	—	0.894 94
农业发展状况	9.535 29	0.149 60	—	0.288 23
工业发展状况	0.228 78	2.277 30	—	0.081 02
技术力量	0.999 99	1.000 00	—	1.000 00
log（就业人数）	0.475 68	0.041 50	—	2.622 16
总人口	0.999 47	1.000 10	—	0.999 80
log（地区生产总值）	1 201.108 31	40.568 80	—	249.136 27
土地利用政策强度	0.970 45	0.983 90	—	1.000 42

表 23-14　失衡阶段到其他阶段的驱动/障碍因素及 OR 值

变量	稳态阶段	轻微偏离	明显偏离	失衡阶段
农用地面积	1.001 14	1.001 28	1.001 22	—
建设用地面积	0.994 07	0.992 39	0.992 32	—
生态脆弱性	1.033 65	1.034 27	1.033 55	—
东部	1.834 92	4.063 32	4.879 29	—
西部	0.594 52	0.020 14	0.057 38	—
土地资产活力	0.052 13	1.827 59	1.836 75	—
人均道路铺装面积	2.068 86	1.497 80	1.289 17	—
每万人拥有公共汽车	1.407 76	1.124 12	1.117 39	—
农业发展状况	33.082 35	0.518 92	3.469 46	—
工业发展状况	2.823 56	28.106 48	12.341 90	—
技术力量	0.999 99	0.999 98	1.000 00	—
log（就业人数）	0.181 41	0.015 81	0.381 36	—
总人口	0.999 67	1.000 29	1.000 20	—
log（地区生产总值）	4.825 91	0.162 84	0.004 01	—
土地利用政策强度	0.970 06	0.983 54	0.999 58	—
时间虚拟变量	0.419 37	0.075 77	1.496 31	—

23.3　国土空间的时序配置结构优化路径

23.3.1　省级"规划-土地"时序匹配案例

以河北省为例，在观测期内河北省土地利用经历了由明显调整到剧烈调整、保持剧烈调整状态、由剧烈调整到稳态阶段、保持稳定状态、再由稳定状态转向轻微调整状态的过程。研究分别参考河北省国民经济发展规划（省级）、河北省土地利用总体规划（省级）的文本内容，分析得出规划覆盖期内这些规划的主要目标或关注重点。以现实时间轴为匹配基准，观察土地利用驱动因素与规划目标是否有重合部分，若在单位时间内（1 年）存在因素重合，则记得分为 1，否则为 0，并最终进行累加，每一类规划的相同因素单独计分（只取整数），同时，在没有进行阶段转变的土地利用生命时期，沿用前一期的影响因素。

据此得出，1990~1996 年每年匹配得分均为 2，1997~2000 年每年匹配得分均为 4，2001~2010 年每年匹配得分均为 6，2011~2015 年每年匹配得分均为 3。匹配得分越高，表明这一时期规划目标与土地利用整体时序变动方向一致性越高。因此，由上述结果可以看出，2001~2010 年"规划-土地"匹配适宜性程度最高，其次是 1997~2000 年，再次是 2011~2015 年，1990~1996年"规划-土地"匹配适宜性程度最低，所以，1990~1996 年，土地利用时序结构有向更剧烈阶段演变的趋势，且在 1997~2000 年保持高速变化趋势，于2001~2010 年趋于稳定，且在匹配度下降的后一阶段（2011~2015 年）又重新进入调整阶段。针对河北省土地利用及规划的整体状况，研究得出河北省省级"规划-土地"时序配置结构优化路径。

1. 在土地利用阶段发生转变的时期

（1）在土地利用生命周期由明显偏离稳态朝着调整更加剧烈的生命状态

转变的阶段，①匹配部分为：国土空间规划体系已在综合经济条件、生态保护方面对土地利用指导作用较强；②不匹配部分为：需要加强自然资源数量控制、发挥区位优势（省相对于全国层面）方面的作用；③可能收益较小的规划目标有：政策引导强度、工业发展状况等规划目标对生命阶段的转变的促进作用可能与预期存在差距。

（2）在由剧烈变动转变为稳定状态的大幅变化过程中，①匹配部分为：规划通过保护土地资源、保护生态环境、激发当地土地利用的区位优势等做法可以有效促使土地利用调整至稳定状态；②不匹配部分为：这类时期中，规划更应强化对就业供给的管控，以控制土地利用变化速率达到理想状态；③可能收益较小的规划目标有：技术水平、基础设施建设、农业发展状况、工业发展状况、政策引导强度等规划目标对生命阶段的转变的促进作用可能较难达到预期效果。

（3）在土地利用刚刚开始轻微调整的生命阶段，①匹配部分为：规划通过扶持农业发展、激发当地土地利用的区位优势可以有效调控土地利用；②不匹配部分为：规划应更加关注对僵化土地资产的管理，以实现有效率的调整；③可能收益较小的规划目标有：经济发展水平、技术水平、就业水平等的调整可能较难达到预期效果。

2. 在土地利用生命周期没有阶段转换的状态下

（1）针对一直处于高速调整阶段的土地利用过程，①匹配部分为：土地利用时序驱动因素契合了河北省发展综合经济、注意自然资源数量、注重生态环境保护、发挥区位优势的规划方针；②可能收益较小的规划目标有：基础设施建设、农业发展、工业发展、政策引导强度等的调整可能较难达到预期效果。

（2）针对一直处于稳定阶段的土地利用过程，①匹配部分为：规划目标中自然资源数量、生态脆弱性、区位条件与土地利用时序结构变化驱动因素有较好的匹配度。②不匹配部分为：规划在这一阶段应更加关注就业机会的调整。③可能收益较小的规划目标有：技术水平、基础设施建设程度、农业发展、工业发展、综合经济条件对生命阶段的转变的促进作用可能较难达到预期效果（表 23-15 和图 23-12）。

表 23-15　河北省国民经济发展目标及完成情况（"十二五"阶段）

专栏 1　"十二五"规划主要指标实现情况				
指标	2010 年	规划目标		实现情况	
		2015 年	年均增长	2015 年	年均增长
生产总值（2010 年价，亿元）	20 394	30 100（不变价）	8.5%左右	30 603（不变价）	8.5%
人均生产总值（2010 年价，元）	28 668	40 780（不变价）	7.8%	41 332（不变价）	7.6%
全部财政收入（亿元）	2 409	4 060	11%	4 047.7	10.9%
地方一般预算收入（亿元）	1 332	2 250	11%	2 648.5	14.7%
服务业增加值比重（%）	34.9	38 左右	[3.1 个百分点]	40.2	[5.3 个百分点]
城镇化率（%）	44.5	51.5	[7 个百分点]	51.33	[6.83 个百分点]
九年义务教育巩固率（%）	93.9	94	[0.1 个百分点]	95.9	[2 个百分点]
高中阶段教育毛入学率（%）	87	90	[3 个百分点]	90.5	[3.5 个百分点]
研究与试验发展经费支出占全省生产总值比重（%）	0.76	1.6	[0.84 个百分点]	1.14	[0.38 个百分点]
每万人口发明专利拥有量（件）	0.4	0.77	14%	1.65	33%
耕地保有量（万 hm^2）	655	642	−0.3%	—	—
单位工业增加值用水量降低（%）			[27]		[36.8]
农业灌溉用水有效利用系数	0.65	0.67	[0.02]	0.67	[0.02]

续表

专栏1 "十二五"规划主要指标实现情况

指标		2010 年	规划目标		实现情况	
			2015 年	年均增长	2015 年	年均增长
非化石能源占一次能源消费比重（%）		2.6	≥5.0	[≥2.4 个百分点]	5	[2.4 个百分点]
单位生产总值能源消耗降低（%）				[17]		[25]
单位生产总值二氧化碳排放降低（%）		—	—	[18]		[23.23]
主要污染物排放减少（%）	化学需氧量			[9.8]		[15.05]
	二氧化硫			[12.7]		[22.91]
	氨氮			[12.7]		[16.23]
	氮氧化物			[13.9]		[21.14]
森林增长	森林覆盖率（%）	26	31	[5 个百分点]	31	[5 个百分点]
	森林蓄积量（亿 m³）	1.2	1.4	3.1%	1.44	3.7%
城镇登记失业率（%）		3.86	≤4.5	≤4.5	3.6	<4.5
城镇新增就业人数(万人)		67	[335]	平均每年 67	[361.2]	平均每年 72.2
城镇参加基本养老保险人数（万人）		988.4	1 280	5.5%	1 320.5	6.0%
城乡三项基本医疗保险参保率（%）		91.8	95	[3.2 个百分点]	95 以上	—
城镇保障性安居工程建设（万套）		16.3	—	[127.6]	—	[129.6]
全省总人口（万人）		7 193.60	<7 460	<7.13‰	7 424.9	6.35‰
城镇居民人均可支配收入（元）		16 263.4	24 344	8.5%	26 558	10.3%
农村居民人均纯收入（元）		5 958	8 285	8.5%	10 952	12.9%

注：带[]内为 5 年累计数；居民人均收入按原口径计算

资料来源：《河北省国民经济和社会发展第十三个五年规划纲要》

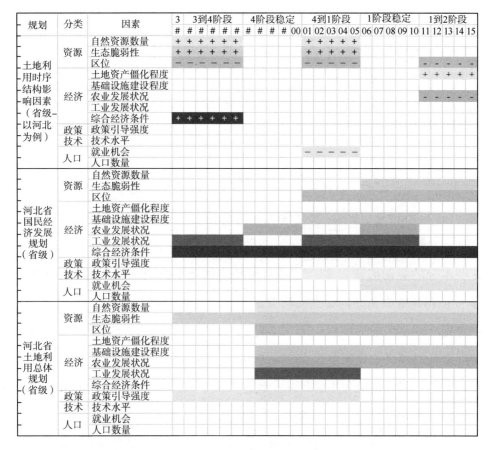

图 23-12　河北省"规划-土地"周期"阶段目标-驱动因素"匹配甘特时序图

23.3.2　国家层面"规划-土地"时序匹配

本书综合计算全国范围内土地利用综合变化度，并以计算结果为依据，划分全国层面不同土地利用变化时期，以观察其变化规律。在观测期内全国土地利用生命阶段经历了由轻微调整到明显调整、保持明显调整、由明显调整到稳定状态、保持稳定几个过渡阶段、重新开始轻微调整几个状态。本书分别参考国民经济发展规划（国家级）、土地利用总体规划（国家级）的文本内容，分析得出规划覆盖期内这些规划的主要目标或关注重点。同上，以现实时间轴为匹配基准，观察土地利用驱动因素与规划目标是否有重合部分，若在单位时间内（1年）存在因素重合，则记得分为1，并最终进行累加，每一类规划的相同因素单独计分（只取整数）。

据此得出，1990~1996年每年匹配得分均为3，1997~2000年每年匹配得分均为2，2001~2005年每年匹配得分均为5，2006~2010年每年匹配得分均为4，2011~2015年每年匹配得分均为2。由上述结果可以看出，2001~2005年"规划–土地"匹配适宜性程度最高，其次是2006~2010年，再次是1990~1996年，1997~2000年、2011~2015年两个时间段"规划–土地"匹配适宜性程度最低。匹配度最高的特征出现在由明显调整转为稳定的阶段，一是因为这一转变本身的驱动因素较多，二是因为虽然该转变跨两个发展时期（本书划分），但相比由失衡转向稳态的转变更加容易实现，也即是一个相对容易的稳定过程，因此规划更可能在这一时期投入更多精力，调控更多的方面；而匹配度最低的情况首先发生在1997~2000年，该阶段土地利用一直处于明显调整状态，规划对土地利用的目标一致性较弱，其次2011~2015年匹配度也相对较低，因此这一阶段土地利用正由稳定状态变为轻微调整，以适应经济社会发展要求。针对土地利用及规划的整体状况，研究得出全国"规划–土地"时序配置结构总体优化路径。

1. 土地利用阶段转变的时期

（1）在由轻微调整转向明显调整的过程中，①匹配部分为：规划对技术水平和就业水平的管理调控与该阶段驱动目标匹配；②不匹配部分为：应根据需要适度调整这两个方面，以实现对土地利用变化整体趋势的指导；③可能收益较小的规划目标：生态脆弱性、基础设施建设、农业发展、工业发展、综合经济状况、人口数量等目标在这一周期内发挥的作用有限。

（2）在由明显变动转变为稳定状态的较大幅变化过程中，①匹配部分：

国土空间规划体系通过调整区域发展重心、基础设施建设程度、政策影响强度、综合经济条件状况、技术创新等方面，可以有效影响该土地利用生命周期的转变；②可能收益较小的规划目标有：自然资源数量、生态脆弱性、就业机会等目标在这一周期内发挥的作用有限。

（3）在由稳定状态转向轻微调整的时期，①匹配部分为：国土空间规划体系可以通过对区域发展重心、农业发展状况的指标性调整来有效影响该土地利用生命周期的转变；②不匹配部分为：此时期需要关注土地资产僵化程度对土地利用生命周期的影响；③可能收益较小的规划目标有：自然资源数量、基础设施建设、工业发展状况、综合经济条件、就业水平、政策强度等因素在这一周期内发挥的作用有限。

2. 在土地利用生命周期没有阶段转换的状态下

（1）针对一直处于明显调整阶段的土地利用过程，①匹配部分为：土地利用时序驱动因素契合了技术水平、就业水平的规划方针；②可能收益较小的规划目标有：基础设施建设、农业发展、工业发展、政策引导强度等的调整可能较难达到预期效果。

（2）针对一直处于稳定阶段的土地利用过程，①匹配部分为：规划目标中综合经济发展条件、基础设施建设、政策引导强度、技术水平与土地利用时序结构变化驱动因素有较好的匹配度；②不匹配部分为：规划在这一阶段应更加关注土地资产僵化程度、区位的优/劣势给土地利用带来的影响；③可能收益较小的规划目标有：自然资源数量、生态脆弱性、农业发展、工业发展、就业水平调整对促进生命阶段的转变的促进作用可能较难达到预期效果（图23-13）。

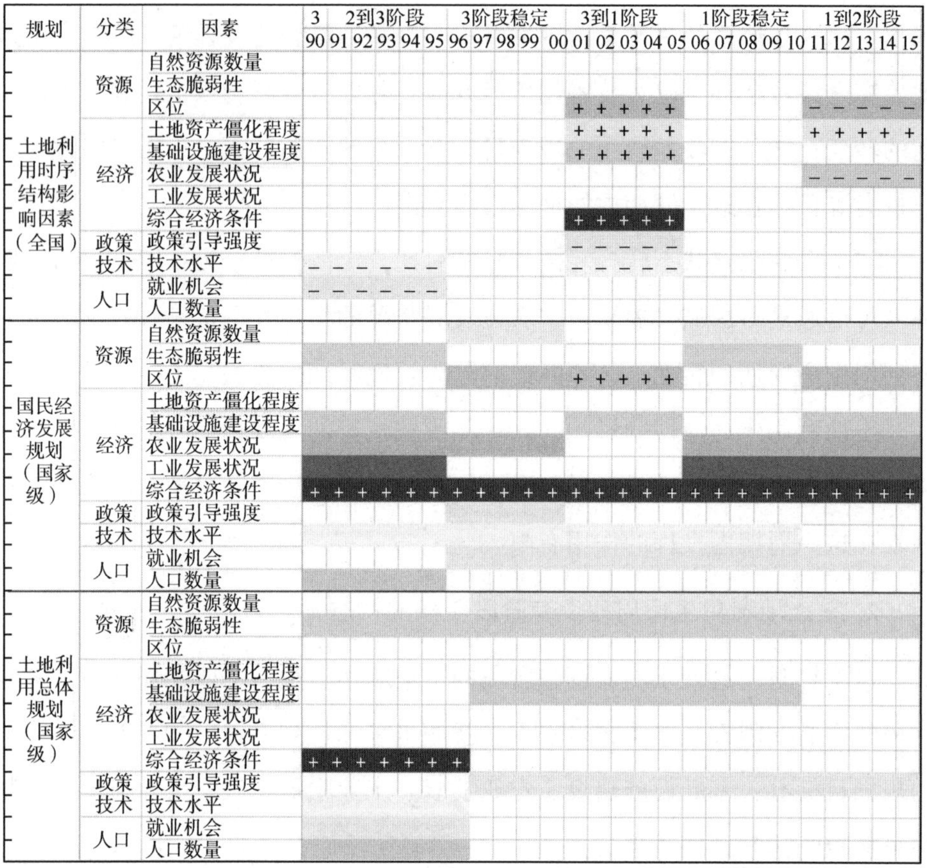

规划	分类	因素	3	2到3阶段					3阶段稳定				3到1阶段						1阶段稳定					1到2阶段				
			90	91	92	93	94	95	96	97	98	99	00	01	02	03	04	05	06	07	08	09	10	11	12	13	14	15
土地利用时序结构影响因素（全国）	资源	自然资源数量																										
		生态脆弱性																										
		区位												+	+	+	+	+						−	−	−	−	−
	经济	土地资产僵化程度												+	+	+	+	+						+	+	+	+	+
		基础设施建设程度												+	+	+	+	+										
		农业发展状况																						−	−	−	−	−
		工业发展状况																										
		综合经济条件												+	+	+	+	+										
	政策	政策引导强度												−	−	−	−	−										
	技术	技术水平	−	−	−	−	−	−						−	−	−	−	−										
	人口	就业机会																										
		人口数量																										
国民经济发展规划（国家级）	资源	自然资源数量																										
		生态脆弱性																										
		区位												+	+	+	+	+										
	经济	土地资产僵化程度																										
		基础设施建设程度																										
		农业发展状况																										
		工业发展状况																										
		综合经济条件	+	+	+	+	+	+	+	+	+	+	+	+	+	+	+	+	+	+	+	+	+	+	+	+	+	+
	政策	政策引导强度																										
	技术	技术水平																										
	人口	就业机会																										
		人口数量																										
土地利用总体规划（国家级）	资源	自然资源数量																										
		生态脆弱性																										
		区位																										
	经济	土地资产僵化程度																										
		基础设施建设程度																										
		农业发展状况																										
		工业发展状况																										
		综合经济条件	+	+	+	+	+	+																				
	政策	政策引导强度																										
	技术	技术水平																										
	人口	就业机会																										
		人口数量																										

图 23-13　全国范围内"规划–土地"周期"阶段目标–驱动因素"时序匹配甘特图

第 24 章
国土空间规划供给的预警与评估

24.1 国土空间规划预警概念模型的构建

国土空间规划是描绘未来一定时期内，国土资源利用与管理以及配置方向的"蓝图"，而这一"蓝图"的实现是一个长期、复杂的动态过程，存在着许多不确定因素。国土空间规划预警作为重要的国土空间规划管理措施和技术手段，可以有效预测规划实施过程中所面临的不确定性，以便及时做出有效调整。但我国国土空间规划预警机制的构建尚处于发展阶段，其预警内容、方法和预警程序等还均不成熟。

鉴于此，本章将基于规划的实践，通过与规划目标、战略导向以及社会经济生态的状况进行对比，构建一个国土空间规划预警概念模型，从规划实施的一致性和绩效两方面来诊断预测国土空间规划制度与实施过程中的不良征兆和不稳定状态的具体表现形式和危机特征，以达到及时预警的目的。国土空间规划预警概念模型包括警源分析、警兆诊断与预测、警情评估、警度划分、警情判别以及反馈调控。

24.2 基于规划生命周期的警源分析

警源分析是对产生国土空间规划警情的根源或者源头进行分析。本章首先将规划生命周期划分为规划编制期、规划实施期以及规划反馈预警期三个阶段，之后运用生命周期理论分析规划在其各个生命周期的具体特征，进而识别规划不同生命周期阶段可能面临的规划编制的科学性差、规划编制效率低下、规划管理机制弹性不足、规划实施的权威性不足等障碍因素，进而明确产生规划实施警情的根源。

24.2.1 规划编制周期

1. 规划编制的科学性差

一是规划编制队伍水平参差不齐。规划编制过程中，有的地方土地管理基础工作薄弱，国土空间利用现状调查与变更调查跟不上土地的客观变化，国土空间利用现状家底不清。同时，还存在部分地方领导长期认识不到规划在土地管理中的重要作用，规划编制队伍业务素质较低，甚至有的规划编制完全依赖外地大专院校等专业机构，当地领导及业务人员不参与规划编制，导致规划的科学性差。二是土地利用总体规划在编制过程中，各类土地用途的适宜性评价、资源环境承载力评价，国土空间利用类型对区域生态环境的影响评价的科学性有待提高，新增建设用地布局随意性大，耕地和基本农田布局调整的合理性存疑。三是当前规划编制期存在对社会经济发展预测趋势不足，从而导致后期指标落实失控。由于国土空间规划处于成长和发展阶段，所以规划编制时期也存在不足，对经济社会发展趋势预测不够，比如积极的财政政策、拉动内需政策，生态退耕工程，加快基础设施建设进程，推进城市化发展步伐等，从而导致国土空间规划的指标多被突破，暴露出"指标离实际需要差距很大、指标相对平均分配后空间分布很分散"等问题，降低了国土空间规划的科学性和可操作性，影响区域经济发展。

2. 规划编制效率低下

一是编制节奏稍显混乱。由于自然资源部和省国土资源厅都制订了较为详细的工作方案和进度要求，然而随着众多因素的干扰，工作进度的安排调整过多次，编制单位难免出现疲倦的心态，原有的计划安排应正常开展。对于成果提交的最后期限规定，少数编制单位也不以为意，造成工作的拖沓。此外，持续了多年的修编工作也造成了技术人员的几经更替，导致后来者对于前面的数据不甚了解，同时前一阶段遗留的错误需要后来者进行修正，势必对工作进度和成果质量都产生一定影响。二是规划技术手段有待完善。现行国土空间规划在土地适宜性评价、土地需求量预测、国土空间利用布局及分区、规划方案比选等方面主要沿用定性分析方法，定量研究特别是模型化处理少。定性分析方法是以经验判断为基础，在对客观事物观察的基础上进行综合分析，制定规划目标和用地布局。由于定性分析方法本身所具有的静态性特点，规划年限越长，规划判断与现实之间的误差越大，规划方案越远离现实。三是许多规划周期过长。相关法律法规规定，我国现阶段土地利用总体规划的编制周期为 15 年，属于长期规划。然而，随着经济社会的发展，长期规划周期的时间跨度越长，越容易出现反映客观现实不够实时、不够准确等问题，难以跟上社会经济发展的时代步伐；还有在进行规划的编制过程中，由于范围太广、程序过于复杂烦琐，出现了规划期已过半，规划的编制还没有最终完成。在规划过长的编制周期内，许多原有情况会发生变化，比如，一些重大项目的投建、行政区划的调整、土地现状的变化等，规划编制时间长导致规划在某些方面明显滞后，影响了规划的实施，削弱了规划应有的指导性作用。

3. 公众参与程度不高

《中共中央　国务院关于建立国土空间规划体系并监督实施的若干意见》

明确提出坚持上下结合、社会协同，完善公众参与制度，发挥不同领域专家的作用。但目前规划的行政决策意识仍很浓，大多数规划编制过程中，规划的听证环节流于形式，公众参与程度仍旧不高。比如，许多地方政府召集的"公众"实际多是给政府带来经济效益的企业代表，未很好落实自然资源部主要负责人多次提出的"要广泛听取社会各界的意见建议，充分尊重农民意愿"的要求；或仅有单调座谈方式的组织形式，参与前组织工作相当费时费力、参与时代表不全、参与后效果依旧不明显；甚至部分地方未将规划成果进行公示、集中征求群众意见，仅在规划编制完成后，为了完成法定程序组织听证会，公众参会广度和深度不够，导致在规划执行过程中出现大量问题、频繁调整修改规划，影响规划的实施效率。

24.2.2 规划实施周期

1. 规划管理机制弹性不足

规划是面向未来的，规划实施过程中，规划方案的各项影响因素都处在动态变化中，但现行指令性的国土空间规划设计较为理想化，计划配置的管理方式难以适应规划实施的动态变化要求，规划缺乏一定的弹性。一是国土空间规划实施具有很强的刚性。由于逐层控制重要指标的思想，上级规划对下级规划的指标控制严格，加上指标偏紧，一些地方指标分解不合理，使得规划在实施过程中出现指标不足，缺乏弹性等问题，而且随着市场经济体制的逐步完善，指标控制的办法将越来越不适应形势。如耕地和基本农田面积从国家、省、市、区（县）、乡逐级分配，最后与每户农民签订协议，新增建设用地面积和省、市、区、街道统计到的具体的用地单位，由于规划难以预测较长时期的经济社会发展态势和用地需求，规划的用地布局不适应不断发展变化的实际需要，在用地过程中出现大量不符合规划的情况。二是规划对国土空间利用变化缺乏应变能力。《土地管理法》及相关法规明确规定国土空间规划由国家、省和省授权的市级政府审批，强调自上而下指标控制，使得审批后的规划成为铁板一样的刚性规划，无调整余地，缺乏韧性。从省到县指标分得过死，使得一些经济发展快的地方需要用地指标而束手无策，规划的用地位置与实际项目选址要求不符的现象比较常见，可能仅因几百平方米不符合国土空间规划而被确定为违法建设的情况依然存在。而在另一些地方，由于经济发展缓慢，规划的指标又形成"沉淀"，发挥不了应有的作用。

2. 规划实施的权威性不足

一是规划指标分解缺乏依据。为了加强土地管理，确保规划期内主要国土空间利用目标的实现，国土空间规划采用"自上而下"指标分配方式，体现的是国家对核心土地资源的宏观调控和管理要求。但由于缺乏相应的基础数据支撑，指标分解的依据不足，指标分解方法相对简单，重点强调了指标的数量分解，对各类土地的利用效率考虑不足，对指标分解的合理性论证不充分，从而在一定程度上弱化了指标的刚性调控作用，直接影响到规划的落实。例如，有些地方政府过于看重经济效益和眼前利益，侧重建设用地开发后产生的效益，而忽略了耕地保护和基本农田对于粮食安全的重要性，一些经济较为落后的地方尤其绞尽脑汁扩大城区范围和增加建设用地指标；有时候出于招商引资的原因，任由开发商或投资者挑选地块，而这些地块往往是优质耕地，指标的下达往往缺乏充分的依据，直接影响到规划的验收和落实；基本农田保护面积和保护率指标，在各级土地部门层层向下分解的过程中，只侧重考虑总量平衡，主观随意性较大，有的地区甚至按相同的保护率分解保护面积，造成地区之间苦乐不均；耕地开发、复垦指标的分解也存在类似的情况。二是修改规划频繁。规划缺乏弹性，以及指标的分配不当，导致规划无法严格实施，需要经常不断地调整规划。一些地方的领导对用地要符合国土空间规划认识较高,但在用地安排时却片面要求规划方案符合用地要求,一味要求国土资源部门修改规划以满足用地需求。规划调整固然可以解决规划与用地需求不相符的矛盾,但规划调整过于频繁,说明规划对未来国土空间利用趋势变化预测还不够准确,但在管理上又缺乏相应的调节手段,只有通过规划调整来解决问题,势必影响规划的严肃性,规划协调促进经济发展的能力显现不出来。

24.2.3　评价反馈周期

1. 规划实施的有效性不足

一是缺乏有效的规划实施评价体系。对规划的实施效果进行评估是体现规划可操作性的重要途径和手段。目前,对于国土空间规划的实施效果还没有一套系统的评价标准,无法衡量规划的实施程度和可操作性。二是国土空间利用的质量指标研究不足。尤其是规划实施以来的国土空间利用变化的空间布局没有鲜明的对比,研究国土空间利用的考核也重数量指标,轻质量与效益指标,事实上国土空间利用的质量指标往往比数量指标更为重要。

2. 缺乏有效的监督预警机制

长期以来,往往把规划监督工作的重点放在对被监督者的事后惩戒,而忽略了事前预防和事中控制。实践表明,近年来现实生活中因部分决策失误造成的经济损失及其社会危害性较大,而现行监督机制却难以及时纠正重大的决策失误,无法将规划实施失控、失误、失范造成的损失降到最低,其结果不仅使规划实施陷入头痛医头、脚痛医脚的被动局面,而规划的作用和效果也越来越小。

24.3 国土空间规划警兆诊断与预测

警兆诊断是指对国土空间规划实施一致性和绩效两方面出现的具体不良征兆和不稳定状态进行诊断识别与预测。首先，通过梳理国土空间供给不同生命周期阶段对于规划的需求导向，并与规划目标、战略导向以及社会经济生态的状况进行对比，挖掘国土空间规划在其中每个生命阶段所发挥的具体作用与影响，进而从规划实施的一致性和绩效两方面来识别规划实施过程中国土空间供给侧可能出现的不良征兆和不稳定状态的具体特征。之后，基于警兆诊断内容，从规划实施一致性和绩效两方面构建国土空间规划警兆诊断指标体系，并计算当前规划实施各指标的数值。之后，再利用马尔可夫安全预测模型对其进行中短期预测，来预测未来规划实施过程中的警兆诊断指数的数值，以模拟未来国土空间规划实施过程中可能出现的警兆。

24.3.1 国土空间规划警兆诊断内容

1. 一致性方面的警兆诊断

规划编制过程可能存在的规划编制的科学性差、规划编制效率低下以及公众参与程度不高等问题，以及规划实施过程中可能存在的规划实施弹性、权威性以及有效性不足等问题，可能会导致实际国土空间利用偏离规划预期的现象总是存在，如部分建设用地指标突破调控目标、土地整治补充耕地量不足等问题，导致规划调整和修改的频率进一步增加，从而影响规划的权威性和合理性。因此，需在明确国土空间利用结构与布局的基础上，通过评价国土空间利用现状与城市规划国土空间利用目标之间的一致性，来识别规划执行过程、结果与规划之间的偏差。该诊断内容侧重于分析规划实施一致性和合理性两方面可能出现的警兆。

2. 绩效方面的警兆诊断

规划为未来决策的指南（guide）而非蓝图（blueprint），国土空间规划是从全局和长远利益出发，对区域内国土空间利用结构和布局进行调整或配置的长期计划。一是当前城市用地紧张与农村建设用地粗放并存，严重制约着城乡土地利用的协调发展。基于城市与农村之间土地供需态势、土地集约利用水平的巨大差异背景下，更应关注规划能否在城乡建设用地空间重构、促进城乡土地利用的协调发展方面发挥引导作用。二是当前一些地方规划刻意强调产业规模提升与功能完善，土地资源投入巨大，而公共服务方面的改革又未及时跟进，无法吸引大量企业落户，无形中致使土地等各类资源浪费严重，影响经济的可持续性。应关注规划的实施是否合理分配各类指标，能否提升经济发展可持续能力。三是当前一些地方政府过于看重经济效益，为满足各项政绩考核指数，以牺牲生态空间为代价，绞尽脑汁扩大城区范围和增加建设用地指标，从而给社会和自然环境带来不良影响。应关注规划是否能实现对面积较大的林地、湖泊等生态用地加以保护、协调区域生态保护和经济发展关系、合理安排各地类空间布局，促进区域可持续发展。因此，通过对规划的社会、经济和生态绩效进行评估，来分析规划实施最后建成的内容和设施是否符合规划目标效果，能否对提高决策能力和空间问题解决能力产生实质性的作用。该诊断内容侧重于分析规划在经济、社会生态指导效果方面可能出现的警兆。

24.3.2 国土空间规划警兆诊断指标体系构建

在进行国土空间规划警兆诊断时，充分按照国土空间规划自身的特点及实施情况以及其对经济社会发展的影响，基于评估内容建立警兆诊断指标体系。指标体系的构建具有以下特征：一是反映区域国土空间规划系统目标和实施轨迹的"量化特征组合"，二是衡量规划质量优劣和指导效果的"比较尺度标准"，三是诊断预警规划未来警情的"实际操作工具"，因此本章的警兆诊断指标从规划实施一致性和绩效两方面选取，具体评估指标体系见表24-1。

表 24-1　警兆诊断指标体系

一级指标	二级指标	三级指标
一致性	总量性指标执行情况	土地保有量指标完成率；基本农田保护面积指标完成率；城乡建设用地规模指标控制率；新增建设占用耕地规模指标控制率；人均城镇工矿地面积指标控制率；建设用地总规模指标完成率；新增建设用地规模指标完成率；城镇工矿用地规模指标完成率
	结构合理性	建设用地比重、耕地面积占比、城乡建设用地比例
	空间布局合理性	耕地面积占比、规划区域内选址率、规划调整频次、违规新增建设用地比例
绩效	土地开发利用水平	省辖市人均用地面积；人均农村居民点用地面积；建设用地集约利用相对弹性系数
	经济效益	单位建设用地地区生产总值产出率；单位建设用地第二/第三产出率；单位建设用地固定资产投资强度
	社会效益	人口密度；城镇化率
	生态效益	森林覆盖率；牧草地覆盖率；湿地面积年均变化率；水域面积年均变化率；年均非农建设用地占用耕地面积；人均耕地指数；基本农田保护指数

24.3.3　警兆指标预测模型建立：马尔可夫安全预测模型

利用马尔可夫安全预测模型对各项警兆诊断指标进行中短期预测。马尔可夫预测法通过初始状态向量以及状态转移矩阵预测下一个状态，来预测未来规划实施过程中的警兆诊断指数数值。计算方法和步骤如下所示。

1. 确定状态向量矩阵

某研究区第 i 年的规划各项警兆诊断指标为 $x_{ij}^t (j = 1, 2, \cdots, p)$，则历年各项警兆诊断指标矩阵 I 可以表示为

$$I = \begin{bmatrix} x'_{11} & x'_{12} & x'_{13} & x'_{14} \\ x'_{21} & x'_{22} & x'_{23} & x'_{24} \\ \vdots & \vdots & \vdots & \vdots \\ x'_{41} & x'_{42} & x'_{43} & x'_{44} \end{bmatrix} \begin{bmatrix} I_{11} & I_{12} & I_{13} \\ I_{21} & I_{22} & I_{23} \\ \vdots & \vdots & \vdots \\ I_{h1} & I_{h2} & I_{h3} \end{bmatrix}$$

2. 构建转移矩阵

利用最小二乘法原理构建转移矩阵:

$$T = (X^{\mathrm{T}} X)^{-1} X^{\mathrm{T}} Y$$

式中,

$$X = \begin{bmatrix} x'_{11} & x'_{12} & x'_{13} & x'_{14} \\ x'_{21} & x'_{22} & x'_{23} & x'_{24} \\ \vdots & \vdots & \vdots & \vdots \\ x'_{(h-1)1} & x'_{(h-1)2} & x'_{(h-1)3} & x'_{(h-1)4} \end{bmatrix}$$

$$Y = \begin{bmatrix} x'_{21} & x'_{22} & \cdots & x'_{2p} \\ x'_{31} & x'_{32} & \cdots & x'_{3p} \\ \vdots & \vdots & & \vdots \\ x'_{h1} & x'_{h2} & \cdots & x'_{hp} \end{bmatrix}$$

3. 预测

第 i 年规划警兆诊断指标向量为 $I_z^{(0)} = \left[x'_{i1}, x'_{i2}, \cdots, x'_{ip} \right]$,则今后第 k 年的规划警兆诊断指标向量 $I_z^{(k)}$ 为

$$I_z^{(k)} = I_z^{(k)} \times T^K$$

4. 模型检验

用初始状态向量进行模型检验,则规划警兆诊断指标向量预测值为 $\widehat{I_z^{(0)}} = I_z^{(0)}$,$\widehat{I_z^{(k)}} = I_z^{(0)} \times T^K$,对模型进行以下误差检测。

残差: $C_z = I_z - \widehat{I_z}$。

相对误差：$\varepsilon_z = \dfrac{C_z}{I_z} \times 100\%$。

平均相对误差：$\mathrm{avg}_z(i) = \dfrac{1}{h-1}\displaystyle\sum_{i=2}^{h}\left|\varepsilon_z(i)\right|$。

精度：$V_z(i) = [1 - \mathrm{avg}_z(i)] \times 100\%$。

24.4　国土空间规划警情的评估与判定

警情评估与判定是指基于国土空间规划警兆诊断，对当前或将来规划实施过程中可能出现的不正常状态进行评估，通过划分警度，进而对警情的严重程度进行判定。本节首先基于警兆诊断预测值，利用混合遗传算法和投影寻踪技术确定指标权重，从而计算规划警情评估指数。之后，对预警警度进行划分，将警情的严重程度划分出无警、轻警、中警、重警四个国土空间规划预警等级。最后，通过将规划警情评估指数与警度进行对比，完成对当前及未来国土空间规划的警情严重程度的判定，进而实现规划预警过程，以便制定有效的规划调控策略。

24.4.1　警兆诊断权重的确定：基于混沌优化算法的投影寻踪模型

1. 投影寻踪

投影寻踪（projection pursuit）是模仿有经验的数据分析工作者的做法，把数据整体上的散布程度和局部的凝聚程度结合起来形成的一个新指标，可以进行聚类和分类分析，是一种直接由样本数据驱动的探索性数据分析模型，特别适用于分析和处理非线性、非正态高维数据。其具体思路是将影响决策问题的多因素指标（多元自变量）通过投影寻踪聚类分析，得到反映其综合指标特征的投影特征值，然后建立因变量与投影特征值的函数关系，以此表征因变量与多元自变量的函数关系，从而达到将多元分析变为一元分析的目的。

2. 混沌优化算法

混沌是在确定性系统中出现的一种貌似规则、类似随机的现象，因其具有随机性、规律性和遍历性等特性，混沌运动能在一定范围内按其自身规律不重复地历经所有状态，因此，利用混沌变量进行优化搜索，无疑更能得到全局最优解，搜索效率高。混沌优化算法（chaos optimization algorithm）的基本思想是把混沌变量线性映射到优化变量的取值区间，然后利用混沌变量进行搜索迭代，输出最优解。

非线性规划的数学模型一般表示如下：

$$\min f(x)$$
$$g_i(X) \geqslant 0, \quad i = 1, 2, \cdots, m$$
$$h_j(X) = 0, \quad j = 1, 2, \cdots, n \tag{24-1}$$

式中，$X \in E^n$；$f(X)$为目标函数；$g_i(X), h_j(X)$为约束算法；m 和 n 分别为不等式和等式约束的个数。约束条件一般用集合形式表示，令

$$S = \left\{ X \mid \begin{matrix} g_i(X) \geqslant 0, & i = 1, 2, \cdots, m \\ h_j(X) = 0, & j = 1, 2, \cdots, n \end{matrix} \right\} \tag{24-2}$$

称 S 为可行集。

Logistic 回归模型是混沌研究中的典型模型之一，模型产生的混沌变量用来优化搜索，其方程为

$$X_{K+1, j} = \lambda X_{K, j}(1 - X_{K, j}) \tag{24-3}$$

式中，λ 为控制参数，取值在 $0 \sim 4$，当 $\lambda = 4$ 时，系统处于混沌状态。

3. 投影寻踪混沌优化建模

投影寻踪技术建立的模型要解决的是一个复杂非线性优化问题，传统的

优化方法往往需要目标函数和约束条件连续、可微,用传统优化方法求解较为困难。不少学者利用遗传算法优化投影方向,而遗传算法计算过程中因大量使用随机数得到的解是不确定的,易陷入局部解,甚至出现不收敛的情况,而混沌优化算法因其遍历性特征以及将混沌序列放大到优化变量的取值区间进行迭代寻优,可以克服这些困难,因此本节将混沌优化算法引入到投影寻踪建立的模型中,提出了基于混沌优化算法的投影寻踪模型,并将其应用到警兆诊断指标权重的计算中,具体求解步骤如下。

(1)建立评级指标集,并将其进行数据标准化处理。设各年警兆指标值的样本集为 $\{x^*(i,j)|i=1,2,\cdots,n;j=1,2,\cdots,p\}$,其中 $x^*(i,j)$ 为第 i 个样本第 j 个指标值,n、p 分别为样本个数和指标数目。采用下式对各指标进行标准化处理:

若指标是越大越优型,则

$$x(i,j) = \frac{x^*(i,j) - x_{\min}(j)}{x_{\max}(j) - x_{\min}(j)} \qquad (24\text{-}4)$$

若指标是越小越优型,则

$$x(i,j) = \frac{x_{\max}(j) - x^*(i,j)}{x_{\max}(j) - x_{\min}(j)} \qquad (24\text{-}5)$$

(2)构造投影指标函数 $Q(a)$ 。利用投影寻踪技术把 p 维数据 $\{x^*(i,j)|j=1,2,\cdots,p\}$ 转化为一维投影值 $Z(i)$:

$$Z(i) = \sum_{j=1}^{p} a(j)x(i,j) \qquad (24\text{-}6)$$

投影函数可以表示为

$$Q(a) = S_z D_z \qquad (24\text{-}7)$$

$$S_z = \sqrt{\frac{\sum_{i=1}^{n}[Z(i) - E(Z)]^2}{n-1}} \qquad (24\text{-}8)$$

$$D_z = \sum_{i=1}^{n} \sum_{j=1}^{n} (R - r(i,j)) \cdot u(R - r(i,j)) \sum_{j=1}^{n} (R - r(i,j)) \cdot u(R - r(i,j)) \qquad （24\text{-}9）$$

式中，S_z 为投影值 $Z(i)$ 的标准差；D_z 为投影值 $Z(i)$ 的局部密度；R 为局部密度的半径；$r(i,j)$ 为样本之间的距离，$r(i,j)=|Z(i)-Z(j)|$。

（3）求解投影指标函数最大值。

$$\text{目标函数：} \quad \max Q(a) = S_z \cdot D_z \qquad （24\text{-}10）$$

$$\text{约束条件：} \sum_{j=1}^{p} a^2(j) = 1 \qquad （24\text{-}11）$$

目标函数采用混沌优化算法求解。

（4）初始化参数。设形如式（24-1）函数的 X 的维数为 p，$X=(x_1, x_2, \cdots, x_p)$，$x_i = [a_i, b_i]$。迭代次数控制变量 $k=0$，随机生成 p 个初值 $x_{i,k}$，$i=1,2,\cdots,p$，$X_k = (x_{1,k}, x_{2,k}, \cdots, x_{p,k})$，令

$$x'_{i,k} = a_i + (b_i - a_i) x_{i,k} \qquad （24\text{-}12）$$

$X'_k = (x'_{1,k}, x'_{2,k} \cdots, x'_{p,k})$，当向量 $X'_k \in S$，令 $X^* = X'_k$，$f^* = f(X^*)$，否则重复步骤（4）直到找到 X_k，使得 X'_k 满足式（24-1）的约束。

（5）粗搜索。设置迭代步数 N，由 X_0 和式（24-3）迭代生成序列 X_k，若通过检验且 $f(X'_k) < f(X^*)$，则令 $X^* = X'_k, f(X^*) = f(X'_k)$，否则对 X'_{k+1} 进行检验，重复步骤（5）直到 $f(X^*)$ 的值满足设定的条件。

（6）细搜索。设置迭代步数 N'，令 $Z_0 = X^*$，按照 $Z_k = Z_{k-1} + \alpha Z'_{k-1}$，$k=1,2,\cdots,N'$，进行二次载波，$Z'_{k-1}$ 为由 Logistic 映射生成的序列，α 为设定得非常小的实数。对 Z_k，$k=1,2,\cdots,N'$，进行可行性检验，若检验通过且 $f(Z_k) < f(X^*)$，则令 $X^* = Z_k$，$f(X^*) = f(Z_k)$，否则对 Z_{k+1} 进行检验，重复步骤（6）直到 $f(X^*)$ 的值满足设定的条件。最终的 X^* 即为所求解，即为式（24-10）的最佳投影方向 α^*。

（7）确定指标权重比例。把步骤（6）得的最佳投影方向 α^* 代入式（24-6）后可得各指标的投影值 $Z^*(i)$，将 $Z^*(i)$ 值归一化，得到指标的权重比例 $Z'(i) = [a_{i1}\ a_{i2}\ \cdots\ a_{ik}]$。

24.4.2 计算规划综合警情评估指数

1. 利用综合指数法计算规划一致性和效果性警情评估指数 I_{iz}

$$I_{iz} = \sum_{j=1}^{k} a_{iz}(j)x'_{ij}, \quad z = 1,2 \qquad （24-13）$$

2. 计算规划综合警情评估指数 I_{i3}

$$I_{i3} = I_{i1} + I_{i2} \qquad （24-14）$$

24.4.3 警度划分与警情判别

在借鉴已有研究成果基础上，警度划分将全面考虑系统自身变化规律以及特征，选择系统化方法，划分出无警、轻警、中警、重警四个预警等级（表24-2），进而对当前及未来国土空间规划实施过程中的警情进行判别。

表 24-2 国土空间规划预警等级体系

预警等级	警情
无警	规划预期目标可以完成，规划执行的一致性较好，对社会、经济、生态效益产生较大指导作用
轻警	规划执行一致性不显著，各项指标任务基本满足要求，略有超标或不达标，对社会、经济、生态效益产生具有一定的指导作用
中警	规划执行的一致性较差，规划的指标任务有所突破，规划对社会、经济、生态效益产生的指导作用较弱
重警	规划执行的一致性较差，规划的指标任务较难完成，规划对社会、经济、生态效益产生的指导作用较不明显

24.5 北京市海淀区规划预警机制的案例应用

24.5.1 研究区域概况

1. 基本概况

海淀区位于北京市区西北部，东与西城、朝阳两区相邻，南与丰台区毗连，西与石景山、门头沟区交接，北与昌平区接壤。海淀区总面积43 077 hm²，约占北京市总面积的 2.53%。南北长约 30 km，东西最宽处 29 km。2015 年，海淀区常住人口 369.4 万人，户籍人口 239.5 万人。海淀区地势西高东低，西部山地为太行山余脉，林木浓郁；东部和南部是风光秀丽的现代化城区；水质优良的山泉和面积阔大的湖泊散布各处，水量充盈，气候类型为暖温带大陆性半湿润季风气候。同时，海淀区科研院所林立，高等院校密集，经济发展迅猛，文化旅游资源丰厚，中央、军队机关众多，拥有首都政治和教育、科技、人才以及文化、自然地理等明显的区位功能优势和资源优势，是国家高新技术产业基地之一。

2. 海淀区土地利用现状与特点

2014 年，海淀区土地总面积 43 076.94 hm²，其中农用地 17 283.04 hm²，占土地总面积的 40.12%；建设用地 25 151.12 hm²，占土地总面积的 58.39%；未利用地 642.78 hm²，占土地总面积的 1.49%。农用地中，耕地 2059.99 hm²，园地 2614.39 hm²，林地 10 555.81 hm²，其他农用地 2052.85 hm²，分别占土地总面积的 4.78%、6.07%、24.50%、4.76%。建设用地中，城乡建设用地 23 103.49 hm²，交通水利等其他建设用地 2047.63 hm²，分别占土地总面积的 53.63%、4.75%。

第一，受限于土地利用空间布局，海淀区呈"南城北乡"特点。海淀中关村科学城南区是海淀区城市生活功能核心区、高度城市化地区，城市建设用地占比达 78%，是海淀区高新技术研发、文化、教育、金融等产业的聚集地。中关村科学城北区是城市建设扩展区，也是镇所在地，用地类型复杂，农用地和农村居民点占比分别为 56%、23%。

第二，海淀区建设用地集约利用水平较高。2014 年，海淀区单位建设用地产值为 1689 万元/hm^2，海淀区人均建设用地面积为 69 m^2/人。

第三，海淀区农用地以林地为主，耕地所占比重较少。林地占海淀区农用地总面积的一半以上，达到 61%，而耕地占 12%，园地占 15%，其他农用地占 12%，耕地所占比重较少。

第四，海淀区土地利用程度高，后备土地资源有限。海淀区土地利用程度较高，其他土地仅占海淀区土地总面积的 1%，而且其中大部分是裸岩石砾地，开发难度大，后备土地资源数量极其有限。

24.5.2　海淀区规划的战略目标

按照《北京市海淀区土地利用总体规划（2006—2020）》《北京市城市总体规划（2016 年—2035 年）》与海淀区经济社会发展的总体目标和战略决策，围绕海淀区核心功能定位，实行"坚守底线""生态友好""减量提质""节约集约"的土地利用总体战略，落实规划控制指标，科学划定永久基本农田，优化海淀区用地结构与布局，提升生态环境质量水平，完善土地利用保障机制，助力海淀建成具有全球影响力的全国科技创新中心核心区、服务保障中央政务功能的重要地区、历史文化传承发展典范区、生态宜居和谐文明示范区、高水平新型城镇化发展路径的实践区。

1. 坚守底线

根据北京市"以水定地"要求，立足海淀区实际情况，落实永久基本农田保护责任，完善永久基本农田和耕地保护机制，推进永久基本农田数量、质量、生态"三位一体"保护。

2. 生态友好

顺应生态文明建设需求，协调生产、生活、生态关系，统筹山水林田湖草系统治理，完善生态空间保护机制，加强生态保育和生态建设，大幅提高生态建设的规模和质量。推进浅山区生态修复和建设管控，构建多功能、多层次的绿道系统，健全海淀区域绿色空间体系，构建绿色产业体系，推进生产方式绿色化，努力提升绿色生态水平。

3. 减量提质

坚持框定总量、限定容量、盘活存量、做优增量、提高质量，统筹全域建设空间，重点保障中关村国家自主创新示范区核心区、中央党政军机关用地需求，适度增加居住及配套服务设施用地，合理保障区域交通市政基础设施、公共服务设施用地，发挥用地"服务"功能。积极开展疏解整治促提升，盘活现有存量，促进非首都核心功能产业调整退出，提高用地质量。

4. 节约集约

按照节约集约用地以及"三个集中"的要求，不断提高土地利用效率。结合产业结构和布局调整总体思路，统筹土地增量供给和存量挖潜，严格执行节约集约用地标准和评价指标体系，为促进区域经济协调、可持续发展提供用地保障。

24.5.3 警兆诊断与预测

1. 海淀区规划警兆诊断指标体系构建

根据研究区域的实际情况和数据的可用性，从警兆诊断指标体系中选择适合海淀区的指标，主要考虑以下几个方面。

一是数据可获取性。指标的选择需充分考虑国土资源管理工作的实际，充分结合国土资源综合统计报表制度，筛选成熟、可信的指标。二是指标可量化性。选取的指标可以直接量化或通过一定方式标准化后可以量化。三是指标可对比性。以规划主要内容和主要控制目标为参照系，选取的指标与规划目标、经济社会发展相关指标具有可对比性。四是指标相关性。考虑到一些指标之间的相关性很高，所以数据库中的一些指标不应该同时使用，如基本农田保护指数和基本农田保护面积指标完成率。同时，由于能够反映其关系的指标也较多，为避免指标冗余，选取的指标应具有较强相关性。指标选取还应充分考虑后期规划调整的需要，应与规划评估指标体系有密切相关性。因此，海淀区规划警兆诊断指标体系见表24-3。

表24-3　海淀区规划警兆诊断指标体系

一级指标	二级指标	三级指标	方向
一致性	总量性指标执行情况	耕地保有量指标完成率	+
		基本农田保护面积指标完成率	+
		城乡建设用地规模指标控制率	−
		建设用地总规模指标控制率	−
		交通、水利设施及其他建设用地规模控制率	−
	空间布局合理性	规划区域内选址率	+
		耕地面积占比	+
	土地开发利用水平	人均省辖市用地面积/（km²/万人）	−
		人均农村居民点用地面积/（km²/万人）	−
		建设用地地均固定资产投资/（万元/km²）	+
绩效	经济效益	单位建设用地地区生产总值产出率/（万元/km²）	+
		单位建设用地第二产业产出率	+
		单位建设用地第三产业产出率	+

续表

一级指标	二级指标	三级指标	方向
绩效	社会效益	人口密度/（人/km²）	+
	生态效益	人均绿地面积/（km²/人）	+
		森林覆盖率	+
		牧草地覆盖率	+
		水域覆盖率	+

2. 警兆诊断指标的预测与分析

基于 2013~2014 年已有指标数据，利用马尔可夫模型对 2015~2020 年规划警兆诊断指标数值进行中短期测度。其预测结果如表 24-4 所示。对预测模型进行误差分析和检验，所预测的 2015 年各警兆诊断指标数值的平均相对误差为 3.88%，预测结果较准确。

表 24-4　海淀区规划警兆诊断指标值

指标	2013 年	2014 年	2015 年	2016 年	2017 年	2018 年	2019 年	2020 年
耕地保有量指标完成率	126.605	98.265	97.425	97.425	97.487	97.546	97.605	97.663
基本农田保护面积指标完成率	106.375	106.354	106.322	106.322	106.386	106.450	106.515	106.579
城乡建设用地规模指标控制率	101.789	102.634	103.257	103.317	103.379	103.442	103.504	103.566
建设用地总规模指标控制率	90.798	91.686	94.302	94.340	94.397	94.454	94.511	94.568
交通、水利设施及其他建设用地规模控制率	40.960	41.960	53.583	53.586	53.619	53.651	53.683	53.716
规划区域内选址率	89.647	88.503	81.505	81.558	81.607	81.656	81.705	81.755
耕地面积占比	6.078	4.718	4.680	4.680	4.683	4.686	4.689	4.691
人均省辖市用地面积	64.014	63.342	63.309	63.317	63.355	63.393	63.432	63.470

续表

指标	2013 年	2014 年	2015 年	2016 年	2017 年	2018 年	2019 年	2020 年
人均农村居民点用地面积	29.516	29.468	29.703	29.720	29.738	29.756	29.774	29.791
建设用地地均固定资产投资	335.454	361.276	377.752	371.576	371.800	372.024	372.248	372.473
单位建设用地地区生产总值产出率	1524.870	1689.176	1766.344	1767.152	1768.218	1769.284	1770.351	1771.418
单位建设用地第二产业产出率	201.026	226.168	216.663	216.527	216.612	216.698	216.783	216.869
单位建设用地第三产业产出率	1323.009	1462.259	1548.954	1549.759	1550.814	1551.870	1552.925	1553.980
人口密度	83.014	85.384	85.754	85.804	85.856	85.908	85.960	86.011
人均绿地面积	47.300	34.100	34.170	34.190	34.211	34.232	34.252	34.273
森林覆盖率	24.505	24.276	24.065	24.080	24.094	24.109	24.123	24.138
牧草地覆盖率	0.116	0.114	0.103	0.113	0.113	0.114	1.104	1.104
水域覆盖率	3.868	3.902	4.038	4.042	4.143	4.146	4.148	4.150

1）海淀区规划实施中总量性指标执行情况分析

根据各项总量性指标执行情况相关指标值的预测结果，从 2013 年到规划目标 2020 年，海淀区耕地保有量完成率只有在 2013 年达到了 100%，其余年份均未能实现规划中的耕地保护目标，但整体耕地保有量完成率稳定在 97.%左右，耕地保护效果较为稳定。基本农田保护面积指标完成率均达到了 100%，表明在 2020 年海淀区可以完成基本农田保护目标，严格坚守住了基本农田的保护底线。建设用地总规模指标控制率总体呈上升趋势，但各年份建设用地总规模符合规划目标，控制率均在 100%以下。但从 2013 年到 2020 年，城乡建设用地规模指标控制率均超过了 100%，这表明各年城乡建设用地规模突破规划目标。此外，交通、水利设施及其他建设用地规模控制率最高没超过 54%，这表明交通、水利设施及其他建设用地指标过剩现象明显，这可能是规划编制时，交通、水利设施及其他建设用地规划目标值的设定，对用地现状分析的科学程度不够。

2）海淀区空间布局合理性分析

从空间布局合理性各项指标预测结果来看，从 2013 年到 2020 年，海淀建设用地在规划区域内选址率在 80%以上，且从 2015 年到 2020 年规划区域内选址率呈上升趋势，这说明海淀区建设用地合规情况较好，建设用地空间布局具有较高的合理性，规划实施的效果较好。从 2014 年到 2020 年，耕地面积占比逐年上升，说明通过合理调整用地结构，加大整理改造力度，严格控制新增建设用地，有效保护了耕地面积。

3）海淀区土地开发利用水平分析

从土地开发利用水平各项指标预测结果来看，海淀区人均省辖市用地面积在 2013 到 2015 年间逐渐减少，而在 2015 到 2020 年间又呈现上升趋势，人均农村居民点用地面积也是呈现先下降后上升的趋势，这可能是规划实施后期建设用地面积的快速扩张，导致了土地利用效益有所下降。海淀区建设用地地均固定资产投资整体呈上升趋势，从 2013 年的 335.454 万元/hm² 增加到 2020 年的 372.473 万元/hm²，这反映了规划实施期间土地利用的总体投入强度有所提高。

4）海淀区规划实施经济效益分析

从规划实施的经济效益各项指标预测结果来看，单位建设用地地区生产总值产出率整体呈现上升趋势，由 2013 年的 1524.870 万元/hm² 增长到 2020 年的 1771.418 万元/hm²。同时，单位建设用地第三产业产出率也呈现稳步上升趋势，到 2020 年预计单位建设用地第三产业产出率能达到 1553.980 万元/hm²。但单位建设用地第二产业产出率呈现波动变化趋势，在 2014 年单位建设用地第二产业产出率达到最大值 226.168 万元/hm²。整体来看，海淀区规划实施对产业结构调整需求做出了有效的引导和反馈，提高了土地资源的经济效益。

5）海淀区规划实施社会效益分析

从规划实施的社会效益相关指标预测结果来看，2013 年到 2020 年间，海淀区人口密度由 83.014 人/hm² 增加到 86.011 人/hm²，呈现稳步上升态势，但整体来说人口密度的变化幅度不大。说明随着规划的推进，海淀区单位面积城市用地对人口的承载能力稳步提升，增强了城市的生机活力与韧性，推动了社会效益的提升。

6）海淀区规划实施生态效益分析

从规划实施的生态效益各项相关指标预测结果来看，海淀区人均绿地面积在 2013 年至 2014 年，从每人 47.3 m² 降低到每人 34.1 m²，减少幅度较大，但从 2014 年开始，人均绿地面积又开始逐年增加。森林覆盖率也是呈现先下降后上升的趋势，总体维持在 24% 以上。而牧草地覆盖率呈波动变化趋势，稳定在 0.1% 左右，但总体来看海淀区的牧草地覆盖程度较低。水域覆盖率呈逐年上升态势，从 2013 年的 3.868% 增加到 2020 年的 4.150%。可能在规划实施过程中，由于前期存在对生态国土建设认识狭隘化，没有充分认识和发挥规划对于保护生态系统的作用。规划实施后期的反馈预警调控，纠正了这种认知偏差，使得海淀区的各项生态效益有所提升。

24.5.4 警情评估与判定结果

1. 指标权重的确定

由式（24-4）和式（24-5），对初始警兆诊断数据进行归一化和方向处理，得到归一化矩阵。之后，基于混沌优化算法的投影寻踪模型确定各指标的权重。指标的具体权重如表 24-5 所示。

表 24-5　海淀区规划警兆诊断指标权重

一级指标	权重	二级指标	权重	三级指标	权重
一致性	0.5535	总量性指标执行情况	0.2732	耕地保有量指标完成率	0.0480
				基本农田保护面积指标完成率	0.0790
				城乡建设用地规模指标控制率	0.0512
				建设用地总规模指标完成率	0.0487
				交通、水利设施及其他建设用地规模控制率	0.0464
		空间布局合理性	0.0893	规划区域内选址率	0.0470
				耕地面积占比	0.0423
		土地开发利用水平	0.1910	人均省辖市用地面积	0.0487
				人均农村居民点用地面积	0.0699
				建设用地地均固定资产投资	0.0725
绩效	0.4465	经济效益	0.1821	单位建设用地地区生产总值产出率	0.0742
				单位建设用地第二产业产出率	0.0540
				单位建设用地第三产业产出率	0.0538
		社会效益	0.0744	人口密度	0.0744
		生态效益	0.1900	人均绿地面积	0.0427
				森林覆盖率	0.0504
				牧草地覆盖率	0.0491
				水域覆盖率	0.0478

2. 警情评估指数的计算

利用投影寻踪模型确定的指标权重，基于式（24-13）和式（24-14）计算规划一致性和效果性警情评估指数 I_{iz} 以及规划综合警情评估指数 I_{i3}。各项警兆指标得分及警情评价评估结果如表 24-6 和图 24-1 所示。

表 24-6　警兆指标得分及警情评价评估结果

年份	规划综合警情评估指数	规划一致性警情评估指数	规划绩效警情评估指数	规划一致性警情评估指数			规划绩效警情评估指数		
				总量性指标执行情况	空间布局合理性	土地开发利用水平	经济效益	社会效益	生态效益
2013	0.621	0.422	0.199	0.273	0.089	0.060	0.062	0.002	0.135
2014	0.693	0.404	0.289	0.201	0.042	0.161	0.157	0.059	0.072
2015	0.405	0.232	0.173	0.092	0.000	0.14	0.105	0.068	0.001
2016	0.371	0.216	0.155	0.091	0.000	0.125	0.083	0.069	0.003
2017	0.368	0.209	0.159	0.089	0.001	0.119	0.083	0.071	0.005
2018	0.366	0.201	0.165	0.087	0.001	0.113	0.086	0.072	0.007
2019	0.414	0.194	0.220	0.086	0.001	0.107	0.089	0.073	0.058
2020	0.414	0.187	0.227	0.084	0.002	0.101	0.092	0.074	0.060

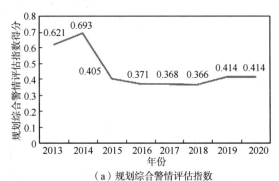

（a）规划综合警情评估指数

（b）规划一致性警情评估指数

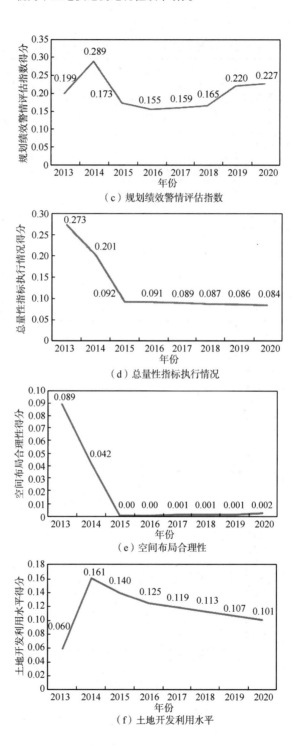

（c）规划绩效警情评估指数

（d）总量性指标执行情况

（e）空间布局合理性

（f）土地开发利用水平

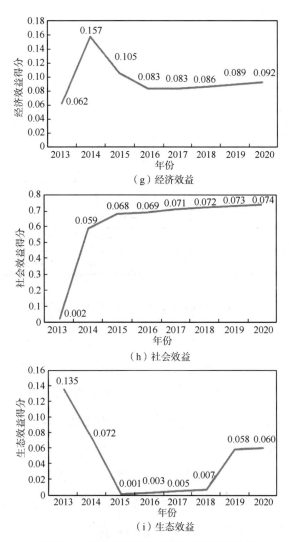

图 24-1　警兆指标得分及警情评价评估结果

3. 警度划分

土地可持续利用多指标综合预警在警度划分上采用系统化方法。所谓系统化方法是指全面考虑系统自身变化规律以及特征，并采用下列一系列客观原则对各项警兆诊断指标及国土空间规划预警等级体系的警度划分，得到海淀区规划预警等级划分体系（表 24-7）。

表 24-7　海淀区规划预警等级划分体系

指标	无警	轻警	中警	重警
规划综合警情评估指数	>0.45	（0.41,0.45]	（0.37,0.41]	≤0.37
规划一致性警情评估指数	>0.40	（0.21,0.40]	（0.15,0.25]	≤0.15
规划绩效警情评估指数	>0.25	（0.18,0.25]	（0.16,0.18]	≤0.16
总量性指标执行情况	>0.10	（0.09,0.10]	（0.05,0.09]	≤0.05
空间布局合理性	>0.05	（0.01,0.05]	[0.001,0.01]	<0.001
土地开发利用水平	>0.13	（0.11,0.13]	（0.05,0.11]	≤0.05
经济效益	>0.10	（0.07,0.10]	（0.01,0.07]	≤0.01
社会效益	>0.07	（0.05,0.07]	（0.001,0.05]	≤0.001
生态效益	>0.10	（0.05,0.10]	（0.005,0.05]	≤0.005

（1）多数原则。对所有数据按从小到大排序。选择占总数 2/3 的区间作为中警上限，在剩下的 1/3 数据区间按等间距或均数原则划分无警警限、轻警警限、中警警限和重警警限。

（2）半数原则。对所有数据按从小到大排序。选择占总数 1/2 的区间作为中警上限，在剩下的 1/2 数据区间按等间距或均数原则划分无警警限、轻警警限、中警警限和重警警限。

（3）均数原则。使用所有数据的平均数作为中警上限。

（4）众数原则。使用各地区数据的总平均数作为中警上限。

（5）专家原则。参考权威人士或机构的意见。

4. 警情判定

根据警度划分等级，对海淀区规划各项警兆诊断指标及综合警情的严重程度进行判定，得到以下结果（表 24-8）。

表 24-8 海淀区规划警情判定结果

指标	2013 年	2014 年	2015 年	2016 年	2017 年	2018 年	2019 年	2020 年
规划综合警情评估指数	无警	无警	中警	中警	重警	重警	轻警	轻警
规划一致性警情评估指数	无警	无警	轻警	轻警	中警	中警	中警	中警
规划绩效警情评估指数	轻警	无警	中警	重警	重警	中警	轻警	轻警
总量性指标执行情况	无警	无警	轻警	轻警	中警	中警	中警	中警
空间布局合理性	无警	轻警	重警	重警	中警	中警	中警	中警
土地开发利用水平	中警	无警	无警	轻警	轻警	轻警	中警	中警
经济效益	中警	无警	无警	轻警	轻警	轻警	轻警	轻警
社会效益	中警	轻警	轻警	轻警	无警	无警	无警	无警
生态效益	无警	轻警	重警	重警	重警	中警	轻警	轻警

24.5.5 预警结果分析与反馈调控措施

1. 预警结果分析

1）综合警情判定预警结果分析

A. 规划综合警情评估指数预警结果分析

2013~2020 年，海淀区规划实施综合警情评估指数由 0.621 逐渐下降至 0.366 后又上升至 0.414，预警等级由"无警"上升至"中警""重警"后又下降至"轻警"。说明 2015~2017 年海淀区规划实施朝着恶性方向发展的趋势较为明显，但这种恶化趋势在后期会得到缓解。其中，2017 年和 2018 规划实施的预警等级达到"重警"状态，根据国土空间规划预警等级体系可以判断，主要原因是规划执行的一致性较差，规划的指标任务较难完成，规划对社会、经济、生态效益产生的指导作用较不明显。

B. 规划实施一致性预警结果分析

2013~2020 年，海淀区规划实施一致性警情评估指数由 0.422 逐渐下降至 0.187，预警等级由"无警"先上升至"轻警"再到"中警"。规划实施一致性预警结果总体来看，规划实施的一致性方面的警情呈现逐年恶化的趋势。主要是由于规划实施过程的推进，总量性指标执行情况变差，空间布局的合理性有待加强，土地开发利用水平也有待提升，进而导致规划实施一致性降低。

C. 规划实施绩效预警结果分析

2013~2020 年，海淀区规划绩效警情评估指数由 0.199 先上升至 0.289，后降至 0.155，后又上升至 0.227。预警等级由"轻警"下降至"无警"，后上升至"重警"再下降至"中警""轻警"。其中，2014 年规划绩效警情最轻，绩效评估指数达到 0.289。从规划实施绩效预警结果总体来看，尽管规划实施绩效有所波动，但总体呈上升趋势。可能是由于规划实施周期，科学合理供应经营性用地，对符合国土空间规划和年度计划等的产业项目用地，做到用地需求有效保障，产业高效可持续运行发展、信息产业等高端产业结构合理、城镇相应配套设施完备。同时，利用职住平衡结构土地利用模式，提高了土地的人口承载能力，提升了规划实施的社会效益。此外，随着土地保护水平稳步提升，耕地、湿地、森林等战略性基础资源得到有效修复、保护与提升，规划实施的生态效益有所显现。

2）各项警兆诊断指标预警结果分析

A. 总量性指标执行情况预警结果分析

2013~2020 年，海淀区生态效益指标得分由 0.273 下降至 0.084，预警等级由"无警"先上升至"轻警"再上升至"中警"，规划实施过程中总量性指标执行情况变差。可能是由于在规划编制时期，对经济社会发展趋势预测不够，比如加快基础设施建设进程，推进城市化发展步伐等，或对土地利用现状的认识不足，如实有耕地量较少，与规划目标相距甚远，从而导致规划的指标被突破。也可能是由于规划编制周期过长，许多原有情况会发生变化，比如，一些重大项目的投建、土地现状的变化等，导致规划在某些方面明显滞后，影响了规划各指标的落实。还可能是由于土地需求量预测、指标确定主要沿用定性分析方法，定量研究特别是模型化处理少，进而造成制定规划指标目标值的准确性不够，导致城乡建设用地指标不足，特交水用地指标过剩，建设用地指标结构相对失衡的现象出现。在规划实施周期，可能由于规划管理机制弹性不足，未能及时调整完善规划契机，协调海淀区实际情况与规划目标的安排。在评价反馈周期，也可能由于国土空间规划的实施效果还没有一套系统的评价标准，导致摊大饼、外延式扩张等问题无法准确有效评价预警，造成城乡建设用地规模突破规划指标的目标值。

B. 空间布局合理性预警结果分析

2013~2020 年，海淀区空间布局合理性的指标得分由 0.089 降低至 0.002，预警等级由"无警"上升至"中警"，其中，2015~2016 年空间布局合理性的指标得分低至 0.000，预警等级达到"重警"，总体来说海淀区规划实施经济合理性有所降低。这可能是由于土地利用总体规划在编制过程中，各类土地用途的适宜性评价、资源环境承载力评价，国土空间利用类型对区域生态环境的影响评价的科学性有待提高，新增建设用地布局随意性大。此外，长期以来，我们往往把规划监督工作的重点放在对被监督者的事后惩戒，而忽略了事前预防和事中控制，从而难以及时纠正重大的决策失误，无法将规划实施失控、失误、失范造成的损失降到最低，从而造成空间布局合理性的降低。

C. 土地开发利用水平预警结果分析

2013~2020 年，海淀区土地开发利用水平指标得分由 0.06 短暂上升至 0.161 后又下降至 0.101，预警等级由"中警"降低至"无警"又上升至"轻警""中警"，总体来看尽管在海淀区规划实施过程中，土地开发利用水平指标得分有所提高，但变化幅度较小，海淀区土地开发利用水平存在一定的警情。这可能是在规划实施周期，由于规划实施的权威性不足，政府看重建设用地开发后产生的效益，对人地关系认识不够到位，进而导致建设用地扩张速率快于人口增加速率，对于土地开发利用水平的限制瓶颈逐步彰显。同时，由于规划实施过程中刚性束缚过大等问题可能无法及时对建设用地需求做出有效反馈和调整，也会降低了土地的开发利用水平。

D. 经济效益预警结果分析

2013~2020 年，海淀区经济效益的指标得分由 0.062 上升至 0.092，预警等级由"中警"下降至"轻警"，尽管其间预警等级有所波动，但总体来说海淀区规划实施经济效益有所提升。这可能是由于海淀区围绕"减人、添秤、服务"三大原则，盘活存量、用好增量、提高质量，充分利用全域建设用地，保障全区核心定位的实现。海淀区规划实施以加快建设全国科技创新中心核心区为目标，进一步优化调整产业结构，通过重点保障中关村自主创新示范区核心区用地需求，大力支持城乡产业发展用地，打造科技创新中心，推动经济提质增效升级，提升海淀区规划实施的经济效益。但也存在土地资源配置机制和用地规划中刚性过大等问题可能无法有效地对产业结构调整需求做出引导和反馈，影响土地资源的利用效率，导致经济效益的预警等级有所波动。

E. 社会效益预警结果分析

2013~2020 年，海淀区社会效益指标得分由 0.002 上升至 0.074，预警等级由"中警"先下降至"轻警"再下降至"无警"，总体来看规划实施社会效益逐年趋好。可能是由于规划有效引导城市用地合理布局，促进土地复合功能利用，将原来单一的居住、产业板块或者大的土地功能分区变成小组团、复合化、短出行的职住平衡结构土地利用模式，加大生活服务类设施用地，优先保障学校、医院、公园、文化、娱乐等配套设施用地，提高城市生活和工作的便利性，并且还保障高品质租赁住房用地供给，通过精细化土地利用管理，优化城市交通用地网络体系，从而提高了土地的人口承载能力，提升了规划实施的社会效益。

F. 生态效益预警结果分析

2013~2020 年，海淀区生态效益指标得分由 0.135 下降至 0.060，预警等级由"无警"上升至"轻警""重警"再下降至"中警""轻警"，但总体来看规划实施生态效益有所下降。前期随着规划的不断实施，海淀区社会经济发展迅速，城市化水平迅速提升，带来城市发展无序蔓延、建设面积大量扩张等一系列问题，致使经济快速发展与土地生态环境保护之间的矛盾越来越尖锐，再加之生态景观精细化管理程度不足，因此土地生态面临严重压力，规划实施的生态效益有所下降，在 2015~2017 年生态效益预警等级甚至达到过"重警"状态。但随着规划实施人员对生态效益的重要性认识的提高，海淀区多措并举，实施土地整治，推进郊野公园建设，开展腾退村庄还绿与北部产业园区生态加密工程，完成海淀区"十二五"平原造林工作，创新生态管理机制，这些举措使得规划实施的生态效益状况有所好转，生态效益的警情评估指数开始上升，预警等级下降至"轻警"，但上升幅度有限，与 2013 年相比生态效益仍然有所下降。说明海淀区采取的一系列积极措施提高了规划实施的生态效益，但短时间内难以使其发生大的提升。

2. 反馈调控措施

1）推进国土空间"四量"统筹利用

国土空间规划调整完善应以安全和品质为核心导向，在保障基本社会、经济和生态系统安全的前提下，实现"底量、存量、数量、流量"四量统筹优化。第一，保"底量"，"底量"代表了国土空间利用中保障社会、经济和生态安全的基本底数，严格坚守耕地保护红线和生态保护红线。此外，还应考虑经济发展和社会稳定中的诸多具体风险，增加规划"弹性"，在土地要素中留存一定的应急"底量"。第二，以"存量明底数"，"盘点家底"，基于既有自然资源统计数据和统一的国土调查,综合应用各类监测和调查技术手段,测算国土空间存量,构成国土空间资产账户的基础内容。第三,以"数量定变化",动态监测各类国土空间因生产消耗、生态破坏等导致的减量和生态环境修复等导致的增量变化。第四,以"流量定成本",明确国土空间利用中产生的合理成本和不合理的生态、经济等成本和负债,严控规划实施过程中过度开发、以劣充好、投机倒把等行为,实现国土空间集约节约利用。

2)坚持节约集约用地制度,严格控制建设用地扩张

第一,通过调整土地利用年度计划,控制新增建设用地规模。新增建设用地重点保障中关村科学城用地、保障性安居工程及重点项目安置房用地以及中央党政机关与军队用地,在用地规模、建设强度等多方面给予优先支持。严格控制传统产业占地,严禁新建和扩建未列入规划的区域性物流中心和批发市场的用地供应。严控新增教育、医疗机构及行政性、事业性服务机构等用地供应,防止建设用地的无序扩张和蔓延。第二,以"内涵挖潜、提高效率"为主,促进建设用地减量提质。对集中建设区外零散分布、效益低的建设用地坚决实施减量腾退。同时,充分盘活存量建设用地,建立和完善建设用地集约标准。加大建设用地挖潜力度,各项建设要优先开发利用废弃、闲置、低效的土地,鼓励开发利用地上地下空间,重点加快城中村、棚户区改造,结合新农村建设、村镇建设用地改造挖掘用地潜力,优化配置城乡建设用地,提高各项建设节约集约用地水平。

3)加强生态引领机制

一是以生态文明为导向,加强基础性生态用地保护,构建复合型的土地生态安全格局,优化生态产业布局与产业导向,建立土地利用的环境建设机制。二是处理好利用潜力开发与生态环境保护的关系,无论是土地综合整治还是立体空间利用,均要以生态环境安全为前提,不能因一时之利而忽视了环境的保护。三是处理好海淀区经济发展与环境保护的关系,建立生态优先、产城融合的可持续发展模式,确保海淀区发展"望得见山、看得见水"。

4）加强规划实施保障措施

围绕规划目标与方案，在规划调整过程中，一是创新行政保障机制，建立土地执法监管长效机制，强化建设项目用地预审和年度用地计划控制，创新促进存量用地转型机制，深化城乡土地管理制度改革。二是健全经济保障机制，完善耕地和永久基本农田保护激励制度，鼓励社会资金投入。三是强化技术保障机制，加强节约集约用地技术研究，建立国土空间规划管理信息系统，完善规划手段，助力多规合一。四是完善监督保障机制，加大耕地保护宣传力度，完善规划的社会监督机制。

第五篇 "多规合一"视角下土地供给侧结构性改革的案例应用与反馈修正

第 25 章

"区–镇–村"城乡协同的"多规合一"视角下土地供给侧结构性改革案例研究

25.1 海淀区土地供给侧结构性改革优化路径

在供给侧结构性改革、京津冀协同发展和生态文明建设三大宏观政策的外部环境要求下，北京市海淀区面临着产业结构调整、区域协调发展和生态建设等具体要求，现行规划已经无法满足现实经济社会的新情况，土地利用的矛盾与问题逐渐凸显。基于此，结合实际情况，从功能协调、层次有序和动态反馈出发，探索"多规合一"助力土地供给侧结构性改革优化路径。

25.1.1 研究区概况

海淀区位于北京市的西北部，作为重要的"城六区"之一，科研院所林立，高等院校密集，经济发展迅猛，文化旅游资源丰厚，中央、军队机关众多，拥有首都政治和教育、科技、人才以及文化、自然地理等明显的区位功能优势和资源优势，也是国家高新技术产业基地之一。根据总体部署，北京市未来发展一是要疏解非首都功能，二是要强化首都核心功能，实现疏功能、减人口、聚人才、谋发展、优服务、惠民生。海淀区的未来功能定位是具有全球影响力的全国科技创新中心核心区，服务保障中央政务职能的重要地区，国家历史文化传承发展的典范地区，生态宜居和谐文明的示范区以及高水平新型城市化发展路径的实践区，并提出中关村科学城扩大至海淀全域。这既为海淀区进一步转变经济增长方式、优化产业结构布局、探索土地开发利用新模式提供了良好的机遇，又给土地利用规划和管理工作提出了新要求，包括调整耕地和基本农田保护、统筹城乡建设发展新空间、构建土地生态安全格局和创新土地规划管理新机制等。现行海淀区土地利用总体规划并不能完全适应当前国民经济在土地利用上的需求，而整个调整完善思路的推进都应该紧密结合外部环境的这种变化。

25.1.2　利用状态

海淀区土地利用变更调查数据显示，2014 年底，全区共有 43 076.94 hm^2 的土地，其中 17 283.04 hm^2 属于农用地，约占 40.12%；另外 25 151.12 hm^2 属于建设用地，占比约为 58.39%；另外还有 642.78 hm^2 属于未利用地，约占土地总面积的 1.49%（表 25-1）。

海淀区土地利用具有明显的区域特点：①农用地以林地为主，2014 年林地面积 10 555.81 hm^2，占农用地比率为 61.08%，耕地面积 2059.99 hm^2，占农用地比率为 11.92%，且主要分布在海淀北部四镇（苏家坨镇、温泉镇、上庄镇、西北旺镇）；②建设用地以城市用地为主，2015 年城市用地面积 15 107 hm^2，主要分布在海淀南部地区，占建设用地比率为 59.62%；2014 年农村居民点用地面积 6945.01 hm^2，主要分布在北部四镇，占建设用地比率为 27.73%；③土地利用程度高，后备土地资源匮乏，未利用土地仅占土地总面积的 1.49%。

表 25–1 2014 年海淀区土地利用情况（单位：hm²）

地区		总计	农用地					合计	建设用地							未利用地
			合计	耕地	园地	林地	其他农用地		城乡建设用地					交通水利用地	其他建设用地	
									小计	城市	建制镇	农村居民点				
海淀区		43 076.94	17 283.04	2 059.99	2 614.39	10 555.81	2 052.85	25 151.12	23 103.49	15 062.61	1 095.86	6 945.01	1 029.24	1 018.39	642.78
南部地区		22 355.83	4 228.92	28.17	317.1	3 421.95	461.69	17 698.24	17 057.65	15 036.81	500.04	1 520.8	307.57	333.02	428.67
北部地区		20 721.11	13 054.12	2 031.81	2 297.3	7 133.85	1 591.15	7 452.88	6 045.84	25.81	595.82	5 424.22	721.65	685.37	214.11
其中	上庄镇	3 835.26	2 536.03	964.86	216.12	858.14	496.91	1 198.92	1 025.21	0.14	164.84	860.23	132.6	41.11	100.31
	苏家坨镇	8 457.62	6 331.89	470.24	1 409	3 859.86	592.78	2 059.51	1 687.75	0.16	89.5	1 598.09	307.25	64.51	66.22
	温泉镇	3 318.75	1 971.59	108.03	216.26	1 487.74	159.56	1 338.2	1 117.43	0	321.53	795.9	64.4	156.36	8.96
	西北旺镇	5 109.48	2 214.61	488.68	455.92	928.11	341.9	2 856.25	2 215.45	25.51	19.95	2 170	217.4	423.39	38.62

25.1.3 利用问题

1. 耕地利用问题

实有耕地量较少。《北京市土地利用总体规划（2006—2020）》要求到2020年，海淀区耕地保有量不低于31 005亩。尽管根据2013年土地利用数据统计，海淀区耕地面积为30 900亩，基本完成了耕地保护目标。但2009~2013年，海淀区耕地净减少7022亩，减少占比18.52%，幅度较大。且根据海淀区地籍核查数据，耕地中含其他农用地18 241亩，占耕地总规模的59.03%；含平原造林4244亩，占耕地总规模的13.73%；实际耕地仅有8415亩，不足耕地的1/3，仅为27.23%，与规划目标相距甚远，耕地保护压力很大（表25-2）。与此同时，在实际耕地中未来规划建设占用面积为2131亩，因此，如果考虑未来规划占用，则实有耕地仅为6284亩。耕地后备资源数量严重不足。海淀区未利用地以河流水面为主，耕地补充潜力小。2013年土地利用数据（未利用地）（表25-3）显示，海淀区未利用地面积9642亩，占海淀区土地总面积的1.49%，但其中河流水面和湖泊水面占未利用地面积的89.93%。对耕地数量的补充十分有限。

表25-2　2013年海淀区地籍核查耕地情况（单位：亩）

地区		实际耕地	平原造林	其他农用地	合计
海淀区		8 415	4 244	18 241	30 900
南部地区		0	0	423	423
北部地区		8 415	4 244	17 818	30 477
其中	上庄镇	6 404	575	7 494	14 473
	苏家坨镇	397	2 478	4 179	7 054
	温泉镇	25	88	1 507	1 620
	西北旺镇	1 589	1 103	4 638	7 330

表 25-3 2013 年未利用地现状数据

地区		河流水面/亩	湖泊水面/亩	裸地/亩	其他草地/亩	合计/亩	占全区比重	占未利用地比重
海淀区		3837	4834	225	746	9642	1.49%	100.00%
南部地区		1580	4834	0	17	6430	1.00%	66.69%
北部地区		2257	0	225	730	3211	0.49%	33.31%
其中	上庄镇	1413	0	0	92	1505	0.23%	15.61%
	苏家坨镇	449	0	217	327	993	0.15%	10.30%
	温泉镇	99	0	0	35	134	0.02%	1.39%
	西北旺镇	296	0	8	276	579	0.09%	6.01%
占全区比重		0.59%	0.75%	0.03%	0.12%	1.49%	—	—
占未利用地比重		39.79%	50.13%	2.33%	7.74%	100.00%	—	—

区域间耕地供需不匹配。海淀北部西北旺镇、温泉镇完成了 2020 年耕地保护任务，但苏家坨与上庄镇未能完成，且苏家坨耕地现状与保护要求相差巨大，保护形势严峻（表 25-4）。此外，海淀南部地区无耕地保护任务，但四季青镇和马连洼街道尚有耕地 422 亩。农田空间分布碎片化严重，集中连片数量较少。图斑面积小于 50 亩的耕地有 795 亩、小于 100 亩的耕地有 1905 亩（表 25-5）。

表 25-4 耕地保护任务完成情况（单位：亩）

地区		2013 年耕地数量	2020 年规划目标	规划目标完成情况
海淀区		39 900	30 989.51	完成
南部地区		423	0.00	完成
北部地区		30 477	30 989.5	完成
其中	上庄镇	14 473	14 471.96	基本完成
	苏家坨镇	7 054	9 675.41	未完成
	温泉镇	1 620	729.54	完成
	西北旺镇	7 330	6 112.59	完成

表 25-5　2013 年地籍核减后基本农田中耕地及破碎耕地情况（单位：亩）

地区	基本农田	核查耕地	图斑面积小于 50 亩		图斑面积小于 100 亩	
			面积	核减后	面积	核减后
海淀区	25 530	4 185	795	2 280	1 905	3 390
上庄镇	10 140	3 660	675	1 935	1 725	2 985
苏家坨镇	9 405	60	0	0	60	60
温泉镇	900	0	0	0	0	0
西北旺镇	5100	465	120	345	120	345

2. 建设用地

建设用地指标结构失衡，城乡建设用地超量明显。2013 年建设用地规模（25 151 hm²），未超过规划指标（27 700 hm²）要求，并仍有 2549 hm² 的发展空间。但从用地分类看，指标剩余不均衡，2013 年，城乡建设用地规模（23 106 hm²）已经超过规划指标（22 700 hm²）。2013 年，全区特交水用地面积为 2048 hm²，剩余指标为 2952 hm²，如表 25-6 所示。城乡建设用地指标不足，特交水用地指标过剩，亟须创新城乡建设用地与特交水用地结构弹性调整机制。

表 25-6　海淀区建设用地主要控制指标执行情况（单位：hm²）

指标名称	2009 年	2013 年	2020 年	规划完成情况
建设用地总规模	24 086	25 151	27 700	符合规划目标，可拓展 2 549 hm²
城乡建设用地规模	22 061	23 106	22 700	超过规划目标，超出 406 hm²
交通、水利设施及其他建设用地规模	2 025	2 048	5 000	符合规划目标，可拓展 2 952 hm²

建设用地区域供需匹配不合理。海淀区南部地区是建设用地与城乡建设用地的集中区，也是未来建设指标的需求区域。2009~2013 年新增建设用地

主要分布在北部地区，扩张面积为 947 hm²，占全区建设用地扩张面积的
88.92%。2013 年，海淀南部地区建设用地面积为 17 698 hm²，占海淀区建设
用地比重为 70.37%，城乡建设用地面积为 17 058 hm²，占全区城乡建设用地
73.83%。因此，海淀区建设用地与城乡建设用地主要位于南部地区。根据土
地利用变更调查数据，2013 年海淀南部地区建设用地与城乡建设用地均超出
规划目标。其中，建设用地已经超出规划要求 486 hm²，城乡建设用地已经
超出规划要求 1357 hm²，其主要原因在于规划基期将南部地区设定为规划减
量区域。"十三五"期间，南部地区将加快建设中关村国家自主创新示范区。
因此，南部地区将面临建设用地新增需求强劲与建设用地规模超过规划目标
的矛盾。此外，尽管北部地区尚未超过规划指标，但建设用地扩张速度明显
加快。2009~2013 年，海淀区建设用地净增加 1065 hm²，其中，城乡建设用
地以及其中的农村居民点分别增加 1042 hm²、809 hm²，占建设用地增加面积
的 97.84%、75.96%，是建设用地增加的主要来源，且主要分布于北部地区的
苏家坨镇、上庄镇和西北旺镇。2009~2013 年苏家坨镇与上庄镇，分别占全
区建设用地扩张面积的 33.43%、23.57%，具体如表 25-7 至 25-9 所示。

表 25-7 建设用地指标完成情况（单位：hm²）

地区		2009 年	2013 年	2020 年规划目标	指标执行情况	规划剩余空间
海淀区		24 086	25 151	27 700	未超过规划目标	2 549
南部地区		17 580	17 698	17 212	超过规划目标	0
北部地区		6 506	7 453	8 468	未超过规划目标	1 015
其中	上庄镇	948	1 199	1 576	未超过规划目标	377
	苏家坨镇	1 704	2 060	2 364	未超过规划目标	304
	温泉镇	1 245	1 338	1 685	未超过规划目标	347
	西北旺镇	2 609	2 856	2 843	未超过规划目标	0

表 25-8　海淀区城乡建设用地规划执行情况（单位：hm²）

地区		2009 年	2013 年	2020 年规划目标	指标执行情况	规划剩余空间
海淀区		22 061	23 103	22 700	超过规划目标	0
南部地区		16 980	17 058	15 701	超过规划目标	0
北部地区		5 081	6 045	6 643	未超过规划目标	598
其中	上庄镇	761	1 025	1 312	未超过规划目标	287
	苏家坨镇	1 348	1 688	1 844	未超过规划目标	156
	温泉镇	972	1 117	1 420	未超过规划目标	303
	西北旺镇	2 000	2 215	2 067	未超过规划目标	0

表 25-9　2009~2013 年海淀区建设用地各项指标变化情况

指标	地区	2009 年/hm²	2013 年/hm²	2009~2013 年增加/hm²	增加占全区比重/%	增加占本级比重/%
建设用地	海淀区	24 086	25 151	1 065	100	4.42
	南部地区	17 580	17 698	118	11.08	0.67
	北部地区	6 506	7 453	947	88.92	64.31
	上庄镇	948	1 199	251	23.57	26.48
	苏家坨镇	1 704	2 060	356	33.43	20.89
	温泉镇	1 245	1 338	93	8.73	7.47
	西北旺镇	2 609	2 856	247	23.19	9.47
城乡建设用地	海淀区	22 061	23 103	1 042	100	4.74
	南部地区	16 980	17 058	78	7.48	0.46
	北部地区	5 081	6 045	964	92.51	85.68
	上庄镇	761	1025	264	25.26	34.69
	苏家坨镇	1 348	1 688	340	32.54	25.22
	温泉镇	972	1117	145	13.97	15.02
	西北旺镇	2 000	2 215	215	20.57	10.75
农村居民点	海淀区	6 137	6 946	809	100.00	13.18
	南部地区	1 532	1 521	-11	—	—
	北部地区	4 605	5425	820	101.36	17.81

续表

指标	地区	2009 年/hm²	2013 年/hm²	2009~2013 年增加/hm²	增加占全区比重/%	增加占本级比重/%
农村居民点	上庄镇	649	861	212	26.21	32.67
	苏家坨镇	1 252	1 598	346	42.77	27.64
	温泉镇	724	796	72	8.90	9.94
	西北旺镇	1 981	2 170	189	23.36	9.54

3. 生态用地

根据 2013 年土地利用变更调查，2009~2013 年海淀区生态用地净减少 1037.5 hm²。这主要来源于建设用地对生态用地的占用。据统计，新增建设用地以林地占用为主，主要位于南部地区；2009 年底至 2013 年间海淀区新增建设用地 1602.07 hm²，其中占用林地面积达 650.30 hm²。此外，海淀区生态用地认定机制有待完善。一方面，国土空间开发利用统筹协调平台尚未建立，部门之间生态用地地类认定口径不一；另一方面，国家年度变更调查以新增建设用地核查为主，缺乏建设用地腾退还绿地类变更机制，不利于实现全域生态用地的精细化管理，构建全域绿色生态网络，具体如表 25-10 和表 25-11 所示。

表 25-10 2009~2013 年生态用地规模及布局变化情况（单位：hm²）

地区		2009 年	2013 年	2009~2013 年生态用地净变化					
				合计	耕地	园地	林地	牧草地	水域及苇地
海淀区		17 244.51	16 207.04（17 409.2）	−1 037.5（164.66）	−468.16	−299.44	−343.24	−6.2	79.54
南部地区		4 338.4	4 276.67（4 453.15）	−61.75（114.73）	−162.02	−58.69	−61.36	−8.52	228.84
北部地区		12 906.1	11 930.38（12 956.06）	−975.75（49.93）	−306.14	−240.75	−281.88	2.32	−149.3
其中	上庄镇	2 546.72	2 233.74（2 279.53）	−312.98（−267.19）	−184.15	−22.66	−36.53	−8.01	−61.63

续表

地区		2009 年	2013 年	2009~2013 年生态用地净变化					
				合计	耕地	园地	林地	牧草地	水域及苇地
其中	苏家坨镇	6 222.39	5 875.66（6 261.54）	−346.74（−5.86）	−36.48	−105.98	−140.93	−0.98	−62.37
	温泉镇	1 945.07	1 853.5（1 983.94）	−91.59（38.85）	−12.3	−14.88	−57.82	1.11	−7.7
	西北旺镇	2 191.92	1 967.48（2 476.05）	−224.44（284.13）	−73.21	−97.23	−46.6	10.2	−17.6

注：括号中为扣除建设用地腾退与造林后的实际数据；表中数据为四舍五入后数据，存在不等

表 25-11　2009~2013 年海淀区建设用地占用情况

	新增规模/ hm²	新增比重/%
海淀区	1602.07	100
耕地	310.91	19.41
园地	244.88	15.29
林地	650.30	40.59
其他农用地	356.11	22.23
未利用地	39.87	2.49

25.1.4　优化路径

1. 数量结构

基于供给侧结构性改革等要求，从京津冀协同发展战略角度出发，海淀区的首要任务是要有序疏解非首都功能。根据《北京市新增产业的禁止和限制目录》，严格控制增量，严禁新增农林牧渔产业，加快高能耗、低产出的一般性产业退出，推进企事业单位和集体经济业态调整升级，推进中关村核心区创新发展。海淀区土地利用总体规划调整完善要针对海淀区目前的产业结构要求，对土地利用指标和数量结构进行相应的调整，调节土地利用结构。因此，海淀区土地利用总体规划调整完善首先要根据海淀区和北京市的产业

调整、退出等安排，削减建设用地总量，尤其是减少高能耗、高污染等禁止类产业的用地指标，控制新增产业的土地供给增量，但是对未来重点建设项目，根据项目性质、级别酌情赋予建设指标，保障重点项目落地，对中关村核心区进行集中用地安排，尤其是要适当增加创新类新兴产业的土地指标供给。通过结合海淀区"做大三产、做强二产、优化一产"的产业发展思路，疏解低端产业、改造南部地区低效用地，深化农村集体建设产业用地利用机制，优化城乡土地利用结构与布局，减少总量、盘活存量、严控增量，以促进单位地区生产总值建设用地面积降低，土地利用效率提高。

其次，针对海淀区产业发展提出严格控制农林牧渔产业的增量，海淀区土地利用总体规划调整完善中应根据农业发展战略核减耕地数量，但基于耕地保护的要求，应当增加永久基本农田的保护率。此外，海淀区承担了推进首都生态建设的重要任务，因此规划调整完善中应对土地资源的数量配置进行优化，增加生态用地供给，实现绿色空间的增加。以助力海淀区全面建设成为"美丽海淀"为目标，落实三线划定，推进山水林田湖综合整治工程，完善生态用地管理机制，解决区域污染，构建历史文化遗产保护网络，实现"生态加密"，建立全国资源循环示范区。此外，还应建立生态用地地类认定机制。以推进多规融合、三线划定为目标，建立国土空间开发利用统筹协调平台，统一部门之间生态用地地类认定口径。将城乡规划中的公园绿地（向公众开放，以游憩为主要功能，兼具生态、美化和防灾等作用的绿地）、防护绿地（具有卫生、隔离和安全防护功能的绿地，包括卫生隔离带、道路防护绿地和城市高压走廊绿带等）等纳入生态用地范围。

2. 空间结构

有序的系统观下，土地利用规划的供给侧结构性改革应当从横向上协调各类空间关系，从纵向上统筹不同空间尺度的土地利用。结合区域情况，海淀区土地利用总体规划的调整完善首先应以京津冀协同发展战略、海淀区"十三五"发展定位为指导，保证规划调整完善与海淀区发展大局的协同；其次与海淀区城市规划、"十三五"发展规划等进行磨合，协调经济发展、城市空间资源配置，同时结合其他部门规划综合分析各部门的土地空间布局需求，以市局"两减一增"（减耕地与基本农田、减建设用地、增绿色空间）为原则，保证耕地、基本农田、建设用地等指标调整的协同，在土地空间上落实"一轴一带两区多点网络型开放式"的布局，统筹经济发展、城市空间、生态建设、重要交通建设用地建设的空间关系。

另外，海淀区土地利用总体规划的调整完善中要结合海淀区"南城北乡"的空间发展特点，着力解决海淀区在这种区域发展差异下的各类空间关系冲突和矛盾，可将海淀区划分为3大整治分区和54个整治功能单元，编制土地整治功能单元规划，一是通过万亩良田工程、乡村人居环境提升工程、山水林田湖综合整治示范、产业园区节地、城镇更新5大整治工程，横向层次上对海淀区土地空间布局进行统筹安排，二是通过土地整治专项规划的编制有效地补充和完善海淀区和北京市的现行土地利用规划体系。以生产空间集约高效、生活空间宜居适度、生态空间山清水秀的空间格局为目标，牢固树立"底线"思维，结合土地整治功能单元规划，按照"布局集中连片、质量有提高"的要求，将城市周边、道路沿线的优质耕地优先划入基本农田，注重基本农田范围划定与区域生态系统的有机结合，进而合理调整基本农田保护空间布局，划定永久基本农田保护红线；根据全区生态文明建设需求，将重要自然保护区、风景名胜区、森林公园、重要河流水系、公共绿地、防护绿地等纳入生态保护范围，结合绿屏、绿心、绿道、绿廊等绿色空间的特点与布局需求，合理划定生态保护红线；以优化城乡空间结构、实现集约紧凑发展为原则，结合城市总体规划，根据人口和产业规模确定各重点功能板块的发展区规模，确定城市开发范围及空间布局，划定城市开发边界。

具体而言，要以加快建设全国科技创新中心核心区为目标，重点保障中关村自主创新示范区核心区用地需求，大力支持城乡产业发展用地，打造科技创新中心，推动经济提质增效升级。以建设国际一流、和谐宜居的首都中心城区为目标，积极推进保障性安居工程及重点项目安置房用地，做好市政基础设施及公共设施用地安排，保证中央党政机关与军队用地需求，发挥用地"服务"功能。为此，一方面须提升南部中关村科学城建设用地的集约利用水平，努力实现其建设减量。另一方面，须根据中关村科学城发展的实际需求，以及全区建设用地规划情况，完善中关村科学城的建设用地指标安排，使其更符合中关村科学城的发展实际，更好发挥国土资源在稳增长、调结构等方面的支撑性作用。此外，还应以北部生态科技新区为单位，以创新土地整治规划实施机制、探索北部地区城乡建设用地整体增减挂钩为配套，整体实施增减挂钩项目，解决北部整体开发建设对耕地指标的迫切需求，实现海淀区内耕地占补自平衡，保证规划调整完善与国土管理政策创新的协同。

3. 时序结构

以土地利用总体规划为底盘，以资源环境承载力、建设用地总量和强度管控、三条红线为基本约束，积极对接城市规划，形成统一衔接、功能互补、相互协调的"一本规划、一张蓝图"。创新规划实施机制，保障"多规合一"顺利实施。海淀区土地利用涉及多个不同时期的规划，例如，《北京市海淀区土地利用总体规划（2006—2020）》《海淀区"十二五"时期城乡一体化发展规划（2011—2015 年）》《海淀区"十二五"时期北部研发服务和高新技术产业集聚区（暨海淀北部地区）建设发展规划（2011—2015 年）》《中关村国家自主创新示范区北部研发服务和高新技术产业聚集区（海淀北部地区）规划（2010 年—2020 年）》《海淀区"十三五"时期生态文明建设规划》《海淀区"十二五"时期土地资源保护与开发利用发展规划（2011—2015 年）》《海淀分区规划（国土空间规划）（2017年—2035 年）》等，这些规划的颁布时间、规划基期与规划期限均有所差异，因此，需要做好规划间的协调工作。

　　土地利用规划的供给侧结构性改革一是要以动态评价和反馈机制从时间截面上调整土地利用规划中不符合现状发展的内容，二是要建立弹性空间提高土地利用规划对未来发展变化的适应性，调节土地供给时序。北京市包括海淀区在内已经在土地利用总体规划的管理和实施中探索了"动态维护"机制。动态维护机制是为了弥补原有规划预测不足的缺陷，更好满足社会经济发展需求，在明确相关项目必要性与重要性的基础上，通过一定的标准和规范的程度，局部修改原有规划的指标性质、数量与布局等方面的规划调整机制。在供给侧结构性改革下，从动态的系统观出发，海淀区土地利用总体规划的调整完善一是要继续完善动态维护机制，整合现有的动态维护成果，提高动态维护机制的科学性；二是要充分发挥动态维护机制的作用，进一步提高土地利用总体规划适应经济发展变化的弹性。此外，为落实京津冀协同发展战略、深化空间规划体制改革，立足海淀区"十三五"发展定位，应根据北京市规划和自然资源管理委员会职能安排，在区委区政府的统筹指导下，协同发改委、环保、园林等相关部门，发挥各自部门优势，整合规划基础数据调查队伍，搭建基于土地管理基础数据库的土地规划、城市规划、经济社会发展规划的多规融合平台，努力形成深度融合的协作机制，强化土地用途管制，强化土地利用时序的管控。

25.2　苏家坨镇土地供给侧结构性改革优化路径

25.2.1　研究区概况

　　苏家坨镇位于海淀区西北部，区域内地势西高东低，西部及部分南部地区属太行山余脉"西山"山脉，海拔平均 1000 m 以上；中部西北环线铁路两侧为坡地，平均海拔 100 m；北安河路以东为平原，平均海拔 45 m；温阳路以东、稻香湖周围地势低洼，具有典型湿地特征。属暖温带半湿润季风气候，夏季炎热多雨，冬季寒冷干燥。年平均气温 16℃，一月份平均气温−3℃，七月份平均气温 30℃，全年无霜期 200 余天。

苏家坨镇包含 9 个居民社区和 19 个建制村，土地总面积 8457.8 hm²。2014 年苏家坨镇常住人口数 4.9 万人，户籍人口数 3.6 万人，常住户数 2.1 万户，从业人员 2.6 万人。随着中关村国家自主创新示范区研发服务和高新技术产业聚集区配套服务区建设项目的实施及旅游产业的进一步发展，全镇第一产业比重呈逐年下降趋势，二、三产业发展势头强劲。

25.2.2 利用状态

2014 年苏家坨镇土地总面积为 8457.8 hm²，农用地比例最大，面积为 6285.62 hm²，占总面积的 74.32%；其次是建设用地，面积为 2106.67 hm²，占 24.91%；未利用地比例最低，面积为 65.51 hm²，占 0.77%。农用地中，以耕地、园地和林地为主，耕地面积为 465.51 hm²（6982.65 亩），林地面积为 3837.59 hm²，园地面积为 1395.07 hm²，其他农用地面积为 587.45 hm²。建设用地中，城乡建设用地面积为 1728.32 hm²，其中城镇建设用地面积为 90.72 hm²，农村居民点用地面积为 1637.60 hm²，交通水利用地面积为 378.36 hm²。

土地利用类型多样，农用地比重大。苏家坨镇地势西高东低，西面为浅山地带，东部为平原。这样的地形地貌特征形成了苏家坨多样化的、较齐全的土地资源利用类型。全镇土地利用结构中，耕地、园地、林地面积较大，占到全镇面积的 2/3 以上；同时镇域东部拥有丰富的水资源，为区域发展提供了绿色生态屏障和开放空间，体现出苏家坨镇浅山地区发展以农、林经济为主的特点。

25.2.3 利用问题

1. 农用地

苏家坨镇耕地实有量较少，耕地保护压力大。截至2014年，苏家坨镇耕地面积7053.6亩，距离规划目标要求9675.41亩差距较大，是海淀区乡镇中唯一一个没有完成耕地保护目标的镇。经过实地核查，2013年苏家坨镇耕地中含有平原造林2478亩、占耕地总量的35.12%，含有其他农用地4179亩、占耕地总量的59.24%，实际耕地规模仅有397亩，仅占耕地总量的5.63%，其中还包含部分未来规划建设占用耕地面积，耕地保护压力很大。

耕地减少速度较快，2009~2014年，苏家坨镇耕地面积由7601亩下降至2014年的7053.6亩，减少数量达547.4亩，减少幅度达7.2%。耕地减少主要来源于建设用地扩张占用。其中，农村居民点是耕地的主要转出对象之一，例如大型居民点整治中的保障房建设项目。同时，耕地补充速度较慢。农用地整理与未利用地开发是苏家坨镇耕地增加的主要来源，2009~2014年苏家坨镇补充耕地共计15亩左右，耕地净减少数量高，如表25-12所示。

表25-12　2009~2014年建设用地占耕地主要项目（单位：亩）

建设类型	主要建设项目	占耕面积
保障性住房	苏家坨镇前沙涧北区定向安置房项目	29.4
	苏家坨镇前沙涧东区定向安置房项目	50.4
	苏家坨镇前沙涧西区定向安置房项目	59.7

2. 建设用地

苏家坨镇西面为浅山地带，沿山分布有凤凰岭景区、阳台山景区、鹫峰景区等自然风景区，东部平原地区有稻香湖景区，既担负着保护永久基本农田与生态环境的重要任务，又承载着日益增长的人口压力和经济发展压力，作为中关村科学城北区的重点镇和中关村国家自主创新示范区研发服务和高新技术产业聚集区的重要组成部分，人口的增长和产业发展对建设用地的需求日益加大，耕地保护与经济发展之间的矛盾日益突出。

城镇建设用地扩张速度加快。建设用地以外延扩张为主，土地利用集约程度较低，人均建设用地偏高。随着海淀区建设中关村科学城北区计划的实施，苏家坨镇社会经济和二、三产业有了长足发展，城镇化速度不断加快，建设占用农地的面积不断加大，在一定程度上加大了耕地占补平衡的难度，对该镇永久基本农田保护工作提出了更高的要求。

建设用地布局分散。一是农村居民点布局分散，土地利用集约化程度不高，存在土地资源浪费现象；二是城镇建设用地中存在闲置土地、空闲地未充分利用现象，形成散、乱、空状况；三是镇域内各类用地分布比较分散，难以形成规模经营。镇内建设用地比例较小，布局分散，镇内有多条高压线穿越，使土地零散，影响镇中心区布局，如表25-13所示。

表25-13　2009~2014年建设用地规划指标执行情况（单位：hm^2）

指标	2009年	2014年	2009~2014年增加	2020年规划目标	指标执行	剩余空间
建设用地	1704	2106	402	2364	未超过目标	258
城乡建设用地	1348	1728	380	1844	未超过目标	116
农村居民点	1252	1637	385	—	—	—

25.2.4 优化路径

1. 数量结构

严格指标控制,首先要严格保护耕地与基本农田数量,合理控制建设用地规模,保证生态用地规模。苏家坨镇承担着海淀区重要的永久基本农田保护任务,必须严格控制建设用地占用耕地需求,保障耕地与永久基本农田保有量完成规划目标。合理调整永久基本农田规模,重点调出平原地区百万亩造林、地下水严重超采地区和土地利用变更调查中的非耕地,优先调入国家下达的城市周边永久基本农田地块、高标准农田地块和优质现状耕地,实现全镇永久基本农田减量提质。同时积极落实耕地占补平衡制度,对废弃建设用地等进行整理复垦、合理开发,以加大土地综合整治对补充耕地的作用,以确保耕地保有量底线。通过积极发展设施农业、精品农业等方式,提升都市型现代农业发展水平,提高耕地利用效率。到 2020 年,全区耕地 115.00 hm^2(1725.00 亩),比 2014 年减少 355.24 hm^2(5328.60 亩),确保永久基本农田保护责任面积 102.96 hm^2(1544.4 亩)。

其次要合理控制新增建设用地规模,严格控制新增建设占用耕地、永久基本农田与其他农用地、生态用地,充分开展存量建设用地挖潜利用,以在满足建设用地需求的同时,控制建设用地扩张速度;城乡建设应优先利用废弃地、闲置地、低效用地和存量用地。考虑到都市区乡镇经济发展规划,到2020 年,苏家坨镇建设用地规模不超过 2364 hm^2;城乡建设用地总规模不超过 1844 hm^2,交通水利及其他建设用地规模不超过 476.85 hm^2。严格控制城乡建设用地总规模,以"减量提质"为主线,优先保障符合首都与海淀区核心功能的党政军机关用地、产业用地、民生用地,压缩非核心功能产业用地,严格执行《北京市新增产业的禁止和限制目录》,适度增加居住及配套服务设施用地,优化居住与就业关系,合理保障区域交通市政基础设施、公共服务设施用地。

2. 空间结构

1) 土地用途分区与管制规则

根据苏家坨镇发展需求与用途,秉持生产空间、生活空间与生态空间"三生空间"相统一的原则,可将苏家坨镇分为基本农田保护区、一般农地区、城镇建设用地区、村镇建设用地区、生态环境安全控制区、其他用地等六类土地用途分区与风景旅游用地分区。

(1) 基本农田保护区与一般农地区。基本农田保护区是需要对永久基本农田实施特殊保护的区域,区内以永久基本农田为主体,包括重要的粮食生产基地、水利与水土保持设施优良的耕地、正在或纳入规划进行改造的中低产田、集中连片程度较高的耕地等,这部分区域主要分布在后沙涧村、柳林村、前沙涧村、周家巷村等地;并对其他土地类型进行管制,要求禁止占用永久基本农田进行非农建设,禁止在区内建窑、建坟、挖沙、采石、取土、采矿、堆放固体废弃物或进行其他破坏永久基本农田的活动。一般农地区包括基本农田保护区外用于农业生产的区域,包括主要分布于梁家园村、台头村、聂各庄村等地的永久基本农田外的一般耕地、现有成片种植园用地和为农业生产和生态建设服务的农田防护林、农村道路、农田水利等其他农业设施,以及农田之间的零星土地。鼓励在区内发展都市型现代农业与观光采摘旅游业等,并逐步将区内有条件的非农业建设用地、其他零星农用地调整或复垦为耕地。

(2) 城镇建设用地区与村镇建设用地区。城镇建设用地区包括主要分布在草厂村、西小营村、苏三四村、大工村等地的主要用于城市建设与发展的区域。区内土地在利用时需符合城市总体规划、园区控制规划与其他专项规划等,不得突破城镇建设用地总体规模,也应符合国家、北京市和海淀区的产业用地政策,积极发展"低碳"产业等。要结合规划期内的用地需求状况和永久基本农田保护任务量,充分协调和安排永久基本农田、基础设施用地及城镇工矿用地空间布局,要在统筹存量土地利用的基础上,依托苏家坨镇已有的基础设施,保证新增建设用地少占耕地和水域,避让永久基本农田、泄洪滞洪区和重要的生态环境用地,做到统筹兼顾,综合布置,优势互补,最大限度地提高土地资源的利用效率。村镇建设用地区主要包括分布在车耳营村、七王坟村、北安河村、徐各庄村等地的农村居民点建设所需的中心村、集镇等建设用地。在进行土地开发与利用时需关注与村庄、集镇等相关规划的衔接问题,不得突破村镇建设用地总规模。针对苏家坨镇农村居民点用地人口负载水平低,趋势不集中的问题,要推进农村居民点的迁并和整理,消除空心村,逐步缩小农村居民点用地总规模。坚持集中紧凑的发展方式,促进农村居民点向中心村集中,乡村工业向工业园区集中,并制定迁村并点、集中居住的激励政策。结合城乡总体规划,编制农村居民点近、远期发展规划,加大零星农村居民点的撤并力度,合理优化农村居民点空间布局。此外,也应合理统筹安排交通水利基础设施用地,构建布局合理、功能完善、适度超前的基础设施空间布局体系。

（3）生态环境安全控制区。生态环境安全控制区是基于生态保护目的需要对区内土地利用进行特殊控制的区域。苏家坨镇有大量的生态用地,包括西部大面积山地林场与东部湿地公园等,是海淀北部重要的生态屏障和恢复区域。区内土地使用需要符合经批准的相关规划,影响生态环境安全的土地用途应在规划期间调整为适宜的用途。西山生态林区以恢复和提高植被覆盖为基本目标,以涵养水源为重点,重点实施人工造林、低效林改造和封山育林等工程,稳步推进山区绿化和岩石裸露地区植被恢复,加强宜林荒山、疏林地和未成林地的绿化建设,优化森林结构,提高森林资源质量,建设乔、灌、草相结合的森林系统,需重点保护天然林、防护林、水源涵养林、水土保持林和重要林种恢复基地;加强对湿地及周边环境的保护力度,禁止过度开发等。至规划期末，生态用地主要集中布局于南沙河、京密引水渠周边区域和大西山山区。

（4）其他用地区。包括规划公路、现状公路、规划铁路、现状铁路、规划河流水系、现状河流水系、其他建设用地等不宜明确分区的线状及区块状用地。

2）建设用地空间管制分区与管制规则

按照保护资源与环境优先、有利于节约集约用地的要求，结合建设用地空间布局安排，可以划定允许建设区、有条件建设区、限制建设区、禁止建设区四个管制分区。

（1）允许建设区。允许建设区是为城乡发展提供空间载体的主要主体。根据建设用地适宜性评价，在与其他相关规划充分协调基础上，基于城乡建设用地规模控制指标，划定城、镇、村建设用地规模边界。允许建设区为苏家坨镇城乡建设用地规模边界所包含的范围，是现状和规划期内新增城镇、村庄建设用地规划选址的区域，也是规划确定的城乡建设用地指标落实到空间上的预期用地区。区内新增城乡建设用地受规划指标和年度计划指标约束，应统筹增量与存量用地，促进土地节约集约利用。规划实施过程中，在允许建设区面积不改变的前提下，其空间布局形态可依程序进行调整，但不得突破建设用地扩展边界。

（2）有条件建设区。为适应苏家坨镇城乡建设发展的不确定性，在城乡建设用地规模边界之外，因地制宜划定规划期内城、镇、村建设用地可选择布局的范围边界，即城乡建设用地扩展边界。有条件建设区为城乡建设用地规模边界之外、扩展边界以内的范围。在不突破规划建设用地规模控制指标的前提下，有条件建设区内土地可以用于规划建设用地区的布局调整。在所有约束性指标没有突破的前提下，区内土地可作为本级行政辖区范围内城乡建设用地增减挂钩（或农村居民点迁并）的新建用地区。区内土地符合规定的，可依程序办理建设用地审批手续，可使用预留机动指标或相应核减允许建设区用地规模。规划期内建设用地扩展边界原则上不得调整。

（3）限制建设区。限制建设区为辖区范围内除允许建设区、有条件建设区和禁止建设区外的其他区域。区内土地主导用途为农业用地和生态服务用地，重点开展土地综合整治和永久基本农田建设。限制城、镇、村建设，严格控制线型基础设施和独立建设项目用地，严格控制建设用地占用耕地。

（4）禁止建设区。为保护苏家坨镇自然资源、生态、环境、景观等特殊需要，划定规划期内需要禁止各项建设的空间范围边界，即城乡建设用地禁止边界。禁止建设区是禁止建设用地边界所包含的空间范围，是具有重要资源、生态、环境和历史文化价值，必须严格控制各类城乡建设开发的区域。镇域内划定该区域面积为 1762.58 hm^2。苏家坨镇禁止建设区主要分布于镇西部大西山山区。区内土地的主导用途为生态与环境保护用地，严格禁止与主导功能不相符的各项建设。

3. 时序结构

国土空间规划的实现是一个长期、复杂的动态过程，存在着许多不确定因素。因此，需对其进行预警监测以便对规划实施中面临的不确定性及时做出有效调整。因此，可以基于国土空间规划预警概念模型对苏家坨镇规划实施的不良征兆和不稳定状态进行诊断。基于对海淀区 2015~2020 年规划警兆诊断指标数值进行中短期预测的结果，再对其进行系数修正，得到苏家坨镇警度划分等级（表 25-14）与规划警情诊断结果（表 25-15），以分析苏家坨镇规划指标执行警情。

表 25-14　苏家坨镇规划预警等级划分

警度	无警	轻警	中警	重警
警度值	>0.0954	（0.0858,0.0954]	（0.0477,0.0858]	≤0.0477

表 25-15 苏家坨镇规划警情诊断

<table>
<tr><th colspan="2">指标</th><th>2013 年</th><th>2014 年</th><th>2015 年</th><th>2016 年</th><th>2017 年</th><th>2018 年</th><th>2019 年</th><th>2020 年</th></tr>
<tr><td rowspan="4">警兆指标</td><td>耕地保有量
指标完成率/%</td><td>72.8662</td><td>56.5554</td><td>56.0720</td><td>56.0720</td><td>56.1076</td><td>56.1416</td><td>56.1756</td><td>56.2089</td></tr>
<tr><td>基本农田保护面积
指标完成率/%</td><td>106.4224</td><td>106.4014</td><td>106.3694</td><td>106.3694</td><td>106.4334</td><td>106.4975</td><td>106.5625</td><td>106.6265</td></tr>
<tr><td>城乡建设用地规模
指标控制率/%</td><td>97.6889</td><td>98.4998</td><td>99.0977</td><td>99.1553</td><td>99.2148</td><td>99.2753</td><td>99.3348</td><td>99.3943</td></tr>
<tr><td>建设用地总规模
指标控制率/%</td><td>81.6668</td><td>82.4654</td><td>84.8184</td><td>84.8525</td><td>84.9038</td><td>84.9551</td><td>85.0063</td><td>85.0576</td></tr>
<tr><td colspan="2" rowspan="2">警情评估</td><td>0.2603</td><td>0.1917</td><td>0.0877</td><td>0.0868</td><td>0.0849</td><td>0.0830</td><td>0.0820</td><td>0.0801</td></tr>
<tr><td>无警</td><td>无警</td><td>轻警</td><td>轻警</td><td>中警</td><td>中警</td><td>中警</td><td>中警</td></tr>
</table>

2013~2020 年，苏家坨镇规划指标执行警情评估指数由 0.2603 逐年下降至 0.0801，预警等级逐步由 2013 年、2014 年的"无警"上升至 2015 年、2016 年的"轻警"，2017 年又上升至"中警"，说明苏家坨镇规划指标执行风险在逐渐提升，执行情况向恶性发展，建设用地面积超过规划要求，耕地保有量与基本农田保有量则未完成规划目标。其中，2013~2014 年，苏家坨镇规划指标执行情况尽管处于"无警"状态，但其警情风险在迅速提升；2015 年到 2017 年三年间，预警等级进入轻警并迅速提升至中警；但 2017 年后相对较为稳定，且距离"重警"还有较远距离。规划实施过程中总量性指标执行情况变差，可能是由于规划编制时对总量控制指标的确定难以满足苏家坨镇发展需求，尤其是对建设用地的需求；同时也与苏家坨镇建设用地利用效率较低、空间布局不合理等有关。

因此，今后规划编制以生产空间集约高效、生活空间宜居适度、生态空间山清水秀的空间格局为目标，牢固树立"底线"思维，深化土地整治规划机制研究与创新，研究发挥土地整治功能单元的路径，在土地整治规划编制与项目实施过程中，提升整治的生态效果，并组织编制村庄土地利用规划。此外，还应建立土地利用规划管理信息系统与定期评估修改制度，探索涵盖土地利用现状、土地利用规划、土地权属、土地市场、土地整理复垦开发等基础数据的统一地政管理数据库。加快土地管理审批、供应、使用、补充耕地各环节的统一信息平台建设，构建规划实施监测以及规划预警等多功能的土地利用规划管理信息系统。在此基础上，建立规划定期评估修改制度，适时修订规划预期性目标，提高规划的适应性和科学性。

25.3　七王坟村土地供给侧结构性改革优化路径

25.3.1　研究区概况

七王坟村位于海淀区西北部阳台山景区山体中部妙高峰浅山地区，隶属于苏家坨镇，七王坟村同时具备优越的区位与自然环境优势。其南部已有交通状况优良的北清路，翠湖南路可直达村庄，是距北京科技企业聚集地最近的山地景观区和户外运动理想之地；七王坟地处暖温带半湿润季风气候，年均气温 11℃，春秋两季平均气温 25℃，一月份平均气温-4.4℃，七月份平均气温 25℃。年均降水 542.7 mm，年日照时数 2662 h，年均风速 2.7 m/s，全年四季分明。

七王坟村发展基础较好，村民从业情况和收入水平仍然偏低，村庄人口老龄化、人口流失等问题仍然存在，产业发展需求紧迫。截至 2017 年，村常住人口 328 人，总户数 162 户，其中农业人口 259 人、105 户，非农业人口 69 人、57 户。村庄主导产业为果木种植业，人均收入 10 667 元/年。村劳动力人口 206 人，其中无业人口 43 人，一产从业劳动力 89 人，二产从业劳动力 3 人，三产从业劳动力 71 人。2013 年村集体总收入 1374 万元，其中农民劳动收入 425 万元。七王坟村作为旅游发展村，其主要的经济来源为一三产业相结合的采摘旅游业。七王坟村位于海淀区苏家坨镇西部浅山地带，是大西山生态涵养区重要组成部分，其立足于生态观光农业、旅游休闲产业，是开展观光、文化、休闲的风景旅游区。

25.3.2　利用状态

七王坟村村域总面积 608.78 hm²。根据 2013 年土地利用变更调查数据，2013 年七王坟村农用地 580.55 hm²，其中，耕地 0.54 hm²，园地 76.8 hm²，林地 487.56 hm²，其他农用地 15.65 hm²；建设用地 23.04 hm²，其中城乡建设用地 19.00 hm²，交通水利及其他建设用地 4.04 hm²。自然生态资源以原生态山林景观、水库景观以及果园景观为主。

25.3.3　利用问题

2009~2013 年，北京市农用地增加 3.9 hm²，但其中耕地与林地分别减少了 0.1 hm² 与 0.16 hm²，耕地保护仍然面临一定压力；由于七王坟村第一产业以果园种植业为主，因此有部分林地被转换为园地，可能带来一定的生态风险。此外，七王坟村人均居民点面积从 615.55 m²/人降低至 579.27 m²/人，但建设用地利用仍较为粗放，整治潜力巨大，如表 25-16 所示。

表 25-16　2009~2013 年土地利用变化情况（单位：hm²）

地类		土地利用现状		
一级地类	二级地类	2009 年	2013 年	2009~2013 年变化情况
农用地	耕地	0.64	0.54	−0.10
	园地	75.26	76.8	1.54
	林地	487.72	487.56	−0.16
	其他农用地	13.03	15.65	2.62
	设施农用地	2.1	2.1	0.00
	农村道路	9.19	9.1	−0.09

续表

地类		土地利用现状		
一级地类	二级地类	2009 年	2013 年	2009~2013 年变化情况
农用地	坑塘水面	1.74	4.45	2.71
	农用地合计	576.65	580.55	3.90
建设用地	农村居民点	20.19	19.00	−1.19
	交通水利及其他建设用地	6.75	4.04	−2.71
	水库水面	2.71	0.00	−2.71
	水工建筑用地	0.22	0.22	0.00
	风景名胜用地及特殊用地	3.82	3.82	0.00
	建设用地合计	26.94	23.04	−3.90
其他用地合计		5.19	5.19	0.00
总计		608.78	608.78	0.00

此外,七王坟村整体以一条东西向的主要道路贯穿始终,呈组团状分布,包括"山林休闲区"、"农庄体验区"和"文化传播区"三部分。以"山林休闲区"为主,但该区并未充分挖掘其旅游资源潜力,且挤占了"农庄体验区"的空间,使其现代农业的优势产业未能充分发挥;建设用地整体呈组团式布局,整体建设紧凑,但村内公共空间占用严重,村庄道路杂乱,部分道路狭窄,杂物堆积;在近村庄集中建设区附近建设用地布局较为分散,仍有部分开发潜力可用于空间资源整合。

25.3.4　优化路径

1. 数量结构

第一,应充分挖掘村庄复耕潜力,进行废弃果园等园地的农用地内部结构调整,促进村域都市型现代农业发展,保障村域绿色空间,提升村域生态景观。此外，还可以通过农用地整治，使农业向观光休闲发展，拓宽农业发展内涵，发挥现代农业的生态保障、生态涵养、观光休闲、文化传统等多元功能。拆除不集中连片、质量等别较低的林地、废旧园地 4.81 hm²，规划山林休闲区、农庄区、景观农业区等集中连片区域新增园地 54.38 hm²。为实现农田保护管理机制由增加耕地数量向"数量管控、质量管理、生态管护"三位一体综合管理转变，以农用地整治为依托，充分发挥基本农田的生态功能和景观功能。村域内农业用地开发利用主要通过土地整治实现提高有效耕地面积和开展精品农业建设的目标，通过特色农庄的形式推进农业用地的合理开发利用。治理闲置农村居民点，增加有效耕地 0.95 hm²，改善农业生产基础条件，为发展都市型现代农业创造条件；合理调整农用地内部结构，调整 44.68 hm² 质量较差林地为园地，调整 0.61 hm² 零星耕地地块和 6.48 hm² 零散分布道路和坑塘水池等其他用地为园地，开展特色农庄区果园建设，充分发挥区域果园种植业优势，发展设施农业、精品农业，并向加工、旅游观赏等功能延伸，实现优质、高效经营并适应市场需求。

第二，开展建设用地整治，缩小农村居民点规模，采用小规模渐进式，提升村庄整体风貌。建设用地整治的重点是通过拆迁复垦实现建设用地减量化，项目通过农村居民点用地整治，减少 9.17 hm² 建设用地。通过农用地整治实现农业规模经营，节约出 4.89 hm² 建设用地，用于发展村镇旅游业等第三产业发展。通过建设用地整治以提高农民生产生活水平，促进城乡经济社会发展一体化，保障必要的公共服务与基础设施用地，优化建设用地结构和布局。村域建设用地开发利用强调民俗村和产业功能环区域，以提高农村建设用地集约节约利用程度和合理配置村域建设用地指标为主要目的。合理调整村域建设用地布局，盘活农村建设用地潜力，将原 20.19 hm² 农村居民点，缩减至 11.02 hm²，共节约 9.17 hm² 用地，其中 7.33 hm² 完成用途转变，0.95 hm² 用于复耕，4.66 hm² 整治为园地，1.20 hm² 用于农村道路建设，0.52 hm² 用于生态景观建设;通过农业规模经营在集中建设区附近节约出 4.89 hm² 建设用地,用于发展村镇旅游业等第三产业发展。通过建设用地开发利用提高农民生产生活水平,促进城乡经济社会发展一体化,保障必要的公共服务与基础设施用地,优化建设用地结构和布局。

第三,在村域内部以提升乡村人居环境、提高村域土地利用效率为主要规划任务,依据不同分区实行差别化的开发利用引导,统筹协调开展村域土地开发利用。可以通过村土地利用规划编制为村域生态文明建设提供保障,主要包括低丘缓坡适度开发和林地生态质量提升两部分内容。在土地生态承载力阈值范围内,适度开发裸地用作农用地,其中用于平原造林的为 3.06 hm²,用于现代农业建设的为 0.86 hm²;结合大西山彩化工程,优化 440.39 hm² 集中连片林地,提升区域生态涵养,如表 25-17 所示。

表 25-17　规划编制前后地类转移矩阵(单位:hm²)

地类	基期土地面积	七王坟村土地利用规划							期间减少(-)
		耕地	园地	林地	其他农用地	农村居民点	交通水利及其他建设用地	未利用地	
耕地	0.64	0.00	0.61	0.00	0.00	0.02	0.00	0.00	0.64
园地	75.26	0.00	71.51	1.16	0.53	2.06	0.00	0.00	3.75
林地	487.72	0.00	44.68	440.39	0.48	2.16	0.00	0.00	47.33
其他农用地	13.03	0.00	6.48	1.35	4.55	0.65	0.00	0.00	8.48
农村居民点	20.19	0.95	4.66	0.00	1.20	11.02	1.83	0.52	9.17
交通水利及其他建设用地	6.75	0.00	2.37	0.00	0.00	0.60	3.66	0.11	3.09
未利用地	5.19	0.00	0.86	3.06	0.02	0.00	0.00	1.25	3.94
规划总计	608.78	0.95	131.17	445.96	6.78	16.51	5.49	1.88	—
期间增加(+)	—	0.95	59.67	5.57	2.23	5.50	1.84	0.64	76.40

2. 空间结构

结合北京市土地利用总体规划和城市规划对海淀区的功能要求、海淀区土地利用总体规划对苏家坨镇的定位设计，依据七王坟村庄发展目标和规划定位，构造 "两轴、一核、一环、三区" 的村级土地利用布局。

"一核"，即以村中的公共服务设施为核心的民俗村。"一核" 位于七王坟路和山林防火路交界点东侧，临近七王坟文化研策中心，位于村庄东侧两大农庄区中部，是七王坟村庄发展的核心区域，也是人口最为密集的区域。"两轴"，即依托村中两条主要道路形成的两条村庄发展轴。"两轴" 是村庄主要景观界面，展示村庄风貌的主要轴线，其中横轴为七王坟路，纵轴为山林防火路，轴线上分布着村庄南部建设用地带，是村域内建设用地最为密集的部分，也是村庄居民住宅用地、旅游产业用地集中分布的区域。"一环"，即产业空间环，是串联起整个村域的功能环。"一环" 是围绕村庄发展核心的不同发展区域、产业和景观节点形成环状发展空间，是对村庄全域的整体性安排。"三区" 包括山林休闲区、文化传播区、特色农庄区。"三区" 是七王坟地区三大主要发展模式的具体表现，包括分布于村庄东侧的两个农庄区，村庄西北部的山林休闲区和村庄西南侧的文化传播区。

通过土地利用规划调整土地利用空间布局，使村庄用地布局更加紧凑合理。调整村域建设用地布局，形成 "北–中–南三带" 的分布格局，合理腾退无建设需求的建设用地，提升建设用地集约节约利用水平，农村居民点方面坚持就地布局，并对部分分散户进行集中迁并。基础设施方面立足解决现状问题，对主要道路进行拓宽、增加停车空间布局，并为远期大市政统一建设提前布置公共服务用地。产业用地方面，实现 "宜居宜业促发展"，选取合理区位分散布局产业用地，使得产业与村庄高度融合，做到统筹兼顾，综合布局，优势互补，最大限度地提高土地资源的利用效率。生态用地方面需优先布局，以生态维护、适度旅游和生态农业开发为主，促进生态品质不断提升，建设田园化的城镇和乡村居住社区，提供环境优美的居住空间，发展现代农业。

村庄外部以村庄四周道路和沟渠整治、防护绿带建设为重点，结合周围园地、林地种植，形成环保村庄的大面积生态系统；村庄内部以排水沟、主要道路整治为重点，通过对沟渠的清理和两侧绿化建设，以及各级道路的两侧绿地、行道树以及路边开放空地的绿化，形成网络绿带；村庄中部产业用地的开敞空间中的集中防护绿地构成村庄内点状绿地。绿化系统尽可能利用各种角落和坡地进行多层次绿化，丰富景观，在能保留现有植物造景的情况下，不宜重新种植其他植物，以保持村庄和自然融合的景观效果。

3. 时序结构

村级规划作为微观尺度上的规划，对其未来发展变化的趋势往往更加难以预测，因此应当建立一个动态评价与反馈机制，对土地利用根据所处时间点的不同而做出相应安排。要建立"刚弹结合"的指标体系和张弛有度的管理规则。一方面增加规划指标在数量、空间等方面的机动弹性，为土地利用能够及时应对产业结构调整而预留空间，以适应时序演变过程中产生的不确定性；另一方面通过树立"绿图规划"的思想，即对规划骨架性内容进行设计，为使用者在未来根据具体环境变化完善细节预留空间；同时平衡各种土地利用方式在时间维度上的变化，完善地类变更机制，为土地利用随着外部环境的不断变化在时序上进行调整提供可能。

因此，七王坟村村级规划应当仔细甄选产业类型，将规划与乡村未来产业的选择与发展方向等相匹配，以充分发挥区位与自然环境优势，突破产业基础的制约，实现产业转型，满足村民日常需求和未来产业发展需求。例如，为了村庄未来开展休闲度假经营的需要，可以规划建设配套游客接待中心、酒店、文化展示中心一级农庄展示中心等设施，以及为村民活动和村庄展示的小型广场。结合产业用地布局，以不破坏山林景观为前提，低密度建设 1 个酒店、1 个游客接待中心、2 个文化展示中心和 1 个农庄；或通过土地整治，将低效利用建设用地转化为创意农场，重点体现田园风情，突出乡村主题，使游客能亲身体验现代化的乡村家庭生活，以及农业生产活动等。

第 26 章

基于纵向关联和横向比较的"多规合一"视角下
土地供给侧结构性改革案例研究

26.1 河北省"多规合一"国土空间规划

本书选取河北省作为省级行政层面和东部地区的代表案例。作为东部地区的重要省份，河北省东沿渤海，省域层面的海域空间规划路径能体现河北省土地供给侧结构性改革路径的特殊性和差异性；内环京津，较为发达的经济水平使其在一定程度上对于东部省份具有代表性。基于此，本书在省域层面的大尺度格局下，从城镇建设空间、农业生产空间、生态空间和海域空间四个板块分别探讨"多规合一"助推土地供给侧结构性改革优化路径。河北省"多规合一"国土空间规划以城镇空间、农业生产空间、生态空间管控、海域空间的整体格局的形成与优化，助推土地供给侧结构性改革。

26.1.1 河北省"多规合一"现状与形势

1. 国土空间特征

河北省地势西北高、东南低，东南部和南部与山东、河南接壤，西部与山西为邻，西北部、北部与内蒙古相接，东北部与辽宁毗连。全省土地总面积 188 589.65 km²，大陆海岸线长 487 km，海域面积 7227.76 km²，海岛 13 个，海岛面积 36.30 km²①。具体而言，河北省空间利用特征可归纳为以下几点：第一，生态系统服务功能彰显。全省森林、草地、湿地、荒漠与裸地等生态用地总面积为 90 536.40 km²，占土地总面积的 48%，是保障京津冀生态安全的重要地域。第二，开发利用水平稳步提高。2015 年全省建设用地面积达到 21 874.08 km²，国土开发强度为 11.60%，经济密度为 1580.47 万元/km²，人口密度为 393.71 人/km²，城镇化率为 51.33%。第三，基础设施支撑体系逐步完善。全省逐步建成了以北京为中心，以快速铁路、高速公路为骨架，以普速铁路、国省干线公路为基础，与港口、机场共同组成的"四纵四横一环"放射圈层状综合交通网络。第四，区域开放合作不断深化。深入落实雄安新区建设、京津冀协同发展和"一带一路"倡议，在交通、生态环保、产业三个重点领域率先突破。

2. 指导思想

全面贯彻党的十八大、十九大精神和习近平新时代中国特色社会主义思想，牢固树立创新、协调、绿色、开放、共享的新发展理念，按照"五位一体"总体布局和"四个全面"战略布局，全面落实京津冀协同发展规划纲要和全国国土规划纲要，以全省国土资源禀赋为基础，统筹谋划和优化调整国土空间开发格局，加快转变国土开发利用方式，统筹优化城镇空间、农业空间、生态空间和海域空间，形成城乡建设空间集聚开发，农业空间、生态空间和海域空间分类保护，城市化地区、农村地区、重点生态功能区、矿产资源开发集中区、海岸带和海岛分区综合整治的"一集聚、三保护、六整治"国土空间开发利用与保护总体战略，加强国土空间用途管制，提升国土空间治理能力，全面提高国土开发质量和效率，为建设经济强省、美丽河北，为

---

① 数据来源于官方提供的非公开《河北省国土空间规划》文本。

谱写中华民族伟大复兴中国梦的河北篇章提供有力支撑和基础保障。

3. 规划目标

1）国土利用水平不断提高

国土战略格局与功能分区进一步完善，以集聚开发区、农业保护区、生态保护区和海域保护区为支撑，重要轴带为主干的新型工业化、城镇化格局基本形成，区域一体化交通网络全面建成，国土利用水平不断提高，人口集疏更加有序，城市文化更加繁荣。到 2030 年，城镇化率达到 70%，万元生产总值地耗下降 56%左右，国土开发强度控制在 12.65%，公路网密度不低于 1.78 km/km^2，铁路网密度不低于 0.055 km/km^2。

2）国土保护体系全面建立

耕地红线和生态红线得到严格落实，湿地、森林、自然岸线等战略性基础资源得到有效保护，生态安全格局全面建成，粮食安全、生态安全和水土资源安全得到有效保障。到 2030 年，耕地保有量不低于 8990 万亩，森林覆盖率达到 36%，湿地面积不低于 100 万 hm^2，自然岸线保有率不低于 35%。

3）国土整治效果全面显现

生态脆弱与退化严重区域得到显著治理，环境污染治理取得重大突破，生态系统功能得到显著增强，国土环境与质量得到显著提升。到 2030 年，累计建成高标准农田面积 6067 万亩以上，新增水土流失治理面积 3.25 万 km^2，历史遗留矿山综合治理恢复面积 30 万亩以上，地级及以上城市空气质量优良天数比率达到 84%，重要江河湖泊水功能区水质达标率不低于 95%。

4）2050 年国土利用远景展望

基本形成对外合作交流融通、交通紧密相连、资源配置均衡、经济高速发展的京津冀世界级城市群；城乡互补、区域互通、陆海统筹、"三生"互动、山水林田湖草有机融合的国土空间"生命共同体"格局全面形成，耕地、森林、湿地、海洋等战略性资源保护体系全面建立；以自然资源资产产权制度、国土空间用途管制制度、国土安全保护制度、国土资源管理法律制度为核心的国土治理体系和治理能力现代化全面实现；大气环境恶劣、水土污染、水资源短缺等生态环境问题得到根本解决，生态环境更加优美，河流水系清澈涌动，生物宝库更加丰富，大地呈现出欣欣向荣和富有燕赵特色的壮丽美景。

26.1.2 河北省国土空间开发格局的优化

1. 城镇空间开发格局的优化

河北省立足共同打造京津冀世界级城市群的战略目标，充分发挥中心城市（城镇）的集聚带动效应，统筹安排城镇化和工业化发展建设空间，将河北省城镇空间开发纳入京津冀协同发展战略总体格局，推动河北省与北京市、天津市及周边省（区）的协同发展，建设全国新型城镇化和城乡统筹示范区，着力构建"一极一核五轴多点"的城镇空间集聚开发格局。

打造雄安新区战略增长极（一极）；提升石家庄市的全省核心引领能力（一核）；构建"张京保石邢邯城镇发展轴、承京廊雄衡城镇发展轴、京唐秦城镇发展轴、石衡沧城镇发展轴和沿海城镇发展轴"五轴；提升唐山作为冀东北核心城市的地位，强化保定、邯郸两个区域中心城市和承德、张家口、秦皇岛、廊坊、沧州、邢台、衡水、定州、辛集等重要节点城市功能（多点）；打造"石家庄＋保定＋雄安＋廊坊"构成的核心集聚区，以及"唐山＋秦皇岛""邢台＋邯郸""沧州＋衡水"、张家口、承德等五个重点集聚区，规划形成核心引领、轴带交织的网络化城镇发展格局，提升辐射带动与创新示范作用。

优化城镇空间体系结构。依托资源承载本底，引导人口向发展基础好、区位条件优、集聚能力强、水土资源承载力大、地质环境稳定的城镇空间有序迁移和适度集聚。合理确定城镇发展规模等级，发挥特大城市、大城市人口集聚和辐射带动作用，提升中小城市人口承载能力，强化小城镇推动城乡一体化和农民就近就地城镇化的重要载体功能，引导形成大中小城市和小城镇定位清晰、层次分明、规模适度的城镇体系，优化调控城市分工，明确职能定位，加强发展引导。

（1）雄安新区。雄安新区作为千年大计、国家大事，其规划和建设要以习近平新时代中国特色社会主义思想为指导，坚持世界眼光、国际标准、中国特色、高点定位，努力建设高水平的社会主义现代化城市。

（2）特大城市。提升石家庄市省域主核心地位，建设现代化省会城市，打造成为京津冀城市群中南部中心城市、全国重要的战略性新兴产业和先进制造业基地以及国家级综合交通枢纽和国家级商贸物流中心。

（3）大城市。到 2030 年，唐山市、保定市、邯郸市 3 市成为城区人口超 300 万的 I 型大城市，张家口市、承德市、秦皇岛市、廊坊市、沧州市、邢台市、衡水市 8 市（区）城区人口达 100 万~300 万。

（4）中等城市。定州市、辛集市、迁安市、遵化市、三河市（含燕郊）、霸州市（含胜芳）、涿州市、高碑店市、黄骅市、任丘市、武安市、正定县、固安县和宁晋县 14 个中等城市。

（5）小城市。晋州市、新乐市、安国市、平泉市等 37 个 I 型小城市，行唐、高邑、灵寿、定兴等 64 个 II 型小城市。

（6）重点镇。突出小城镇连接城市和农村的纽带作用，将建制镇作为城乡统筹的农村综合服务中心，推进基本公共服务均等化和一定规模的产业集聚。全省择优培育诸福屯镇、铜冶镇、上庄镇等 169 个重点镇，按照工贸型、商贸型、农业型和旅游型四种类型，分类推进重点镇发展，大力推进国家级特色小镇以及 23 个省级行政管理体制改革试点镇、7 个省级新型城镇化试点镇建设。

2. 优化产业空间布局

以资源环境承载适宜区为本底,以水资源供给、大气通风廊道、永久基本农田和生态保护红线为控制,以开发区园区为重点,着力优化产业用地空间布局,推动产城融合发展。努力打造雄安新区高端高新产业集聚核心,建设正定新区现代服务业引领极、曹妃甸区世界级重化工业发展极、渤海新区现代临港产业引领极以及张承地区绿色产业引领极;构建环京津核心功能区"四新"经济发展集聚区、沿海率先发展区新型工业化基地、冀中南功能拓展区现代制造业集中区以及冀西北生态涵养区生态经济双赢型产业集中区;打造京津走廊高新技术及生产服务业产业带、沿京广线先进制造业产业带、沿京九线特色轻纺产业带、沿海临港产业带和沿张承线绿色生态产业带共五条协同发展产业带。提升国家级经开区、高新区的综合实力,推动产业园区特色化高端化发展,构建以园区为主体的产业多点支撑发展布局。

3. 农业生产空间格局的优化

1)构建现代农业新格局

立足全省各地的资源禀赋、环境承载能力和农业发展基础,构建"一环四区一带"特色鲜明、良性互动、逐级带动的现代农业协同发展新格局。形成环京津都市现代农业板块、山前平原高产农业板块、黑龙港生态节水循环农业板块、山地高效特色农业板块、坝上绿色生态产业板块、沿海高效渔业产业带。

2)科学调整农业生产空间规模结构

以"稳、调、扩"为重点,调优种植业结构;以"稳猪禽、强奶业、扩牛羊"为思路,调优畜牧业结构;以"特色发展、健康养殖、生态保护"为路径,做精水产业。因地制宜发展特色农业、休闲观光农业,推进建立现代农业生产体系。以保证口粮自给、粮食综合生产能力不低于 620 亿斤为前提,到 2030 年,农业生产空间不低于 830 万 hm^2,耕地保有量不低于 599 万 hm^2。

3)严守永久基本农田保护红线

科学划定永久基本农田并实行最严格的保护,粮食生产核心区和重要农产品生产保护区范围内的耕地要优先划入永久基本农田。全面落实落地块、明责任、设标志、建表册、入图库五项工作任务,将永久基本农田记载到农村土地承包经营权证书上。除法律规定的重大建设项目选址确实无法避让外,其他任何建设项目不得擅自改变和占用永久基本农田,经依法批准占用或调整的,要严格按照有关要求补划相当数量和质量的永久基本农田。到 2030 年,全省永久基本农田保护率在 80% 以上,质量等别维持在 10 等以上。

4)推进高标准农田建设

加强农用地整治,实施耕地质量提升工程,加快中低产田改造。按照集中连片、整体推进的要求,整合各方资源,大规模开展高标准农田建设。增加财政投入和补贴,整合涉农资金,引导社会资本,优先用于永久基本农田保护区和整备区开展高标准农田建设和土地综合整治。重点培育邯郸、石家庄、保定三个吨粮市和一批吨粮县。到 2030 年,全省建成集中连片、旱涝保收、稳产高产的高标准农田 440 万 hm^2。

4. 生态空间管控与分类保护

1)构建"两屏两带五区多廊"的生态安全格局

增强"绿水青山就是金山银山"的意识,统筹山水林田湖草系统治理,综合考虑自然和社会经济条件,遵循生态系统完整性、主体生态功能与生态建设措施相似性的要求,构建"两屏两带五区多廊"的生态安全格局,提升国土空间生态功能,维护京津冀生态安全。

2)构筑燕山、太行山生态屏障(两屏)

加快推进京津冀风沙源治理、退耕还林、水土保持等燕山、太行山地区的生态工程建设。充分保护各类自然资源，建设生态经济型防护林，发展林下经济，提升区域在涵养水源、保持水土、防风固沙、抵御灾害、改善气候等方面的生态功能，构筑京津冀地区的绿色生态屏障，维护区域生态系统完整稳固。

3）建设坝上高原防风固沙林带和滨海湿地及沿海防护林带（两带）

坝上高原防风固沙林带重点恢复坝上草原生态，西部以恢复和建设疏林灌草景观为主，东部以林地为主，营造多层次防风固沙林带，强化其防风固沙的屏障作用；滨海湿地及沿海防护林带以建设沿海防护林带为主，通过将生态与景观相结合的设计理念，形成沿海防护林带生态景观，保障海洋生态安全。

4）分类建设五大生态功能区

围绕涵养水源、保持水土、防风固沙、改善与修复河湖生态、提升农田生态功能、保障海洋生态安全的生态环境保护需要，确定五大生态功能区的主体生态功能，明确重点建设任务。

5）构建"多廊"生态安全网络

修复、保护、提升河流水系廊道、大气通风廊道与重要生态节点的生态服务功能，以河流水系等生态廊道有机串联自然保护区、风景名胜区、森林公园、湖泊水库湿地以及城市生态绿楔等重要生态节点，优化大气通风廊道区域用地布局，构建"生态廊道+通风廊道+生态节点"的生态安全网络。

6）科学确定生态空间规模

依托自然保护区、森林公园、风景名胜区、地质公园、湿地公园、饮用水水源保护区等重要生态区域分布，维护生态系统完整性，形成以提供生态服务或生态产品为主体功能的生态空间。到 2030 年，全省陆域生态空间控制在 9 万 km² 左右，占陆域总面积的 48%。

7）全面划定生态保护红线

以维系国家和区域生态安全为底线,以支撑经济社会可持续发展为目标,以生态功能极重要区、生态极敏感区、禁止开发区和其他各类保护地为重点,分类划定生态保护红线,形成保障国家和地方生态安全的基本空间,强化生态基底硬约束,满足生态安全与生态防护需求。全省生态保护红线总面积 4.05 万 km^2,其中,陆域生态保护红线面积 3.86 万 km^2,占全省陆域面积的 20.50%。

8）严格管控生态空间

生态保护红线一经划定,必须严格监管,确立生态保护红线的优先地位,落实责任主体,依法实行生态空间准入和用途转用许可制度,严格控制各类开发利用活动对生态空间的占用和扰动,严禁不符合主体功能定位的各类开发活动,严禁任意改变用途,建立生态保护红线监管平台,实施定期监测评估,加强生态保护红线执法监督,及时发现和依法处罚破坏生态保护红线的违法行为,确保依法保护的生态空间面积不减少,生态功能不降低,生态服务保障能力逐渐提高。

9）科学调控生态空间国土利用

实施差别化生态空间管控规则。严控生态红线内开发利用活动,原则上按照禁止开发区域的要求进行管理,对红线内的自然保护区、森林公园、地质公园、湿地公园、风景名胜区、饮用水水源保护区、海洋自然保护区、海洋特别保护区等各类保护区域,严格按照相关法律法规进行管理,落实各项生态保护区的政策和措施,加强生态保护红线内已有开发建设活动的调控与管理。生态红线外要优化生产、生活空间布局,加强生态建设,提升生态功能,明确生态廊道及重要生态节点周边的防护范围,严格规划利用,严格限制开发建设活动,不断提高全域生态保护功能。加强重要生态区域保护和矿山地质环境恢复治理,鼓励各地结合土地综合整治、工矿废弃地复垦利用、矿山环境恢复治理等各类工程实施，促进生态空间内建设用地逐步有序退出。

5. 海域空间优化利用与特殊保护

1）加强海洋经济基地建设

整合产业园区，优化海洋经济布局，打造两极多园海洋产业基地。打造曹妃甸核心增长极，加快北京（曹妃甸）现代产业发展示范区、综合保税区、中日韩循环经济示范区建设，推动港口与产业、产业与城镇融合联动，重点培育现代港口物流、海水利用、海洋工程装备制造等主导产业，形成引领环渤海地区海洋经济发展新的增长极。打造渤海新区核心增长极，加快北京生物医药产业园建设，重点发展港口物流、海洋工程装备制造、海洋化工、生物医药等主导产业，形成河北沿海地区率先发展增长极。以现有产业园区和开发区为基础，以提质、增效、扩容为重点，建设一批具有战略支撑作用的海洋产业基地。着力提升秦皇岛经济技术开发区发展质量和效率，加快北戴河生命健康产业创新示范区建设，做大做强唐山海港经济开发区、乐亭经济开发区、沧州临港经济技术开发区，重点打造山海关、北戴河、唐山湾国际旅游岛旅游产业聚集区。

2）推动海洋产业转型升级

加强技术创新，以提质、提效为核心，推动产业聚集，促进海洋渔业、海洋交通运输业、滨海旅游业、海洋盐业及海洋盐化工业、海洋船舶工业等传统产业转型升级。培育壮大海洋战略性新兴产业，大力发展海洋高技术产业和现代化海洋服务业，加快发展海洋可再生能源利用业、海洋装备制造业、海水利用业、海洋药物和生物制品业，因地制宜发展生态旅游、生态养殖、休闲渔业、海洋文化创意等产业。根据沿海各地发展条件、产业基础和资源禀赋，做好沿海地区主导产业的选择及其发展规划，避免产业结构的雷同。

3）加强海洋生态红线区管控

将重要海洋生态功能区、生态敏感区和生态脆弱区划为海洋生态红线，其中，自然岸线 17 段，总长 97.20 km，各类海洋生态红线区 44 个，总面积 18.8 万 hm²。针对自然岸线、海洋保护区、重要河口生态系统、重要滨海湿地、重要渔业海域、自然景观与历史文化遗迹、重要滨海旅游区、重要砂质岸线和沙源保护海域等八大海洋区域分别制定管控措施。在海洋生态红线区内，严控开发强度，严格项目准入环境标准，完善审核程序，加强生态影响和风险评估，强化海洋生态红线区域内用海项目产业控制措施。到 2030 年，海洋生态红线区入海河口污染物排放达标率达到 85%以上，陆源污染物入海总量减少 12%~18%；到 2030 年，海洋生态红线区内海水水质达标率不低于 85%。

4）优化陆海统筹发展格局

加强海洋与陆地主体功能区衔接，促进海洋经济与地区经济社会的良性互动发展，形成具有参与全球竞争力的经济区域。积极实施陆海统筹发展战略，统筹陆地和海洋国土空间资源一体化利用，加强内陆、沿海岸线和滩涂资源利用与保护的统一谋划，协调用地、用海和用岛，促进近岸、近海、深远海和海岛有序开发，提升陆地和海洋资源利用的效率和效益，提高沿海产业与城镇建设集约化程度、海域利用立体化和多元化程度与港口利用效率，将河北省沿海地区打造成为国家重要的综合交通物流枢纽，具有一定知名度的滨海休闲度假旅游目的地，全国重要的海洋生态文明和现代海洋牧场示范区。

26.2　武汉市"多规合一"实践

本书选取武汉市作为市级行政层面和中部地区的代表案例。武汉市作为湖北省省会、中部六省唯一的副省级市和特大城市,是全国重要的工业基地、科教基地和综合交通枢纽,正处于二三产业交织并行期,但城市未来发展面临着人地矛盾突出、人地空间分布失衡等问题。在"多规合一"的背景下,如何从供给侧调控建设用地规模、如何由外延扩张向内涵挖潜转变对于武汉市以及其他经济发展状况相似的城市来说具有重要的现实意义。

26.2.1 多目标约束下的建设用地规模预测控制

1. 不同区域模型预测情景

1)总规模预测

A. 灰色关联度驱动因子分析

影响城市建设用地变化的因子非常复杂,本书在相关专家学者已有研究的基础上结合武汉市社会经济发展特征,主要从人口、经济以及基础设施三个方面初步选取了常住人口、非农人口比例、二三产业从业人员数、城镇居民人均可支配收入、城镇居民人均消费支出、二三产产值、财政收入、财政支出、交通道路长度、建成区绿化率等指标因子。此外,灰色关联分析是灰色系统分析的主要内容之一,它定量地刻画系统发展过程中因素之间的相对变化情况,寻求在系统发展的过程中各因素之间的主次关系,从而找出影响目标值(即武汉市建设用地规模)的重要因素。并以建设用地规模为参考数列,以各个因子规模为比较数列,分别对各个数值进行标准化处理,求取各个因子与建设用地的关联系数,结果如表 26-1 所示。

表 26-1 各个因子与建设用地关联系数参数表

常住人口	非农人口比例	二三产业从业人员数	城镇居民人均可支配收入	城镇居民人均消费支出	二三产产值	财政收入	财政支出	交通道路长度	建成区绿化率
0.958	1.000	0.994	0.602	0.616	0.585	0.576	0.575	0.623	0.784

续表

常住人口	非农人口比例	二三产业从业人员数	城镇居民人均可支配收入	城镇居民人均消费支出	二三产产值	财政收入	财政支出	交通道路长度	建成区绿化率
0.978	0.992	1.000	0.604	0.625	0.586	0.577	0.576	0.621	0.838
0.978	0.957	0.987	0.603	0.622	0.584	0.575	0.575	0.615	0.842
1.000	0.938	0.977	0.605	0.631	0.585	0.575	0.576	0.612	0.897
0.990	0.912	0.910	0.606	0.630	0.584	0.575	0.577	0.635	0.933
0.956	0.870	0.892	0.601	0.628	0.579	0.566	0.570	0.623	0.925
0.955	0.876	0.897	0.603	0.629	0.579	0.565	0.569	0.647	0.973
0.918	0.848	0.883	0.605	0.628	0.578	0.565	0.567	0.660	1.000
0.843	0.773	0.830	0.598	0.613	0.572	0.560	0.560	0.651	0.949
0.823	0.734	0.807	0.604	0.618	0.575	0.568	0.575	0.643	0.871
0.814	0.704	0.817	0.619	0.636	0.585	0.580	0.587	0.647	0.791
0.786	0.684	0.840	0.639	0.642	0.609	0.598	0.603	0.699	0.746
0.742	0.630	0.873	0.641	0.648	0.611	0.626	0.593	0.615	0.664
0.811	0.580	0.876	0.659	0.672	0.634	0.748	0.745	0.613	0.599
0.781	0.557	0.872	0.680	0.713	0.666	0.981	0.859	0.608	0.559
0.763	0.558	0.867	0.722	0.745	0.712	0.716	0.668	1.000	0.558
0.701	0.505	0.878	0.737	0.747	0.736	0.762	0.729	0.841	0.499
0.683	0.481	0.875	0.785	0.784	0.779	0.816	0.734	0.878	0.503
0.689	0.503	0.883	0.836	0.831	0.817	0.898	0.793	0.898	0.492
0.694	0.507	0.882	0.908	0.923	0.880	0.947	0.884	0.967	0.479
0.687	0.455	0.902	1.000	1.000	1.000	1.000	1.000	0.965	0.471

根据各个因子与建设用地的关联系数求取各因子与建设用地的关联度值,进一步比较各因子与建设用地关联度大小,从而比较各因子与建设用地关联性的强弱。其中,各因子与建设用地关联度值如表26-2所示,可知各因

子与建设用地关联度由高到低依次为：二三产从业人员数（0.893）>常住人口（0.836）>建成区绿化率（0.732）>非农人口比例（0.717）=交通道路长度（0.717）>城镇居民人均消费支出（0.694）>财政收入（0.685）>城镇居民人均可支配收入（0.679）>财政支出（0.663）>二三产产值（0.659）。

表 26-2　各因子与建设用地关联度参数表

指标	常住人口	非农人口比例	二三产业从业人员数	城镇居民人均可支配收入	城镇居民人均消费支出	二三产产值	财政收入	财政支出	交通道路长度	建成区绿化率
建设用地	0.836	0.717	0.893	0.679	0.694	0.659	0.685	0.663	0.717	0.732

B. GM（1,1）模型建设用地规模预测

a）原始数据列

$$x^{(0)}=(x^{(0)}(1), x^{(0)}(2), x^{(0)}(3),\cdots,x^{(0)}(20))$$
$$=(114\,140.05, 114\,955.21, 117\,063.84,\cdots,19\,8367.20) \quad （26\text{-}1）$$

b）求取级比 $\lambda(k)$

$$\lambda(k)=\frac{x^{(0)}(k-1)}{x^{(0)}(k)}=(\lambda(2),\lambda(3),\lambda(4),\cdots,\lambda(21))$$
$$=(0.993, 0.982, 0.988,\cdots,0.984) \quad （26\text{-}2）$$

c）级比范围判定

$$\lambda(k)\in[0.941,\ 0.993]$$
$$X=(e^{\frac{-2}{n+1}},e^{\frac{2}{n+1}})=(0.913,\ 1.095) \quad （26\text{-}3）$$
$$\lambda(k)\in X$$

因此，可用 $x(0)$ 进行 GM（1,1）建模。

d）对原始数据进行累加

$$x^{(1)}=(114\,140.05,\ 229\,095.26,\ 346\,159.10,\ \cdots,\ 3\,183\,897.23)$$

e）构造数据矩阵 B 及数据向量 Y

$$B = \begin{bmatrix} -\dfrac{1}{2}(x^{(1)}(1)+x^{(1)}(2)) & 1 \\ -\dfrac{1}{2}(x^{(1)}(2)+x^{(1)}(3)) & 1 \\ \vdots & \vdots \\ -\dfrac{1}{2}(x^{(1)}(20)+x^{(1)}(21)) & 1 \end{bmatrix}, \quad Y = \begin{bmatrix} x^{(0)}(2) \\ x^{(0)}(3) \\ \vdots \\ x^{(0)}(21) \end{bmatrix} \quad （26\text{-}4）$$

f）计算 $\hat{u}$、a、b

$$\hat{u} = (\hat{a}, \hat{b})^{\mathrm{T}} = (B^{\mathrm{T}} \cdot B)^{-1} B^{T} Y = \begin{pmatrix} -0.0318 \\ 106\,250.0 \end{pmatrix} \quad （26\text{-}5）$$

于是得到 a=0.0318，b=106 250.0。

g）建立模型

$$\frac{\mathrm{d}x^{(1)}}{\mathrm{d}t} - 0.0318x^{(1)} = 106\,250.0 \quad （26\text{-}6）$$

h）求解生成数列函数

$$\begin{aligned} \hat{x}^{(1)}(k+1) &= \left(x^{(0)}(1) - \frac{b}{a} \right) \mathrm{e}^{-ak} + \frac{b}{a} \\ &= 3\,455\,355.019\mathrm{e}^{0.0249k} - 3\,341\,194.969 \end{aligned} \quad （26\text{-}7）$$

i）求生成数列及模型还原值

$$令\ \hat{x}^{(1)}(1) = \hat{x}^{(0)}(1) = x^{(0)}(1) = 114\,140.05 \quad （26\text{-}8）$$

$$\hat{x}^{(0)}(k) = \hat{x}^{(1)}(k) - \hat{x}^{(1)}(k-1), \quad k = 2,3,4,\cdots,21 \quad （26\text{-}9）$$

得到还原值

$$\hat{x}^{(0)} = (114\,140.050, 111\,645.407, 115\,252.785, \cdots, 204\,287.404) \quad （26\text{-}10）$$

j）模型检验

通过对预测模型得到的还原值与原始值进行比较计算残差及相对误差值，相对误差值均小于 0.1，模型精度达到较高要求，可进行建设用地规模预测，如表 26-3 所示。

表 26-3 武汉市建设用地规模预测模型检验表（单位：hm²）

年份	原始值	还原值	残差	相对误差
1997	114 140.050	114 140.050	0.000	0.000
1998	114 955.210	111 645.407	−3 309.803	0.029
1999	117 063.840	115 252.785	−1 811.055	0.015
2000	118 539.080	118 976.720	437.640	0.004
2001	120 816.140	122 820.979	2 004.839	0.017
2002	124 842.450	126 789.451	1 947.001	0.016
2003	127 254.174	130 886.148	3 631.974	0.029
2004	131 449.967	135 115.213	3 665.246	0.028
2005	139 699.400	139 480.924	−218.476	0.002
2006	144 541.080	143 987.695	−553.385	0.004
2007	148 273.710	148 640.085	366.375	0.002
2008	152 110.934	153 442.798	1 331.864	0.009
2009	159 115.710	158 400.691	−715.019	0.004
2010	164 534.810	163 518.780	−1 016.030	0.006
2011	171 667.920	168 802.239	−2 865.681	0.017
2012	175 349.110	174 256.412	−1 092.698	0.006
2013	184 273.640	179 886.814	−4 386.826	0.024
2014	188 778.270	185 699.141	−3 079.129	0.016
2015	192 920.920	191 699.270	−1 221.650	0.006
2016	195 203.620	197 893.270	2 689.650	0.014
2017	198 367.200	204 287.404	5 920.204	0.030

k）用地规模预测

用灰色模型 GM（1,1）分别对 2020 年、2025 年及 2035 年武汉市建设用地规模进行预测，模型拟合精度较高，得到三个年度用地规模预测值分别约为：2282 km²、2651 km²和3627 km²。

此外，2017年党的十九大报告提出我国经济已由高速增长阶段转向高质量发展阶段。而高质量发展要建立在生产要素、生产力、全要素效率的提高之上，而非靠要素投入量的扩大。武汉市积极响应国家政策和区域发展战略，并走在全国城市高质量发展的前列。因此，研究结合国家经济宏观稳中求进的发展趋势、区域高质量发展战略以及武汉市未来发展的理念和目标等，对建设用地规模的模型预测值进行适当修正。

首先借鉴四分位法和四分之三（0.75）理想值法的思想，确定修订系数范围为（0.5,1）。

其次，国家每五年开展一次国民经济和社会发展规划，即每五年国家会对经济和社会发展进行新一轮的调整和控制，基于此重要事实，同时结合当前国家对生态文明建设的重视和经济发展的调控以及对建设用地管控等重要因素，分别设置预测年限与对应修正系数等级对应关系表（表26-4）。

表26-4 预测年限与修正系数关系对应表

预测年限	0~5 年	5~10 年	10~15 年	15~20 年	20~25 年
修正系数	0.9~1	0.8~0.9	0.7~0.8	0.6~0.7	0.5~0.6

最后，经过与专家进行多次讨论和比较分析，分别对2020年、2030年、2035年建设用地规模预测值以0.95、0.90、0.70为修正系数进行修正。最终得到2020年、2025年以及2035年武汉市建设用地规模预测值分别为：2168 km²、2386 km²、2539 km²，如表26-5所示。

表26-5 武汉市建设用地规模模型预测及检验（单位：km²）

预测方式	2020 年	2025 年	2035 年	相对残差 Q 检验	方差比 C 检验	小误差概率 P 检验
模型预测	2282	2651	3627	0.013	0.088	1
调整预测	2168	2386	2539	—	—	—

2）主城区预测

武汉市主城区主要包括：江岸区、江汉区、硚口区、汉阳区、武昌区、青山区以及洪山区等。主城区建设用地规模预测过程具体如下：

A. 原始数据列

$$x^{(0)}=(x^{(0)}(1),\ x^{(0)}(2),x^{(0)}(3),\cdots,x^{(0)}(20))$$
$$=(36\ 946.50,37\ 207.03,37\ 691.56,\cdots,55\ 752.81)$$

B. 求取级比 $\lambda(k)$

$$\lambda(k)=\frac{x^{(0)}(k-1)}{x^{(0)}(k)}=(\lambda(2),\lambda(3),\lambda(4),\cdots,\lambda(21))$$
$$=(0.993,\ 0.987,\ 0.996,\cdots,\ 0.990)$$

C. 级比范围判定

$$\lambda(k)\in[0.938,\ 1.081]$$
$$X=(\mathrm{e}^{\frac{-2}{n+1}},\mathrm{e}^{\frac{2}{n+1}})=(0.913,\ 1.095)$$
$$\lambda(k)\in X$$

因此，可用 $x(0)$ 进行 GM（1,1）建模。

D. 对原始数据进行累加

$$x^{(1)}=(36\ 946.50,\ 74\ 153.53,\ 11\ 845.09,\cdots,938\ 349.54\ )$$

E. 构造数据矩阵 B 及数据向量 Y

$$B=\begin{bmatrix}-\dfrac{1}{2}(x^{(1)}(1)+x^{(1)}(2)) & 1\\ -\dfrac{1}{2}(x^{(1)}(2)+x^{(1)}(3)) & 1\\ \vdots & \vdots\\ -\dfrac{1}{2}(x^{(1)}(20)+x^{(1)}(21)) & 1\end{bmatrix},\quad Y=\begin{bmatrix}x^{(0)}(2)\\ x^{(0)}(3)\\ \vdots\\ x^{(0)}(21)\end{bmatrix}$$

F. 计算 $\hat{u}$、a、b

$$\hat{u}=(\hat{a},\hat{b})^{\mathrm{T}}=(B^{\mathrm{T}}\cdot B)^{-1}B^{\mathrm{T}}Y=\begin{pmatrix}-0.0249\\ 33\ 844.0\end{pmatrix}$$

于是得到 $a=-0.0249$，$b=33\ 844.0$。

G. 建立模型

$$\frac{\mathrm{d}x^{(1)}}{\mathrm{d}t} - 0.0249x^{(1)} = 33\ 844.0$$

H. 求解得生成数列函数

$$\hat{x}^{(1)}(k+1) = \left(x^{(0)}(1) - \frac{b}{a}\right)\mathrm{e}^{-ak} + \frac{b}{a} = 1\ 396\ 143.287\mathrm{e}^{0.0249k} - 1\ 359\ 196.787$$

I. 求生成数列及模型还原值

$$令\ \hat{x}^{(1)}(1) = \hat{x}^{(0)}(1) = x^{(0)}(1) = 36\ 946.500$$

$$\hat{x}^{(0)}(k) = \hat{x}^{(1)}(k) - \hat{x}^{(1)}(k-1),\quad k = 2,3,4,\cdots,21$$

得到还原值

$$\hat{x}^{(0)} = (36\ 946.500, 35\ 200.394, 36\ 087.887,\cdots,56\ 495.290)$$

J. 模型检验

通过对预测模型得到的还原值与原始值进行比较计算残差及相对误差值，相对误差值均小于 0.1，模型精度达到较高要求，可进行建设用地规模预测，如表 26-6 所示。

表 26-6　武汉市主城区建设用地规模预测模型检验表（单位：hm²）

年份	原始值	还原值	残差	相对误差
1997	36 946.500	36 946.500	0.000	0.000
1998	37 207.030	35 200.394	−2 006.636	0.054
1999	37 691.560	36 087.887	−1 603.673	0.043
2000	37 828.770	36 997.757	−831.013	0.022
2001	38 264.020	37 930.566	−333.454	0.009
2002	40 159.850	38 886.894	−1 272.956	0.032
2003	40 860.073	39 867.333	−992.740	0.024
2004	41 653.513	40 872.492	−781.021	0.019

续表

年份	原始值	还原值	残差	相对误差
2005	38 535.947	41 902.994	3 367.047	0.087
2006	39 545.133	42 959.477	3 414.344	0.086
2007	40 453.607	44 042.597	3 588.990	0.089
2008	43 116.893	45 153.025	2 036.132	0.047
2009	45 780.180	46 291.450	511.270	0.011
2010	47 326.460	47 458.578	132.118	0.003
2011	49 506.120	48 655.131	−850.989	0.017
2012	50 493.860	49 881.853	−612.007	0.012
2013	53 165.470	51 139.504	−2 025.966	0.038
2014	54 098.440	52 428.864	−1 669.576	0.031
2015	54 759.290	53 750.732	−1 008.558	0.018
2016	55 204.010	55 105.927	−98.083	0.002
2017	55 752.810	56 495.290	742.480	0.013

K. 用地规模预测

用灰色模型 GM（1,1）分别对 2020 年、2025 年及 2035 年武汉市主城区建设用地规模进行测算，模型拟合精度较高，得到三个年度用地规模值分别为：609 km^2、689 km^2 和 884 km^2。同样，根据主城区发展状况以及主城区建设用地现状与测算年限等，经多次综合比较分析，确定三个年度建设用地规模修正系数分别为 0.95、0.85、0.70。最终得到 2020 年、2025 年及 2035 年武汉市主城区建设用地规模值分别为 579 km^2、586 km^2、619 km^2（表 26-7）。

表 26-7 武汉市主城区建设用地规模预测及检验（单位：km^2）

预测方式	2020 年	2025 年	2035 年	相对残差 Q 检验	方差比 C 检验	小误差概率 P 检验
模型预测	609	689	884	0.031	0.253	1
调整预测	579	586	619	—	—	—

3）远郊区预测

武汉市远郊区主要包括：东西湖区、汉南区、蔡甸区、江夏区、黄陂区、新洲区等。远郊区建设用地规模预测过程具体如下：

A. 原始数据列

$$x^{(0)}=(x^{(0)}(1), x^{(0)}(2), x^{(0)}(3),\cdots, x^{(0)}(20))$$
$$=(77\,193.55, 77\,748.18, 79\,372.23,\cdots, 142\,614.39)$$

B. 求取级比 $\lambda(k)$

$$\lambda(k)=\frac{x^{(0)}(k-1)}{x^{(0)}(k)}=(\lambda(2),\lambda(3),\lambda(4),\cdots,\lambda(21))$$
$$=(0.993, 0.980, 0.983,\cdots, 0.982)$$

C. 级比范围判定

$$\lambda(k)\in[0.925,\ 0.993]$$

$$X=(e^{\frac{-2}{n+1}}, e^{\frac{2}{n+1}})=(0.913,\ 1.095)$$

$$\lambda(k)\in X$$

因此，可用 $x(0)$ 进行 GM（1,1）建模。

D. 对原始数据进行累加

$$x^{(1)}=(77\,193.55,\ 154\,941.73,\ 234\,313.96,\cdots,\ 2\,247\,067.83)$$

E. 构造数据矩阵 B 及数据向量 Y

$$B=\begin{bmatrix} -\frac{1}{2}(x^{(1)}(1)+x^{(1)}(2)) & 1 \\ -\frac{1}{2}(x^{(1)}(2)+x^{(1)}(3)) & 1 \\ \vdots & \vdots \\ -\frac{1}{2}(x^{(1)}(20)+x^{(1)}(21)) & 1 \end{bmatrix},\quad Y=\begin{bmatrix} x^{(0)}(2) \\ x^{(0)}(3) \\ \vdots \\ x^{(0)}(21) \end{bmatrix}$$

F. 计算 $\hat{u}$、a、b

$$\hat{u}=(\hat{a},\hat{b})^{\mathrm{T}}=(B^{\mathrm{T}}\cdot B)^{-1}B^{\mathrm{T}}Y=\begin{pmatrix} -0.0346 \\ 72\,655.0 \end{pmatrix}$$

于是得到 $a=-0.0346$，$b=72\,655.0$。

G. 建立模型

$$\frac{\mathrm{d}x^{(1)}}{\mathrm{d}t} - 0.0346x^{(1)} = 72\,655.0$$

H. 求解得生成数列函数

$$\hat{x}^{(1)}(k+1) = \left(x^{(0)}(1) - \frac{b}{a}\right)\mathrm{e}^{-ak} + \frac{b}{a}$$
$$= 2\,177\,049.041\mathrm{e}^{0.0346k} - 2\,099\,855.491$$

I. 求生成数列及模型还原值

$$令\ \hat{x}^{(1)}(1) = \hat{x}^{(0)}(1) = x^{(0)}(1) = 77\,193.550$$

$$\hat{x}^{(0)}(k) = \hat{x}^{(1)}(k) - \hat{x}^{(1)}(k-1),\ \ k = 2,3,4,\cdots,21$$

得到还原值

$$\hat{x}^{(0)} = (77\,193.550, 76\,644.195, 79\,342.496, \cdots, 147\,905.547)$$

J. 模型检验

通过对预测模型得到的还原值与原始值进行比较计算残差及相对误差值，相对误差值均小于 0.1，模型精度达到较高要求，可进行建设用地规模预测，如表 26-8 所示。

表 26-8　武汉市远郊区建设用地规模预测模型检验表（单位：hm²）

年份	原始值	还原值	残差	相对误差
1997	77 193.550	77 193.550	0.000	0.000
1998	77 748.180	76 644.195	−1 103 985	0.014
1999	79 372.230	79 342.496	−29.734	0.000
2000	80 710.310	82 135.792	1425.482	0.018
2001	82 552.120	85 027.427	2475.307	0.030
2002	84 682.600	88 020.864	3338.264	0.039
2003	86 394.100	91 119.686	4725.586	0.055

年份	原始值	还原值	残差	相对误差
2004	90 796.450	94 327.604	3531.154	0.039
2005	98 163.450	97 648.459	−514.991	0.005
2006	104 995.950	101 086.226	−3909.724	0.037
2007	107 820.100	104 645.021	−3175.079	0.029
2008	112 514.230	108 329.106	−4185.124	0.037
2009	113 335.530	112 142.891	−1192.639	0.011
2010	117 208.350	116 090.943	−1117.407	0.010
2011	122 161.800	120 177.987	−1983.813	0.016
2012	124 855.250	124 408.919	−446.331	0.004
2013	131 108.170	128 788.803	−2319.367	0.018
2014	134 679.830	133 322.882	−1356.948	0.010
2015	138 161.630	138 016.587	−145.043	0.001
2016	139 999.610	142 875.536	2875.926	0.021
2017	142 614.390	147 905.547	5291.157	0.037

K. 用地规模预测

用灰色模型 GM（1,1）分别对 2020 年、2025 年及 2035 年武汉市远郊区建设用地规模进行测算，模型拟合精度较高，得到三个年度的用地规模值分别为：1639 km^2、1948 km^2 和 2752 km^2。进一步根据远郊区发展状况，以及远郊区建设用地现状值与测算值间的关系等，经多次综合比较分析，确定三个年度远郊区建设用地规模修正系数分别为 0.95、0.90、0.7。最终得到 2020 年、2025 年及 2035 年武汉市远郊区建设用地规模值分别为：1557 km^2、1753 km^2、1926 km^2（表 26-9）。

表26-9　武汉市远郊区建设用地规模测算及检验（单位：km²）

预测方式	2020年	2025年	2035年	相对残差 Q检验	方差比 C检验	小误差概率 P检验
模型预测	1639	1948	2752	0.021	0.119	1
调整预测	1557	1753	1926	—	—	—

2. 城市发展周期情景

1）武汉市发展阶段

2017年，武汉市人均地区生产总值约为123 813元/人，产业结构为3：43.7：53.3，城镇化水平达到80.04%，一产就业人员比重为8.79%，单位建设用地非农地区生产总值为6.1亿元/km²。分别将前工业化阶段下初级产品生产阶段I和初级产品生产阶段II赋值为1分和2分，将工业化阶段下工业化初期、工业化中期、工业化后期赋值为3分、4分、5分，将发达经济阶段下发达经济初期和发达经济时代赋值为6分和7分。然后将武汉市发展阶段实际情况与钱纳里国土经济发展阶段量化表相对应，从而求得各个指标项目分数值，最后再以人均地区生产总值、产业结构、城镇化水平、一产就业人员比重、单位建设用地非农地区生产总值相同权重求取武汉市发展综合得分，即$Q=(6+7+6+6+4)/5=5.8$分，整体而言武汉市发展尚未达到发达经济初期阶段，因而处于工业化后期阶段，正朝着发达经济初期阶段迈进，见表26-10。

表26-10　基于钱纳里模型的国土经济发展阶段（工业化进程）

指标	前工业化阶段		工业化阶段			发达经济阶段	
	初级产品生产阶段 I	初级产品生产阶段 II	工业化初期	工业化中期	工业化后期	发达经济初期	发达经济时代
赋值分数	1分	2分	3分	4分	5分	6分	7分
人均地区生产总值/美元	600~800	801~1 500	1 501~3 000	3 001~6 000	6 001~12 000	12 001~30 000	≥30 000

续表

| 指标 | 前工业化阶段 | | 工业化阶段 | | | 发达经济阶段 | |
	初级产品生产阶段 I	初级产品生产阶段 II	工业化初期	工业化中期	工业化后期	发达经济初期	发达经济时代
产业结构	A≫I	A>I	A>20%，且 A<I	A<20%，I>S	A<10%，I>S	A<10%，I<S	A<5%，I<S
城镇化水平	<20%	20%~30%	30%~45%	45%~60%	60%~75%	75%~85%	>85%
一产就业人员比重	>70%	>60%	40%< ·≤60%	25%< ·≤40%	10%< ·≤25%	5%< ·≤10%	≤5%
单位建设用地非农地区生产总值/（亿元/km²）	≤0.8	0.8< ·≤1.6	1.6< ·≤2.8	2.8< ·≤6.2	6.2< ·≤9.3	9.3< ·≤12	≥12

注：A 为第一产业，I 为第二产业，S 为第三产业

2）建设用地规模预测

根据武汉市经济发展对建设用地规模时间序列分布特征，拟合出关于建设用地规模和时间关系的函数（拟合 $R^2=0.9982$）：

$$Q=-0.125t^3+5.819t^2-10.517t+1373.7, \quad t=1,2,\cdots,n \quad （26\text{-}11）$$

式中，Q 为建设用地规模；t 为时间序列号，其中为简化函数式将时间序列用序号列代替，即 $1997,1998,1999,\cdots,N$ 分别用 $1,2,3,\cdots,n$ 代替。

为得到武汉市发展阶段由工业化后期进入发达经济初期阶段时建设用地规模最值，根据边际效益原理，需找出建设用地规模函数边际增长为零的时刻，由此需对建设用地规模函数两侧求导，即

$$Q'=-0.375t^2+11.638t-10.517, \quad t=1,2,\cdots n \quad （26\text{-}12）$$

由一元二次函数知识可知，当 $Q'=0$ 时，根据求根公式可得

$$t=\frac{-b\pm\sqrt{b^2-4ac}}{2a}=\frac{-11.638\pm\sqrt{(11.638^2-4\times(-0.375)\times(-10.517)}}{2\times(-0.375)} \quad （26\text{-}13）$$

求得：$t_1\approx1$（极小值）；$t_2\approx30$（极大值），即武汉市工业化阶段预计

将在 2026 年建设用地规模达到峰值（极大值），此后将进入发达经济初期，建设用地规模将不再增加，将求得的 t_2 代入到武汉市建设用地规模函数 $Q(x)$ 中可得 2026 年武汉市建设用地规模：

$$Q = -0.125 \times 30^3 + 5.819 \times 30^2 - 10.517 \times 30 + 1373.7 \approx 2920.29 \text{ km}^2 \qquad (26\text{-}14)$$

进而，武汉市 2026 年武汉市建设用地规模约为 2920.29 km²。

3. 对标先进城市的情景

武汉市当前经济社会发展尚处于工业化后期阶段，根据其城市发展目标，预计到 2035 年城市总人口规模将达到 2000 万人，较 2017 年底人口增加 911 万人，按国内先进城市的人均建设用地面积水平，预计武汉市人均建设用地面积将达到 116 m²/人，因而其建设用地总规模将达到 2320 km²，较当前规模增加 336 km²。

此外，为避免城市发展目标关于人口规模的预测过于主观而使建设用地规模预测值与实际规模值偏差过大，再次根据武汉市人口规模发展趋势和规律，采用 GM（1,1）模型对 2035 年人口规模进行定量测算，进而对建设用地规模进行预测。

1）原始数据列

$$x^{(0)} = (x^{(0)}(1), x^{(0)}(2), x^{(0)}(3), \cdots, x^{(0)}(20))$$
$$= (765.94, 777.40, 789.03, \cdots, 1089.29)$$

2）求取级比 $\lambda(k)$

$$\lambda(k) = \frac{x^{(0)}(k-1)}{x^{(0)}(k)} = (\lambda(2), \lambda(3), \lambda(4), \cdots, \lambda(21))$$
$$= (0.985, 0.985, 0.980, \cdots, 0.988)$$

3）级比范围判定

$$\lambda(k) \in [0.930, 0.993]$$

$$X = (e^{\frac{-2}{n+1}}, e^{\frac{2}{n+1}}) = (0.913, 1.095)$$

$$\lambda(k) \in X$$

因此，可用 x（0）进行 GM（1,1）建模。

4）对原始数据进行累加

$$x^{(1)}=(765.94,\ 1\,543.34,\ 2\,332.37,\ \cdots,\ 19\,162.93)$$

5）构造数据矩阵 B 及数据向量 Y

$$B = \begin{bmatrix} -\dfrac{1}{2}(x^{(1)}(1)+x^{(1)}(2)) & 1 \\ -\dfrac{1}{2}(x^{(1)}(2)+x^{(1)}(3)) & 1 \\ \vdots & \vdots \\ -\dfrac{1}{2}(x^{(1)}(20)+x^{(1)}(21)) & 1 \end{bmatrix}, \quad Y = \begin{bmatrix} x^{(0)}(2) \\ x^{(0)}(3) \\ \vdots \\ x^{(0)}(21) \end{bmatrix}$$

6）计算 $\hat{u}$、a、b

$$\hat{u} = (\hat{a}, \hat{b})^{\mathrm{T}} = (B^{\mathrm{T}} \cdot B)^{-1} B^{\mathrm{T}} Y = \begin{pmatrix} -0.0190 \\ 741.3 \end{pmatrix}$$

于是得到 a=−0.0190，b=741.3。

7）建立模型

$$\frac{\mathrm{d}x^{(1)}}{\mathrm{d}t} - 0.0190x^{(1)} = 741.3$$

8）求解得生成数列函数：

$$\hat{x}^{(1)}(k+1) = \left(x^{(0)}(1) - \frac{b}{a} \right) \mathrm{e}^{-ak} + \frac{b}{a}$$

$$= 39\,781.729\mathrm{e}^{0.019\,0k} - 39\,015.789$$

9）求生成数列及模型还原值

$$令\ \hat{x}^{(1)}(1) = \hat{x}^{(0)}(1) = x^{(0)}(1) = 765.940$$

$$\hat{x}^{(0)}(k) = \hat{x}^{(1)}(k) - \hat{x}^{(1)}(k-1), \quad k=2,3,4,\cdots,21$$

得到还原值

$$\hat{x}^{(0)} = (765.940,\ 763.079,\ 777.716,\cdots,1094.838)$$

10）模型检验

通过对预测模型得到的还原值与原始值进行比较计算残差及相对误差值，相对误差值均小于0.1，模型精度达到较高要求，可进行人口规模预测，见表26-11。

表 26-11 武汉市人口规模预测模型检验表（单位：万人）

年份	原始值	还原值	残差	相对误差
1997	765.940	765.940	0.000	0.000
1998	777.400	763.079	14.321	0.018
1999	789.030	777.716	11.314	0.014
2000	804.810	792.634	12.176	0.015
2001	813.800	807.838	5.962	0.007
2002	823.700	823.334	0.366	0.000
2003	836.800	839.127	−2.327	0.003
2004	845.430	855.223	−9.793	0.012
2005	858.000	871.627	−13.627	0.016
2006	875.000	888.346	−13.346	0.015
2007	891.000	905.386	−14.386	0.016
2008	897.000	922.753	−25.753	0.029
2009	910.000	940.453	−30.453	0.033
2010	978.540	958.493	20.047	0.020
2011	1002.000	976.878	25.122	0.025
2012	1012.000	995.616	16.384	0.016
2013	1022.000	1014.714	7.286	0.007
2014	1033.800	1034.178	−0.378	0.000
2015	1060.770	1054.015	6.755	0.006
2016	1076.620	1074.233	2.387	0.002
2017	1089.290	1094.838	−5.548	0.005

11）人口规模预测

用灰色模型 GM（1,1）对 2035 年武汉市人口规模进行预测，模型拟合精度较高，得到人口规模预测值约为 1530 万人，较 2017 年人口增加 441 万人。

然后根据模型预测人口规模结果可求得建设用地总规模=人口总规模×人均建设用地面积=1774 km^2，较当前建设用地总规模减少 110 km^2。

最后综合考虑城市发展目标及模型计算结果，求得的建设用地总规模=（发展目标总规模+模型预测总规模）/2=2047 km^2，该结果较 2017 年建设用地总规模增加 63 km^2，较 2020 年规划建设用地总规模减少 13 km^2（表 26-12）。

表 26-12　武汉市建设用地总规模预测值与 2017 年值及 2020 年规划值比较（单位：km^2）

年份	建设用地总规模	与 2017 年比较	与 2020 年规划值比较
2017	1984	—	—
2035	2047	63	−13

26.2.2　建设用地结构调整

建设用地结构调整主要是对武汉市及其各区城乡建设用地（城镇及工矿用地、村庄用地）以及水交特用地（水利用地、交通运输用地、风景名胜及特殊用地）规模进行预测。同样采用灰色模型 GM（1,1）对 1997~2017 年各类建设用地规模发展情况进行模拟分析，并分别对 2025 年、2035 年各类建设用地规模进行预测。

1. 武汉市建设用地结构

1）武汉市城乡建设用地

武汉市城乡建设用地主要包括：城镇及工矿用地和村庄用地等。其用地规模预测过程具体如下。

A. 原始数据列

$$x^{(0)}=(x^{(0)}(1), x^{(0)}(2), x^{(0)}(3),\cdots,x^{(0)}(20))$$
$$=(83\,232.59, 83\,999.42, 85\,365.46,\cdots,158\,172.80)$$

B. 求取级比 $\lambda(k)$

$$\lambda(k)=\frac{x^{(0)}(k-1)}{x^{(0)}(k)}=(\lambda(2),\lambda(3),\lambda(4),\cdots,\lambda(21))$$
$$=(0.991, 0.984, 0.988,\cdots,0.984)$$

C. 级比范围判定

$$\lambda(k)\in[0.916,\ 0.991]$$
$$X=(\mathrm{e}^{\frac{-2}{n+1}},\mathrm{e}^{\frac{2}{n+1}})=(0.913,\ 1.095)$$
$$\lambda(k)\in X$$

因此，可用 $x(0)$ 进行 GM（1,1）建模。

D. 对原始数据进行累加

$$x^{(1)}=(832\,32.59,\ 167\,232.01,\ 252\,597.47,\ \cdots,\ 2\,449\,656.21)$$

E. 构造数据矩阵 B 及数据向量 Y

$$B=\begin{bmatrix}-\dfrac{1}{2}(x^{(1)}(1)+x^{(1)}(2)) & 1 \\ -\dfrac{1}{2}(x^{(1)}(2)+x^{(1)}(3)) & 1 \\ \vdots & \vdots \\ -\dfrac{1}{2}(x^{(1)}(20)+x^{(1)}(21)) & 1\end{bmatrix},\quad Y=\begin{bmatrix}x^{(0)}(2) \\ x^{(0)}(3) \\ \vdots \\ x^{(0)}(21)\end{bmatrix}$$

F. 计算 $\hat{u}$、a、b

$$\hat{u}=(\hat{a},\hat{b})^{\mathrm{T}}=(B^{\mathrm{T}}\cdot B)^{-1}B^{\mathrm{T}}Y=\begin{pmatrix}-0.0379 \\ 75\,979.0\end{pmatrix}$$

于是得到 $a=-0.037\,9$，$b=75\,979.0$。

G. 建立模型

$$\frac{\mathrm{d}x^{(1)}}{\mathrm{d}t} - 0.0379x^{(1)} = 75\ 979.0$$

H. 求解得生成数列函数

$$\widehat{x}^{(1)}(k+1) = \left(x^{(0)}(1) - \frac{b}{a} \right)\mathrm{e}^{-ak} + \frac{b}{a}$$

$$= 2\ 087\ 955.545\mathrm{e}^{0.0379k} - 2\ 004\ 722.955$$

I. 求生成数列及模型还原值：

$$令\ \hat{x}^{(1)}(1) = \hat{x}^{(0)}(1) = x^{(0)}(1) = 83\ 232.590$$

$$\hat{x}^{(0)}(k) = \hat{x}^{(1)}(k) - \hat{x}^{(1)}(k-1),\quad k = 2,3,4,\cdots,21$$

得到还原值：

$$\hat{x}^{(0)} = (83\ 232.590,\ 80\ 652.221,\ 83\ 767.604,\cdots,165\ 711.171)$$

J. 模型检验

通过对预测模型得到的还原值与原始值进行比较计算残差及相对误差值，相对误差值均小于 0.1，模型精度达到较高要求，可进行城乡建设用地规模预测，见表 26-13。

表 26-13　武汉市城乡建设用地规模预测模型检验表（单位：km²）

年份	原始值	还原值	残差	相对误差
1997	83 232.590	83 232.590	0.000	0.000
1998	83 999.417	80 652.221	−3 347.196	0.040
1999	85 365.460	83 767.604	−1 597.856	0.019
2000	86 380.270	87 003.325	623.055	0.007
2001	87 848.070	90 364.035	2 515.965	0.029
2002	91 141.000	93 854.559	2 713.559	0.030
2003	93 053.374	97 479.914	4 426.540	0.048
2004	9 6207.040	101 245.306	5 038.266	0.052
2005	104 384.853	105 156.145	771.292	0.007

续表

年份	原始值	还原值	残差	相对误差
2006	109 789.893	109 218.050	−571.843	0.005
2007	112 341.893	113 436.855	1 094.962	0.010
2008	115 866.440	117 818.622	1 952.182	0.017
2009	126 451.060	122 369.645	−4 081.415	0.032
2010	130 641.410	127 096.462	−3 544.948	0.027
2011	137 046.840	132 005.863	−5 040.977	0.037
2012	139 905.000	137 104.902	−2 800.098	0.020
2013	147 323.430	142 400.903	−4 922.527	0.033
2014	150 702.050	147 901.475	−2 800.575	0.019
2015	154 148.630	153 614.519	−534.111	0.003
2016	155 654.690	159 548.243	3 893.553	0.025
2017	158 172.800	165 711.171	7 538.371	0.048

K. 用地规模预测

用灰色模型 GM（1,1）分别对 2025 年及 2035 年武汉市城乡建设用地规模进行预测，模型拟合精度较高，得到两个年度的用地规模预测值分别为：2295 km^2 和 3194 km^2。进一步结合武汉市发展状况，以及城乡建设用地现状值和预测值间的关系等，经多次综合比较分析，确定两个年度武汉市城乡建设用地规模修正系数分别为：0.85、0.65。最终得到 2025 年及 2035 年武汉市城乡建设用地规模预测值分别为：1951 km^2、2076 km^2（表 26-14）。

表 26-14 武汉市城乡建设用地规模预测及检验（单位：km^2）

预测方式	2025 年	2035 年	相对残差 Q 检验	方差比 C 检验	小误差概率 P 检验
模型预测	2295	3194	0.024	0.129	1
调整预测	1951	2076	—	—	—

2）武汉市交通水利与特殊用地

武汉市交通水利与特殊用地主要包括：交通运输用地、水利设施用地、风景名胜及特殊用地。其用地规模预测过程具体如下。

A. 原始数据列

$$x^{(0)}=(x^{(0)}(1),\ x^{(0)}(2),x^{(0)}(3),\cdots,x^{(0)}(20))$$
$$=(30\ 907.46,30\ 955.78,31\ 698.38,\cdots,40\ 194.40)$$

B. 求取级比 $\lambda(k)$

$$\lambda(k)=\frac{x^{(0)}(k-1)}{x^{(0)}(k)}=(\lambda(2),\lambda(3),\lambda(4),\cdots,\lambda(21))$$
$$=(0.998,\ 0.977,\ 0.986,\cdots,\ 0.984)$$

C. 级比范围判定

$$\lambda(k)\in[0.959,\ 1.087]$$
$$X=(e^{\frac{-2}{n+1}},e^{\frac{2}{n+1}})=(0.913,\ 1.095)$$
$$\lambda(k)\in X$$

因此，可用 $x(0)$ 进行 GM（1,1）建模。

D. 对原始数据进行累加

$$x^{(1)}=(30\ 907.46,\ 61\ 863.24,\ 93\ 561.62,\cdots,\ 731\ 497.01\ )$$

E. 构造数据矩阵 B 及数据向量 Y

$$B=\begin{bmatrix}-\dfrac{1}{2}(x^{(1)}(1)+x^{(1)}(2)) & 1\\[2mm] -\dfrac{1}{2}(x^{(1)}(2)+x^{(1)}(3)) & 1\\ \vdots & \vdots\\ -\dfrac{1}{2}(x^{(1)}(20)+x^{(1)}(21)) & 1\end{bmatrix},\quad Y=\begin{bmatrix}x^{(0)}(2)\\ x^{(0)}(3)\\ \vdots\\ x^{(0)}(21)\end{bmatrix}$$

F. 计算 $\hat{u}$、a、b

$$\hat{u}=(\hat{a},\hat{b})^{\mathrm{T}}=(B^{\mathrm{T}}\cdot B)^{-1}B^{\mathrm{T}}Y=\begin{pmatrix}-0.0111\\ 30\ 927.0\end{pmatrix}$$

于是得到 $a=-0.0111$，$b=30\ 927.0$。

G. 建立模型

$$\frac{\mathrm{d}x^{(1)}}{\mathrm{d}t} - 0.0111x^{(1)} = 30\ 927.0$$

H. 求解得生成数列函数

$$\hat{x}^{(1)}(k+1) = \left(x^{(0)}(1) - \frac{b}{a}\right)\mathrm{e}^{-ak} + \frac{b}{a}$$

$$= 2\ 817\ 123.676\mathrm{e}^{0.011\ 1k} - 2\ 786\ 216.216$$

I. 求生成数列及模型还原值

$$令\ \hat{x}^{(1)}(1) = \hat{x}^{(0)}(1) = x^{(0)}(1) = 30\ 907.460$$

$$\hat{x}^{(0)}(k) = \hat{x}^{(1)}(k) - \hat{x}^{(1)}(k-1),\ k = 2,3,4,\cdots,21$$

得到还原值

$$\hat{x}^{(0)} = (30\ 907.460,\ 31\ 444.266,\ 31\ 795.241,\cdots,38\ 827.029)$$

J. 模型检验

通过对预测模型得到的还原值与原始值进行比较计算残差及相对误差值，相对误差值均小于 0.1，模型精度达到较高要求，可进行交通水利及特殊用地规模预测，见表 26-15。

表 26-15　武汉市交通水利及特殊用地规模预测模型检验表（单位：hm^2）

年份	原始值	还原值	残差	相对误差
1997	30 907.460	30 907.460	0.000	0.000
1998	30 955.780	31 444.266	488.486	0.016
1999	31 698.380	31 795.241	96.861	0.003
2000	32 158.810	32 150.134	−8.676	0.000
2001	32 968.070	32 508.989	−459.081	0.014
2002	33 701.450	32 871.849	−829.601	0.025
2003	34 200.807	33 238.759	−962.048	0.028
2004	35 242.926	33 609.764	−1 633.162	0.046

续表

年份	原始值	还原值	残差	相对误差
2005	33 314.547	33 984.911	670.364	0.020
2006	34 751.187	34 364.245	−386.942	0.011
2007	35 931.810	34 747.813	−1 184.000	0.033
2008	35 500.493	35 135.662	−364.831	0.010
2009	32 664.650	35 527.841	2 863.191	0.088
2010	33 893.400	35 924.397	2 030.997	0.060
2011	34 621.080	36 325.379	1 704.299	0.049
2012	35 444.110	36 730.837	1 286.727	0.036
2013	36 950.210	37 140.820	190.610	0.005
2014	38 076.220	37 555.380	−520.840	0.014
2015	38 772.290	37 974.567	−797.723	0.021
2016	39 548.930	38 398.432	−1 150.498	0.029
2017	40 194.400	38 827.029	−1 367.371	0.034

K. 用地规模预测

用灰色模型 GM（1,1）分别对 2025 年及 2035 年武汉市交通水利及特殊用地规模进行预测，模型拟合精度较高，得到两个年度的用地规模预测值分别为：435km^2 和 463km^2。而由预测结果可知武汉市交通水利及特殊用地规模变化较城乡建设用地规模变化非常缓慢，再结合用地规模现状值和预测值间的关系，同时为使其用地规模保持适当的弹性，经多次比较分析后判定无须进一步修正。最终得到 2025 年及 2035 年武汉市交通水利及特殊用地规模预测值分别为：435 km^2 和 463 km^2，见表 26-16。

表 26-16　武汉市交通水利及特殊用地规模预测及检验（单位：km^2）

预测方式	2025 年	2035 年	相对残差 Q 检验	方差比 C 检验	小误差概率 P 检验
模型预测	435	463	0.025	0.4397	0.90

2. 分区建设用地结构

分别对武汉市主城区及其远郊区的城乡建设用地和交通水利及特殊用地规模进行预测，其过程及结果如下。

1）主城区建设用地结构

A. 原始数据列

$$x^{(0)}=(x^{(0)}(1), x^{(0)}(2),x^{(0)}(3),\cdots,x^{(0)}(20))$$
$$=(32\,111.37,32\,365.94,32\,812.33,\cdots,50\,065.20)$$

B. 求取级比 $\lambda(k)$

$$\lambda(k)=\frac{x^{(0)}(k-1)}{x^{(0)}(k)}=(\lambda(2),\lambda(3),\lambda(4),\cdots,\lambda(21))$$
$$=(0.992,\,0.986,\,0.997,\cdots,\,0.991)$$

C. 级比范围判定

$$\lambda(k)\in[0.920,\,1.077]$$

$$X=(\mathrm{e}^{\frac{-2}{n+1}},\mathrm{e}^{\frac{2}{n+1}})=(0.913,\,1.095)$$

$$\lambda(k)\in X$$

因此，可用 $x(0)$ 进行 GM（1,1）建模。

D. 对原始数据进行累加

$$x^{(1)}=(32\,111.37,\,64\,477.31,\,97\,289.64,\,\cdots,\,833\,045.27)$$

E. 构造数据矩阵 B 及数据向量 Y

$$B=\begin{bmatrix} -\dfrac{1}{2}(x^{(1)}(1)+x^{(1)}(2)) & 1 \\ -\dfrac{1}{2}(x^{(1)}(2)+x^{(1)}(3)) & 1 \\ \vdots & \vdots \\ -\dfrac{1}{2}(x^{(1)}(20)+x^{(1)}(21)) & 1 \end{bmatrix},\quad Y=\begin{bmatrix} x^{(0)}(2) \\ x^{(0)}(3) \\ \vdots \\ x^{(0)}(21) \end{bmatrix}$$

F. 计算 $\hat{u}$、a、b

$$\hat{u} = (\hat{a}, \hat{b})^{\mathrm{T}} = (B^{\mathrm{T}} \cdot B)^{-1} B^{\mathrm{T}} Y = \begin{pmatrix} -0.0273 \\ 29\ 213.0 \end{pmatrix}$$

于是得到 $a = -0.0273$，$b = 29\ 213.0$。

G. 建立模型

$$\frac{\mathrm{d}x^{(1)}}{\mathrm{d}t} - 0.0273x^{(1)} = 29\ 213.0$$

H. 求解得生成数列函数

$$\hat{x}^{(1)}(k+1) = \left(x^{(0)}(1) - \frac{b}{a} \right) \mathrm{e}^{-ak} + \frac{b}{a}$$
$$= 1\ 102\ 184.63\mathrm{e}^{0.0121k} - 1\ 070\ 073.26$$

I. 求生成数列及模型还原值

$$令\ \hat{x}^{(1)}(1) = \hat{x}^{(0)}(1) = x^{(0)}(1) = 32\ 111.370$$

$$\hat{x}^{(0)}(k) = \hat{x}^{(1)}(k) - \hat{x}^{(1)}(k-1), k = 2, 3, 4, \cdots, 21$$

得到还原值

$$\hat{x}^{(0)} = (32\ 111.370, 30\ 164.372, 30\ 989.904, \cdots, 50\ 383.386)$$

J. 模型检验

通过对预测模型得到的还原值与原始值进行比较计算残差及相对误差值，相对误差值均小于 0.1，模型精度达到较高要求，可进行主城区建设用地规模预测（表 26-17）。

表 26-17　武汉市主城区城乡建设用地规模预测模型检验表（单位：hm²）

年份	原始值	还原值	残差	相对误差
1997	32 111.370	32 111.370	0.000	0.000
1998	32 365.940	30 164.372	−2 201.568	0.068
1999	32 812.330	30 989.904	−1 822.426	0.056
2000	32 919.510	31 838.030	−1 081.480	0.033

续表

年份	原始值	还原值	残差	相对误差
2001	33 312.260	32 709.367	−602.893	0.018
2002	35 010.240	33 604.550	−1 405.690	0.040
2003	35 674.200	34 524.233	−1 149.967	0.032
2004	36 446.860	35 469.085	−977.775	0.027
2005	33 836.780	36 439.796	2 603.016	0.077
2006	34 678.567	37 437.073	2 758.506	0.080
2007	35 338.607	38 461.644	3 123.037	0.088
2008	38 408.728	39 514.254	1 105.526	0.029
2009	41 478.850	40 595.673	−883.177	0.021
2010	42 721.120	41 706.687	−1 014.433	0.024
2011	44 725.490	42 848.108	−1 877.382	0.042
2012	45 456.000	44 020.766	−1 435.234	0.032
2013	47 990.470	45 225.518	−2 764.952	0.058
2014	48 738.840	46 463.241	−2 275.599	0.047
2015	49 327.380	47 734.838	−1 592.542	0.032
2016	49 626.530	49 041.235	−585.295	0.012
2017	50 065.200	50 383.386	318.186	0.006

K. 用地规模预测

用灰色模型 GM（1,1）分别对 2025 年及 2035 年主城区城乡建设用地规模进行预测，模型拟合精度较高，得到两个年度的用地规模预测值分别为：659km² 和 857km²。进一步根据主城区发展状况，以及主城区城乡建设用地规模现状和预测值间的关系等，经多次综合比较分析，确定两个年度主城区建设用地规模修正系数分别为 0.80、0.65。最终得到 2025 年及 2035 年武汉市主城区城乡建设用地规模预测值分别为：527 km²、557 km²（表 26-18）。

表 26-18 武汉市主城区城乡建设用地规模预测及检验（单位：km²）

预测方式	2025 年	2035 年	相对残差 Q 检验	方差比 C 检验	小误差概率 P 检验
模型预测	659	857	0.034	0.249	1
调整预测	527	557	—	—	—

2）主城区交通水利及特殊用地预测

A. 原始数据列

$$x^{(0)}=(x^{(0)}(1), x^{(0)}(2), x^{(0)}(3), \cdots, x^{(0)}(20))$$
$$=(4735.13, 4737.09, 4740.23, \cdots, 5407.61)$$

B. 求取级比 $\lambda(k)$

$$\lambda(k)=\frac{x^{(0)}(k-1)}{x^{(0)}(k)}=(\lambda(2), \lambda(3), \lambda(4), \cdots, \lambda(21))$$
$$=(1.000, 0.999, 0.997, \cdots, 0.990)$$

C. 级比范围判定

$$\lambda(k) \in [0.988, 1.000]$$

$$X=(e^{\frac{-2}{n+1}}, e^{\frac{2}{n+1}})=(0.913, 1.095)$$

$$\lambda(k) \in X$$

因此，可用 $x(0)$ 进行 GM（1,1）建模。

D. 对原始数据进行累加

$$x^{(1)}=(4\,735.13,\ 9\,472.22,\ 14\,212.45, \cdots, 104\,357.03)$$

E. 构造数据矩阵 B 及数据向量 Y

$$B=\begin{bmatrix} -\frac{1}{2}(x^{(1)}(1)+x^{(1)}(2)) & 1 \\ -\frac{1}{2}(x^{(1)}(2)+x^{(1)}(3)) & 1 \\ \vdots & \vdots \\ -\frac{1}{2}(x^{(1)}(20)+x^{(1)}(21)) & 1 \end{bmatrix}, \quad Y=\begin{bmatrix} x^{(0)}(2) \\ x^{(0)}(3) \\ \vdots \\ x^{(0)}(21) \end{bmatrix}$$

F. 计算 $\hat{u}$、a、b

$$\hat{u} = (\hat{a}, \hat{b})^{\mathrm{T}} = (B^{\mathrm{T}} \cdot B)^{-1} B^{\mathrm{T}} Y = \begin{pmatrix} -0.0074 \\ 4587.1 \end{pmatrix}$$

于是得到 a=−0.0074，b=4587.1。

G. 建立模型

$$\frac{\mathrm{d}x^{(1)}}{\mathrm{d}t} - 0.0074x^{(1)} = 4587.1$$

H. 求解得生成数列函数

$$\hat{x}^{(1)}(k+1) = \left(x^{(0)}(1) - \frac{b}{a} \right) \mathrm{e}^{-ak} + \frac{b}{a}$$

$$= 624\,613.508\mathrm{e}^{0.0074k} - 619\,878.378$$

I. 求生成数列及模型还原值

$$\text{令 } \hat{x}^{(1)}(1) = \hat{x}^{(0)}(1) = x^{(0)}(1) = 4735.130$$

$$\hat{x}^{(0)}(k) = \hat{x}^{(1)}(k) - \hat{x}^{(1)}(k-1), \quad k = 2,3,4,\cdots,21$$

得到还原值

$$\hat{u}^{(0)} = (4735.130, 4639.284, 4673.742, \cdots, 5339.650)$$

J. 模型检验

通过对预测模型得到的还原值与原始值进行比较计算残差及相对误差值，相对误差值均小于 0.1，模型精度达到较高要求，可进行交通水利及特殊用地规模预测（表 26-19）。

表 26-19　武汉市主城区交通水利及特殊用地规模预测模型检验表（单位：hm^2）

年份	原始值	还原值	残差	相对误差
1997	4735.130	4735.130	0.000	0.000
1998	4737.090	4639.284	−97.806	0.021
1999	4740.230	4673.742	−66.488	0.014
2000	4752.260	4708.456	−43.804	0.009

年份	原始值	还原值	残差	相对误差
2001	4758.760	4743.428	−15.332	0.003
2002	4770.610	4778.660	8.050	0.002
2003	4810.874	4814.153	3.279	0.001
2004	4822.654	4849.910	27.256	0.006
2005	4835.167	4885.932	50.765	0.010
2006	4847.567	4922.222	74.655	0.015
2007	4899.000	4958.782	59.782	0.012
2008	4934.895	4995.613	60.718	0.012
2009	4971.300	5032.717	61.417	0.012
2010	5020.840	5070.098	49.258	0.010
2011	5077.690	5107.756	30.066	0.006
2012	5137.060	5145.693	8.633	0.002
2013	5193.000	5183.912	−9.088	0.002
2014	5249.900	5222.416	−27.484	0.005
2015	5299.910	5261.205	−38.705	0.007
2016	5355.480	5300.282	−55.198	0.010
2017	5407.610	5339.650	−67.960	0.013

K. 用地规模预测

用灰色模型 GM（1,1）分别对 2025 年及 2035 年主城区交通水利及特殊用地规模进行预测，模型拟合精度较高，得到两个年度的用地规模预测值分别为：59 km² 和 62 km²。同样，而由预测结果可知主城区交通水利及特殊用地规模变化较城乡建设用地规模变化非常缓慢，再结合用地规模现状值和预测值间的关系，同时为使其用地规模保持适当的弹性，经多次比较分析后判定无须进一步修正。最终得到 2025 年及 2035 年武汉市主城区交通水利及特殊用地规模预测值分别为：59 km² 和 62 km²（表 26-20）。

表 26-20 武汉市主城区交通水利及特殊用地规模预测及检验（单位：km²）

用地类型	2025年	2035年	相对残差 Q检验	方差比 C检验	小误差概率 P检验
交通水利及特殊用地	59	62	0.008	0.223	1

3）远郊区建设用地结构

A. 原始数据列

$$x^{(0)}=(x^{(0)}(1),\ x^{(0)}(2), x^{(0)}(3),\cdots, x^{(0)}(20))$$
$$=(51\ 121.22, 51\ 633.46, 52\ 553.19,\cdots, 108\ 107.60)$$

B. 求取级比 $\lambda(k)$

$$\lambda(k)=\frac{x^{(0)}(k-1)}{x^{(0)}(k)}=(\lambda(2),\lambda(3),\lambda(4),\cdots,\lambda(21))$$
$$=(0.990, 0.982, 0.983,\cdots, 0.981)$$

C. 级比范围判定

$$\lambda(k)\in[0.924,\ 0.990]$$
$$X=(\mathrm{e}^{\frac{-2}{n+1}},\mathrm{e}^{\frac{2}{n+1}})=(0.913, 1.095)$$
$$\lambda(k)\in X$$

因此，可用 $x(0)$ 进行 GM（1,1）建模。

D. 对原始数据进行累加

$$x^{(1)}=(51\ 121.22,\ 102\ 754.68,\ 155\ 307.87,\cdots,\ 1\ 612\ 115.06)$$

E. 构造数据矩阵 B 及数据向量 Y

$$B=\begin{bmatrix} -\dfrac{1}{2}(x^{(1)}(1)+x^{(1)}(2)) & 1 \\ -\dfrac{1}{2}(x^{(1)}(2)+x^{(1)}(3)) & 1 \\ \vdots & \vdots \\ -\dfrac{1}{2}(x^{(1)}(20)+x^{(1)}(21)) & 1 \end{bmatrix},\quad Y=\begin{bmatrix} x^{(0)}(2) \\ x^{(0)}(3) \\ \vdots \\ x^{(0)}(21) \end{bmatrix}$$

F. 计算 $\hat{u}$ 、a 、b

$$\hat{u} = (\hat{a}, \hat{b})^{\mathrm{T}} = (B^{\mathrm{T}} \cdot B)^{-1} B^{\mathrm{T}} Y = \begin{pmatrix} -0.0436 \\ 46\,747.0 \end{pmatrix}$$

于是得到 a=–0.0436，b=46 747.0。

G. 建立模型

$$\frac{\mathrm{d}x^{(1)}}{\mathrm{d}t} - 0.0436x^{(1)} = 46\,747.0$$

H. 求解得生成数列函数

$$\hat{x}^{(1)}(k+1) = \left(x^{(0)}(1) - \frac{b}{a} \right) \mathrm{e}^{-ak} + \frac{b}{a}$$

$$= 1\,123\,300.119\mathrm{e}^{0.0436k} - 1\,072\,178.899$$

I. 求生成数列及模型还原值

$$令\ \hat{x}^{(1)}(1) = \hat{x}^{(0)}(1) = x^{(0)}(1) = 51\,121.220$$

$$\hat{x}^{(0)}(k) = \hat{x}^{(1)}(k) - \hat{x}^{(1)}(k-1), \quad k = 2,3,4,\cdots,21$$

得到还原值

$$\hat{x}^{(0)} = (51\,121.220, 50\,059.247, 52\,290.110, \cdots, 114\,618.273)$$

J. 模型检验

通过对预测模型得到的还原值与原始值进行比较计算残差及相对误差值，相对误差值均小于 0.1，模型精度达到较高要求，可进行远郊区城乡建设用地规模预测（表 26-21）。

表 26-21　武汉市远郊区城乡建设用地规模预测模型检验表（单位：hm²）

年份	原始值	还原值	残差	相对误差
1997	51 121.220	51 121.220	0.000	0.000
1998	51 633.463	50 059.247	–1 574.216	0.030
1999	52 553.190	52 290.110	–263.080	0.005
2000	53 460.760	54 620.389	1 159.629	0.022

续表

年份	原始值	还原值	残差	相对误差
2001	54 535.810	57 054.517	2 518.707	0.046
2002	56 130.760	59 597.120	3 466.360	0.062
2003	57 379.173	62 253.032	4 873.859	0.085
2004	61 560.180	65 027.304	3 467.124	0.056
2005	66 548.074	67 925.210	1 377.136	0.021
2006	70 011.327	70 952.259	940.932	0.013
2007	75 803.286	74 114.207	−1 689.079	0.022
2008	81 461.789	77 417.066	−4 044.723	0.050
2009	84 972.210	80 867.114	−4 105.096	0.048
2010	87 920.290	84 470.912	−3 449.378	0.039
2011	92 321.350	88 235.312	−4 086.038	0.044
2012	94 449.000	92 167.470	−2 281.530	0.024
2013	99 332.960	96 274.862	−3 058.098	0.031
2014	101 963.210	100 565.298	−1 397.912	0.014
2015	104 821.250	105 046.934	225.684	0.002
2016	106 028.160	109 728.293	3 700.133	0.035
2017	108 107.600	114 618.273	6 510.673	0.060

K. 用地规模预测

用灰色模型 GM（1,1）分别对 2025 年及 2035 年武汉市远郊区城乡建设用地规模进行预测，模型拟合精度较高，得到两个年度的用地规模预测值分别为：1706 km² 和 2360 km²。进一步根据远郊区发展状况，以及远郊区建设用地现状值与预测值间的关系等，经多次综合比较分析，确定两个年度远郊区建设用地规模修正系数分别为：0.80、0.65。最终得到 2025 年及 2035 年武汉市远郊区城乡建设用地规模预测值分别为：1365 km²、1534 km²（表 26-22）。

表 26-22　武汉市远郊区城乡建设用地规模预测及检验（单位：km²）

预测方式	2025 年	2035 年	相对残差 Q 检验	方差比 C 检验	小误差概率 P 检验
模型预测	1706	2360	0.034	0.151	1
调整预测	1365	1534	—	—	—

4）远郊区交通水利及特殊用地预测

A. 原始数据列

$$x^{(0)}=(x^{(0)}(1),\ x^{(0)}(2),x^{(0)}(3),\cdots,x^{(0)}(20))$$
$$=(26\,072.33,26\,114.69,26\,819.04,\cdots,345\,06.79)$$

B. 求取级比 $\lambda(k)$

$$\lambda(k)=\frac{x^{(0)}(k-1)}{x^{(0)}(k)}=(\lambda(2),\lambda(3),\lambda(4),\cdots,\lambda(21))$$
$$=(0.998,\ 0.974,\ 0.984,\cdots,0.984)$$

C. 级比范围判定

$$\lambda(k)\in[0.957,\ 1.060]$$
$$X=(\mathrm{e}^{\frac{-2}{n+1}},\mathrm{e}^{\frac{2}{n+1}})=(0.913,\ 1.095)$$
$$\lambda(k)\in X$$

因此，可用 $x(0)$ 进行 GM（1,1）建模。

D. 对原始数据进行累加

$$x^{(1)}=(26\,072.33,\ 52\,187.02,\ 79\,006.06,\cdots,625\,452.75)$$

E. 构造数据矩阵 B 及数据向量 Y

$$B=\begin{bmatrix} -\frac{1}{2}(x^{(1)}(1)+x^{(1)}(2)) & 1 \\ -\frac{1}{2}(x^{(1)}(2)+x^{(1)}(3)) & 1 \\ \vdots & \vdots \\ -\frac{1}{2}(x^{(1)}(20)+x^{(1)}(21)) & 1 \end{bmatrix},\quad Y=\begin{bmatrix} x^{(0)}(2) \\ x^{(0)}(3) \\ \vdots \\ x^{(0)}(21) \end{bmatrix}$$

F. 计算 $\hat{u}$、a、b

$$\hat{u} = (\hat{a}, \hat{b})^{\mathrm{T}} = (B^{\mathrm{T}} \cdot B)^{-1} B^{\mathrm{T}} Y = \begin{pmatrix} -0.0121 \\ 26\,173.0 \end{pmatrix}$$

于是得到 a=−0.0121，b=26 173.0。

G. 建立模型

$$\frac{\mathrm{d}x^{(1)}}{\mathrm{d}t} - 0.0121x^{(1)} = 26\,173.0$$

H. 求解得生成数列函数

$$\hat{x}^{(1)}(k+1) = \left(x^{(0)}(1) - \frac{b}{a} \right) \mathrm{e}^{-ak} + \frac{b}{a}$$
$$= 2\,189\,130.181\mathrm{e}^{0.0121k} - 2\,163\,057.851$$

I. 求生成数列及模型还原值

$$令\ \hat{x}^{(1)}(1) = \hat{x}^{(0)}(1) = x^{(0)}(1) = 26\,072.330$$
$$\hat{x}^{(0)}(k) = \hat{x}^{(1)}(k) - \hat{x}^{(1)}(k-1), \ \ k = 2,3,4,\cdots,21$$

得到还原值

$$\hat{x}^{(0)} = (26\,072.330,\,26\,649.379,\,26\,973.795,\cdots,33\,537.555)$$

J. 模型检验

通过对预测模型得到的还原值与原始值进行比较计算残差及相对误差值，相对误差值均小于 0.1，模型精度达到较高要求，可进行交通水利及特殊用地规模预测（表 26-23）。

表 26-23　武汉市远郊区交通水利及特殊用地规模预测模型检验表（单位：hm²）

年份	原始值	还原值	残差	相对误差
1997	26 072.330	26 072.330	0.000	0.000
1998	26 114.690	26 649.379	534.689	0.020
1999	26 819.040	26 973.795	154.755	0.006
2000	27 249.550	27 302.161	52.611	0.002

续表

年份	原始值	还原值	残差	相对误差
2001	28 016.310	27 634.523	−381.787	0.014
2002	28 551.840	27 970.932	−580.908	0.020
2003	29 014.934	28 311.437	−703.497	0.024
2004	30 036.276	28 656.086	−1 380.187	0.046
2005	28 615.380	29 004.931	389.551	0.014
2006	29 884.620	29 358.022	−526.598	0.018
2007	30 816.812	29 715.412	−1 101.401	0.036
2008	30 052.437	30 077.153	24.716	0.001
2009	28 363.320	30 443.297	2 079.977	0.073
2010	29 288.060	30 813.899	1 525.839	0.052
2011	29 840.450	31 189.012	1 348.562	0.045
2012	30 406.250	31 568.691	1 162.441	0.038
2013	31 775.210	31 952.993	177.783	0.006
2014	32 716.620	32 341.972	−374.648	0.011
2015	33 340.380	32 735.687	−604.693	0.018
2016	33 971.450	33 134.195	−837.255	0.025
2017	34 506.790	33 537.555	−969.235	0.028

K. 用地规模预测

用灰色模型 GM（1,1）分别对 2025 年及 2035 年武汉市远郊区交通水利及特殊用地规模进行预测，模型拟合精度较高，得到两个年度的用地规模预测值分别为：388 km² 和 392 km²。由预测结果可知远郊区交通水利及特殊用地规模变化较城乡建设用地规模变化非常缓慢，再结合用地规模现状值和预测值间的关系，同时为使其用地规模保持适当的弹性，经多次比较分析后判定无须进一步修正。最终得到 2025 年及 2035 年武汉市远郊区交通水利及特殊用地规模预测值分别为：388 km² 和 392 km²（表 26-24）。

表 26-24　武汉市远郊区交通水利及特殊用地规模预测及检验（单位：km²）

用地类型	2025 年	2035 年	相对残差 Q 检验	方差比 C 检验	小误差概率 P 检验
交通水利及特殊用地	388	392	0.027	0.378	0.95

建设用地结构调整主要是对武汉市及其各区城乡建设用地（城镇及工矿用地、村庄用地）以及水交特用地（水利用地、交通运输用地、风景名胜及特殊用地）规模进行预测。同样采用灰色模型 GM（1,1）对 1997~2017 年各类建设用地规模发展情况进行模拟分析，并分别对 2025 年、2035 年各类建设用地规模进行预测。

26.2.3　建设用地供给保障

1. 统筹优化土地资源配置

按照战略引领、效率优先、统筹兼顾的原则，差别化安排新增建设用地规模，建设用地投放与城市发展重点紧密结合，优化配置土地资源，增强土地资源对全市经济社会可持续发展的保障能力。

1）统筹安排新增建设用地

调整优化主城区土地资源配置。主城区以存量用地作为供给主体，积极开展城市更新、拆旧建新，重点引导现代服务业和文化产业等占地少的行业发展，适度安排新增建设用地用于基础设施和民生工程建设，强化优质增量有效供给。其中，到 2025 年，主城区建设用地规模可适当增加 28 km²；到 2035 年，其还可继续适当增加 33 km²。

2）强化土地储备的保障作用

转变土地储备思路，制定土地储备供给战略，加强土地供给侧结构性改革，强化土地储备对资源配置的保障作用，充分保障民生性项目，引导需重点保障的民生性项目土地和未来增值较高的土地逐步纳入土地储备计划，实现公益与效益的平衡与最优。优化土地储备结构。重点加强公益性设施的土地储备，加强轨道交通车辆段、交通场站、交通衔接设施等可以进行综合利用的土地空间的储备，做到应储尽储，实现"规划、储备、开发、运营、管理"一体化。

3）提高土地市场化配置效率

建立城乡统一的建设用地市场体系，实行工业用地出让弹性年期制和到期续期制度，加大违法用地和闲置土地整治力度，完善低效建设用地再开发土地增值收益在政府、市场、原权利人之间合理分配机制，加速土地资源流转与循环，提高土地市场周转效率，加强全过程监管，实现土地全要素、全生命周期管理。建立土地利用动态监测和相机调控的长效机制，根据人口增长、经济发展的趋势与变化和土地市场、房地产库存等情况，调控建设用地投放总量、结构和时序，加强风险提示和预警，保持建设用地供应的供需平衡和结构合理，从容有序供应土地。

2. 稳步推进农村建设用地整治

1）合理引导村庄迁并

以城乡建设用地增减挂钩为抓手，结合新农村建设，逐步推行分散农村居民点适度集中归并，重点发展中心村、中心社区，稳妥拆并自然村。在规划城镇发展区，严格限制现有村庄旧房改建扩建，鼓励农民腾退宅基地，实施农村居民点社区化建设，加快城乡一体化进程。在生态发展区，按照有利生产、方便生活的原则，充分尊重农民意愿，规范、有序开展迁村并点，按照规划推进中心村建设，吸引农民自愿适度集中居住。在生态底线区，逐步引导推动农村居民点整体外迁，对于历史文化名村、特色村落，可以保留，但应控制规模。

2）加强配套设施建设

按照有利生产、方便生活和公共服务均等化的要求，合理安排村庄功能分区，筹措资金，组织村庄配套建设，保障农村产业发展和农业生产、农民生活条件的改善，加强村庄内部绿化建设，完善农村道路、水利等基础设施建设，健全教育、医疗卫生、文化娱乐等公共服务设施。

3）积极推进乡土文化保护

对于历史文化遗存村庄，应划定各级文物保护单位保护范围，维持历史文脉的延续，强调遗产本体及其周边环境的有效性和完整性，保持文化遗产的原真性，通过规划设计尽可能修复文物的历史环境；对危害文物安全、破坏文物背景环境的建筑物、构筑物进行整改；建设布点应注意避让和保护，不得新建大型建筑物，并合理控制周边建筑高度、建筑风格、色彩，使之与旧址建筑相协调，保持风格等方面的一致性；实施原址保护，保护文物历史信息的完整性。全面考虑农村经济、文化、社会发展之间的内在关系以及与乡土文化保护之间的外在关系，注重乡土文化在农村社区建设中的地位，挖掘、传承积淀于农村地区的丰富多彩的乡土文化。

4）探索集体经营性建设用地入市

积极探索集体经营性建设用地入市，争取国家试点，建立城乡统一的建设用地市场。在符合土地利用总体规划、乡村建设规划以及用途管制的前提下，允许农村集体经营性建设用地出让、租赁、入股，实行与国有土地同等入市、同权同价。做好集体经营性建设用地确权、确地登记，研究入市流转办法，规范集体经营性建设用地入市操作。

3. 积极推进城镇低效土地再利用

1）强化城镇改造的规划控制

依据节约集约用地和城镇建设规划要求，制订改造计划，科学规划城镇改造单元，明确城镇职能、用地布局、主导产业，做好城镇改造的时序安排，做到改造单元功能用途协调、建设集中连片、产业关联发展。

2）大力推进"三旧"改造

在主城区，通过加快推进"三旧"和棚户区改造，进一步挖掘存量土地资源潜力，拓展城市发展空间，提升城市功能，改善基础设施配套，促进历史文化保护和生态环境改善，助推新城建设。

3）强化配套设施与节地建设

加快旧城和棚户区改造进程，疏导不适合在旧城镇内发展的职能和产业，合理安排城区（镇区）老工业用地的土地用途置换，推进旧城区有机更新。积极推行节地型更新改造，控制生产用地，保障生活用地，增加生态用地。鼓励开发地上地下空间，提高城镇综合承载能力，促进节约集约用地。完善市政公用设施和基础设施的配套，加强绿化和市容卫生建设，提升旧城区居民的整体生活质量，创造舒适宜人的城镇环境。

4. 有序开展土地生态环境建设

1）推进基本生态控制线规划实施工作

严格实施基本生态控制线规划，积极推进生态文明建设。一是进一步做好基本生态控制线的"控、建"工作。严格按照政府令规定的生态底线区、生态发展区项目准入条件，严禁不符合准入要求的建设项目进入线内；以郊野公园、绿道等项目化建设为抓手，积极推进（生态）红线内生态功能建设。二是逐步推进基本生态控制线内既有项目的清理和"改、迁"工作。按照政府令规定的项目分类处置原则，明确现有项目的保留、整治、外迁类型，积极引导基本生态控制线内的功能调整。

2）构建土地生态网络体系

构建"山-水-路-田-村-城"交融的生态体系。充分利用武汉市丰富的自然资源，依托城镇发展和道路交通体系，通过土地整治平台，加快生态景观建设，构建"江-河-湖-库"的水网体系，"外环-国道-省道-乡（镇）公路"的绿道体系,"山体–农田–绿楔"的核心景观体系,形成"山–水–路–田–村–城"交融的生态景观体系,实现良好生态景观效果。

3)发挥耕地的生态功能

大力发展高效农业、生态农业、旅游观光农业,充分发挥耕地的吸烟滞尘、净化空气、涵养水源及生态景观等功能,增加耕地生态功能输出。优化耕地空间布局,以开敞的耕地代替绿地作为各建设用地组团之间的隔离带,防止建设用地无序蔓延,将耕地作为"绿肺"引入城市内部,起到乔灌木绿地的作用,丰富城市景观多样性,改善城市环境。

4)加强林地建设与保护

在低丘岗地区加强常绿落叶阔叶林为主的山地生态林建设,构建以保持水土、涵养水源为主,并涵盖生物多样性保护、旅游休闲等多种生态服务功能为重点的公益林建设区。在尚未绿化或绿化未达标的县级以上公路两侧营建防护林带,形成道路林网系统。依托农业区内沟、渠、圩、路,新建和完善农田防护林体系。加强城镇绿地系统建设,对废弃土地进行土地复垦,不宜耕作区域应进行生态修复,大力发展针阔混交林,实行乔、灌、草立体配置,防止水土流失、滑坡等灾害的发生。

5. 认真落实城乡建设用地增减挂钩政策

按照国土资源要素统筹规划的原则,发挥土地空间规划的整体管控作用,探索土地利用年度计划指标的统筹使用及建设占用耕地跨区域实现占补平衡。充分利用上级下达的建设用地增减挂钩指标,依据土地利用总体规划、城市建设规划、村镇建设规划及农房建设规划等,打破增减挂钩现有界限,完善武汉市国土部门定期联席会议制度,探索推进跨区域的城市建设用地指标增减挂钩。构建增减挂钩指标跨区域的市场交易机制,加快资金、指标在区域之间的流动。

26.3 寻甸县"多规合一"实践①

本书选取位于云南省昆明市的寻甸县作为县级行政层面以及西部的案例。在寻甸县的"多规合一"助推土地供给侧结构性改革优化路径研究中，分别基于 TOPSIS 模型和 MOP-GIS 模型对寻甸县土地利用数量结构和土地利用空间结构进行优化调控，而后基于多目标规划与细胞自动机（multi-object planning and cellular automata，MOP-CA）对寻甸县微观地块的数量结构和空间布局进行模拟调试，并结合寻甸县作为西部落后县的产业发展情况提出产业发展用地供给侧保障与差异化配置方案，以此构建县级层面上"多规合一"，从数量和空间两方面助推土地供给侧结构性改革的优化路径体系。

寻甸县位于云南省昆明市东北部，为昆明市的工业小县、财政穷县、经济弱县。2015 年全县户籍总人口 559 342 人，其中贫困人口占总人口比例高达 12.44%。全县地势西北高、东南低，呈向东南倾斜阶梯状，自然资源较为丰富，耕地面积居昆明市首位，年均水资源总量 24 亿 m^3，森林覆盖率达到 41.63%。

寻甸县具有明显的贫困人口占比高、生活条件差、交通条件低、产业发展水平低的一高一差二低特征：①贫困人口占比高。截至 2015 年末，贫困乡镇 6 个，贫困建制村 43 个，贫困人口 19 043 户，63 321 人，边缘贫困人口 71 667 人，两者总计达 134 988 人，占全县 42.3 万人中的 31.91%。②生活条件差。生活水平低的家庭数量多，截至 2015 年末，农村 D 级危房户达 56 746 户，有 10.53 万人存在饮水困难和饮水安全问题。③交通条件低。交通条件也限制了农村产业发展，截至 2015 年末，75 个自然村不通公路，498 个自然村不通硬化道路，650 个自然村不通村内硬化道路。④产业发展水平低。截至 2015 年末，从产业结构来看，寻甸县符合一产比重最小、三产比重最大的产业依序增长的模式，但第三产业仍以零售业为主，第二产业比重虽然较第

---

① 本部分研究为 2021 年脱贫攻坚取得全面胜利之前。

一产业高出较多，但也以传统制造业为主，缺乏高端制造业与现代服务业。

26.3.1　"多规合一"规划结构耦合

1. 规划结构耦合模型设计

研究基于多目标最优化理念，对既有"多规合一"研究中涉及的多种规划耦合思路进行整合和简化，选取战略结构耦合、数量结构耦合、空间结构耦合和治理结构耦合四大规划结构耦合目标建立规划结构耦合框架，构建目标函数：战略结构耦合的目标要求梳理各个规划"轻重缓急"战略导向，厘清战略主次关系，协调"多规"战略矛盾；数量结构耦合的目标要求根据规划战略结构协调各个规划数量结构，明确规划底数存量，统一规划期限，统筹确定自然资源底量、流量和变量，并依据价值量寻求数量结构耦合最优解；空间结构耦合的目标要求基于"线—面—点"的空间逻辑，形成优先保证底线、合理安排分区、优化配置项目的优化思路，协调"多规"空间冲突；治理结构耦合的目标要求对各个规划的实施保障措施进行整合、创新和择优，优化治理机制和规划实施保障。具体理论模型如下所示。

目标函数组：

$$
\begin{cases}
\text{Strategy} = S_0 + \left(\sum (S_i \cap S_j) - S_0 \right) + S_{i1}' + S_{i2}' \\
\text{Quantity} = \max(v_u) = \max(f(A_u)) = \max(f(R_u + L_u + V_u)) \\
\text{Space} = X_r + Z_t + \sum_t^n \sum_y^h P_{yt} \\
\text{Management} = \max(m_1, m_2, \cdots, m_p)
\end{cases}
\tag{26-15}
$$

约束条件：

$$
\begin{cases}
S_0 = S_1 \cap S_2 \cap S_3 \cap S_4 \cap S_5 \\
A_0 = g(Q_1 、 Q_2 、 Q_3 、 Q_4) \\
N_u = N
\end{cases}
\tag{26-16}
$$

式中，S_i 为规划 i 的规划战略，且 $i \in (1,2,3,4,5)$ ； S_j 为规划 j 的规划战略，且 $i \neq j$ ， $j \in (1,2,3,4,5)$ ； S'_{i1} 、 S'_{i2} 分别为规划 i 的核心战略和边缘战略中与其他规划战略冲突部分； Q_i 为规划 i 的规划数量结构； N_u 为规划期限； A_0 , A_u 分别为基期和末期存量； R_u , L_u , V_u , v_u 分别为规划末期的底量、流量、变量和价值量， $u \in (0,1,2,\cdots,d)$ ； f 为基于存量的价值量核算函数； g 为基于五项规划的基期存量标准化和统一化函数； X_r 为基本农田保护红线、生态保护红线、城市开发边界三条核心底线； Z_t 为在底线基础上进行的各类分区； P_{yt} 为分区 t 中的项目 y ， $r \in (1,2,\cdots,k), t \in (1,2,\cdots,n)$ ， $y \in (1,2,\cdots,h)$ ； m_p 为各项规划的治理措施和机制， $p \in (1,2,\cdots,w)$ 。

1）规划战略结构耦合模型

在战略结构上，现行各个规划有着不同的战略导向，之间既有互相促进、协同发展的关系，也有矛盾抵触、亟待协调的部分。其规划战略逻辑起点都体现了国家发展必要的战略导向，主体功能区规划强调区域协同，土地利用规划强调资源保护，城市规划强调城市发展，生态建设与环境保护规划强调环境保护，脱贫攻坚规划强调扶贫，然而一旦合而为一，众多战略目标缺乏轻重缓急和主次之分，难以形成层次分明的系统结构，见表 26-25。

表 26-25 "多规"规划目标与战略导向

规划	规划目标与战略导向	规划逻辑
主体功能区规划	格局清晰、结构优化、区域协调	以禀赋定发展，区分主体功能，侧重区域协同有序
土地利用规划	耕地保护、生态保护、用地平衡	以供定需，由近及远，自上而下，侧重保护资源
城市规划	建设用地需求、城市治理	以需定供，由远及近，自下而上，侧重保障发展
生态建设与环境保护规划	控制污染与保护环境	侧重环境保护
脱贫攻坚规划	精准扶贫	侧重贫困人口生活保障和发展

因此，规划战略结构的耦合需理顺规划体系上下结构，整合各个规划战

略安全底线作为"重"，以互相协调、互为补充的战略共识抓手作为"急"，对冲突矛盾的战略差异作为"缓"，充分进行博弈均衡以明确权责、挖掘"主次"和逐步协同，将单个规划片面提到的边缘战略作为"轻"，酌情考虑纳入战略框架，以此促进"多规"战略结构耦合的实现。在当时的形势下，各个规划之间的战略结构耦合方式应在确保安全的前提下，推动经济社会和谐发展，即优先保证生态安全和粮食安全作为"重"，将脱贫攻坚作为"急"，协同区域协同、土地利用和城市发展作为"缓"并酌情挖掘"主次"，将其余边缘战略作为"轻"。基于此构建战略结构优化的目标模型：

$$\text{Strategy} = S_{重} + S_{急} + S_{缓} + S_{轻} = S_0 + \left(\sum (S_i \cap S_j) - S_0 \right) + S'_{i1} + S'_{i2} \qquad (26\text{-}17)$$

式中，S_i 为主体功能区规划等五项规划中规划 i 的规划战略，且 $i \in (1,2,3,4,5)$；$S_0 = S_1 \cap S_2 \cap S_3 \cap S_4 \cap S_5$；$S_j$ 表示规划 j 的规划战略，且 $i \neq j$，$j \in (1,2,3,4,5)$；S'_{i1}、S'_{i2} 分别为规划 i 的核心战略与边缘战略中不与其他规划战略协调的部分。

2）规划数量结构耦合模型

由于自然资源作为国土空间载体和物质基础的普遍性、有限性和稀缺性，各类规划均不同程度涉及自然资源配置，凸显出了较为显著的数量矛盾。现行规划间自然资源数量结构的技术标准、分类体系、规划理念和治理平台各有差异，存量、底量、变量、流量和价值量等诸多数量结构认知也各不相同，导致各项规划的基期数据、规划数据和规划期限各不相同。

因此，为实现数量结构的耦合，首先要构建统一的数据平台，以统一分类体系、规划期限和技术标准，从而实现基期数据的整合统一，明确自然资源数量存量。其次需协调规划数据和期限统一，统筹一段时间内区域内不同自然资源的数量分配问题，确定底量、流量、变量和价值量。底量是各个规划战略安全底线保障量，如保障粮食生产所需的土地、水等资源数量，保障生态安全所需的森林、草原等数量，以及保障居住需求的住宅用地数量等；流量则是根据各个规划"急"性战略需求所确定的自然资源规划保障量，在本书框架中可认为是确保经济社会发展，特别是脱贫攻坚所需的自然资源规划增量；变量指的是引入规划博弈权衡、区域差异等数量差异影响量，即不同区域在不同自然禀赋、经济水平和功能定位下，应根据不同战略博弈结果进行变化性优化，以此提升"多规合一"的弹性；价值量是规划最终目标的质量评判标准和约束条件，通过制定规划数量结构的价值量等级以及测算标准，能够预测和评价该规划的数量结构制定质量，从而为高质量规划设计提供参考和依据。

如图 26-1 所示，构建"多规合一"规划耦合数量结构模型，需充分考量初始规划数量结构 Q_1, Q_2, Q_3, Q_4, Q_5，需依托统一的技术平台、技术标准和分

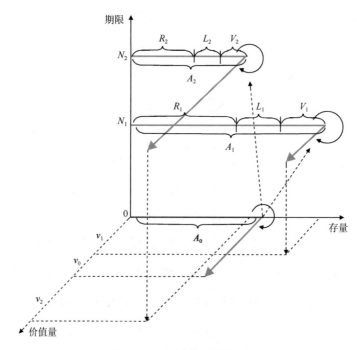

图 26-1　规划数量结构耦合

类体系，统一规划存量 A 和期限 N。其中，A_0 为规划基期的自然资源数量存量，A_1, A_2 分别为 N_1, N_2 期限下的规划末期存量，其组成部分包括底量 R、流量 L 和变量 V，即存在 $A = R + L + V$。图 26-1 中弧线箭头表示价值量核算过程，v_0, v_1, v_2 分别是基期和不同数量结构末期存量的价值量核算结果，并依据价值量 v 最大标准进行规划数量结构选择，从而合理分配各类自然资源（A_u）数量。数量结构的目标函数为价值量核算最大值，f 表示基于存量的价值量核算函数，约束条件包括期限约束和存量约束，而 g 表示基于五项规划的基期存量标准化和统一化函数，$u \in (0, 1, 2, \cdots, d)$。

$$\text{Quantity} = \max(v_u) = \max(f(A_u)) = \max(f(R_u + L_u + V_u)) \qquad (26\text{-}18)$$

$$\text{s.t.} \quad A_0 = g(Q_1, Q_2, Q_3, Q_4, Q_5) \qquad (26\text{-}19)$$

3）规划空间结构耦合模型

针对当前规划之间点、线、面空间错位和不尽协调的现状，以及各个规划在配置空间资源时采取的"以需定供"模式的弊端，在战略和数量结构的基础上，提出"线–面–点"的规划资源空间配置逻辑，即优先保证底线，其次合理安排分区，最后优化配置项目，协调多个规划之间的空间结构矛盾（图 26-2）。

首先，依据安全战略和规划底量确定规划底线。"线"结构是指关乎区域生存和发展的重要底线，包括基本农田保护红线、生态保护红线、城市开发边界。针对现行各规划对三条底线表述和划定差异而产生的，诸如城市规划"两线三区"和土地利用规划"三界四区"难以完全耦合等问题，可依据土地利用规划确定基本农田保护红线，依据生态建设与环境保护规划确定生态保护红线，依据城市规划确定城市开发边界，确定和统一各类规划空间资源配置的底线。其次，在规划底线的制约下，应当结合各类规划所表征的区域空间功能，如扶贫规划中突出表征的扶贫空间，合理设定规划功能分区。在各个规划分区有机叠加的过程中，首先去除底线和无冲突区域，进而识别冲突

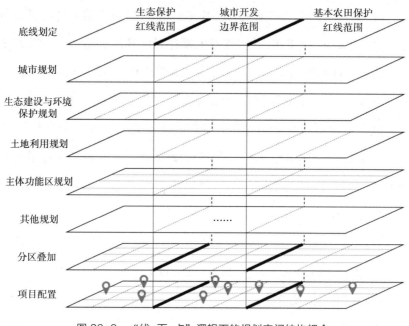

图 26-2 "线–面–点"逻辑下的规划空间结构耦合

区域,根据"急"性战略和流量设定,选择确定冲突区域的主导功能,最后根据规划变量的设定,在主导功能区域叠加设计辅助功能导向,由此保障规划专业性、特色性和系统性。例如,针对城市地区,城市规划相较其余规划分区更为详尽,只要在扶贫开发、生态保护等功能定位上不冲突,不需强行修正。最后,配置项目落地。在"线–面–点"的空间结构耦合逻辑中,项目选址应当根据划分区域的可开发程度的高低、主体功能导向、区位条件和资源禀赋等实际情况,优先配置在适宜分区内,如保证扶贫项目优先落位扶贫空间。

因此,"多规合一"规划空间结构耦合模型可表述为,以空间底线 X_r 为基础进行布局,包括基本农田保护红线、生态保护红线和城市开发边界,进而划定各类空间分区 Z_t,明确各个分区的主导功能与利用管制规则,在此基础上进行分区 t 中第 y 个具体项目 P_{yt} 的配置[如式(26-20)所示],式中

$r \in (1,2,\cdots,k), t \in (1,2,\cdots,n), y \in (1,2,\cdots,h)$ 。

$$Space = X_r + Z_t + \sum_t^n \sum_y^h P_{yt} \qquad （26-20）$$

4）规划治理结构耦合模型

治理结构耦合目标实现的关键在于梳理现行各规划的治理结构，构建协调、高效的治理体系，将各个规划纳入统一治理体系中，简化流程、理顺关系、明确事权，以切实保障规划的实施落地。因此，治理结构耦合模型应对现有治理结构进行整合、创新和择优：首先要构建规划耦合平台、整合现有规划治理结构、形成治理合力；其次要挖掘治理冲突矛盾部分，通过简化治理流程、创新治理手段、摒弃不适宜治理方法等方式进行治理方式和保障机制的创新和择优。特别针对精准扶贫等"急"性战略和关键量，要最大化聚合各类治理措施、积极开展政策创新，形成强力治理机制，积极推进精准扶贫目标的落实。

如式（26-21）所示，"多规合一"规划治理结构耦合模型可以阐释为，基于梳理各项涉及空间规划的具体治理措施和机制 m_p，基于统一平台进行措施综合归纳和探索创新，选取互相协调、完善保障规划实施的最大化措施组合 $\max(m_1, m_2, \cdots, m_p)$ ，式中 $p \in (1,2,\cdots,w)$ 。

$$Management = \max(m_1, m_2, \cdots, m_p) \qquad （26-21）$$

2. 模型应用结果

1）战略结构"层级化"设计

为实现寻甸县"多规合一"战略结构耦合，需要梳理各个规划的战略结构，依照"重—急—缓—轻"的逻辑实现规划战略结构耦合。首先需明确各个规划的战略重点。结合生态立县的城市发展战略，以及节约优先、保护优先、自然恢复为主的规划方针和着力提升寻甸县可持续发展能力的功能导向，挖掘出区域生态保护和粮食安全的战略重点。其次，突出强调精准扶贫的急切战略诉求。以优化结构、提高效率、加快城市化进程、提高居民收入水平为紧迫目标，实现产业整合、人口整合和城乡分类脱贫，确保 2020 年全面脱贫目标的实现。进而厘清规划之间的战略冲突和矛盾，挖掘主次关系、酌情有序处理矛盾。应在保障生态建设与环境保护规划提出的防治工业污染和提升人居环境质量基础上，优先落实土地利用规划提出的强化土地用途管制和集约节约利用，合理加强主体功能区规划提出的重点开发和城市规划提出的滇中城市群健康文化旅游产业基地建设。最后兼顾各项规划战略中提到的其余边缘性战略，如主体功能区规划中要求的实现对外开放、城市规划中要求的旅游资源整合和资金整合等战略内容，如图 26-3 所示。

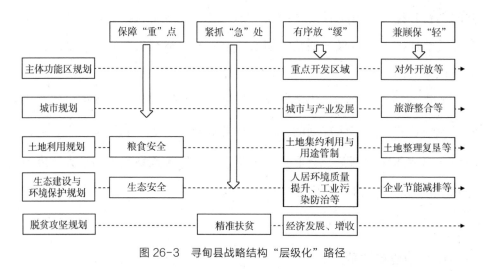

图 26-3 寻甸县战略结构"层级化"路径

由此，寻甸县"多规合一"的规划战略结构应耦合为：坚持安全优先，严抓底线，开展全方位的生态环境保护工作，严守耕地保护和生态保护红线；优先保障精准扶贫目标，解决当务之急；以防治污染、提升质量、集约利用为主要战略，合理有序推进开发建设；兼顾开放、资金等多重保障战略，稳妥推进民族团结进步示范区、绿色经济发展区、休闲养生养老旅游度假区、城市生态涵养区和具有民族特色的滇中北部山水生态宜居新城的战略定位实现。

2）数量结构"五量化"确定

寻甸县"多规合一"数量结构耦合需明确存量，保障底量，测算流量，协调变量，最后依据价值量进行方案择优。①明确存量：梳理寻甸各项规划基期数据（2015年），统一规划期限（2020年）和技术标准，受到规划编制时间不同、数据统计标准不同、数据统计方式不同的影响，不同规划的规划范围、资源存量差异巨大，本书使用规划基期（2015年）的土地变更调查数据确定存量,确定全县土地总面积为3589.53 km²,其中耕地占比约为36.32%，建设用地占比约为 3.32%。②保障底量：底量包括粮食生产所需耕地、水资源数量、生态资源数量等诸多方面，各项规划中仅有土地利用规划明确规定了耕地保有量，因而以土地利用规划确定的耕地保有量（1012.14 km²）和基本农田保护面积（904.85 km²）为粮食安全所需的耕地底量，同时以生态建设与环境保护规划确定的水环境质量 100%达标和基于国际公认轻度缺水（人均水资源<3000 m³）标准测得的 14.50 亿 m³ 的水资源量为所需水资源底量，森林覆盖率指标选取城市规划确定的52%为底量。③测算流量：在模型中，流量是确保经济社会发展及脱贫攻坚所需的自然资源规划增量，脱贫攻坚规划要求实现 2020 年贫困地区农村居民人均可支配收入增速不低于13%，建档立卡贫困村集体经济年收入不低于 8.55 万元，以地均地区生产总值增量测算预计约需新增 21.80 km² 的建设用地，即为资源供给作为保障精准扶贫目标实现的流量目标。④协调变量：期初和期末存量的差值并不完全等于底量和流量的加和，还包括一部分因规划协调、战略博弈导致的变量。土地利用规划和城市规划对于 2020 年的建设用地规模有不同规定,故而综合考虑规划范围和标准将建设用地未来存量的变化区间设为 131.74~164.63 km²；此外，土地利用规划和生态建设与环境保护规划对于生态用地比例也有不同规

定,综合两大规划设定生态用地比例区间为50%~80%。⑤核算价值量:基于上述期初存量、底量、流量和差量的测算结果推算得到规划目标年份的期末存量,可使用价值量评价体系对其价值量进行测算,依据不同数量结构规划方案的生产、生活和生态综合价值,进行择优选择规划方案。

3)空间结构"多维化"落位

寻甸县"多规合一"空间结构耦合应依循"线-面-点"的逻辑结构进行。首先,分别依照土地利用规划、生态建设与环境保护规划、城市规划确定基本农田保护红线、生态保护红线和城市开发边界,同时叠加三条底线完成区域底线确定。

其次,在底线管控的基础上,结合不同规划中所突出表征的区域空间功能,设定各类规划功能分区。例如,按照云南省主体功能分区确定的重点开发区范围,土地利用规划和生态建设与环境保护规划确定的重要生态保护区、生态维护发展区和生态修复区,城市规划确定的依托仁德、羊街为城镇"两心"的东部文化旅游组团、中部工业组团和西部特色农业组团以及脱贫攻坚规划基于贫困程度划定的三级扶贫区域,叠加构建以"重点保护,修复并举"的生态格局和"一轴统筹,三区协同"的发展格局:根据所划分生态修复区、维护区和保护区进行不同侧重的生态保护,重点保护牛栏江、清水海、黑颈鹤自然保护区等重要生态区域;依托嵩待高速沿线的产业发展轴和三条经济廊道串联区域经济发展,统筹推进西部高原特色和现代化农业区、中部物流与工业发展区和东部民俗文化旅游区协同发展,全力保障精准扶贫的切实落实。

最后,在完成分区统筹和叠加基础上,在各个规划中梳理汇总现代农业、工业、文化旅游、基础设施建设等四大类81个重点项目,对应"三区协同"的布局和项目的切实要求,将工业重点项目布局在城镇"两心"仁德街道、羊街镇及金所工业片区,将农业项目布局在西部高原特色和现代化农业区中六哨、甸沙等区域,将文化旅游项目布局在河口、七星等东部民俗文化旅游区，基础设施建设项目根据诉求零星分布、重点保障一级脱贫攻坚区。

4）治理结构"择优化"保障

"多规合一"的治理结构耦合，需对规划各类治理方式和保障机制进行整合、创新和择优。首先构建寻甸县"多规合一"规划治理体系和统一治理机构，明确权利、责任和利益，保障规划职能清晰、政令统一，同时构建统一的技术和信息共享平台，搭建规划冲突解决平台，提高规划治理中的矛盾解决效率。其次要积极开展治理方式和保障机制的创新和择优，基于评估甄别当前规划中高效的治理机制与手段，加以推广以实现政策迁移和创新，择优整合以提升治理效率。以精准扶贫规划目标落实为例，通过多个规划治理结构耦合，充分利用国土、生态、产业等各方机制实现脱贫目标，整合拆迁帮扶、财政帮扶、工程帮扶、生态产业帮扶等各类扶贫方式，整合精确到户、精确到人、精确到地的扶贫保障手段，因地制宜、因时制宜地切实保障脱贫攻坚规划目标的高效落实。

26.3.2　土地利用结构优化调控

1. 基于 MOP-CA 的寻甸土地利用优化模型构建

传统的土地资源优化配置模型大都仅限于对土地利用数量结构进行优化，而缺乏对土地利用数量结构与空间结构的有效统一。本书针对乌蒙山区的具体情况，运用多目标规划（MOP）模型对土地资源数量结构进行优化，进而将数量优化结果作为元胞自动机（CA）模拟的约束条件对空间布局进行优化，从而达到土地资源数量结构优化与空间布局优化的有效统一。

1）MOP 模型构建

MOP 模型由模型变量、约束条件和目标等三部分构成，多目标模型包括了社会效益、生态效益和经济效益三个目标，通过 MOP 求解土地利用数量结构优化。

A. 变量设置

根据《土地利用现状分类》(GB/T 21010—2017) 以及研究区实际情况、资料获取的可行性等设置变量，选取了耕地、园地、林地、其他农用地、建设用地和未利用地作为分析的变量。

B. 目标函数构建

选取经济效益目标和生态效益目标。考虑到社会效益目标很难量化，主要通过具体的指标构建约束条件，进而影响整个 MOP 模型的运算及其科学性，不将其纳入考虑。

经济效益模型为

$$B(X) = \sum_{i=1}^{6} (K_i + W_i + X_i) \qquad （26\text{-}22）$$

式中，K_i 为各类用地效益系数，为一常数；W_i 为各类用地的相对权重；X_i 为各类用地面积（hm^2）。

生态效益模型：

借鉴倪九派等 2005 年发表的《土地利用的生态位及调控机制的研究》一文中构建的自然生态位模型，对生态效益进行量化，设定生态效益模型为

$$N_i = \frac{(E_i + B_i) / R_i}{\sum_{i=1}^{n} (E_i + B_i) \Big/ \sum_{i=1}^{n} R_i} \qquad （26\text{-}23）$$

式中，N_i 为第 i 种土地利用类型的生态效益；E_i 为第 i 种土地利用类型单位面积的生态效益；B_i 为第 i 种土地利用类型单位面积的潜在生态效益，通过计算该种土地利用类型生态服务价值的多年变化率得到；R_i 为第 i 种土地利用类型单位面积上的劳动力投入。

C. 约束函数构建

选取区域土地面积总量、人口总量、耕地保有量、林地覆盖率等作为

约束条件，包括 7 个约束条件，合并后为 7 个等式或不等式，约束目标年为 2020 年。

2）CA 模型构建

CA 模型的特点是时间、空间、状态都离散，每个变量都只有有限个状态，而且状态改变的规则在时间和空间上均表现为局部特征。CA 模型可以表示为

$$S(t+1) = f(S(t), N)　　　　　　（26-24）$$

式中，S 为元胞有限、离散的状态集合；t、$t+1$ 为不同时刻；N 为元胞的邻域；f 为局部空间的元胞转化规则。将土地利用数量结构优化及景观格局的相关原则转化为 CA 的局域转换规则，利用 CA 的演化模拟能力进行逐步模拟，并在每次模拟结束后检核土地利用数量结构优化的约束条件和景观格局的相关条件。根据检核结果，动态调整 CA 的局域转换规则，进行下一轮的模拟，将两种模型进行有效的整合。

2. 寻甸县土地利用结构优化示范

为了检验 MOP-CA 模型的有效性和可靠性，以昆明市寻甸县为例进行了数量结构优化及空间模拟，文中所用图件及数据全部来自《寻甸县土地利用总体规划修编（2006—2020）》。通过对模型的检验，反复修改模型结构，使其尽可能地接近现实，提高模拟精度。针对寻甸实际情况构建约束条件，共设置了 6 个变量：X_1（耕地）、X_2（园地）、X_3（林地）、X_4（其他农用地）、X_5（建设用地）、X_6（未利用地）。

1）目标表达

A. 经济效益表达

根据王汉花和刘艳芳在《基于 MOP-CA 整合模型的土地利用优化研究》中对于经济效益系数的测算，结合寻甸县地区特点进行修正后得到寻甸县各

类用地单位面积土地经济效益（ $K_i \times W_i$ ），如表 26-26 所示。

表 26-26　寻甸县各类用地单位面积土地经济效益

地类	耕地	园地	林地	其他农用地	建设用地	未利用地
经济效益系数	3 024	3 379	312	1 010	74 015	0

因此，寻甸县土地经济效益的表达式为

$$B(X) = 3024X_1 + 3379X_2 + 312X_3 + 1010X_4 + 74\,015X_5 + 0 \qquad （26\text{-}25）$$

B. 生态效益表达

根据欧阳志云等（2020）对生态系统类型生态服务价值计算的结果，结合寻甸县实际情况进行修正后，得到寻甸县各类用地的生态系统服务效益，如表 26-27 所示。

表 26-27　寻甸县各类用地的生态系统服务效益

地类	耕地	园地	林地	其他农用地	建设用地	未利用地
生态效益系数	13 007	17 402	28 873	6 563	0	8 108

2）约束条件表达

土地总面积约束： $X_1 + X_2 + X_3 + X_4 + X_5 + X_6 = 358\,837.74$ 　　（26-26）

人口总量约束：要求县域人口承载量不低于规划期预测人口。即 $a(X_1 + X_2 + X_3 + X_4) + bX_5 \geqslant R$ ，其中 a 、 b 分别为农用地、城镇用地的平均人口预测密度， R 为规划人口。根据寻甸县土地利用规划的预测，2020 年寻甸县人口将达到 79.39 万人，将其作为 R 。使用趋势外推法获得 2020 年农业、非农人口数量分别为 57.34 万人、22.05 万人，可以获得农村人口密度和城镇人口密度分别为 1.85 人/hm^2（ a ）和 13.40 人/hm^2（ b ）。

耕地保护约束：根据研究当年土地利用总体规划要求，到 2020 年，寻甸县全县耕地保有量不低于 101 213.67 hm^2，即 $X_1 \geqslant 101\,213.67$ 。

生态保护约束：根据《寻甸县生态建设与环境保护"十三五"规划》，到 2020 年寻甸全县森林覆盖率不低于 45%，即 $X_3 \geqslant 16\ 476.98$。

建设用地约束：整体上城镇建设用地呈现出扩张趋势，但根据建设用地集约节约利用要求，寻甸县土地利用总体规划提出到 2020 年，建设用地规模控制在 22 742.66 hm² 以内（根据建设用地控制规模加上机动指标求得），即 $X_5 \leqslant 22\ 742.66$。

供应能力约束：根据现有未利用地开发速度使用趋势外推计算得到 2020 年寻甸县未利用开发面积不高于 527.4 hm²，即有 $X_6 \geqslant 34\ 982.92$。

现实约束：$X_i \geqslant 0, i = 1, 2, \cdots, 6$。

3）MOP 模型的建立及求解

在对目标表达、约束表达进行规定和说明的基础上，MOP 的目标为

$$
\begin{aligned}
Z &= \max(\lambda_1 B(X) + \lambda_2 N_i) \\
&= \max\left[\lambda_1(3024X_1 + 3379X_2 + 312X_3 + 1010X_4 + 74\ 015X_5 + 0)\right] \\
&\quad + \lambda_2(13\ 007X_1 + 17\ 402X_2 + 28\ 873X_3 + 6563X_4 + 0 + 8108X_6)
\end{aligned}
\qquad (26\text{-}27)
$$

考虑到寻甸县发展定位，在征求专家意见的基础上，权重设置为 λ_1=0.65，λ_2=0.35。据此，求得寻甸土地利用结构优化结果，见表 26-28。

表 26-28　寻甸县土地利用结构优化结果

地类	耕地	园地	林地	其他农用地	建设用地	未利用地
面积/hm²	101 214	13 368	190 560	1 725	16 880	35 205

2011 年寻甸土地利用状况见表 26-29。

表 26-29　寻甸县土地利用状况

地类	耕地	园地	林地	其他农用地	建设用地	未利用地
面积/hm²	130 383	4 444	17 3237	2 875	12 504	35 510

可见，寻甸县耕地数量减少近 30 000 hm^2，林地增加将近 20 000 hm^2，园地增加近 9000 hm^2，建设用地增加 4000 多 hm^2。主要结构调整为耕地由于生态退耕、农业结构调整、建设用地开发利用而减少。在同样的效益系数下，寻甸县经济效益、生态效益和综合效益都有显著提升，幅度分别达到 19%、4% 和 8%，考虑到同样土地利用类型在 10 年间经济效益和生态效益的巨大提升，在使用两年地区生产总值比值作为系数修正的情况下，增幅可达到 50%、9% 和 20%，提升是巨大的。

4）基于 CA 的寻甸县土地利用空间布局优化

结合研究区域生态环境现状及其生态网络的构成，提取出具备重要生态效应的区域。设定 CA 的局域转换规则：①城市建设用地不可逆规则，即 If $D(C_i, G_j) > k$，then S_{T+1} = 建设用地；②生态位规则，即 If $D(C_i, G_j) = k$，then $S_{T+1} = U_i$；③关键生态地段用地规则，If $D(C_i, G_j) < k$，then S_{T+1} = 林地或草地；④CA 自身状态转换规则，系统设置 8 向邻域确定元胞状态的转换规划。以上规则中，S_{T+1} 为 $t+1$ 时刻土地利用类型；U_i 为土地利用类型 I；$D(C_i, G_j)$ 为元胞 G_j 距离生态关键地段 C_i 的距离。本书中主要考虑"大集中小分散"的原则，仅对土地利用斑块面积进行约束。以寻甸县 2011 年土地利用格局为初始状态，时间间隔 9 年，应用 CA 模型对 2020 年土地利用格局进行预测，元胞状态为 100 m×100 m，并以土地利用数量结构优化结果作为模拟迭代的终止条件。

26.3.3　产业落地与扶贫

1. 产业转移驱动经济发展的作用机制

在上述相关理论的支撑下，我们总结出产业转移驱动经济发展的两种主要作用机制，产业转移—经济增长极—乘数带动效应带来产业发展、经济繁荣和脱贫致富，以及产业转移—创新要素促进产业升级—产品附加值提升—收入提高脱贫。

1) 产业转移—经济增长极—乘数带动效应—收入提高模式

首先，产业转移的发展会产生扩散效应，导致企业数量增加，产品销量迅速提高，这促进了专门化市场的形成和扩大；当工业发展到一定程度时，人口的不断迁移、集聚以及分工的深化会对生产、生活服务业提出更高的要求，从而促进第三产业的发展，提供更多的服务性就业岗位，对人口的吸引越来越强烈，产业不断升级，新产业不断涌现，形成良性循环。

其次，产业转移拓宽了就业空间效应。产业转移的成长和发展，使现有的企业扩大规模，有效地推动了农村工业化、城镇化进程，促进农村劳动力的产业空间转移，带动了就业。产业转移的成长，用工需求增加，其本身如同一个巨大的劳动力吸纳市场，在给城镇人口提供就业机会的同时，也吸收了大量农村人口，并通过劳动力的转移实现人口城镇化，形成产业转移—劳动力结构升级—就业乘数效应—城镇化进程这种互相促进的良性循环关系。

2) 产业转移—创新要素促进产业升级—产品附加值提升—收入提高模式

区域间产业转移必然伴随着技术、人才、管理的转移。一个地区承接产业转移，相应地在技术、资本、人才、管理等方面都会得到一定程度的改善，这个地区的技术创新能力相应会有所改变。

第一，产业转移必然伴随劳动力及人力资本输出，大量具有创新意识的技术、管理人才随着产业转移输入到产业承接地区，同时外来企业的进入及其本地化的发展战略，必然增加对产业承接地的劳动力吸纳及教育和培训投资，使得本地区劳动力能够掌握先进的技术和管理经验。第二，产业转移引发技术外溢效应。产业转移必然伴随着新技术在产业承接地的应用，并在新技术的使用过程中产生溢出效应，即外来投资的技术知识在产业承接地会产生溢出效应。产业转移伴随人力资本的转移，劳动力的流动会产生技术、知识的外溢效应。这些溢出效应主要体现在劳动力的知识、技术能力、管理技能等方面。第三，产业转移带来市场竞争和观念的更新，对激发产业承接地产业的技术创新具有间接的影响作用。产业转移会导致承接地的观念更新，并形成市场竞争的环境，对本地区企业形成内在的压力，这会激发本地企业的创新意识，提高自身技术创新能力。第四，产业转移到承接地后，其本地化战略会促进企业与承接地上下游配套企业开展技术方面的合作与交流，有的还需要参与到技术开发中去，形成技术合作的平台，对当地配套企业的技术创新具有极大的促进作用。

创新要素促进了产业升级，最直接的效果就是承接地企业的产品附加值的提升，其手段包括通过智力劳动（技术、知识产权、管理经验等）、人工加工、设备加工、流通营销等创造的价值增值量，具有较高的价值增长与较高的经济效益，使得商品拥有更高额的利润，有利于提高承接地经济发展水平，带动人口收入的提升，形成产业转移—产业升级—产品附加值提升—收入水平提升—脱贫致富的作用机制。

2. 寻甸县产业扶贫驱动机制

1）易地搬迁+转移产业集中布局的扶贫模式

寻甸县是国家级扶贫开发工作县，2016 年、2017 年全县规划易地扶贫搬迁 5933 人，其中建档立卡贫困户 4674 人，同步搬迁 1259 人，概算总投资 3.23 亿元。在贷款和补助资金方面，建档立卡贫困户每户补助 6 万元，并可申请最高 6 万元的易地扶贫搬迁项目贷款，同时，整体搬迁项目综合考虑县城地理环境和民族实情，着力将每个安置点都设在主要公路附近，让深山大沟中分散居住的困难群众集中搬迁到地理位置相对较好的平地公路旁，并筹措资金投入到水利设施、土地开发、饮水条件、乡村公路、农网改造等基础设施建设中，从根本上改善移民的生产生活条件。以甸沙村委会草海子宜居农房集中安置项目为例，工程就地打造集中安置 167 户 505 人，规划主要建设内容包括安居房建设、道路工程、场平工程、给排水工程、照明工程等，基础设施建设资金达到 1218 万元，占工程总投资的 40% 左右，工程完成后，搬迁户的生活水平将会有明显提升。

在产业转移集中布局方面，寻甸县着力打造特色产业园区，园区内共有企业 98 户，其中以中国中化集团有限公司和云南南磷集团为代表的规模以上企业 29 户，从业人员超过 10 000 人，2016 年完成规模以上工业主营业务收入 70 亿元，完成规模以上工业企业增加值 21 亿元，工业固定资产投资 25 亿元。园区规划为"一园三片"的空间结构，"一园"即寻甸特色产业园，"三片"包括羊街片区、金所片区和倘甸片区，整个园区功能丰富，且规划布局整齐有序。羊街片区功能以装备制造、林木产业家具制造、高原特色农产品加工业为主；金所片区以煤电磷化、新型建材、新型能源产业为主；倘甸片区以稀贵金属加工、新型建材和轻工产业为主，片区北部承接县域内牛栏江保护区内产业转移。

通过易地搬迁+转移产业集中布局的模式，可以有力推动县域经济的发展。易地扶贫搬迁使大量劳动力得以集中居住，同时搬迁之后生活环境和劳动方式的改变使得劳动力本身得到释放，而转移产业的集中布局一方面对劳动人口具有巨大的需求效应，另一方面又让劳动就业变得快捷而高效。二者的有机结合对促进本地经济发展、增加农民收入，推进扶贫工作具有重要意义。

2）规模农业+产业组织创新的扶贫模式

寻甸是云南省高原特色农业示范县和"云药之乡"，是云南省昆明市都市型现代农业教育科研基地，是昆明市的蔬菜、花卉、特色林果、中药材等农产品种植大县，当地以高原特色农业和农业产业扶贫开发工作为发展契机，以马铃薯、高原特色牧业、稻田养鱼、蔬菜花卉、车厘子、中药材等高标准农田建设为重点扶贫发展对象，充分发挥烤烟、板栗、马铃薯、芸豆、玉米等经济作物种植和生猪、肉羊、肉牛养殖的长期效益，大力扶持发展规模养殖，强化推进"公司（合作社）+基地+农户"模式，在农产品加工、销售、形成品牌上下功夫，提升当地农产品品质、附加值和竞争力，带动贫困户养殖，增加贫困人口收入。进入 2017 年以来，以农业产业扶贫工作带动贫困户脱贫致富的模式已经基本形成，其中比较典型的乡镇有六哨的马铃薯种薯合作农场、先锋的蚂蚱合作养殖、羊街的天牧肉牛加工和旺盛公司食用菌生产等，均采取"公司或农场+基地+建档立卡户"的合作形式，形成直接带动效应，充分调动公司、农户、合作社的积极性，实现三方共同发展、共同受益的目标，使扶贫更加精准、更有效，更具有长效性和稳定性。

目前寻甸县正在建设农业特色产品加工园区，对招商引资企业给予用地、融资、服务、税收等方面的优惠政策，且积极为入驻企业申报与项目有关的国家扶持政策及资金，试图调动社会各界投资的积极性。该项目依托寻甸县农业大县丰富的农产品资源，建成后需要大量的牛羊肉，可以带动寻甸养殖农户的养殖积极性，带动农户增收，对农村发展养殖业有巨大的带动作用，并将发挥寻甸的资源优势，改善农业产业结构，促使养殖业走向规模化、集约化，带动寻甸经济发展。

3）产业资金+技术扶持下的农村电商扶贫模式

寻甸县拥有丰富的农业特色产品和旅游资源优势，农村电商扶贫机制在县内具有广阔的发展空间，通过引进阿里巴巴、淘实惠、乐村淘、颐高集团、苏宁、京东等具有一定实力的企业进驻寻甸，加强互联网技术应用和推广，建设县级电子商务创业园区，凭借网络销售打造"寻甸特色农产品""寻甸印象""寻甸味道"等具有代表性的农业特色产品，对助力寻甸脱贫攻坚战具有重要意义。

2016 年，寻甸县科学技术和工业经贸信息化局牵头成立了县电商扶贫领导工作小组和电子商务协会，并设立电商办，负责电商扶贫的统筹安排、政策制定、协调指导、工作推进等，并加强与外界的沟通联系和衔接汇报，形成政府、协会、驻村工作队共同推进的电商扶贫工作机制，推动电商扶贫工作有序开展，推进"电子商务兴边富民三年行动计划"。该计划由寻甸鹏达通电子商务有限公司逐年实施项目建设，建设时间为 2016 年至 2018 年。通过 3 年在全县范围内建设 1 个县级电子商务服务中心和物流配送中心，在 12 个乡镇（街道）建设 17 个电子商务服务站、100 个电商网点。同时，紧扣"电子商务进农村带动农产品外销"的扶贫致富发展思路，通过乐村淘、淘实惠两家平台公司的运作，在 12 乡镇（街道）形成近 200 个村级服务站网点，在县城建设了两个数据服务中心，"农产品进城"初步呈现效果。

2017 年，寻甸计划在全县范围内建设 1 个县级电子商务服务中心和 1 个物流配送中心，在 13 个乡镇（包括两区 4 个乡镇）建设 13 个电子商务服务站、300 个村级电商服务网点，为贫困村网店开设和运营提供策划、培训等专业服务，积极探索一店带一户或多户、一店带一村或多村等电商扶贫模式，解决农村剩余劳动力，增加农民收入，助推脱贫攻坚。2017 年 8 月 21 日，经商务部审核、公示，寻甸县成功创建电子商务进农村综合示范县，为提高电商扶贫精确性，整体推进电子商务发展，助力全县脱贫摘帽打下了坚实基础。

3. 寻甸县产业扶贫土地利用配套模式

1）集约–分散型土地利用模式

易地扶贫搬迁是寻甸县脱贫攻坚的关键举措，也是投资最大、见效最快、成果最明显的标志性工程，所以，做好易地扶贫搬迁项目用地的保障工作，是实现脱贫摘帽的重要保证。针对寻甸县贫困人口多、分布广、地质条件复杂等实际情况，政府组织下的集中建设土地利用模式在易地扶贫搬迁过程中可以得到有效的应用。

首先是对居住在生存条件恶劣、生态环境脆弱、自然灾害频发等地区的贫困人口，要加快实施易地扶贫搬迁工程，坚持群众自愿的原则，因地制宜选择搬迁安置方式，合理确定住房建设标准，同时完善搬迁后续扶持政策，确保搬迁对象有充足的就业机会，稳定脱贫。

其次，要结合推进新型城镇化目标，实施易地扶贫搬迁规划，支持有条件的地方依托小城镇、工业园区安置搬迁群众，帮助其尽快实现转移就业，享有与城镇群众同等的基本公共服务。加大中央预算内投资和地方各级政府投入力度，创新投融资机制，拓宽资金来源渠道，提高补助标准。

同时，积极整合交通建设、农田水利、土地整治、地质灾害防治、林业生态等支农资金和社会资金，支持安置区配套公共设施建设和迁出区生态修复，在合适的情况下，为符合条件的搬迁户提供建房、生产、创业贴息贷款支持，支持搬迁安置点发展物业经济，增加搬迁户财产性收入。甚至可以探索利用农民进城落户后自愿有偿退出的农村空置房屋和土地安置易地搬迁农户。

另外，根据国土资源部2016年下发的《关于用好用活增减挂钩政策积极支持扶贫开发及易地扶贫搬迁工作的通知》，结合寻甸县实际，在易地扶贫搬迁过程中应该注意以下几条原则：一是整村易地搬迁安置的，应采用增减挂钩方式保障用地；二是建新区可根据搬迁安置需要在坝区或山区选址建设；三是建新区位于限制建设区或有条件建设区的，可将规划修改方案和增减挂钩实施方案合并编制，按权限分别报批；四是集中连片特困地区、国家扶贫开发工作重点县和开展易地扶贫搬迁的贫困老区开展增减挂钩的，节余指标可在全省范围内流转。同时，允许拆旧复垦完成前预支一定比例节余指标流转使用，以缓解资金投入压力；五是节余指标流转收益要全额返还贫困地区，专项用于脱贫攻坚。

2）政府组织下的建设集中模式

围绕改善搬迁对象生产生活条件和发展环境,住房建设和必要附属设施,基本生产生活设施,教育、卫生、文化等公共服务设施建设需求,统筹安排易地扶贫搬迁安置用地,应科学选址,节约集约用地,充分利用存量建设用地和荒山荒坡等未利用土地,不占或少占耕地,特别要避让优质耕地和基本农田,避让地质灾害隐患点。

一是依托小城镇或旅游景区的集中开发安置。通过易地搬迁项目在小城镇或乡镇建立市场,选择有发展潜力和条件的贫困户迁入小城镇或乡镇所在地,转移到第二、三产业。市场建设可以采取资本置换的方法,乡政府把乡镇规划的土地,特别是集贸市场周围的土地统一征用后,以工代赈用于基础设施建设的资金启动道路和市场建设,市场建好后,由乡政府管理,壮大乡级财政收入。将移民户建在市场的周围,除利用市场的辐射功能发展第二、第三产业外,有的还可以通过对邻近村组"剩余"土地的调整从事农业生产。这种安置模式在帮助贫困群众脱贫增收的同时,还推动了小城镇建设。除此之外,还可以采取依托旅游景区的开发的安置办法,在旅游资源开发过程中,通过在旅游景区内或景区附近建移民安置点,利用以工代赈资金新建移民住房,完善水电路等配套基础设施,改善就医、入学等条件,选择比较有经营头脑、思想灵活的农户进行搬迁。农户迁入后,通过开设农家饭店和旅游服务摊点、开展民族风情旅游活动、开发旅游服务产品等逐步走上脱贫致富之路。

二是依靠政府组织建设产业园区的集中模式。寻甸县是云南省重要的能源、化工、冶金、建材基地,可以依托县域内多家大型能源、化工企业,以这些企业为核心,吸引东部发达地区相关联企业,形成循环经济产业链,构建循环经济产业园区。采用这种模式,首先要对大型核心企业的物质流、能量流进行分析,对企业原料与能源的投入产出过程、质能循环合作的可行性进行研究，找出现有企业生产的产品及废料或排放物，在此基础上设计出以核心企业为依托的"工业合作流程"路线图，列出形成循环产业链的企业清单，最后以此进行针对性的招商引资，承接产业转移。在这一过程中，要从当地的资源承载能力、生态环境容量等可持续发展因素出发，注重对工业园区进行科学规划，即按照工业生态学原理和循环经济理论，结合当地的资源优势、产业优势和区位优势，确立园区处于生产环节的主导企业，建立起相关工业企业的生态链和生态平衡关系，确保入驻企业形成工业共生关系，实现资源利用效率的最大化和污染排放的最小化。采用这种模式不仅可以减少园区建设总投资，节约土地资源，共享基础设施，而且有利于园区今后的高效运作。

3）土地流转驱动下的农地集中模式

寻甸县经济发展水平较低，工业化和城镇化发展程度都处在较低水平，土地要素的利用效应明显，同时，地方政府有一定的财政实力反哺农村。随着工业城镇化的推进，经济发展将会带来土地价值的上升，在这种情况下，为了合理利用集体土地，有效增加农民收入，让农民长期分享经济发展的成果，农村土地流转模式可以选择农户以承包地入股，村组织通过土地股份合作制集中农用地来发展高效农业。村集体可以把全部集体资产和土地折成股份，配股给全体农户，同时根据不同成员的情况设置基本股、承包权股和劳动力贡献股等多种股份，分别按不同的系数计算不同的配股档次。村股份公司集中全村土地实施统一规划、管理和经营，出租或经营土地的收益按股份向全体股东分红，其中集体土地的股份收益继续投入土地开发经营进行扩大再生产。

同时，寻甸县域的土地流转发展模式应侧重于通过农民承包地的流转和集中，引进业主和农业大户，走种植和养殖规模化、品牌化道路，发展农产品加工业，引导农户进入农业生产的各个环节，延长农业产业链，让农民参与农业下游产业的利润分配，发挥农业的产业化效应，此外，通过农村土地整理和土地流转，促使资源集中，带动农民向小城镇聚集，促进区域经济发展。

另外，在整个过程中要注意引导土地经营权的有序流转，鼓励土地规模经营，确保土地规模经营者有足够的利润，在土地流转过程中，注重提高土地流转的管理水平，强化服务意识，完善农村土地流转服务，积极培育和扶持土地产业化经营主体，增强农业组织化程度，加强土地整理，实行农产品生产过程机械化，强化农业的综合生产能力，建立大型的农产品基地，使集中农地产生的效益真正为贫困群众所享有。

4）农村电商主导下的镶嵌模式（大集中、小分散）

寻甸县是一个多民族聚居的自治县，且地形复杂、地貌广布，农村电子商务发展具有特色农产品和旅游资源两大优势，发展电子商务应该主要着眼于这两个方面。

在特色农产品方面，目前的电商建设已经取得一些进展，但总体而言寻甸的农村电商发展尚处于初级阶段，想达到持续发展的目标，必须突破两个方面的限制：一是物流体系建设，二是信息系统完善。针对这一现状，农村电商主导下的镶嵌模式在寻甸县的应用主要是建设集中的大型仓储物流和信息沟通基地。结合寻甸县 2010~2020 年土地利用总体规划情况，综合考虑全县公路和通信网络的建设，大型电子商务基地的建设可以在先锋镇、功山镇、凤合镇几个乡镇展开，其中，先锋镇的地理位置较佳，其处于各乡镇公路的集结交汇点处，且先锋镇为彝族特色聚落聚居地，当地以民族服饰用品、特色腌制肉类品和民族特色手工艺品闻名，但是，碍于公路和信息的限制，当地的产品始终未能展开销路。此外，基地建设的土地规划可以由乡政府牵头，依托乡镇已有的仓储地点，进一步扩大和完善基础设施，同时，利用各村委会负责人形成联系网，形成县政府—乡镇网点—村委会—农户个体的农村电商网络体系。

在旅游资源的整合利用方面，寻甸打造当地特色旅游应当紧紧抓住现在市场需求较为旺盛的网络平台旅游服务。结合寻甸县土地利用总体规划，旅游资源的电商建设主要依托凤龙湾和石板河两个主要风景区，加强利用网络平台宣传旅游资源，与大型旅行服务商合作推出集风景、餐饮、民俗文化感受和住宿于一体的旅游套餐，同时，注重本地游客接待的服务能力建设，利用景区周边建设舒适型的游客服务点，其中，凤龙湾景区紧靠七星镇，道路条件较为便利，适宜在此地建设整合本地特色资源的游客接待中心。

此外，在建设当地特色旅游的同时，依托游客服务中心的建立来带动农村特色农副产品的电子商务发展，也是寻甸农村电商发展的一大契机，利用旅游网点对现有的特色农产品做展览宣传，可以达到推广的效果，扩大电商的销路。总之，做到产品销售和旅游发展二者的有机结合，对于寻甸县脱贫攻坚具有重要意义。

26.3.4 寻甸县土地利用结构优化

1. 可行方案预测

根据寻甸县社会、经济、自然条件，以寻甸县 2015 年变更调查为基期数据，预测寻甸县 2015~2020 年的土地利用结构优化可能：结合使用 2000~2010 年土地利用变化数据获得的马尔可夫转移概率矩阵与转移潜力分布图，预测寻甸县自然土地利用模式下 2015~2020 年的发展情况，将这种模式定义为自然发展模式；结合区域特点，在自然发展模式的基础上，强调经济发展和扶贫开发，将国民经济与社会发展规划和扶贫规划（区域和县域）作为土地利用结构优化的最重要指导方案，重点关注农村地区建档立卡的贫困人口的生活保障和收入提升，提供建设用地指标和产业用地的政策支持，协调经济发展和生态保护的关系，积极开展土地整治，促进人居环境提升，因地制宜推进生态扶贫、产业扶贫、易地搬迁等脱贫攻坚方式，据此将扶贫发展细分为生态扶贫模式、产业扶贫模式（主要强调二、三产业）和农地整治扶贫模式（第一产业）。同时，每种模式都区分为均速、加速和减速三种模式。

由此，设计 12 种主要的可行方案，如表 26-30 所示。

表 26-30 可行方案表

数量和空间结构	时序结构	QST 模型可行方案
自然发展模式	均速	均速自然发展模式
自然发展模式	减速	减速自然发展模式
自然发展模式	加速	加速自然发展模式
产业扶贫模式	均速	均速产业扶贫模式
产业扶贫模式	减速	减速产业扶贫模式
产业扶贫模式	加速	加速产业扶贫模式
生态扶贫模式	均速	均速生态扶贫模式
生态扶贫模式	减速	减速生态扶贫模式
生态扶贫模式	加速	加速生态扶贫模式
农业扶贫模式	均速	均速农业扶贫模式
农业扶贫模式	减速	减速农业扶贫模式
农业扶贫模式	加速	加速农业扶贫模式

2. 寻甸县土地利用结构调整风险优化指标确定

结合寻甸县的经济、社会、自然状况和产业扶贫开发需要，从供选方案中确定指标，具体如表 26-31 所示。

表 26-31 寻甸县土地利用结构优化指标表

结构	指标	代码	方向
数量结构	地区生产总值	x_1	+
	区域贫困人口比例	x_2	−
	森林覆盖率	x_3	+
	土地污染指数	x_4	+
	单位地区生产总值地耗下降率	x_5	+
	单位建设用地地区生产总值	x_6	+

结构	指标	代码	方向
数量结构	单位土地地区生产总值	x_7	−
	土地城镇化水平	x_8	−
	建设用地比例	x_9	+
	耕地比例	x_{10}	+
	城乡建设用地人口密度	x_{11}	−
空间结构	斑块类型面积	x_{12}	+
	边缘密度	x_{13}	+
	斑块密度	x_{14}	+
	斑块面积方差	x_{15}	−
	景观形状指标	x_{16}	−
	平均邻近度指标	x_{17}	+
	香农多样性指标	x_{18}	+
	香农均匀度指标	x_{19}	+
	斑块多度（景观丰度）	x_{20}	+
	蔓延度指标	x_{21}	+
时序结构	综合土地利用动态度	x_{22}	−
	数量结构风险变化动态度	x_{23}	−
	土地利用交换变化量	x_{24}	−
	空间结构风险变化动态度	x_{25}	−
	指标完成程度	x_{26}	+
	指标完成年度计划贴近度	x_{27}	+

3. 基于 TOPSIS 的方案风险测度与择优

对 12 个可行方案、27 个评价指标建立初始判断矩阵 X 为

$$\begin{bmatrix} x_{1,1} & \cdots & x_{1,27} \\ \vdots & \vdots & \vdots \\ x_{12,1} & \cdots & x_{12,27} \end{bmatrix}$$

采用极大极小值法对表 26-31 中指标进行标准化处理，对正向指标有

$$y_{ij} = \frac{x_{ij} - \min x_{ij}}{\max x_{ij} - \min x_{ij}} \qquad (26\text{-}28)$$

对负向指标有

$$y_{ij} = \frac{\max x_{ij} - x_{ij}}{\max x_{ij} - \min x_{ij}} \qquad (26\text{-}29)$$

得到相对标准化矩阵 Y 如下：

$$Y = \begin{cases} y_{ij} = \dfrac{x_{ij} - \min x_{ij}}{\max x_{ij} - \min x_{ij}}, & x \in X^+ \\ y_{ij} = \dfrac{\max x_{ij} - x_{ij}}{\max x_{ij} - \min x_{ij}}, & x \in X^- \end{cases} = \begin{bmatrix} y_{1,1} & \cdots & y_{1,27} \\ \vdots & & \vdots \\ y_{12,1} & \cdots & y_{12,27} \end{bmatrix} \qquad (26\text{-}30)$$

使用熵权法确定指标权重 W，如表 26-32 所示。

表 26-32　寻甸县土地利用结构优化指标权重表

指标代码	x_1	x_2	x_3	x_4	x_5	x_6	x_7
权重	0.039 888	0.018 014	0.000 321	0.027 484	0.011 351	0.003 126	0.007 348
指标代码	x_8	x_9	x_{10}	x_{11}	x_{12}	x_{13}	x_{14}
权重	0.046 458	0.023 674	0.038 655	0.041 406	0.019 619	0.012 433	0.043 888
指标代码	x_{15}	x_{16}	x_{17}	x_{18}	x_{19}	x_{20}	x_{21}
权重	0.063 006	0.071 937	0.069 177	0.012 118	0.072 876	0.054 991	0.06 509
指标代码	x_{22}	x_{23}	x_{24}	x_{25}	x_{26}	x_{27}	
权重	0.064 031	0.029 341	0.040 072	0.046 925	0.002 743	0.074 029	

并据此构造加权判断矩阵 Z：

$$Z = WY = \begin{bmatrix} z_{1,1} & \cdots & z_{1,27} \\ \vdots & & \vdots \\ z_{12,1} & \cdots & z_{12,27} \end{bmatrix} \qquad (26\text{-}31)$$

使用极大极小值法获取评估目标的正负理想解，并使用欧氏距离法计算

各个方案距离正、负理想值之间的距离 S^+ 和 S^-，利用贴近度公式计算各个评价对象与最优解的相对接近程度，求得寻甸县 12 种可能的方案的数量–空间–时序结构的方案结构调整风险贴近度（表 26-33）。

表 26-33　寻甸县土地利用结构优化方案得分表

可行方案	数量结构贴近度	排序	空间结构贴近度	排序	时序结构贴近度	排序	总贴近度	排序
均速自然发展模式	0.086 25	5	0.077 67	8	0.092 69	5	0.084 20	6
减速自然发展模式	0.083 83	7	0.067 63	11	0.080 15	8	0.076 93	11
加速自然发展模式	0.078 98	8	0.085 09	4	0.067 51	10	0.079 09	10
均速产业扶贫模式	0.098 30	2	0.082 34	5	0.092 80	4	0.091 14	1
减速产业扶贫模式	0.091 22	3	0.076 31	9	0.064 42	11	0.080 40	8
加速产业扶贫模式	0.067 22	12	0.107 28	2	0.082 69	6	0.085 50	4
均速生态扶贫模式	0.090 08	4	0.054 54	12	0.113 17	1	0.080 90	7
减速生态扶贫模式	0.076 23	9	0.081 37	7	0.107 68	2	0.084 21	5
加速生态扶贫模式	0.068 05	11	0.082 06	6	0.074 62	9	0.074 66	12
均速农业扶贫模式	0.102 40	1	0.091 21	3	0.048 25	12	0.087 78	3
减速农业扶贫模式	0.084 28	6	0.067 96	10	0.095 02	3	0.080 09	9
加速农业扶贫模式	0.073 15	10	0.111 19	1	0.081 00	7	0.089 20	2

4. 风险测度结果分析

自然发展模式中风险较小的为均速和加速模式，综合的风险评价结果显示，均速产业扶贫模式（0.091 14）体现出了最低的风险，其次是加速农业扶贫模式（0.089 20）、均速农业扶贫模式（0.087 78）、加速产业扶贫模式（0.085 50）和减速生态扶贫模式（0.084 21），共有五种模式得分超过了均速自然发展模式。

数量结构而言，均速模式相对于加速和减速模式具有更低的风险，且加速模式体现出了明显的高风险，剔除加速模式之后，产业扶贫模式明显优于自然模式，其他两种扶贫模式的减速模式具有超过自然模式的风险，而减速模式也是土地利用中比较容易出现的问题,前期过度开发导致后期指标拮据,发展停滞。

空间结构而言，加速发展模式体现了低风险性，因为其整体依照稳定原则，发展缓慢，而后期加速阶段为了完成指标任务往往倾向于变更地类等容易导致统计错乱的手段，会产生评价失误，而减速发展模式表现了较高的风险——前期大拆大建、后期修修补补导致空间结构极度破碎；而不同模式之间的差异相对较小。

在时序结构上，不同方案的表现差异很大，自然发展模式下，加速模式体现了较大的风险，但三者差异不大；产业扶贫模式中，均速和加速明显优于减速，这是因为减速模式很多情况下会出现超过指标后回溯调整的情况；而生态扶贫模式则没有这个问题，加速模式反而风险较大，这是因为其相关指标与地区生产总值关联度较低，地方政府官员没有提前使用的动力，由于生态用地发挥效用有较长的时滞，减速模式一步到位的配置方式反而在时序结构上有着较小的风险；农业扶贫模式下，三者差异不大。

第 27 章
"点–线–面"跨区统筹的"多规合一"视角下土地供给侧结构性改革案例研究

在"多规合一"视角下，本书以河北省为例，以县域单元为点分析空间单元布局，利用国土空间重心识别相关理论，识别空间上人口、产业、土地等各类要素的空间布局，分析其国土空间开发利用的优化路径；以交通线路和产业转移为线剖析空间引线结构，基于引线联结理论分析交通、产业等空间"引线"载体对"引流"的承载匹配情况及其制约因素，提出促进要素流动畅通、区域均衡发展的国土空间方案；引入国土开发模块、农业生产区位模块和生态空间选择模块构建空间功能板块，探索"城镇–农业–生态"空间分区整治与内部优化方案，由此建立"点–线–面"全域覆盖的空间结构优化体系的系统思路，以国土空间开发利用与保护主体空间相互作用关系为导向，融贯区域环境条件并兼顾自身发展及需求，综合探讨点、线、面多空间尺度下"多规合一"推进土地供给侧结构性改革的机制路径。

27.1 国土空间单元的优化配置

区域人口、经济与建设用地的协调发展是衡量区域高质量发展的重要因素，其中，土地是一切经济社会活动的空间载体，因此，"人""产""地"协调发展的关键是土地配置,通过土地作为载体,将"人""产""地"挂钩。因此,在"多规合一"视角下,本书在分析河北省县域单元国土开发强度影响因素的基础上,分析人、产、地要素的空间靶向匹配情况,进而提出供给侧在国土空间单元上的优化配置路径。

27.1.1 总体空间分布特征

受区域发展自然资源禀赋、地形地貌特征、工业化发展进程、城市功能定位、历史发展渊源、行政区划等诸多因素的影响,河北省县域国土开发强度总体呈现冀中南区域与沿海地区相对较高,太行山前区域集中较高的基本格局,这与京津冀协同发展中的中部核心功能区、东部滨海发展区和南部功能拓展的覆盖区域基本吻合。从具体空间单元来看,地级市市区国土开发强度水平整体高于一般县、市,且以石家庄市区、保定市区、唐山市区、秦皇岛市区等最为显著,这与全省城镇空间体系布局基本一致。

河北省国土开发强度在县域层面存在显著为正的空间自相关,呈现趋同趋势。LISA[①]局部自相关结果表明全省国土开发强度有着明显的"点–带–片"状结构特征,6 个地级市市区以"点"的形式构成了高–高关联型集聚区,冀西北地区的 14 个县域单元以"带 + 片"的形式构成了低–低关联型集聚区(迪力沙提·亚库甫和夏方舟,2018),如表 27-1 所示。

表 27-1 河北省县域国土开发强度的区域分异

区域	涉及县域单元个数	平均国土开发强度
冀中南地区	105	22.80%
沿海地区	39	26.69%
其他地区	28	7.39%

---

① LISA, local indicators of spatial association,空间关联的局部指标。

区域	涉及县域单元个数	平均国土开发强度
太行山地区	114	23.74%
其他地区	58	16.13%
地级市市区	35	42.84%
其他地区	137	15.64%

27.1.2　全域空间自相关

全局莫兰指数（global Moran's index）可以全面测度区域空间要素属性值聚合或离散的程度。基于 ArcGIS10.0 平台，运用全局莫兰指数检验河北省国土开发强度是否在空间上集聚。全局空间自相关模型如下：

$$I = \frac{\sum_{i=1}^{n}\sum_{j=1}^{n} W_{ij}(x_i - \overline{x})(x_j - \overline{x})}{\sum_{i=1}^{n}(x_i - \overline{x})^2 \sum_{i=1}^{n}\sum_{j=1}^{n} W_{ij}} \tag{27-1}$$

$$Z_{\text{score}} = \frac{1 - E(I)}{\sqrt{\text{VAR}(I)}} \tag{27-2}$$

式中，n 为研究对象的个数；W_{ij} 为空间要素 i 和要素 j 的权重；$x_i - \overline{x}$ 和 $x_j - \overline{x}$ 分别为第 i、j 个空间单元上的观测值与平均值的偏差；Z_{score} 为标准化统计量的阈值；$E(I)$ 为观测变量自相关性的期望；$\text{VAR}(I)$ 为方差。

河北省国土开发强度的全局莫兰指数检验结果显示，在显著性水平 $\alpha=0.01$ 的水平下，全省国土开发强度的全局莫兰指数为 0.2885，且计算结果通过了 Z 值检验（$Z_{\text{score}}=10.0977$，$P=0.000$），说明河北省国土开发强度在县域层面存在显著为正的空间自相关，呈现趋同趋势，即国土开发强度较高的县域单元多与周围其他相应值较高的县域单元在空间上集聚，而国土开发强度较低的县域单元多与周围其他相应值较低的县域单元在空间上集聚。

27.1.3 局部空间自相关

本章采用国土开发强度指数 LISA 集聚图分析河北省国土开发集聚或离散的空间位置。开发强度指数按高–高（HH）、低–低（LL）、高–低（HL）、低–高（LH）、不显著相关（NN）划分为五种不同类型。其局部莫兰指数通常用 LISA 统计量表示，局部空间自相关计算模型如下：

$$I = \frac{\sum_{i=1}^{n}\sum_{j=1}^{n}W_{ij}(x_i - \overline{x})(x_j - \overline{x})}{\sum_{i=1}^{n}(x_i - \overline{x})^2} \tag{27-3}$$

式中变量的含义同式（27-2）。

LISA 局部自相关结果显示，河北省国土开发强度聚集分布的高–高关联型和低–低关联型县域单元个数分别为 19 个和 12 个；不存在空间上呈现异常分布的高–低关联型和低–高关联型；不显著相关型县域单元个数为 141 个。从 LISA 集聚图看，全省国土开发强度有着明显的"点–带–片"状结构特征，高–高关联型以"点"的形式分散在冀中南地区和沿海地区，包括石家庄市区（63.68%）、邯郸市区（54.43%）、邢台市区（66.79%）、保定市区（53.20%）、唐山市区（62.75%，包括南堡开发区）和秦皇岛市区（53.68%），这与前文对开发强度总体空间特征的描述一致，这些市区邻近县域的国土开发强度也较高。低–低关联型区域都分布在冀西北地区，其中张北县、康保县、沽源县、尚义县、赤城县、滦平县、隆化县、丰宁县和围场县构成了开发强度较低的"带"，平均开发强度为 2.56%；蔚县、阳原县和涿鹿县形成了开发强度较低的"片"，平均开发强度为 4.16%，这些县域周边区域的国土开发强度也相对较低。

27.1.4 县域单元国土开发强度的影响因素

1. OLS 模型分析

1）构建 OLS 模型

国土开发强度的变化受自然地理、资源环境禀赋、社会经济及保护政策等多重因素的共同作用,结合河北省国土空间开发与保护实际,基于主导性、基础性及可获取性等原则,分别选取人均地区生产总值(x_1)、人口密度(x_2)、地均固定资产投资(x_3)、地均规模以上工业总产值(x_4)、地均财政支出(x_5)、金融机构本外币各项贷款余额(x_6)、坡度系数(x_7)、到渤海距离(x_8)、永久基本农田保护面积(x_9)共九个指标作为自变量,并与因变量河北省国土开发强度(y)进行回归分析,变量计算及其释义如表 27-2 所示。

表 27-2 国土开发强度影响因素及指标体系

指标名称	指标计算	指标释义
人均地区生产总值	地区生产总值总量/人口总量	经济发展水平
人口密度	人口总量/国土总面积	社会发展水平
地均固定资产投资	全社会固定资产投资额/建设用地总规模	建设用地集约节约利用水平
地均规模以上工业总产值	规模以上工业企业总产值/建设用地总规模	
地均财政支出	财政支出/国土总面积	财政投入力度
金融机构本外币各项贷款余额	年末金融机构本外币各项贷款余额	金融支持力度
坡度系数	坡度 0~8°区域面积/国土总面积	地形地貌基础
到渤海距离	驻地到渤海的空间距离	沿海区位基础
永久基本农田保护面积	永久基本农田图斑面积之和	农业保护政策

2）OLS 模型结果

基于社会经济数据的可获得性,将河北省各地级市的市区归类为一个样本单元，进而以 121 个县域单元为样本进行 OLS 分析，该模型拟合程度较理想（修正后 R^2=0.9291），且通过了显著性检验，说明模型所选取的解释变量整体上较好地解释了被解释变量的差异。从回归结果来看（表 27-3），人均地区生产总值、地均财政支出、坡度系数、人口密度和金融机构本外币各项贷款余额对国土开发强度有正向影响，如人均地区生产总值每提高 1 万元，区域国土开发强度就会上升 0.6706 个百分点；而地均固定资产投资、地均规模以上工业总产值、永久基本农田保护面积和到渤海距离对开发强度有着负向影响，如地均固定资产投资较高的区域，同等投资规模下所需的建设用地量较少，进而使国土开发强度降低。

表 27-3　OLS 模型参数估计与检验结果

解释变量	回归系数
人均地区生产总值	0.6706***
人口密度	0.0034***
地均固定资产投资	−0.9029*
地均规模以上工业总产值	−0.1198***
地均财政支出	18.5936***
金融机构本外币各项贷款余额	0.0084***
坡度系数	0.1481***
到渤海距离	−0.0089***
永久基本农田保护面积	−0.0595***
常数项	4.1570***
调整后 R^2	0.9291
F 统计量	215.01
F 检验显著性	0.000

***、*分别表示估计系数在 1%、10%的水平下显著

2. 地理加权回归模型分析

1）地理加权回归模型

为进一步探讨影响因素的空间分异，在 OLS 分析基础上引入地理加权回归（GWR）模型，模型如下：

$$y_i = \beta_0(u_i, v_i) + \sum_{j=1}^{n} \beta_j(u_i, v_i) x_{ij} + \varepsilon_i \qquad (27\text{-}4)$$

式中，(u_i, v_i) 为第 i 个样本点的空间坐标；$\beta_j(j = 1, 2, \cdots, n)$ 为变量 x_{ij} 在空间位置 (u_i, v_i) 处的局部系数；ε_i 为随机误差。

实际运用 GWR 中，首先需要确定权重函数和影响带宽，在空间权重函数的选择上，采用高斯函数，即

$$w_{ij} = \exp\left[-\left(\frac{d_{ij}}{b}\right)^2\right] \qquad (27\text{-}5)$$

式中，d_{ij} 为数据点和回归点的距离；b 为带宽，用来描述权重与距离之间函数关系的非负衰减参数，带宽越大，权重随距离的增加衰减得越慢，带宽越小，权重随距离的增加衰减得越快，带宽的选择对 GWR 模型的运行结果有较大的影响。在最优带宽选择上，采用最小赤池信息量准则（Akaike information criterion，AIC）法，对于同样的样本数据，使 AIC 值最小的地理加权回归函数所对应的带宽是最优的带宽，其计算公式为

$$\text{AIC} = 2n \cdot \ln(\hat{\sigma}) + n \cdot \ln(2\pi) + n\left[\frac{n + \text{tr}(S)}{n - 2 - \text{tr}(S)}\right] \qquad (27\text{-}6)$$

帽子矩阵 S 的迹 $\text{tr}(S)$ 是带宽 b 的函数，$\hat{\sigma}$ 是随机误差项方差的极大似然估计。

2）地理加权回归模型结果

在 OLS 模型的分析基础上，构建 GWR 模型，对河北省县域单元进行分析，并通过自然断裂法对结果进行可视化表达。如表 27-4 所示，GWR 模型

的修正后 R^2（=0.9395）大于 OLS 模型的该值，说明 GWR 模型的拟合效果要明显优于 OLS 模型。进一步的全局空间自相关分析表明，标准化残差的全局莫兰指数为–0.0106，Z 值检验并不显著（P=0.9111），说明标准化残差在空间上呈随机分布，GWR 模型整体效果非常好。

表 27-4　GWR 模型参数估计与检验结果

模型参数	数值
带宽	206 467.000
R^2	854.530
标准误	25.684
$\hat{\sigma}$	2.641
AIC	730.840
调整后 R^2	0.939 5

GWR 模型结果表明，人均地区生产总值、人口密度、地均财政支出、金融机构本外币各项贷款余额和坡度系数对国土开发强度有正向影响，而地均固定资产投资、地均规模以上工业总产值、永久基本农田保护面积和到渤海距离对国土开发强度有负向影响，这些因素在不同区域呈现出的影响程度和作用敏感性有着显著差异。

人均地区生产总值回归系数在空间上总体呈现从南部和东部向中部偏北部递减的趋势，在沧州东部、廊坊、唐山北部和冀西北地区形成低值集聚区，其中冀西北地区回归系数低值区与 LISA 低–低关联型集聚区有一定的重合区域，说明在局部国土开发强度较低地区经济发展水平对其影响较为明显。

人口密度回归系数在空间上总体呈现从西南部向中部递减的趋势，并在环天津区域形成低值集聚区，表明该地区人口密度对国土开发强度影响相对较小。

地均固定资产投资回归系数在空间上总体呈现从东部向中南部、西北部扩散性递增的趋势，在张家口西北部形成负高值集聚区，表明在局部国土开发强度较低地区对固定资产投资强度的低敏感性。

地均规模以上工业总产值回归系数在空间上总体呈现从西部向东部和南部扩散性递减的趋势，并在西部形成负高值集聚区，其中包括了石家庄市区和保定市区等 LISA 高–高关联型集聚区，这两个空间单元的地均规模以上工业总产值排在所有县域单元的前三，表明在局部国土开发强度高水平地区对地均规模以上工业总产值的高敏感性。

地均财政支出在空间上总体呈现从东部沿海地区向西部太行山区域波浪形递减的趋势，系数值变化范围在[10.71,37.03]，表明其对国土开发强度的影响有着明显的空间异质性态势。

金融机构本外币各项贷款余额回归系数总体呈现从中部向东西两边递减的趋势，在西部形成低值集聚区。

从空间分布看坡度系数的回归系数，其总体呈现从东部向西部和南部递减的趋势，在太行山前的中部偏南区域形成低值集聚区，再向南部有微升态势，表明在平原地区国土开发强度受坡度的影响小于山区和坡度较高的其他地区。

到渤海距离的回归系数在空间上呈现从南部和东部向西北部递减的趋势，形成的负低值集聚区与 LISA 低–低关联型集聚区高度重合，表明局部国土开发强度低水平区域对离渤海的距离具有很高的敏感性。

永久基本农田保护面积回归系数在空间上总体呈现从中部区域向北部和南部递增的趋势，并在省最南部、西北部和北部形成高值集聚区。低值集聚区回归系数取值范围为[–0.0671,0.0612]，平均系数为–0.0637，可以解释为这些区域永久基本农田保护面积每增加 1 万亩，其国土开发强度可能会降低0.0637个百分点，表明永久基本农田的划定对限制国土开发强度有明显作用。

27.2　国土空间引线联结的优化路径

在理论上最优的国土空间格局中，城市间的"引流"都需有交通引线和产业引线承载。基于河北省公路联系和铁路联系构建交通引线联结，基于产业转移趋势和空间关联性构建产业转移连线，并将交通引线和产业引线分别与"引流"进行匹配，基于匹配情况和制约因素提出促进各类生产要素流动的空间配置方案，以形成要素流动畅通、区域均衡发展的国土空间格局。

27.2.1　交通引线联结

1. 公路联系

1）公路概况

截至 2016 年底，河北省公路网总里程达到 18.8 万 km，排名全国 14 位，占京津冀区域总里程的 83%；密度达到 98 公里/百 km^2，是全国平均水平的 2.1 倍。其中，高速公路达到 6502 km，排名全国第二位，高速公路实现城区常住人口 20 万以上城市全覆盖，通达全省 98% 的县（市、区）；普通干线公路达到 1.8 万 km，二级及以上比例达到 87%；农村公路达到 16 万 km，既有路网二级及以上比例达到 87%，建制村通油路率达到 100%。与北京连接的高速公路 8 条（9 个接口）、普通干线公路 15 条（18 个接口）；与天津连接的高速公路 6 条（10 个接口）、普通干线公路 14 条（19 个接口），初步形成全面对接京津的公路通道。

全省公路客运量达到 39 925 万人次，公路营业性客运车辆达到 2.5 万辆，开通客运班线 9038 条，日均发车 7.5 万班次，符合通车条件的建制村实现 100% 通客车；营业性货运车辆达到 140 万辆，货运企业达到 2 万余家。

2）公路通勤

通勤时间能较好地反映城市间交通联系的时间成本，理论情况下，通勤时间越短，城市间联系便越方便也越频繁，因而交通引线的联结作用就更突显。根据 2002 年和 2016 年城市间的公路路径距离和道路速度限制,可大致测算城市间的公路通勤时间成本。根据《公路工程技术标准》(JTG B01—2014)设定不同等级道路网的运行速度,高速公路平均行车速度设定为 100 km/h,国道平均行车速度设定为 80 km/h,省道平均行车速度设定为 60 km/h,县道平均行车速度设定为 50 km/h,通过行车速度将路径距离与通勤时间衔接,以此测算城市间的理论通勤时间成本。

2002~2016 年,随着河北省道路基础设施的建设,城市间公路通勤时间有了明显降低。2002 年省内 31 个城市间公路往返通勤时间共计约 3149 h,至 2016 年,该通勤时间缩小至约 1988.58 h,理论通勤时间成本压缩率达到36.9%。以石家庄市为例,在 2002 年,从石家庄市出发至省内其他 30 个城市共需 86.21 h;2016 年,从石家庄市出发至省内其他 30 个城市共需 58.65 h,较 2002 年缩短通行时间 27.56 h。2002 年与 2016 年省内 31 个城市之间的通勤时间见表 27-5 与表 27-6。

2. 铁路联系

1)铁路概况

截至 2016 年底,河北省铁路运营总里程达到 7200 km,占京津冀区域总里程的 75%;密度达到 3.8 公里/百 km²,是全国平均水平的 3 倍。其中,快速铁路 7 条段,里程达到 1039 km,密度达到 0.55 公里/百 km²,是全国平均水平的 2.7 倍,实现了 8 个市(除张家口[①]、承德、衡水以外)与京津的快速连接。2014 年 11 月开通了邯黄铁路(邯郸—黄骅港),2015 年 12 月张唐铁路开通运营,这些集疏港通道的开通显著增强了省内东部沿海港口与经济腹地的联系。从京津冀来看,截至 2016 年河北省与北京、天津连接铁路分别为11 条、10 条,快速铁路分别为 2 条、3 条。

---

① 京张高铁于 2019 年 12 月底开通运行。

表27-5 2002年河北省31个城市间的公路理论通勤时间（单位：h）

城市	石家庄市	辛集市	晋州市	新乐市	唐山市	遵化市	迁安市	秦皇岛市	邯郸市	武安市	邢台市	南宫市	沙河市	保定市	涿州市	定州市	安国市	高碑店市	张家口市	承德市	沧州市	泊头市	任丘市	黄骅市	河间市	廊坊市	霸州市	三河市	衡水市	冀州市	深州市
石家庄市	0.00	0.88	0.62	0.50	5.49	5.42	6.54	7.24	2.25	2.34	1.51	1.51	1.64	1.88	1.72	2.77	0.92	1.41	2.53	5.50	6.43	2.81	2.34	2.49	3.75	2.36	3.74	2.94	4.36	1.55	1.69	1.18
辛集市	0.88	0.00	0.29	0.29	5.09	5.22	6.97	7.24	2.62	2.74	1.91	1.02	2.28	1.55	2.50	1.25	2.47	2.36	2.81	2.15	2.92	2.03	2.44	3.86	1.77	3.49	2.67	4.12	0.68	0.89	0.47
晋州市	0.62	0.29	0.00	0.83	5.17	5.15	6.95	6.74	2.83	2.92	2.10	1.31	2.47	1.53	2.50	1.25	2.60	2.42	3.92	2.15	3.10	2.45	4.35	1.22	1.98	1.39			0.97	1.18	0.59
新乐市	0.50	0.29	0.83	0.00	4.99	4.92	6.74	7.00	2.72	2.81	1.83	1.13	2.17	1.22	2.26	0.42	1.25	2.03	4.99	5.93	3.02	2.55	2.04	3.43	1.75	3.10	2.58	4.35	1.15	1.98	1.39
唐山市	5.49	5.00	4.98	4.77	0.00	0.90	1.13	1.83	7.07	7.38	6.48	5.24	6.74	4.35	3.55	4.50	4.35	4.17	3.03	2.58	2.94	3.43	3.10	4.50	3.10	1.43	1.03	1.04	5.23	4.90	4.60
遵化市	5.42	5.15	5.15	4.92	0.90	0.00	1.12	2.17	7.00	7.60	7.29	5.79	7.86	4.50	4.67	3.70	4.35	3.65	2.89	4.35	2.94	3.51	4.06	2.06	2.92	3.53	5.13	5.45	5.13	5.45	5.11
迁安市	6.54	6.12	6.10	6.47	1.13	1.12	0.00	1.32	8.20	8.50	7.60	6.36	7.86	5.47	5.29	4.01	5.27	4.22	3.65	5.18	3.85	4.55	4.22	5.62	4.22	2.06	2.92	3.53	6.36	6.02	5.72
秦皇岛市	7.24	6.75	6.73	6.52	1.83	2.11	1.32	0.00	8.82	9.13	8.23	6.99	8.49	6.09	5.92	4.63	5.90	4.85	4.16	5.26	4.48	5.18	4.85	6.25	4.85	2.68	3.54	4.16	6.99	6.65	6.35
邯郸市	2.25	2.62	2.83	2.72	7.07	7.00	8.82	8.98	0.00	0.36	0.81	1.78	0.40	4.04	3.24	3.58	3.70	4.13	5.18	8.01	8.65	4.04	4.13	3.30	4.48	4.55	5.09	5.18	2.17	2.50	2.82
武安市	2.34	2.74	2.92	2.81	7.38	7.60	8.50	9.28	0.36	0.00	0.89	2.11	0.36	4.13	3.33	3.70	4.94	4.11	5.32	8.01	8.44	4.15	4.23	3.33	4.48	4.78	5.35	5.32	2.87	2.17	3.12
邢台市	1.51	1.91	2.10	1.99	6.48	7.29	7.60	8.23	0.81	0.89	0.00	0.89	0.89	3.67	2.88	3.23	3.33	3.70	4.94	7.76	8.39	3.52	3.72	2.88	4.01	4.11	4.85	4.16	1.24	1.63	2.23
南宫市	1.51	1.02	1.31	1.31	5.24	5.79	6.36	6.99	1.78	2.11	0.89	0.00	1.24	2.57	1.78	2.48	2.57	2.48	3.13	7.66	7.45	2.82	2.73	1.87	3.13	3.37	4.30	4.13	0.75	0.45	0.99
沙河市	1.64	2.28	2.47	2.36	6.74	7.86	7.86	8.49	0.40	0.36	0.89	1.24	0.00	3.67	2.87	3.23	3.30	3.67	4.71	8.38	8.38	3.78	3.30	2.40	3.67	3.74	4.90	4.71	2.06	2.64	2.49
保定市	1.88	1.55	1.53	1.22	4.35	4.50	5.47	6.09	4.04	4.13	3.67	2.57	3.67	0.00	0.80	0.73	0.81	0.84	3.30	6.38	7.11	1.95	2.06	1.22	2.64	2.02	2.17	2.27	1.98	2.27	1.48
涿州市	2.77	2.50	2.50	2.26	3.55	2.65	3.77	3.78	4.55	5.09	5.18	4.13	3.30	3.74	0.00	1.85	1.70	0.24	3.87	3.66	2.66	2.91	1.28	2.88	1.05	0.92	1.59	2.95	3.24	2.45	2.45

续表

城市	石家庄市	辛集市	新乐市	唐山市	遵化市	迁安市	秦皇岛市	邯郸市	武安市	邢台市	南宫市	沙河市	保定市	涿州市	定州市	安国市	高碑店市	张家口市	承德市	沧州市	泊头市	任丘市	黄骅市	河间市	廊坊市	霸州市	三河市	衡水市	冀州市	深州市
定州市	0.92	1.51	1.25	0.42	4.57	4.50	5.62	6.32	3.24	3.33	2.50	2.48	2.87	0.80	1.85	0.00	0.92	1.61	4.76	5.51	2.71	1.60	3.50	1.73	2.82	2.02	3.44	2.17	2.39	1.67
安国市	1.41	0.85	0.83	1.25	4.39	4.35	5.47	6.14	3.58	3.70	2.88	1.70	3.25	0.73	1.70	0.92	0.00	1.46	5.41	5.36	2.10	1.94	1.11	2.88	1.21	0.77	1.84	1.29	1.57	0.78
高碑店市	2.53	2.28	2.03	3.03	2.89	4.01	4.79	4.85	4.94	4.11	3.13	4.48	0.81	0.24	1.61	1.46	0.00	4.11	3.90	2.49	2.74	1.11	2.70	1.68	1.21	0.77	1.83	1.90	2.72	2.21
张家口市	5.50	5.83	4.99	5.10	4.73	5.85	6.70	7.75	7.84	7.08	7.12	7.45	4.73	3.87	4.76	5.41	4.11	0.00	4.53	5.85	6.23	4.99	5.82	5.70	3.83	4.18	3.74	6.98	6.33	6.33
承德市	6.43	6.18	6.16	5.93	2.58	1.80	2.36	3.35	8.75	8.48	8.01	7.03	8.38	4.71	3.66	5.51	5.36	3.90	4.53	0.00	5.20	5.67	0.55	1.36	0.93	0.99	2.02	1.68	2.49	1.74
沧州市	2.81	2.11	2.23	3.03	2.94	3.81	4.08	4.11	4.42	3.52	3.78	3.25	2.06	2.66	2.71	2.95	2.49	4.53	5.85	0.00	0.55	0.55	1.36	0.99	2.02	2.57	1.83	1.94	1.70	1.64
泊头市	2.34	1.63	1.75	2.93	3.81	4.33	4.60	5.23	4.91	3.73	3.04	3.48	2.94	2.71	3.16	3.00	2.74	5.23	5.54	0.55	0.00	1.11	1.25	0.84	2.67	2.44	2.41	1.94	1.46	1.82
任丘市	2.49	1.93	1.91	2.76	2.06	3.16	3.88	3.96	5.29	4.40	3.16	4.16	0.84	1.28	1.60	1.76	1.11	5.70	5.82	0.55	1.11	0.00	1.78	0.00	1.74	0.80	2.71	2.22	2.47	1.16
黄骅市	3.75	3.04	3.16	3.38	3.88	4.51	4.98	5.29	4.40	4.16	4.65	2.74	2.88	3.50	1.76	0.00	1.78	5.82	4.94	1.25	1.25	1.78	0.00	1.88	2.72	2.67	2.72	2.57	2.82	2.57
河间市	2.36	1.70	1.77	2.15	3.56	4.41	4.51	5.31	3.70	4.01	3.12	1.87	3.37	0.98	1.92	1.73	1.21	5.70	4.94	0.93	1.25	0.00	1.88	0.00	2.57	1.67	3.40	1.29	1.54	1.23
廊坊市	3.74	3.49	3.47	1.88	2.06	2.90	3.53	4.16	5.32	4.53	3.52	4.90	1.22	2.64	1.73	3.70	1.68	3.83	5.58	2.02	2.49	1.74	2.00	2.57	0.00	0.89	1.67	3.72	3.21	3.42
霸州市	2.94	2.67	2.65	2.41	2.92	3.53	4.16	6.15	5.35	4.53	4.96	6.32	2.64	2.18	2.95	2.67	1.88	3.74	6.62	2.80	2.44	0.80	1.88	1.67	0.89	0.00	1.04	2.97	3.96	4.05
三河市	4.36	4.12	4.10	1.43	1.06	2.18	2.95	6.68	5.50	4.53	6.32	2.17	1.98	2.95	3.44	2.72	2.72	3.74	6.62	1.70	1.22	2.22	2.72	3.41	1.04	1.87	0.00	4.55	4.90	4.05
衡水市	1.55	0.68	0.97	1.77	4.82	5.61	5.94	6.77	5.02	4.96	5.95	6.32	2.64	2.39	2.97	2.17	2.18	3.64	7.12	1.94	1.46	2.47	2.72	1.54	1.29	2.97	2.97	0.00	0.33	0.54
冀州市	1.69	0.89	1.18	1.98	5.06	6.18	6.50	7.50	5.28	5.35	4.96	5.95	2.73	2.39	3.21	1.57	2.16	3.96	6.91	1.94	1.46	2.22	2.47	1.23	1.54	3.96	3.21	0.33	0.00	0.81
深州市	1.18	0.47	0.59	1.39	4.75	5.11	5.87	6.50	2.82	3.12	2.23	0.99	2.49	1.48	2.45	1.67	0.78	2.16	3.12	6.12	1.64	1.82	1.23	2.57	4.05	4.05	3.21	2.56	0.81	0.00

表 27-6 2016 年河北省 31 个城市间的公路理论通勤时间（单位：h）

城市	石家庄市	辛集市	晋州市	新乐市	唐山市	遵化市	迁安市	秦皇岛市	邯郸市	武安市	邢台市	南宫市	沙河市	保定市	涿州市	定州市	安国市	高碑店市	张家口市	承德市	沧州市	泊头市	任丘市	黄骅市	河间市	廊坊市	霸州市	三河市	衡水市	冀州市	深州市
石家庄市	0.00	0.62	0.46	0.37	3.63	3.80	4.22	4.88	1.59	1.52	1.09	1.08	0.65	1.31	1.24	0.67	0.82	1.85	3.05	4.38	2.05	1.80	1.57	2.49	1.44	2.51	2.02	3.08	1.06	1.09	0.92
辛集市	0.62	0.00	0.19	0.66	3.19	3.45	3.80	4.41	1.60	1.65	1.15	0.81	0.80	1.31	1.81	0.45	0.69	1.66	3.17	4.11	1.48	1.21	1.17	1.93	0.96	2.20	1.67	2.79	0.45	0.54	0.32
晋州市	0.46	0.19	0.00	0.47	3.25	3.47	3.92	4.60	1.63	1.66	1.18	0.81	0.81	0.55	1.63	0.50	0.50	1.61	3.05	4.11	1.60	1.30	1.30	2.04	1.02	2.20	1.81	2.78	0.63	0.72	0.46
新乐市	0.37	0.66	0.47	0.00	3.34	3.48	3.92	4.60	1.94	1.88	1.44	1.27	0.90	0.69	1.01	0.32	0.56	1.50	2.70	4.04	1.88	1.68	1.81	2.32	1.23	2.18	1.71	2.74	1.09	1.19	0.86
唐山市	3.63	3.19	3.25	3.34	0.00	0.64	0.61	1.27	4.77	4.66	4.59	3.50	3.85	2.91	1.15	2.81	3.00	2.00	2.68	0.85	1.47	1.72	2.22	2.18	2.41	1.71	1.64	1.02	3.03	3.24	2.90
遵化市	3.80	3.45	3.47	3.48	0.64	0.00	0.64	0.67	4.99	5.07	4.59	3.85	4.75	3.05	2.40	2.68	3.07	2.02	2.54	1.22	1.47	1.87	2.30	2.08	2.51	1.79	1.79	1.02	3.36	3.59	3.18
迁安市	4.22	3.80	3.92	3.92	0.61	0.64	0.00	0.67	5.27	5.38	5.38	4.91	5.05	3.75	3.05	2.02	2.81	2.02	2.54	1.22	3.01	2.30	2.82	2.66	2.84	2.21	2.11	1.39	3.64	3.86	3.51
秦皇岛市	4.88	4.41	4.60	4.60	1.27	0.67	0.67	0.00	5.81	5.94	5.48	5.05	5.61	4.20	3.14	2.54	3.07	2.41	3.82	4.57	3.35	3.01	3.35	3.12	3.46	2.91	2.54	2.16	4.20	4.40	4.11
邯郸市	1.59	1.60	1.63	1.94	4.77	4.99	5.27	5.81	0.00	0.27	0.50	1.16	0.28	2.66	2.82	1.57	1.30	2.23	2.68	3.51	2.66	2.22	2.06	2.08	2.52	3.30	2.73	3.19	1.35	1.41	1.82
武安市	1.52	1.65	1.66	1.88	4.66	5.07	5.38	5.94	0.27	0.00	0.48	1.29	0.33	2.79	2.93	1.67	1.41	2.33	2.48	3.26	2.79	2.30	2.30	2.08	2.62	3.04	2.55	3.30	1.41	1.54	1.89
邢台市	1.09	1.15	1.18	1.44	4.59	4.59	5.38	5.48	0.50	0.48	0.00	0.86	0.22	2.18	2.31	1.34	1.18	1.87	2.33	3.12	2.48	2.18	1.62	2.16	2.84	3.19	2.54	3.02	1.25	1.09	1.41
南宫市	1.08	0.81	0.81	1.27	3.50	3.85	4.91	5.05	1.16	1.29	0.86	0.00	0.96	2.05	2.48	1.82	1.23	1.87	2.23	2.89	1.65	1.31	1.35	1.62	1.35	2.66	2.14	2.82	0.49	0.25	0.73
沙河市	0.65	0.80	0.81	0.90	3.85	4.75	5.05	5.61	0.28	0.33	0.22	0.96	0.00	2.39	2.66	2.15	1.31	2.16	2.16	3.35	2.39	2.27	2.05	2.48	2.15	3.42	2.60	3.00	1.41	1.21	0.97
保定市	1.31	1.31	0.55	0.69	2.91	3.05	3.75	4.20	2.66	2.79	2.18	2.05	2.39	0.00	0.81	0.58	0.52	0.62	2.13	3.15	1.36	0.59	0.59	0.72	0.73	1.35	0.85	1.85	1.27	1.21	1.57
涿州市	1.24	1.81	1.63	1.01	1.15	2.40	3.05	3.14	2.82	2.93	2.31	2.48	2.66	0.81	0.00	0.81	0.52	0.20	1.71	3.20	1.51	0.87	0.87	1.16	0.54	0.73	0.54	1.16	1.96	2.19	1.68

续表

城市	石家庄市	辛集市	晋州市	新乐市	唐山市	遵化市	迁安市	秦皇岛市	邯郸市	武安市	邢台市	南宫市	沙河市	保定市	涿州市	定州市	安国市	高碑店市	张家口市	承德市	沧州市	泊头市	任丘市	黄骅市	河间市	廊坊市	霸州市	三河市	衡水市	冀州市	深州市
定州市	0.67	0.69	0.55	0.32	3.02	3.16	3.61	4.29	2.17	2.14	1.67	1.34	1.89	0.58	1.38	0.00	0.32	1.19	2.50	3.72	1.64	1.48	1.01	2.07	0.97	1.86	1.39	2.42	1.06	1.21	0.77
安国市	0.82	0.56	0.50	0.56	2.81	3.00	3.40	4.06	2.14	2.16	1.67	1.18	1.87	0.52	1.31	0.32	0.00	1.11	2.64	3.61	1.33	1.16	0.75	1.76	0.67	1.71	1.21	2.29	0.81	1.00	0.51
高碑店市	1.85	1.66	1.61	1.50	2.00	2.02	2.54	3.27	3.26	3.27	2.79	2.23	2.99	0.62	0.20	1.19	1.10	0.00	1.81	2.54	1.41	1.52	0.72	1.65	1.00	0.74	0.50	1.25	1.77	2.00	1.49
张家口市	3.05	3.17	3.05	2.70	3.07	2.68	3.35	4.10	4.56	4.56	4.13	3.82	4.35	2.16	1.71	2.50	2.50	1.81	0.00	2.61	3.21	3.33	2.52	3.40	2.79	2.08	2.25	2.05	3.43	3.64	3.13
承德市	4.38	4.11	4.11	4.04	1.47	0.85	1.22	1.77	5.69	5.74	5.26	4.57	5.44	3.15	2.35	3.72	3.61	2.54	2.61	0.00	3.10	3.41	2.96	3.40	3.22	1.92	2.44	1.32	4.08	4.32	3.87
沧州市	2.05	1.48	1.60	1.88	1.87	2.30	2.48	3.01	2.80	2.93	2.48	1.65	2.60	1.36	1.51	1.64	1.33	1.41	3.21	3.10	0.00	0.34	0.78	0.44	0.67	1.36	0.98	1.87	1.20	1.40	1.16
泊头市	1.80	1.21	1.34	1.68	2.22	2.63	2.83	3.35	2.60	2.73	2.31	1.62	2.27	1.31	1.65	1.48	1.16	1.52	3.33	3.41	0.34	0.00	0.80	0.75	0.59	1.61	1.17	2.16	0.88	1.06	0.89
任丘市	1.57	1.17	1.20	1.30	2.06	2.29	2.66	3.31	2.73	2.79	2.31	1.62	2.48	0.59	0.87	1.01	0.75	0.72	2.52	2.96	0.78	0.80	0.00	1.13	0.29	1.04	0.52	1.64	1.14	1.38	0.91
黄骅市	2.49	1.93	2.04	2.32	1.57	2.08	2.16	2.62	3.19	3.34	2.89	2.05	3.01	1.72	1.71	1.71	1.76	1.65	3.40	2.91	0.44	0.75	1.13	0.00	1.09	1.39	1.16	1.80	1.63	1.81	1.61
河间市	1.44	0.96	1.02	1.23	1.57	2.08	2.16	2.84	2.42	2.55	2.07	1.35	2.24	0.73	1.16	0.97	0.67	1.00	2.79	3.22	0.67	0.59	0.29	1.09	0.00	1.31	0.79	1.90	0.86	1.10	0.67
廊坊市	2.51	2.20	2.20	2.18	1.27	1.30	1.79	2.53	3.78	3.83	3.34	2.66	3.52	1.29	0.62	1.86	1.71	0.74	2.08	1.92	1.36	1.61	1.04	1.39	1.31	0.00	0.53	0.59	2.18	2.41	1.96
霸州市	2.02	1.67	1.81	1.71	1.64	1.79	2.21	2.91	3.25	3.30	2.82	2.14	3.00	0.85	0.54	1.39	1.21	0.50	2.25	2.44	0.98	1.17	0.52	1.16	0.79	0.53	0.00	1.12	1.65	1.89	1.43
三河市	3.08	2.79	2.78	2.74	1.02	0.79	1.39	2.16	4.37	4.37	3.94	3.25	4.11	1.85	1.08	2.42	2.29	1.25	2.05	1.32	1.87	2.16	1.64	1.90	2.00	0.59	1.12	0.00	2.77	3.00	2.55
衡水市	1.06	0.45	0.63	1.09	3.03	3.36	3.64	4.20	1.64	1.74	1.28	0.49	1.41	1.27	1.96	1.06	0.81	1.77	3.43	4.08	1.20	0.88	1.14	1.63	0.86	2.18	1.65	2.77	0.00	0.24	0.31
冀州市	1.09	0.54	0.72	1.19	3.24	3.59	3.86	4.40	1.41	1.54	1.09	0.25	1.21	1.49	2.19	1.10	1.00	2.00	3.64	4.32	1.40	1.06	1.38	1.81	1.10	2.41	1.89	3.00	0.24	0.00	0.52
深州市	0.92	0.32	0.46	0.86	2.90	3.18	3.51	4.11	1.82	1.89	1.41	0.73	1.57	0.97	1.68	0.77	0.51	1.49	3.13	3.87	1.16	0.89	0.91	1.61	0.67	1.96	1.43	2.55	0.31	0.52	0.00

2）铁路通勤

A. 铁路通勤网络

铁路每日通勤班次与通勤时间可以较好地反映城市间的人流与物流联系强度，基于此，本书在 12306 网站收集了河北省内 31 个城市间的每日列车总班次、高铁班次和最短通勤时间，通过网络分析模型，探究城市间的铁路对空间引力的承载与匹配情况。由于铁路通勤数据的实时性，本节所提的铁路通勤车次都源于 2020 年 3 月在 12306 平台查询的节点数据。

从主要城市之间的铁路每日通勤总车次来看，石家庄与保定之间具有非常密切的联系，每日往返车次达 257 次。此外，石家庄与邯郸也具有比较密切的联系，每日往返车次为 207 次。唐山与秦皇岛的铁路联系也较为紧密，每日往返车次达到 152 次。然而，承德、张家口与其他城市的联系相对薄弱。在县级市层面，霸州的交通枢纽作用比较突出，霸州市每日与河北省其他各城市的往返车次达到 283 次，其中到霸州的为 150 车次，从霸州出发的车次达 133 次。新乐市、遵化市、黄骅市、河间市、冀州市、安国市、南宫市与其他城市之间没有直达列车，故这些城市的每日铁路通勤都为 0 次。

根据国土空间多中心结构的研究（全域与局部空间自相关）方法，分析河北省 31 个城市间的铁路网络，通过中心度测算识别其中的关键节点。经测算，由表 27-7 可知，在表示城市之间直接联系的中心度指标中，石家庄市、保定市、邯郸市、邢台市、唐山市和秦皇岛市的中心度值较高，表明这些城市在河北省内的铁路网络结构中处于关键节点。定州市、霸州市的中心度值要高于沧州市、衡水市等，表明在铁路联系方面，定州与霸州的节点重要性更强，见表 27-7。

表 27-7 河北省城市间的铁路网络分析

城市	进站车次	离站车次	中心度	中介中心度
石家庄市	545	623	29.95	4.37
辛集市	92	77	4.33	0.94

续表

城市	进站车次	离站车次	中心度	中介中心度
晋州市	33	39	1.85	0.24
新乐市	0	0	0.00	0.00
唐山市	267	269	13.74	9.82
遵化市	0	0	0.00	0.00
迁安市	3	2	0.13	0.00
秦皇岛市	209	226	11.15	5.03
邯郸市	386	309	17.82	2.96
武安市	9	9	0.46	0.01
邢台市	294	315	15.62	2.96
南宫市	0	0	0.00	0.00
沙河市	35	31	1.69	1.33
保定市	407	420	21.21	0.87
涿州市	70	93	4.18	0.10
定州市	165	170	8.59	0.46
安国市	0	0	0.00	0.00
高碑店市	104	81	4.74	0.29
张家口市	19	18	0.95	0.72
承德市	11	12	0.59	0.02
沧州市	100	88	4.82	2.39
泊头市	34	31	1.67	0.33
任丘市	23	17	1.03	0.02
黄骅市	0	0	0.00	0.00
河间市	0	0	0.00	0.00
廊坊市	25	36	1.56	0.07
霸州市	150	133	7.26	0.72
三河市	3	2	0.13	0.00
衡水市	122	102	5.74	1.24
冀州市	0	0	0.00	0.00
深州市	13	16	0.74	0.05

资料来源：12306 火车订票平台（https://www.12306.cn/），查询日期为 2020 年 3 月 28 日，剔除了春运列车车次增密的影响

在衡量区域铁路网络中枢纽节点的指标中,即中介中心度指标,唐山市和秦皇岛市的节点控制力最强,表明经过这两个城市去其他城市的线路最多。石家庄市、邯郸市和邢台市紧随其后,同样体现了在铁路网络中的重要节点作用。而张家口和承德的节点作用进一步弱化,处于铁路网络中的边缘位置。

B. 高铁通勤网络

高铁的开通,提升了城市的可达性,提高了城市之间的联系强度与城市的辐射范围。随着 2019 年 12 月 30 日京张高铁的通车运营,目前河北省都已有高铁贯通,这对于缩短城市间的交通时间、加强城市间的要素流动发挥了十分重要的作用。从河北省内城市之间的高铁列车通勤车次来看,石家庄与邯郸、邢台、保定之间具有密切的联系,而且比其他城市的联系要高出许多。其次是唐山与秦皇岛之间的联系,每日往返高铁班次为 77 对。在高铁联系中,石家庄的枢纽型地位十分突出,保定、邯郸的节点作用突出。

在空间节点的中心度测度方面(表 27-8),石家庄市、唐山市、秦皇岛市、邯郸市、邢台市、保定市和霸州市的中心度值较高,表明这些城市至其他城市的直达高铁较多,对高铁网络的衔接性较强。在中介中心度方面,唐山市和秦皇岛市仍高于其他城市,表明其对高铁网络的节点作用较为突出。邯郸市与邢台市的中介中心度值比石家庄更高,表明这两个城市在高铁网络的节点控制力方面要强于石家庄,见表 27-8。

表 27-8　河北省城市间的高铁网络分析

城市	进站车次	离站车次	中心度	中介中心度
石家庄市	256	312	27.05	1.70
辛集市	18	17	1.67	0.00
晋州市	0	0	0.00	0.00
新乐市	0	0	0.00	0.00
唐山市	115	114	10.90	4.00
遵化市	0	0	0.00	0.00

续表

城市	进站车次	离站车次	中心度	中介中心度
迁安市	0	0	0.00	0.00
秦皇岛市	111	112	10.62	2.23
邯郸市	205	134	16.14	1.88
武安市	0	0	0.00	0.00
邢台市	145	138	13.48	1.88
南宫市	0	0	0.00	0.00
沙河市	0	0	0.00	0.00
保定市	175	222	18.90	0.32
涿州市	63	46	5.19	0.08
定州市	60	73	6.33	0.38
安国市	0	0	0.00	0.00
高碑店市	38	32	3.33	0.04
张家口市	0	2	0.10	0.00
承德市	0	0	0.00	0.00
沧州市	29	19	2.29	0.00
泊头市	0	0	0.00	0.00
任丘市	0	0	0.00	0.00
黄骅市	0	0	0.00	0.00
河间市	0	0	0.00	0.00
廊坊市	9	15	1.14	0.00
霸州市	80	75	7.38	0.02
三河市	0	0	0.00	0.00
衡水市	28	21	2.33	0.00
冀州市	0	0	0.00	0.00
深州市	0	0	0.00	0.00

资料来源：12306 火车订票平台（https://www.12306.cn/），查询日期为 2020 年 3 月 28 日，剔除了春运列车车次增密的影响

可知，承德市、武安市、沙河市、安国市、泊头市、任丘市和深州市等地区暂未开通高铁，使这些城市游离在河北省高铁网络之外，石家庄、邯郸、

邢台和保定的网络联结强度明显高于其他地区，唐山的高铁枢纽作用显现。

3. 交通引线载体与引流匹配

1）公路载体的匹配

河北省 31 个城市之间彼此都有空间引力，即彼此都有"引流"，因此在理论上最优的国土空间格局中，城市间的"引流"都需有交通引线承载。31 个城市之间都有公路联系，2002~2016 年城市间的可达性在逐渐增强，公路通勤时间也在逐渐缩短，城市间的公路联系也越来越密切。基于此，本书认为河北省的道路路网对城市间的"引流"有着较强的承载与支撑作用，即公路载体与引流匹配度较高，尽管部分城市间的公路通勤时间要显著长于高铁通勤时间。

2）铁路载体的匹配

从城市间的铁路通勤可达性来看，新乐市、遵化市、南宫市、安国市、黄骅市、河间市和冀州市等 7 个城市与其他 24 个城市之间没有列车通勤车次，游离在河北省城市铁路通勤网络之外，因此，这些城市的铁路"零"联系使得城市间引流无法得到承载，即铁路载体与引流不匹配。

高铁有效缩短了城市间的时空距离，因此可以认为有高铁通勤是对城市间引流的高度匹配。基于此，本书构建基于铁路通勤的引线与引流的载体匹配研判模型，将匹配程度分为四级：不匹配、轻度匹配、中度匹配和高度匹配。分级标准见表 27-9，河北省 31 个城市之间的铁路引线与空间引流的匹配情况见表 27-10。

表 27-9　基于铁路通勤的城市空间引线与引流的匹配分级标准

匹配度	分级标准	分级内涵
不匹配	城市间有引流，但没有通勤列车	表明城市间没有铁路联系，进而不能承载空间引流
轻度匹配	城市间有引流，且有列车通勤	表明城市间至少有普速铁路联系，基本可以承载空间引流
中度匹配	城市间有引流，且有高铁通勤	表明城市间有高速铁路联系，可以承载空间引流
高度匹配	城市间有引流，且高铁通勤车次隶属排序与引力隶属排序一致	表明城市间有高速铁路联系，且高铁车次的密集程度与空间引流的大小基本匹配

表 27-10 基于铁路通勤的河z

城市	石家庄市	辛集市	晋州市	新乐市	唐山市	遵化市	迁安市	秦皇岛市	邯郸市	武安市	邢台市	南宫市	沙河市	保定市	涿
石家庄市	/	高度匹配	轻度匹配	不匹配	中度匹配	不匹配	不匹配	中度匹配	中度匹配	轻度匹配	中度匹配	不匹配	轻度匹配	高度匹配	中度
辛集市	中度匹配	/	轻度匹配	不匹配	轻度匹配	不匹配	不匹配	轻度匹配	中度匹配	中度匹配	中度匹配	不匹配	不匹配	不匹配	不
晋州市	轻度匹配	轻度匹配	/	不匹配	轻度匹配	不匹配	不匹配	轻度匹配	轻度匹配	轻度匹配	轻度匹配	不匹配	轻度匹配	不匹配	不
新乐市	不匹配	不匹配	不匹配	/	不匹配	不匹配	不匹配	不匹配	不匹配	不匹配	不匹配	不匹配	不匹配	不匹配	不
唐山市	中度匹配	轻度匹配	轻度匹配	不匹配	/	不匹配	轻度匹配	高度匹配	高度匹配	不匹配	中度匹配	不匹配	轻度匹配	高度匹配	轻度
遵化市	不匹配	不匹配	不匹配	不匹配	不匹配	/	不匹配	不匹配	不匹配	不匹配	不匹配	不匹配	不匹配	不匹配	不
迁安市	不匹配	不匹配	不匹配	不匹配	轻度匹配	不匹配	/	不匹配	不匹配	不匹配	不匹配	不匹配	不匹配	不匹配	不
秦皇岛市	中度匹配	轻度匹配	不匹配	不匹配	中度匹配	不匹配	不匹配	/	中度匹配	不匹配	中度匹配	不匹配	轻度匹配	轻度匹配	不
邯郸市	高度匹配	中度匹配	轻度匹配	不匹配	中度匹配	不匹配	不匹配	中度匹配	/	轻度匹配	中度匹配	不匹配	中度匹配	不匹配	不
武安市	轻度匹配	轻度匹配	轻度匹配	不匹配	不匹配	不匹配	不匹配	不匹配	轻度匹配	/	轻度匹配	不匹配	不匹配	不匹配	不
邢台市	中度匹配	中度匹配	轻度匹配	不匹配	中度匹配	不匹配	不匹配	中度匹配	中度匹配	轻度匹配	/	不匹配	轻度匹配	中度匹配	中度
南宫市	不匹配	不匹配	不匹配	不匹配	不匹配	不匹配	不匹配	不匹配	不匹配	不匹配	/	不匹配	不匹配	不	
沙河市	轻度匹配	轻度匹配	轻度匹配	不匹配	轻度匹配	不匹配	轻度匹配	轻度匹配	轻度匹配	轻度匹配	不匹配	/	轻度匹配	不	
保定市	高度匹配	不匹配	不匹配	中度匹配	中度匹配	不匹配	不匹配	不匹配	不匹配	不匹配	轻度匹配	不匹配	/	中度	
涿州市	中度匹配	不匹配	不匹配	不匹配	中度匹配	不匹配	不匹配	不匹配	不匹配	不匹配	轻度匹配	中度匹配			
定州市	中度匹配	不匹配	不匹配	不匹配	中度匹配	不匹配	不匹配	中度匹配	中度匹配	不匹配	中度匹配	不匹配	中度匹配		中度
安国市	不匹配	不匹配	不匹配	不匹配	不匹配	不匹配	不匹配	不匹配	不匹配	不匹配	不匹配	不匹配	不		
高碑店市	不匹配	不匹配	不匹配	中度匹配	中度匹配	不匹配	不匹配	中度匹配	中度匹配	不匹配	中度匹配	不匹配	轻度匹配	中度匹配	中度
张家口市	轻度匹配	不匹配	不匹配	不匹配	中度匹配	不匹配	不匹配	轻度匹配	轻度匹配	不匹配	中度匹配	不匹配	轻度匹配	不	
承德市	轻度匹配	不匹配	不匹配	不匹配	不匹配	不匹配	不匹配	轻度匹配	中度匹配	不匹配	中度匹配	不匹配	轻度匹配	轻度匹配	轻度
沧州市	轻度匹配	轻度匹配	轻度匹配	不匹配	中度匹配	不匹配	轻度匹配	中度匹配	轻度匹配	轻度匹配	中度匹配	不匹配	不匹配	不	
泊头市	轻度匹配	轻度匹配	轻度匹配	不匹配	轻度匹配	不匹配	不匹配	轻度匹配	轻度匹配	轻度匹配	中度匹配	不匹配	不匹配	不	
任丘市	轻度匹配	轻度匹配	不匹配	不匹配	轻度匹配	不匹配	不匹配	不匹配	不匹配	不匹配	不匹配	不匹配	不匹配	不	
黄骅市	不匹配	不匹配	不匹配	不匹配	不匹配	不匹配	不匹配	不匹配	不匹配	不匹配	不匹配	不匹配	不匹配	不	
河间市	不匹配	不匹配	不匹配	不匹配	不匹配	不匹配	不匹配	不匹配	不匹配	不匹配	不匹配	不匹配	不匹配	不	
廊坊市	轻度匹配	不匹配	不匹配	不匹配	中度匹配	不匹配	不匹配	中度匹配	不匹配	不匹配	不匹配	不匹配	不匹配	轻度匹配	不
霸州市	中度匹配	轻度匹配	不匹配	不匹配	中度匹配	不匹配	不匹配	中度匹配	不匹配	不匹配	中度匹配	不匹配	不匹配	中度匹配	不
三河市	不匹配	不匹配	不匹配	不匹配	轻度匹配	不匹配	轻度匹配	不匹配	不匹配	不匹配	不匹配	不匹配	不匹配	不	
衡水市	中度匹配	中度匹配	轻度匹配	不匹配	轻度匹配	不匹配	不匹配	轻度匹配	中度匹配	不匹配	中度匹配	不匹配	不匹配	不	
冀州市	不匹配	不匹配	不匹配	不匹配	不匹配	不匹配	不匹配	不匹配	不匹配	不匹配	不匹配	不匹配	不匹配	不	
深州市	轻度匹配	轻度匹配	不匹配	不匹配	轻度匹配	不匹配	不匹配	轻度匹配	不匹配	不匹配	不匹配	不匹配	不匹配	不匹配	不

空间引线与引流的匹配度

市	安国市	高碑店市	张家口市	承德市	沧州市	泊头市	任丘市	黄骅市	河间市	廊坊市	霸州市	三河市	衡水市	冀州市	深州市
匹配	不匹配	中度匹配	轻度匹配	轻度匹配	轻度匹配	轻度匹配	不匹配	不匹配	不匹配	不匹配	中度匹配	不匹配	高度匹配	不匹配	不匹配
配	不匹配	不匹配	不匹配	不匹配	轻度匹配	轻度匹配	轻度匹配	不匹配	不匹配	不匹配	轻度匹配	不匹配	中度匹配	不匹配	不匹配
配	不匹配	不匹配	不匹配	不匹配	轻度匹配	轻度匹配	不匹配	不匹配	不匹配	不匹配	不匹配	轻度匹配	不匹配	不匹配	不匹配
配	不匹配	不匹配	不匹配	不匹配	不匹配	不匹配	不匹配	不匹配	不匹配	不匹配	不匹配	不匹配	不匹配	不匹配	不匹配
匹配	不匹配	轻度匹配	轻度匹配	不匹配	中度匹配	轻度匹配	轻度匹配	不匹配	不匹配	中度匹配	高度匹配	轻度匹配	轻度匹配	不匹配	轻度匹配
配	不匹配	不匹配	不匹配	不匹配	不匹配	不匹配	不匹配	不匹配	不匹配	不匹配	不匹配	不匹配	不匹配	不匹配	不匹配
匹配	不匹配	轻度匹配	轻度匹配	不匹配	中度匹配	轻度匹配	轻度匹配	不匹配	不匹配	中度匹配	中度匹配	轻度匹配	轻度匹配	不匹配	轻度匹配
匹配	不匹配	中度匹配	轻度匹配	轻度匹配	轻度匹配	轻度匹配	不匹配	不匹配	不匹配	不匹配	中度匹配	不匹配	中度匹配	不匹配	不匹配
配	不匹配	不匹配	不匹配	不匹配	轻度匹配	轻度匹配	不匹配	不匹配	不匹配	不匹配	不匹配	不匹配	不匹配	不匹配	不匹配
匹配	不匹配	中度匹配	轻度匹配	轻度匹配	轻度匹配	轻度匹配	不匹配	不匹配	不匹配	不匹配	中度匹配	不匹配	中度匹配	不匹配	不匹配
配	不匹配	不匹配	不匹配	不匹配	不匹配	不匹配	不匹配	不匹配	不匹配	不匹配	不匹配	不匹配	不匹配	不匹配	不匹配
配	不匹配	轻度匹配	不匹配	轻度匹配	轻度匹配	不匹配	不匹配	不匹配	不匹配	不匹配	不匹配	轻度匹配	不匹配	不匹配	不匹配
匹配	不匹配	中度匹配	轻度匹配	轻度匹配	轻度匹配	不匹配	不匹配	不匹配	不匹配	中度匹配	不匹配	不匹配	不匹配	不匹配	不匹配
匹配	不匹配	中度匹配	不匹配	轻度匹配	不匹配	不匹配	不匹配	不匹配	不匹配	中度匹配	不匹配	不匹配	不匹配	不匹配	不匹配
	不匹配	中度匹配	轻度匹配	不匹配	不匹配	不匹配	不匹配	不匹配	不匹配	不匹配	不匹配	不匹配	不匹配	不匹配	不匹配
配	/	不匹配	不匹配	不匹配	不匹配	不匹配	不匹配	不匹配	不匹配	不匹配	不匹配	不匹配	不匹配	不匹配	不匹配
匹配	不匹配	/	轻度匹配	轻度匹配	不匹配	不匹配	不匹配	不匹配	不匹配	不匹配	不匹配	不匹配	不匹配	不匹配	不匹配
配	不匹配	轻度匹配	/	不匹配	不匹配	不匹配	不匹配	不匹配	轻度匹配	不匹配	不匹配	轻度匹配	不匹配	轻度匹配	不匹配
匹配	不匹配	不匹配	不匹配	/	不匹配	不匹配	不匹配	不匹配	不匹配	不匹配	不匹配	不匹配	不匹配	不匹配	不匹配
配	不匹配	不匹配	不匹配	不匹配	/	轻度匹配	不匹配	不匹配	中度匹配	不匹配	不匹配	轻度匹配	不匹配	不匹配	不匹配
配	不匹配	不匹配	不匹配	轻度匹配	不匹配	/	不匹配	不匹配	不匹配	不匹配	不匹配	轻度匹配	不匹配	不匹配	不匹配
配	不匹配	不匹配	不匹配	不匹配	不匹配	不匹配	/	不匹配	不匹配	轻度匹配	不匹配	轻度匹配	不匹配	不匹配	不匹配
配	不匹配	不匹配	不匹配	不匹配	不匹配	不匹配	不匹配	/	不匹配	不匹配	不匹配	不匹配	不匹配	不匹配	不匹配
配	不匹配	不匹配	轻度匹配	不匹配	轻度匹配	轻度匹配	不匹配	不匹配	/	不匹配	不匹配	不匹配	轻度匹配	不匹配	不匹配
	不匹配	不匹配	不匹配	中度匹配	不匹配	轻度匹配	不匹配	不匹配	不匹配	/	不匹配	轻度匹配	不匹配	轻度匹配	不匹配
	不匹配	不匹配	轻度匹配	轻度匹配	不匹配	轻度匹配	不匹配	不匹配	轻度匹配	不匹配	/	不匹配	不匹配	轻度匹配	不匹配
配	不匹配	不匹配	不匹配	不匹配	不匹配	不匹配	不匹配	不匹配	不匹配	不匹配	不匹配	/	不匹配	不匹配	不匹配
配	不匹配	不匹配	不匹配	不匹配	不匹配	不匹配	轻度匹配	不匹配	不匹配	不匹配	不匹配	轻度匹配	不匹配	/	

27.2.2 产业转移连线

产业转移是区域协同与发展的重要经济活动，也是区域空间引力的重要载体。河北省内各城市不仅受到城市之间的空间引力作用，在京津冀协同发展的背景下，作为承接北京非首都功能疏解和京津产业转移的主阵地，更会受到京津两市的空间引力与辐射作用。因此，本节在分析京津地区对河北省产业转移规模与趋势的基础上，测算产业转移这一外部引力对河北省国土空间格局的影响，尤其是在建设用地需求与布局方面的影响。

1. 产业转移情况

1）产业转移趋势

从河北二三产业整体发展来看，资源型特点突出，且与资源的区域分布存在密切联系。邯郸、唐山等煤炭、铁矿石较为丰富的地区，满足钢铁产业发展的相应条件，是河北省钢铁产业最为集中的地区；沿海地区地处华北油田、大港油田和冀东油田的主产区，石化产业发展条件得天独厚，是全省石化产业最为密集的地区；冀中南地区作为传统的粮棉集中生产区，纺织业和农副食品加工业在区域产业中的地位突出，河北整体产业布局与矿产资源、能源的分布高度吻合。同时，受产业发展要素支撑和市场的影响，二三产业布局与城镇发展息息相关，2015 年，河北省城市经济（设区城市市区）地区生产总值达到 1.1 万亿元，在 8.3%的土地面积上，第二产业和第三产业增加值分别达到全省的 37.7%和 46.6%，合计占到全省地区生产总值的 41.4%，二三产业依托于重点城市布局的特点突出。

伴随京津冀协同发展的全面深化，河北省是承接北京非首都功能疏解和京津产业转移的主阵地，中国人民大学社会发展与管理大数据中心的数据显示，2016~2020 年北京、天津和河北省作为产业转移目的地（即承接地）承接转移企业 4687 家，其中京津冀地区内部转移 2553 家，全国其他地区向京津冀地区转移 2134 家。

由 2016~2020 年京津冀地区内部产业转移矩阵表（表 27-11）可知，河北省是地区内部承接产业转移的主要地区，其承接北京市转移产业 2002 家，承接天津市转移产业 28 家；天津市承接北京市转移产业 384 家；北京市作为产业转移的主要源地，向天津市和河北省共转移产业 2386 家。

表 27-11 基于大数据的京津冀地区内部产业转移矩阵

地区	北京市	天津市	河北省
北京市	/	384	2002
天津市	3	/	28
河北省	128	8	/

2）产业空间关联——以制造业为例

在制造业方面，京津地区对河北省市域投资中，北京企业的投资数量明显多于天津，虽然京津两地的主要投资都集中于本地区，但与其他城市的联系仍然存在且无一疏漏地以自身为中心呈现放射状形态。就北京而言，对石家庄、保定、唐山、秦皇岛的投资明显处于高位，对河北省其他城市的投资相应较少，而最少的则为对邢台市的投资。就天津而言，距离效应则更为明显，即对唐山的投资最多，其次分别为沧州、廊坊、石家庄、秦皇岛等，而距离较远的邢台、邯郸、张家口、承德则明显低于上述城市。

北京对石家庄投资的 60%集中在科研、商务、金融等高端领域，石家庄在首都创新转化中的综合优势凸显。首都周边地区成为制造业创新转化的重点地区。2009 年至 2016 年，廊坊承接了中关村 22 万家高科技企业在津冀投资项目数量的 27%，为最高，其次为保定 11.7%，唐山 11.3%。

石家庄市对河北省内各市区的投资从整体上看较为均匀，但对于毗邻京津的廊坊、保定、唐山等城市有所偏向。

综上，河北省与京津制造业产业联系强度的总体特征为：京津投资高度集中于自家的"一亩三分地"；相对而言，北京对河北的投资要远高于天津，京冀联系显著最强，北京对河北城市的投资联系显著分为三个级别：①廊坊、保定、唐山、石家庄、秦皇岛；②张家口、承德、沧州；③邯郸、邢台、衡水。天津对河北的投资集中在唐山、沧州，石家庄对外投资在河北省的分布较为均衡；京津周边的廊坊、唐山、秦皇岛、张家口也是石家庄投资集中的区域。

2. 基于产业转移的国土空间开发格局优化

随着区域经济一体化进程的加快，产业转移成为区域经济活动的常态（叶琪，2014），是河北省承接北京非首都功能疏解、推动京津冀协同发展的实体内容和关键支撑。自2015年《京津冀协同发展规划纲要》发布以来，河北全国现代商贸物流重要基地、产业转型升级试验区的功能定位，将促进京津第二产业加速向河北转移，并构建京津冀紧密相连的产业链（段小薇等，2016）。这势必需要土地保障予以落地实施，尤其需要通过土地开发、新增建设用地等为承接产业转移提供基础支撑（徐磊，2017），因此空间引导与建设用地配置方案是承接产业成功转移的重要条件。

1）产业转移规模测度

A. 产业转移测度模型

本书借鉴偏离–份额法的思想（Stilwellf，1970；Fothergill and Gudgin，1979），通过将某个产业在某一空间单元一定时期经济产出的变化分解为不同区域层面的增长分量（李林子等，2017），观察得出河北省承接产业转移的时空演变趋势和绝对规模，进而通过差分自回归移动平均（autoregressive integrated moving average，ARIMA）模型预测2017~2030年产业转移规模。产业转移测度模型如下：

$$\triangle C_i^k = C_{i,t}^k - C_{i,t-1}^k$$

$$= C_{i,t-1}^k \times (C_{J,t}^k/C_{J,t-1}^k - 1) + C_{i,t-1}^k \times (C_{i,t}^k/C_{i,t-1}^k - C_{S,t}^k/C_{S,t-1}^k)$$

$$+ C_{i,t-1}^k \times (C_{S,t}^k/C_{S,t-1}^k - C_{J,t}^k/C_{J,t-1}^k) \tag{27-7}$$

式中，$C_{i,t}^k, C_{i,t-1}^k$ 分别为 i 市 k 产业 $t, t-1$ 时期的产业增加值；$C_{J,t}^k, C_{J,t-1}^k$ 分别为京津冀地区 k 产业 $t, t-1$ 时期的产业增加值；$C_{S,t}^k, C_{S,t-1}^k$ 分别为河北省 k 产业 $t, t-1$ 时期的产业增加值；$C_{i,t-1}^k \times (C_{J,t}^k/C_{J,t-1}^k - 1)$ 为产业规模的京津冀地区增长分量，即 i 市按照 k 产业京津冀地区增长率所增加的分量；$C_{i,t-1}^k \times (C_{i,t}^k/C_{i,t-1}^k - C_{S,t}^k/C_{S,t-1}^k)$ 为产业规模的市增长分量，即 k 产业所在 i 市增长率与河北省增长率的差值所增加的分量，若为正，则该时段内该市有省内产业转入；$C_{i,t-1}^k \times (C_{S,t}^k/C_{S,t-1}^k - C_{J,t}^k/C_{J,t-1}^k)$ 为产业规模的省增长分量，即 i 市按照河北省 k 产业增长率与京津冀地区增长率的差值所增加的分量，若为正，则该时段内河北省有产业转入（严金明，2019；迪力沙提·亚库甫，2020）。

B. 产业转移规模的测度结果

经测算，河北省各城市在 2002~2016 年承接二产转移规模共 4660 亿元，其中，2002~2013 年为二产转出窗口期，转出规模 1586 亿元，随后在 2014~2016 年承接二产转移规模 5454 亿元。从产业转移的动态变化来看，测算结果基本符合近年来京津地区向河北省转移工业尤其制造业的趋势。

2002~2016 年，石家庄市是承接第二产业转移的主阵地，承接规模达到 1026 亿元，其趋势和河北省相似，在 2013 年之后承接二产转移规模迅速增加。邯郸市、廊坊市和唐山市的承接规模都在 390 亿元以上，处在省内第二梯队，但这三个城市的承接趋势差异较大，邯郸市和廊坊市的趋势大致相似，都呈现为前期产业转出，后期产业转入，但廊坊市的承接窗口较邯郸市提前了两年，从 2012 年就开始出现产业转入；唐山市则呈现波动转入的趋势，且承接规模逐渐收窄，其 2014 年达到转入规模的峰值 605 亿元，到 2016 年降低至 23 亿元。

根据《省级国土空间规划编制指南》的技术要求,近期规划目标年为 2025 年,本书以此为预测目标年,通过 ARIMA 模型预测河北省 31 个城市在 2017~2025 年承接产业转移的理论规模。

经测算,至 2025 年,河北省 31 个城市承接第二产业转移规模共 13 639.403 亿元(表 27-12)。唐山市、遵化市、迁安市、秦皇岛市、沧州市、泊头市、任丘市、黄骅市和河间市承接产业转移规模 2193.375 亿元,这是由于协同发展战略中同样将河北沿海作为率先发展区加以打造,河北重化工业将逐步向沿海地区转移,其中唐山市承接规模为 1660.440 亿元,占河北省东部沿海地区承接规模的 75.7%。围绕加快构建京津冀创新产业链,环首都和冀中地区将成为高新技术产业和先进制造产业的集中区,预测保定市、涿州市、定州市、安国市、高碑店市、廊坊市、霸州市和三河市共承接产业转移 1188.392 亿元,其中涿州市、定州市和廊坊市的承接规模占比达到 54.13%。地处京石邯、京九、石衡、邯济 4 条主要发展轴带的石家庄、邯郸、邢台、衡水等 12 个城市,未来将沿交通干线形成城镇密集带和产业集群,预测承接产业转移规模 9275.96 亿元,其中石家庄市承接规模预计为 5476.448 亿元,是全省承接产业转移规模最大的城市。

表 27-12 基于 ARIMA 模型的河北省城市承接产业转移规模测算(2017~2025 年)

城市	ARIMA 模型	R^2	预测值/亿元
石家庄市	(2,1,0)	0.055	5476.448[*]
辛集市	(0,1,1)	0.343	161.201
晋州市	(1,1,0)	0.332	210.071
新乐市	(1,0,0)	0.437	21.866[**]
唐山市	(1,1,0)	0.161	1660.440
遵化市	(1,0,1)	0.038	−44.016
迁安市	(0,1,1)	0.063	63.923

续表

城市	ARIMA 模型	R^2	预测值/亿元
秦皇岛市	（1,0,0）	0.306	96.200*
邯郸市	（2,1,0）	0.248	2700.116
武安市	（0,0,1）	0.177	−42.037***
邢台市	（2,0,0）	0.069	−36.723
南宫市	（1,1,0）	0.270	117.781***
沙河市	（1,0,0）	0.233	3.888**
保定市	（1,0,0）	0.025	187.209
涿州市	（1,1,0）	0.215	263.698*
定州市	（1,1,0）	0.281	255.942*
安国市	（2,1,0）	0.060	99.333*
高碑店市	（0,1,2）	0.076	99.849
张家口市	（0,1,1）	0.187	988.790
承德市	（1,0,0）	0.034	−7.118
沧州市	（1,0,0）	0.063	139.680
泊头市	（2,1,1）	0.144	167.025
任丘市	（1,0,0）	0.032	−7.434
黄骅市	（2,0,0）	0.290	−6.094***
河间市	（2,1,0）	0.355	123.651**
廊坊市	（0,0,1）	0.362	123.651
霸州市	（1,1,1）	0.061	113.999
三河市	（1,0,0）	0.048	44.711
衡水市	（1,0,0）	0.338	550.951**
冀州市	（1,1,0）	0.131	56.201**
深州市	（1,1,0）	0.371	56.201

***、**、*分别表示估计系数在 1%、5%、10%的水平下显著

2）基于产业转移的建设用地需求规模

基于此，本书在测度产业转移规模基础上，通过产业用地标准测算产业

转移所需增加的理论建设用地规模。由于第二次全国土地调查《土地利用现状分类》标准中,建设用地是按土地用途分类,而不是按产业和行业分类,因此产业转移过程中的建设用地需求规模以产业转移规模/单位第二产业增加值地耗进行测算。其中,2017~2025 年的单位第二产业增加值地耗通过2002~2016 年趋势外推测算,由于该值需大于 0,因此若预测值出现负数,则以测算的最后一个正数规模作为该年至 2025 年的单位第二产业增加值地耗。构建基于产业转移的建设用地需求规模测度模型如下所示:

$$Y_i = Q_{i,t,k}/B_{i,t} \tag{27-8}$$

式中,Y_i 为 i 市基于产业转移预测的建设用地需求规模;$Q_{i,t,k}$ 为 k 产业所在的 i 市在 t 时期产业转移规模;$B_{i,t}$ 为 i 市在 t 时期单位第二产业增加值地耗。

各个城市的拟合方程与相关参数见表 27-13,受篇幅限制,本节仅列出各个城市在 2017~2025 年的单位第二产业增加值地耗。

表 27-13　河北省城市单位第二产业增加值地耗(2017~2025 年)

城市	回归方程	R^2	F	2017~2025 年的单位第二产业增加值地耗/(亿元/km^2)
石家庄市	$y=0.314-0.015x$	0.949	241.320	0.029***
辛集市	$y=0.172-0.007x$	0.909	129.149	0.029***
晋州市	$y=0.187-0.010x$	0.974	486.622	0.012***
新乐市	$y=0.224-0.012x$	0.916	142.109	0.011***
唐山市	$y=0.262-0.015x$	0.844	70.152	0.012***
遵化市	$y=0.109-0.005x$	0.672	26.655	0.008***
迁安市	$y=0.090-0.004x$	0.680	27.580	0.013***
秦皇岛市	$y=0.327-0.015x$	0.870	87.155	0.038***
邯郸市	$y=0.435-0.023x$	0.871	88.155	0.025***
武安市	$y=0.126-0.006x$	0.663	25.562	0.010***
邢台市	$y=0.532-0.020x$	0.633	22.421	0.138***
南宫市	$y=0.313-0.011x$	0.937	193.502	0.087***

城市	回归方程	R^2	F	2017~2025 年的单位第二产业增加值地耗/（亿元/km²）
沙河市	$y=0.232-0.013x$	0.870	87.272	0.004***
保定市	$y=0.477-0.023x$	0.913	136.501	0.040***
涿州市	$y=0.298-0.013x$	0.942	211.671	0.039***
定州市	$y=0.202-0.005x$	0.444	10.369	0.101***
安国市	$y=0.297-0.012x$	0.703	30.796	0.052***
高碑店市	$y=0.210-0.004x$	0.238	4.066	0.125*
张家口市	$y=0.505-0.026x$	0.913	137.207	0.023***
承德市	$y=0.566-0.011x$	0.442	10.316	0.340***
沧州市	$y=0.435-0.028x$	0.799	51.791	0.016***
泊头市	$y=0.419-0.026x$	0.769	43.179	0.005***
任丘市	$y=0.227-0.012x$	0.634	22.475	0.008***
黄骅市	$y=0.237-0.009x$	0.753	39.544	0.063***
河间市	$y=0.191-0.009x$	0.916	141.735	0.019***
廊坊市	$y=0.458-0.028x$	0.969	410.277	0.012***
霸州市	$y=0.203-0.013x$	0.891	106.546	0.002***
三河市	$y=0.149-0.009x$	0.921	151.057	0.004***
衡水市	$y=0.460-0.021x$	0.936	188.623	0.051***
冀州市	$y=0.299-0.006x$	0.620	21.197	0.175***
深州市	$y=0.287-0.010x$	0.875	91.339	0.079***

***、*分别表示估计系数在 1%、10%的水平下显著

3）基于产业转移的国土空间开发格局优化分析

经产业转移引致建设用地规模测算，从 2017 年至 2025 年，河北省 31 个城市建设用地规模需求预测值为 368.92 km²，每年需求规模总体呈现下降趋势，2017 年的需求规模最大，达到 97.58 km²，逐年下降至 2024 年的 19.83 km²，这基本符合产业转移逐渐减少的经济规律，如图 27-1 所示。

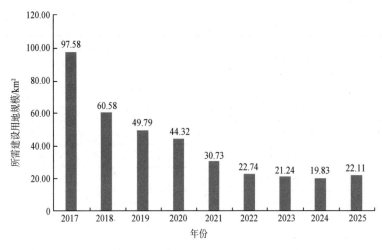

图 27-1 河北省承接第二产业转移所需的建设用地规模（2017~2025 年）

由表 27-14 可知，冀中南功能拓展区承接产业转移所需的建设用地规模年均增量最高，年均增长 30.14 km²，其承接产业转移对建设用地有强烈需求。增量较低的张家口和承德都处于冀西北生态涵养区，其承担京津冀的水源保护地、西北风沙侵袭屏障等区域生态保护功能，应积极承接生产性服务业产业，优化产业结构，在区域发展的生态基底不受破坏前提下保障经济社会发展的建设用地基本诉求。

表 27-14 河北省四大区域板块承接产业转移所需的建设用地规模预测（2017~2025 年）

区域板块	建设用地需求规模/km²	2017~2025 年均增长规模/km²
环京津核心功能区	60.40	6.71
沿海率先发展区	31.32	3.48
冀中南功能拓展区	271.28	30.14
冀西北生态涵养区	5.92	0.66

随着经济发展由高速增长阶段转向高质量发展阶段，城市建设用地增长从摊大饼式盲目扩张向注重增长质量与效益，加之生态保护红线、永久基本农田保护红线等政策"红线"刚性约束，建设用地的发展势必会由增量规划

向存量规划转变，由新增供应向存量挖潜转变。因此，河北省各城市应在预测基础上结合增减挂钩、占补平衡等政策手段，增存并举，综合施策，统筹保障承接产业所需的建设用地，进一步提高建设用地节约集约利用水平和效率，为京津冀协同发展和河北省经济社会可持续发展提供国土支撑。

"引线"载体是单元之间的现实联系空间，交通引线与产业联系是"引线"的具体表现。因此，"引力"与"引线"的有效匹配是优化国土空间线性结构的实现路径，以此强化"引流"与"引线"的靶向匹配，促进各类生产要素的空间流动，形成要素流动畅通、区域均衡发展的国土空间格局。在公路载体与引流匹配方面，2002~2016 年城市间的可达性逐渐增强，公路通勤时间也在逐渐缩短，城市间的公路联系也越来越密切，公路载体与引流匹配度较高。在产业转移对空间引流的支撑方面，经产业转移引致建设用地规模测算，从 2017 年至 2025 年，全省 31 个城市建设用地规模需求预测值为 368.92 km^2，每年需求规模总体呈现下降趋势，基本符合产业转移逐渐减少的经济规律。河北省各城市应在预测基础上结合增减挂钩、占补平衡等政策手段，增存并举，综合施策，统筹保障承接产业所需的建设用地，进一步提高建设用地节约集约利用水平和效率。

27.3 国土空间板块的分区整治与内部优化

国土综合整治是空间板块内部优化的重要手段，以城镇开发边界、农业保护红线和生态保护红线划定基本边界，分别针对城镇板块、农业板块和生态板块实施针对性的整治工程，提升国土空间利用效率与保护水平。国土综合整治的本质是"对人与国土关系的再调试"，从整体上全面提升国土利用的综合效率和效益、保障国土空间资源的可持续利用和生态景观环境的改善，最终将促进人与自然的可持续协调发展。

27.3.1 城镇板块

1. 城镇开发边界

采取"红线倒逼"的方式，在划定生态红线、永久基本农田保护红线等非建设性空间边界的前提下，尝试利用河流、高速公路、铁路、绿化带等方式，在城市空间范围内划定一个或多个封闭的城市发展边界，山体等地貌具有明显的隔离性。到2030年，全省城镇开发边界规模控制在4927.23 km^2，占全省国土总面积的2.61%。

城市发展范围内的建设实行"详细规划＋规划许可"，引导建设空间从外延拓张转向内涵式发展；在城镇开发边界外的建设，按照主导用途划分，实行"详细规划＋规划许可"和"约束指标＋分区准入"的控制模式，限制建设占用农业空间和生态空间。

2. 分级优化

对于区域性中心城市的城镇空间，应加快中心城区提档升级，重点布局新兴和接续产业发展空间，加强交通基础设施建设，优先保障市政基础设施和公共服务设施建设空间，提升相应服务能级；对于县域及小城镇的城镇空间，应节约集约用地，加强县城和重点小城镇的空间集聚能力，建设重点产业集中区和重点小城镇，推动县域经济加快发展。

3. 分区实施

采取"空间优化＋集约开发＋专项改造"的城市改造模式：优化城镇生产空间，开展闲置用地整治，充分利用地表空间，安排地下市政设施建设、地下走廊建设等地下空间开发建设工程，安排城市立体交通系统建设工程，扩展城市空间，实现地上、地表、高层空间的有机结合；提高集约利用水平，秉持精明增长的紧凑型城市发展理念，基于以公共交通为导向的开发模式，提高城市交通通达率，提高城市建设用地利用效率，安排存量建设用地整治工程，安排土地多功能利用整治、混合利用开发整治等工程，提高建设用地利用效率；开展专项改造工程，特别是安排污染生态修复工程解决发展症结，安排社区建设工程培育市场，安排园区产业结构工程实现棕地重塑改造，结合园区自身条件开展产业结构调整、商业综合体建设、文化综合整治等不同形式的改造工程，推进废弃工业园区的渐进式改造。

27.3.2 农业板块

1. 农业保护红线

划定永久基本农田保护红线。实行最严格的保护，粮食生产核心区和重要农产品生产保护区范围内的耕地要优先划入永久基本农田。除重大建设项目选址确实无法避让外，其他任何建设项目不得擅自改变和占用永久基本农田，经依法批准占用或调整的，要严格按照有关要求补划相当数量和质量的永久基本农田。

严格限制城镇板块挤占农业板块，除交通、水利等基础设施项目和有特殊要求的项目外，不得占用农业生产空间。除基本农田外，在不破坏耕作层的前提下，对农业生产结构进行调整，积极发展林果业、休闲农业和乡村旅游，复合利用农业生产空间。鼓励和支持农产品、畜产品、水产品加工副产物的综合利用，实施分类指导的产业准入制度，限制高耗能、高耗水产业发展，停止审批和建设资源消耗高、环境污染重的工业项目。

2. 农用地整治

以河北省粮食生产核心县为重点，大力推进旱涝保收高标准农田建设，全面提高农田质量，提升粮食生产能力，实现"布局合理化、农田规模化、农业科技化、生产机械化、经营信息化、环境生态化"。在山前平原等条件较好的区域，建设一批集中连片的高标准基本农田，开展地块整治，合理划分和归并零散田块，完善沟渠路林井电等田间设施，优化空间布局。

采取"旧村改造＋迁村并点＋整村搬迁＋新型农村社区化"的村庄整治模式：主要是根据村庄当前特点及存在的问题，实施旧村原地改造、部分散户或村庄转移、不宜居住地区整村搬迁及条件较好吸纳外来农户的村庄升级改造等。

采取"高标准农田建设＋生态良田＋农业配套设施"的农田整治模式：推进高标准农田建设，建设生态良田，完善田间道路，提高道路通达度和荷载标准，满足农业机械通行要求；完善农田电网，配备必要的输配电设施，满足灌排设施电力需求；开展耕地提质改造、耕地表土剥离再利用和坡耕地改造，做好坡面水系、水利工程、田间道路工程以及林网工程的综合配套，构建有效的水土流失综合防护体系，提高农田防御风蚀能力，为实现适度规模经营和发展现代农业创造条件。

27.3.3   生态板块

1. 生态保护红线

以维系国家和区域生态安全为底线，以支撑经济社会可持续发展为目标，以生态功能极重要区、生态极敏感区、禁止开发区和其他各类保护地为重点，分类划定生态保护红线，形成保障国家和地方生态安全的基本空间，强化生态基底硬约束，满足生态安全与生态防护需求。划定全省生态保护红线总面积 4.05 万 km^2。

生态保护红线确定后，必须严格监管，确立生态保护红线的优先地位，落实责任主体，依法实行生态空间准入和使用许可转让制度，并对生态保护红线的建设和实施进行监督，严格控制各类开发利用活动对生态空间的占用和干扰,严禁一切不符合主体功能定位的开发活动,严禁改变用途,建立生态保护红线监管平台,实施定期监测评估,加强生态保护红线执法监管,对破坏生态保护红线的违法行为依法及时发现和惩处,确保依法保护的生态空间面积不减少,生态功能不降低,生态服务保障能力逐步提高。河北省生态保护红线类型及分布见表27-15。

表27-15 河北省生态保护红线类型及分布

类型	分布	保护重点
坝上高原防风固沙生态保护红线	张北、沽源、康保、察北、塞北三县两区和尚义、丰宁满族自治县、围场满族蒙古族自治县的部分地区,面积为3 277km²,占全省陆域面积的1.74%,占全省陆域红线面积的8.09%	脆弱的草原生态系统和林草交错区过渡地带
燕山水源涵养–生物多样性维护生态保护红线	河北省东北部,北与坝上高原相接,南与河北平原为邻,生态保护红线主要分布在张家口东部坝下、承德地区坝下和唐山市、秦皇岛市所属19个县市,面积为22 579 km²,占全省陆域面积的11.97%,占全省陆域红线面积的55.75%	森林生态系统,以及该区域的珍稀野生动植物栖息地与集中分布区
太行山水土保持–生物多样性维护生态保护红线	保定、石家庄、邢台、邯郸四市的西部山区,面积为11 158 km²,占全省陆域面积的5.92%,占全省陆域红线面积的27.55%	森林生态系统,珍稀野生动植物栖息地与集中分布区,以及太行山丘陵水土流失重点治理区
河北平原河湖滨岸带生态保护红线	秦皇岛、唐山南部,廊坊、沧州、衡水、保定、石家庄、邢台、邯郸的部分地区,面积为1 618 km²,占全省陆域面积的0.86%,占全省陆域红线面积的4%	内陆河流与淡水湿地生态系统,流域内珍稀濒危野生动植物及其栖息地
海岸海域生态保护红线	秦皇岛市、唐山市和沧州市的沿海地区,面积1 880 km²,占全省管辖海域面积的26.02%	海岸海域生态系统,逐步恢复海岸海域区域内的水产种质资源栖息地及沿海防护林

资料来源:《河北省生态保护红线》

2. 分区保护

采取"分区实施＋重点保护＋系统修复"的生态全域覆盖的整治模式。根据整治区域的生态环境特征与空间分异规律,统筹考虑区域内的生态服务功能,进行全域生态功能分区,谋划全区生态保护整治修复工程布局。之后,通过进一步分析各分区生态特征,以重要生态功能区、生态环境脆弱区为重点,有针对性地开展生态整治工作。京津保中心区生态过渡带应合理调减耕地规模,适当增加生态用地比重,调整种植结构;坝上高原生态防护区以恢复和建设疏林灌草景观为主,构建结构合理的绿色生态屏障。同时,通过山水林田湖草系统保护修复整治,保护与修复受损生态系统结构、提高全域生态系统保护能力、完善区域整体生态格局,维护和加强生态系统生物多样性、水源涵养、水土保持、养分循环和气候调节,实现区域内物质流与能量流有序循环。

采取"底线管控+质量提升"的生态空间安全保障整治模式:安排"生态底线严控""生态景观培育"两大系列配套工程,保障城镇空间内部生态空间规模数量,培育各类生态景观。燕山-太行山生态涵养区是河北省乃至京津冀地区的生态安全屏障,主体生态功能是涵养水源、保持水土、生态休闲。同时,安排生态廊道建设等生态质量提升治理工程,建设生态经济型防护林,营造水源涵养。绿色廊道建设既可以满足农业机械化、生产生活便利和生态保护的需要,又能为不同生态景观斑块内的生物提供栖息和通行的廊道,提升生态空间对整体的影响效能和服务效率,从而保障生态空间安全。

3. 分类修复

在水源涵养生态安全极重要区内,结合已有的生态保护和重大建设工程,加强森林、草地和湿地的管护和恢复,提高区域水源涵养生态功能。在水土保持生态安全极重要区内,实施水土流失的预防监督和水土保持生态修复工程,加强小流域综合治理。在防风固沙生态安全极重要区内,加快农牧业产业结构调整,促进林地、草地、矿业废弃地修复。在生物多样性维护生态安全极重要区内,建立和完善生态廊道,促进自然生态系统的恢复,加强外来入侵物种管理,保持生态平衡。土地沙化敏感区生态修复采用科学造林方法和抚育管理技术,通过"网、带、片、点"相结合,充分利用天然草场、人工草地、护路林带、护滩林带、果园、用材林、景观林等。控制草场载畜量,合理布局人工草场,维护草场生产力。水土流失敏感区生态修复,采用工程措施、生物措施等多种措施相结合方式进行。因地制宜,选择保持水土性的优势树种进行种植。禁止开发区和其他各类保护地应按照相应法律法规进行修复。有条件的地区,可逐步推进生态移民,有序推动人口适度集中安置,降低人类活动强度,减小生态压力。强化生态空间及周边区域污染联防联治。

国土综合整治是空间板块内部优化的重要手段,针对城镇板块,采取分级优化和"空间优化+集约开发+专项改造"的城市改造模式;针对农业板块,采取"旧村改造+迁村并点+整村搬迁+新型农村社区化"的村庄整治模式和"高标准农田建设+生态良田+农业配套设施"的农田整治模式;针对生态板块,采取"分区实施+重点保护+系统修复"的生态全域覆盖的整治模式和"底线管控+质量提升"的生态空间安全保障整治模式。

第 28 章
结论与建议

28.1 研究结论

本书分五篇 28 章，遵循"理论框架—路径设计—案例示范"研究主线，以实现"多规合一"助推土地供给侧结构性改革为目标，针对当前"多规合一"与土地供给侧结构性改革关系不清、机理不明、路径缺乏、示范不足等问题，在梳理分析"多规合一"与土地供给侧结构性改革的逻辑关系和理论范式的基础上，按照"本体论、认识论、方法论"构建"多规合一"促进土地供给侧结构性改革的理论框架，按照"数量–空间–时序"设计"多规合一"促进土地供给侧结构性改革的制度体系框架。在此基础上，重点研究"多规合一"视角下土地供给侧数量结构改革路径、空间结构改革路径、时序结构改革路径设计，并从"区–镇–村"城乡协同、"省–市–县"纵向关联、"东–中–西"横向比较和"点–线–面"跨区统筹四方面开展案例与示范应用研究，最终形成"多规合一"助推土地供给侧结构性改革的理论与实践成果。

本书主要结论如下。

28.1.1 理论机理

1. "多规合一"的本质剖析

本书梳理了国内现有规划以及国外空间规划体系，并明确了当前"多规合一"的本质。"多规合一"是指将国民经济和社会发展规划、土地利用总体规划、城市总体规划和环保、产业、市政等专项规划的编制、实施进行融合，将多个规划融合到同一空间区域上，从而实现"一个市县、一本规划、一张蓝图"。从本质来说，"多规合一"是一种规划协调工作，其基本职能决定了"合一"不是求集合形成一种独立的规划类型，而是统筹形成一个规划体系，这个规划体系应当具有总分有序、层级清晰、职能精准的特征。这个规划体系应是基于城乡空间布局的衔接与协调，有利于社会利益分配的平衡、土地资源的有效配置、土地节约集约利用的促进、政府行政效能的提高等。"多规合一"的"多规"应在空间上具有同一性，并不是简单地将多个规划合并为一个规划，而是将多个规划统筹到同一规划体系、同一规划空间上来。

2. 土地供给侧结构性改革的本质认知

本书明确了土地在供给侧结构性改革中的地位作用，剖析了土地供给侧结构性改革的本质内涵。土地领域的供给侧结构性改革，就是用改革的办法推进土地结构调整，从供给端进行发力，矫正土地要素配置扭曲，优化土地供应的数量、空间和时序结构，通过供给端发力来进一步释放土地要素红利，进而服务于整体的中国经济转型升级。作为供给侧结构性改革的重要内容之一，土地供给侧结构性改革对象包括土地规划、整治、储备、流转和利用等多个环节，以及其中所涉及的土地产权制度、土地规划制度、土地开发利用制度、用途管制及其他的土地管理制度。

3. "多规合一"促进土地供给侧结构性改革的机理

在供给侧结构性改革的背景下，土地利用规划作为实现土地资源的供需平衡、优化土地资源配置、提高土地资源生产效率的重要手段，对国民经济结构调整、社会经济的健康发展至关重要。本书基于对土地利用规划的现有理论，运用系统论，对土地利用规划在供给侧结构性改革下的改革框架进行了探索性研究和分析。研究发现，土地利用规划的供给侧结构性改革可以从功能协调、层次有序、动态反馈三个层面进行：从功能协调出发，土地利用规划的改革应当着重调整土地利用中的数量关系，通过土地利用结构调整引导并推动产业结构升级调整，严格进行底线管理应对市场失灵；基于层次有序，土地利用规划的供给侧结构性改革需要从横向布局和纵向体系两个方面处理各类土地利用方式之间、不同尺度之间的空间关系，通过优化土地空间布局提升土地资源空间分配的有效性；基于动态反馈，土地利用规划的供给侧结构性改革需要建立规划编制、实施和监控中的动态评价和反馈机制，增加弹性空间，使土地利用规划成为一个开放的系统，以及时应对经济发展中的变化，调适土地供给时序，实现土地资源供需动态平衡。

应当注意的是，协调、有序和动态这三个维度的系统观并不是孤立存在的，三个维度之间存在互相影响、互相促进的共生关系。基于此，土地利用规划的供给侧结构性改革中，数量结构的调整必然会涉及空间布局的重构，土地空间布局的变化也需要对土地数量配置进行协调，而土地利用结构和土地空间布局的动态变化就是土地供给时序的反映。同时，在数量、空间和时序三个维度下的土地利用规划涉及的具体内容在供给侧结构性改革下也是相互关联的，例如，"三生空间"在用地数量上的变化必然与其用地布局调整相适应，而统筹"三生空间"用地关系是基于当前发展要求从时序上进行动态调节。因此，土地利用规划的供给侧结构性改革应当从这三个维度的整体出发，才能真正通过土地利用规划促进土地资源的高效利用，最终实现土地这一重要的生产要素在数量、空间和时序上的再配置，从土地利用角度进行制度供给的改革。

4. "多规合一"视角下土地供给侧结构性改革的理论框架

供给侧结构性改革、土地利用结构优化是当前经济社会发展和国土资源管理所面临的共同课题。二者之间存在相互独立却又相互联系的辩证关系——土地作为供给侧结构性改革中最重要的生产要素之一，进行土地利用结构优化是实现供给侧结构性改革的重要手段，供给侧结构性改革同时又是进行土地利用结构优化的重要依据和发展要求。如何将二者有机结合，进行供给侧结构性改革导向的土地利用结构优化，从而更加精准地为供给侧结构性改革提供土地要素红利,是土地利用结构优化需要研究和解决的关键问题。本书的核心内容是构建供给侧结构性改革导向的土地利用结构优化理论框架。对政府而言，其借助于土地利用结构优化不仅体现在对土地资源配置进行宏观调控、对土地利用方式进行调整等方面，还体现在对供给侧结构性改革的重要推动作用方面，对土地利用结构优化在供给侧结构性改革中作用的认识，是推动供给侧结构性改革必不可少的基础性环节，对供给侧结构性改革认识模糊，就会使其浮于形式，无法在供给侧结构性改革中发挥积极的影响。因此，本书设计了供给侧结构性改革导向的土地利用结构优化框架，首先详细阐述供给侧结构性改革导向的土地利用结构优化的"动因、内涵与原则""功能、定位与目标"，接下来对供给侧结构性改革导向的土地利用结构优化进行了系统性分析，构建了研究的理论框架，并对研究涉及的主要模型与方法进行了说明，为开展后续研究提供了理论方法支撑。

28.1.2 供需匹配

1. 新时期土地利用供需匹配研究

通过对比 2020 年和 2030 年的土地需求规模测算结果，比较土地供给情况，发现土地利用的供需结构问题较为突出。2020 年的耕地供需分析结果显示，东部地区光温水热条件较好，但耕地面积少，耕地供不应求现象突出，中部和西部地区，耕地面积供需比都将近 1.5，存在供大于求的状况；我国耕地面积的供应从总体上看可以满足需求，但是在地区布局上，不仅存在着数量上的供需失衡，且供需匹配存在明显的空间分异性，具体表现为东部地区供不应求，中西部供大于求，耕地供需的数量结构和空间结构都有着严重的地区不均衡现象。2020年的建设用地供需分析结果显示，中国建设用地增长速度快于总人口增长速度，为扩张负脱钩类型，整体人地关系不协调；乡村建设用地显著扩张和乡村人口快速持续减少的反向两极分化日趋严重，为强负脱钩类型，乡村建设用地增加同时乡村人口不增反减，且持续减少，二者之间的人地关系处于最不理想状态。2030年的预测结果显示，土地需求量将明显高于土地供给量，土地供需不匹配的情况将进一步加重。基于供需匹配的分析，本书进一步梳理供给侧结构性改革、经济新常态、生态文明战略对土地利用供给结构与供需关系的战略诉求，并提炼了土地供应机制不完善、规划互相冲突、土地制度二元分立和土地资源利用粗放等四项主要原因。

2. 水资源约束下的土地供需情况分析

通过对人–地–水系统的综合分析，结合河北省人口、土地、水资源现状和发展趋势，得出以下结论：①河北省2030年总供水量为237亿m^3，其中当地地表水占25%，地下水占42%，外调水占21%，非常规水源占13%。河北省2030年需水结构中生活需水为44.82亿m^3，占19%，工业需水为44.7亿m^3，占19%，农业需水为126.88亿m^3，占54%，生态需水为20.6亿m^3，占8%。②根据计算结果，2030年河北省水资源可承载的人口小于按照目前人口增长趋势求得的人口数，两者相差401.42万人，这将给水资源供给带来较大压力，如果没有相应调水工程的支持，可能会出现过度开采地下水的问题。具体到市级层面，除了邢台市水资源仍有富余，其他城市都将出现水资源短缺的问题，其中以保定市、邯郸市和沧州市面临的水资源形势最为严峻。③据人水资源约束对2030年河北省土地需求量进行预测,在水资源可持续利用的原则下，可以支撑的人口所需耕地总量为 6 529 889.91 hm²，城乡建设用地总规模可以控制在 1 789 685.79 hm² 以内，进行土地利用结构优化后，农用地占 73.83%，建设用地占 9.86%，其他用地占 16.31%。

3. 基于协同发展的省域狭义国土开发强度内涵界定与阈值测度研究

根据测算，河北省基于自然条件约束适宜开发建设的国土面积为 81 175.87 km²，其范围内在生态与耕地保护政策红线约束下的理论最大开发建设规模为 42 546.52 km²，即狭义开发强度阈值为 52.32%，在充分保障区域自身发展和产业转移对建设用地诉求的理想情景下，全省 2030 年狭义国土开发强度情景值为 29.34%（2016 年为 26.79%），邻近阈值系数为 0.56，即适宜且能够开发建设的国土面积能够满足未来建设用地需求。研究结果表明，国土开发强度阈值、现状值和情景值的比较分析结果可明晰河北适宜底盘、明确保护底线、明晰建设底数，从而为河北省建设用地管控提供决策支持，进而为省域国土空间规划编制与空间用途管制策略实施提供参考。

28.1.3 国土空间数量结构

1. 土地数量结构动态变化特征与驱动机制研究

本书对 1990~2015 年我国不同尺度地区土地利用数量结构的动态变化特征进行了研究，包括土地利用结构的变化幅度、变化速率与基于信息熵的变化有序性等维度。主要有以下发现。①土地利用数量结构变化总体特征：土地利用结构的变化幅度较大、变化速率较快、变化渐趋无序；变化方向整体均呈现出建设用地占比不断提高，农用地、生态用地向建设用地转化趋势明显的特点，土地供需不匹配问题凸显。②土地利用数量结构时空变化特征：区域间土地利用数量特征变化差异明显，全国土地利用数量结构变化主要发生在经济发展水平相对较高的东、中、东北部，西部地区土地利用数量结构变化较为缓慢；而北京市土地利用数量结构的变化在 1990~2000 年主要发生在海淀区等城六区区域，2000 年后郊区土地开发利用程度提高，土地利用数量结构变化加剧。③土地利用数量结构变化驱动力：构建起土地利用数量结构变化驱动力指标体系，通过主成分分析、面板回归分析等发现人口因素、经济发展因素与产业结构因素是土地利用结构变化的主要社会经济驱动力；此外，生态保护政策导向也会影响土地利用数量结构变化。

2. 土地数量结构优化研究

本书对供给侧结构性改革导向下的土地利用数量结构优化的意义、流程进行了研究，确定了供给侧结构性改革导向下的土地利用碳排放、土地利用经济效益和土地利用生态效益目标函数。在此基础上，本书在充分分析海淀区"十三五"规划、社会发展状况和生态环境现状等各种情况的基础上，设立了约束条件，并设定了关于土地的低强度利用情景、中强度利用情景与高强度利用情景和自然发展情景并将其进行对比，同时对海淀区土地利用结构进行数量上的优化，从而获得了不同发展模式下的最优解。经过对各种模型的计算结果，将规划方案和优化方案进行比较，最终得出土地利用数量结构变化是可以实现的，最后选取以适中强度土地利用情景为优化方向，在这种优化情景中耕地、园地、林地、其他农用地、城镇建设用地、农村居民用地、交通水利及其他建设用地和未利用地的面积分别为 740 hm^2、2694 hm^2、15 569 hm^2、1283 hm^2、16 785 hm^2、3041 hm^2、2323 hm^2 和 642 hm^2，土地利用碳排放量为 274.76 万 t、土地利用经济效益为 3950.07 亿元、土地利用生态效益为 1.73 亿元，土地利用综合效益值为 2.423。最后，将土地利用数量结构优化结果与 2014 年土地利用现状进行对比分析，为土地利用数量结构在空间布局上进行优化提供了依据。

3. 风险约束下土地供给侧数量结构改革路径研究

本书构建了 3×2 的土地供应结构风险评价框架,从供地情况和供地过程两个角度讨论了土地供应结构在经济、社会和生态维度上的可能风险。这样,将现有的风险研究纳入一个框架,从整体的角度出发,有利于组织土地供应及其他活动以规避风险。此外,本书框架是根据经济、社会和生态的综合概念建立的,实现了从效益导向向安全导向的转变,满足了农村发展的安全需求。从风险测度结果来看,中强度情景的安全度最高,相比之下,高强度情景虽然面临着较低的经济风险,但社会和生态风险最高,低强度情景则面临着较高的社会风险。因此,从风险约束的视角来看,维持现状的、以生态旅游产业为主导产业的发展情景是更具安全性的,尤其在生态风险方面,在各项指标上都体现出了最低的风险得分;相比之下以技术型工业为主导的低强度情景虽然有着最低的经济风险得分,但在社会风险和生态风险方面安全性较低,建设用地的重新布局和集中化可能导致村庄内部的福利性用地供应水平不足、农业生产耕作半径延长等问题,加剧社会和生态风险;以规模农业为主导产业的高强度情景风险贴近度得分最高,在各个方面都表现出了较为严重的问题,说明当地仍然不具备大规模进行农业用地整治、全面发展规模化农业的条件,当前以果树种植和采摘农业为主的农业产业现状是考虑风险之后的结果。

28.1.4 国土空间时序结构

1. 国土空间规划生命周期

国土空间规划准备期是整个规划的起始阶段,其重点在于前期资料数据的获取,但由于搜集的资料时效性不强、精度不高,则无法满足规划落地的需求。同时,在微观层面,如果在准备期过程中出现矢量化的问题,会引起规划图斑的错位重叠，在后期的土地供应过程中出现矛盾和冲突。国土空间规划构思期是对规划进行宏观部署，长远规划的阶段。在这一时期，规划体系、规划思路搭建是极其关键的环节和任务，以确保整个规划工作的战略性、宏观性和可预见性。但是在规划的宏观构思中，往往存在着规划体系不完善、规划思路落后的问题，导致规划的预见性较差，不利于土地储备。国土空间规划的编制期作为规划过程中至关重要的一环，需要翔实地编制能够协调自然、社会以及经济三方关系且具有引导性、约束性、战略性的国土空间规划总体方案，为后期的实施工作提供指导标准和依据。但编制期同样会出现一系列的问题，如各地政府过于偏重指标性规划缺乏弹性从而无法满足市场化发展；规划空间布局不合理影响土地利用率；有关规划人员的规划理念惯性较强导致土地利用潜力难以释放。国土空间规划的执行期是规划由虚转实，由纸面向地面转变的阶段，只有执行顺利，规划才能准确无偏落地。就规划执行期对土地供给计划的影响来看，主要体现在过多地重视经济用地的保障，而轻视了生态用地的保护，导致建设用地占用耕地和生态用地的现象屡见不鲜，无法满足人民不断提升的对于高质量生态环境的需求，从而给土地供应侧也带来了较大的压力。国土空间规划的最后一个生命周期阶段是规划实现期，规划工作是一个连续动态的过程，因此只有建立有效的监测预警长效机制并定期开展阶段性评估，针对出现的问题进行动态调整完善，才能确保规划效益最大化，并为下一轮规划提供宝贵的经验和借鉴。但当前，我国尚未建立完善的监测预警机制，导致土地违法案例频发，并且我国的国土空间规划缺乏相关法律制度保障，因此，地方在开展工作时可能处于无法可依的状态，并未对规划起到控制约束作用。通过国土空间规划对于土地供给侧影响机理的深度分析，能够识别出空间规划与土地供应计划之间的冲突矛盾，从而为采取措施解决两者之间的问题，实现两者在时序上相互匹配相互协调融合提供了可能。

2. 不同研究尺度土地利用生命周期各阶段对规划体系的核心需求

本书运用生命周期理论，从"宏观－中观－微观"层面分别划分出土地资源利用观、土地管理以及具体宗地利用的生命周期不同阶段，并分析了宏观、中观和微观土地利用周期的特征和问题，并以此分析得出不同研究尺度土地利用生命周期各阶段对规划体系的核心需求。

土地利用生命周期解析部分从生命周期理论能否运用于土地利用领域出发，分别从人地关系认知存在周期性、土地供给方式存在周期性和土地产出存在周期性三个层面论证了生命周期理论能够运用于土地利用领域。基于论证层次，进而从宏观、中观、微观尺度，将土地利用周期分类为土地资源管理周期、土地管理生命周期与宗地利用生命周期，其中将土地资源利用观生命周期分为原始部落文明、农耕游牧文明、工业文明、后工业文明，土地管理生命周期分为导入期、成长期、成熟期和衰退期，将宗地利用生命周期划分为初生期、成长期、成熟期和衰退期。

土地利用生命周期特征与问题部分依托土地利用生命周期解析对不同尺度土地利用生命周期各个阶段的特征进行梳理，并以此发现不同层次、不同生命周期、不同生命周期阶段的土地利用存在的问题。宏观尺度通过宏观国土空间结构反映土地资源利用观生命周期特征，即生产空间和生活空间共同挤压生态空间，造成空间结构的不合理和土地资源利用的低效率。中观尺度通过土地供给反映土地管理生命周期特征，即土地要素市场化配置程度不高，造成产业用地市场化配置效率偏低、存量建设用地缺乏市场化盘活机制、农用地流转的平台和机制不完善等问题。微观尺度通过对土地初生、成长、成熟与衰退各阶段土地利用特征分析，发现土地生态问题、农地利用效率问题、存量建设用地问题等存在于各个阶段。

土地利用生命周期对规划体系需求部分则是宏观、中观、微观土地生命周期不同阶段土地对规划体系的需求。其中，宏观资源利用生命周期中原始部落文明、农耕游牧文明、工业文明和后工业文明分别存在保证生存、满足经营、保持发展、重回自然的规划需要，中观土地管理生命周期中导入期、成长期、成熟期、衰退期分别存在统筹全面、详细计划、系统规划、及时更新的规划需求。微观土地管理生命周期中初生期、成长期、成熟期和衰退期分别存在保护、开发、引领、指导的规划需求。

28.2　研 究 建 议

28.2.1　国土空间数量结构

1. 加强规划用途管制，促进土地利用结构优化

立足供给侧结构性改革的战略背景，以土地供给侧结构性改革为导向搭建经济社会发展规划、土地利用规划、城市规划和其他各类规划的多规融合平台，努力形成基础数据、规模、布局、时序、保障措施等五个方面作深度融合的协作机制，进一步强化规划用途管制，合理配置土地资源，控制新增建设用地规模，避免土地利用外延式扩张，加大生态空间建设力度，对于高消耗、高污染、单纯追求数量发展、盲目扩张、粗放生产经营、加剧社会矛盾、危害群众利益的用地项目，必须要从规划编制和实施管理上首先采取措施，限制或禁止土地供应，严格执行国家产业政策、供地政策和土地使用标准，避免供给侧结构性改革中土地利用的短视行为和外部不经济现象的发生。同时，以各省（区、市）城市规划修改和土地利用规划调整完善为契机，重点组织区县乡（镇）级、村级土地利用规划编制，强化编制过程中对空间性和结构性的把握，进一步优化土地利用的数量结构和空间布局。从乡镇一级来看，规划对土地进行利用时，必须针对性地进行供给侧结构性改革，同时

进一步增强可行性，着重把土地用途进行细化，具体到地块当中去，推进土地整治实施机制创新，优化区域土地利用结构与布局，以盘活存量建设用地为主，合理调整建设用地结构，推动镇域经济的可持续发展和产业积累。对村级而言，规划对土地进行利用时，在供给侧结构性改革的前提下，要对所有土地利用活动进行协调安排，以农村土地利用为中心，加大精细化管理力度，在对建设用地总体面积予以控制，以及不挤占永久基本农田土地的基础上，进一步将存量建设所需土地进行盘活，加大农村产业发展力度。此外，积极推进宅基地制度改革、农村征地以及集体土地入市的试点工作，全面做好农村生产空间、生态空间以及生活空间的优化布局工作，对城镇与乡村土地利用结构进行优化处理，推动土地节约化、集约化发展，增强土地利用管控能力。

2. 进一步加大土地供应制度创新，推进土地资源市场化配置机制

扩大资源有偿使用的适用范围，提高土地资源的市场化配置程度，在区县镇域范围内尝试分层交易制度，实现土地资源在全区范围内市场化配置。同时建议缩小政府征地、拆迁范围，并在规划中给予明确具体位置和界限，在规划用途管制的基础上均衡土地发展权，赋予农民公平的发展权利，并允许村民集体、农民个人进入土地市场，农民不但可以转让农地承包经营权，也可以出售或转让土地发展权，即经营性建设用地使用权和宅基地使用权，建立兼顾国家、集体、个人的土地增值收益分配机制，从而加大建设用地的有效供给，满足经济社会可持续发展的需求。为此，必须实行农地征收制度改革、集体经营性建设用地改革和宅基地制度改革联动，设计既能保障农民权益又能推动土地资源高效利用的土地承包权和宅基地退出机制，实现农村土地与劳动力的重新高效配置。价格杠杆是针对制约土地利用的有效措施，通过价格杠杆引导人们对土地的需求，从而转向适合供给侧结构性改革的土地利用方式。为了更好地优化配置土地资源，提高土地资源利用效率，需要加强对土地供给制度的研究和改善，建立符合市场发展需求和土地资源节约集约利用的相关制度：一是在产业发展用地上，对新产业的发展用地给予高度关注，根据相关条例规定，可以给予其一些特殊优惠政策，从而带动新产业的发展和新项目的推进。为满足新产业发展对存量用地的需求，可以通过不改变土地权利人将土地租借给产业项目负责人或团队使用；二是规范土地市场的运行机制，完善土地收购储备制度，通过减少政府收储的土地面积，让更多的土地流入市场中，提高土地资源的流动速度和形式，从而提高土地资源的利用效率，将没有价值的土地资源发挥出更大的作用，加强土地资源价值的体现，完善土地的售出与利用机制，建立公平、公正、公开的土地资源管理体系，最大可能地提高土地资源的利用效率；三是要提高土地利用形式，同时根据土地的灵活性，推出不同的土地资源有偿使用方式，在对农村集体建设用地进行利用时，要与国家建设用地处于同一制度体制，完善集体产业用地利用模式，利用级差地租的形式来优化城市的土地配置，产业结构的优化可以带动土地结构的改变，通过优化产业结构也能达到优化土地资源配置的作用。

3. 进一步创新土地综合整治机制，推动城乡一体化发展

供给侧结构性改革的重要内容就是土地综合整治,完善现在的相关机制，不仅能够加速国家城乡发展一体化进程，还能发挥土地综合整治在配置各种相关要素资源过程中的基础作用，推动城乡各种要素资源向有利于提升土地利用综合价值的方向有序流动。土地综合整治的重点如下：一是全面推进生态型都市现代农业示范区建设，实现耕地多功能布局、特色农业种植和农田生态管护一体化，助力打造现代都市农业与科技产业相融合的生态园区；二是实施乡村人居环境提升工程，合理确定村庄整治模式，分阶段完善规划保

留村新农村建设，促进建设用地集中，完善村庄基础设施建设，优化建设指标结构，保留村庄建设用地比例，实现乡村生产、生活、生态环境明显改善，使村庄发展自然融入城乡一体化；三是实施山水林田湖综合整治工程，实现城市与自然的融合，让城市中的人们也可以感受到自然的舒适和安然，让居民生活在有山有水的地方；保护历史文化，弘扬传统优秀文化，延续城市历史文脉，构建城市与山水林田湖融合的生命共同体；开展浅山区低丘缓坡建设，在保障生态环境的基础上，实现经济发展与生态保护"双赢"局面；四是通过实施城镇更新工程，对城镇土地的使用情况进行了解，提高低效土地的利用率，加强对建设用地的使用质量，在节约土地的前提下最大限度地缓解人口资源压力，优化城镇产业结构，提升城市功能，从而满足社会长期发展的需求，对现有的土地利用结构进行优化，加快产业结构的优化和升级速度，引入投资建设城镇，带动城镇的经济发展；改善城镇环境，为居民提供更高质量的生活和工作环境，提高土地资源对城镇现代化推进的作用，实现城市灰色空间挖潜，负面空间消减，优质空间提升。

4. 进一步强化生态建设力度，保护和改善生态环境

良好生态是评价供给侧结构性改革重要标准。供给侧结构性改革要摒弃传统土地利用中的弊端，改变过度依赖土地、资源、劳动力的现象，要提高各生产要素的效率，把经济生产与生态环境相结合，走可持续发展道路，不可因快速发展经济而过度消耗资源，造成生态环境的破坏，通过土地利用结构优化促使经济转型升级，通过落实差别化的土地利用政策，进一步深化绿色发展，在改革过程中要始终控制在生态环境的红线范围内，同时资源消耗和环境质量都控制在临界线之内，同时加强对生态环境的维护工作和修复治理工作，以"山水林田湖"为骨干，构筑青山绿水常在、充满生机活力的城市生态环境，构建城镇生态绿地系统整体布局。供给侧结构性改革导向的生

态建设重点如下：一是生态环境中必须有的自然元素，包括山、林、水、湖、田，将这些元素看作一个整体，从而制定整体生态环境的发展战略，在土地资源管理工作中，实施对生态环境的维护和修复工作，加强郊野公园、水源保护区等自然保护区保护力度，增强生态产品生产能力。加强河湖、水库环境保护，充分发挥湿地生态系统功能，维护整个生态环境的稳定和发展，加强对自然资源的管理制度，防止过度开采导致环境失衡，保护环境内物种的多样性，加强生态环境的适应能力和调节能力，为生态产品提供更好的生态环境。二是生态环境作为生产力的要素，能够带动相关产业的发展，提升生态产品的质量，为生态产品的生产提供环境。以维护森林屏障为重点，扩大森林等自然生态群落面积，丰富生物多样性，提高生态系统服务能力。通过土地利用结构优化，进一步激发市场主体活力，使生态环境在供给侧结构性改革中发挥乘数效应。三是维护土地利用系统持续健康运行，保证整个系统的稳定性和功效性，在发展过程中严守基本农田和生态保护红线，增强发展的底线思维。供给侧结构性改革在不同发展阶段有不同的发展要求，要选择适合的改革决策，同时在改革过程中要注重对生态文明体制的建设与创新，开展自然资源资产负债表的编制，同时制定严格的自然资源使用制度，加大生态基础设施建设力度，完善生态用地经济补偿机制，探索建立生态用地储备制度。

5. 强化耕地保护责任制度

按照规划确定的目标和任务，明确地区、城市群、城市间和城乡间的耕地保护责任，建立和完善耕地保护责任的考核体系，将实际耕地保有量、基本农田保护面积、补充耕地面积和质量作为耕地保护责任的重要内容。建立土地利用规划实施问责制，政府主要负责人要对本行政区域内的土地管理和耕地保护负总责，各级政府层层签订包含耕地保有量和基本农田保护面积两项考核指标的目标责任书。

6. 健全耕地保护的经济激励和制约机制，促进耕地供需匹配

加大非农建设占用耕地特别是基本农田的成本，鼓励各类建设利用存量土地和未利用地。加大对耕地特别是基本农田保护的财政补贴制度，实行耕地保护责任与其财政补贴相挂钩，充分调动基层政府和农民保护耕地的积极性与主动性。探索建立耕地保护基金，落实对农户保护耕地的直接补贴，充分调动农户保护耕地的积极性和主动性。充分调动基层政府保护耕地的积极性和主动性。进一步完善新增建设用地土地有偿使用费、土地出让金等经费使用和管理，保障基本农田建设和保护、土地整理、耕地开发等各项支出的经费来源；充分运用市场手段，积极拓宽资金渠道，鼓励和引导社会资金用于补充耕地。

7. 推动资源循环利用，强化节约集约用地，深化土地要素市场化改革，实现土地合理有序供给

强化土地资源的可更新属性，积极推动土地资源循环利用，加大存量建设用地二次开发力度，提高土地利用效率。健全"储备–供应–使用–收回–储备"流程，完善土地资源循环利用机制。实行指标差别化管理，建立配备指标和机动指标分类管理制度，预留部分机动指标适应大型项目的不确定性。强化用地的批后监管评价，落实用地绩效评估。定期对已供地项目进行效益考核，并以此为依据决定是否继续供地或调整后续供地规模。逐步建立建设用地评价体系，定期开展项目用地绩效评估，建立产业用地黑名单制度。充分应用经济、行政、法律等杠杆调节手段，形成低效用地的退出机制。促使工业向园区集中，农田向规模经营集中，健全城市生产生活生态用地的规模集聚机制。以土地整合为主要抓手，以土地节约集约利用为核心，以有效保障经济社会发展为工作要务，逐步建立起集中发展的土地宏观调控机制，创新科学、可持续的土地要素市场配置机制，促进盘活存量的倒逼机制，提升行政效能的服务保障机制，搭建土地支撑平台。

8. 优化耕地占补平衡，加大存量用地挖潜，建立市场化生态投入机制，引导土地资源高效利用

制定相应法律政策对跨区域耕地占补平衡的做法和行为进行控制、监督和约束，规范跨区域耕地保护补偿工作的运作程序，对没有按照规定程序进行的跨区域占补平衡行为进行严厉惩处。探索国家重点项目在全国范围内统筹安排占补平衡。探索新增建设用地指标和耕地占补平衡指标市场交易机制。针对耕地占补平衡导致保护耕地区域的发展权受损，建立农地发展权补偿量化标准，建立农地发展权补偿机制和定量化补偿测算技术，确定区域耕地占补平衡折算量化技术，制定耕地占补平衡与发展权补偿标准。建立存量建设用地信息库，详细统计存量建设用地各地块的信息，并将其与土地储备信息库关联，做到及时进行更新。合理确定存量低效利用土地再开发单元，统筹规划利用，适当增加地上建设用地的利用强度，优化土地利用结构和布局。将生态功能保护区、自然保护区、生态示范区等的建设与运行费纳入政府财政预算，建立固定的生态保护资金渠道，建立多渠道的融资机制；按照"谁使用谁付费"的原则，探索建立以资源开发补偿、资源破坏补偿等为主要内容的生态环境补偿机制。

28.2.2 国土空间利用结构

1. 探索地区间土地数量质量综合占补平衡和指标流转机制

首先，在确保耕地整体产能恒定的前提下，科学依照不同等级耕地不同产能进行综合平衡，严格按照农用地分等定级结果制定产能换算标准，探索"以质量换数量"的数量质量综合占补平衡模式。同时，在地区、省内增强规划对用地的整体控制、科学引导，科学安排用地保障指标，突出保障"转方式、调结构、保民生"等项目用地，根据项目前期工作进度科学确定补充耕地指标投放时序，根据项目开工建设的进度，对项目用地实行分期保障，全面铺开城乡建设用地增减挂钩，积极盘活农村低效建设用地，充分利用获批用地指标，缓解补充耕地指标压力，稳步实施土地综合整治，提升补充耕地质量水平，最终明确任务、落实责任。此外，在省际和地区间建立横向财政转移支付制度，争取中央和地方政策扶持，制定区域跨市耕地占补平衡和区域经济补偿的规章制度，探索跨区域实行耕地补偿的方式；针对贫困地区，建立以建设用地指标流转为主要内容的跨区帮扶机制，合理利用土地资源。

2. 进一步完善城乡建设用地增减挂钩机制，推进建设用地存量挖潜

人口城镇化作为土地资源配置的研究基础，土地资源会根据人口的需求而改变原本的配置结构，增减模式可以有效地提高土地资源利用率，通过减少农村建设用地，增大城市建设用地，二者之间相互结合形成新型的增减挂钩机制，城镇现代化的推动进程中，农村人口定居到城市加大对城市居住需求，所以，在增加城市建设用地时，就可以相应地开发建设农村集体建设用地，在研究过程中加强对增减挂钩机制的探索，从而利用相关政策创新机制来达到增减挂钩机制的平衡，在解决人口资源压力时，也相应地缓解了土地资源压力。

土地资源作为新型城镇化发展的必备生产要素，对城乡统筹发展具有非常重要的意义。提高土地资源利用效率、优化土地利用结构是存量建设用地的改革重点，也是缓解土地资源压力的有效途径。建设用地总量与新增建设用地为土地资源利用重要指标，对这两个目标进行分析，以供给侧结构性改革为指导方向，提出存量挖潜型建设用地的保护方案，使土地供应满足供给侧结构性改革的要求，增加有效供给，提升土地利用的质量与效益；对城镇的土地利用工程进行再利用，加强低效用地的二次开发，从而提高土地资源的利用程度来达到减少土地资源浪费的目的，提升城市土地资源集约利用能力，促进合理用地、人口资源疏解、产业结构调整和城市功能提升。

3. 科学统筹"人–地–水"关系，重塑国土空间资源布局

1）科学规划人地水

在土地规划时，统筹考虑人口、水资源和土地资源的数量和时空分布，通过科学计算，实现水土资源合理高效配置，在实现经济、社会和生态效益间选择最佳均衡点，同时注重加强区域的自我调节、自我发展能力，为未来不可预期的变化留足弹性空间。并推进"多规合一"，将土地利用规划与水资源规划、环境保护规划、能源发展规划等相关规划相衔接，一张蓝图干到底。同时，规划应与行政管理紧密结合，严格实行土地用途管制，尤其要控制好永久基本农田保护红线、生态保护红线和城市开发边界线，保障规划的顺利实施。

2）以水定城，以水定产

以往的城市发展通常是根据经济社会的发展来衡量水资源需求量，通过调水等方式满足需求。这种做法成本高、风险大。新的发展思路是以水资源的分布来引导城市发展，先依据水资源的布局来评估地区水资源的承载能力，再据此推算可以承载的人口和适合发展的产业，让水资源丰富地区优先发展起来，通过市场机制的调节和国家宏观政策的引导，让人口向水量充足地区迁移和聚集。值得注意的是，这里的水资源承载能力评估并不能狭义地理解为可利用的水资源量，还应包括排水能力、污水处理能力等，要综合考虑整个水循环过程。在建设时，应从长远角度考虑，构建低资源消耗、低维护成本的城市，保证城市的可持续发展。对于水资源匮乏地区，可以调整产业结构，通过产业来限制就业，进而控制城市人口规模，例如通过淘汰高耗水产业和产业改造升级来减少相应的工作岗位，同时在其他地方发展新兴产业，来引导人口迁移。从水资源利用率上看，第三产业万元增加值用水量低于第二产业，第二产业远低于第一产业，在水资源紧缺地区，应当缩小农业规模，大力发展第三产业。同时，对农业，应优化生产结构，种植低耗水农作物。对工业，应以水资源承载能力为约束，结合新型工业化和产业结构转型升级，建立和完善循环用水系统，改革生产工艺和用水工艺，实行最严格的水资源管理制度，建设节水型工业体系。对第三产业，应限制高尔夫球场等高耗水行业的发展，加强行业内自我监管和调整，建立产业用水效率准入制度。对学校、医院等日常所需的基础服务业，在进行城市规划时合理布局，分散用水压力。

3）改善水地关系

根据LUCC的研究，地表覆被对地表径流量和地下水位有显著影响。城市建设中应倡导低影响开发，大力推进海绵城市的建设，通过绿色屋顶、城市绿地等更多地保留自然下垫面，让地表植被通过截持、蒸腾等过程，削减洪峰，延长洪水历时，调节地表、地下径流比例，缓解城市洪涝灾害，同时改良土壤理化性质，净化水质，以改善水土生态环境。在农村地区，开展农用地整理，改造中低产田，治理和修复沙化耕地、污染耕地、缓坡耕地，实施坡改梯等水土保持工程建设，提高农地质量。积极建设农田水利基础设施，增强抵御自然灾害的能力，并在农业生产中推广滴灌、喷灌、微灌等不同形式的高效节水灌溉技术，提高农业用水效率，保持土壤肥力。

4）建立健全水资源管理制度

依据水资源的利用潜力，建立一套规范的水资源开发、利用和排放管理制度，通过工程管理、规划配置、监测、考核等方式，在水资源工作领域内依法管理。对严重缺水地区下达用水计划指标，以水定需，量水而行，从人均生活用水、万元工业增加值用水量、农田灌溉有效系数、生态用水四个方面进行定量控制，从市级往下层层分解指标，实行用水超标累进加价制度，相关部门对用水超标单位给予预警提示，严格收取超标费用，通过市场机制和政府调控督促用水单位自觉节水。总体来说，要从划定水资源开发总量控制红线、建立用水效率控制制度、设定污染物最大容纳量、明确水资源管理权责四个方面，完善水资源管理制度，让水资源利用与地区人口发展相协调。

5）建立环境资源承载力监测预警制度

建立对环境资源承载力进行监测、评估、调节等的长效机制，首先设定最大允许开发土地比例、污染物排放最大量等阈值或指标，再通过信息技术平台和数据库的建设，对地区进行实时动态监测，依据资源环境损耗程度将其分为超载、临界超载和不超载三类，通过奖惩措施督促地区进行整改和保持良好发展。同时参照评估结果，对现有规划进行相关调整，合理调整资源利用方式和产业布局。

4. 强化"底盘"管控，明确国土空间承载上限

国土空间能够承载的生产、生活活动是有限的，超出承载上限的生产、生活活动将会给国土空间带来不可逆转的巨大破坏，因此可持续发展理念要求人类对自然的开发利用行为必须遵循客观规律，其中最为基础性的就是在自然空间允许的范围内进行开发和利用。因此，土地供给侧结构性改革必须以"底盘"管控为基础，通过识别自然约束、明晰国土开发建设适宜性"底盘"条件，回答能否开发、开发程度、适宜程度等问题，从而明确开发建设的适宜空间，为整体布局建设空间和增加建设用地规模提供基础参考。

5. 落实"底线"要求，严守重要保护空间

生态保护红线、永久基本农田保护红线、重要水源地等各类生态控制线是国土空间内部最为重要的生态空间，承担着重要的生态功能、发挥着突出的生态和社会效益，因此必须将"严守底线"作为土地供应的基本原则，在进行土地征收、土地储备、土地出让、规划调整等各类从供给侧调整土地利用结构的活动中，都必须以"底线"作为最为优先的权衡准则，严禁任何形式的非法占用耕地、永久基本农田，非法在生态保护区域内部从事不合规划的开发利用行为，以"底盘+底线"要素确定国土开发建设的最大空间阈值，有效避免开发建设与生态保护、耕地保护的空间冲突，实现国土空间用途管制差别化引导和管理。

6. 强化"底数"预测，提升土地供需匹配程度

通过地区经济社会发展和区域协同发展对国土开发建设的"底数"需求规模情景分析，有效保障必要的国土空间开发规模、结构、布局和时序，从而因时制宜、因地制宜地统筹必要建设用地供给和科学开发强度管控，最终实现国土空间有效开发、合理集聚和井然有序，为实现区域优化利用与重点开发提供国土资源保障。

7. 关注土地供给侧结构优化的风险视角

在以往的土地数量结构优化过程中，土地供给的选择通常倾向于利益导向，即决策者简单地选择收益最高的土地供应结构，而不考虑可能伴随的高风险。然而考虑到实际的决策需要应对大量的挑战和危机，政府和官员倾向于选择相对保守但更安全、更可持续的供给选择，这种单纯利益导向的供给方案可能是并不科学的，也不利于综合效益的最大化。因此，土地供给应当综合权衡风险与效益两个维度，尤其要规避具有极高风险的供给方案。虽然在短期内，选择的供给结构可能不能提供最大的产出，但它的风险也是最低的，兼顾经济有效、社会和谐和生态可持续。

8. 关注具体土地供应行为的风险机理

风险管理的视角不仅要求我们在进行土地供应的过程中选择风险更低的方案，更要对可能产生的风险进行精准的识别和管理。因此，在实际的土地

供需结构调整的过程中，我们需要立足风险评价结果，识别土地供应结果和过程中容易产生较高风险的内容，例如承载生态功能土地的供应不足、污染企业用地供应超量、土地转用速度过快、供给过程中发生的寻租行为等，从而实现精准施策：一方面，在进行供应结构选择时，尽可能规避高风险事项；另一方面，在进行高风险事项时，建立完善的行政监督和风险监管机制，规范政府工作人员的行政行为，提升安全性。

9. 优化"三区三线"划定，严格空间用途管制

国土空间规划的改革要处理好各类规划的底线要求，通过土地用途管制、建设用地空间管制等手段保障生态红线、耕地红线和城市发展边界的落实。基于供给侧结构性改革的国土空间规划优化，应当以生产空间集约高效、生活空间宜居适度、生态空间山清水秀的空间格局为目标，牢固树立"底线"思维，落实"三线划定"的要求，采取"边界管控+用途管制"协调板块外部空间，通过划定生态保护红线、耕地保护红线和城镇开发边界三条控制线，不断加强规划用途管制功能，牢牢守住18亿亩耕地保护红线，划定生态空间，约束城市粗放扩张，避免大量农地减少、绿地破坏、环境恶化，土地出现不合理的利用现象。

（1）科学划定永久基本农田保护红线，落实永久基本农田保护责任，因地制宜完善永久基本农田和耕地保护机制，推进永久基本农田数量、质量、生态"三位一体"保护。按照"布局集中连片、质量有提高"的要求，将城市周边、道路沿线的优质耕地优先划入基本农田，注重基本农田范围划定与区域生态系统的有机结合，合理调整基本农田保护空间布局，划定永久基本农田保护红线。建立永久基本农田占用保障机制。设立统一的基本农田保护标识，落实到村组和承包农户，层层落实农田保护责任，集中保障优质农田资源，明确每个单位基本农田的粮食生产水平，落实粮食保护。一经划定，

不得擅自占用或者擅自改变用途，设立保护标志，实行特殊保护。除法律规定外，坚决防止永久基本农田"非农化"，从严管控非农建设占用基本农田。符合法定条件确实无法避让的，需及时补划数量相等、质量相当的永久基本农田，并报国务院批准。加大土地利用总体规划管控力度与建设力度，严格控制城市建设用地规模，严格建设用地占用耕地审批，确保耕地保有量和基本农田保护面积。全面落实耕地保护目标责任制，推动建立补充耕地责任书和考核问责制度。

（2）以优化城乡空间结构、实现集约紧凑发展为原则，结合城市总体规划，根据人口和产业规模确定各重点功能板块的发展区规模，确定城市开发范围及空间布局，划定城市开发边界。建立城市开发边界规模控制机制。严格控制新城新区设立条件，明确划定方法、审批程序、调整的原则与程序，定期开展城市开发边界评估和调整，充分发挥开发边界对城市空间结构的主要约束作用，确保总量不变，防止城市边界无序蔓延。优化开发边界内的国土空间开发利用，管控城市开发边界的土地开发建设行为，加强对城市开发边界内的存量建设用地的挖潜利用，统筹增量与存量用地，开展城市土地节约集约利用评价，引导存量土地结构优化，实时监测监管城市开发边界内的建设行为；严格控制开发边界外的各类开发建设行为，细化开发边界外的空间分区，严格禁止与主导功能不相符的各项建设，鼓励城市开发边界外零星、低效的存量建设用地有序腾退。

（3）以山水林田湖等生态资源现状为基础，严格规范生态红线的划定、维护和调整。根据生态文明建设需求，积极对接规划部门、环保部门，努力在规划期内将重要自然保护区、风景名胜区、森林公园、重要河流水系、公共绿地、防护绿地等纳入生态保护范围，结合绿屏、绿心、绿道、绿廊等绿色空间的特点与布局需求，合理划定生态保护红线。要加强生态保护区建设，改善保护区自然景观结构，开展生物资源、生态系统类型考察，保持区内生态景观特色，加强管理体系建设，禁止过度开发，保护动物栖息地和生物多样性。研究生态红线管控机制，明确生态红线区的保护责任，加快规划建绿、拆违还绿，将实施的成熟生态用地逐步纳入生态红线区，确保生态功能不降低、面积不减少、性质不改变。建立生态空间转化管制机制。严守生态红线，依托陆地生态保障格局，划定并严守生态保护红线，维护区域生态安全。明确红线范围，主要在国家级和省级禁止开发区域、重要生态功能区或生态敏感脆弱区划定生态保护红线。落实生态保护红线边界，设立标识，通过自然资源统一确权登记，形成生态保护红线"全省一张图"。严格设立生态空间转化条件，从严控制生态空间转为城镇空间和农业空间，落实管理主体责任，建立目标责任制。制定实施生态系统保护与修复方案，建立和完善生态廊道。针对不同区位、资源和环境条件以及资源环境受损状况科学确定环境综合整治、生态修复与生态建设目标，分区分类开展受损生态系统修复。建立生态保护红线监管平台，实时监控生态破坏性开发行为，依法依规进行处理。

未来，国土空间规划还需要从国家战略变化、经济技术水平、产业用地特点、资源禀赋现实等情况，不断优化"三区三线"标准。建立国土空间规划综合管制机制。强化"三线"协调统筹划定管理，融合永久基本农田与生态控制线，支撑和约束城市开发边界落地，优化空间形态，多部门协调配合，明确行政事权，确保"三区三线"的合理落实。以资源环境承载力、建设用地总量及强度"双控"和耕地保护红线、生态保护红线、城市开发边界"三线"为基本约束，建立层次分明、功能清晰、相互协调的空间规划体系。各地区、各部门、各行业编制的各类区域发展规划、产业发展规划，制定的相关政策等，以及涉及国土空间开发利用的重大空间布局等方面与国土规划相衔接。建立区内外差异化规划管理制度，衔接城市开发边界、实施单元、生态红线、集体建设用地，建立和完善科学化、民主化、规范化的空间规划编制、审批、监测评估及实施管理机制。

10. 探索"人口–产业–土地"空间匹配机制

高质量的空间发展应当满足人口发展、经济增长和建设用地扩张的数量协调和空间协同。国土空间规划应当实现区域统筹，即以集聚开发为重点，鼓励有条件地区率先发展，最大限度发挥要素集聚效益，提高对周边地区的辐射带动能力；处理好城市经济发展与环境保护的关系，从以生态环境破坏为代价的工业发展模式转向生态优先、产城融合的可持续发展模式，确保城镇发展"望得见山、看得见水"。

首先，要充分保障支撑产业发展，促进产城融合应充分考虑各县（区）实施潜力、行政区划调整等实际情况，重新调配各县（区）各类建设用地指标和布局，促进区域协调同步发展。重点结合各地情况重新制定切实可行的农村居民点缩减量，通过规划修编或修改，调整各县（区）城乡建设规模边界和扩展边界，确保重点区域、重大项目近期用地安排。其次，要调整产业园区土地利用政策，鼓励现有产业园区向城镇功能区转型发展；或以差别化的土地政策引导产业结构升级，按照功能区块为主轴，编制符合区域发展的产业准入目录。此外，也可通过合理确定存量低效利用土地再开发单元，统筹规划利用，优化用地结构，促进产业转型升级，提升城镇建设用地人口、产业承载能力。建立多元主体参与开发的激励机制，在依法办理出让、改变用途等相关用地手续的前提下，鼓励市场主体通过自主、联合、收购开发等多种方式，盘活利用现有城镇建设用地。积极探索受污染工业用地综合治理和再开发利用的激励政策。各个功能区块配套发展差别化的土地管理政策，引导开发方式、控制开发强度、规范开发行为，适应产业发展差异化、多样化的要求，综合运用弹性年期、权利限制、集约奖励等调节工具，增强供地政策针对性，避免重复发展以实现发展的因地制宜、地尽其利，促进产业用地集约高效利用和经济、社会、环境三者共同和谐发展。

11. 深入推进空间规划领域"多规合一"

国土空间规划的供给侧结构性改革需要从横向布局处理各类土地利用方式之间、不同尺度之间的国土空间规划的空间关系，通过调节不同空间利用规划对土地空间的需求，优化土地空间布局提升土地资源空间分配的有效性。因此，要调节不同空间利用规划对土地空间的需求，构建"多规合一"的立体空间规划体系，在发挥土地利用规划功能的同时促进空间规划的完善，以土地利用总体规划为底盘，以资源环境承载力、建设用地总量和强度管控、三条红线为基本约束，积极对接城市规划，形成统一衔接、功能互补、相互协调的空间规划"一张图"与云平台，将土地用途管制规则与其他规划管理手段整合，形成引导分区资源配置的政策合力，同时发挥土地整治规划在优化资源配置上的作用。通过立足发展定位，统筹经济发展、城市空间、生态建设、重要交通建设用地建设的空间关系，探索基于土地管理基础数据库的土地规划、城市规划、经济社会发展规划的多规融合平台，努力形成空间规划方面作深度融合的协作机制，强化土地用途管制，强化土地利用空间的管控。

在当前"多规合一"的背景下，土地利用规划应当积极与其他空间规划对接，在发挥土地利用规划功能的同时促进空间规划的完善。具体而言，第一，以"二调"数据为基础建立"智慧空间"的规划"底数"。应当积极发挥土地利用规划在"底数"上的功能，统一"多规"的空间数据坐标及其精度，形成统一的空间数据体系与规划管理信息平台，同时叠加落实包含建设用地、农林、水源、水系、交通、市政等在内的多个规划图层，形成空间规划"一张图"与云平台。第二，以耕地和生态红线为优先划定"底线"，落实"三生空间"。充分利用国土空间规划在划定基本农田与生态控制线中的职能与经验，助推"三线"划定，显化国土空间规划在设定"底线"上的作用。第三，以自然资源空间管制与国土综合整治为抓手优化空间规划"底盘"。对接其他空间规划的用途分区,以国土空间规划的用途管制规则与手段为基础,积极与其他规划管理手段整合,形成引导分区资源配置的政策合力。同时,发挥土地综合整治规划在优化资源配置上的作用,将其打造成为调整空间结构、优化空间"底盘"、落实空间规划的重要抓手。

12. 加快乡(镇)村级国土空间规划编制

国土空间规划要根据供给侧结构性改革的要求重塑总体规划、详细规划、专项规划的体系骨架,逐步细化规划对象。当前在中国县级及以下土地利用总体规划中,往往存在分区结果在空间上过于零碎,分区方案难以落实的问题。因此,国土空间规划改革中要建立差别有序的纵向规划体系,完善包含战略性、政策性、控制性三个维度和"国—区域—省—市—县—乡—村"七级层次的纵向行政体系。其中,战略性规划为全国国土空间规划,提出全国土地利用战略目标;政策性规划由跨省级区域国土空间规划、省级国土空间规划、跨市级区域国土空间规划、地市级国土空间规划组成,综合考虑区域土地利用的经济、社会、生态效益,统筹安排区域的土地用途与布局,细化符合区域特点的管制规则;控制性规划包括县级或中心城区国土空间规划、乡镇级国土空间规划、村级空间规划等。其中,乡(镇)村级国土空间规划是细化规划底线,以引导产业转型优化,提升生活环境,优化生态空间,深化布局城乡土地资源,制定符合区域发展需求、土地用途特点的管制规则,助力区域"三去一降一补"供给侧结构性改革推进的重要基础。

在当前实践中,应重点组织乡(镇)级、村级国土空间规划编制,强化编制过程中对空间性和结构性的把握,进一步优化土地利用的数量结构和空间布局。从乡镇一级来看,规划对土地进行利用时,必须针对性地进行供给侧结构性改革,同时进一步增强可行性,着重把土地用途进行细化,具体到地块当中去，推进土地整治实施机制创新，优化区域土地利用结构与布局，以盘活存量建设用地为主，合理调整建设用地结构，通过"一镇一园"建设推动镇域经济的可持续发展和产业积累。对村级而言，规划对土地进行利用时，在供给侧结构性改革的前提下，要对所有土地利用活动进行协调安排，以农村土地利用为中心，加大精细化管理力度，在对建设用地总体面积予以控制，以及不挤占永久基本农田土地的基础上，进一步将存量建设所需土地进行盘活，加大农村产业发展力度。此外，积极推进宅基地制度改革、农村征地以及集体土地入市的试点工作，全面做好农村生产空间、生态空间以及生活空间的优化布局工作，对城镇与乡村土地利用结构进行优化处理，推动土地节约化、集约化发展，增强土地利用管控能力。

13. 划定生态底线范围，优化生态用地结构，建立多层次生态补偿机制，促进"三生空间"统筹发展

生态用地管理必须以人口、资源、环境与社会的协调发展为最终目标，树立全局观念、弹性观念和动态观念，充分考虑土地资源的生态价值，将自然、城市、人融为有机整体，形成互惠共生结构。在尊重自然生态系统和合理环境承载力的前提下，根据有关法律、法规，结合实际情况划定的生态保护范围界线，既要保证生态平衡的底线又兼顾社会经济发展需要，应该作为生态用地优化的根本前提和不可逾越的刚性要求。在土地利用规划中具体明确生态用地的类型、数量、区划位置、相互关联或展布关系，合理配置农田、建设用地、林地、草地等地类的比例，适当增加城市绿地、林地、天然草地等面积。构建生态型土地利用空间格局，在建设用地空间管制分区中强化土地生态建设，将生态环境的量化指标充分体现到土地利用总体规划方案中，研究建立多层次生态补偿机制，按照"谁开发谁保护，谁受益谁补偿"的原则，确立补偿标准，明晰补偿流向，促进补偿公平到位，从而促进区域土地资源的可持续利用。

28.2.3 国土空间时序结构

1. 针对国土空间利用时序，设计差异化的利用规则

由于不同发展层次、处于不同发展阶段的国土空间的建设规模、建设密度、核心区域、开发速度有着巨大的差异性和不平衡性，而针对这种发展不同阶段的巨大差异，需要按时序制定差异化的国土空间节约集约发展战略与实现路径。首先，要有效识别国土空间发展阶段。空间利用行为应以有效识别国土空间导入期、成长期、成熟期和衰退期各生命周期阶段国土空间的发展程度、集约程度和短期增速为基础，分析土地供给不同生命周期阶段的特征和易出现的问题，从而实现对过往发展经验的有效甄别借鉴以及对当前发展的时序阶段的准确判断，提高国土空间规划和相关政策的科学性。其次，应对处于不同生命周期阶段的国土空间的发展需求做出精准预判。深入剖析国土空间要素供给与配置对城乡社会经济发展的作用，提炼国土空间不同生命周期阶段发展需求的核心内生偏好和外生影响，梳理国土空间不同生命周期阶段对于各类规划的需求导向，挖掘各类规划在其每个阶段所发挥的具体作用与影响，从而构建土地供给侧的不同生命周期的差异化和差异化规划指引机制。最后，探索国土空间的不同生命周期阶段的最佳规划配置组合，进而形成土地资源有效供给和科学合理配置的规划整合建议。针对处于国土空间成长期阶段的地区，应当以增量规划为主要发展模式，提高新增建设用地指标供给量，增大土地征收面积，推行积极的经济和企业政策。但对于成长速度过快地区，则应以速度控制为主要思路，通过计划、规划、许可等政策和规划手段抑制过高的发展速度，或者采取针对性政策有效防止高速发展可能导致的各类风险；针对处于国土空间发展成熟期的地区，应当以严控建设增量，提质增效为主要发展思路，以存量规划为主要发展模式，严控新增指标，严格划定城市扩展边界，禁止外部开发行为，不断开拓地下、地上空间，出台立体开发策略。同时，针对集约水平过高的地区，则应适当降低密度，编制绿地规划，出台容积率限制、绿地覆盖率下限等指标，以绿地景观代替建设空间；针对处于国土空间衰退期的地区，应当以科学发展为主要思路，政策针对应有效破解关键制约因素，进一步挖掘发展潜力，重新注入发展动力，同时颁布引导政策，避免风险。

2. 构建"刚弹结合"国土空间供给机制

国家战略实施是现实目标也是一个长期过程，会随着自然、人文和社会环境的发展而发生变化，对国土空间利用的要求也会因时因地产生变化。也就是说，国土空间的利用与发展面对的是一个变化的结果和可能产生变化的未来，是时间维度上的一个截面状况。一是应该赋予国土空间规划一定的弹性权限，增加国土空间规划指标在数量、空间等方面的机动弹性，为国土空间供给能够及时应对产业结构调整而预留空间，以适应时序演变过程中产生的不确定性。这样有利于规划更好地控制土地出让的空间布局和时间次序，也能够使规划更贴近实际的国土空间利用需求，更好地为城乡社会经济发展服务。二是应该树立"绿图规划"的思想，即对规划骨架性内容进行设计，为国土空间的利用主体在未来根据具体环境变化完善细节预留弹性空间。三是平衡各种土地利用方式在时间维度上的变化，完善地类变更机制。创新存量用地供给机制，为国土空间利用随着外部环境的不断变化在时序上进行调整提供可能，提高国土空间的利用弹性，提高国土空间利用调整应对用地需求变化的及时性和有效性。此外，可以通过土地利用计划指标调控，灵活组织重大项目弹性供地，为优质"造血"产业项目提供落地空间。但这些弹性都应该进行形式和范围上的固化，形成政策条款予以落实，才能在最大限度上确保"弹性"不为某方利益左右。

3. 优化土地储备供应时序,提高国土空间供给精准度

优化供地时序、制定城市土地储备计划是规范土地储备流程、优化土地储备结构的有效措施。在"多规合一"的背景下,土地储备计划应当结合经济社会发展规划、城市空间规划和土地利用总体规划,对待储备用地进行经济、社会、生态价值的综合评价,着眼于城市未来的空间发展形态和发展方向,有计划地进行土地储备结构和供应时序的计划安排。合理的土地储备计划,对于不同区域同功能土地的储备应拉开足够的时间梯度,考虑城市建设相对于土地储备与供应的滞后性,合理安排房地产开发与基础设施建设在储备和供应上的先后顺序,消除城市发展的不利因素,保证城市国土空间的高效合理利用,并为长期发展留有充分余地。首先,应从社会效益最大化的角度出发,在控制增量的同时优先保障有利于城市可持续发展的生态用地、基础设施与公共服务等重点功能用地,做到优先储备、优先供应,在重点功能用地先行的基础上规划储备其他类型用地。其次,应以前瞻性的眼光看待用地储备与供给,用地出让与收储比例较合理,可保留当前的用地供应结构;在具有用地潜力的区域,应控制供应量,增加储备量;在用地潜力较低的区域应控制收储量,增加供应量,如增加生态用地供应量。此外,应发挥土地储备与供应在引导城市发展方向方面的作用。通过优化调整土地供应量和供应时序,重构国民经济各部门区域的布局体系,引导产业转移和产业升级,同时优化公共服务设施用地的空间布局,推动职住平衡,从而提高人口集聚、产业发展和资金投放的衔接度,优化城镇化质量。从长期发展来看,可以依据城市区位理论中关于各产业在城市中的区位分布原理,对城市中各产业用地进行空间调整,对使用率低的工业、闲置率大的住房等用地进行有价值的更新,比如由工业用地转为商业、公共开放用地等,在原有基础上不断发展、

不断完善，合理配置建设用地指标，促进土地有效供给。

4. 基于规划生命周期构建国土空间规划监测预警体系

在国土空间政策施行和规划实施过程中，预警是国土空间政策精准实施、强化国土空间管理调控的重要技术保障和关键反馈环节。国土空间规划作为国土空间的调控政策，一方面应科学合理，另一方面也应自我约束，构建实时的、联动的、全面的应用和反馈的国土空间规划监测预警体系。首先，可以通过融合其他信息技术，建立完整的监测预警数据平台，通过探索土地资源信息数据库、遥感技术和 GIS 技术的整合设计，即通过整合常规土地利用变更调查、执法检查信息、遥感监测图像等直接掌握辖区土地利用年度变化情况，并根据国土空间规划的要求，将遥感监测结果与国土空间规划进行套合、分析，以实现动态监测国土空间规划执行情况，建立完整的监测预警数据平台。其次，从规划的生命周期视角出发，积极构建集综合定量评测和动态预警响应于一体的国土空间规划评估预警机制。基于不规划的预期理想效果诉求，建立统筹规划编制、规划实施和规划反馈的三阶段全生命周期规划实施效果预警诊断模型，定位规划各生命周期，提炼影响规划实施效果的核心要素，针对土地供给侧规划实施预警系统的任务分析，建立"任务分析+规划仿真+效果模拟+反馈预警"的虚拟仿真政策环境，通过仿真实验反映规划实施效果的时序动态变化。最后，以动态预警与反馈机制为依据，根据国土空间规划所处时间点的不同而做出相应安排，以实现规划预警纠偏。

参 考 文 献

埃比尼泽·霍华德. 2010. 明日的田园城市. 金经元, 译. 北京：商务印书馆.

安祥生. 2006. 城镇建设用地增长及其预测：以山西省为例. 北京大学学报（哲学社会科学版），(S1)：87-90.

摆万奇. 2000. 深圳市土地利用动态趋势分析. 自然资源学报，15（2）：112-116.

摆万奇，张永民，阎建忠，等. 2005. 大渡河上游地区土地利用动态模拟分析. 地理研究，24（2）：206-212，323.

摆万奇，赵士洞. 2001. 土地利用变化驱动力系统分析. 资源科学，23（3）：39-41.

北京大学中国国民经济核算与经济增长研究中心. 2010. 从需求管理到供给管理——中国经济增长报告 2010. 北京：中国发展出版社.

彼得·霍尔，考蒂·佩因，罗震东，等. 2009. 从大都市到多中心都市. 国际城市规划，24（S1）：319-331.

晁恒，林雄斌，李贵才. 2015. 尺度重构视角下国家级新区"多规合一"的特征与实现途径. 城市发展研究，22（3）：11-18.

陈朝，吕昌河. 2010. 基于综合指数的湖北省耕地质量变化分析. 自然资源学报，25（12）：2018-2029.

陈浮，陈刚，包浩生，等. 2001. 城市边缘区土地利用变化及人文驱动力机制研究. 自然资源学报，(3)：204-210.

陈建宝，乔宁宁. 2016. 地方利益主体博弈下的资源禀赋与公共品供给. 经济学（季刊），15（2）：693-722.

陈建军，雷征. 2014. 浅析土地利用规划实施动态监测预警技术. 中国国土资源经济，27（8）：55-58.

陈菁，谢晓玲. 2010. 海峡西岸快速城市化中土地利用变化的影响因素. 经济地理，30（11）：1885-1889.

陈磊，孙佳新，姜海，等. 2020. 南京市土地利用结构时空格局及驱动因素. 水土保持研究，27（1）：197-206.

陈书荣，陈宇. 2016. 土地审批制度的供给侧改革：征批分离. 中国土地，（2）：21-23.

陈锡文. 2017. 论农业供给侧结构性改革. 中国农业大学学报（社会科学版），34（2）：5-13.

陈晓丽. 2007. 社会主义市场经济条件下城市规划工作框架研究. 北京：中国建筑工业出版社.

陈昕，彭建，刘焱序，等. 2018. 基于 DMSP/OLS 夜间灯光数据的京津冀地区城市空间扩展与空间关联测度. 地理研究，37（5）：898-909.

陈妍，梅林. 2018. 东北地区资源型城市人口分布与影响因素的定量分析. 地理科学，38（3）：402-409.

陈彦光，刘继生. 2001. 城市土地利用结构和形态的定量描述：从信息熵到分数维. 地理研究，20（2）：146-152.

陈彦光，刘明华. 2001. 城市土地利用结构的熵值定律. 人文地理，16（4）：20-24.

陈映. 2015. 限制开发区域配套政策探析——以西部国家层面的限制开发区域为例. 经济体制改革，（6）：55-61.

陈佑启，Verburg P H，徐斌. 2000. 中国土地利用变化及其影响的空间建模分析. 地理科学进展, 19（2）：116-127.

程远. 1980. 田纳西的奇迹——区域经济规划实例. 科技导报,（1）：38-42, 66.

崔功豪, 武进. 1990. 中国城市边缘区空间结构特征及其发展——以南京等城市为例. 地理学报,（4）：399-411.

戴学珍. 2002. 论京津空间相互作用. 地理科学,（3）：257-262.

戴学珍, 吕春阳, 郑伊硕, 等. 2019. 交通方式对京津冀空间相互作用贡献率分析. 经济地理, 39（8）：36-43.

邓华, 邵景安, 王金亮, 等. 2016. 多因素耦合下三峡库区土地利用未来情景模拟. 地理学报, 71（11）：1979-1997.

迪力沙提·亚库甫. 2020. 京津冀协同发展战略下河北省建设用地需求规模预测. 地理与地理信息科学, 36（3）：90-96.

迪力沙提·亚库甫, 夏方舟. 2018. 基于 ESDA-GWR 的国土开发强度空间特征及影响因素与机理研究——以河北省为例. 资源与产业, 20(5)：28-38.

迪力沙提·亚库甫, 严金明. 2017. 构建统一空间规划体系的理论支撑、障碍分析与对策建议. 公共管理与政策评论, 6（3）：58-66.

迪力沙提·亚库甫, 严金明, 李强. 2019. 基于生态导向与自然条件约束的青海省国土空间开发适宜性评价研究. 地理与地理信息科学, 35（3）：94-98, 111.

董杰, 杨春德, 周秀慧, 等. 2006. 山东省土地利用结构时空变化及其驱动机制分析. 水土保持研究,（4）：206-210.

董昕. 2001. 城市住宅区位及其影响因素分析. 城市规划,（2）：33-39.

董祚继. 2014. 2014 年中国城市管理高峰论坛. http://politics.people.com.cn/n/2014/1130/c70731-26120569.html[2014-11-30].

董祚继. 2015. "多规合一"：找准方向绘蓝图. 国土资源,（6）：11-14.

杜德斌. 2005. 跨国公司海外 R&D 的投资动机及其区位选择. 科学学研究，
　　23（1）：71-75.

段小薇，李璐璐，苗长虹，等. 2016. 中部六大城市群产业转移综合承接能力
　　评价研究. 地理科学，（5）：681-690.

樊杰. 2013. 主体功能区战略与优化国土空间开发格局. 中国科学院院刊，
　　（2）：193-206.

樊杰. 2019. 地域功能–结构的空间组织途径——对国土空间规划实施主体功
　　能区战略的讨论. 地理研究，38（10）：2373-2387.

樊杰，周侃，陈东. 2013. 生态文明建设中优化国土空间开发格局的经济地理
　　学研究创新与应用实践. 经济地理，（1）：1-8.

范辉. 2016. 发达地区农村宅基地退出的现实困境与路径选择——以浙江省
　　慈溪市为例. 杭州：浙江大学.

方创琳. 2013. 中国城市发展格局优化的科学基础与框架体系. 经济地理，33
　　（12）：1-9.

方创琳. 2018. 改革开放 40 年：中国城镇化与城市群之变. 中国经济报告，
　　（12）：92-96.

方福前. 2017. 寻找供给侧结构性改革的理论源头. 中国社会科学，（7）：
　　49-69，205.

方可，张蕾. 2020. 对完善国土空间规划实施体系的思考. 建筑经济，41（S1）：
　　56-60.

冯广京. 2016. 土地领域供给侧结构性改革的重心和方向. 中国土地科学，30
　　（11）：4-12.

冯健. 2003. 杭州城市形态和土地利用结构的时空演化. 地理学报，58（3）：
　　343-353.

冯志峰. 2016. 供给侧结构性改革的理论逻辑与实践路径. 经济问题，（2）：

12-17.

傅伯杰, 陈利顶, 王军, 等. 2003. 土地利用结构与生态过程. 第四纪研究, 23 (3): 247-255.

付玲, 胡业翠, 郑新奇. 2016. 基于 BP 神经网络的城市增长边界预测——以北京市为例. 中国土地科学, 30 (2): 22-30.

甘红, 刘彦随, 王大伟. 2004. 土地利用类型转换的人文驱动因子模拟分析. 资源科学, 26 (2): 88-93.

高婉莹. 2020. 浅析国土空间规划存在的问题与对策. 智能城市, 6 (8): 147-148.

龚道溢, 史培军, 陈浮, 等. 2001. 城市边缘区土地利用变化及人文驱动力机制研究. 自然资源学报, 16 (3): 204-210.

谷一桢, 郑思齐. 2010. 轨道交通对住宅价格和土地开发强度的影响——以北京市 13 号线为例. 地理学报, 65 (2): 213-223.

顾朝林. 1991. 中国城市经济区划分的初步研究. 地理学报, (2): 129-141.

顾朝林. 2015. 论中国"多规"分立及其演化与融合问题. 地理研究, 34 (4): 601-613.

顾朝林, 彭翀. 2015. 基于多规融合的区域发展总体规划框架构建. 城市规划, 39 (2): 16-22.

关小克, 张凤荣, 郭力娜, 等. 2010. 北京市耕地多目标适宜性评价及空间布局研究. 资源科学, 32 (3): 580-587.

郭荣中, 申海建, 杨敏华. 2019. 长株潭地区土地利用结构信息熵时空测度与演化. 中国农业资源与区划, 40 (9): 92-100.

韩会然, 杨成凤, 宋金平. 2015. 北京市土地利用变化特征及驱动机制. 经济地理, 35 (5): 148-154, 197.

郝庆, 孟旭光, 强真. 2010. 新时期国土规划编制环境分析及开展建议. 经济地理，30（7）：1181-1184.

郝思雨，谢汀，伍文，等. 2014. 基于 RBF 神经网络的成都市城镇建设用地需求预测. 资源科学，36（6）：1220-1228.

何春阳，史培军，李景刚，等. 2004. 中国北方未来土地利用变化情景模拟. 地理学报，59（4）：599-607.

何芳，宋羽. 2011. 城市存量土地利用变更制度缺失分析——基于新制度经济学的视角. 城市问题，（3）：83-86.

何江，闫淑敏，关娇. 2020. 中国新型城镇化：十年研究全景图谱——演进脉络、热点前沿与未来趋势. 经济地理，40（9）：70-81.

何琪潇，谭少华. 2020. 生命周期视角下健康城市的主动式规划干预路径. 西部人居环境学刊，35（5）：48-55.

何胜，唐承丽，周国华. 2014. 长江中游城市群空间相互作用研究. 经济地理，34（4）：46-53.

何书金，苏光全. 2001. 开发区闲置土地成因机制及类型划分. 资源科学，23（5）：17-22.

何书金，王秀红，邓祥征，等. 2006. 中国西部典型地区土地利用变化对比分析. 地理研究，25（1）：79-86，185.

何永祺，许牧，范志书，等. 1981. 我国土地规划事业的历史回顾与展望. 自然资源研究，（3）：5-14.

何作文. 1963. 关于我国农业区划方法论若干问题的讨论. 经济学动态，（22）：22-26.

洪银兴. 2016. 准确认识供给侧结构性改革的目标和任务. 中国工业经济，（6）：14-21.

胡鞍钢，周绍杰，任皓. 2016. 供给侧结构性改革——适应和引领中国经济新常态. 清华大学学报（哲学社会科学版），31（2）：17-22，195.

胡长慧. 2019. 国土空间集聚的格局及演变过程研究——以宁波市为例. 杭州：浙江大学.

胡动刚，程鹏，宋彦. 2017. 供给侧结构性改革下节约和集约用地的再认识. 中国土地科学，31（11）：47-54.

胡国俊. 2016. 上海土地供给侧结构性改革的政策设计与实践探索. 上海国土资源，37（4）：1-4.

胡健，王雷. 2009. 土地利用规划的刚性与弹性控制途径探讨. 规划师，25（10）：85-89.

胡贤辉，张霞，杨钢桥. 2008. 湖北省土地利用结构变化及其驱动机制分析. 长江流域资源与环境，17（1）：43-46.

胡序威. 2006. 中国区域规划的演变与展望. 地理学报，（6）：585-592.

胡序威，陈汉欣，李文彦，等. 1981. 积极开展我国经济区划与区域规划的研究. 经济地理，（1）：13-17.

胡银根，董文静，余依云，等. 2018. 土地整治供给侧结构性改革与乡村重构——潜江“华山模式”实证研究. 地理科学进展，37（5）：731-738.

胡玉福，邓良基，张世熔，等. 2011. 基于 RS 和 GIS 的西昌市土地利用及景观格局变化. 农业工程学报，27（10）：322-327.

黄安，许月卿，卢龙辉，等. 2020. “生产–生活–生态”空间识别与优化研究进展. 地理科学进展，39（3）：503-518.

黄大全，黄静. 2017. CLUE-S 模型应用与研究进展. 亚热带资源与环境学报，12（3）：77-87.

黄大全，张文新，梁进社，等. 2008. 三明市建设用地开发适宜性评价. 农业工程学报，24（S1）：202-207，256.

黄端，李仁东，邱娟，等. 2017. 武汉城市圈土地利用时空变化及政策驱动因素分析. 地球信息科学学报，19（1）：80-90.

黄福奎. 1998. 论遥感技术在土地利用动态监测中的应用. 中国土地科学,
（3）：21-25.

黄金川, 林浩曦, 漆潇潇. 2017a. 空间管治视角下京津冀协同发展类型区划.
地理科学进展, 36（1）：46-57.

黄金川, 林浩曦, 漆潇潇. 2017b. 面向国土空间优化的三生空间研究进展. 地
理科学进展, 36（3）：378-391.

黄晓慧, 陆迁, 王礼力. 2019. 资本禀赋、生态认知与农户水土保持技术采用
行为研究——基于生态补偿政策的调节效应. 农业技术经济,（1）：33-44.

黄燕芬, 李怡达, 夏方舟. 2016. 土地领域供给侧结构性改革研究——基本内
涵、关键问题与核心对策. 价格理论与实践,（9）：14-17.

黄迎春, 杨伯钢, 张飞舟, 等. 2016. 基于同类城市建设目标的北京市土地利
用结构优化. 农业工程学报, 32（4）：217-227.

黄勇, 周世锋, 王琳, 等. 2016. "多规合一"的基本理念与技术方法探索.
规划师, 32（3）：82-88.

黄志刚. 2005. 当前我国科技型中小企业信息化建设存在的问题与对策研究.
焦作大学学报,（1）：45-47.

贾康, 苏京春. 2015. "三驾马车"认知框架需对接供给侧的结构性动力机制
构建——关于宏观经济学的深化探讨. 全球化,（3）：63-69, 117, 132.

贾康, 苏京春. 2016. 论供给侧改革. 管理世界,（3）：1-24.

贾克敬, 张辉, 徐小黎, 等. 2017. 面向空间开发利用的土地资源承载力评价
技术. 地理科学进展, 36（3）：335-341.

江维国, 李立清. 2016. 我国农业供给侧问题及改革. 广东财经大学学报, 31
（5）：84-91.

江泽林. 2018. 机械化在农业供给侧结构性改革中的作用. 农业经济问题,
（3）：4-8.

姜长云，杜志雄. 2017. 关于推进农业供给侧结构性改革的思考. 南京农业大学学报（社会科学版），17（1）：1-10，144.

姜广辉，付晶，谭雪晶，等. 2011. 北京国土空间结构与未来空间秩序研究——基于主体功能区划框架. 中国人口·资源与环境，21（1）：20-27.

姜海，徐勉，李成瑞，等. 2013. 土地利用计划考核体系与激励机制. 中国土地科学，27（3）：55-63.

姜维军，颜廷武，江鑫，等. 2019. 社会网络、生态认知对农户秸秆还田意愿的影响. 中国农业大学学报，24（8）：203-216.

蒋正举. 2014. "资源–资产–资本"视角下矿山废弃地转化理论及其应用研究. 徐州：中国矿业大学.

金凤君，陈卓. 2019. 1978 年改革开放以来中国交通地理格局演变与规律. 地理学报，74（10）：1941-1961.

孔祥斌，张凤荣，李玉兰，等. 2005. 区域土地利用与产业结构变化互动关系研究. 资源科学，（2）：59-64.

孔祥智. 2016. 农业供给侧结构性改革的基本内涵与政策建议. 改革，（2）：104-115.

孔雪松，蒋献佳，刘叶，等. 2020. 国土空间开发强度与资源环境承载时空耦合及规划启示——以江苏省为例. 中国土地科学，34（6）：10-17.

匡兵，周敏，陈丹玲. 2017. 岳阳市土地利用结构变化与土地利用绩效的关联度分析. 地域研究与开发，36（1）：137-142.

匡文慧. 2019. 新时代国土空间格局变化和美丽愿景规划实施的若干问题探讨. 资源科学，41（1）：23-32.

匡文慧，杨天荣，颜凤芹. 2017. 河北雄安新区建设的区域地表本底特征与生态管控. 地理学报，72（6）：947-959.

匡贞胜. 2020. 中国近年来行政区划调整的逻辑何在？——基于 EHA-Logistic

模型的实证分析. 公共行政评论, 13（4）: 22-40, 205.

赖寿华, 黄慧明, 陈嘉平, 等. 2013. 从技术创新到制度创新: 河源、云浮、广州"三规合一"实践与思考. 城市规划学刊,（5）: 63-68.

雷广海, 刘友兆, 陆效平. 2009. 江苏省 13 城市土地利用集约度时空变异及驱动因素. 长江流域资源与环境, 18（1）: 7-13.

黎夏. 2004. 珠江三角洲发展走廊 1988~1997 年土地利用变化特征的空间分析. 自然资源学报,（3）: 307-315.

黎夏, 叶嘉安. 1999. 约束性单元自动演化 CA 模型及可持续城市发展形态的模拟. 地理学报, 54（4）: 289-298.

黎夏, 叶嘉安. 2001. 主成分分析与 Cellular Automata 在空间决策与城市模拟中的应用. 中国科学（D 辑: 地球科学）, 31（8）: 683-690.

李灿, 张凤荣, 王枫, 等. 2015. 快速城镇化过程中建设用地空间安全预警分析. 中国土地科学, 29（6）: 49-56, 2, 97.

李翀. 2016. 论供给侧改革的理论依据和政策选择. 经济社会体制比较,（1）: 9-18.

李春燕, 邢丽霞, 李亚民, 等. 2014. 基于 ArcGIS 的国土开发适宜性评价指标体系研究. 中国人口·资源与环境, 24（S3）: 175-178.

李东泉. 2014. 地方政府在"三规"制度环境下的创新努力及其启示. 规划师, 30（9）: 65-69.

李冬雪, 王兴平, 柏露露, 等. 2020. S-CAD 政策评估方法在城乡规划评估中的应用研究. 国际城市规划, 35（5）: 114-123.

李江, 刘源浩, 黄萃, 等. 2015. 用文献计量研究重塑政策文本数据分析——政策文献计量的起源、迁移与方法创新. 公共管理学报, 12（2）: 138-144, 159.

李江苏, 王晓蕊, 李小建. 2020. 中国传统村落空间分布特征与影响因素分析.

经济地理, 40 (2): 143-153.

李进涛, 刘彦随, 杨园园, 等. 2018. 1985—2015 年京津冀地区城市建设用地时空演变特征及驱动因素研究. 地理研究, 37 (1): 37-52.

李景刚, 高艳梅, 臧俊梅. 2014. 农户风险意识对土地流转决策行为的影响. 农业技术经济, (11): 21-30.

李景刚, 王岚, 高艳梅, 等. 2016. 风险意识、用途变更预期与土地流转意愿. 生态经济, 32 (7): 127-132, 162.

李林子, 傅泽强, 王艳华, 等. 2017. 京津冀制造业转移与环境影响实证研究. 环境科学研究, 30 (12): 1813-1821.

李敏, 陈尧, 唐鹏, 等. 2020. 家庭生命周期对农户宅基地退出意愿的影响. 资源科学, 42 (9): 1692-1703.

李平, 李秀彬, 刘学军. 2001. 我国现阶段土地利用变化驱动力的宏观分析. 地理研究, 20 (2): 129-138.

李锐. 1956. 关于长江流域规划的几个问题. 水力发电, (9): 5-22, 59.

李晓聪, 安菁蔚, 任大鹏. 2015. 家庭承包之土地承包经营权抵押中的法律问题. 农业经济问题, 36 (4): 32-37, 110.

李晓江. 2011. 总体规划何去何从. 城市规划, 35 (12): 28-34, 69.

李鑫, 欧名豪, 严思齐. 2013. 基于区间优化模型的土地利用结构弹性区间测算. 农业工程学报, 29 (17): 240-247.

李艳华, 许月卿, 孙丕苓, 等. 2015. 生态脆弱区土地利用变化及驱动力——以河北省张北县为例. 水土保持通报, 35 (5): 239-244.

李珍珍. 2019. 甘肃省生态脆弱性时空演变及与土地利用关系研究. 兰州: 兰州大学.

梁进社, 王旻. 2002. 城市用地与人口的异速增长和相关经验研究. 地理科学, 22 (6): 649-654.

梁龙，陈源泉，高旺盛，等. 2009. 华北平原冬小麦–夏玉米种植系统生命周期环境影响评价. 农业环境科学学报，28（8）：1773-1776.

梁上坤，张宇，王彦超. 2019. 内部薪酬差距与公司价值——基于生命周期理论的新探索. 金融研究，（4）：188-206.

廖胤希，徐刚，刘喆，等. 2019. 产业型用地规划评价系统构建与实践——以上海松江经济技术开发区建设实施评估为例. 规划师，35（14）：46-52.

林坚. 2013. 土地发展权、空间管制与规划协同. 小城镇建设，（12）：30-31.

林坚. 2017. 国土规划：建立国土空间开发保护制度的重要基石. http://www.cre.org.cn/zl/xlwjlz/csqgh/11950.html[2017-12-11].

林坚，陈霄，魏筱. 2011. 我国空间规划协调问题探讨——空间规划的国际经验借鉴与启示. 现代城市研究，26（12）：15-21.

林卫斌，苏剑. 2015. 理解供给侧改革：能源视角. 价格理论与实践，（12）：8-11.

林毅夫. 2016. 供给侧改革的短期冲击与问题研究. 河南社会科学，24（1）：1-4.

林毅夫，刘明兴. 2004. 经济发展战略与中国的工业化. 经济研究，39（7）：48-58.

刘洪玉，姜沛言. 2015. 中国土地市场供给的价格弹性及其影响因素. 清华大学学报（自然科学版），55（1）：56-62.

刘纪远，匡文慧，张增祥，等. 2014. 20世纪80年代末以来中国土地利用变化的基本特征与空间格局. 地理学报，69（1）：3-14.

刘纪远，张增祥，徐新良，等. 2009. 21世纪初中国土地利用变化的空间格局与驱动力分析. 地理学报，64（12）：1411-1420.

刘静怡，蔡永立，於家，等. 2013. 基于CLUE-S和灰色线性规划的嘉兴北部土地利用优化配置研究. 生态与农村环境学报，29（4）：529-536.

刘璐. 2019. 空间视角下苏州自贸区的构成、影响与规划应对. 中外建筑，
　　（12）：76-78.

刘鹏飞，孙斌栋. 2020. 中国城市生产、生活、生态空间质量水平格局与相关
　　因素分析. 地理研究，39（1）：13-24.

刘普幸，李筱琳. 2004. 层次分析法在生态预警中的应用——以酒泉绿洲为例.
　　干旱区资源与环境，18（5）：15-18.

刘瑞，朱道林，朱战强，等. 2009. 基于 Logistic 回归模型的德州市城市建设
　　用地扩张驱动力分析. 资源科学，31（11）：1919-1926.

刘伟，蔡志洲. 2016. 经济增长新常态与供给侧结构性改革. 求是学刊，43
　　（1）：56-65.

刘伟，苏剑. 2007. 供给管理与我国现阶段的宏观调控. 经济研究，（2）：4-15.

刘玮辰，陆玉麒，徐旳. 2017. 南京都市圈空间相互作用时空演变分析. 人文
　　地理，32（2）：65-71.

刘卫东，何晓丹. 2005. 弹性土地利用规划问题研究. 浙江国土资源，（5）：
　　9-12.

刘卫东，陆大道. 2005. 新时期我国区域空间规划的方法论探讨——以"西部
　　开发重点区域规划前期研究"为例. 地理学报，（6）：894-902.

刘笑，刘治国，王丽丹，等. 2017. 供给侧结构性改革背景下沈阳旧城存量土
　　地规划实践. 规划师，33（6）：19-25.

刘新平，严金明，王庆日. 2015. 中国城镇低效用地再开发的现实困境与理性
　　选择. 中国土地科学，29（1）：48-54.

刘艳军，李诚固，孙迪. 2006. 城市区域空间结构：系统演化及驱动机制. 城
　　市规划学刊，（6）：73-78.

刘彦随. 2010-04-08. 新农村建设与城镇化应是一体的. 人民日报，第 16 版.

刘彦随，王介勇. 2016. 转型发展期"多规合一"理论认知与技术方法. 地理

科学进展, 35（5）：529-536.

刘耀林, 李纪伟, 侯贺平, 等. 2014. 湖北省城乡建设用地城镇化率及其影响因素. 地理研究, 33（1）：132-142.

刘志彪. 2016. 中国语境下供给侧结构改革：核心问题和重点任务. 东南学术,（4）：28-36, 246.

刘志军. 2005. 土地利用动态管理系统研究与实现. 武汉：中国地质大学.

刘中婷, 陈美球. 2005. 关于土地利用总体规划刚性和弹性的思考. 广东土地科学,（5）：33-37.

卢为民. 2016. 推动供给侧结构性改革的土地制度创新路径. 城市发展研究, 23（6）：66-73.

鲁春霞, 谢高地, 马蓓蓓, 等. 2009. 中国区域发展过程的空间多功能利用演变. 资源科学, 31（4）：531-538.

鲁春阳, 高成全, 杨庆媛, 等. 2012a. 不同职能城市土地利用结构影响因素分析. 地域研究与开发, 31（1）：120-125.

鲁春阳, 文枫, 杨庆媛. 2012b. 城市土地利用结构影响因素的通径分析——以重庆市为例. 地理科学, 32（8）：936-943.

鲁春阳, 文枫, 杨庆媛, 等. 2011. 地级以上城市土地利用结构特征及影响因素差异分析. 地理科学, 31（5）：600-607.

鲁春阳, 杨庆媛, 文枫. 2010. 城市化与城市土地利用结构关系的协整检验与因果分析—以重庆市为例. 地理科学, 30（4）：551-557.

陆大道. 1989. 空间结构理论与区域发展. 科学,（2）：108-111, 159

陆大道. 2001. 论区域的最佳结构与最佳发展——提出"点–轴系统"和"T"型结构以来的回顾与再分析. 地理学报, 56（2）：127-135.

罗双晓, 何政伟, 高箐, 等. 2018. 基于 CA_Markov 模型的天府新区土地时空变化预测. 水土保持研究, 25（3）：157-163.

罗文静，黄凯. 2016. 基于规划评估的存量地区动态更新机制探讨——以武汉市南湖片区功能再造及品质提升策略研究为例. 规划 60 年：成就与挑战——2016 中国城市规划年会论文集（12 规划实施与管理），1106-1116.

罗彦，邱凯付，樊德良. 2020. 省级国土空间规划编制实践与思考——以广东省为例. 城市规划学刊，（3）：73-80.

罗遥，吴群. 2018. 城市低效工业用地研究进展——基于供给侧结构性改革的思考. 资源科学，40（6）：1119-1129.

罗由林，李启权，王昌全，等. 2016. 近 30 年来川中紫色丘陵区土壤碳氮时空演变格局及其驱动因素. 土壤学报，53（3）：582-593.

吕晨，蓝修婷，孙威. 2017. 地理探测器方法下北京市人口空间格局变化与自然因素的关系研究. 自然资源学报，32（8）：1385-1397.

吕晓，黄贤金，钟太洋，等. 2013. 建设用地扩张过程的时间均衡态势分析. 农业工程学报，29（15）：236-243.

吕晓，赵雲泰，张晓玲. 2014. 我国城市新区发展中的土地利用和管理问题研究综述. 经济体制改革，（1）：39-43.

麻高云. 1982. 关于土地规划对象与任务的商榷. 宁夏农学院学报，（1）：60-64.

马才学，孟芬，赵利利. 2015. 1990—2005 年武汉市土地利用时空变化及其政策驱动因素分析. 水土保持研究，22（2）：117-122.

马丹驯，李满春，金晓龙，等. 2018. 面向土地利用总体规划的建设用地空间管制潜在冲突检测. 水土保持通报，38（6）：298-303，2，385.

马凯. 2003. 用新的发展观指导"十一五"规划的编制. 宏观经济研究，（11）：3-7，12.

马克星，刘红梅，王克强，等. 2017. 上海市土地市场供给侧改革研究. 中国

　　　　土地科学，31（1）：37-47.

马莉，童新华，宋庆，等.2008. 我国城市边缘区土地利用存在的问题及原因
　　　　分析. 产业与科技论坛，7（10）：147-149.

马亮.2015. 大数据技术何以创新公共治理? ——新加坡智慧国案例研究. 电
　　　　子政务，（5）：2-9.

马世发，何建华，俞艳.2010. 基于粒子群算法的城镇土地利用空间优化模型.
　　　　农业工程学报，26（9）：321-326.

麦建开，康昕怡，朱紫阳，等.2019. 基于地理国情监测改进熵权 TOPSIS 规
　　　　划评价. 测绘通报，（12）：122-127.

毛仙琴，毛孝华.2006. 浙江江山 村庄规划为龙头 建设农村新社区. 城乡建
　　　　设，（3）：40-42，4.

苗洁.2016. 推进农业供给侧结构性改革的探索与建议——以河南省为例. 农
　　　　村经济，（12）：16-20.

牛星，吴冠岑. 2017. 供给侧结构性改革：农地流转市场发展的困境与出
　　　　路——结合上海调研的思考. 经济体制改革，（3）：75-81.

欧海若，吴次芳，高宏伟.2002. 乡镇土地利用总体规划图编制的底图规范和
　　　　成图方法研究. 浙江大学学报（农业与生命科学版），28（4）：453-456.

欧阳志云，林亦晴，宋昌素.2020. 生态系统生产总值（GEP）核算研究——
　　　　以浙江省丽水市为例. 环境与可持续发展，45（6）：80-85.

潘竟虎，戴维丽.2015.1990—2010 年中国主要城市空间形态变化特征. 经济
　　　　地理，35（1）：44-52.

彭鹏.2008. 湖南农村聚居模式的演变趋势及调控研究. 上海：华东师范大学.

齐梦溪，鲁晗，曹诗颂，等.2018. 基于引力模型的经济空间结构时空演变分
　　　　析——以河南省为例. 地理研究，（5）：883-897.

乔伟峰，刘彦随，王亚华，等.2015.21 世纪初期南京城市用地类型与用地强

度演变关系. 地理学报, 70（11）: 1800-1810.

乔伟峰, 孙在宏, 邵繁荣, 等. 2012. 高度城市化区域土地利用结构演化与驱动因素分析——以苏州市为例. 长江流域资源与环境, 21（5）: 557-564.

覃成林, 程琳. 2014. 铁路交通发展与沿线城市工业空间格局变化. 科技管理研究,（17）: 150-154.

仇金泉, 罗祖德, 朱新轩. 1982. 开展长江三角洲区域经济发展规划的研究. 自然杂志,（2）: 83-86, 160.

邱硕, 王宇欣, 王平智, 等. 2018. 基于 MCR 模型的城镇生态安全格局构建和建设用地开发模式. 农业工程学报, 34（17）: 257-265, 302.

瞿诗进, 胡守庚, 李全峰. 2020. 中国城市建设用地转型阶段及其空间格局. 地理学报, 75（7）: 1539-1553.

曲长祥, 刘莹, 苏志国. 2014. 基于 DPSIR 模型的土地利用规划环境影响评价研究. 东北农业大学学报, 45（5）: 122-128.

曲衍波, 张凤荣, 姜广辉, 等. 2010. 基于生态位的农村居民点用地适宜性评价与分区调控. 农业工程学报, 26（11）: 290-296.

任志远. 2003. 土地利用变化及驱动因素分析——以内蒙古准格尔旗为例. 干旱区研究,（3）: 202-205.

单丁洁, 徐勉. 2016. 以供给侧结构性改革推动城市土地供应制度创新. 中国土地,（8）: 12-14.

邵景安, 李阳兵, 魏朝富, 等. 2007. 区域土地利用变化驱动力研究前景展望. 地球科学进展, 22（8）: 798-809.

邵帅, 杨莉莉. 2010. 自然资源丰裕、资源产业依赖与中国区域经济增长. 管理世界,（9）: 26-44.

邵一希, 李满春, 陈振杰, 等. 2010. 地理加权回归在区域土地利用格局模拟中的应用——以常州市孟河镇为例. 地理科学, 30（1）: 92-97.

邵一希,李满春,施玉麒,等.2011. 基于 GWR 和改进 CLUE-S 模型的区域土地利用格局模拟研究——以浙江省桐庐县为例. 上海国土资源,32(4):31-37.

沈迟,许景权.2015. "多规合一"的目标体系与接口设计研究——从"三标脱节"到"三标衔接"的创新探索. 规划师,31(2):12-16,26

沈春竹,谭琦川,王丹阳,等.2019. 基于资源环境承载力与开发建设适宜性的国土开发强度研究——以江苏省为例. 长江流域资源与环境,28(6):1276-1286.

沈孝强,吴次芳,陆张维,等.2015. 规划调控城镇扩张的有效性研究——以白云区土地利用规划为例. 经济地理,35(11):152-158.

沈悦,严金明,陈昊.2018. 基于"三生"空间优化的城乡交错区土地整治功能单元划定. 农业工程学报,34(11):243-252.

师武军.2005. 关于中国土地利用规划体系建设的思考. 中国土地科学,19(1):3-9.

史恒通,王铮钰,阎亮.2019. 生态认知对农户退耕还林行为的影响——基于计划行为理论与多群组结构方程模型. 中国土地科学,33(3):42-49.

史正富.2016. 用结构性投资化解结构性产能过剩. 经济导刊,(2):16-19.

司成兰,周寅康.2008. 南京市建设用地变化及其驱动力分析. 南京社会科学,(11):139-145.

司慧娟,付梅臣,袁春,等.2016. 青海省土地利用结构信息熵时空分异规律及驱动因素分析. 干旱区资源与环境,30(6):38-42.

宋戈,连臣.2012. 黑龙江省耕地资源安全预警分析及预警系统的构建. 农业工程学报,28(6):247-252.

宋金平,赵西君,王倩.2008. 北京市丰台区土地利用变化及社会经济驱动力分析. 中国人口·资源与环境,18(2):171-175.

苏涵，陈皓. 2015. "多规合一"的本质及其编制要点探析. 规划师，31（2）：57-62.

苏黎兰，杨乃，李江风. 2015. 多目标土地用途分区空间优化方法. 地理信息世界，22（1）：18-21.

苏锐清，曹银贵. 2019. 中国耕地利用变化的研究方法分析：立足驱动与模拟研究. 中国农业资源与区划，40（6）：96-105.

苏世亮，吕再扬，王伟，等. 2019. 国土空间规划实施评估：概念框架与指标体系构建. 地理信息世界，26（4）：20-23.

孙斌栋，华杰媛，李琬，等. 2017. 中国城市群空间结构的演化与影响因素——基于人口分布的形态单中心–多中心视角. 地理科学进展，（10）：1294-1303.

孙久文，年猛. 2011. 中国国土开发空间格局的演变研究. 南京社会科学，（11）：8-14.

孙久文，姚鹏. 2015. 京津冀产业空间转移、地区专业化与协同发展——基于新经济地理学的分析框架. 南开学报（哲学社会科学版），（1）：81-89.

孙亮，石建勋. 2016. 中国供给侧改革的相关理论探析. 新疆师范大学学报（哲学社会科学版），37（3）：75-82.

谭敏，孔祥斌，段建南，等. 2010. 基于生态安全角度的城镇村建设用地空间预警——以北京市房山区为例. 中国土地科学，24（2）：31-37.

谭少华，倪绍祥，赵万民. 2006. 江苏省土地利用变化及其驱动机理研究. 地理与地理信息科学，22（5）：50-54.

谭术魁，刘琦，李雅楠. 2017. 中国土地利用空间均衡度时空特征分析. 中国土地科学，31（11）：40-46.

谭雪晶，姜广辉，付晶，等. 2011. 主体功能区规划框架下国土开发强度分析——以北京市为例. 中国土地科学，25（1）：70-77.

谭永忠，吴次芳. 2003. 区域土地利用结构的信息熵分异规律研究. 自然资源
　　学报，18（1）：112-117.

唐敏. 2008. 土地规划修编咬定"红线". 瞭望，（36）：22-23.

唐双娥，郑太福. 2011. 生态安全和粮食安全视角下的我国土地法修改. 中南
　　大学学报（社会科学版），17（6）：127-132.

藤田昌九，雅克–弗朗斯瓦·蒂斯. 2016. 集聚经济学：城市、产业区位和全
　　球化. 2版. 上海：上海三联出版社.

田莉，吕传廷，沈体雁. 2008. 城市总体规划实施评价的理论与实证研究——
　　以广州市总体规划（2001—2010年）为例. 城市规划学刊，（5）：90-96.

屠爽爽，龙花楼，张英男，等. 2019. 典型村域乡村重构的过程及其驱动因素.
　　地理学报，74（2）：323-339.

汪劲柏，赵民. 2008. 论建构统一的国土及城乡空间管理框架——基于对主体
　　功能区划、生态功能区划、空间管制区划的辨析. 城市规划，32（12）：
　　40-48.

王东祥. 2006. 搞好主体功能区划 优化区域开发格局. 浙江经济，（16）：4-7.

王耕，吴伟. 2008. 区域生态安全预警指数——以辽河流域为例. 生态学报，
　　28（8）：3535-3542.

王慧敏，仇蕾. 2007. 资源–环境–经济复合系统诊断预警方法与应用. 北京：
　　科学出版社.

王介勇，赵庚星，王祥峰，等. 2004. 论我国生态环境脆弱性及其评估. 山东
　　农业科学，（2）：9-11.

王静爱，何春阳，董艳春，等. 2002. 北京城乡过渡区土地利用变化驱动力分
　　析. 地球科学进展，17（2）：201-208，304.

王静爱，徐霞，刘培芳. 1999. 中国北方农牧交错带土地利用与人口负荷研究.
　　资源科学，21（5）：19-24.

王凯. 2006. 国家空间规划体系的建立. 城市规划学刊,（1）: 6-10.

王克强, 郑旭, 张冰松, 等. 2016. 土地市场供给侧结构性改革研究——基于"如何推进土地市场领域的供给侧结构性改革研讨会"的思考. 中国土地科学, 30（12）: 3-9, 34.

王磊, 沈建法. 2014. 五年计划/规划、城市规划和土地规划的关系演变. 城市规划学刊,（3）: 45-51.

王丽萍, 金晓斌, 杜心栋, 等. 2012. 基于灰色模型-元胞自动机模型的佛山市土地利用情景模拟分析. 农业工程学报, 28（3）: 237-242.

王婉晶, 揣小伟, 黄贤金, 等. 2013. 基于空间吻合性的土地利用总体规划实施评价方法及应用. 农业工程学报, 29（4）: 1-14, 296.

王万茂. 2002. 规划的本质与土地利用规划多维思考. 中国土地科学, 16（1）: 4-6.

王文旭, 曹银贵, 苏锐清, 等. 2020. 基于政策量化的中国耕地保护政策演进过程. 中国土地科学, 34（7）: 69-78.

王向东, 刘卫东. 2012. 中国空间规划体系: 现状、问题与重构. 经济地理, 32（5）: 7-15, 29.

王新生, 张合兵. 2012. 基于 ANP 方法的土地利用总体规划实施评价研究——以焦作市为例. 中国农业资源与区划, 33（6）: 62-66, 100.

王行风, 汪云甲, 李永峰. 2009. 基于生命周期理论的煤矿区土地利用演化模拟. 地理研究, 28（2）: 379-390.

王秀红, 申建秀. 2013. 中国生态退耕重要阶段耕地面积时空变化分析. 中国农学通报, 29（29）: 133-137.

王雪娇, 许景权. 2020. 城市经济发展目标与工业用地供给规模的规划衔接方法研究. 北京规划建设,（5）: 56-60.

王亚飞, 郭锐, 樊杰. 2020. 国土空间结构演变解析与主体功能区格局优化思路. 中国科学院院刊, 35 (7): 855-866.

王轶峤. 2019. 面向全生命周期的矿产资源开发生态补偿机制研究. 北京: 北京科技大学.

王勇. 2009. 论"两规"冲突的体制根源: 兼论地方政府"圈地"的内在逻辑. 城市规划, 33 (10): 53-59.

王玉明, 王瑞康. 2018. 城市化时期郊区土地利用结构信息熵上升的原因. 地理学报, 73 (9): 1647-1657.

王媛玉. 2019. 产业集聚与城市规模演进研究. 长春: 吉林大学.

王兆礼, 陈晓宏, 曾乐春, 等. 2006. 深圳市土地利用变化驱动力系统分析. 中国人口·资源与环境, 16 (6): 124-128.

魏凌, 张杨, 李强, 等. 2020. 基于标准差椭圆的我国国土生态空间分异研究. 生态经济, (7): 176-181.

卫思夷, 居祥, 荀文会. 2018. 区域国土开发强度与资源环境承载力时空耦合关系研究——以沈阳经济区为例. 中国土地科学, 32 (7): 58-65.

卫兴华. 2016-04-20. 澄清供给侧结构性改革的几个认识误区. 人民日报, 第 07 版.

文兰娇, 张晶晶. 2015. 国土空间管制、土地非均衡发展与外部性研究: 回顾与展望. 中国土地科学, 29 (7): 4-12.

邬亚娟, 刘廷玺, 童新, 等. 2020. 基于长时间序列 landsat 数据的科尔沁沙地土地利用演变分析. 生态学报, 40 (23): 8627-8682.

吴兵, 王铮. 2003. 城市生命周期及其理论模型. 地理与地理信息科学, 19 (1): 55-58.

吴次芳, 叶艳妹. 2000. 20 世纪国际土地利用规划的发展及其新世纪展望. 中国土地科学, (1): 15-20, 33.

吴大放, 胡悦, 刘艳艳, 等. 2020. 城市开发强度与资源环境承载力协调分析——以珠三角为例. 自然资源学报，35（1）：82-94.

吴健. 2010. 上海城市空间布局调整的环境效应分析. 中国人口·资源与环境，（S1）：345-348.

吴健生，冯喆，高阳，等. 2012. CLUE-S 模型应用进展与改进研究. 地理科学进展，31（1）：3-10.

吴九兴. 2010. 土地利用政策：市场效率与社会效率——以建设用地为例. 经济体制改革，（5）：12-17.

吴开泽，魏万青. 2018. 住房制度改革与中国城市青年住房获得——基于住房生涯视角和离散时间事件史模型的研究. 公共行政评论，11（2）：36-61，190.

吴垠. 2017. 中国城镇化的供给侧结构性改革——一个政治经济学分析框架. 政治经济学评论，8（6）：168-209.

吴郁玲，曲福田，周勇. 2009. 城市土地市场发育与土地集约利用分析及对策——以江苏省开发区为例. 资源科学，31（2）：303-309.

夏方舟，张东昇，严金明. 2019. 融合精准扶贫诉求的"多规合一"规划结构耦合模型研究：以昆明市寻甸县为例. 中国土地科学，33（6）：18-27.

项晓敏，金晓斌，王温鑫，等. 2017. 供给侧结构性改革视角下的土地整治制度创新初探. 中国土地科学，31（4）：12-21.

肖金成，刘保奎. 2013. 国土空间开发格局形成机制研究. 区域经济评论，（1）：53-57.

肖思思，吴春笃，储金宇. 2012. 1980—2005 年太湖地区土地利用变化及驱动因素分析. 农业工程学报，28（23）：1-11，293.

谢波，彭觉勇，李莎 . 2015. "三规"的转型、冲突与用地整合. 规划师，（2）：33-38.

谢英挺，王伟. 2015. 从"多规合一"到空间规划体系重构. 城市规划学刊，

（3）：15-21.

徐磊.2017. 基于"三生"功能的长江中游城市群国土空间格局优化研究. 武汉：华中农业大学.

徐磊，李璐，董捷，等.2017. 产业承接力与土地集约利用水平的动态计量经济分析——以武汉、长沙和南昌为例. 地理与地理信息科学，（5）：106-111.

徐丽华，王欢欢，张结存，等. 2014. 近 15 年来杭州市土地利用结构的时空演变. 经济地理，34（7）：135-142.

徐昔保. 2007. 基于 GIS 与元胞自动机的城市土地利用动态演化模拟与优化研究. 兰州：兰州大学.

许光建，孙伟.2016. 供给侧结构性改革的进展回顾与路径建议. 公共管理与政策评论，（4）：5-12.

许景权，沈迟，胡天新，等.2017. 构建我国空间规划体系的总体思路和主要任务. 规划师，33（2）：5-11.

许月卿，罗鼎，郭洪峰，等.2013. 基于 CLUE-S 模型的土地利用空间布局多情景模拟研究——以甘肃省榆中县为例. 北京大学学报（自然科学版），49（3）：523-529.

徐煖银，郭泺，薛达元，等.2019. 赣南地区土地利用格局及生态系统服务价值的时空演变. 生态学报，39（6）：1969-1978.

薛东前，王传胜.2002. 城市群演化的空间过程及土地利用优化配置. 地理科学进展，21（2）：95-102.

薛领，杨开忠.2005. 基于空间相互作用模型的商业布局——以北京市海淀区为例. 地理研究，24（2）：265-273.

严金明.2008. 土地规划立法的导向选择与法律框架构建. 中国土地科学，22（11）：4-9.

严金明. 2010. 中国土地利用与规划战略实证研究. 北京：中国大地出版社.

严金明. 2019-05-30. 规划体系引领国土空间永续利用. 中国自然资源报，第 003 版.

严金明，陈昊，夏方舟. 2017. "多规合一"与空间规划：认知、导向与路径. 中国土地科学，31（1）：21-27，87.

严金明，迪力沙提·亚库甫，夏方舟. 2019a. 基于协同发展的省域狭义国土开发强度内涵界定与阈值测度. 农业工程学报，35（4）：255-264.

严金明，迪力沙提·亚库甫，张东昇. 2019b. 国土空间规划法的立法逻辑与立法框架. 资源科学，41（9）：1600-1609.

严金明，王晓莉，夏方舟. 2018. 重塑自然资源管理新格局：目标定位、价值导向与战略选择. 中国土地科学，32（4）：1-7.

严金明，张雨榴，夏方舟. 2017. 土地利用规划管理的供给侧结构性改革. 中国土地科学，31（7）：12-19，59，97.

闫小培，毛蒋兴，普军. 2006. 巨型城市区域土地利用变化的人文因素分析——以珠江三角洲地区为例. 地理学报，61（6）：613-623.

严若谷，周素红. 2015. 产业升级背景下的城市存量产业用地再开发问题与路径. 上海城市规划，（3）：20-24，54.

燕新程，严金明. 2006. 城市土地供给的规划调控机制研究——以北京市为例. 兰州学刊，（4）：170-172.

杨保军，陈鹏，董珂，等. 2019. 生态文明背景下的国土空间规划体系构建. 城市规划学刊，（4）：16-23.

杨保军，张菁，董珂. 2016. 空间规划体系下城市总体规划作用的再认识. 城市规划，40（3）：9-14.

杨桂山. 2001. 长江三角洲近 50 年耕地数量变化的过程与驱动机制研究. 自然资源学报，16（2）：121-127.

杨海龙,吕耀,焦雯珺,等.2010.传统农业地区土地利用方式变化的驱动因子分析——基于贵州省从江县农户行为的实证研究.资源科学,32(6):1050-1056.

杨佳新.2016.供给侧改革视角下的生态环境治理路径探究.中国管理信息化,(14):195-196.

杨奎,张宇,赵小风,等.2019.乡村土地利用结构效率时空特征及影响因素.地理科学进展,38(9):1393-1402.

杨利民,于闽.2013.我国未来人口发展对耕地的需求分析.经济地理,33(2):168-171.

杨励雅.2007.城市交通与土地利用相互关系的基础理论与方法研究.北京:北京交通大学.

杨梅,张广录,侯永平.2011.区域土地利用变化驱动力研究进展与展望.地理与地理信息科学,27(1):95-100.

杨绮丽,何政伟.2016.2000—2013年甘肃敦煌市土地利用变化及其驱动因素分析.冰川冻土,38(2):558-566.

杨伟民.2003.规划体制改革的理论探索.北京:中国物价出版社.

杨武,王玉树.2005.偏最小二乘回归分析在土地利用变化研究中的应用——以上海市嘉定区为例.南京农业大学学报,28(1):115-120.

杨艳昭,封志明,赵延德,等.2013.中国城市土地扩张与人口增长协调性研究.地理研究,32(9):1668-1678.

杨宜勇,范宪伟.2018.土地资本化背景下中国特色"以地谋发展"模式论析.中州学刊,(8):24-30.

杨玉珍.2017.农业供给侧结构性改革下传统农区政策性土地流转纠偏.南京农业大学学报(社会科学版),17(5):79-87,153.

叶菁,谢巧巧,谭宁焱.2017.基于生态承载力的国土空间开发布局方法研究.

农业工程学报，33（11）：262-271.

叶琪. 2014. 我国区域产业转移的态势与承接的竞争格局. 经济地理，34（3）：91-97.

叶英聪，孙凯，匡丽花，等. 2017. 基于空间决策的城镇空间与农业生产空间协调布局优化. 农业工程学报，33（16）：256-266.

殷嘉迪，董金玮，匡文慧，等. 2020. 20 世纪 90 年代以来中国生态空间演化的时空格局和梯度效应. 生态学报，40（17）：5904-5914.

尹昌应，罗格平，汤发树. 2009. 乡镇尺度绿洲土地利用空间格局动态模拟与分析. 中国沙漠，29（1）：68-75，197-199.

尹昌应，石忆邵. 2014. 规划情景约束下的城市土地利用空间格局模拟. 地理与地理信息科学，30（2）：66-71.

尹奇，吴次芳，罗罡辉. 2006. 土地利用的弹性规划研究. 农业工程学报，22（1）：65-68.

余斌，李营营，朱媛媛，等. 2020. 中国中部农区乡村重构特征及其地域模式——以江汉平原为例. 自然资源学报，35（9）：2063-2078.

余德贵，吴群. 2017. 基于 Logistic-Markov 方法的土地利用结构变化多因素驱动预测模型研究与应用. 水土保持通报，37（1）：149-154，160.

俞奉庆，蔡运龙. 2004. 耕地资源价值重建与农业补贴——一种解决"三农"问题的政策取向. 中国土地科学，18（1）：18-23.

俞振宁，吴次芳. 2016. 基于 ESDA-GWR 的浙江省土地城镇化空间特征及影响因素分析. 中国土地科学，30（3）：29-36.

喻锋，李晓波，张丽君，等. 2015. 中国生态用地研究：内涵、分类与时空格局. 生态学报，35（14）：4931-4943.

喻忠磊，张文新，梁进社，等. 2015. 国土空间开发建设适宜性评价研究进展. 地理科学进展，34（9）：1107-1122.

袁枫朝,严金明,燕新程.2008.GIS支持下的大都市郊区基本农田空间优化.农业工程学报,24(S1):61-65,257.

原毅军,谢荣辉.2014.环境规制的产业结构调整效应研究——基于中国省际面板数据的实证检验.中国工业经济,(8):57-69.

岳文泽,张亮.2014.基于空间一致性的城市规划实施评价研究——以杭州市为例.经济地理,34(8):47-53.

詹美旭,王龙,王建军.2020.广州市国土空间规划监测评估预警研究.规划师,36(2):65-70.

张兵.2019.国家空间治理与空间规划.http://www.planning.org.cn/news/view?id=9360[2019-02-13].

张昌龄,顾文书.1956.长江规划和黄河规划的比较.水力发电,(9):40-45.

张华,梁进社.2007.产业空间集聚及其效应的研究进展.地理科学进展,26(2):14-24.

张化楠,葛颜祥,接玉梅,等.2019.生态认知对流域居民生态补偿参与意愿的影响研究——基于大汶河的调查数据.中国人口·资源与环境,29(9):109-116.

张惠远,蔡运龙.2000.喀斯特贫困山地的生态重建:区域范型.资源科学,22(5):21-26.

张佶.2015.空间句法在规划实施空间评价中的运用初探——以杭州钱江新城核心区为例.城市规划,39(1):64-74.

张京祥,罗震东.2013.中国当代城乡规划思潮.南京:东南大学出版社.

张骏杰,高延利,蔡玉梅,等.2018.基于"多规合一"的市级国土空间优化方法——以烟台市为例.地理科学进展,37(8):1045-1054.

张利,雷军,李雪梅,等.2011.1997—2007年中国城市用地扩张特征及其影响因素分析.地理科学进展,30(5):607-614.

张丽君，刘新卫，孙春强，等.2011.世界主要国家和地区国土规划的经验与启示.北京：地质出版社.

张立新，朱道林，杜挺，等.2017.基于 DEA 模型的城市建设用地利用效率时空格局演变及驱动因素.资源科学，39（3）：418-429.

张良悦.2018.农业供给侧结构性改革的根本任务及其路径.区域经济评论，（2）：112-122.

张良均，曹晶，蒋世忠.2008.神经网络实用教程.北京：机械工业出版社.

张亮.2018.基于生态安全格局的城市增长边界划定与管理研究.杭州：浙江大学.

张明.1999.区域土地利用结构及其驱动因子的统计分析.自然资源学报，14（4）：381-384.

张年国，王娜，殷健.2019.国土空间规划"三条控制线"划定的沈阳实践与优化探索.自然资源学报，34（10）：2175-2185.

张鹏，杨青山，马延吉，等.2013.长吉一体化区域产业空间结构的重组动力和优化.经济地理，（4）：94-100.

张鹏，张栩嘉，刘勇，等.2018.基于土地开发强度的长春市城市空间效率分异研究.地理科学，38（6）：895-902.

张荣群，王大海，艾东，等.2018.基于生态位和"反规划"思想的城市土地开发适宜性评价.农业工程学报，34（3）：258-264.

张维强.1979.城市规划要按照客观经济规律办事.经济问题，（3）：53-56.

张晓瑞，方创琳，王振波，等.2013.基于 RBF 神经网络的城市建成区面积预测研究——兼与 BP 神经网络和线性回归对比分析.长江流域资源与环境，22（6）：691-697.

张雪茹，尹志强，姚亦锋，等.2016.安徽省城市建设用地变化及驱动力分析.长江流域资源与环境，25（4）：544-551.

张永民,赵士洞,Verburg P H. 2003. CLUE-S 模型及其在奈曼旗土地利用时空动态变化模拟中的应用. 自然资源学报, 18 (3): 310-318.

张占仓. 2017. 中国农业供给侧结构性改革的若干战略思考. 中国农村经济, (10): 26-37.

张志强, 黄代伟. 2007. 构筑层次分明、上下协调的空间规划体系——德国经验对我国规划体制改革的启示. 现代城市研究, 22 (6): 11-18.

赵锋. 2014. 我国流通产业发展水平的测度与区域差异分析——基于 1997—2012 年数据的实证研究. 广西社会科学, (3): 79-83.

赵晶, 徐建华, 梅安新, 等. 2004. 上海市土地利用结构和形态演变的信息熵与分维分析. 地理研究, 23 (2): 137-146.

赵力, 孙春媛. 2017. 供给侧结构性改革视角下城市用地功能布局优化策略. 规划师, 33 (6): 26-31.

赵丽, 付梅臣, 张建军, 等. 2008. 乡镇土地集约利用评价及驱动因素分析. 农业工程学报, 24 (2): 89-94.

赵鹏军, 吕迪. 2019. 中国小城镇镇区土地利用结构特征. 地理学报, 74 (5): 1011-1024.

赵其国, 周生路, 吴绍华, 等. 2006. 中国耕地资源变化及其可持续利用与保护对策. 土壤学报, 43 (4): 662-672.

赵婷婷, 姜广辉, 张凤荣, 等. 2010. 大城市近郊县域耕地保护预警方法. 农业工程学报, 26 (1): 335-340.

赵蔚, 汪军. 2013. 我国城市重点发展地区规划建设评估研究——以杭州滨江CBD 规划建设评估为例. 城市规划学刊, (3): 77-85.

赵小汎, 代力民, 陈文波, 等. 2008. 耕地与建设用地变化驱动力比较分析. 地理科学, 28 (2): 214-218.

赵亚莉, 刘友兆. 2013. 城市土地开发强度差异及影响因素研究——基于 222

个地级及以上城市面板数据. 资源科学，35（2）：380-387.

赵亚莉，刘友兆，龙开胜. 2012. 长三角地区城市土地开发强度特征及影响因素分析. 长江流域资源与环境，21（12）：1480-1485.

赵亚莉，刘友兆，龙开胜. 2014. 城市土地开发强度变化的生态环境效应. 中国人口·资源与环境，24（7）：23-29.

赵燕菁. 2019. 论国土空间规划的基本架构. 城市规划，43（12）：17-26，36.

赵正，王佳昊，冯骥. 2017. 京津冀城市群核心城市的空间联系及影响测度. 经济地理，37（6）：60-66，75.

郑红玉，吴次芳，徐忠国，等. 2020. 面向生态文明建设的土地价值认知反思与重塑. 中国土地科学，34（4）：10-17.

郑良海，邓晓兰，侯英. 2011. 基于引力模型的关中城市间联系测度分析. 人文地理，26（2）：80-84，107.

郑新奇，杨树佳，象伟宁，等. 2007. 基于农用地分等的基本农田保护空间规划方法研究. 农业工程学报，23（1）：66-71，292.

郑艳茹，郑艳东，葛京凤，等. 2014. 基于生态足迹模型的河北省土地利用总体规划实施评价. 水土保持研究，21（5）：230-235.

中共中央，国务院. 2019. 中共中央、国务院关于建立国土空间规划体系并监督实施的若干意见.

周炳中，包浩生，彭补拙. 2000. 长江三角洲地区土地资源开发强度评价研究. 地理科学，20（3）：218-223.

周婧. 2011. 贫困山区农户生计多样化与宅基地流转决策研究. 重庆：西南大学.

周侃，樊杰，盛科荣. 2019. 国土空间管控的方法与途径. 地理研究，38（10）：2527-2540.

周良军. 2004. 第三产业内部各行业发展水平的评估与测算. 统计与决策，（10）：54-55.

周亮，唐建军，刘兴科，等.2020.黄土高原人口密集区城镇扩张对生境质量的影响——以兰州、西安–咸阳及太原为例.应用生态学报，32（1）：261-270.

周敏，匡兵，陶雪飞.2018.空间收敛视角下中国城市土地开发强度演变特征.经济地理，38（11）：98-103，122.

周生路，朱青，赵其国.2005.近十几年来南京市土地利用结构变化特征研究.土壤，37（4）：394-399.

周翔，韩骥，孟醒，等.2014.快速城市化地区耕地流失的时空特征及其驱动机制综合分析——以江苏省苏锡常地区为例.资源科学，36（6）：1191-1202.

周雪松.2015.沈阳市主导性产业竞争力分析.商场现代化，（4）：140-141.

周岩，张艳红，翟羽娟.2013.基于土地利用变化的辉南县生态脆弱性时空变化分析.国土与自然资源研究，（6）：29-32.

朱高立，王春杰，周佳宁，等.2020.产业发展、土地集约利用与城市土地扩张.长江流域资源与环境，29（7）：1473-1485.

朱昊雯.2020.城市化发展中要融入"容量限制"的规划思维.科学大众（科学教育），（3）：196.

朱巧娴，梅昀，陈银蓉，等.2015.基于碳排放测算的湖北省土地利用结构效率的 DEA 模型分析与空间分异研究.经济地理，35（12）：176-184.

Admasu W F，van Passel S，Minale A S，et al. 2019. Take out the farmer：an economic assessment of land expropriation for urban expansion in Bahir Dar，Northwest Ethiopia. Land Use Policy，87：104038.

Alexander E. 2009. Dilemmas in evaluating planning，or back to basics：what is planning for?. Planning Theory & Practice，10（2）：233-244.

Alexander E R，Faludi A. 1989. Planning and plan implementation：notes on evaluation criteria. Environment and Planning B-Planning and Design, 16 (2): 127-140.

Alfasi N, Almagor J, Benenson I. 2012. The actual impact of comprehensive land-use plans: insights from high resolution observations. Land Use Policy, 29 (4): 862-877.

Alonso W. 1964. Location and Land Use. Cambridge: Harvard University Press.

Baer W C. 1997. General plan evaluation criteria: an approach to making better plans. Journal of the American Planning Association, 63 (3): 329-344.

Behzadian M, Khanmohammadi O S, Yazdani M, et al. 2012. A state-of the-art survey of TOPSIS applications. Expert Systems with Applications, 39(17): 13051-13069.

Brody S D, Highfield W E. 2005. Does planning work?: testing the implementation of local environmental planning in Florida. Journal of the American Planning Association, 71 (2): 159-175.

Cao K, Huang B, Wang S W, et al. 2012. Sustainable land use optimization using Boundary-based Fast Genetic Algorithm. Computers, Environment and Urban Systems, 36 (3): 257-269.

Carmona M, Sieh L. 2005. Performance measurement innovation in English planning authorities. Planning Theory & Practice, 6 (3): 303-333.

Chen C T. 2000. Extensions of the TOPSIS for group decision-making under fuzzy environment. Fuzzy Sets and Systems, 114 (1): 1-9.

Chen L D, Wang J, Fu B J, et al. 2001. Land-use change in a small catchment of northern Loess Plateau, China. Agriculture, Ecosystem & Environment, 86 (2): 163-172.

Chen Y M, Li X, Wang S J, et al. 2012. Defining agents' behaviour based on urban economic theory to simulate complex urban residential dynamics. International Journal of Geographical Information Science, 26 (7): 1155-1172.

Cullingworth B, Nadin V. 2006. Town and Country Planning in the UK. London: Routledge.

Faludi A. 2000. The performance of spatial planning. Planning Practice & Research, 15 (4): 299-318.

Fellmann J D. 2000. Human Geography: Land Scapes of Human Activities. Mumbai: The McGraw-Hill Companies.

Fothergill S, Gudgin G. 1979. In defense of shift-share. Urban Studies, 16 (3): 309-319.

Fujita M. 2012. Thünen and the new economic geography. Regional Science and Urban Economics, 42 (6): 907-912.

Fujita M, Krugman P, Venables A J. 1999. The Spatial Economy: Cities, Regions, and International Trade. Cambridge: MIT Press.

Fujita M, Mori T. 2005. Transport development and the evolution of economic geography. Portuguese Economic Journal, 4 (2): 129-156.

Fujita M, Thisse J F. 2006. Globalization and the evolution of the supply chain: who gains and who loses?. International Economics Reviews, 47 (3): 811-836.

Fuseini I, Kemp J. 2015. A review of spatial planning in Ghana's socio-economic development trajectory: a sustainable development perspective. Land Use Policy, 47: 309-320.

Golledge R G. 1963. A geographical analysis of Newcastle's rail freight traffic. Economic Geography, 39 (1): 60-73.

Hwang C L, Yoon K. 1981. Multiple Attributes Decision Making: Methods and

Applications. New York: Springer-Verlag.

Jacobs J. 1969. The Economy of Cities. NewYork: Random House.

Kansa E J. 1990. Multiquadrics—a scattered data approximation scheme with applications to computational fluid dynamics—I surface approximations and partial derivative estimates. Computers & Mathematics with Applications, 19 (8/9): 127-145.

Krugman P. 1980. Scale economies, product differentiation, and the pattern of trade. American Economic Review, 70 (5): 950-959.

Krugman P. 1991. Increasing returns and economic geography. Journal of Political Economy, 99 (3): 483-499.

Krugman P R. 1996. The Self-Organizing Economy. Oxford: Blackwell Publishers: 75-97.

Li X. 2011. Emergence of bottom-up models as a tool for landscape simulation and planning. Landscape and Urban Planning, 100 (4): 393-395.

Li X, Lao C H, Liu X P, et al. 2011. Coupling urban cellular automata with ant colony optimization for zoning protected natural areas under a changing landscape. International Journal of Geographical Information Science, 25 (4): 575-593.

Li X, Liu X P. 2007. Defining agents' behaviors to simulate complex residential development using multicriteria evaluation. Journal of Environmental Management, 85 (4): 1063-1075.

Li X, Yeh A G O. 2002. Neural-network-based cellular automata for simulating multiple land use changes using GIS. International Journal of Geographical Information Science, 16 (4): 323-343.

Li Y F, Sun X, Zhu X D, et al. 2010. An early warning method of landscape ecological security in rapid urbanizing coastal areas and its application in

Xiamen, China. Ecological Modelling, 221（19）: 2251-2260.

Marshall J D. 2007. Urban land area and population growth: a new scaling relationship for metropolitan expansion. Urban Studies, 44（10）: 1889-1904.

McCloskey J T, Lilieholm R J, Cronan C. 2011. Using Bayesian belief networks to identify potential compatibilities and conflicts between development and landscape conservation. Landscape and Urban Planning, 101（2）: 190-203.

Parr J. 2004. The polycentric urban region: a closer inspection. Regional Studies, 38（3）: 231-240.

Piquer-Rodríguez M, Kuemmerle T, Alcaraz-Segura D, et al. 2012. Future land use effects on the connectivity of protected area networks in southeastern Spain. Journal for Nature Conservation, 20（6）: 326-336.

Porter M. 1990. Competitive advantage of nations. Harvard Business Review, 68（2）: 73-93.

Santé I, García A M, Miranda D, et al. 2010. Cellular automata models for the simulation of real-world urban processes: a review and analysis. Landscape and Urban Planning, 96（2）: 108-122.

Sohn K, Kim D. 2010. Zonal centrality measures and the neighborhood effect. Transportation Research Part A: Policy and Practice, 44（9）: 733-743.

Spiekermann K, Wegener M. 2004. Evaluating urban sustainability using land-use transport interaction models. European Journal of Transport & Infrastructure Research, 4（3）: 795-824.

Stilwell F J B. 1970. Further thoughts on the shift and share approach. Regional Studies, 4（4）: 451-458.

Tabuchi T, Thisse J F. 2011. A new economic geography model of central places. Journal of Urban Economics, 69（2）: 240-252.

Talen E. 1997. Success, failure, and conformance: an alternative approach to planning evaluation. Environment and Planning B-Planning & Design, 24 (4): 573-587.

Ullman E L. 1957. American Commodity Flow. Seattle: University of Washington Press.

United Nation Environment Programme (UNEP). 2011. Livelihood Security: Climate Change, Migration and Conflicts in the Sahel. Nairobi: United Nation Environment Programme: 4e107.

World Commission on Environment and Development (WCED). 1987. Our Common Future. Oxford: Oxford University Press.

Wu F. 1996. A linguistic cellular automata simulation approach for sustainable land development in a fast growing region. Computers Environment and Urban Systems, 20 (6): 367-387.

Xie Y C, Batty M, Zhao K. 2007. Simulating emergent urban form using agent-based modeling: Desakota in the Suzhou-Wuxian Region in China. Annals of the Association of American Geographers, 97 (3): 477-495.

Zurlini G, Jones K B, Riitters K H, et al. 2014. Early warning signals of regime shifts from cross-scale connectivity of land-cover patterns. Ecological Indicators, 45: 549-560.

索 引

后　记

　　土地是财富之母、发展之基、民生之本、生态之依。土地制度是国家的基础性制度，土地问题始终与江山社稷和人民福祉息息相关，土地利用在我国社会发展史中占有重要地位，对推动社会进步和经济发展起着重要作用。作为我国供给侧的重要组成要素，科学合理的土地供给侧结构不仅是破除土地资源要素配置瓶颈、优化国土空间的前提基础，还是推进生态文明建设、城乡协调发展、区域统筹发展的重要支撑。

　　因此，本书基于国家供给侧结构性改革战略需求和"多规合一"理念，通过揭示"多规合一"与土地供给侧结构性改革的内在逻辑关系，挖掘了"多规合一"与土地领域供给侧结构性改革之间的互动机理，探讨了以"本体论、认识论、方法论"为核心的"多规合一"与土地供给侧结构性改革的本质认知与理论范式，构建了基于"数量、空间、时序"三大维度的"多规合一"土地供给侧结构性改革路径框架，提出了多情景规划融合模式的多元土地利用数量结构供需匹配模型，以及基于"人口-产业-生态"布局导向的土地利用空间结构靶向匹配方案，并基于系统理论设计了全域土地利用空间结构红线管制与空间治理机制，以期为国家层面深化土地供给侧制度改革的顶层设计提供政策保障，并为全面推进地方"多规合一"改革创新试点实践提供决策支持。

　　然而，"多规合一"导向下的土地供给侧结构性改革研究作为一个系统性问题，其涉及的概念模糊、理论繁多、方法复杂、内容庞大，团队在全书的撰写过程中也遇到许多的难题。例如，当前"多规合一"和土地供给侧结构

后　记

　　土地是财富之母、发展之基、民生之本、生态之依。土地制度是国家的基础性制度，土地问题始终与江山社稷和人民福祉息息相关，土地利用在我国社会发展史中占有重要地位，对推动社会进步和经济发展起着重要作用。作为我国供给侧的重要组成要素，科学合理的土地供给侧结构不仅是破除土地资源要素配置瓶颈、优化国土空间的前提基础，还是推进生态文明建设、城乡协调发展、区域统筹发展的重要支撑。

　　因此，本书基于国家供给侧结构性改革战略需求和"多规合一"理念，通过揭示"多规合一"与土地供给侧结构性改革的内在逻辑关系，挖掘了"多规合一"与土地领域供给侧结构性改革之间的互动机理，探讨了以"本体论、认识论、方法论"为核心的"多规合一"与土地供给侧结构性改革的本质认知与理论范式，构建了基于"数量、空间、时序"三大维度的"多规合一"土地供给侧结构性改革路径框架，提出了多情景规划融合模式的多元土地利用数量结构供需匹配模型，以及基于"人口-产业-生态"布局导向的土地利用空间结构靶向匹配方案，并基于系统理论设计了全域土地利用空间结构红线管制与空间治理机制，以期为国家层面深化土地供给侧制度改革的顶层设计提供政策保障，并为全面推进地方"多规合一"改革创新试点实践提供决策支持。

　　然而，"多规合一"导向下的土地供给侧结构性改革研究作为一个系统性问题，其涉及的概念模糊、理论繁多、方法复杂、内容庞大，团队在全书的撰写过程中也遇到许多的难题。例如，当前"多规合一"和土地供给侧结构性改革之间关联节点和互动机理仍然模糊，这为全书的理论框架构建带来一定的阻碍；在"多规合一"视角下土地供给侧空间结构改革路径设计，如何合理、准确地推演、融合、运用"点-线-面"框架内的重心迁移理论、空间引线理论以及功能板块理论也是难点之一；在构建"规划体系-国土空间"生命周期匹配模型时，往往面临着不同规划与国土空间供给的生命周期划分阶段难以协调匹配问题等。这些问题经过我们团队成员的反复推敲研讨和抽丝剥茧的分析最终得到了良好的解决。

尽管书稿撰写是一项辛苦的工作，但是我们整个团队成员积极把握这一重要机遇，实现了"以研促教，以教促研"的教研相长模式，拓宽了老师和同学们的学术视野、加强了科研素养，提升了逻辑推理、文字表达、沟通协调等各方面的能力，应该可以说是一次非常难得的成长体验。

本专著是严金明教授主持的国家社会科学基金重大项目"'多规合一'视角下的土地供给侧结构性改革研究"（17ZDA039）的研究成果。项目申报与课题研究得到了中国人民大学刘守英教授、丰雷教授、黄燕芬教授、张正峰教授、秦波教授、夏方舟副教授的大力支持和积极参与；项目研究工作的开展得到了中国土地学会王世元理事长，自然资源部副部长庄少勤、刘国洪，自然资源部国土空间规划局局长张兵，自然资源部国土空间规划研究中心周建春主任、张晓玲副主任的大力支持；本专著的顺利出版，还得益于业内领导、前辈、同道以及整体团队等多方面的帮助，特别得益于科学出版社的鼎力支持和李莉编辑的辛勤付出！在此对诸位表示衷心的感谢！

当然，本书内容还仅仅是我们团队在这一领域的阶段性研究成果，后期我们还将继续进行完善推敲，进一步挖掘系统规律、提炼科学理论。因此，笔者恳切期望能够得到同仁和读者们的批评和指正，也期待更多的学者能够关注到"多规合一"导向下的土地供给侧结构性改革这一研究领域，只有这样未来这一领域的理论研究和实践应用才能实现更高质量的发展。